Jochen Hofmann (†), Elke Schulte-Meine, Stephan Vetter (Hrsg.)

Handbuch
Arbeit · Entgelt · Leistung

Jochen Hofmann (†)
Elke Schulte-Meine
Stephan Vetter (Hrsg.)

Handbuch
Arbeit · Entgelt · Leistung

Entgelt-Rahmentarifverträge im Betrieb

9., überarbeitete Auflage

Autorinnen und Autoren:
An der 1. bis 8. Auflage haben zahlreiche Beschäftigte der IG Metall aus den Bezirksleitungen, dem Funktionsbereich Tarifpolitik und dem tarifpolitischen Schwerpunkt im Bildungszentrum Sprockhövel als Autorinnen und Autoren gearbeitet. Die vorliegende 9. Auflage wurde von den Herausgebern überarbeitet.
Das Kapitel 7 wurde von Ralf Pieper und Manfred Scherbaum überarbeitet.

BUND
VERLAG

Für einige wenige Übersichten und Schaubilder waren die Rechtsinhaber trotz intensiver Bemühungen nicht festzustellen. Hier ist der Verlag selbstverständlich bereit, nach Anforderung rechtmäßige Ansprüche abzugelten.

Bibliografische Information der Deutschen Nationalbibliothek
Die Deutsche Nationalbibliothek verzeichnet diese Publikation in der Deutschen Nationalbibliografie; detaillierte bibliografische Daten sind im Internet über *http://dnb.d-nb.de* abrufbar.

9., überarbeitete Auflage 2025

Umschlag: Ute Weber, Geretsried
Umschlagmotiv: © istock/assalve
Satz: Dörlemann Satz, Lemförde
Druck und Bindung: CPI books GmbH, Birkstraße 10, 25917 Leck

ISBN 978-3-7663-7503-2

kontakt@bund-verlag.de
www.bund-verlag.de

Vorbemerkungen der Herausgeber

An der Überarbeitung des Handbuches hat Jochen Hofmann mit seiner Fachkompetenz und viel Engagement mitgearbeitet. Leider ist er vor der Veröffentlichung verstorben. Wir bedanken uns bei Jochen für die gemeinsame wertvolle Zeit. Wir werden ihn immer in Erinnerung behalten.

Seit mehr als 3 Jahrzehnten ist das Handbuch »Arbeit – Entgelt – Leistung« eines der Handwerkszeuge von Betriebsräten und Vertrauensleuten im Betrieb. Aber auch viele Arbeitsrichterinnen und Arbeitsrichter, Wissenschaftlerinnen und Wissenschaftler sowie Fachleute der Arbeitsvorbereitung und Personalwirtschaft arbeiten mit dem Handbuch.
Die 9. Auflage nimmt die Entgelt-Rahmentarifverträge zur Grundlage. Auf die früheren Lohn- und Gehaltsrahmentarifverträge wird nicht mehr eingegangen; sie wurden nur insoweit erwähnt, wie sie für das Verständnis der Entgelt-Rahmentarifverträge relevant sind.
Dieses Handbuch stellt eine praktische Arbeitshilfe für Betriebsratsmitglieder, Vertrauensleute und Gewerkschaftsmitglieder bei der Anwendung der vorhandenen Tarifverträge dar. Der Schwerpunkt liegt auf der Regelung der Entgelte, sowie der Arbeits- und Leistungsbedingungen in der Metallindustrie.
Das Handbuch ist natürlich nicht dazu gedacht, »auf einmal« gelesen zu werden. Es ist im Wesentlichen ein problemorientiertes Nachschlagewerk bei Fragen der Eingruppierung und Höhergruppierungsaktionen, bei der Gestaltung der Leistungsentgelte, bei allen Fragen der Datenermittlung und der Umsetzung der Entgelt-Rahmentarifverträge. Dabei werden die vorhandenen Tarifverträge auch auf neue Problemstellungen ganzheitlicher Produktionskonzepte und die »Industrie 4.0« bezogen. Das Handbuch zeigt an vielen Stellen, dass unsere Tarifverträge auch bei neuen technologischen Entwicklungen den Schutz- und Gestaltungsanspruch gewerkschaftlicher Tarifpolitik erfüllen können.
Natürlich ersetzt das Handbuch nicht bessere tarifliche Regelungen und verbesserte Mitbestimmungsmöglichkeiten der Interessenvertretung in den Betrieben. Es versucht zu zeigen, dass mit den geltenden Tarifverträgen bei konsequenter betrieblicher Arbeit sehr viel im Interesse der Beschäftigten erreicht werden kann.

In der vorliegenden 9. Auflage wurden folgende Punkte ergänzt bzw. geändert:

- Im Kapitel 2 wurden die tarifjuristischen Grundlagen bzw. die dazugehörige Rechtsprechung aktualisiert, u. a. zu den Themenbereichen Tarifeinheit und Tarifpluralität.
- Im Kapitel 3 wurden die aktuellen Herausforderungen in der »Industrie 4.0« zum Beispiel Dekarbonisierung, Digitalisierung, Transformation ergänzt und die Auswirkungen der veränderten Technik auf den Wert der Arbeit stärker herausgearbeitet. In diesem Kontext wurde das Zusammenwirken von Arbeitsgestaltung, Gesundheitsschutz und Entgeltgestaltung bzw. die entsprechenden Mitbestimmungsrechte des Betriebsrates konkreter beschrieben und die Darstellungen zu den Zukunfts-Tarifverträgen wurden um ein konkretes Beispiel ergänzt.
- In den Kapiteln 4 und 5 wurden sämtliche Entgeltberechnungen auf der Basis der seit April 2025 geltenden Entgelttabellen aktualisiert. Darüber hinaus ist die Umsetzung der EU-Entgelttransparenzrichtlinie thematisiert, die zu Veränderungen des Entgelttransparenzgesetzes führen wird. Außerdem sind die tariflichen Regelungen zur Entgeltgestaltung von Leiharbeitsbeschäftigten aktualisiert bzw. ergänzt worden.
- In den letzten Jahren ist ein deutlicher Rückgang der Beschäftigten im Leistungsentgelt zugunsten des Zeitentgeltes festzustellen. Diese problematische Entwicklung hat zur Folge, dass der Faktor der Leistungsbemessung dereguliert wird und allein durch die Unternehmer ohne Mitbestimmung des Betriebsrates festgelegt wird. In den Entgelt-Rahmentarifverträgen wurde die Entgeltmethode »Zielentgelt bzw. Zielvereinbarung« aufgenommen, die aber kaum zur Anwendung kommt. In den Kapiteln 5 und 6 wird herausgearbeitet, dass die Betriebsräte ausschließlich im Leistungsentgelt eine Mitbestimmung über die Leistungsbemessung bzw. das Arbeitspensum haben. Dazu werden konkrete Beispiele dargestellt, wie Leistungsentgeltsysteme gestaltet werden können. Im Prämienentgelt ist heute schon eine Vereinbarung der Personalbemessung für einzelne Teams, Gruppen oder Abteilungen möglich.
- Im Kapitel 5 wurde der Forderung nach einer stärkeren Mitbestimmung über die Personalbemessung u. a. durch die Ergänzung der bestehenden gewerkschaftlichen Beschlusslage noch einmal Nachdruck verliehen. Die Mitbestimmung über die Personalbemessung ist eine, wenn nicht **die** Herausforderung, der sich Gewerkschaften und Betriebsräte sowohl im Betrieb als auch in der Tarif- und Gesellschaftspolitik stellen müssen.
- Und zu guter Letzt: Nach der vollständigen Überarbeitung – in der achten Auflage – wurde in Kapitel 7 die bestehenden Vorschriften bzw. Instrumente des Arbeits- und Gesundheitsschutzes aktualisiert und an einzelnen Punkten ergänzt.

Ist in den Quellenangaben zu tariflichen Bestimmungen kein Wirtschaftszweig angegeben, so beziehen sich diese auf die Metall- und Elektroindustrie.

Dieses Handbuch konnte nur auf dem Hintergrund langjähriger Erfahrung und praktischer Arbeit im Funktionsbereich Tarifpolitik beim Vorstand der IG Metall, den Bezirksleitungen der IG Metall und im tarifpolitischen Schwerpunkt des

Bildungszentrums Sprockhövel entstehen. Daher möchten wir auch all denen in diesen Arbeitsbereichen danken, die für die neunte Auflage nicht direkt in Erscheinung treten. Gleiches gilt für die Autorinnen und Autoren, die an früheren Auflagen mitgearbeitet haben. Ein besonderer Dank gilt Hartmut Meine und Richard Rohnert, die aus dem Herausgeberkreis ausgeschieden sind. Hartmut Meine gehörte von 1990 an zum Kreis der Herausgeber, Richard Rohnert seit 2011.

Letztendlich ist ein solches Handbuch immer nur auf dem Hintergrund gemeinsamer Arbeit und Diskussionen, auch mit den ehrenamtlichen Kolleginnen und Kollegen vor Ort möglich. Unser besonderer Dank gilt den Kolleginnen, die die Schreib- und Gestaltungsarbeit zu leisten hatten, ohne die das Erscheinen eines solchen Buches unmöglich ist. Wir bitten die Leserinnen und Leser um Verständnis, dass die Praxisbeispiele nahezu ausnahmslos der Metallwirtschaft entstammen.
Wir wünschen uns natürlich, dass dieses Handbuch in den Betrieben breit genutzt wird. Wir wünschen uns vor allem aber auch Kritik, Anregungen, Ergänzungsvorschläge und Beispiele, damit diese Handlungshilfe in einem lebendigen Dialog weiterentwickelt werden kann.

Elke Schulte-Meine
Stephan Vetter

Inhaltsübersicht

Inhaltsverzeichnis

Abkürzungsverzeichnis

Abs.	Absatz
AEUV	Vertrag über die Arbeitsweise der Europäischen Union
AiB	Arbeitsrecht im Betrieb (Zeitschrift)
AK	arbeitssystembezogene Kenndaten
Anm.	Anmerkungen
ArbGG	Arbeitsgerichtsgesetz
ArbMedVV	Verordnung zur arbeitsmedizinischen Vorsorge
ArbSchG	Arbeitsschutzgesetz
ArbStättV	Verordnung über Arbeitsstätten (Arbeitsstättenverordnung)
ArbZG	Arbeitszeitgesetz
Art.	Artikel
ASR	Technische Regel für Arbeitsstätten (Arbeitsstättenregel)
AT-Beschäftigte	außertarifliche Beschäftigte
AV-Sachbearbeiter	Sachbearbeiter in der Arbeitsvorbereitung
BAG	Bundesarbeitsgericht
BDE	Betriebsdatenerfassungssysteme
BDI	Bundesverband der Deutschen Industrie
beM	betrieblich ermöglichter Mehrverdienst
BetrSichV	Verordnung über Sicherheit und Gesundheitsschutz bei der Verwendung von Arbeitsmitteln (Betriebssicherheitsverordnung)
BetrVG	Betriebsverfassungsgesetz
BGB	Bürgerliches Gesetzbuch
BT-Drs.	Bundestags-Drucksache
CAD	Computer Aided Design
CIM	Computer integrated Manufacturing (Rechnerintegrierter Produktentstehungsprozess)
CNC	Computerized numerically Control
dB	Dezibel
DGB	Deutscher Gewerkschaftsbund
DIW	Deutsches Institut für Wirtschaftsforschung

ebd.	Ebenda
EBIT	Earnings Before Interest and Taxes (Ertrag vor Zinsen und Steuern)
EntgTranspG	Entgelttransparenzgesetz
ERA-TV	Entgelt-Rahmentarifverträge
ERTV	Entgelt-Rahmentarifverträge
EuGH	Europäischer Gerichtshof
EWG	Europäische Wirtschaftsgemeinschaft
GefStoffV	Gefahrstoffverordnung
GG	Grundgesetz
ggf.	gegebenenfalls
GPS	Ganzheitliche Produktionssysteme
IAB	Institut für Arbeitsmarkt- und Berufsforschung
IfaA	Institut für angewandte Arbeitswissenschaften
ILO	Internationale Arbeitsorganisation
Kap.	Kapitel
KMU	Kleine und mittlere Unternehmen
KSchG	Kündigungsschutzgesetz
KVP	Kontinuierlicher Verbesserungsprozess
LAG	Landesarbeitsgericht
LasthandhabV	Verordnung über Sicherheit und Gesundheitsschutz bei der manuellen Handhabung von Lasten bei der Arbeit (Lastenhandhabungsverordnung)
LRTV	Lohnrahmentarifvertrag
MDE	Maschinendatenerfassung
MEK	MTM für Einzel- und Kleinserienfertigung
MMA	Multimomentaufnahme
MODAPTS	Modular Arrangement of Predetermined Time Standards
MOS	MTM-Office Systeme
MOST	Maynard Operation Sequence Technique
MTM	Methods Time Measurement (Methoden-Zeit-Messung)
NRW	Nordrhein-Westfalen
NZA	Neue Zeitschrift für Arbeitsrecht
One-MTM	Internationales Partnernetzwerk von MTM
OT-Verband	Arbeitgeberverband ohne Tarifbindung
PDCA	Plan-Do-Check-Art (Planen-Tun-Überprüfen-Umsetzen)
PPS	Produktions-, Planungs- und Steuerungssysteme

REFA	Verband für Arbeitszeitgestaltung, Betriebsorganisation und Unternehmensentwicklung e. V.
ROI	Return on Investment (die Rückkehr der Investition)
ROCE	Return on Capital employed (Rendite auf das gebundene Kapital)
S.	Seite
s.	siehe
SGB	Sozialgesetzbuch
TMU	Time Measured Unit
TPM	Total Productive Maintainance
TPS	Toyota Produktionssystem
TQM	Total Quality Management
TRBS	Technische Regel für Betriebssicherheit
TRGS	Technische Regel für Gefahrstoffe
T-ZUG	Tarifliches Zusatzgeld
T-Geld	Transformationsgeld
TV	Tarifvertrag
TV MobA	Tarifvertrag Mobiles Arbeiten
TVG	Tarifvertragsgesetz
u. Ä. m.	und Ähnliches mehr
UAS	Universelles Analysiersystem
Übers.	Übersicht
UMS	Universal Maintenance Standards
u. U.	unter Umständen
vgl.	vergleiche
WF	Work Factor
Ziff.	Ziffer
z. T.	zum Teil

Vorwort

Arbeit und Entgelt im Fokus: Wie Tarifverträge die Zukunft gestalten

von **Nadine Boguslawski**, Mitglied im Vorstand der IG Metall, zuständig für Tarifpolitik und Hauptkassiererin, und
Sebastian Fay, Funktionsbereichsleiter Tarifpolitik der IG Metall

Die deutsche Industrie durchläuft eine tiefgreifende strukturelle Krise. Produkte, Prozesse, Produktionsabläufe und Geschäftsmodelle befinden sich in einem umfassenden Veränderungsprozess, der von kleineren Anpassungen, über betriebliche Neuausrichtungen bis hin zu existenziellen Fragen reicht. Ziel ist es, Beschäftigung, Wohlstand und Zukunftsperspektiven für morgen zu sichern.
Jede dieser Änderung oder Anpassung wirkt sich aber nicht nur auf die Gesamtstrategie, die Produktlinie oder die betrieblichen Prozesse aus, sondern auch auf jeden einzelnen Arbeitsplatz – von der Forschung und Entwicklung über die Produktion und Logistik bis hin zur Verwaltung. Als IG Metall setzen wir uns für den Erhalt der industriellen Wertschöpfung und gute Arbeit in der Industrie und im Handwerk ein. Unser Auftrag ist, diesen Wandel für gesellschaftlichen Fortschritt und zum Vorteil der Menschen zu nutzen, im Sinne der Beschäftigten mitzugestalten. Gerüstet durch die tarifpolitischen Regelungen und die Mitbestimmung.
Die schnelllebigen Veränderungen, die durch Transformationsprozesse, Globalisierung und digitale Vernetzung ausgelöst werden, können sowohl Segen als auch Fluch sein. Körperliche Belastungen können durch den Einsatz und die Interaktion zwischen Mensch und Maschine reduziert werden. Gleichzeitig kann digitales Arbeiten zu Überforderung und Leistungsdruck führen und die psychische Belastung erhöhen. Die Konstante dabei muss das Zusammenspiel aus guten Arbeitsbedingungen, fairen Entgelten und angemessenen Leistungsbemessungen, -bewertungen und -begrenzungen sein und bleiben. Dies ist und bleibt ein Kernanliegen der gewerkschaftlichen Interessenvertretung – gerade, wenn sich Arbeit verändert.
Die Zeit drängt: Es geht darum, Beschäftigung zu sichern, Berufe zukunftsfähig aufzustellen und im Sinne der Beschäftigten zu gestalten. Diesen Job müssen Gewerkschaften, Betriebsrätinnen und Betriebsräte sowie Vertrauensleute übernehmen. Historisch belegt ist: Technik- und Produktivitätsfortschritte gab es

schon immer, aber die Entwicklung sozialer Standards erfolgte nie automatisch. Diese abzusichern ist Aufgabe von Tarifverträgen und dessen Umsetzung der Interessenvertretungen in den Betrieben. Sie sind die Experten für Arbeit und können im Sinne ihrer Belegschaft die Transformation mitgestalten.
Der Handlungsbedarf, gute Arbeit mit den drei Kernelementen Entgelt, Leistung und Arbeitszeit zu sichern und auszubauen, ist groß. Diese drei Kernelemente des Arbeitsverhältnisses sind in den Flächentarifverträgen der Metall- und Elektroindustrie geregelt. Zur nachhaltigen Beschäftigungssicherung haben die Tarifvertragspartner wirksame, tarifvertragliche Instrumente entwickelt: Zum Beispiel kann die Wahloption der freien Tage des T-ZUGs kollektiv angewendet werden, die Arbeitszeit pro Woche kann verkürzt werden (4-Tage-Woche mit Teilentgeltausgleich) oder es können innovative Weichen und Zukunftsfelder entwickelt werden. Ebenso kann die betriebliche Strategie insgesamt durch Zukunftstarifverträge geregelt werden. Worst Case: Pforzheim. Die Tarifverträge beinhalten Mechanismen für unterschiedliche Eskalationsstufen, um auch in Krisensituationen als Interessenvertretung handlungsfähig im Sinne der Beschäftigten zu sein. Damit können Betriebsräte gemeinsam mit der IG Metall den industriellen Wandel aktiv gestalten, statt nur auf Kürzungs-, Personalabbau- und Schließungsankündigungen zu reagieren.
Die tariflichen Regelungen zu den Themen Entgelt und Leistung sind seit dem Jahr 2003 in den Entgeltrahmen-Tarifverträgen festgeschrieben und finden in den Betrieben Anwendung. Diese Entgeltrahmen-Tarifverträge in allen Tarifgebieten der Metall- und Elektroindustrie waren ein historischer Fortschritt hin zu einem gemeinsamen Entgeltsystem, welches die Arbeitsbewertung für alle Beschäftigtengruppen ermöglicht und gleichzeitig differenzierte Instrumente zur Verfügung stellt, mit denen die Leistung der Beschäftigten bewertet, entlohnt und reguliert werden kann. Diese Instrumente auch zu nutzen, um eine faire Eingruppierung zu regeln und Leistungsverdichtung bzw. Arbeitsstress zu reduzieren, ist in vielen Betrieben ein andauernder Auftrag für die Interessenvertretung. Die heutigen Entgeltrahmen-Tarifverträge bilden eine gute Grundlage, um Konflikte um Entgelt und Leistung in den Betrieben auch in Zeiten der Veränderung auszutragen und gute Arbeit im Interesse der Beschäftigten zu gestalten und zu entlohnen.
Die Arbeitgeberseite wird im Rahmen der strukturellen Veränderungen verstärkt versuchen, sich bei Fragen von Entgelt und Leistung Vorteile zu verschaffen, um im globalen Wettbewerb besser zu bestehen und Gewinnmaximierung zu betreiben. Tarifverträge und gute Arbeitsbedingungen sind das Fundament der erfolgreichen deutschen Industrie. Die Entgeltrahmen-Tarifverträge sind und bleiben die Basis für Betriebsräte, um auch bei neuen technologischen Entwicklungen die Entgelt- und Arbeitsbedingungen im Interesse der Beschäftigten zu regeln. Sie sind ein Anker in stürmischen Zeiten. Dieses – nun aktualisierte – Handbuch »Arbeit – Entgelt – Leistung« ist mit seinen Erläuterungen zu Eingruppierung und Leistungsbemessung eine Handlungshilfe für Betriebsräte und Vertrauensleute, um Konflikte um Entgeltgerechtigkeit erfolgreich zu führen.

1. »Solidarität statt Konkurrenz« – Tarifsystem, Erwerbsarbeit und Interessengegensatz

1.1 Politische und rechtliche Grundlagen des Tarifsystems

Der Abschluss von Tarifverträgen erscheint heute selbstverständlich. Das Recht, Tarifverträge zu schließen, musste von den Gewerkschaften zu Beginn des 20. Jahrhunderts jedoch erst erkämpft und durchgesetzt werden. Dass Tarifverträge normativ sowie unmittelbar und zwingend wirken, garantiert das Tarifvertragsgesetz. Für die Anwendung der Tarifverträge ist es notwendig sowohl die politischen wie auch die rechtlichen Grundlagen zu kennen, die das Tarifsystem prägen.

1.1.1 Tarifautonomie und Flächentarifvertrag

Seit Jahrzehnten hat sich in Deutschland ein Tarifsystem entwickelt, das nach wie vor die wichtigste Grundlage für die Gestaltung der Arbeitsbedingungen, der Arbeitszeiten und der Entgelte der Beschäftigten bildet. Dabei kann die Tarifbindung des Betriebes grundsätzlich danach unterschieden werden, ob eine tarifvertragliche Regelung überhaupt besteht und wenn ja, ob der Betrieb

- die jeweiligen Flächentarifverträge als Mitglied des Arbeitgeberverbandes verpflichtend anwendet,
- die vollständige oder teilweise Anwendung der Flächentarifverträge über einen firmenspezifischen Anerkennungstarifvertrag geregelt hat oder
- einen Haustarifvertrag mit weitgehend eigenständigen tariflichen Regelungen abgeschlossen hat.

Grob kann dabei davon ausgegangen werden, dass nach wie vor mehr als die Hälfte der Beschäftigten in Betrieben mit Tarifbindung bzw. tarifvertraglichen Regelungen arbeitet. Allerdings haben die einschlägigen tarifvertraglichen Normen auch für nicht tarifgebundene Bereiche eine Orientierungsfunktion. Berücksichtigt man also bei einer derartigen Analyse auch die Betriebe, die die flächentarifvertraglichen Regelungen freiwillig und ohne eine ergänzende tarifvertragliche Regelung anwenden, so werden die Arbeitsbedingungen für mehr als drei Viertel der Beschäftigten durch Tarifverträge geprägt. Allen Anfeindungen und aller Kritik zum Trotz hat sich das deutsche Tarifsystem über die Jahrzehnte als sehr robust und den jeweiligen betrieblichen Anforderungen gegenüber zugleich als sehr flexibel erwiesen und damit auch über wirtschaft-

liche Krisen hinweg seine Funktionsfähigkeit unter Beweis gestellt. Im Organisationsbereich der IG Metall liegt die Tarifbindung der Beschäftigten in Großbetrieben mit mehr als 2000 Beschäftigten bei ca. 95 %. In mittleren Betrieben (200–2000 Beschäftigte) liegt sie bei über 70 %, in Kleinbetrieben mit weniger als 200 Beschäftigten immerhin noch bei 50 %. Vor diesem Hintergrund ist der Erhalt des Flächentarifvertragssystems (in der deutschen Metall- und Elektroindustrie) trotz vorhandener Erosios-Tendenzen sowohl ordnungs- und wirtschaftspolitisch; wie auch aus gesellschaftspolitischen Erwägungen heraus, eine Erfolgsgeschichte der IG Metall.
Das deutsche Flächentarifvertragssystem ist und bleibt also eine zentrale Stütze des deutschen Wirtschafts- und Sozialmodells. Die Tarifautonomie und der Flächentarifvertrag erfüllen für Arbeitnehmerinnen und Arbeitnehmer, Arbeitgeber und den Sozialstaat elementare Funktionen – und zwar unabhängig vom jeweiligen Interessenstandpunkt. Diese Funktionen sind ökonomischer, gesellschaftlicher und politischer Art (siehe Übersicht 1.1):

Übersicht 1.1: Funktionen des Flächentarifvertrages

Ordnungsfunktion

Schutzfunktion

Befriedungsfunktion

Stabilisierungsfunktion

Produktivitätsfunktion

- *Ordnungsfunktion:* Der Flächentarifvertrag »ordnet« die Konkurrenzbeziehungen zwischen den Einzelunternehmen und nimmt Entgelte, Arbeitszeiten und elementare Arbeitsbedingungen aus dem Wettbewerb heraus. Er sichert darüber hinaus ein hohes Maß an mittelfristiger Kalkulierbarkeit der Bedingungen.
- *Schutzfunktion:* Tarifverträge haben eine elementare Schutzfunktion für die abhängig Beschäftigten, indem sie kollektiv Mindeststandards für Einkommen und Arbeitsbedingungen regeln.
- *Befriedungsfunktion:* Die Festsetzung und Erneuerung flächentarifvertraglicher Regelungen findet in Tarifrunden statt, die über einen Anfang und ein

Ende verfügen und die damit einen wesentlichen Teil der Verteilungsauseinandersetzungen auf eine zeitlich bestimmte Phase begrenzen.
- *Stabilisierungsfunktion:* Das Tarifvertragssystem verhindert, dass in ökonomischen Krisen und Schwächephasen der Gewerkschaften Löhne übermäßig nach unten und Arbeitszeiten übermäßig nach oben gedrückt werden. Es verhindert damit, dass in der wirtschaftlichen Krise die Senkung der Löhne den Abschwung durch den Ausfall kaufkräftiger Nachfrage auch noch verstärkt.
- *Produktivitätsfunktion:* Der Flächentarifvertrag setzt verbindliche Mindeststandards bei Entgelten, Arbeitszeiten und Arbeitsbedingungen und versperrt den Unternehmen in der Krise den »einfachen Weg« des Entgelt- und Arbeitszeitdumpings. Er zwingt sie zu dem schwierigeren, aber nachhaltigeren (weil die Produktivität steigernden) Weg der Verbesserung der Wettbewerbsposition durch Veränderungen der Arbeitsorganisation sowie durch Prozess- und Produktinnovation.

Die beschriebenen Funktionen kann das Tarifsystem auch deshalb wahrnehmen, weil wesentliche Grundlagen im bundesdeutschen Arbeits- und Tarifrecht abgesichert sind:
Die Tarifautonomie ist verfassungsrechtlich garantiert. Sie ist das Recht von Gewerkschaften und Arbeitgebern bzw. ihren Verbänden, die Arbeits- und Wirtschaftsbedingungen ohne staatliche oder sonstige Eingriffe in freien Verhandlungen kollektiv festzulegen. Nach Artikel 9 Abs. 3 Grundgesetz ist das Recht, »zur Wahrung und Förderung der Arbeits- und Wirtschaftsbedingungen Vereinigungen zu bilden, [...] für jedermann und für alle Berufe gewährleistet«.
Tarifverträge können nur deshalb eine sichere Basis für die Regelung von Entgelten und Arbeitsbedingungen sein, weil sie rechtlich wie Gesetze einzuhalten sind. Es gilt die so genannte *»Unabdingbarkeit«*. Tarifverträge regeln Mindestbedingungen. Sie dürfen nicht unterschritten werden. Einzelvertraglich können zwar günstigere Arbeitsbedingungen vereinbart werden, nicht aber schlechtere, auch nicht mit der ausdrücklichen Zustimmung des Beschäftigten (§ 4 Abs. 3 Tarifvertragsgesetz). Und es gilt das Verbot, auf Tarifansprüche zu verzichten (§ 4 Abs. 4 Tarifvertragsgesetz).
Tarifverträge sind nicht die einzige rechtliche Grundlage zur Regelung von Arbeitsbedingungen. Arbeitsverträge, Betriebsvereinbarungen, Gesetze usw. sind in ihrem rechtlichen Zusammenspiel mit dem Tarifsystem abgestimmt.
Das System der Tarifautonomie und der Flächentarifverträge hat sich in der Geschichte der Bundesrepublik bewährt. Doch es gilt auch: Dieses System wird von Wirtschaftsvertretern, die die Tarifautonomie schon immer aufheben wollten, Politik, Medien und Wissenschaft immer wieder in Frage gestellt. Sie sehen eine Chance, durch Zerschlagung des so genannten »Tarifkartells« endlich die »Macht der Gewerkschaften« in Deutschland zu brechen.
Doch die Herausforderungen für Tarifautonomie und Flächentarifvertragssystem gehen weit über die politischen Angriffe hinaus. Es vollziehen sich tiefgreifende Veränderungen in den wirtschaftlichen, sozialen und politischen Grundlagen der gewerkschaftlichen Tarifpolitik. Wer heute über zukunftstaugliche Strategien für Tarifautonomie und Flächentarifvertrag nachdenkt, der muss sich

mit dem rechtlichen Aufbau und der Funktionsweise des Systems und mit den veränderten Handlungsbedingungen auseinandersetzen.
In den nachfolgenden Kapiteln werden deswegen am Beispiel der deutschen Metall- und Elektroindustrie die Art und der Aufbau von Tarifverträgen sowie die rechtliche Arbeitsteilung zwischen den einzelnen Regelungsebenen erläutert. Weiterhin werden die veränderten Handlungsbedingungen untersucht und betriebs-, tarif- und organisationspolitische Anknüpfungspunkte für gewerkschaftliche Strategien im Umgang mit den neuen Herausforderungen vorgestellt.

Interessengegensatz und Regelungsbereiche
Die widerstreitenden Interessen zwischen Arbeitnehmerinnen und Arbeitnehmern einerseits und Arbeitgebern andererseits konkretisieren sich in den verschiedenen Bereichen, die mit dem Erwerbsarbeitsverhältnis zu tun haben. Gleichzeitig ist das gesamte Erwerbsarbeitssystem auch von partiellen Interessenüberschneidungen gekennzeichnet, auf die schon hingewiesen wurde. Aber schon bei der Konkretisierung solcher »Überschneidungen«, z. B. wenn es um den Bestand von Arbeitsverhältnissen geht, zeigen sich hinter der oberflächlichen Gemeinsamkeit sehr rasch die tief greifenden Gegensätze. So z. B. wenn von Arbeitgeberseite im konkreten Fall eine Senkung der Personalkosten und damit der tariflich gesicherten Entgeltansprüche zur Voraussetzung der Bestandssicherung gemacht wird. Aus der Sicht der abhängig Beschäftigten wird ihnen aber zum Arbeitsplatzrisiko zusätzlich auch ein Entgeltrisiko aufgebürdet, ohne dass damit eine echte Bestandsgarantie für ihre Arbeitsplätze gegeben werden kann. In folgenden Bereichen, die vor allem auch für die gewerkschaftliche Tarifpolitik von Bedeutung sind, lassen sich die gegensätzlichen Interessen der beiden Seiten deutlich machen:

1. Arbeitsverhältnis
2. Arbeitseinkommen
3. Arbeitszeit
4. Arbeitsinhalte
5. Arbeits- und Leistungsbedingungen

Dies wird in der folgenden Gegenüberstellung demonstriert (siehe Übersicht 1.2)

1.1.2 Arten und Aufbau von Tarifverträgen

Über Jahrzehnte hinweg haben die Tarifparteien die unterschiedlichsten Tarifverträge entwickelt. Sie gliedern sich nach Branchen, nach Beschäftigtengruppen, nach Regelungsinhalten, nach Regionen usw. Manche gelten nur für ein Unternehmen, andere wieder regeln Arbeitsbedingungen und Entgelte bundeseinheitlich.
Angesichts der Vielfalt der Verträge fällt es nicht immer leicht, sich zu orientieren.
Welcher Tarifvertrag gilt im Betrieb? Wo ist welche Regelung zu finden? Wer hat den Tarifvertrag abgeschlossen?

Um sich hier zurechtzufinden, können die Antworten auf vier grundlegende tarifrechtliche Fragestellungen hilfreich sein:

1. Wer schließt Tarifverträge ab?
2. Für wen gelten die Tarifverträge?
3. Was wird wo geregelt?
4. Gibt es Änderungen oder Ergänzungen zu vorhandenen tarifvertraglichen Bestimmungen, die beachtet werden müssen?

1. Wer schließt Tarifverträge ab?

Auf Seiten der abhängig Beschäftigten sind *ausschließlich Gewerkschaften* berechtigt, Tarifverträge abzuschließen. Und als Gewerkschaft gilt nur, wer auch ausreichende Macht (so genannte »soziale Mächtigkeit«) hat, bei einem Konflikt die Interessen seiner Mitglieder, notfalls auch mit dem Mittel des Streiks, durchzusetzen. Die Arbeitgeber üben häufig die Praxis, tariflich vereinbarte Entgelterhöhungen stillschweigend oder durch ausdrückliche Vereinbarung im Arbeitsvertrag auch an Unorganisierte weiterzugeben. Auf diese Weise soll verhindert werden, dass nicht organisierte Beschäftigte massenweise in die Gewerkschaft eintreten.

2. Für wen gelten Tarifverträge?

Will man der Frage nachgehen, welcher Tarifvertrag für wen gilt, dann ist auf die unterschiedlichen »*Geltungsbereiche*« der Tarifverträge zu achten:

- Wie bereits erwähnt gelten Tarifverträge häufig nicht bundesweit: Sie haben einen regionalen Geltungsbereich definiert.
- Tarifverträge gelten auch nicht für alle Branchen, sondern sie regeln die Bedingungen nach *fachlichen Geltungsbereichen*. So hat beispielsweise die Eisen- und Stahlindustrie andere Tarifverträge als die Metall- und Elektroindustrie.
- Auch der *persönliche Geltungsbereich* muss beachtet werden. Innerhalb des gleichen räumlichen und fachlichen Geltungsbereichs kann eine Differenzierung nach Beschäftigtengruppen vorliegen, z. B. zwischen Arbeitern und Angestellten, in Tarifgebieten, die noch keinen Entgelt-Rahmentarifvertrag eingeführt haben. Mit der Regelung einheitlicher Manteltarifverträge und mit den Entgelt-Rahmentarifverträgen schwindet diese überholte Trennung in mehr und mehr Branchen. Im persönlichen Geltungsbereich finden sich häufig auch Bestimmungen, dass Beschäftigte ab einem bestimmten Entgeltniveau, nicht unter die Tarifverträge fallen (AT-Beschäftigte).
- Tarifverträge gelten nur für Mitglieder der den Tarifvertrag schließenden Gewerkschaft. Dieses ist im persönlichen Geltungsbereich einiger Tarifverträge ausdrücklich erwähnt. Es gilt aber bereits nach § 3 Abs. 1 des Tarifvertragsgesetzes (TVG) der Grundsatz: Tarifgebunden sind nur die Mitglieder der Tarifvertragsparteien. Aus machtpolitischen Erwägungen und ohne den jeweiligen individuellen Rechtsanspruch gewähren Arbeitgeber die vereinbarten tariflichen Leistungen jedoch zumeist auch an Nicht-Mitglieder.

Vor diesem Hintergrund führen die unterschiedlichen Tarifkommissionen der IG Metall immer wieder die Diskussion darum, sogenannte Mitgliedervorteils-

Übersicht 1.2

Arbeitgeberinteresse	Arbeitnehmerinteresse
Arbeitsverhältnis: Rasche und kostengünstige Anpassung des betrieblichen Arbeitsmarktes an den wirtschaftlichen und technischen Wandel durch • Möglichkeiten des Heuerns und Feuerns • Aufspaltung der Belegschaft nach „Stamm"- und Randbelegschaften • Einsatz von befristeten Arbeitsverhältnissen, Fremdfirmen und Leiharbeitnehmern • Vergabe von Werkverträgen	**Arbeitsverhältnis:** Stabiles, zeitlich nicht befristetes und möglichst schwer kündbares bis unkündbares Vollzeitarbeitsverhältnis.
Arbeitsentgelt: Niedrige Arbeitskosten mit sehr hohen leistungs- oder gewinnabhängigen Entgeltanteilen.	**Arbeitsentgelt:** Möglichst hohes, gleichmäßiges, stabiles Arbeitsentgelt, das *ohne* „Zusatzleistungen" (Mehrleistungen, Zuschläge für Mehrarbeit, Schichtarbeit, Erschwernisse, Belastungen u. Ä. m.) erreicht wird.
Arbeitszeit: Relativ lange Normalarbeitszeiten bei gleichzeitig hoher Verfügbarkeit über die Lage und Verteilung der Arbeitszeit zur Rundumbesetzung der Maschinen und Anlagen. Hohe Einsatzzeiten für so genannte „Leistungsträger" und eher an betrieblichen Interessen orientierte schwankende Arbeitszeit für „Spitzenbedarf" (kapazitätsorientierte variable Arbeitszeiten).	**Arbeitszeit:** Kurze Arbeitszeit mit ausreichender Freizeit, soziale Lage der Arbeitszeit mit gemeinsamen Freizeitblöcken in der Familie, im Freundeskreis und in der Gesellschaft. Ausgleich für unerwünschte und unsoziale Arbeitszeiten, ausreichende Freizeit zur Erholung und Teilnahme am gesellschaftlichen Leben und selbstbestimmte Möglichkeiten bei der Lage, Verteilung und Planbarkeit der Arbeitszeit.
Arbeitsinhalte: Verfügung über den Grad der Arbeitsteilung nach wirtschaftlichen und technischen Gegebenheiten, Nutzung von „extrafunktionalen" Qualifikationen ohne Bezahlung, Verlagerung der Kosten für berufliche Weiterbildung auf die Arbeitnehmer oder auf staatliche Instanzen.	**Arbeitsinhalte:** Umfassende Arbeitsinhalte, Möglichkeiten zur Weiterentwicklung der persönlichen Qualifikation durch entsprechende Arbeitsinhalte und Arbeitsorganisation, Möglichkeiten der beruflichen Qualifizierung während der Arbeitszeit.
Arbeitsbedingungen: Niedrige Arbeitskosten, Möglichkeiten der Arbeitsintensivierung und Herrschaftssicherung, umfassende Kontrolle, Durchsichtigkeit und Steuerbarkeit des Produktionsprozesses, innerbetriebliche und überbetriebliche Vernetzung des gesamten Produktionsflusses, umfassende Nutzung des menschlichen Arbeitsvermögens durch technische und/oder soziale Kontrollen.	**Arbeitsbedingungen:** Humane Arbeitsbedingungen mit begrenzter und stabiler Leistungsabforderung, ausreichende Erholungs-, Kommunikations- und Beteiligungszeiten, Mitbestimmung über Arbeits- und Leistungsbedingungen.

Regelungen in den Tarifverträgen zu verankern. 2023 hat der 25. Ordentliche Gewerkschaftstag der IG Metall diesbezüglich festgestellt, dass Einigkeit darüber herrscht »*...dass Mitgliederbonus-Regelungen einen festen Platz in der Tarifpolitik der IG Metall behalten sollen*« und beschlossen, dass insbesondere »*...in betrieblichen Tarifauseinandersetzungen, vor allem bei Ergänzungs- und abweichenden Tarifverträgen*« und im Rahmen von Verhandlungen über so genannte Zukunftstarifverträge (vgl. Kapitel 3.8.) Mitgliedervorteilsregelungen angestrebt bzw. vereinbart werden sollen.

3. Was wird wo geregelt?

Inhalte der Tarifverträge sind gesetzlich nicht abschließend vorgegeben. Im Rahmen der Tarifautonomie liegt es bei den Tarifparteien, was sie regeln wollen. Tarifverträge können den ganzen Bereich der Arbeits- und Wirtschaftsbedingungen abdecken. Das Spektrum reicht von der Festlegung der regelmäßigen Arbeitszeit über Eingruppierungskriterien, monatliches Entgelt, Urlaubs- oder Weihnachtsgeld, Regelung der Leistungsbedingungen bis hin zu Mitbestimmungs- und Beteiligungsrechten für Beschäftigte und Betriebsräte usw.
Die Inhalte sind meist nicht in einem einzigen Tarifvertrag geregelt. Typischerweise werden verschiedene Tarifverträge in einer Branche abgeschlossen. Als grobe Orientierung kann folgendes Raster dienen (siehe Übersicht 1.3):

Übersicht 1.3

Manteltarifverträge regeln üblicherweise Fragen der Arbeitszeit, Zulagen und Zuschläge, Urlaub, Entgeltfortzahlung, bezahlte Freistellung, Beendigung des Arbeitsverhältnisses (Kündigungsfristen) usw.

Entgelt-Rahmentarifverträge enthalten Verfahren zur Eingruppierung, Entgelt-Gruppenbeschreibungen, Regelungen über leistungsbezogene Entgeltbestandteile usw.

Entgelt-Tarifverträge legen die Entgelte der Beschäftigten fest.

Spezielle Tarifverträge regeln Einzelfragen wie Altersteilzeit, vermögenswirksame Leistungen, Beschäftigungssicherung und Ähnliches mehr.

Die Aufteilung verschiedener Regelungsinhalte auf einzelne Arten von Tarifverträgen kann sich von Tarifgebiet zu Tarifgebiet unterscheiden.

Tarifverträge können die von den Arbeitgebern einzuhaltenden Arbeitsbedingungen (normativer Teil des Tarifvertrags) wie auch das Verhältnis der Tarifvertragsparteien zueinander (schuldrechtlicher Teil des Tarifvertrags) regeln (siehe Übersicht 1.4).

Übersicht 1.4

Normativer und schuldrechtlicher Teil	
Arbeitsrechtlich wird zwischen dem *normativen* und dem *schuldrechtlichen* Teil eines Tarifvertrages unterschieden. Im normativen Teil werden die Inhalte geregelt, die für die Beschäftigten unmittelbar und zwingend gelten. Im schuldrechtlichen Teil regeln die Tarifvertragsparteien ihre gegenseitigen Rechte und Pflichten.	
Zum **normativen** Teil gehören Normen über:	Zum **schuldrechtlichen** Teil gehören:
Abschluss (z. B. Schriftform des Arbeitsvertrages usw.)	*Friedenspflicht*
Inhalte (z. B. Arbeitszeit, Eingruppierung, Urlaub usw.)	*Durchführungs- und Einwirkungspflicht*
Beendigung (z. B. Regelung über Kündigungsverbote) des Arbeitsverhältnisses	*Schlichtungsvereinbarungen*
Betriebliche Regelungsfragen (z. B. Einführung von Kurzarbeit)	Laufzeit des Tarifvertrages
Betriebsverfassungsrechtliche Fragen (Zusätzliche Mitbestimmungsrechte)	Kündigungsfrist des Tarifvertrages
	Verhandlungsverpflichtungen

4. Gibt es Änderungen oder Ergänzungen zu vorhandenen tarifvertraglichen Bestimmungen, die beachtet werden müssen?

In manchen Fällen werden für einzelne Betriebe, einzelne Bereiche eines Betriebes oder für bestimmte Beschäftigtengruppen im Unternehmen geltende tarifliche Bestimmungen aufgrund besonderer Bedingungen *ergänzt* oder *geändert* – man spricht in diesem Fall von »*Ergänzungstarifverträgen*«. Der Ergänzungstarifvertrag ist ein Vertrag zwischen einer Gewerkschaft und dem Arbeitgeberverband oder der Geschäftsleitung eines tarifgebundenen Unternehmens. Änderungen und Ergänzungen geltender tariflicher Bestimmungen können nur die Tarifparteien vornehmen, nicht aber der Betriebsrat! (Kapitel 1.2 und Kapitel 2.6.2).

Das Instrument der Ergänzungstarifverträge ist nicht neu. Die Tradition zusätzlich zum Flächentarifvertrag spezifische Regelungen zu vereinbaren, reicht teilweise bis in die 60er Jahre des letzten Jahrhunderts hinein. Oftmals wurden

durch abweichende Regelungen betriebsspezifische Eingruppierungsverfahren und -kriterien oder Prämienregelungen entwickelt.
Eine neue Qualität und Dynamik hat die Auseinandersetzung um abweichende betriebliche Tarifregelungen in den letzten Jahren erhalten. Vor dem Hintergrund verschärfter Standortkonkurrenz sind die Interessenvertretungen mit massiven Erpressungsversuchen der Arbeitgeber konfrontiert, die darauf zielen, von den geltenden tariflichen Bestimmungen abzuweichen und beispielsweise Arbeitszeiten zu verlängern und/oder Entgelte abzusenken.

1.2 Tarifvertrag, Betriebsvereinbarung und Einzelarbeitsvertrag

1.2.1 Überblick

Der Tarifvertrag ist die wichtigste, aber nicht die einzige Regelung zur Bestimmung eines Arbeitsverhältnisses. Hierfür sind zusätzlich vor allem der Einzelarbeitsvertrag, die Betriebsvereinbarung und einschlägige Gesetze und Verordnungen wichtig. Konkret werden die Rechte und Pflichten des Beschäftigten in einem abhängigen Arbeitsverhältnis im *Arbeitsvertrag* geregelt.
Auf den Arbeitsvertrag findet das Bürgerliche Gesetzbuch mit dem § 611a BGB Anwendung. Dort heißt es: »(1) Durch den Arbeitsvertrag wird der Arbeitnehmer im Dienste eines anderen zur Leistung weisungsgebundener, fremdbestimmter Arbeit in persönlicher Abhängigkeit verpflichtet. Das Weisungsrecht kann Inhalt, Durchführung, Zeit und Ort der Tätigkeit betreffen. … (2) Der Arbeitgeber ist zur Zahlung der vereinbarten Vergütung verpflichtet.« Der Einzelarbeitsvertrag ist im Übrigen an Gesetze und Verordnungen (z. B. Arbeitszeitgesetz, Bundesurlaubsgesetz, Allgemeines Gleichbehandlungsgesetz und natürlich das Bürgerliche Gesetzbuch), an die Tarifverträge (sofern beiderseitige Tarifbindung vorliegt) und an Betriebsvereinbarungen gebunden. Der Arbeitsvertrag kann allerdings *zugunsten* des Arbeitnehmers von solchen Bestimmungen abweichen. So kann z. B. ein längerer als der tarifliche Urlaub vereinbart werden, eine höhere Bezahlung und Ähnliches mehr.
Im Verhältnis zwischen Arbeitsvertrag und Tarifvertrag gilt das »Günstigkeitsprinzip«. D. h. im Arbeitsvertrag können bessere, aber keine schlechteren Regelungen als im Tarifvertrag vereinbart werden.
Demgegenüber besteht im Verhältnis zwischen Betriebsvereinbarung und Tarifvertrag ein Vorbehalt bzw. ein Vorrang des Tarifvertrags. Das bedeutet, dass in einer Betriebsvereinbarung keine Angelegenheiten geregelt werden können, über die eine tarifliche Regelung besteht, auch dann nicht, wenn die betriebliche Regelung günstiger wäre; es sei denn es handelt sich um ein zwingendes Mitbestimmungsrecht des Betriebsrates.
Vgl. dazu die Übersichten 1.5 und 1.6.

Übersicht 1.5: Regelungen von Arbeitsbedingungen im Überblick

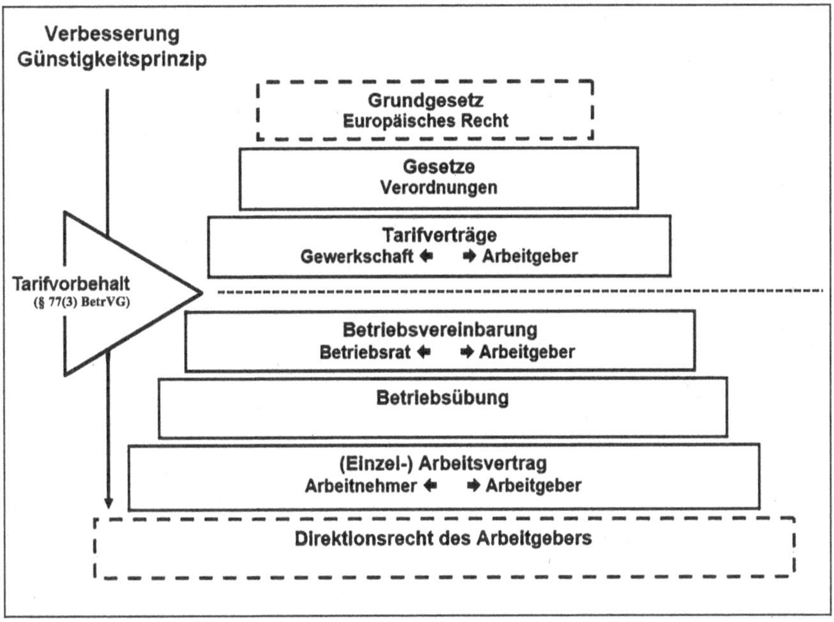

Übersicht 1.6

Die gesetzlichen Bestimmungen sind hierarchisch gegliedert. (Über- und Unterordnung der Wirkungsbereiche und Regelungsbestimmungen)
Die höhere Bestimmung setzt Mindestnormen für die unteren, d. h. keine Bestimmung darf gegen die nächst höhere verstoßen. (z. B. darf eine Betriebsvereinbarung nicht gegen den TV verstoßen)
Verbesserungen zugunsten der Arbeitnehmer sind in der Regel möglich. (z. B. kann ein Tarifvertrag die Mitbestimmungsmöglichkeiten des BetrVG verbessern oder in einem Einzelarbeitsvertrag können günstigere Bedingungen für einzelne Arbeitnehmer vereinbart werden.)

1.2.2 Tarifvertrag und Einzelarbeitsvertrag

Allerdings dürfen vonseiten des Arbeitgebers das *Gleichheitsgebot* des Grundgesetzes Art. 3 und der *Gleichbehandlungsgrundsatz* des Betriebsverfassungsgesetzes (§ 75) nicht verletzt werden.
Eine besondere Rolle spielt dabei das so genannte »Günstigkeitsprinzip« nach § 4 Abs. 3 TVG. Diese Bestimmung besagt:

Tarifvertrag
»Abweichende Abmachungen sind nur zulässig, soweit sie durch den Tarifvertrag gestattet sind oder eine Änderung der Regelungen zugunsten des Arbeitnehmers enthalten.«
(§ 4 Abs. 3 Tarifvertragsgesetz)

In der herrschenden Auslegung besagt das Günstigkeitsprinzip eindeutig, dass im Einzelvertrag *zugunsten* des Arbeitnehmers vom Tarifvertrag abgewichen werden kann. Dabei dürfen aber nicht verschiedene tariflich geregelte Leistungen oder Bereiche gegeneinander oder mit nicht tariflich geregelten Punkten aufgewogen werden.
Das heißt also, alle tariflichen Bedingungen müssen eingehalten, an einem oder mehreren Punkten können sie zugunsten des Arbeitnehmers übertroffen werden, z. B. höheres Entgelt (*ohne* längere Arbeitszeit), kürzere Arbeitszeit (ohne Entgeltkürzung), längerer Urlaub, höhere Zuschläge etc.
Einzelne Arbeitgeber und auch Arbeitgeberverbände versuchen Verschlechterungen tariflicher Leistungen mit dem Günstigkeitsprinzip zu begründen, weil es günstiger sei, z. B. einen Arbeitsplatz auch bei untertariflichen Einkommen oder längerer Arbeitszeit, als keinen Arbeitsplatz zu haben. Sowohl diese »Abwägung« (Kompensation) als auch die Verschlechterung ist unzulässig, auch wenn es einige anderslautende Auffassungen von Arbeitsverschlechterungen gibt (vgl. Berg/Kocher/Schumann, 8. Auflage, Frankfurt am Main 2025, S. 625 ff.). Die juristische Mehrheitsmeinung lehnt diese Auslegung des Günstigkeitsprinzips auch heute ab. Es wird zunehmend wichtiger, diese Position in der juristischen und politischen Debatte zu stützen.

1.2.3 Tarifvertrag und Gesetz

Neben dem § 611a BGB bestimmen auch eine Reihe weiterer Gesetze Einzelheiten in Bezug auf Arbeitsverhältnisse, so z. B.
- den Kündigungsschutz (Kündigungsschutzgesetz),
- die Entgeltfortzahlung (Entgeltfortzahlungsgesetz),
- den Datenschutz (Bundesdatenschutzgesetz),
- den Mindesturlaub für Arbeitnehmer (Bundesurlaubsgesetz).

Dies sind nur einige Beispiele. Allerdings können über die hier geregelten Fragen auch tarifliche Regelungen abgeschlossen werden, sofern sie für die Beschäftigten besser sind als die gesetzliche Regelung.
Dazu drei *Beispiele:*
- *Urlaub*:
  Der Mindesturlaub des Bundesurlaubsgesetzes von 24 Werktagen hat praktisch keine Bedeutung. In allen Wirtschaftsbereichen ist ein längerer Urlaub per Tarifvertrag vereinbart (in der Eisen- und Stahlindustrie und der Metallindustrie z. B. von 30 Arbeitstagen für alle Beschäftigten).

- *Arbeitszeit*:
  Gleiches gilt für das Arbeitszeitgesetz, wonach eine wöchentliche Regelarbeitszeit von 48 Stunden zulässig ist, während Tarifverträge in der Regel höchstens 40 Stunden vorsehen. Für fast 15 Millionen Beschäftigte sind derzeit Tarifverträge mit einer Regelarbeitszeit von weniger als 40 Stunden in der Woche abgeschlossen. In vielen Tarifverträgen ist die 35-Stunden-Woche vereinbart.
- *Entgeltfortzahlung*:
  In einer Reihe von Tarifverträgen der Metall- und Elektroindustrie, die insgesamt für die Mehrheit der dort Beschäftigten gelten, ist der Anspruch auf Fortzahlung des Entgelts im Krankheitsfall unmittelbar im Tarifvertrag geregelt, während in anderen Tarifverträgen nur auf das Entgeltfortzahlungsgesetz verwiesen wird. In den erstgenannten Fällen blieb der Anspruch auf Entgeltfortzahlung auch bestehen, als die volle gesetzliche Entgeltfortzahlung von 1996 bis 1998 um 20 % abgesenkt wurde.

Das Verhältnis von Gesetz und Tarifvertrag ist in der praktischen Arbeit in der Regel *unkompliziert*. Probleme treten etwa im Verhältnis von Arbeitszeitgesetz und tariflichen Arbeitszeitbestimmungen und bei unterschiedlichen Formen von Lage und Verteilung der Arbeitszeit bei der Feiertagsbezahlung auf. Solche Fragen müssen im Streitfall durch die Arbeitsgerichte bis hin zu Entscheidungen des Bundesarbeitsgerichts geklärt werden.

Das Auseinanderklaffen zwischen gemeinsamem Wirtschaftsraum und der weitgehend fehlenden Sozial- und Tarifunion innerhalb der Europäischen Union erforderte eine Konkretisierung der Gesetzeslage. Hierbei ist das Grundrecht der Beschäftigten auf die Arbeitnehmerfreizügigkeit und damit die vorhandene Konkurrenz des unterschiedlichen Niveaus der Arbeitsbedingungen innerhalb der Europäischen Union zu regulieren. Ein damals neues Verhältnis von Gesetz und Tarifvertrag wurde durch das Arbeitnehmer-Entsende-Gesetz vom 9. Februar 1996 bestimmt. Ziel dieses Gesetzes ist die Festschreibung zwingender Arbeitsbedingungen für Arbeitnehmer und Arbeitnehmerinnen, die von im Ausland ansässigen Arbeitgebern zur grenzüberschreitenden Erbringung von Dienstleistungen nach Deutschland entsandt werden. Dieses Gesetz schreibt vor, dass insbesondere im Bereich des Bauhaupt- und Baunebengewerbes sowie in den montierenden Handwerksbereichen (Elektro, Heizung – Sanitär – Klima) ein von den zuständigen Gremien für allgemeinverbindlich erklärter Tarifvertrag auch für alle (ausländischen) Beschäftigten von Subunternehmern/Werksvertragsfirmen gilt. Mit der Diskussion über Mindestlöhne wurden 2009 weitere Branchen in das Entsendegesetz aufgenommen.

1.2.4 Tarifkonkurrenz und Tarifpluralität

In der Tarifpraxis gibt es Fälle der Anwendung verschiedener Tarifverträge innerhalb eines Betriebes. Die Rechtsprechung hat diese Fälle bisher unter der Maßgabe des Grundsatzes der Tarifeinheit zugunsten eines Tarifvertrages aufgelöst. Das Bundesarbeitsgericht hat mit einer Grundsatzentscheidung im Jahr

2010 seine bis damals geltende Rechtsprechung verändert. Hinter der Auseinandersetzung um die Tarifeinheit stehen folgende Fallgestaltungen:
a) Die Anwendung mehrerer unterschiedlicher Tarifverträge auf ein Arbeitsverhältnis.
Sind verschiedene Tarifverträge, die den gleichen Sachverhalt regeln, auf ein Arbeitsverhältnis anzuwenden, so bezeichnet man dieses als *Tarifkonkurrenz*. Zu einer Tarifkonkurrenz kann es kommen, wenn eine Gewerkschaft den gleichen Sachverhalt in verschiedenen Tarifverträgen, z. B. einem Flächentarifvertrag und einem zusätzlich für einen einzelnen Betrieb abgeschlossenen Ergänzungstarifvertrag regelt. Häufige Fälle sind Ergänzungs- oder Sanierungstarifverträge, in denen für einen Betrieb für einen befristeten Zeitraum die Abänderung von Tarifstandards vereinbart wurde. In diesen Fällen regelt der Flächentarifvertrag z. B. ein Weihnachtsgeld in Höhe von 50 % des Monatseinkommens, der Firmentarifvertrag nur eine Pauschalzahlung.
Die Rechtsprechung des BAG hat zur Lösung der Frage, welcher Tarifvertrag anzuwenden ist, das Prinzip der Tarifeinheit entwickelt. Nach der Rechtsprechung des BAG ist nur ein Tarifvertrag anzuwenden und zwar der speziellere (Spezialitätsprinzip). Ein Firmentarifvertrag gilt gegenüber dem Flächentarifvertrag immer als der speziellere Tarifvertrag. Das BAG hat praktisch also den Grundsatz verfolgt »Stadtrecht bricht Landrecht«. Bei Fällen von Tarifkonkurrenz hat diese Rechtsprechung nach wie vor Bestand, innerhalb eines Arbeitsverhältnisses können keine sich widersprechenden Tarifregelungen zur Anwendung kommen.
b) Die Anwendung mehrerer unterschiedlicher Tarifverträge in einem Betrieb auf verschiedene Arbeitsverhältnisse
Sind in einem Betrieb auf verschiedene Arbeitsverhältnisse unterschiedliche Tarifverträge anzuwenden, so bezeichnet man dieses als *Tarifpluralität*. Zu einer solchen Situation kann es kommen, wenn innerhalb eines Betriebes Beschäftigte in unterschiedlichen Gewerkschaften organisiert sind und der Arbeitgeber unterschiedliche Tarifverträge mit den Gewerkschaften geschlossen hat bzw. Mitglied in mehreren Arbeitgeberverbänden ist.
In seiner bis 2010 existierenden Rechtsprechung hatte das Bundesarbeitsgericht festgelegt, dass auch für diese Fälle der Tarifpluralität der Grundsatz der Tarifeinheit galt. D. h., nur der speziellere Tarifvertrag war anzuwenden. Für die Beschäftigten, die unter den allgemeineren Tarifvertrag fielen, entfiel der tarifliche Schutz ersatzlos. Von dieser Rechtsprechung ist das Bundesarbeitsgericht mit seiner Entscheidung vom 7. 7. 2010 – 4 AZR 549/08 abgerückt, soweit es um Rechtsnormen eines Tarifvertrages geht, die den Inhalt, den Abschluss und die Beendigung von Arbeitsverhältnissen regeln (Inhaltsnormen). Somit galt der Grundsatz, dass in einem Betrieb auch mehrere Tarifverträge nebeneinander gelten können. Das Prinzip der Tarifeinheit galt allerdings weiterhin für betriebs- und betriebsverfassungsrechtliche Normen (z. B. Arbeitszeit, Arbeitssicherheit, Besetzungsregelungen, alternative Arbeitnehmervertretungen nach § 3 BetrVG etc.).
Durch diese Änderung der Rechtsprechung des Bundesarbeitsgerichtes zur Tarifkollision, wurde im Jahr 2016 das Tarifvertragsgesetz im § 4a um den Grund-

satz der Tarifeinheit ergänzt. Jetzt gilt der Grundsatz, dass im Betrieb nur ein Tarifvertrag gelten kann und zwar der Tarifvertrag derjenigen Gewerkschaft, die die meisten Mitglieder im Betrieb vertritt (»Mehrheitsgewerkschaft«). Damit wird sowohl dem demokratischen Prinzip der Mehrheitsentscheidung als auch den Prinzipien der Einheitsgewerkschaft Rechnung getragen.
Gegen diese Gesetzesänderung haben u. a. mehrere Standesorganisationen geklagt, da sie sich in ihren Rechten beschnitten sahen. Insbesondere sahen sie das Streikrecht der »Minderheitsgewerkschaft« beschnitten. Das Bundesverfassungsgericht hat aber 2017 die Gesetzesänderung im Grundsatz für verfassungskonform erklärt, aber die Bundesregierung aufgefordert, hinsichtlich der Rechte der »Minderheitsgewerkschaften« Nachbesserungen in das Gesetz einzuarbeiten.
Das bekannteste Beispiel für die Auseinandersetzung um kollidierende Tarifverträge ist die Deutsche Bahn. Hier ringen die Deutsche Eisenbahnergewerkschaft (EVG; Mitglied im DGB) und die Deutsche Lokführergewerkschaft (GDL) um die Herstellung der Tarifeinheit bzw. den Erhalt der Tarifpluralität. Bei der Deutschen Bahn existieren verschiedene Tarifverträge mit zum Teil unterschiedlichen Regelungen. Diese Tarifpluralität beruht u. a. auf § 4a Absatz 2 des Tarifvertragsgesetz. Hiernach sind Tarifverträge mit unterschiedlichen inhaltlichen Regelungen (nur) dann aufzulösen, wenn sich die Geltungsbereiche der jeweiligen Tarifverträge überschneiden (kollidierende Tarifverträge). Das ist bei der Bahn durchaus der Fall, insbesondere weil es sich sowohl um unterschiedliche Teilbetriebe als auch um unterschiedliche Beschäftigtengruppen handelt. Eine ausführliche Darstellung dieser – für die Wahrnehmung der Interessen der Beschäftigten – außerordentlich spannenden Rechtssituation muss hier jedoch aus Gründen der inhaltlichen Komplexität und Ausdifferenzierheit unterbleiben.

1.2.5 Tarifvertrag und Betriebsvereinbarung

Neben Tarifverträgen haben *Betriebsvereinbarungen* die größte praktische Bedeutung für Arbeitsverhältnisse und konkrete Arbeitsbedingungen. Aus den Mitbestimmungsrechten des Betriebsverfassungsgesetzes, aber auch aus vielen freiwilligen Betriebsvereinbarungen ergeben sich für das einzelne Arbeitsverhältnis konkrete Punkte, vor allem aber auch betriebliche Normen, die für den einzelnen Beschäftigten Geltung haben. Denn auch Betriebsvereinbarungen gelten – so wie die Rechtsnormen der Tarifverträge – unmittelbar und zwingend:

Rechtsvorschrift
»Betriebsvereinbarungen gelten unmittelbar und zwingend.«
(§ 77 Abs. 4 Satz 1 BetrVG)

1.2.6 Tarifvorbehalt und Tarifvorrang

Vom Grundsatz her ist das Verhältnis zwischen Tarifvertrag und Betriebsvereinbarung vom Gesetzgeber eindeutig geregelt. Es besteht der so genannte »Tarifvorbehalt« und der »Tarifvorrang«. In der Praxis ist aber das Verhältnis von

Tarifvertrag und betrieblichen Bestimmungen äußerst vielschichtig und teilweise kompliziert.
Der Tarifvorbehalt ist in § 77 Absatz 3 des Betriebsverfassungsgesetzes formuliert und zielt darauf ab, dass die Ausgestaltung der grundlegenden Arbeitsbedingungen der Regelung durch Tarifverträge vorbehalten bleibt.

> **Rechtsvorschrift**
> *»Arbeitsentgelte und sonstige Arbeitsbedingungen, die durch Tarifvertrag geregelt sind oder üblicherweise geregelt werden, können nicht Gegenstand einer Betriebsvereinbarung sein. Dies gilt nicht, wenn ein Tarifvertrag den Abschluss ergänzender Betriebsvereinbarungen ausdrücklich zulässt.«*
> (§ 77 Abs. 3 BetrVG)

Der Tarifvorrang, geregelt in § 87 Absatz 1 des Betriebsverfassungsgesetzes, sichert grundsätzlich die Mitbestimmungsrechte der betrieblichen Interessenvertretung über soziale Angelegenheiten, räumt gleichzeitig jedoch etwaig bestehenden tarifvertraglichen Regelungen demgegenüber einen Vorrang ein:

> **Rechtsvorschrift**
> *»Der Betriebsrat hat, soweit eine gesetzliche oder tarifliche Regelung nicht besteht, in folgenden Angelegenheiten mitzubestimmen […]«*
> (§ 87 Abs. 1 Satz 1 BetrVG)

Mit Tarifvorbehalt und Tarifvorrang sollen Tarifverträge und das Tarifvertragssystem gegenüber konkurrierenden betrieblichen Regelungen geschützt werden. Dieses Wollen des Gesetzgebers hat seinen Grund darin, dass letztlich nur durch betriebsübergreifend organisierte Gewerkschaften mit Streikrecht die zentralen Entgelt- und Arbeitsbedingungen in halbwegs gleichgewichtiger Form zum Schutze der abhängig Beschäftigten und zur Vergrößerung ihres Einflusses geregelt werden können.
Der Tarifvorbehalt nach § 77 Abs. 3 BetrVG besagt konkret, dass z. B.

- betriebliche Eingruppierungssysteme,
- die Dauer der Arbeitszeit oder
- die Entgelthöhe

nicht durch Betriebsvereinbarungen geregelt werden dürfen – auch nicht, falls die Regelung günstiger wäre für die Beschäftigten als der Tarifvertrag. Entsprechende Vereinbarungen sind nichtig.
Politisch gesehen könnten in dem einen oder anderen Einzelfall betrieblich zwar bessere Regelungen herausgeholt werden. Insgesamt würde aber diese Fixierung auf den Betrieb sowohl die Handlungsmöglichkeiten im Betrieb auf Dauer verengen und die Durchsetzungsfähigkeit der Gewerkschaften z. B. bei Einkommensverbesserung und Arbeitszeitverkürzung generell aushöhlen. Nicht zu vergessen ist jedoch, dass im *Einzelarbeitsvertrag* günstigere Bedingungen abgeschlossen werden können.

Selbst die Wiederholung eines Tarifvertragstextes in einer Betriebsvereinbarung wäre unwirksam. Und auch die Aufspaltung, etwa der Entgelte, in einen »tariflichen Sockel« und einen durch Betriebsvereinbarung geregelten »Übertarif« ist unwirksam.
Im Unterschied zu § 77 Abs. 3 BetrVG hebt § 87 Abs. 1 *nicht* darauf ab, ob etwas üblicherweise geregelt ist, sondern bezieht sich nur auf *tatsächlich vorhandene* (gesetzliche und) tarifliche Regelungen.
Aber schon aus den genannten Beispielen, aus der »Öffnungsklausel« für ergänzende Betriebsvereinbarungen nach § 77 Abs. 3 Satz 2 und aus den Möglichkeiten des § 87 Abs. 1, insbesondere der Mitbestimmungsrechte nach Ziff. 10 und 11, ergibt sich ein vielschichtiges Beziehungsgeflecht zwischen Tarifverträgen und Betriebsvereinbarungen. Dazu einige Hinweise zur Orientierung:

1.2.7 »Regelungsabsprache« und Einzelarbeitsvertrag

Vielfach werden an sich unzulässige Betriebsvereinbarungen als Ergänzungen der Einzelarbeitsverträge behandelt. Hier ist aber höchste Vorsicht am Platze, weil solche, z. B. zusätzliche Entgeltbestandteile, *keinen anderen Schutz als den des Einzelarbeitsvertrages* genießen, also durch Änderungskündigung beseitigt werden können. Für unzulässige Betriebsvereinbarungen gibt es keinen kollektiven rechtlichen Schutz!

1.2.8 Ergänzende Betriebsvereinbarungen und Öffnungsklauseln

Solche ergänzenden Betriebsvereinbarungen oder Öffnungsklauseln sind in der Tarifvertragspraxis gang und gäbe. Sie dienen oft als von den Tarifvertragsparteien ausdrücklich gewolltes Instrument, um eine allgemeine und abstrakte tarifliche Norm auf betrieblicher Ebene konkretisieren zu können. Mitunter sind sie auch die notwendige Folge davon, dass die Tarifvertragsparteien sich zu Detailregelungen nicht imstande gesehen haben.
Für das betriebliche Handeln sind verschiedene Fälle zu unterscheiden:

- Der Tarifvertrag verpflichtet die Betriebsparteien zur *Auswahl* einer der im Tarifvertrag bereits definierten *Varianten*. U. U. liefern die Tarifvertragsparteien zusätzlich Kriterien, nach denen diese Auswahl zu treffen ist. Dies geschieht z. B. bei Entgeltgrundsätzen oder -methoden.
- Der Tarifvertrag verzichtet auf eine genauere Festlegung von Regelungen. Diese werden vielmehr *von den Betriebsparteien* »selbstständig« *vereinbart*. Dies gilt z. B. teilweise bei den Bestimmungen zur Leistungsbeurteilung im Zeitentgelt nach den Entgelt-Rahmentarifverträgen (z. B. in Niedersachsen oder in den Tarifgebieten der Mittelgruppe).
- Der Tarifvertrag legt genauere Regelungen fest, betont dabei aber ausdrücklich die Möglichkeit alternativer Regelungen auf betrieblicher Ebene. Im Unterschied zur vorherigen Variante bedarf die betriebliche Regelung aber der *Zustimmung der Tarifvertragsparteien*. Dies gilt z. B. bei den Bestimmungen

zur Leistungsbeurteilung im Zeitentgelt nach dem Entgelt-Rahmentarifvertrag für die Tarifgebiete des Nordverbunds.
- Es gibt keine tarifliche Regelung zu dem fraglichen Gegenstand.

Ferner muss darauf geachtet werden, ob der jeweilige Regelungsgegenstand einer erzwingbaren Mitbestimmung unterliegt oder durch die Tarifnorm eine freiwillige Betriebsvereinbarung ermöglicht ist. In den Bestimmungen der Entgelt-Rahmentarifverträge über betriebliche Richtbeispiele für die Eingruppierung gibt es beide Varianten.

Es ist folglich immer zu prüfen, ob und inwieweit die Tarifregelung die Sperrwirkung des § 77 Abs. 3 BetrVG aufhebt bzw. ein Mitbestimmungsrecht des Betriebsrates nach § 87 Abs. 1 BetrVG besteht.

Gerade in den Themen, die dieses Handbuch behandelt, also bei Fragen der Eingruppierung und der Entgeltgrundsätze, ist dieses Zusammenspiel von tarifvertraglicher Bestimmung und Betriebsvereinbarung in den allermeisten Fällen tägliche Praxis.

1.2.9 Erweiterung der Betriebsverfassung/der Mitbestimmungsrechte durch Tarifvertrag

Durch Tarifvertrag können die Rechte des Betriebsrates erweitert werden. Dies gilt sowohl für Informationsrechte als auch für echte Mitbestimmungsrechte, dieses hat das Bundesarbeitsgericht in seiner Rechtsprechung mehrfach bestätigt. Durch Tarifvertrag können z. B. die Informationsrechte des Betriebsrates und der Beschäftigten erweitert werden. Aber auch Mitbestimmungsrechte können durch den Tarifvertrag verankert werden. So kann z. B. das Unterrichtungs- und Beratungsrecht nach § 90 BetrVG durch Tarifvertrag in ein echtes Mitbestimmungsrecht erweitert werden. Insbesondere können auch konkrete Mitbestimmungsrechte bei der Planung, Einführung und Anwendung neuer Formen von Technik und Arbeitsorganisation durch Tarifvertrag eingeführt und ausgestaltet werden.

2. »Wir mischen uns da ein« – Der Konflikt um Entgelt-, Arbeits- und Leistungsbedingungen

2.1 Politische und wirtschaftliche Rahmenbedingungen der Tarifpolitik

Die Gewerkschaften haben eine Schutzfunktion und eine Gestaltungsfunktion. Einerseits schützen sie die Beschäftigten vor Angriffen und Verschlechterungen der Entgelt-und Arbeitsbedingungen, anderseits setzen sie sich für eine Verbesserung dieser Bedingungen ein. Dabei handeln die Gewerkschaften auf drei Ebenen:

- Betriebspolitik
- Tarifpolitik
- Gesellschaftspolitik

Die Handlungsmöglichkeiten der Gewerkschaften auf der Ebene der Tarifpolitik unterscheiden sich von den beiden anderen Ebenen in zweierlei Weise:

- Anders als auf der Ebene der Betriebspolitik können die Gewerkschaften mit ihrer Tarifpolitik überbetrieblich handeln. Flächentarifverträge gelten – je nach der Größe der Tarifgebiete – für mehrere Hundert, teilweise über 1000 Betriebe einer Branche bzw. Region. Damit besteht die Möglichkeit, bei den Entgelt- und Arbeitsbedingungen tarifliche Standards zu setzen, die in allen Betrieben eingehalten werden müssen. Die Durchsetzkraft der Gewerkschaften ist auf der Ebene der Tarifpolitik deutlich stärker als auf der betrieblichen Ebene, insbesondere weil sie die Möglichkeit haben, eine große Zahl von Betrieben zu Warnstreiks und Streiks aufzurufen.
- Anders als auf der Ebene der Gesellschaftspolitik können die Gewerkschaften mit ihrer Tarifpolitik eigenständig handeln und Tarifverträge abschließen, ohne darauf angewiesen zu sein, dass Regierungen oder Parlamente ihre Forderungen aufnehmen. Diese eigenständige bzw. autonome Handlungsmöglichkeit der Gewerkschaften ist im Grundgesetz verankert (Tarifautonomie).

Die tarifpolitischen Handlungsmöglichkeiten der Gewerkschaften werden allerdings auch durch die wirtschaftlichen und politischen Rahmenbedingungen beeinflusst.

Wirtschaftliche Rahmenbedingungen

In wirtschaftlichen Krisenzeiten und in Zeiten mit einer hohen Arbeitslosigkeit sind die Bedingungen für die gewerkschaftliche Tarifpolitik schlechter als in einer Phase der Hochkonjunktur und niedriger Arbeitslosigkeit. Wenn die

Gewinne der Unternehmer steigen, fällt es den Gewerkschaften leichter, gute Tarifverträge durchzusetzen als in einer Situation, in der eine relevante Zahl von Betrieben Verluste schreibt. Bei einem hohen Auftragseingang in den Betrieben kann durch Warnstreiks und Streiks Druck auf die Unternehmer erzeugt werden, um sie zu Zugeständnissen zu bewegen. Diese Mittel sind weniger wirkungsvoll, wenn in einer relevanten Zahl von Betrieben Kurzarbeit vereinbart ist. In Zeiten der Massenarbeitslosigkeit kündigten die metallindustriellen Arbeitgeberverbände sogar von sich aus die Tarifverträge und versuchten, tarifliche Verschlechterungen durchzusetzen. Dennoch gelang es der IG Metall weitgehend, diese Angriffe der Arbeitgeberverbände abzuwehren. In diesen Zeiten fürchten viele Beschäftigte, ihren Arbeitsplatz zu verlieren, und formulieren geringere Erwartungen an Tarifsteigerungen. Insofern spiegeln die Tarifverträge und insbesondere die Tarifabschlüsse die wirtschaftlichen Rahmenbedingungen wieder.

Politische Rahmenbedingungen

Mitte der 1990er Jahre war die Arbeitslosigkeit in Deutschland wesentlich höher als heute. Marktradikale Politiker sahen dies als Chance an, das von ihnen ungeliebte Instrument der Flächentarifverträge auszuhöhlen oder gar abzuschaffen. Der damalige Präsident des Bundesverbandes der deutschen Industrie, Michael Rogowski formulierte im Jahr 2003 dazu wörtlich: *»Ich wünsche mir manchmal ein großes Lagerfeuer, um das Betriebsverfassungsgesetz und die Tarifverträge hineinzuwerfen. Danach könnte man einfach wieder von vorne anfangen.«*
Nicht alle, aber große Teile der Unternehmer folgten dieser radikalen Sichtweise. Große Teile der CDU und die FDP forderten, das System der Flächentarifverträge zu unterlaufen und Vereinbarung von Entgelt-und Arbeitsbedingungen auf der einzelbetrieblichen Ebene zu ermöglichen. Betriebsrat und Unternehmer sollten in jedem einzelnen Betrieb vereinbaren können, vom Tarifvertrag abweichen zu können. Dazu sollte der § 77 Abs. 3 des BetrVG geändert werden (zu § 77 Abs. 3 BetrVG vgl. Kapitel 1.2.6). Dabei ging es unausgesprochen immer um Abweichungen nach unten, also um niedrigere Entgelte als im Flächentarifvertrag. Im Gegenzug sollten die Unternehmer garantieren, dass es nicht zu betriebsbedingten Kündigungen kommt. Dies wurde auch als »betriebliche Bündnisse für Arbeit« bezeichnet. In der Zeit von etwa 1985 bis 2005 stand das System des Flächentarifvertrages in der massiven Kritik von zahlreichen Unternehmern, Teilen der CDU, der FDP, vieler Vertreter der Wirtschaftspresse und zahlreichen unternehmernahen Wissenschaftlern. Es ist einer der großen Erfolge der Gewerkschaften, in dieser Zeit das System der Flächentarifverträge verteidigen zu können. Heute sind die Kritiker der Flächentarifverträge weitgehend verstummt. Es ist schon mehr als interessant, dass teilweise dieselben Parteien und dieselben Personen, die sich noch Anfang der 2000er Jahre gegen die Flächentarifverträge ausgesprochen haben, heute das System der Flächentarifverträge und der Tarifautonomie in den höchsten Tönen loben. Insbesondere seit dem Urteil des BAG zur Tarifeinheit und -pluralität in 2010 wurden die gesetzlichen Rahmenbedingungen für die Tarifpolitik mehrfach verändert. Dabei wurde der tarifautonome

Handlungsrahmen der Tarifvertragsparteien gestärkt, den es nun im Sinne und Interesse der abhängig Beschäftigten zu nutzen gilt.

2.2 Wettbewerbsfähigkeit und Beschäftigungssicherung

2.2.1 Rationalisierung und Wettbewerbsfähigkeit

»*Wenn wir diese Rationalisierungs-Maßnahmen nicht durchführen, ist die Wettbewerbsfähigkeit des Betriebes nicht mehr gewährleistet.*« Belegschaften und Betriebsräte kennen derartige Äußerungen von Unternehmern auf den Betriebsversammlungen. »*Wenn die Forderungen der Gewerkschaften umgesetzt würden, ist die Wettbewerbsfähigkeit der deutschen Wirtschaft auf den Weltmärkten akut gefährdet.*« Derartige Äußerungen gehören zum Standard-Repertoire von Vertretern der Arbeitgeberverbände sowohl bei den Tarifverhandlungen als auch in abendlichen Talkshows. Der Hinweis auf die angeblich gefährdete Wettbewerbsfähigkeit entwickelt sich bisweilen zum Todschlag-Argument gegen jegliche Forderung der Betriebsräte und Gewerkschaften. Betriebsräte, Belegschaften und Gewerkschaften sollen damit zu Zugeständnissen und zur Zurückhaltung veranlasst werden.

Für Betriebsräte, Vertrauensleute und die Gewerkschaften ist es von großer Bedeutung, wie sie auf diese Argumentation reagieren. Zunächst einmal: In der Argumentation der Unternehmer steckt »ein Körnchen Wahrheit«. In einer kapitalistischen Marktwirtschaft gelten die Gesetze des Marktes, das heißt: Jeder Betrieb steht im Wettbewerb mit anderen Betrieben in seiner Branche – sowohl national als auch international. Kein Betrieb kann in einer wettbewerbsorientierten Wirtschaftsordnung auf Dauer Bestand haben, wenn er seine Produkte auf den Märkten nicht verkaufen kann und Marktanteile an Konkurrenzbetriebe verliert. Ein Unternehmen, das in einer kapitalistischen Markwirtschaft auf Dauer Verluste schreibt bzw. keine übliche Rendite erzielt, wird im Wettbewerb keinen Bestand haben. In letzter Konsequenz werden diese Betriebe von der Konkurrenz übernommen oder müssen die Insolvenz anmelden und verschwinden vom Markt.

Trotz »des Körnchen Wahrheit« führt die unternehmerische Argumentation zur Wettbewerbsfähigkeit in die Irre. Sie ist zunächst einmal auf den einzelnen Betrieb bezogen. Dieselbe Argumentation führen die Unternehmer in den Konkurrenzbetrieben, um auch dort Zugeständnisse der Betriebsräte und Belegschaften durchzusetzen. Würden die Betriebsräte in allen Betrieben dieser Argumentation der einzelnen Unternehmer folgen, wäre der Wettbewerbsvorteil dahin und alle hätten schlechtere Bedingungen. Dies wird in dem berühmten »Kino-Beispiel« deutlich: »*Wenn jemand in der zweiten Reihe eines Kinos gegen den Hinterkopf seines Vordermannes schaut und sich dadurch einen Vorteil verschafft, indem er*

aufsteht, hat dies zur Folge, dass alle Kinobesucher in den hinteren Reihen ebenfalls aufstehen. Am Ende stehen alle Kinobesucher und niemand hat einen Vorteil.«
Die Frage der Wettbewerbsfähigkeit kann nicht nur aus dem Blickwinkel des einzelnen Betriebes betrachtet werden, sondern muss auch überbetrieblich gesehen werden. Dazu spielen die Flächentarifverträge eine entscheidende Rolle. Sie gewährleisten für alle Betriebe einer Branche gleiche Wettbewerbsbedingungen bei zentralen Größen wie dem Entgelt und der Arbeitszeit. Entscheidend ist, dass möglichst alle, zumindest die große Mehrheit der Betriebe Mitglied im tarifgebundenen Arbeitgeberverband ist und somit die Flächentarifverträge anwenden. Damit kann eine Drucksituation auf einzelne Betriebsräte bzw. Belegschaften eingeschränkt werden. Die anderen Faktoren für die Wettbewerbsfähigkeit sind zunächst einmal Aufgaben der Unternehmer und der Unternehmensleitungen: Entwicklung von marktfähigen Produkte und ihre ständige Verbesserung, rechtzeitiges Reagieren auf neue Produkte und Tendenzen in den jeweiligen Märkten, Entwicklung innovativer Produkte, ausreichende Investitionen, technische und arbeitsorganisatorische Verbesserungen in der Produktion und den anderen Unternehmensbereichen sowie eine umfassende Weiterqualifizierung der Belegschaft.

2.2.2 Internationale Wettbewerbsfähigkeit

Bis zum Jahr 1990 wurden von den Unternehmern bei der Frage der internationalen Wettbewerbsfähigkeit insbesondere Länder wie Japan, Malaysia und Thailand ins Feld geführt. Vereinzelt fanden Verlagerungen von Betrieben nach Südostasien statt, was aber vergleichsweise unbedeutend war. Eine dramatische Wende kam ab dem Jahr 1990 mit der politischen und wirtschaftlichen Wende in allen Ländern Osteuropas. Systematisch wurde insbesondere in der Automobilindustrie, der Zulieferindustrie, aber auch in anderen Branchen Arbeitsplätze nach Polen, Tschechien, Rumänien und andere Länder in Osteuropa verlagert. Die Lohnkosten betragen dort nur einen Bruchteil der deutschen Lohnkosten, die Arbeitszeiten sind deutlich länger und in vielen Betrieben gibt es nur eine schwache oder gar keine gewerkschaftliche Interessenvertretung. Ein Angleichungsprozess der Entgelt- und Arbeitsbedingungen an deutsche oder westeuropäische Standards findet faktisch nicht statt – der Abstand bei den Löhnen ist seit vielen Jahren unverändert hoch. Für Unternehmer sind dies »paradiesische« Zustände und die Drohung mit einer Verlagerung in Billiglohn-Standorten wurde zum neuen Standard-Argument, um Belegschaften zu Zugeständnissen zu bewegen. (Interessant ist, dass Unternehmen sich mit dieser »Billig-Strategie« nicht ganz wohl fühlen. Deshalb heißt es in vielen Konzernen nicht »Billig-Lohn-Standort«, sondern beschönigend »Best-Cost-Standort.«). Darüber hinaus finden Unternehmer in diesen Ländern niedrigere Arbeitsschutzstandards, schwache Gewerkschaften und niedrige Steuersätze vor.
Das Resultat dieser Entwicklung hat zwei scheinbar widersprüchliche Seiten:

- Einerseits wurden Tausende von Produktionsarbeitsplätzen trotz gewerkschaftlicher Gegenwehr nach Osteuropa verlagert.

- Anderseits ist Deutschland seit Jahrzehnten Export-(Vize)-Weltmeister und die Beschäftigung, insbesondere in der Metall- und Elektroindustrie, ist in den letzten Jahren auf hohem Niveau nahezu konstant.

Die Auflösung dieses scheinbaren Widerspruchs liegt einerseits in einer Ausweitung des Umsatzes von Produkten aus deutschen Betrieben auch in Osteuropa. Die in Deutschland hergestellten Produkte sind offensichtlich auf den Weltmärkten konkurrenzfähig. Interessant ist, dass es diejenigen Branchen mit den höchsten tariflichen Entgelten sind, die die höchsten Exportüberschüsse erzielen (z. B. die Autoindustrie, die Zulieferindustrie, der Maschinenbau und die chemische und pharmazeutische Industrie).

Anderseits führt diese Entwicklung beispielsweise in der Auto- und Zulieferindustrie zu einer Strukturverschiebung in den Belegschaften – bei gleichbleibender Zahl von Beschäftigten. Bei den großen Entgeltdifferenzen zu Osteuropa ist es häufig betriebswirtschaftlich nicht mehr darstellbar, dass einfachste Produkte und Komponenten in Deutschland gefertigt werden. Anderseits sind innovative, hochwertige Produkte in Deutschland wettbewerbsfähig zu produzieren, und zwar über die gesamte Wertschöpfungskette. Verbunden mit der technischen Entwicklung in der Produktion hat der Anteil der Beschäftigten in den unteren Entgeltgruppen kontinuierlich abgenommen, während qualifizierte Spezialisten in der Produktion sowie der Forschung und Entwicklung zugenommen haben. Die Gewerkschaften und Betriebsräte nehmen heute die Tatsache zur Kenntnis, dass zahlreiche Arbeitsplätze verlagert wurden, setzen aber darauf, die Beschäftigung an den deutschen Standorten zu erhalten. Gleichzeitig versuchen sie, mit den osteuropäischen Gewerkschaften und Belegschaften eine Diskussion über die Notwendigkeit der Angleichung der Entgelt- und Arbeitsbedingungen zu führen. Dieser Prozess ist schwierig und nicht widerspruchsfrei.

2.2.3 »Besser statt billiger« – Innovation statt Tarifdumping

In vielen Betrieben, die in eine wirtschaftliche Schieflage geraten sind, stellen Unternehmer Anträge auf Reduzierungen der tariflichen Leistungen wie Arbeitsentgelt, Weihnachtsgeld, Urlaubsgeld oder auf eine Verlängerung der wöchentlichen Arbeitszeit ohne Entgeltausgleich; vgl. Kap. 2.6.2. Bei vielen dieser Verhandlungen stellte sich heraus, dass die Ursachen für die wirtschaftliche Schieflage des Betriebs nicht in den tariflichen Leistungen lag, sondern in Managementfehlern und in versäumten Innovationsprozessen. Deshalb startete die IG Metall zunächst im Bezirk Nordrhein-Westfalen und dann bundesweit eine Initiative »Besser statt billiger – Innovation statt Tarifdumping«.

Der Ansatz sieht vor, dass durch innovative »bessere« Produkte und innovative Produktionsprozesse die wirtschaftliche Situation des Betriebes tatsächlich verbessert werden kann, ohne dass es zu schlechteren »billigeren« tariflichen Regelungen kommt. Erfahrungsgemäß können viele erfahrenen Betriebsräte und erfahrene Belegschaftsmitglieder gute und innovative Verbesserungsvorschläge machen, da sie die betriebliche Situation vor Ort am besten kennen.

Dieser Prozess einer *offensiven Innovationspolitik des Betriebsrats* muss systematisch organisiert und teilweise auch von Unternehmensberatern begleitet werden. In zahlreichen Fällen war das Management gezwungen, eigene Fehler der Vergangenheit zuzugeben und endlich mit der IG Metall und den Betriebsräten systematisch zu diskutieren, wie durch Innovationen die wirtschaftliche Situation des Betriebes verbessert werden kann. Insbesondere in zahlreichen Klein- und Mittelbetrieben (KMU) fehlt es an einem systematischen Innovations-Management, das im Rahmen der Verhandlungen vereinbart und eingeführt werden konnte. Durch diese Herangehensweise ist es in vielen Fällen einerseits gelungen, die Betrieb wieder wettbewerbsfähig aufzustellen und andererseits die Beschäftigung zu Bedingungen des Flächentarifvertrages langfristig zu sichern.
Ausgehend von dem »Besser-statt-Billiger-Ansatz« in Krisenfällen, führte dies zu Überlegungen, frühzeitig – bevor ein Krisenfall eintritt – auch von Seiten der Betriebsräte Innovationsprozesse anzustoßen und an ihnen mitzuarbeiten. Dazu bietet heute die IG Metall unter dem Motto »Arbeit und Innovation« projektbezogene Angebote für Betriebsräte an. Gegen diesen Ansatz wird manchmal kritisch eingewandt, dass *»es nicht die Aufgabe von Betriebsräten ist, sich den Kopf des Unternehmers zur Verbesserung der wirtschaftlichen Situation zu zerbrechen«*. Es wird dann auch davor gewarnt, dass Betriebsräte ihre Rolle als Interessenvertreter der Belegschaft verlassen und zu sog. Co-Managern werden. Diese Kritik ist zwar bedenkenswert, führt aber nicht zum Ziel der Beschäftigungssicherung und zur Einhaltung der Flächentarifverträge.
Sicherlich ist es richtig, dass Fragen der Innovation, Investition und Produktentwicklung zunächst eindeutig Aufgaben des Unternehmers und des Managements sind. Wenn allerdings die Innovationsprozesse vom Management verschlafen werden und zahlreiche Fehler in der Unternehmensführung auftreten, reicht es für eine fortschrittliche Betriebsratspolitik nicht aus, dies nur zu kritisieren. Vor dem Hintergrund eines hohen gewerkschaftlichen Organisationsgrades und mit der klaren Orientierung auf langfristige Beschäftigungssicherung gehört es auch zu den Aufgaben der Betriebsräte und Gewerkschaften, sich in Fragen der Innovation und der Unternehmensführung einzuschalten. Dies ist eine offensive Wahrnehmung ihrer gewerkschaftlichen Gestaltungsfunktion.
Wichtig ist es dabei, diesen Ansatz im Betriebsrat, mit den Vertrauensleuten und der Belegschaft intensiv zu diskutieren. Andernfalls besteht die Gefahr, dass die Belegschaft den Betriebsrat tatsächlich als Co-Manager wahrnimmt. Genauso wichtig ist es, klar und unmissverständlich den Unternehmer bzw. das Management zu kritisieren, wenn sie unakzeptable Vorschläge machen, wie z. B. betriebsbedingte Kündigungen oder tarifwidrige Entgelt- und Arbeitsbedingungen. Hier sind die Betriebsräte gefordert, »klare Kante« zu zeigen und diese Vorschläge der Unternehmer zurückzuweisen und zu bekämpfen. Die Erfahrung der letzten Jahre hat gezeigt, dass diese Gratwanderung in einer engen Abstimmung zwischen den Gewerkschaften, den Betriebsräten und den Belegschaften erfolgreich gestaltet werden konnte. Es gibt zahlreiche Betriebe, in denen es so gelang, einerseits die wirtschaftliche Situation zu verbessern und anderseits die Beschäftigung und die Tarifverträge zu sichern.

2.2.4 Fachkräfteentwicklung und Qualifizierung

Schon seit Jahrzehnten haben u. a. die deutschen Gewerkschaften wiederholt vor einem Fachkräftemangel gewarnt. Inzwischen gehört er als manifeste Krisenursache und Grund für die verzögerten Aufschwungtendenzen in Deutschland leider zu jeder halbwegs seriösen Wirtschaftsanalyse und -prognose dazu.
Unter der Annahme, dass die These vom Fachkräftemangel richtig ist, müssten sich die Rahmenbedingungen auf dem Arbeitsmarkt grundsätzlich verändern. Die Nachfrage nach Arbeitskräften müsste zu einem »Preisanstieg« führen und die Interessenvertretung in eine bessere Verhandlungsposition bringen. Denn wenn sich die Angebots-Nachfrage-Situation auf dem Arbeitsmarkt zugunsten der Beschäftigten verschiebt, führt dies tendenziell zu einem höheren Entgeltniveau. Denn Beschäftigte können dann zwischen mehreren Arbeitsplätzen wählen und die Unternehmen werden gehalten sein, im Zweifelsfall ein höheres Entgelt und bessere Arbeitsbedingungen anzubieten. Die Unternehmen werden sich diesen Marktgesetzen nicht entziehen können. Der Flächen-Tarifvertrag könnte so wieder zu einem allseits anerkannten Bezugspunkt werden. Denn Firmen, die unterhalb des Tarifniveaus zahlen, werden die Verlierer im Wettbewerb um qualifizierte Fachkräfte sein. Daraus könnte sich eine höhere Tarifbindung ergeben, wenn die Tarifvertragsparteien diesen Prozess aktiv begleiten. Die Tarifvertragsparteien müssen darüber hinaus diese Veränderungen im Sinne einer aktiven und solidarischen Tarifpolitik aufgreifen, da sich sonst Spezialistengruppen, die unsolidarisch ihre Partikularinteressen durchsetzen, die Spaltung der Gesellschaft fordern. An diesem Punkt sind wir aktuell angelangt und im Ergebnis stellt sich eine tarifpolitisch äußerst fragile Situation dar. Es droht einmal mehr eine branchenspezifische Erosion des deutschen Tarifvertragssystem. Angesichts des (Nicht-)Beobachtbaren scheinen Zweifel entweder an den beschriebenen theoretischen Grundannahmen oder an den tatsächlichen Durchsetzungsbedingungen berechtigt. Augenscheinlich haben sich weltweite Austauschbeziehungen und die dazugehörigen -bedingungen aufgrund u. a. des wissenschaftlich-technischen Fortschritts derart verschärft, dass die beschriebenen positiven Annahmen nur zum Teil eingetreten sind.
Geht man von der Annahme aus, dass sich der Fachkräftemangel in den nächsten Jahren verschärfen wird, so wäre es aber ein weiterer Trugschluss anzunehmen, dass der Fachkräftemangel überall und für alle Beschäftigtengruppen in gleichem Maß zutrifft. Es muss davon ausgegangen werden, dass sich der Fachkräftebedarf nach dem Qualifikationsniveau differenziert und im Bereich der Ingenieure und qualifizierten Facharbeiter am größten ist. Gleichzeitig wird der Mangel an Arbeitsplätzen für niedrig Qualifizierte bestehen bleiben. Die Qualifizierung der Beschäftigten bleibt deshalb eine der Schlüsselfragen für die Industrie, die Beschäftigten und die Tarifpolitik der Gewerkschaften.

2.3 Die drei Kernelemente des Arbeitsverhältnisses: Entgelt, Arbeitszeit und Leistung

Wenn Beschäftigte in einem Betrieb eingestellt werden, schließen sie rechtlich betrachtet einen Arbeitsvertrag ab. Die Beschäftigten stellen damit dem Unternehmer ihre Arbeitskraft zur Verfügung und unterwerfen sich dem Weisungsrecht des Unternehmers. Dieses Weisungsrecht ist jedoch durch gesetzliche und tarifvertragliche Regelungen begrenzt. Ein Arbeitsverhältnis kann zunächst in drei zentrale Elemente gegliedert werden.
Wenn Beschäftigte ein Arbeitsverhältnis eingehen, stellen sich zunächst drei zentrale Fragen: Wie hoch ist das Entgelt, welches Arbeitspensum muss dazu erbracht werden und wie hoch ist die Dauer der wöchentlichen Arbeitszeit? (vgl. Übersicht 2.1). Gäbe es keine Gesetze und Tarifverträge, gäbe es keine Betriebsräte und Gewerkschaften, würde der Unternehmer durch sein Weisungsrecht bzw. sein Direktionsrecht über die drei zentralen Elemente alleine entscheiden. Dies ergibt sich aus einer zentralen Bestimmung der Gewerbeordnung. Im § 106 GewO heißt es:

Rechtsvorschrift
»Der Arbeitgeber kann Inhalt, Ort und Zeit der Arbeitsleistung nach billigem Ermessen näher bestimmen, soweit diese Arbeitsbedingungen nicht durch den Arbeitsvertrag, Bestimmungen einer Betriebsvereinbarung, eines anwendbaren Tarifvertrages oder gesetzliche Vorschriften festgelegt sind. Dies gilt auch hinsichtlich der Ordnung und des Verhaltens der Arbeitnehmer im Betrieb.«
(§ 106 GewO)

Aus Sicht der gewerkschaftlichen Interessenvertretung lässt sich das Ziel ableiten, auf alle Elemente des Arbeitsverhältnisses einen möglichst starken Einfluss zu gewinnen, um so das Direktionsrecht des Arbeitgebers zu begrenzen.
Zu den drei zentralen Elementen des Arbeitsverhältnisses gibt es zahlreiche Aspekte, die zu beachten sind.

Arbeitsentgelt
Zunächst zum ersten zentralen Element: dem Arbeitsentgelt. In tarifgebundenen Betrieben der Metall- und Elektroindustrie ergibt sich das monatliche Arbeitsentgelt aus der übertragenen Tätigkeit, der Zuordnung dieser Tätigkeit zu einer Entgeltgruppe laut Entgelt-Rahmentarifvertrag und dem im Entgelt-Tarifvertrag vereinbarten Euro-Betrag. Beispielsweise werden Tätigkeiten, für die eine mindestens dreijährige Berufsausbildung erforderlich sind, je nach regionalem Tarifgebiet der Metallindustrie mit etwa 3200 € pro Monat bezahlt (monatliches Grundentgelt ohne Zulagen). Die gegensätzlichen Interessen zwischen Beschäftigten und Unternehmern sind bei der Entgelthöhe unmittelbar sichtbar. Das Interesse der Beschäftigten liegt bei möglichst hohen Entgelten. Dies wird einerseits durch eine korrekte Umsetzung der Bestimmungen zur Eingruppierung erreicht und in den jährlichen Tarifrunden durch möglichst hohe Entgeltstei-

gerungen. Andererseits haben die Unternehmer ein Interesse an möglichst niedrigen Entgelten, um so Kosten niedrig zu halten.

Arbeitszeit

Dann stellt sich die Frage, für welche Zeitdauer die Beschäftigten für das vereinbarte Arbeitsentgelt ihre Arbeitskraft dem Unternehmer zur Verfügung stellen müssen. In der westdeutschen Metall- und Elektroindustrie beträgt die tarifliche Arbeitszeit 35 Stunden pro Woche, in Ostdeutschland tariflich 38 Stunden. Hier wird deutlich, dass im Arbeitsverhältnis ein Austauschverhältnis begründet wird. Die Beschäftigten stellen dem Unternehmer für 35 bzw. 38 Stunden pro Woche ihre Arbeitskraft zur Verfügung und erhalten im Tausch dafür ein monatliches Grundentgelt von beispielsweise ca. 3200 €. Am Unterschied zwischen West-und Ostdeutschland zeigt sich, dass das Tauschverhältnis Arbeitsentgelt zu Arbeitszeit in Ostdeutschland für die Beschäftigten ungünstiger ist. Sie müssen bei in etwa gleichem Monatsentgelt ihre Arbeitskraft dem Unternehmer pro Woche drei Stunden länger zur Verfügung stellen.

Bei der Dauer der Arbeitszeit ist zu klären, ob es sich um ein Vollzeit-Arbeitsverhältnis oder um ein Teilzeit-Arbeitsverhältnis handelt. Der Regelfall sollte ein Vollzeitarbeitsverhältnis sein, oder auf eigenen Wunsch der Beschäftigten ein Teilzeitarbeitsverhältnis. In manchen Branchen, z. B. im Einzelhandel bieten die Unternehmer überwiegend Teilzeit an, auch wenn die Beschäftigten Vollzeit wünschen.

Vollständigkeitshalber sei darauf verwiesen, dass mit dem Tarifabschluss in der Metall- und Elektroindustrie 2021 eine Reduzierung der tariflichen Arbeitszeit mittels freiwilliger betrieblicher Regelung auf bis zu 35 Stunden/Woche möglich ist. Hierfür gibt es klare tarifliche Regularien. (vgl. dazu Arbeitszeithandbuch) Allerdings variiert die betriebliche Durchsetzung regional vergleichsweise stark. Für den Tarifbezirk Berlin-Brandenburg-Sachsen lässt sich aber bspw. sagen, dass sich rund drei Viertel der Beschäftigten in den verbandsgebundenen Betrieben eine Arbeitszeitabsenkung bereits erkämpft und umgesetzt haben bzw. die entsprechende Umsetzung aktuell noch erfolgt.

Arbeitspensum (Leistung)

Neben der Höhe des Arbeitsentgeltes und der Dauer der Arbeitszeit stellt sich eine dritte entscheidende Frage: Wie hoch ist das Arbeitspensum, das für das vereinbarte Entgelt in der vereinbarten Arbeitszeit erbracht werden muss? Oder anders formuliert: Wie hoch ist die erwartete Arbeitsleistung? In den einzelnen Arbeitsgruppen oder Abteilungen eines Unternehmens ist die Frage des Arbeitspensums im engen Zusammenhang mit der Personalbemessung zu sehen. Die Frage ist: Wie viele Personen sind in einer Abteilung zur Bewältigung des Arbeitspensums eingesetzt? Bei der Regelung des Arbeitspensums wird in den Tarifverträgen der Metallindustrie zwischen Zeitentgelt und Leistungsentgelt unterschieden; vgl. dazu Kap. 5. Im Entgeltgrundsatz Zeitentgelt entscheidet der Unternehmer alleine darüber, welches Arbeitspensum erbracht werden muss. Mit zahlreichen direkten und indirekten Methoden versuchen die Unternehmer, das Arbeitspensum möglichst hoch zu halten. Dies geschieht zum Beispiel durch direkte oder indirekte Stückzahl- oder Terminvorgaben, durch Motivationsstrategien, um Beschäftigte zu einer möglichst hohen Leistung zu veranlassen oder durch eine zu niedrige Personalbemessung. Im Zeitentgelt erhalten Beschäftigten aufgrund der regionalen Entgelt-Rahmenverträge Leistungszulagen durchschnittlich zwischen 6 % bis 15 %. Im Entgeltgrundsatz Leistungsentgelt wird dagegen das Arbeitspensum nicht einseitig, sondern aufgrund von tariflichen Regelungen festgelegt oder vereinbart. Betriebsrat und Beschäftigte haben dazu Mitbestimmungs- bzw. Reklamationsrechte. Im Leistungsentgelt werden aufgrund der regionalen Entgelt-Rahmentarifverträge leistungsorientierte Entgelte gezahlt.

Übersicht 2.1: zentrale Aspekte des Arbeitsverhältnisses

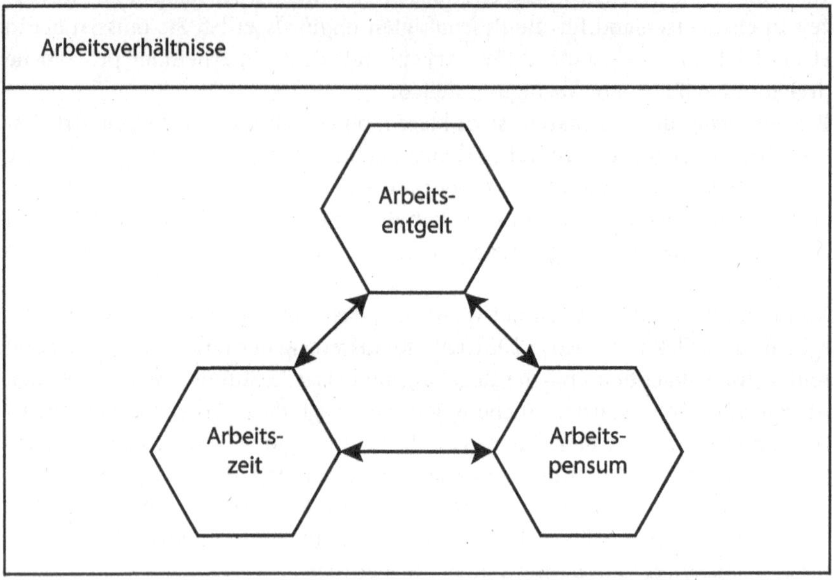

Zwischen den drei zentralen Elementen des Arbeitsverhältnisses bestehen Wechselwirkungen. Gut sichtbar wurden sie in den einigen Branchen bei der Einführung des gesetzlichen Mindestlohns, insbesondere in den Branchen, in denen keine Tarifverträge existieren. Da vor der Einführung des Mindestlohns von damals 8,50 € in diesen Branchen Stundenentgelte von 6 bis 7 € gezahlt wurden, hatte dies für die Unternehmer erhebliche Kostensteigerungen zur Folge. Manche Unternehmer versuchten diese Kostensteigerungen dadurch zu umgehen, dass sie einseitig die Arbeitszeit heraufsetzten, andere erhöhten die Vorgaben für das Arbeitspensum. An dieser Situation kann plastisch gezeigt werden, dass es nicht ausreicht, ausschließlich das Arbeitsentgelt zu regeln, sondern das die Regelung aller drei Elemente des Arbeitsverhältnisses erforderlich ist.
Um die Situation der Beschäftigten im Rahmen eines Arbeitsvertrages bzw. eines Arbeitsverhältnisses akzeptabel zu gestalten, müssen mindestens die drei zen-

tralen Elemente Arbeitsentgelt, Arbeitszeit und Arbeitspensum tariflich bzw. betrieblich vereinbart werden. Bei nähere Betrachtung reicht eine Regelung der drei zentralen Elemente des Arbeitsverhältnisses nicht aus. Eine Erweiterung auf insgesamt 7 Elemente scheint sinnvoll zu sein. Zusätzlich kommen hinzu

- der rechtliche Charakter des Arbeitsverhältnisses,
- die Arbeitsbedingungen,
- die Qualifizierungsmöglichkeiten sowie
- die Mitbestimmungs- und Beteiligungsmöglichkeiten.

(Vgl. dazu: Gewerkschaft, ja bitte! – Ein Handbuch für Betriebsräte, Vertrauensleute und Aktive, 2023 im VSA-Verlag).

2.4 Durchsetzung und Umsetzung von Tarifverträgen

Erfolgreiche Tarifauseinandersetzungen sind nur zu führen,

- wenn die Gewerkschaftsmitglieder bei der Aufstellung von Forderungen umfassend beteiligt werden, damit sie sich mit den gestellten Forderungen identifizieren können;
- wenn mit Eigenaktivitäten der Gewerkschaftsmitglieder im Verlauf der Tarifauseinandersetzungen die Konfliktstellung mit den Arbeitgeberverbänden auch in den einzelnen Betrieben sichtbar wird bis hin zu Mobilisierungsaktivitäten und Warnstreikaktionen;
- mit der Bereitschaft zum Streik, wenn der Widerstand von Arbeitgebern und Arbeitgeberverbänden gegen soziale Kompromisse in Tarifauseinandersetzungen nicht anders überwunden werden kann.

Tarifergebnisse werden letztlich nicht am grünen Tisch und von noch so gewichtigen Verhandlungskommissionen allein erzielt, sondern nur aufgrund betrieblicher, öffentlicher und sozialer Auseinandersetzungen.

Die Mitglieder in jeder Phase zu beteiligen, ist sowohl wichtig, um annehmbare Ergebnisse zu erzielen, aber auch, um deutlich zu machen, dass und warum Kompromisse notwendig sind. Nur Belegschaften und Beschäftigte, die selbst aktiv beteiligt waren, z. B. durch die betriebliche Zuspitzung von Tarifauseinandersetzungen und Warnstreiks, erhalten ein Gespür dafür, ob eine Tarifauseinandersetzung noch weitergeführt werden kann und wann sie mit einem Kompromiss beendet werden muss.

Mit einem unterschriebenen Verhandlungsergebnis oder Tarifvertrag darf jedoch die Auseinandersetzung um die neu erreichten Regelungen keineswegs zu Ende sein. Die *Umsetzung eines neuen Tarifvertrags* ist seit eh und je fast genauso wichtig wie seine Durchsetzung.

Am Beispiel der betrieblichen Umsetzung der Entgelt-Rahmentarifverträge hat sich gezeigt, dass diese erfolgreich nicht allein von wenigen Spezialisten geleistet werden kann. Notwendig ist immer die Einbeziehung der Beschäftigten durch die Organisation betrieblicher Diskussionsprozesse, z. B. auf Betriebsversammlungen, Vertrauensleutesitzungen und am Arbeitsplatz.

Für die Verhandlungen über betriebliche Regelungen und Betriebsvereinbarungen zur Umsetzung von Tarifverträgen gilt Ähnliches wie für Tarifauseinandersetzungen selbst: Die Belegschaften sind in jeder Phase zu informieren und einzubeziehen. Aktionen zu Eingruppierungen oder zum Leistungsentgelt, um nur einige Beispiele zu nennen, werden nur erfolgreich sein, wenn sie sich auf die davon betroffenen Beschäftigten stützen können.

Genauso wichtig wie die breite Beteiligung der Betroffenen sind aber auch die genaue Kenntnis von Tarifbestimmungen und der ständige Erfahrungsaustausch über den Betrieb hinaus.

Für die bessere Kenntnis der Tarifverträge hat die *tarifpolitische Bildungsarbeit* einen wichtigen Stellenwert. Der Besuch von Seminaren der Gewerkschaften muss in der Vertrauensleute- und Betriebsrätearbeit systematisch geplant werden. Mitglieder von Entgeltausschüssen und von paritätischen Eingruppierungskommissionen müssen dort über Tarifverträge, die Konfliktpunkte bei ihrer Umsetzung diskutieren, ihre eigenen Erfahrungen zur Diskussion stellen und gemeinsame Handlungsstrategien entwickeln.

Vor Ort ist es wichtig, dass sich die betrieblichen Funktionäre in *tarifpolitischen Arbeitskreisen* regelmäßig gegenseitig informieren können. Auf Arbeitgeberseite funktioniert dieser Erfahrungsaustausch oft reibungsloser als auf Arbeitnehmerseite. Gerade die Erfahrungen bei der betrieblichen Umsetzung der tariflichen Arbeitszeitbestimmungen haben gezeigt, dass oft dort die besten betrieblichen Regelungen erreicht werden konnten, wo auf der Ebene der Geschäftsstelle eine gemeinsame Orientierung erarbeitet, über den Stand der betrieblichen Verhandlungen regelmäßig informiert und über Erfolge ebenso, wie über Misserfolge offen diskutiert wurde.

2.5 Konflikt und Kooperation – Vorgehensweise der Interessenvertretung

Viele Betriebsratsgremien sehen sich in folgender »Zwickmühle«: Einerseits sind sie angetreten, um für die Arbeitnehmerinnen und Arbeitnehmer Verbesserungen durchzusetzen; andererseits versuchen die Unternehmer sie von der Durchsetzung ihrer Ziele abzuhalten, indem sie behaupten, die Forderungen des Betriebsrates würden die Arbeitsplätze gefährden. Sie argumentieren, dass sich durch die Forderungen des Betriebsrates und der Gewerkschaften die Kostensituation verschärfen werde, der Betrieb dann nicht mehr konkurrenzfähig sei und Arbeitsplätze gefährdet werden. Die Konfliktkonstellation kann auch derart sein, dass die Unternehmensleitung Einschnitte und Verschlechterungen von bestehenden Regelungen fordert und argumentiert, nur so sei es möglich, bestehende Arbeitsplätze zu erhalten. In der Wirtschaftskrise gehen Unternehmensleitungen sogar so weit, rechtsverbindliche Tarifverträge in Frage zu stellen und Betriebsräte unter Druck zu setzen, schlechtere Regelungen als die tariflichen zu

vereinbaren. Mit dem Verweis auf geringere Kosten bei in- und ausländischen Konkurrenzunternehmen werden Betriebsratsgremien heute mit konkreten betriebswirtschaftlichen Zwängen konfrontiert und unter Druck gesetzt.
Die Austragung derartiger Konflikte nimmt je nach der betrieblichen Situation unterschiedliche Erscheinungsformen an. Einerseits werden Betriebsräte in einer Art und Weise unter Druck gesetzt, die schon fast an Erpressung grenzt, andererseits wird versucht, sie in die unternehmerische Logik einzubinden. In der betrieblichen Praxis ist die »Einbindungsstrategie« der Geschäftsleitung für Betriebsratsgremien schwerer zu handhaben als die unmissverständliche »Konfrontationsstrategie«.
Die häufig praktizierte Einbindungsstrategie formulierte schon im Jahre 1983 der Arbeitsrechtler Gerrik von Hoynigen-Huene wie folgt: »Kann sich eine gute Unternehmensleitung die Mitwirkungspflicht des Betriebsrates im Betrieb für ihre Führungsaufgaben zunutze machen und zur Erreichung ihrer Ziele vielleicht sogar den Betriebsrat als Management-Instrument einsetzen?« (Manager-Magazin, 1983, Heft 3, S. 158f.). Bezüglich der unternehmerischen Führungsaufgabe kommt der Autor zu dem Fazit: *»Der Gedanke, Betriebsräte erschwerten zwangsläufig diese Aufgabe, erscheint antiquiert und steril. Das Management sollte sich auch gegenüber Betriebsräten offensiv verstehen, sie in die Entscheidungen einbinden und für Management-Ziele einzusetzen versuchen. Gelingt es, der Mitbestimmung diese positiven Seiten abzugewinnen, dann wird die Betriebsverfassung selbst zum Management-Instrument.«*
Knut Becker, ehemaliger Betriebsratsvorsitzender und Autor, formulierte es so: *»Je näher einer an den Wölfen dran ist, desto mehr Kraft braucht er, um nicht mit ihnen zu heulen.«*
Gewerkschaftliche Interessenvertreter im Betrieb können ihre konkrete Verhaltensweise nicht nur als Reaktion darauf begreifen, ob das Management eine Konfrontations- oder Einbindungsstrategie verfolgt. Die deutschen Gewerkschaften, zumal die IG Metall, haben für sich sowohl eine Schutz- als auch eine Gestaltungsfunktion in Anspruch genommen. Es geht nicht nur darum, die Arbeitnehmerinnen und Arbeitnehmer vor unternehmerischer Willkür zu schützen, sondern auch darum, die Entgelt- und Arbeitsbedingungen im Betrieb und die gesellschaftlichen Bedingungen zu gestalten. Verfolgen die Gremien der gewerkschaftlichen Interessenvertretung im Betrieb eine Politik, die für sich in Anspruch nimmt, nicht nur Besitzstände zu verteidigen, sondern die Arbeits- und Entgeltbedingungen im Betrieb aktiv zu gestalten, ist dies der anspruchsvollere und mühevollere, letztlich aber der erfolgreichere Weg. Zugespitzt formuliert: Eine Betriebsratspolitik, die sich ausschließlich darauf beschränkt, Kündigungen und Abgruppierungen zu verhindern und bestehende Regelungen zu verteidigen, greift zu kurz. Die Wahrnehmung der gewerkschaftlichen Gestaltungsfunktion durch die Gremien des Betriebsrates und des Vertrauenskörpers heißt beispielsweise, dass konkrete Vorstellungen über Entgeltsysteme, Arbeitszeitregelungen und zur Gestaltung der Arbeitsbedingungen formuliert werden. Angesichts vielfältiger technologischer und arbeitsorganisatorischer Veränderungen haben die Gremien der gewerkschaftlichen Interessenvertretung gerade heute die Aufgabe,

diese Veränderungsprozesse sozial zu gestalten und aktiv zu beeinflussen. Dazu zählen Vorschläge zur Gestaltung der betrieblichen Abläufe und der Arbeitsorganisation, aber auch zu Investitionen und zur Schaffung neuer Beschäftigung, beispielsweise durch den Aufbau neuer Produktions- bzw. Dienstleistungsfelder. Gerade der letzte Aspekt weist in Großunternehmen auf die notwendige Verzahnung der Betriebsratsarbeit mit der Arbeit der Arbeitnehmervertreter im Aufsichtsrat hin.

Zwischen gewerkschaftlicher Gestaltungsfunktion und Co-Management
In allen internationalen tätigen Unternehmen sind die Auswirkungen des Schlagwortes der »Globalisierung« für die Interessenvertretung hautnah zu spüren. So können z. B. alle Automobilkonzerne Fahrzeuge, Aggregate und Komponenten an mehreren in- und ausländischen Standorten innerhalb des Konzerns fertigen. Die Frage, ob Aggregate und Komponenten innerhalb des Konzerns oder von einem externen Zulieferunternehmen gefertigt werden, kann über die Existenz von Tausenden von Arbeitsplätzen, ja von ganzen Produktionsstandorten entscheiden. Den internationalen Konzernen ist es gelungen, Produktions- und Qualitätskonzepte so zu vereinheitlichen, dass sie heute in der Lage sind, dieselben Produkte in Deutschland oder im Ausland mit gleicher Produktivität und einheitlichen Qualitätsstandards zu fertigen. Durch die niedrigeren Entgeltniveaus, insbesondere in Osteuropa, nimmt der Druck auf deutsche Standorte zu, und die betrieblichen Interessenvertreter stehen vor neuen Herausforderungen. Betriebsräte an deutschen Standorten haben keine andere Wahl, als sich in die Entscheidungen, wo Teile gefertigt werden, aktiv einzumischen. Betriebsräte haben sich dazu ein in großen Betrieben beispielhaftes System der Einflussnahme auf derartige Entscheidungen erkämpft. Durch Betriebsvereinbarungen zum sog. Global und Forward Sourcing, durch jährliche Standortsymposien des Betriebsrates und Managements mit dem Vorstand sowie über die Mitbestimmung der mittelfristigen Produktions- und Investitionspläne (sog. Planungsrunden).
Die konkrete Ausgestaltung derartiger Mitbestimmungsrechte ist für die Interessenvertretung unbequem, denn sie werden vom Management direkt mit betriebswirtschaftlichen Kostenzielen konfrontiert. Dennoch ist es in zahlreichen Fällen gelungen, Produktentscheidungen für deutsche Standorte durchzusetzen und damit auch langfristig Industriearbeitsplätze am Standort Deutschland zu erhalten. Bei diesen Verhandlungsprozessen ist es Aufgabe der Betriebsräte, darauf achten, dass die tariflichen Regelungen eingehalten werden. Sie entwickeln in zahlreichen Fällen alternative Gestaltungsvorschläge für Technologien und Arbeitsorganisation. Hier machen Betriebsräte konkrete Rationalisierungsvorschläge. Durch diese offensive gewerkschaftliche Gestaltungspolitik kann es gelingen, sowohl die tariflichen Regelungen zu verteidigen und durchzusetzen und gleichzeitig wettbewerbsfähige Arbeitsplätze in den inländischen Standorten abzusichern.
Wenn Betriebsratsgremien von sich aus Vorschläge zur Gestaltung der Arbeitsorganisation, zu Investitionen und Rationalisierung machen, stellt sich die Frage, ob die Ausübung der gewerkschaftlichen Gestaltungsfunktion nicht in ein sog.

Co-Management übergeht. Damit wird die anfangs aufgeworfene Frage des Verhältnisses von Konflikt und Kooperation um einen neuen Akzent ergänzt. Die Gratwanderung zwischen gewerkschaftlicher Gestaltungsfunktion und betrieblichem Co-Management kann für die Arbeitnehmerinnen und Arbeitnehmer dann zu akzeptablen Ergebnissen führen, wenn die Gremien der gewerkschaftlichen Interessenvertretung im Betrieb und die Belegschaft nicht nur kooperationsfähig, sondern auch konfliktfähig sind. Eine derartige offensive Gestaltungspolitik der Betriebsräte kann nur auf der Grundlage gewerkschaftlicher Kraft und Stärke verfolgt werden. Dieser Ansatz führt nur dann zum Erfolg, wenn das Management jederzeit damit rechnen muss, dass die Gremien der gewerkschaftlichen Interessenvertretung willens und in der Lage sind, auch Konflikte offensiv zu führen, und zwar bis hin zu Arbeitsniederlegungen.
Dies setzt wiederum im Betrieb einen hohen gewerkschaftlichen Organisationsgrad und aktive gewerkschaftliche Vertrauensleute voraus, die die Belegschaften regelmäßig in Auseinandersetzungen einbeziehen und sie über die Ziele und Strategien der gewerkschaftlichen Interessenvertretung informieren. Die Gremien der betrieblichen Interessenvertretung müssen immer wieder deutlich machen, dass die Belegschaften in der Lage sind, durch gemeinsame Aktionen ihre Interessen auch im Konflikt durchzusetzen. Dabei wird es in der praktischen Arbeit, auch über einen längeren Zeitraum, immer wieder notwendig sein, sich der eigenen Stärke zu vergewissern und der anderen Seite zu verdeutlichen, dass Konflikte nicht nur angedroht, sondern auch ausgetragen werden können. Zur Bestimmung des Kräfteverhältnisses kommt beispielsweise jedem erfolgreichen Warnstreik in einer Tarifbewegung eine hohe Bedeutung zu. Auf der Grundlage dieser gewerkschaftlichen Stärke und der Fähigkeit, im Zweifelsfall Konflikte offensiv führen zu können, ist eine Kooperation mit dem Management möglich und sinnvoll. Liegt diese Konfliktfähigkeit nicht vor, endet die Kooperation in einer Form der Partnerschaft, bei der die Interessenvertretung die unternehmerischen Zielvorstellungen lediglich nachvollzieht, oder allenfalls im Detail beeinflusst. Bei einer Kooperation mit dem Management, die auf gewerkschaftlicher Kraft und Konfliktfähigkeit beruht, können dagegen die Interessen der Arbeitnehmer wirkungsvoll durchgesetzt werden.

2.6 Praxis der betrieblichen Interessenvertretung

Konflikte um das Entgelt, Vorgabezeiten und Arbeitsbedingungen sind das »Tagesgeschäft« vieler Betriebsräte und Vertrauensleute. Die Herangehensweise der Interessenvertretung beim Austragen dieser Konflikte ist von Betrieb zu Betrieb unterschiedlich. Sie hängt nicht nur vom gewerkschaftspolitischen Selbstverständnis der jeweiligen Interessenvertreter ab, sondern auch von Punkten wie der Größe des Betriebs, der Entgeltsysteme, der Verhaltensweise der Geschäftsleitung, dem gewerkschaftlichen Organisationsgrad und den Aktivitäten des Vertrauenskörpers und der Belegschaft. In diesem Kapitel werden einige Aspekte der praktischen Vorgehensweise der Interessenvertretung bei Konflikten um Entgelt und Leistung angesprochen. Wie sie unter den Bedingungen des jeweiligen Betriebes umgesetzt werden, wird nur vor Ort diskutiert werden können.

2.6.1 Zusammenarbeit von Betriebsrat, Vertrauensleuten, Belegschaft und Gewerkschaft

Die genannten Konflikte berühren einerseits handfeste und täglich erfahrbare Interessen der Arbeitnehmerinnen und Arbeitnehmer. Andererseits sind die Regelungen über diese Konfliktfelder in Tarifverträgen und Betriebsvereinbarungen sehr kompliziert; besonders deutlich wird dies beispielsweise bei Systemen der Arbeitsbewertung und den verschiedenen Methoden der Vorgabezeitermittlung. Deshalb werden sich sinnvollerweise in den Betriebsräten einzelne Kolleginnen und Kollegen auf diesen Bereich spezialisieren und sich in gewerkschaftlichen Seminaren zu »Experten« qualifizieren müssen. Um die Interessen der Arbeitnehmer vertreten zu können, werden diese Betriebsratsmitglieder sich auch um vielfältige, detaillierte Regelungen streiten müssen, wie z. B. bei der Verhandlung von Betriebsvereinbarungen zu Zeitstudien, »MTM-Systemen« oder »PPS-Systemen«.

Diese Betriebsratsmitglieder unterliegen dabei aber ständig der Gefahr, dass sie sich zu »Expert:innen« entwickeln, deren Arbeit für die anderen Betriebsratsmitglieder, Vertrauensleute und die Belegschaft nicht mehr nachvollziehbar ist. Dieser Weg verläuft schleichend und meistens ungewollt. Manche Betriebsratsmitglieder fanden sich nach jahrelanger Arbeit in Situationen, wo sie zwar mit den Experten der anderen Seite über das Epsilon bei der Zeitstudie oder die Zwangsprotokollierung bei PPS-Systemen streiten konnten, aber keinen Rückhalt bei ihren Kollegen hatten, weil diese nicht verstanden, um was es sich drehte. Sie mussten dann erkennen, dass Konflikte um das Entgelt nicht allein im Verhandlungsraum, sondern nur mit einer Belegschaft zu führen sind, die den Mitgliedern einer Verhandlungskommission den Rücken stärkt.

Eine transparente und konsequente Tarifarbeit im Betrieb setzt ständige Information und Diskussion zwischen dem Entgeltausschuss, den anderen Ausschüssen, dem gesamten Betriebsrat, dem Vertrauenskörper, der Belegschaft und der zuständigen Gewerkschaft voraus; vgl. Übersicht 2.2.

Die laufende gegenseitige Information und Unterstützung zwischen Betriebsrat und der zuständigen Gewerkschaft ist gerade wegen der Wechselwirkung zwischen Betriebs- und Tarifpolitik von entscheidender Bedeutung. Hier können die örtlichen tarifpolitischen Arbeitskreise der Gewerkschaften eine entscheidende Rolle spielen.

Eine laufende Information der Belegschaft durch den Betriebsrat und Vertrauenskörper ist Voraussetzung, um »heiße« Konflikte konsequent führen zu können. Die Geschäftsleitungen sind sehr sensibel, wenn sie merken, dass es in der Belegschaft »rumort«. Die Mittel und Wege zur Unterstützung der Verhandlungskommission sind vielfältig. In einigen Betrieben kommt schon Bewegung in Verhandlungen, wenn Betriebsversammlungen so vorbereitet werden, dass sich mehrere Vertrauensleute und Belegschaftsmitglieder zu Wort melden. In anderen Betrieben ging es z. B. in den Verhandlungen erst dann weiter, als mehrere Arbeitnehmer gemeinsam den Betriebsrat aufsuchten und sich beschwerten. Da gerade Entgeltkonflikte spürbare Auswirkungen auf die Arbeitnehmer haben, sind manche Belegschaften bereit, die Arbeit niederzulegen, um ihren Forderungen Nachdruck zu verleihen.

Übersicht 2.2

Hinweise und Tipps für eine transparente und konsequente Tarifarbeit im Betrieb
Laufende Berichterstattung und Diskussion des Entgeltausschusses über seine Arbeit · im gesamten Betriebsrat · im Vertrauenskörper · auf Betriebs- und Abteilungsversammlungen
Veröffentlichung von Kurz-Infos zu speziellen Themen wie z. B. die Rechte bei der Eingruppierung, die Umstellung von Leistungsentgelten
Veröffentlichung von Flugblättern zu speziellen Konfliktpunkten wie z. B. der Einsatz von Unternehmensberatern und Verhandlungen über Prämienvereinbarungen
Teilnahme an Wochenendseminaren für Betriebsräte, Vertrauensleute und Gewerkschaftsmitglieder zur Handhabung der Tarifverträge („Wo steht was?")
Verteilung der aktuellen Tarifverträge und Betriebsvereinbarungen an jede Vertrauensfrau und jeden Vertrauensmann. Behandlung der Tarifverträge in den Sitzungen des Vertrauenskörpers
Teilnahme an Schulungen für Betriebsräte, Vertrauensleute und Gewerkschaftsmitglieder zu aktuellen tarifpolitischen Fragen und zur Vorbereitung von Tarifbewegungen
Einbeziehung und Mobilisierung der Beschäftigten bei Tarifbewegungen

2.6.2 Betriebliche Abweichungen vom Flächentarifvertrag

Wirtschaftliche besondere Situationen können dazu führen, dass Abweichungen für einzelne Betriebe für einen befristeten Zeitraum erforderlich sind. Die Tarifverträge sehen dafür meist Verfahrensregelungen vor. Gründe für Abweichungen können z. B. wirtschaftliche Schieflagen oder eine drohende Insolvenz sein. Mit

dem sog. Pforzheimer Abkommen wurde in der Metall- und Elektroindustrie die zusätzliche Möglichkeit geschaffen, befristet vom Tarifvertrag abzuweichen, um zusätzliche Beschäftigung aufzubauen.
Abweichungen von einem Tarifvertrag können aber nicht zwischen Arbeitgeber und Betriebsrat vereinbart werden. Das wäre ein Eingriff in die Tarifautonomie. Vereinbarungen zwischen Arbeitgeber und Betriebsrat sind nur soweit zulässig, wie es in einer Öffnungsklausel im Tarifvertrag ausdrücklich bestimmt ist (§ 77 Abs. 3 BetrVG).
Erfahrungen mit abweichenden Regelungen zeigen: Wenn die Vereinbarung abweichender Regelungen nicht auf die in den Tarifverträgen vorgesehenen Fälle begrenzt bleibt, besteht die Gefahr, dass eine Abwärtsspirale in Gang gesetzt wird. Um mit solchen abweichenden Regelungen nicht eine Wettbewerbsspirale nach unten in Kraft zu setzen, orientieren sich Gewerkschaften beim Abschluss von Sanierungs- oder Ergänzungstarifverträgen z. B. an folgenden **inhaltlichen Grundsätzen**:

1. Einheitliche Arbeits- und Wettbewerbsbedingungen

Vom Flächentarifvertrag abweichende Regelungen dürfen keine nachhaltigen Wettbewerbsvorteile für einzelne Standorte im Unternehmen/Konzern oder in der Branche zur Folge haben. Die Tarifkommission, die zuständige Bezirksleitung oder der Vorstand kann ein Verhandlungsergebnis auch ablehnen, wenn es zu Wettbewerbsverzerrungen führen kann oder negative Auswirkungen auf die Mitglieder in anderen Betrieben hat.

2. Perspektive

Einschränkungen tarifvertraglicher Ansprüche sind nur dann möglich, wenn Perspektiven zur nachhaltigen Fortführung des Unternehmens, Betriebs oder Standorts gegeben sind und damit die Rückkehr in die originäre Flächentarifbindung möglich ist. Dies ist in der Regel, sofern nicht durch rechtlich haltbare Zusagen sichergestellt, durch ein sachverständiges Sanierungs- oder Standortkonzept nachzuweisen und zu kontrollieren.

3. Betriebswirtschaftliche Eignung

Die Einschränkung tarifvertraglicher Ansprüche muss dazu geeignet sein, die wirtschaftliche Situation des Standorts oder Unternehmens nachhaltig zu verbessern und Beschäftigung zu sichern. Dies ist in der Regel durch die Vorlage einer unabhängigen wirtschaftlichen Prüfung eines sachverständigen Dritten nachzuweisen.

4. Angemessenheit

Das Verhältnis zwischen der Einschränkung tarifvertraglicher Ansprüche und den im Unternehmen erzielten betriebswirtschaftlichen Effekten und Gegenleistungen muss angemessen sein.

5. Subsidiarität und soziale Ausgewogenheit

Eine Einschränkung tarifvertraglicher Ansprüche kann nur nachrangig zu Beiträgen wirtschaftlich stärkerer Beteiligter (Eigentümer, Banken) sein. Die Einschränkung tariflicher Leistungen soll grundsätzlich alle Beschäftigten einbeziehen und der unterschiedlichen Einkommenssituation Rechnung tragen. Beiträge von Geschäftsleitungen, Leitenden und AT-Beschäftigten sowie Unorganisierten sind in sozial ausgewogenem Umfang sicherzustellen.

6. Definierte Gegenleistung

Im Vertrag müssen die Gegenleistungen klar definiert sein. Dies kann z. B. in Form von verbindlichen

- Standortgarantien,
- Investitions- und Innovationszusagen,
- Beschäftigungssicherungsklauseln oder
- zusätzlichen Ausbildungsplätzen

erfolgen. Während der Laufzeit des Vertrages ist die Erbringung der Gegenleistung zu kontrollieren. Hierzu sind auch Ansätze zur Sicherung und Ausweitung der Beteiligungsrechte der betrieblichen Interessenvertretung bei der Kontrolle und Umsetzung (Vorlage und Auswertung von Daten, Etablierung von Steuerungsgruppen, paritätische Kommissionen, Vetorecht bei Investitionsentscheidungen etc.) zu vereinbaren. Der Vertrag muss vorsehen, dass bei Nichteinhaltung der Gegenleistungen die ursprünglichen tarifvertraglichen Ansprüche zurückgeführt werden.

7. Zeitliche Befristung

Das Verhandlungsergebnis muss eine zeitliche Befristung und eine Beendigung der Vereinbarung vorsehen. Eine Nachwirkung des auslaufenden oder gekündigten Vertrages ist auszuschließen.

8. Ausschöpfung der betrieblichen Möglichkeiten

Eine Einschränkung tarifvertraglicher Ansprüche kann erst dann erfolgen, wenn die betrieblichen Möglichkeiten ausgeschöpft sind und wenn andere beschäftigungs- und einkommenssichernde Gestaltungsalternativen nicht zur Verfügung stehen. D. h. zum Beispiel:

- Abbau von Zeitguthaben
- Anwendung des Tarifvertrages Beschäftigungssicherung
- Einführung von Kurzarbeit
- Abbau übertariflicher Leistungen

9. Arbeitszeit

Eine Verlängerung der Arbeitszeit ohne vollen Ausgleich des Entgelts ist nur in Ausnahmefällen möglich, muss durch die Tarifkommission und die Bezirksleitung gesondert begründet werden und wird im Vorstand als Einzelfall behandelt und entschieden.

10. Rückzahlung

Eine Einschränkung tarifvertraglicher Ansprüche muss befristet werden und auf den kürzestmöglichen Zeitraum beschränkt bleiben. In der Regel ist eine Rückzahlungsklausel (Stundung, Besserungsvereinbarung) zu vereinbaren.

11. Wirkung auf Dritte

Bei abweichenden Tarifverträgen ist die Auswirkung auf die tarifpolitische Handlungsfähigkeit der Gewerkschaft, die Beschäftigten im Konzern, der Branche oder anderen Standorten zu berücksichtigen. Die Tarifkommission, die zuständige Bezirksleitung oder der Vorstand kann ein Verhandlungsergebnis auch ablehnen, wenn es negative Auswirkungen auf die Mitglieder in anderen Betrieben hat.
(IG Metall, Inhaltliche Grundsätze bei abweichenden Tarifverträgen, 2004)

2.6.3 Arbeit im Entgeltausschuss

In fast allen, zumindest in größeren Betriebsräten gibt es einen Entgeltausschuss. Der Ausschuss behandelt Konflikte, die mit Entgelt und Vorgabezeiten zusammenhängen. Dabei muss er mit anderen Ausschüssen und Gremien zusammenarbeiten, wie z. B. dem Rationalisierungsausschuss, dem Personalausschuss und den paritätischen Entgeltkommissionen. Die Übersicht 2.3 zeigt die wichtigsten Arbeitsaufgaben für Entgeltausschüsse. Im weiteren Sinne gehört aber auch dazu, darauf hinzuwirken, dass die der Eingruppierung zugrundeliegenden Arbeitsplätze menschengerecht bzw. entsprechend der jeweiligen Arbeitsorganisation gesundheitsförderlich gestaltet sind. Dem Betriebsrat stehen hierzu – ausgehend von § 87 Absatz 1 Zf. 7 BetrVG [Mitbestimmungsrechte] i. V. m. § 5 ArbSchG [Gefährdungsbeurteilung] sowie den § 90 und 91 BetrVG umfassende gestalterische Hebel bzw. Instrumente zur Verfügung. Diese sind im Kapitel 7 des vorliegenden Buches umfassender beschrieben.
Alle Tarifverträge in der Metallindustrie sehen *paritätische Kommissionen* für Streitigkeiten bei Leistungsentgelt, Akkord und Prämienfragen sowie Konflikte um Zielvereinbarungen vor, einige Tarifverträge auch *paritätische Eingruppierungskommissionen*. In diesen Kommissionen sitzen zu gleichen Teilen Vertreter des Arbeitgebers und der Arbeitnehmer (2 : 2 oder 3 : 3). Sie haben die Aufgabe, Entgelt- und Eingruppierungsstreitigkeiten zu klären. Wird keine Einigkeit erzielt, sehen die Tarifverträge unterschiedliche Regelungen vor.
Meistens ist die strittige Angelegenheit zwischen Geschäftsleitung und Betriebsrat zu klären. Erfolgt auch dort keine Einigung, entscheidet die Einigungsstelle oder die tarifliche Schlichtungsstelle. In anderen Tarifverträgen ist geregelt, dass Vertreter der Tarifparteien hinzugezogen werden und ggf. das Los entscheidet, welche Seite ein Zweitstimmrecht erhält.
Die Vertreter der Arbeitnehmer sind durch den Betriebsrat zu benennen, sie müssen allerdings nicht Mitglied des Betriebsrates sein. Es empfiehlt sich, dass zumindest ein Vertreter der Arbeitnehmer auch Mitglied im Entgeltausschuss

des Betriebsrates ist. Manche Betriebsräte sind dazu übergegangen, ein Mitglied der Vertrauenskörperleitung, das nicht im Betriebsrat ist, als Vertreter der Arbeitnehmer in eine paritätische Kommission zu entsenden.

Übersicht 2.3

Aufgaben des Entgeltausschusses
Bearbeitung von Ein- und Umgruppierungen gemäß § 99 BetrVG
Bearbeitung von Einsprüchen gegen die Leistungsbeurteilung
Kontrolle der Vorgabezeitermittlungen (Zeitstudien und andere Methoden der Vorgabezeitermittlung)
Bearbeitung von Vorgabezeit-Reklamationen
Laufende Überprüfung von Vorgabezeiten und Eingruppierung, um ggf. die Initiative zu ergreifen
Begleitung von Zielvereinbarungen
Vorbereitung der Sitzungen der paritätischen Kommission
Ausarbeitung von Betriebsvereinbarungen zum Leistungsentgelt
Überprüfung der Planung von technischen Anlagen oder neuen Arbeitsverfahren im Hinblick auf die Entgeltgestaltung
Regelmäßige Erfassung von Kennzahlen zum Entgelt (Eingruppierung, Leistungszulage, Mehrverdienst im Leistungsentgelt)
Laufende Berichterstattung über die Arbeit im Betriebsrat, im Vertrauenskörper und auf Betriebsversammlungen
Erstellung eines mittelfristigen Arbeitsprogramms
Mitarbeit im Arbeitskreis „Tarifpolitik/Entgeltgestaltung“ in der örtlichen Gewerkschaft

2.6.4 Durchsetzungsstrategien der Interessenvertretung

Wenn Unternehmensleitungen beispielsweise ein neues System zum Leistungsentgelt einführen wollen, planen sie ihre Vorgehensweise systematisch. Bei diesen Überlegungen spielen auch die betroffenen Arbeitnehmer und der Betriebsrat eine Rolle. In den Unternehmensleitungen wird genau überlegt, wann der Betriebsrat informiert werden soll; ob er zunächst nur teilweise informiert werden soll; wie er darauf reagieren könnte, oder wie man ihm »die Sache schmackhaft

machen könnte«; wie man ihn unter Zugzwang setzt. Ergreift der Betriebsrat dagegen Initiativen, wird auch die Geschäftsleitung systematisch überlegen, wie sie darauf reagieren soll. Für den Betriebsrat hat dies folgende Konsequenz:
Wollen Betriebsrat und Vertrauenskörper bei der Tarifarbeit im Betrieb die Interessen der Arbeitnehmer wirksam vertreten, müssen sie ihre Vorgehensweise systematisch planen. Andernfalls besteht die Gefahr, dass sie sich in Details verzetteln, nur Teilprobleme erkennen, nicht alle Handlungsmöglichkeiten voll ausschöpfen oder schlicht »ausgetrickst« werden.
Bei der Entwicklung von Durchsetzungsstrategien der Interessenvertretung kommt es u. a. auf folgende Punkte an:

- Betriebsrat und Vertrauensleute sollten nicht nur auf Maßnahmen der Geschäftsleitung reagieren, sondern von sich aus Initiativen entwickeln.
- Betriebsrat und Vertrauensleute müssen zielgerichtet handeln. »Der rote Faden« muss zwischen Betriebsrat, Vertrauensleute und Gewerkschaft abgestimmt sein.
- Die Vorgehensweise der Interessenvertretung sollte zumindest in den wichtigsten Schritten detailliert geplant werden.

Dazu werden in den Gewerkschaften unterschiedliche Handlungspläne angeboten. Zur Vorbereitung auf betriebliche Auseinandersetzungen stellt die »4-Phasen-Planung« eine gute Hilfestellung dar. Zur Planung von Vorgehensweisen der Interessenvertretung werden dabei vier Phasen unterschieden (vgl. Übersicht 2.4):

- Bestandsaufnahme
- Analyse
- Forderungen
- Durchsetzung

Übersicht 2.4

„4-Phasen-Planung“ für die Vorgehensweise der Interessenvertretung	
Phase 1: Bestandsaufnahme („Worum geht es?“) • Was ist der Kern des Konflikts? Welche Zusammenhänge bestehen zu anderen Konflikten? • Welche Informationen müssen beschafft werden? (Befragung der betroff. Arbeitnehmer und ihrer Vertrauensleute. Einforderung einer rechtzeitigen u. umfass. Info d. GL anhand von Unterlagen.)	**Phase 2: Analyse („Warum ist das so?“)** • Welche Interessen verfolgt die Geschäftsleitung? • Gegen welche Interessen der Beschäftigten wird verstoßen? • Welche Interessen haben die Beschäftigten? • Wie hängen die kurz-, mittel- und langfristigen Ziele der Interessenvertretung zusammen?
Phase 3: Forderungen („Was wollen wir?“) • Wie lautet der Forderungskatalog der Interessenvertretung? • Welche dieser Forderungen haben die höchste Priorität? • Erarbeitung eines Entwurfes für eine Betriebsvereinbarung.	**Phase 4: Durchsetzung („Wie setzen wir das durch?“)** • Wie können die vorhandenen betriebl. und gewerkschaftlichen Gremien einbezogen werden? • Wie kann die Belegschaft in den Konflikt einbezogen werden? • Welche Instrumente stehen zur Verfügung und sollten angewandt werden, u. d. Forderungen durchzusetzen (z. B. Gesetze, TV, BV, Abteilungs- bzw. BVs, Beschwerden beim Betriebsrat, Flugblätter, Protestveranstaltungen usw.) • Wie wird sich die Unternehmensleitung verhalten? • Was kann getan werden, um ihre Strategie zu durchkreuzen? • Schrittweise Planung der Vorgehensweise mit Zeitplanung. • Verantwortlichkeiten festlegen.

Natürlich gibt es in der täglichen Praxis viele Probleme, bei denen kurzfristig reagiert und gehandelt werden muss. Bei allen Fragen, die grundsätzliche Lösungen erfordern, empfiehlt es sich für Betriebsrat und Vertrauensleute, ihre Vorgehensweise im Prinzip nach der »4-Phasen-Planung« zu entwickeln.

Für viele Interessenvertretungen mag ein solches systematisches Vorgehen eine Selbstverständlichkeit sein. Andere werden dieses Modell für eine Spielerei oder für »theoretisch« halten. Jedoch sollte man dabei bedenken, dass sich gerade Konflikte um das Entgeltsystem über einen längeren Zeitraum hinziehen können. Um dabei nicht den »roten Faden« zu verlieren, ist es sinnvoll, insbesondere in der vierten Phase die Durchsetzungsstrategie in Einzelschritten detailliert festzulegen.

3. »Industrie 4.0: Neue Technik – alte Konflikte« – Arbeitsorganisation im Wandel

Die Organisation der Industriearbeit wurde in den Betrieben in den vergangenen Jahrzehnten mehrfach zum Teil grundsätzlichen Veränderungen unterzogen. Stichworte wie Taylorismus, Fordismus und Toyotismus stehen stellvertretend für die Veränderungen, die im vorherigen Jahrhundert die Wirklichkeit in vielen Werkhallen prägten und teilweise bis in die Gegenwart wirken. Heute stehen neue Begriffe im Vordergrund: Dekarbonisierung, Transformation, Digitalisierung, agiles Arbeiten und schon wieder ein wenig in den Hintergrund getretene Begriffe wie Internet der Dinge, Ganzheitliche Produktionssysteme oder auch Industrie 4.0.

Definitionen

Dekarbonisierung – ist der Oberbegriff für die Gesamtheit der Prozesse zur Reduzierung von Kohlenstoff- insbesondere Kolenstoffdioxidemissionen und anderen Treibhausgasen, um dem Klimawandel entgegenzuwirken.

Transformation – ist der Veränderungsprozess in Wirtschaft und Gesellschaft hin zu neuartigen Fertigungstechnologien und Wertschöpfungsmethoden, der vor allem durch die Entstehung immer leistungsfähigerer digitaler Technologien; bis hin zur künstlichen Intelligenz ausgelöst wird. Dabei ist es nebensächlich, ob die Veränderungen schrittweise oder disruptiv (auflösend, zerstörend) erfolgen.

Digitalisierung – nennt man im engeren Sinn das Ersetzen analoger Daten durch eine digitale (Zustand von 0 und 1) Beschreibung sämtlicher Prozessketten. Er ist zugleich der Oberbegriff für diesen ganzheitlichen digitalen Wandel der (Arbeits-) Gesellschaft und der Wirtschaft).

Agiles Arbeiten – ist eine arbeitsorganisatorische Antwort auf die durch Digitalisierung ausgelöste stark gestiegende Komplexität und Dynamik; also eine strukturierte Form der Zusammenarbeit, die darauf abzielt, einen frühstmöglichen Kundennutzen zu generieren.

(vgl. insbesondere Kapitel 3.6.9)

Auch wenn vieles neu und ungewohnt erscheint, müssen auch bei diesen neuen Entwicklungen Regelungen zu den drei zentralen Elementen des Arbeitsverhältnisses getroffen werden: Arbeitsentgelt, Arbeitspensum (Leistung) und Arbeitszeit; vgl. dazu Kapitel 2.3 und Übersicht 2.1. Es geht im vorliegenden Kapitel vor allem darum, die Rahmenbedingungen für Arbeits-, Entgelt- und Leistungsgestaltung zu skizzieren. Dazu wird zunächst die Entwicklung der klassischen Arbeitsorganisation dargestellt (vgl. Kapitel 3.1). Anschließend werden neuere

Entwicklungen wie z. B. ganzheitliche Produktionssysteme (GPS) und Industrie 4.0 erläutert und eingeordnet (vgl. Kapitel 3.2). Im Kapitel 3.3 werden die wichtigsten Begriffe und Elemente der Arbeitsorganisation definiert und anschließend die Gestaltungsmöglichkeiten der Arbeitsorganisation erörtert (vgl. Kapitel 3.4). Bevor im Kapitel 3.6 die einzelnen Organisationsformen der Arbeit und ihre Gestaltungsmöglichkeiten konkretisiert werden, erfolgt in Kapitel 3.5 eine kurze Darstellung zur Arbeitsorganisation in ganzheitlichen Produktionssystemen. Abschließend werden tarif- und betriebspolitische Anforderungen an die Gestaltung der Arbeitsorganisation abgeleitet (vgl. Kapitel 3.7).

3.1 Taylorismus, Fordismus, Produktionssysteme – ein kurzer Überblick

Zu Beginn der 1890er Jahre entwickelte der US-amerikanische Ingenieur Frederick Winslow Taylor ein damals grundsätzlich neues System der Arbeitsorganisation – dies wird bis heute entweder als Taylorismus oder als »Scientific Management« (= wissenschaftliche Betriebsführung) bezeichnet. Er gilt mit seinem Konzept als der Gründungsvater des Scientific Management; vgl. Übersicht 3.1. Für den Übergang von der Manufaktur- zur Fabrikarbeit beschreibt er die notwendige organisatorische Trennung der Planung und Steuerung und der Ausführung und Kontrolle von Arbeitsabläufen. Dazu sei die Arbeit in einzelne Arbeitsschritte zu zerlegen, die Vorgabezeiten für die Abschnitte mit der Stoppuhr zu ermitteln und anschließend detailliert inklusive Vorgabezeit den Arbeitenden vorzugeben; quasi als optimale Durchführungsform des jeweiligen Prozessschritts. Dabei trennt er rigoros in das – auf der Basis von Arbeitsstudien – arbeitsvorbereitende Management und diejenigen, die die Arbeit ausführen. Diejenigen, die die Arbeit ausführen müssen, werden nur den jeweils vereinzelten Prozessschritten zugeordnet. Das führt zu einem Höchstmaß an Arbeitsteilung, aber aufgrund der kurzen Arbeitsabläufe und einer sehr hohen Wiederholhäufigkeit auch zu einer besonders monotonen Arbeit. Das ist zugleich der Grund, warum der Taylorismus in der arbeitspolitischen Debatte überwiegend kritisch betrachtet wird. Gleichwohl hat diese Form der Arbeitsorganisation die Industriearbeit über Jahrzehnte entscheidend geprägt und prägt sie zum Teil auch heute noch.

Übersicht 3.1: Prinzipien des Taylorismus bzw. des Scientific Managements

Interne / externe Prozesse	sämtliche Prozesse eines Unternehmens sind berechenbar und beherrschbar
Trennung von Planung, Ausführung und Kontrolle	Arbeit kann in ausführende und planende Tätigkeit zerlegt werden; (von F. W. Taylor selbst als Trennung von Hand- und Kopfarbeit bezeichnet)
Spezialisierung / Zentralisierung	Ausführende sind nur für wenige (jeweils) sehr spezielle Prozesse verantwortlich, die jedoch zentral geplant und gesteuert werden
wissenschaftliche Methoden	wissenschaftliche Methoden ermöglichen die Ermittlung der effektivsten Ausführung des jeweiligen Arbeitsschrittes
definierte Arbeitsreihenfolge	Arbeitsabläufe bestehen aus einer bestimmten und festlegbaren Abfolge einzelner Schritte
Mensch und Lohn	Menschen arbeiten lediglich, um das für ihr Leben notwendige Geld zu erhalten

Die von F.W. Taylor im Rahmen des Scientific Management beschriebenen Arbeitsstudien führten damals zu einer drastischen Leistungsverdichtung. Zugleich bilden sie bis heute das Fundament der Leistungsbemessung in den Betrieben. Zu nennen ist hier insbesondere die in der Metall- und Elektroindustrie zwischenzeitlich weit verbreitete Anwendung der REFA-Methodenlehre und in immer stärkerem Maße auch (wieder) die Zeit- und Prozessgestaltung mittels MTM. Mit ausgefeilten Instrumenten der Zeitwirtschaft (vgl. Kap. 6) wird eine perfektionierte Anwendung des Scientific Management ermöglicht. Zwar hatten die Gewerkschaften schon mit den Bestimmungen zur Entlohnung in den Lohnrahmentarifverträgen Mechanismen geschaffen, die die Wirkungen einer tayloristischen Betriebsorganisation für die Beschäftigten abmilderten und erträglich machen sollten. Inzwischen wurden diese Möglichkeiten der Mitbestimmung über Arbeits- und insbesondere über die Leistungsbedingungen mit den Entgelt-Rahmentarifverträgen nochmals erweitert.
Während F.W. Taylor seine Annahmen und Thesen noch für den Übergang von der Manufaktur- zur Fabrikarbeit formulierte, breitete sich letztere rasant aus und führte mit der Einführung des Fließbands u. a. bei Ford in Detroit zur massenhaften Produktion verschiedenster neuartiger Konsumgüter. Der Erfolg von Ford basierte auf dem Einsatz hoch spezialisierter Maschinen, der Fließbandfertigung sowie weiteren Gestaltungselementen des von F.W. Taylor beschriebenen Scientific Management. Beispielsweise zu nennen sind die strikte

Trennung zwischen Planung, Ausführung und Kontrolle, eine sehr restriktive, aber äußerst effiziente Arbeitsteilung in der Fertigung selbst sowie eine starke Kontrolle der Arbeiter hinsichtlich Disziplin und Arbeitsausführung. Infolge der erreichten drastischen Stückkostenreduzierung stieg die Nachfrage an. Bei Ford wurden deutlich höhere Löhne gezahlt als in anderen Betrieben, was die Nachfrage erneut ankurbelte. Absatz und Umsatz stiegen in dieser Zeit kontinuierlich an. Wegen dieser – besonders bei Ford beobachtbaren – durch das Fließband ermöglichten enormen Steigerung der Massenproduktion wird diese geschichtliche Phase auch als »Fordismus« bezeichnet.

Humanisierung der Arbeitswelt

Ernsthaft in Frage gestellt wurde die tayloristische Arbeitsteilung erst durch die Anfang der 1970er Jahre forcierte gewerkschaftliche Politik der Humanisierung der Arbeit. Von der Politik, aber auch von den Arbeitgebern forderten die Gewerkschaften damals ernsthafte betriebliche Anstrengungen zur Verbesserung der Qualität der Arbeit. Im Rahmen der Novellierung der Betriebsverfassung (1972) wurden verbindliche Beratungs- und Unterrichtungsrechte des Betriebsrates zur Arbeitsgestaltung (§§ 90, 91 BetrVG) verabschiedet, die bis heute leider viel zu wenig genutzt werden. Ausgangspunkt für eine entsprechende Gestaltung zukünftiger Arbeitsplätze sollten demnach die gesicherten arbeitswissenschaftlichen Erkenntnisse über die menschengerechte Gestaltung der Arbeit sein. Allerdings existierten derartige Erkenntnisse damals nicht in einer systematisch aufbereiteten und detaillierten Form. Das war der Ausgangspunkt für das staatliche Forschungsprogramm zur »Humanisierung des Arbeitslebens« ab 1974, dass die Qualität des Arbeitslebens in den Mittelpunkt einer Vielzahl unterschiedlicher Forschungsvorhaben stellte. Erklärtes Ziel war es, die gesicherten arbeitswissenschaftlichen Erkenntnisse näher zu bestimmen und betrieblich anwendbar zu machen. So wurden im Kontext des Forschungsprogramms und der fortan durch die Bundesanstalt für Arbeitsschutz und Arbeitsmedizin koordinierten Forschungsarbeit wichtige Erkenntnisse der Arbeitsgestaltung formuliert, die auch über den heutigen Tag hinaus Gültigkeit besitzen. Diese gesicherten Erkenntnisse zur menschengerechten Gestaltung der Arbeit, in Verbindung mit den neu geschaffenen Beratungs- und Unterrichtungsrechten des Betriebsrates, ermöglichten es den Interessenvertretungen fortan, sich in die Gestaltung der Arbeitsprozesse und ihrer qualitativen Verbesserung einzumischen. Schon damals entstanden – unter anderem in der deutschen Automobilindustrie – neue Produktionskonzepte, die auf der Vereinbarkeit von Rationalisierung und Humanisierung beruhen und die die schädigungs- und beeinträchtigungslose Durchführung der Arbeit durch die Beschäftigten sicherstellen sollten (zur Arbeitsgestaltung vgl. Kap. 7).

Mit der Zunahme der weltweiten wirtschaftlichen Verflechtungen in den 1980er und 1990er Jahren waren widersprüchliche Entwicklungen verbunden. Makroökonomisch bedeutsam waren die zunehmende Entgrenzung der Märkte, die weltweite Verschärfung der Ungleichzeitigkeiten und der Machtzuwachs insbesondere der weltweiten Finanzmärkte. Mikroökonomisch betrachtet kam es zu einer Shareholder-getriebenen Neuorientierung in den Unternehmen: Gewachsene sozialen Beziehungen verlieren an Bedeutung, die Planungsunsicherheit wächst nicht zuletzt aufgrund einer hohen Innovationsdynamik, die wiederum eine erhöhte Reaktionsgeschwindigkeit in den Betrieben verlangt. Unter dem Strich vergrößert sich die Komplexität der zu beherrschenden Prozesse enorm. Dieser Umbruch der politisch-ökonomischen Bedingungen findet in den Unternehmen und auch den Verwaltungen seinen Niederschlag in neuen Managementstrategien und neuen Leitbildern der Arbeit. Denn für die gewandelten Anforderungen und erhöhten Ansprüche in puncto Zeit, Flexibilität, Komplexität, Qualität und Innovationskraft erweist sich die traditionelle, tayloristisch-fordistische Rationalisierung als nicht mehr zeitgemäß. Die vormals fixierte Normalarbeit erodiert. Arbeitsorte, Arbeitszeiten, Arbeitszuschnitte werden entgrenzt und neu arrangiert. Die strikte Trennung in Planung, Ausführung und Kontrolle wird in Teilbereichen aufgegeben. Gefordert sind nun innovativer Input, problemlösende Leistung und eigenverantwortliche Selbstorganisation; dazu passt nicht enge Kontrolle, Hierarchie, Standardisierung. Die Eigeninitiative der Beschäftigten war im Taylorismus der auszumerzende Störfaktor und wird nun zum zentralen Produktivfaktor, den es entsprechend zu fördern gilt. Durch die Mobilisierung der Eigeninitiative der Beschäftigten können auch die zunehmend weniger planbaren Anforderungen betrieblich bewältigt werden.

Diese Entwicklung ist aber nicht widerspruchsfrei und verläuft nicht in allen Betrieben einheitlich und in gleicher Richtung. Einerseits ist zu beobachten, dass Technikkonzepte im Hinblick auf ihre technologischen und ergonomischen Fortschrittsmomente zurückgenommen, Arbeitsbedingungen und Zumutbarkeitsgrenzen nach unten verschoben und erkämpfte Zugeständnisse (z.B. Erholungszeiten) wieder zurückgenommen werden. In anderen Betrieben jedoch werden Prozesse und Entscheidungen dezentralisiert und mit weniger Hierarchieebenen gestaltet, um das Arbeitsvermögen der Beschäftigten ganzheitlich nutzen zu können. Ausgehend von den in den 1970er Jahren entwickelten Prinzipien der Humanisierung der Arbeit konnten in den 1980er bis in die 1990er Jahre hinein neue Formen der Arbeitsorganisation in den Betrieben durchgesetzt werden. Dabei zeigte sich vielfach, dass die Einführung neuer Formen der Arbeitsorganisation mit einer Erhöhung der Produktivität, häufig aber auch mit neuen Belastungen verbunden war. Unter der Zielsetzung, die Monotonie der tayloristischen Arbeitsteilung zu überwinden und die Lernförderlichkeit der Arbeit zu erhöhen, haben betriebliche Interessenvertretungen über einen langen Zeitraum hinweg Konzepte wie teilautonome Gruppenarbeit, Job-Rotation, Job-Enlargement und Job-Enrichment durchsetzen können. Zwischenzeitlich galten die Zuweisung von Selbstverantwortung und die Definition ganzheitlicher Arbeitsaufgaben sogar als unverzichtbare Merkmale einer modernen, innovativen Arbeitsorganisation (vgl. zur Arbeitsorganisation insbesondere Kap. 3.4). Allerdings erfolgte im Gegenzug zu diesen arbeitspolitischen Fortschritten, insbesondere seit den 1990er Jahren, eine zunehmende Flexibilisierung und Entgrenzung der Arbeitszeit.

Ganzheitliche Produktionssysteme

Ende der 1990er Jahre und verstärkt zu Beginn der 2000er Jahren lässt sich – ausgehend von der Automobilindustrie – die Verbreitung Ganzheitlicher Produktionssysteme beobachten. Sie sind heute in vielen Betrieben Realität.

Definition
Ein Ganzheitliches Produktionssystem stellt das Regelwerk und die Methoden dar, nach denen bestimmte Prozesse in dem jeweiligen Unternehmen geführt werden; also an sich nicht Neues. Möglicherweise lediglich insofern etwas Neues als dass mit der Hinzunahme der Begrifflichkeit »ganzheitlich« darauf verwiesen werden soll, dass die verwendeten Instrumente und Methoden in ihrer gegenseitigen Wechselwirkung über die gesamte Wertschöpfungskette hinweg aufeinander abgestimmt verwendet werden. Damit sind auch die administrativen Bereiche (Entwicklung, Konstruktion, Einkauf etc.) gemeint. Man spricht deshalb von einem Ganzheitlichen Produktionssystem; kurz von einem GPS.

Ausgehend von einer anhaltenden Ertragskrise bei den großen Automobilherstellern richtet sich der Blick dabei vor allem auf den Branchenprimus Toyota und auf das Toyota-Produktionssystem. Hauptziel ist die Verbesserung der eigenen Wettbewerbsfähigkeit (zu den Zielen vgl. Übersicht 3.2). Tatsächlich ist die Begrifflichkeit der »Ganzheitlichen Produktionssysteme« neu. Entsprechend wird ihre Einführung von den jeweiligen Unternehmen als innovativ bezeichnet. Allerdings waren die Handlungsfelder schon länger bekannt: Mit dem Ziel, Schlussfolgerungen für die Arbeitsgestaltung zu ziehen, hatten unter anderem Forscher am Wissenschaftszentrum in Berlin bereits Anfang der 1990er Jahre die Lean-Production-Philosophie von Toyota intensiver untersucht. Mit Blick auf die deutsche Automobilindustrie haben sie die erforderlichen Reorganisationsprozesse und Handlungsfelder eingehender beschrieben (vgl. hierzu Übersicht 3.3). Weitgehend neu waren hingegen Methoden wie z. B. 5 S, Chaku, Poka-Yoke, Kanban, Wertstromdesign und weitere (zu diesen Begriffen wie auch zum Begriff Produktionssystem selbst vgl. Kapitel 3.5). Nicht selten wurden sie an den betrieblichen Interessenvertretungen vorbei in der Fertigung und später auch in indirekten Bereichen eingeführt und werden bis heute in sich verändernden Formen angewendet und weiterentwickelt. Bezüglich der Arbeitsgestaltung ist dabei gleichzeitig eine verstärkte, erneute Taylorisierung zu beobachten.

Übersicht 3.2: Ziele bei der Einführung/Umsetzung von GPS

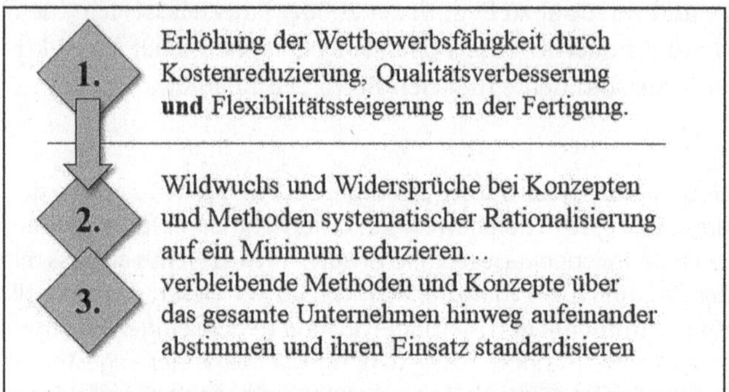

frei nach: IGM-Vorstand (Hrsg.); Ganzheitliche Produktionssysteme menschengerecht gestalten Frankfurt / M. 2011

Übersicht 3.3: Handlungsfelder bei der Umsetzung/Weiterentwicklung von GPS

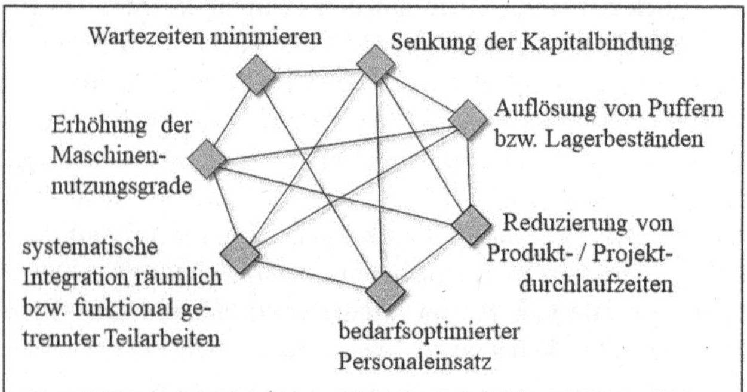

Marstedt, Gerd; Rationalisierung und Gesundheit – neue Produktionssysteme, systemische Rationalisierung, Berlin 1994

Aktuell sind verschiedene Entwicklungen zu beobachten. Unabhängig davon, dass der Begriff ganzheitliche Produktionssysteme (GPS) aus dem öffentlichen Diskurs wieder verschwunden ist, ist eine Vielzahl, insbesondere der kleineren Unternehmen gerade dabei, das eigene Produktionssystem weiterzuentwickeln und schrittweise die einzelnen Methoden umzusetzen. Ziel ist, die Produktionskosten zu senken und den Anforderungen an die Lieferfähigkeit Just-in-Time bzw. Just-in-Sequenz gerecht werden zu können. Andere, insbesondere größere Unternehmen widmen sich bereits umfassend der Dekarbonisiserung, der Digitalisierung bzw. der Transformation zur Industrie 4.0. Auch wenn die letztgenannte Begrifflichkeit ebenso aus dem öffentlichen Diskurs verschwunden ist, wie »GPS« prägt der inhaltliche Kern der unter der Begrifflichkeit Industrie 4.0 subsummierten Entwicklungen bzw. Zustandsbeschreibungen nach wie vor die Veränderungsprozesse in vielen Betrieben der Metall- und Elektroindustrie. War es bis vor ein paar Jahren noch fraglich, ob die konsequente Umsetzung des eigenen Produktionssystems bereits abgeschlossen ist. So lässt sich diese Frage inzwischen mit Verweis auf die Verstetigung der Verränderungsprozesse

»als im permanenten Wandel befindlich« definieren. Letztlich handelt es sich dabei um ein folgerichtiges Ergebnis der Erkenntnis, das ein systematischer und kontinuierlicher Verbesserungsprozess, robuste Fertigungsprozesse über die gesamte Wertschöpfungskette hinweg und eine vollständige Standardisierung aller relevanten Abläufe und Prozesse als die Erfolgsfaktoren einer erfolgreichen Einführung der Industrie 4.0 beschrieben werden. Oder um es anders auszudrücken: Ein für Standort und Beschäftigung erfolgreicher Transformationsprozess wird nur gelingen, wenn das Produktionssystem durchgängig weiterentwickelt wird. Daran jedoch bleiben – nicht zuletzt aufgrund der in vielen Unternehmen entstandenen Rationalisierungslücke – erhebliche Zweifel (vgl. Übersicht 3.4).

Übersicht 3.4: entstandene Rationalisierungslücke bei der Einführung/Umsetzung von GPS

3.2 Digitalisierung und Industrie 4.0

Inzwischen sind Begriffe wie Dekarbonisierung, Digitalisiserung bzw. Transformation in den täglichen Sprachgebrauch übergegangen: Sie haben den Begriff der »Industrie 4.0« weitgehend abgelöst. Dieser prägte seit der Hannover-Messe 2011 die öffentliche Diskussion über die zukünftige Form und Gestalt industriellen Arbeitens für eine gute Dekade. Er ist in der Nummerierungslogik sehr gut geeignet die aktuellen industriellen Entwicklungen zu beschreiben. Bezugspunkte für die Nummerierung sind die industrie-historischen Epochen, die jeweils einen Quantensprung des angewandten wissenschaftlich-technischen Fortschritts darstellen: Der Beginn der Industrialisierung mit der Anwendung von Dampfmaschinen usw. wird dabei als erste industrielle Revolution bezeichnet, die Einführung des Fließbandes und des Taylorismus als zweite und die Verbreitung von Mikroelektronik und elektronischer Datenverarbeitung ab Anfang der 1970er Jahren als dritte industrielle Revolution (vgl. hierzu Übersicht 3.5).

Übersicht 3.5: Entwicklungsstufen industrieller Fertigung

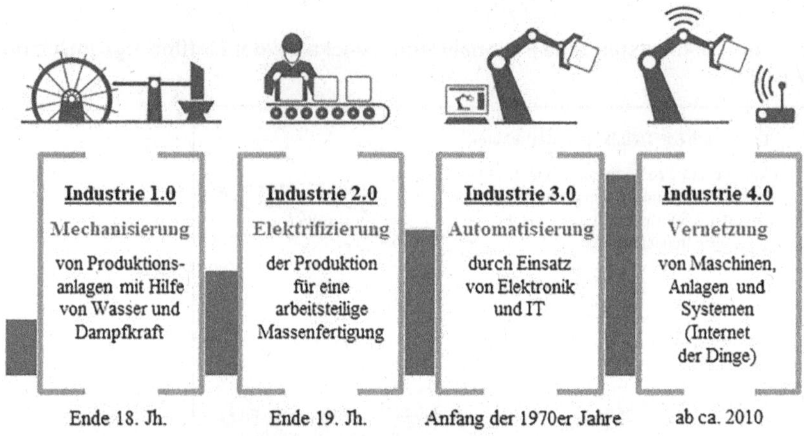

Quelle: https://www.yokogawa.com/de/loesungen/de-img/Industrieentwicklung.png am 11.1.2018, geändert

Definition

Industrie 4.0 meint im Kern die technische Integration vernetzter Maschinen, Anlagen und Systeme (also von cyber-physischen Systemen) in die Produktion und die Logistik sowie die Anwendung des Internets der Dinge und Dienste in industriellen Prozessen – einschließlich der sich daraus ergebenden Konsequenzen für die Wertschöpfung, die Geschäftsmodelle sowie die nachgelagerten Dienstleistungen und die Arbeitsorganisation (frei nach Arbeitskreis Industrie 4.0 beim Bundesministeriums für Bildung und Forschung, April 2013).

Während also ein entsprechender Automatisierungsgrad und die Mobilität der einzusetzenden Produktionstechnik als Vorrausetzung angesehen werden können, gilt die gegenseitige Vernetzung der Maschinen, Anlagen und Systeme (Internet der Dinge) bereits als ein Schlüsselmoment auf dem Weg zur Industrie 4.0. Der entscheidende Entwicklungssprung wird durch die vollständige – sensorbasierte – Vernetzung der Maschinen, Anlagen und Werkzeuge mit den zu produzierenden Gegenständen realisiert. Anfangs auf die digitalisierte Fabrik begrenzt, erfolgt sukzessive die vollständig digitale Vernetzung von Lieferanten, Produzenten und Kunden entlang der jeweiligen Wertschöpfungskette und Ge-

schäftsmodelle. Das setzt ein durchgängiges Produktionssystem voraus, in dem die relevanten Prozesse und Abläufe über die gesamte Wertschöpfungskette hinweg standardisiert wurden und vollständig in Echtzeit digital abbildbar sind. Daher wird inzwischen synonym zum Begriff »Industrie 4.0« auch von der »**Digitalisierung der Arbeitswelt**« gesprochen.
Die weitgehende Standardisierung und Digitalisierung ermöglicht den Zugriff auf sämtliche Maschinenzustände, Auslastungsgrade und Prozessdaten; es entsteht ein vollständiges digitales Abbild der Wirklichkeit, und zwar in Echtzeit. Die vorhandene Komplexität verschiedenster Entwicklungs-, Fertigungs- und Logistikprozesse sowie ihre Wechselwirkungen werden beherrschbar; eine dezentrale bedarfs- bzw. kundenorientierte Steuerung selbst räumlich entfernter Prozesse wird möglich. Dabei werden Beschäftigte zunehmend von technischen Assistenzsystemen unterstützt. Allen voran sind hier Systeme zu nennen, die eine computergestützte Erweiterung der Realitätswahrnehmung (augmented reality) ermöglichen – eine Technik, die vergleichbar mit dem Einblenden der Abseitslinie bei Fußballübertragungen ist. Vor allem mittels Tablets, zunehmend auch mittels Datenbrillen wird die Realität parallel digital abgebildet. Durch die – auf dem Display – zur Verfügung gestellten zusätzlichen Informationen bzw. dem Erteilen von weiteren Anweisungen wird es selbst für angelernte bzw. berufsfremd qualifizierte Beschäftigte möglich, sachgerechte und folgerichtige Entscheidungen zu treffen. Fach- und Prozesswissen muss nicht mehr zwingend durch alle Beschäftigten vorgehalten werden. Selbst umfangreichere Eingriffe in die vorhandene Produktionstechnik werden durch die digitale Unterstützung möglich. Zeitaufwendige Analysier- und Suchvorgänge können durch die Verknüpfung und automatisierte Auswertung der vorhandenen Daten enorm verkürzt werden.

Übersicht 3.6: Entwicklungsstufen auf dem Weg zur bzw. dem Weg durch die Industrie 4.0

Maschinen, Geräte, Sensoren können sich mit dem Mensch aber auch unabhängig von ihm miteinander vernetzen (**Internet der Dinge**)

Sensordaten erweitern Informationssysteme digitaler Fabrikmodelle, um so ein **virtuelles (Echtzeit-)Abbild der realen** Welt zu erstellen

Assistenzsysteme **unterstützen den Menschen**: Komplexe Entscheidungen können so fundiert getroffen und auftretende Probleme schneller gelöst werden. Außerdem werden Menschen bei anstrengenden, unangenehmen oder gefährlichen Arbeiten physisch unterstützt.

Cyberphysische Systeme sind **eigenständig** in der Lage, Entscheidungen zu treffen und ihre Umsetzung **autonom zu erledigen**. Nur in Ausnahmefällen, übertragen sie die Entscheidung / Erledigung an den Menschen.

Selbstlernende intelligente Softwarelösungen und softwarebasierte technische Subsysteme **ersetzen den Menschen zunehmend**

Möglich wird es aber auch, die körperliche Beanspruchung des Menschen bei gefährdenden Tätigkeiten durch den Einsatz immer kompakterer Industrieroboter zu verringern. Die zunehmend digital-basierte Arbeitssicherheitstechnik bzw. -struktur ermöglicht es, Schutzzäune bzw. Einhausungen, die oft den Arbeitsablauf stören, wegzulassen, ohne dabei bezüglich der Sicherheit des Menschen Abstriche zu machen. Das ermöglicht eine – sich gegenseitig ergänzende – Tätigkeit von Mensch und Maschine, im Rahmen einer digitalisierten Arbeitswelt als Mensch-Roboter-Kollaboration (MRK) bezeichnet. Dabei steht das »K« für Kollaboration im Sinne von direkter Zusammenarbeit. Sogenannte cyber-physische Systeme – ein Verbund informations- und softwaretechnischer Komponenten mit mechanischen und elektronischen Teilen – ermöglichen in einem immer größer werdenden Ausmaß vollständig automatisierte Fertigungsprozesse. Durch ihre vollständige Vernetzung sowie eine intelligente Selbststeuerung sind cyber-physische Systeme zunehmend in der Lage, u. a. entstandene

Verschleißerscheinungen, ungeplante Anlagenstillständen oder andere Prozessstörungen zu erkennen und ohne menschliche Einflussnahme selbstständig Entscheidungen über erforderliche Maßnahmen zu treffen und diese anschließend auch einzuleiten. Inzwischen hat sich für diese Umstände und entsprechende Anwendungen der Begriff »künstliche Intelligenz« etabliert. (vgl. Übersicht 3.6 zu den Entwicklungsstufen auf dem Weg zur Industrie 4.0 und Übersicht 3.7 zu den gängigen Elementen der Industrie 4.0).

Auswirkungen der Technik auf den Wert der Arbeit!

Immer häufiger zu beobachten ist ein Trend in der digitalen Arbeitswelt manuelle Fertigungsabläufe zu automatisieren und zu digitalisieren. Unter Einsatz von augmented reality sowie Assistenzsystemen die über visuell (pick by light) bzw. akustisch (pick by voice) wahrnehmbare Effekte werden industrielle Arbeitsplätze zu so genannten zum Teil modularen Werkerassistenzsystemen umgestaltet. Versprochen werden dabei drastische Produktivitätssteigerungen und eine deutliche Reduzierung des Fehlerrisikos auf nahezu Null. Dabei wird billigend in Kauf genommen bzw. angestrebt, dass Arbeit entwertet und sowohl von individuellen inhaltlichen sowie kognititven Anforderungen entkernt wird. Mal ganz abgesehen von den Folgen für das erforderliche Qualifikationsniveau der abhängig Beschäftigten und ihrer Eingruppierung widerspricht eine solche Arbeitsorganisation sämtlichen Erkenntnissen und Gestaltungsanforderungen an eine menschengerechte bzw. gesundheitsförderliche Gestaltung der Arbeit.

Die Gestaltung industrieller Arbeit hängt künftig noch mehr davon ab, inwieweit sich Betriebsräte und Vertrauensleute im jeweiligen Betrieb bei der Gestaltung der Entgelt- und Arbeitsbedingungen einbringen. Nötig für gute Arbeit in der digitalen Arbeitswelt ist vor allem die soziale Gestaltung der technischen und arbeitsorganisatorischen Abläufe im Interesse der Beschäftigten. Die Instrumente dafür stehen zur Verfügung. Und zwar sowohl technisch wie arbeitsorganisatorisch als auch mitbestimmungsseitig. (vgl. Kapitel 3.3 und 7 dieses Buches)

Damit sich die aus der digitalen Arbeitswelt erwachsenden Chancen auch für die Beschäftigten realisiseren lassen, ist das Erkennen sich verändernder und zusätzlicher Anforderungen sowie ihre Beschreibung in den Arbeitsaufgaben- bzw. Tätigkeitsbeschreibungen erforderlich. (vgl. hierzu Kap. 4). Denn u. a. für die individuelle Eingruppierung ist entscheidend, welche Anforderungen von den Beschäftigten im Rahmen der Nutzung digitaler Technik zu erfüllen sind. So ist durchaus denkbar, dass ihnen fachlich anspruchsvollere Aufgaben übertragen werden, weil digitale Technik ggf. in Verbindung mit künstlicher Intelligenz (einfache) Routineaufgaben automatisiert hat. Aufgrund vorhandenen Wissens und erworbener Erfahrungen könnten durch die Übertragung höherwertiger Facharbeiten die Qualifikationsanforderungen steigen, der existierende und wohl weiterwachsende Facharbeitermangel durch einen flexibleren Arbeitseinsatz der vorhandenen Beschäftigten reduziert werden, obwohl die bisherige Arbeit herabgestuft worden ist. Die Folgen der Digitalisierung müssen nicht wie oben beschrieben zur Entwertung der Arbeit und zu Entgeltverlusten führen. Auch das Gegenteil kann der Fall sein. Wenn industrielle Arbeit, egal ob »analog« oder »digital« sinnvoll und qualifikationsgerecht gestaltet wird, kann sie zu zu Entgeltsicherung, ggf. -steigerungen aber auch zu einer Steigerung der Wettbewerbsfähigkeit und damit zu einer Sicherung der vorhandenen Arbeitsplätze und damit des gesamtgesellschaftlichen Wohlstands beitragen.

Übersicht 3.7: Gängige Elemente der digitalisierten Arbeitswelt

betriebs-übergreifende Vernetzung / Transparenz

- → fortschreitende Technisierung / Digitalisierung von Komponenten, Produkten / Dienstleistungen und Leistungserstellungsprozessen **(CNC und RFID und Apps**, …)
- → leistungsfähigere Sensorik, Aktuatorik, und Robotik ermöglicht Zusammenarbeit zwischen Mensch und Roboter; (Mensch-Roboter-Kollaboration (**MRK**))

Assistenz-systeme für Mensch und Dezentrale Entscheidungen ohne Mensch / künstliche Intelligenz

- → Assistenzsysteme (Smartphones, Tablets, **Datenbrillen, Datenhandschuhe**)
- → Virtualisierung: Parallelisierung / Durchdringung von realen und virtuellen Welten (Simulationen, **augmented reality**)
- → **CPS** (Cyber-Physikalische-Systeme und **Internet der Dinge**), eingebettete und vernetzte Systeme („systems of systems")
- → erhöhte Transparenz (**Big Data**), dezentrale **Selbststeuerungsfähigkeit** vernetzter Systeme; Wertschöpfungsprozesse in **Echtzeit**

Quelle: frei nach M. Kuhlmann auf einer Veranstaltung der IGM in Niedersachsen im Juli 2015; eigene Anordnung

Industrie 4.0 und MTM-Systeme

Mit dem Blick auf die zunehmende Mensch-Roboter-Kollaboration wird es künftig immer wichtiger, bereits im Planungsstadium abzuwägen, inwieweit der Ersatz eines menschlichen Arbeitsschrittes durch einen Roboter die körperlichen Belastungen reduziert bzw. die Anforderungen an die Tätigkeit verringert. Dazu werden künftig noch mehr als heute sowohl der zu gestaltende Arbeitsvorgang als auch die Umfeldbedingungen digital simuliert werden, um auf dieser Grundlage Bewertungen über die technologischen, sozialen und arbeitsorganisatorischen Anforderungen und Auswirkungen auf das künftige Arbeitssystem treffen zu können. Das setzt jedoch eine geeignete Simulation voraus, die es ermöglicht, menschliche und rein maschinelle Arbeitsvorgänge miteinander zu kombinieren und die jeweils möglichen Kombinationen in ihren Auswirkungen einander gegenüberzustellen.

Hinsichtlich solcher Anforderungen sind Systeme vorbestimmter Zeiten wie beispielsweise die MTM-Systeme sowohl der Stoppuhr als auch einem elektronischen Zeitstudiengerät überlegen. MTM bedeutet »Methods Time Measurement«. Die MTM-Systeme analysieren Arbeitsabläufe im Detail und ermitteln parallel dazu Sollzeiten für den Arbeitsablauf. MTM-Systeme sind heute insbesondere in der Auto- und Zulieferindustrie weit verbreitet; vgl. dazu ausführlich das Kapitel 6.5. Im Zusammenhang mit der Industrie 4.0 erlangen MTM-Systeme eine weitere Bedeutung. Denn bei MTM können bereits zum Planungszeitpunkt – also auch ohne das Vorhandensein der entsprechenden Maschinen und Anlagen – eine durchgängige Prozessbeschreibung und detaillierte Aussagen über zeitwirtschaftliche und prozessorganisatorische Anforderungen bzw. Auswirkungen einer geplanten Mensch-Roboter-Kollaboration einschließlich einer reproduzierbaren Ablaufbeschreibung ermöglicht werden. In den letzten Jahren hat sich die MTM-Gesellschaft u. a. darauf konzentriert, MTM als Prozesssprache weiterzuentwickeln. Ergänzend zu den bestehenden MTM-Prozessbausteinsystemen werden seit 2012 spezielle MTM-Prozessbausteine für die Mensch-Roboter-Kollaboration (MTM-MRK) entwickelt; vgl. dazu Kapitel 6.5.4. Nach Angaben der MTM-Gesellschaft ist es dadurch möglich, gemeinsame Arbeitsabläufe von Mensch und Roboter zu planen, aufeinander abzustimmen und exakte zeitliche Informationen über die Ausführung künftig synchroner Bewegungsabläufe zu gewinnen. Damit bietet das MTM-System die Möglichkeit – über zeitwirtschaftliche Angaben hinaus – die industrielle Arbeit 4.0, genauer gesagt die zunehmende Mensch-Roboter-Kollaboration, zu organisieren und präventiv gesundheitsförderlich zu gestalten. Voraussetzung für eine im Sinne der Beschäftigten erfolgreiche Arbeitsgestaltung ist eine vertiefte Kenntnis des MTM-Prozessbausteinsystems (vgl. hierzu Kapitel 6.5) und die Bereitschaft des Betriebsrates, sich gemeinsam mit den Beschäftigten im Detail in derartige Gestaltungsprozesse einzumischen.

Zunehmende Digitalisierung im Betrieb und im Privatleben

Die Mensch-Roboter-Kollaboration wird die Arbeit in der Industrie 4.0 künftig sicher noch stärker prägen. Um die Auswirkungen potenzieller Industrie 4.0-Anwendungen noch konkreter zu verdeutlichen, wird hier ein – Anfang der 2010-er Jahre sehr innovatives, inzwischen schon etabliertes ja sogar mannigfaltig weiterentwickeltes Anwendungsbeispiel kurz skizziert: An den Bändern eines großen Automobilherstellers werden u. a. Kleinteile eines Lieferanten vorgehalten und bereitgestellt. Die Kiste, in der die Kleinteile bereitgestellt werden, sieht auf den ersten Blick wie ein ganz normaler Fertigungsbehälter aus. Allerdings ist der sogenannte »iBin« (vgl. Übersicht 3.8) keine herkömmliche Kiste, sondern ein »intelligenter Behälter«, der mittels Kameramodul seinen Füllgrad selbsttätig erfasst und per RFID-Chip diese Daten in das Logistik- und Bestellsystem weiterleitet. Bei Unterschreitung eines vorher festzulegenden Füllgrads wird selbstständig eine Bestellung ausgelöst. Die Vernetzung der weiteren EDV-Systeme ermöglicht es, sowohl den Fertigungsprozess beim Lieferanten als auch den Abrechnungsvorgang zwischen Lieferant und Automobilhersteller selbsttätig und ohne menschlichen Eingriff auszulösen bzw. durchzuführen; inzwischen also ein vollständig automatisierter Standardvorgang. Und dennoch ist uns die industrielle Arbeit nicht ausgegangen; ganz im Gegenteil. Statt der prognostizierten menschenleeren Fabrik von der die digitale Arbeitswelt geprägt sein werde, ist die Anzahl der Erwerbstätigen nicht nur in der Metall- und Elektroindustrie im

Vergleich zu den zurückliegenden Jahren sogar leicht angestiegen (vgl. z. B. das jährlich erscheinende Zahlenheft von Gesamtmetall).

Übersicht 3.8: Der iBin® – ein Anwendungsbeispiel der Industrie 4.0

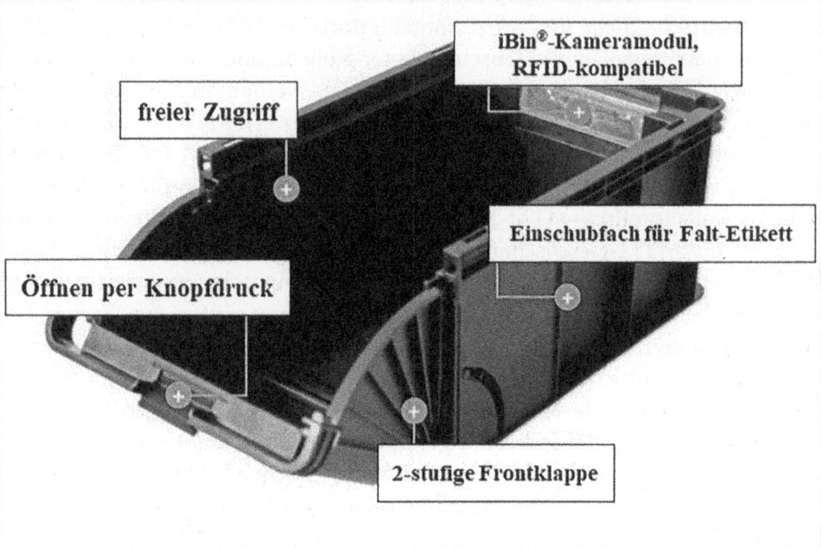

https://www.wuerth-industrie.com/web/media/de/pictures/wuerthindustrie/cteilemanagement/Technik_iBin_gr_res500v.jpg

Um die künftige Nutzung und Verbreitung der industriellen Digitalisierung noch besser verstehen und einschätzen zu können, ist ein Blick in das Privatleben hilfreich. Denn fürdie vorgenannten industriellen Entwicklungen lassen sich im täglichen Leben bereits Entsprechungen finden, die heute bereits als unverzichtbar gelten. Wurde früher z. B. die Musik noch von der selbst gekauften CD abgespielt, sind viele Menschen heutzutage und hierzulande bereits dazu übergegangen, die Musik ihrer Wahl nicht mehr in einem Laden, sondern über das Internet zu kaufen, bzw. als Datenfile mittels Flatrate aus einer »cloud« heraus zeit- und ortsunabhängig zu mieten bzw. auf das eigene Tablet oder Smartphone zu streamen. Ging man früher noch in ein Geschäft, um sich einen Haushaltsgegenstand der Wahl zu kaufen und dann nach Hause zu transportieren, bestellen viele Menschen heutzutage derartige Gegenstände im Internet und verfolgen dessen Anlieferung mittels den vernetzten und via Internet zur Verfügung gestellten Tracking-Daten akribisch bis zur Ablieferung an der eigenen Haustür über ihr Tablet oder Smartphone. Bahnreisende verfolgen via Smartphone die Pünktlichkeit ihres Zuges. Flugtickets werden online gebucht, der Check-In erfolgt via Internet und per Knopfdruck wird zugleich ein Mietwagen am Ankunftsort gebucht. Statt ein Auto selbst zu kaufen, werden Autos tage- / stundenweise gemietet und mit anderen Nutzern geteilt (englisch= shared). Via Smartphone wird ein sich in der Nähe befindliches Fahrzeug angezeigt. Auch die Reservierung und Abrechnung erfolgt vollständig digital über das Smartphone. Am Auto angekommen, erkennt dieses über digitale Vernetzung und Identifikation den Mieter, öffnet selbsttätig und das Fahrzeug lässt sich anschließend per Knopfdruck starten. Selbst die Einstellung der Sitzposition erfolgt vollständig selbstständig und elektronisch aufgrund der digitalisierten Identifikation. Das eigene Smartphone als Navigationssystem genutzt macht Vorschläge, welche von der jeweiligen Person besonders beliebten Restaurants auf der Strecke liegen. Mit anderen Worten: Wesentliche Merkmale der digitalisierten Arbeitswelt bzw. der Industrie 4.0 gehören im Kleinen schon heute zu unserem täglichen Leben. Etwaige Anpassungsängste von Beschäftigten im Transformationsprozess zur Industrie 4.0 werden also eher von vorübergehender Natur sein. Für die Beschäftigten von »Morgen« werden einige der heute noch futuristisch anmutenden Anwendungen selbstverständlich sein. Umso wichtiger ist eine entsprechende Gestaltung der Arbeits- und Leistungsbedingungen.

Umsetzungsstand von Industrie 4.0 und Digitalisierung

Ob im privaten oder im industriellen Rahmen: Möglich sind die oben beschriebenen Entwicklungen, weil im Hintergrund sämtliche bekannten Daten vernetzt, ausgewertet und über entsprechende Algorithmen zu weitergehenden Informationen verarbeitet wurden. Die private Wirklichkeit von heute gibt bereits einen Vorgeschmack auf die gesellschaftliche und industrielle Zukunft.

Allerdings kann man die aktuellen mit früheren Entwicklungen vergleichen, um erste Rückschlüsse auf die Auswirkungen des aktuellen Transformationsprozesses zur Industrie 4.0 zu ziehen. Ende der 1970er und in den 1980er Jahren ging man davon aus, dass der forcierte Einsatz der Mikroelektronik (Computer, speicherprogrammierbare Steuerungen – SPS, CNC-Technik bei Werkzeugmaschinen usw.) mittelfristig zu einer vollständig rechnergesteuerten Fertigung führen würde. Man sprach damals von »Computer-integrated Manufacturing«, kurz: CIM. Szenarien mit menschenleeren Fabriken wurden für möglich gehalten. Die tatsächliche Entwicklung sah anders aus:

- Heutige Fabriken sind weder vollständig computergesteuert noch sind sie menschenleer.
- Die politischen-ökonomischen Rahmenbedingungen (Entgrenzung der Märkte, Lean Production etc.) oder auch die demografische Entwicklung waren und sind hierzulande genauso bedeutsam für die Veränderung der Organisations- bzw. Arbeitsgestaltungskonzepte wie die technischen Veränderungen.
- Die Auswirkungen werden nicht durch die Technik selbst, sondern deren Einsatz und die gestaltbaren Rahmenbedingungen bestimmt.

Im Gegensatz zum CIM richtet sich der Blick im Rahmen der Industrie 4.0 außerdem nicht mehr nur auf die einzelne Fabrik, sondern auf die gesamte Wertschöpfungskette. Bezüglich des Technologieeinsatzes geht man dabei – anders als bei CIM – von einer Vielzahl eigenständiger dezentraler kommunikationsbasierter Technologien aus, deren gegenseitige Wechselwirkungen und Produktionsanforderungen derzeit noch gar nicht abschließend bewertbar sind; zumal diese Technik einer hohen Innovationsdynamik unterliegt. Entsprechend sind Aussagen über die künftige Beschäftigungsentwicklung nur schwer möglich.

Zunehmende Digitalisierung und ihre Auswirkungen auf die Arbeit sowie die Beschäftigung

Während einige Studien von einem weiteren Verlust industrieller Beschäftigung aufgrund der fortschreitenden Automatisierung der Fertigungsprozesse ausgehen, zeichnen andere Studien ein positiveres Bild.
Ähnlich strittig sind die Prognosen bezüglich der Beschäftigungsstruktur. Relativ übereinstimmend gehen viele Studien davon aus, dass es zu einer Ersetzung (Substitution) bzw. zu einem Abbau von Beschäftigung bei einfachen manuellen Tätigkeiten kommen wird. Andererseits wird prognostiziert, dass der verstärkte Einsatz von Assistenzsystemen auch angelernte Beschäftigte – trotz vorhandener Qualifikationsdefizite – in die Lage versetzen werden, qualifizierte Arbeit zu verrichten. Betrachtet man diese beiden Szenarien zusammen, führt die Digitalisierung möglicherweise sogar zu einer größeren Beschäftigung dieses Personenkreises. Bezüglich der industriellen Facharbeit sowohl im Fertigungs- als auch im administrativen Bereich zeichnen sich zwei Tendenzen ab: Einerseits steigt mit zunehmender Digitalisierung das Risiko, dass bestimmte Aufgaben bis hin zur Planung, Steuerung, Instandhaltung und Qualitätssicherung automatisiert oder durch assistenzgestützte Anlerntätigkeit ersetzt werden. Andererseits werden sich komplexitätsbedingt die Anforderungen erweitern. Zu nennen sind z. B. die Gewährleistung des Wissenstransfers innerhalb von Teams, die Fähigkeit, entlang der Wertschöpfungskette über Fachgrenzen hinweg zusammenzuarbeiten oder auch die Sicherstellung zusätzlich entstehender Bedarfe an industrienahen Dienstleistungen. Angesichts der Diskussion um den »Fachkräftemangel« und vor dem Hintergrund, dass den hochqualifizierten Entwicklungs-, Konstruktions- und Programmiertätigkeiten ein erhebliches Wachstum vorausgesagt wird, ist es denkbar, dass komplexer werdende Aufgabenfelder die bisherigen Grenzen zwischen industrieller Facharbeit und hochqualifizierten Tätigkeiten schrittweise verschwinden lassen. Die Kompensation der entfallenden Facharbeit durch das gleichzeitige Anwachsen von hochqualifizierten Tätigkeiten erscheint möglich. Damit sich diese Chancen – z. B. über eine faire Eingruppierung – auch für die Beschäftigten auswirken, ist das Erkennen sich verändernder und zusätzlicher Anforderungen sowie ihre Beschreibung in den Arbeitsaufgaben- bzw. Tätigkeitsbeschreibungen erforderlich. (vgl. hierzu Kap. 4).

Zunehmende Digitalisierung und ihre arbeitspolitische Gestaltung

Unbestritten wird die Digitalisierung auch Auswirkungen auf die Qualität der Arbeit haben. Dabei ermöglicht die beschriebene qualitative Anreicherung der Arbeit interessantere Arbeitszusammenhänge, größere Handlungs- und Entscheidungsspielräume und geht zugleich einher mit steigender Verantwortung, einem größer werdenden Qualifizierungsdruck sowie einer weiteren zeitlichen und funktionalen Entgrenzung der eigenen Arbeit. Allerdings folgt dies keinem Automatismus, sondern muss gestaltet werden. So fasste beispielsweise die Bundesvereinigung der deutschen Arbeitgeberverbände (BDA) bereits 2015 die Auswirkungen der Digitalisierung und die notwendige Reaktion darauf wie folgt zusammen: »*(…) Kommunikation und Abstimmungsprozesse innerhalb von weltweit tätigen Konzernen, aber auch zwischen verschiedenen Unternehmen, nehmen zu. Diese über Zeitzonen hinweg stattfindende Kommunikation wird in manchen Fällen durch gesetzlich vorgegebene tägliche Höchstarbeitszeiten erschwert. Um hier mehr Spielräume zu schaffen und betriebliche Notwendigkeiten abzubilden, sollte das Arbeitszeitgesetz deshalb von einer täglichen auf eine wöchentliche Höchstarbeitszeit umgestellt werden. (…) Durch die Digitalisierung steigen zudem Flexibilität und Flexibilitätsanforderungen. Durch flexible Arbeitszeiten und die Möglichkeit der flexiblen Nutzung von Betriebsmitteln werden die Arbeitnehmerinnen und Arbeitnehmer mehr Souveränität erhalten, z. B. um Beruf und Privatleben noch besser zu vereinbaren. Das klassische Beschäftigungsverhältnis wird bestehen bleiben. Aber es werden weitere Arbeitsformen entstehen, die nicht durch Regulierungen eingeschränkt werden sollten. (…)*«[1]

Deutlich erkennbar ist der Wille der Unternehmer bzw. ihrer Verbände, die Digitalisierung zur Durchsetzung eigener Interessen bzw. zum Abbau gesetzlicher und tariflicher Schutzrechte zu nutzen. Schon derzeit eröffnen Gesetze und Tarifverträge ein Höchstmaß an Flexibilität. Zudem gehen verschiedene Studien zur Flexibilität der Arbeitszeit davon aus, dass es nicht an Flexibilität, sondern an der Ressource selbst fehlt: Die Beschäftigten fehlen nicht nur zur richtigen Zeit, sondern sie fehlen grundsätzlich, schlicht deshalb, weil häufig ihre Anzahl im Verhältnis zu den zu bewältigen Aufgaben zu gering ist. Dieser Zustand ist allerdings nicht durch mehr Flexibilität, sondern nur durch mehr Personal nachhaltig veränderbar. Wenn die individuelle Leistung dauerhaft – z. B. aufgrund einer zu geringen Personalbemessung – oberhalb der eigenen durchschnittlichen Leistungsfähigkeit liegt, können die Beschäftigten weder die von ihnen geforderte Leistung erbringen noch können sie dabei dauerhaft gesund bleiben. Wie die gesicherten arbeitswissenschaftlichen Erkenntnisse ausdrücklich belegen, ist für den langfristigen Erhalt der eigenen Gesundheit sowohl die Begrenzung der täglichen Arbeitszeit als auch die Sicherstellung einer ausreichenden Ruhezeit (von 11 Stunden) erforderlich, und zwar unabhängig von Industrie 4.0 und auch unabhängig davon, ob es sich um bereits bestehende oder künftig entstehende Arbeitsformen handelt.

Eine Arbeitswelt, die vermehrt von der Vernetzung intelligenter Geräte, Maschinen und Anlagen geprägt ist, birgt wie dargestellt Chancen aber auch viele Risiken. Manche Chancen bzw. Risiken sind heute allerdings noch gar nicht erkennbar. Einerseits gibt es Szenarien, die das vermehrte Entstehen von Niedriglohnjobs prognostizieren, in denen die Menschen nur die Resttätigkeiten erledigen, die die Maschinen nicht wirtschaftlich erfüllen können. In diesem Szenario steuert eine kleine Zahl Hochqualifizierter den Betrieb und die Weiterentwicklung der Technik und der Abläufe. Andere Szenarien gehen hingegen von einer

1 BDA (Hrsg.), Chancen der Digitalisierung nutzen – Positionspapier der BDA zur Digitalisierung von Wirtschafts- und Arbeitswelt, 2015.

Gestaltbarkeit der digitalen Arbeitswelt aus, in deren Folge den Beschäftigten eine Vielzahl von Innovations-, Steuerungs- und Regulierungstätigkeiten übertragen werden. Die Maschinen führen in diesem alternativen Modell die schweren, belastenden und monotonen Arbeiten aus. Da durch die Vernetzung eine enge Anbindung des Menschen an die Maschinen und Fabrikabläufe entfällt, können bislang starre Arbeitsstrukturen aufgebrochen werden. Dies könnte neue Freiräume für die Gestaltung der Arbeitsorganisation eröffnen und damit selbstbestimmteres Arbeiten sowie eine bessere Vereinbarkeit von Arbeit und Leben möglich machen. Welches Szenario Realität wird, hängt von der betrieblichen und gesellschaftlichen Gestaltung ab.

Wie schon an anderer Stelle hergeleitet hängt also die Gestaltung der Industrie 4.0 davon ab, inwieweit sich Betriebsräte und Vertrauensleute im jeweiligen Betrieb bei der Gestaltung der Entgelt- und Arbeitsbedingungen einbringen. Wenn die Industrie 4.0 nicht zum Schreckgespenst für Beschäftigte werden soll, weil sich die Forderungen der Arbeitgeber zum Abbau von Regulierungen durchsetzen, ist das verstärkte Engagement von Betriebsräten und Gewerkschaften erforderlich. Nötig für gute Arbeit in der Industrie 4.0 ist vor allem die soziale Gestaltung der technischen und arbeitsorganisatorischen Abläufe im Interesse der Beschäftigten.

Um bezüglich dieser Herausforderung im Rahmen des Transformationsprozesses zur Industrie 4.0 eine Unterstützung zu bieten, wird auf den nächsten Seiten ein Überblick über bekannte, aktuelle und künftige Entwicklungen der Arbeitsorganisation gegeben und jeweils ein Blick auf die möglichen arbeits- und leistungspolitischen Handlungsmöglichkeiten gewagt. Vorher jedoch werden im Kapitel 3.3 die Begriffe und Elemente der Arbeitsorganisation vorgestellt, um ein zielgerichtetes Handeln der Interessenvertretung im Rahmen der jeweiligen Arbeitsorganisation zu ermöglichen.

3.3 Begriffe und Elemente der Arbeitsorganisation

Bei der Analyse und Gestaltung von Arbeitsorganisationen werden verschiedene Begriffe verwendet, die im Folgenden erläutert werden:

Arbeitssystem	Beschreibt einen abgegrenzten arbeitsorganisatorischen Bereich.
Produktionssystem	Beschreibt die Gestaltung und das Zusammenwirken der Arbeitssysteme.
Aufbauorganisation	Beschreibt die hierarchische Gliederung eines Unternehmens.
Ablauforganisation	Beschreibt das zeitliche Zusammenwirken der einzelnen Arbeitsabläufe.
Arbeitsverfahren	Beschreibt das technische Verfahren, mit dem gearbeitet wird.

Arbeitsmethode	Beschreibt die Regeln, nach denen die Arbeit durchgeführt wird.
Arbeitsweise	Beschreibt die individuelle Art, unter der die Arbeit durchgeführt wird.

Arbeitssystem und Produktionssystem
Bei der Analyse und Gestaltung der Arbeitsorganisation werden abgegrenzte Bereiche betrachtet. Diese begrenzten Bereiche bezeichnet man als Arbeitssystem. Als ein solches Arbeitssystem können sowohl ein einzelner Arbeitsplatz als auch mehrere Arbeitsplätze zusammen (z. B. ein Arbeitsbereich, eine Gruppe oder eine Abteilung) betrachtet werden. Im Regelwerk der DIN-Normen (genauer in der DIN EN ISO 6385: 2016) wird ebenfalls eine Definition des Begriffes Arbeitssystem vorgenommen.

> **Definition**
> Ein Arbeitssystem ist ein System, welches das Zusammenwirken eines einzelnen oder mehrerer Arbeitender mit den Arbeitsmitteln umfasst, um die Funktion des Systems innerhalb des Arbeitsraumes und der Arbeitsumgebung unter den durch die Arbeitsaufgaben vorgegebenen Bedingungen zu erfüllen.

Weiter heißt es in der DIN EN ISO 6385: 2016: »*Im Gestaltungsprozess von Arbeitssystemen müssen die hauptsächlichen Wechselwirkungen zwischen einer oder mehreren Personen und den Bestandteilen des Arbeitssystems wie den Arbeitsaufgaben, den Arbeitsmitteln, dem Arbeitsraum und der Arbeitsumgebung berücksichtigt werden.*« Zu einem Arbeitssystem gehören u. a.

- der arbeitende Mensch mit seiner Qualifikation
- die Arbeitsaufgabe, der Arbeitsablauf und die Arbeitsinhalte
- der zu bearbeitende Gegenstand
- die Hilfs- und Betriebsmittel
- die Arbeitsumgebung
- der Entgeltgrundsatz
- die Entgeltgruppe
- die Arbeitszeit
- alle anderen Arbeitsbedingungen
- ferner die in das Arbeitssystem eingehenden Gegenstände und Informationen und die aus dem Arbeitssystem kommenden Arbeitsergebnisse und Informationen.

Sollen Arbeitsplätze oder Arbeitsabläufe neugestaltet werden, ist zunächst festzulegen, welchen Bereich ein Arbeitssystem umfasst und wie die Schnittstellen zu anderen Arbeitssystemen aussehen. Ziel der Neugestaltung sollte die ergonomische Gestaltung des Arbeitssystems sein. Nach DIN EN ISO 6385:2016 liegt dabei das Hauptaugenmerk auf dem Menschen als »*... integralem Bestandteil des zu gestaltenden Systems*«. Dazu gehört ausdrücklich »*... die Optimierung der Arbeitsbeanspruchung ... (des Menschen)« sowie »... die Vermeidung beeinträchtigender Auswirkungen und die Herbeiführung fördernder Auswirkungen (auf den*

Menschen).« Die Gestaltungsmöglichkeiten innerhalb des Arbeitssystems beziehen sich entsprechend auf alle Arbeitssystemelemente. Die Übersicht 3.9 zeigt dazu einige praktische Beispiele.

Übersicht 3.9: Beispiele für die Gestaltung/Veränderung eines Arbeitssystems

Arbeits-aufgabe	Arbeits-ablauf	Eingabe	Ausgabe
- Zusammenlegung von Arbeitsplätzen - Arbeitsanreicherung - Arbeitsbereicherung - Erweiterung der Arbeitsinhalte	- Neugestaltung von Teamarbeit (Anreicherung der Autonomierechte) - Gestaltung von U-Linienfertigung (Abgrenzung, Austaktung, Rotation) - Zusammenlegung von Arbeitsfolgen	- Sicherstellung qualifikations-entsprechender Auftragspapiere - Abschaffung überflüssiger Auftragspapiere ggf. als digitale Informationen	- Rückmeldung digital (z. B. über BDE oder Barcode) statt Papier - Ablieferung der Teile sortiert oder verpackt
Mensch	**Betriebs-mittel**	**Arbeits-gegenstand**	**Arbeits-umgebung**
- gesundheits-förderliche Arbeitsgestaltung - zumutbare Arbeits- und Leistungs-bedingungen - Erholungszeiten - Weiterbildung / Qualifizierung	- Maschinen, Anlagen und IT-Systeme - höhenverstellbarere Schreibtische bzw. Montagearbeitsplätze - Shadow-Boards - Tablets, Smartphones inkl. entsprechender Software / Schulung	- Ergonomische Anlieferung (Klein- statt Schüttgut-behälter) - Ergonomiegerechte Konstruktion	- Pufferbereiche insbesondere bei just in sequenz - ausreichende Ankündigungsfristen bei Zusatzschichten - Vermeidung von Lärm, Hitze - Vermeidung von Großraumbüros

Ein wichtiges Element ist die Gestaltung der Arbeitsabläufe. Dies schließt die Festlegung der Bearbeitungsfolge am Werkstück, die Zwischenlagerung von Werkstücken zwischen einzelnen Arbeitsstationen, aber auch die Festlegung des Prinzips der Gestaltung von Arbeitsabläufen, z. B. die Einführung von Fließarbeit, von Gruppenarbeit oder Mehrstellenarbeit, ein. Ein weiteres Element ist die Einordnung des Arbeitssystems in die Aufbauorganisation und die Festlegung der Entscheidungskompetenzen der Beschäftigten innerhalb des Arbeitssystems. Die Gestaltung der Arbeitsumgebung beinhaltet die Gestaltung von Arbeitsplätzen nach arbeitswissenschaftlichen Kriterien, so z. B. Verringerung von Lärm, Verbesserung der Beleuchtung, aber auch Verbesserung von EDV-

Programmen (Software-Ergonomie) sowie die Gestaltung von Entgeltsystemen und der Arbeitszeit.
Von einem Produktionssystem wird hingegen gesprochen, wenn ein Systemverständnis gemeint ist, dass das Zusammenwirken aller Arbeitssysteme umfasst, die für die Produktion erforderlich sind (vgl. Übersicht 3.10).

Definition
Ein Produktionssystem umfasst die Gesamtheit der Prinzipien, Methoden und Ressourcen, die für die Entwicklung, Herstellung und den Vertrieb von Produkten und Dienstleistungen erforderlich sind.

Dieser Definition zufolge verfügt jedes Unternehmen über ein Produktionssystem. Im Zusammenhang mit der (aktuellen) Debatte um das Toyota Produktionssystem oder sogenannte »Ganzheitliche Produktionssysteme« ist jedoch eine spezifische Ausprägung gemeint (Vgl. hierzu Kapitel 3.5).

Übersicht 3.10: Arbeitssysteme und Produktionssystem

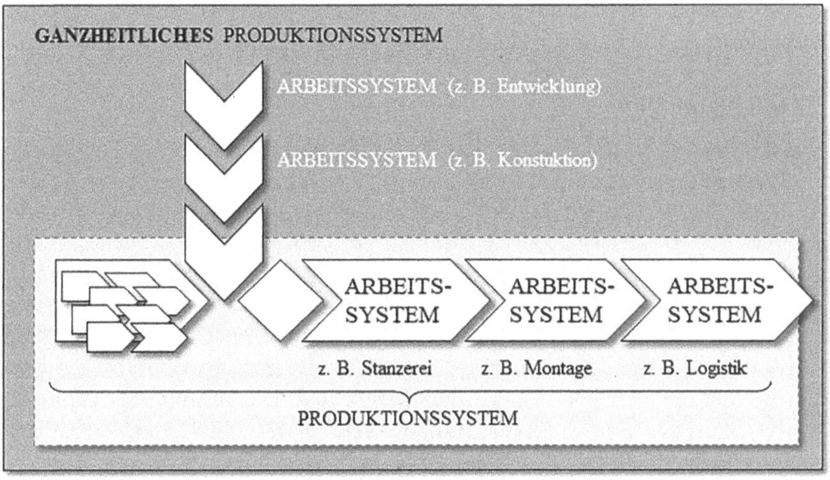

Aufbauorganisation

Definition
Bei der Aufbauorganisation handelt es sich um die Organisation betrieblicher Kompetenzen und Entscheidungsvorgänge, also um den bekannten hierarchischen Aufbau eines jeden Betriebs und seiner Entscheidungsprozesse.

Mit der Aufbauorganisation werden die Zuständigkeiten der einzelnen Ebenen und Stellen des Betriebs festgelegt, von der Geschäftsführung bis zur Ebene von Abteilungen bzw. Kostenstellen. Die Aufbauorganisation wird im Betrieb in Form eines betrieblichen Organigramms dargestellt. Aus diesem Organigramm kann der Betriebsrat die Zuständigkeit der einzelnen Stellen entnehmen. Mit welcher Entscheidungskompetenz die einzelnen Stellen ausgerüstet sind, ergibt sich teilweise aus der betrieblichen Praxis und Übung, zum Teil aber auch aus zusätzlichen Arbeitsanweisungen. Jede Form der Aufbauorganisation dient dazu, ein Unternehmen zu steuern. Bei traditionellen Gliederungen der Aufbauorganisation werden die Kosten von einzelnen Abteilungen bzw. Kostenstellen erfasst, in einer Kostenrechnung zusammengeführt und mit Zuschlägen versehen auf die Produkte umgelegt. Bei aktuellen Formen der Aufbauorganisation wird jede einzelne Einheit wie ein eigenständiges Unternehmen geführt. Sie bezieht Produkte und Dienstleistungen von den anderen Einheiten des Unternehmens, gegebenenfalls auch von Fremdfirmen, und verkauft ihrerseits Produkte und Dienstleistungen an die anderen Teile des Unternehmens bzw. an Kunden. Diese einzelnen betriebswirtschaftlichen Einheiten werden z. B. als Profitcenter bezeichnet. Sie stehen in Konkurrenz zu anderen Profitcentern eines Unternehmens und zu Fremdfirmen, die aufgrund schlechterer Arbeitsbedingungen und geringerer tarifvertraglicher Leistungen billiger produzieren. Die Einführung eines solchen Organisationsprinzips der Profitcenter führt zu einem Konkurrenzkampf innerhalb von Unternehmen und kann bewirken, dass einzelne Unternehmensteile, weil sie keinen ausreichenden Profit abwerfen, geschlossen werden, wenn die Beschäftigten nicht bereit sind, schlechtere Arbeitsbedingungen zu akzeptieren.

Ablauforganisation

Definition
Als Ablauforganisation betrachtet man das Zusammenwirken des Beschäftigten mit den Betriebsmitteln, dem Arbeitsgegenstand und den notwendigen Informationen in ihrer räumlichen und zeitlichen Beziehung.

Viele Rationalisierungsvorhaben beschäftigen sich mit der Neustrukturierung der Ablauforganisation, z. B. mit der Aufteilung oder auch Zusammenlegung von Arbeitsinhalten, der Festlegung der zeitlichen Reihenfolge einzelner Arbeitsschritte und der Verringerung der Durchlaufzeiten. Die Leistungsbedingungen der Beschäftigten und die Arbeitsinhalte werden wesentlich von der Ablauforganisation geprägt. Der Begriff der Ablauforganisation wird häufig in Abgrenzung zur Aufbauorganisation verwendet. Viele Elemente, die in ganzheitlichen Produktionssystemen (GPS) Anwendung finden, sind Bestandteile der Ablauforganisation.

Arbeitsverfahren

Definition
Unter dem Arbeitsverfahren versteht man die eingesetzte Technologie, die zur Veränderung eines Arbeitsgegenstandes im Sinne der Arbeitsaufgabe führt.

So können z. B. Teile entweder zerspant oder kalt verformt werden. Werkstücke können mit konventionellen oder mit CNC-gesteuerten Maschinen bearbeitet werden, Menschen kommen zu Besprechungen zusammen, skypen oder halten

Telefon- bzw. Videokonferenzen ab. Das Vordringen immer neuer Techniken in den Betrieben und Verwaltungen beinhaltet die Einführung neuer Arbeitsverfahren. Die Mitwirkungs- und Mitbestimmungsrechte bei der Einführung neuer Arbeitsverfahren nach dem BetrVG sind nicht ausreichend. Unternehmer gehen bei der Planung von neuen Arbeitsverfahren davon aus, dass sich die geplanten Rationalisierungsmaßnahmen in möglichst kurzer Zeit bezahlt machen müssen. Die Betriebsräte werden dabei häufig vor vollendete Tatsachen gestellt und erfahren von der geplanten Einführung neuer Arbeitsverfahren erst, wenn neue Maschinen und Anlagen schon bestellt sind. So werden die Interessen der Beschäftigten bei der Veränderung von Arbeitsverfahren häufig nicht berücksichtigt. Werden neue Arbeitsverfahren nicht nach sozialen Kriterien entwickelt, so können sie ein neues Gefährdungspotential für die Beschäftigten darstellen, z. B. durch die Anwendung neuer, die Beschäftigten und die Umwelt gefährdender Arbeitsstoffe; durch soziale Isolation am Arbeitsplatz oder durch die Einführung sozial belastender Arbeitszeiten. Der Betriebsrat muss sich deshalb rechtzeitig mit der geplanten Einführung neuer Arbeitsverfahren auseinandersetzen, um Gefährdungen für die Arbeitnehmer zu erkennen und im Rahmen der gegebenen Mitbestimmungs- und Mitwirkungsmöglichkeiten Alternativen aufzeigen. Über die geplante Einführung neuer Arbeitsverfahren muss der Betriebsrat nach § 90 BetrVG rechtzeitig und umfassend unterrichtet werden. Die Auswirkungen auf die Arbeitnehmer müssen mit dem Betriebsrat beraten werden. Erst nach erfolgter Beratung mit dem Betriebsrat darf der Unternehmer nach dem Betriebsverfassungsgesetz ein neues Arbeitsverfahren einführen. In § 90 BetrVG (Unterrichtungs- und Beratungsrechte) heißt es:

> **Rechtsvorschrift**
> *»(1) Der Arbeitgeber hat den Betriebsrat über die Planung*
> *1. von Neu-, Um- und Erweiterungsbauten von Fabrikations-,* Verwaltungs- und sonstigen betrieblichen Räumen,
> *2. von technischen Anlagen,*
> *3. von Arbeitsverfahren und Arbeitsabläufen oder*
> *4. der Arbeitsplätze rechtzeitig unter Vorlage der erforderlichen Unterlagen zu unterrichten.*
> *(2) Der Arbeitgeber hat mit dem Betriebsrat die vorgesehenen Maßnahmen und ihre Auswirkungen auf die Arbeitnehmer, insbesondere auf die Art ihrer Arbeit sowie die sich daraus ergebenden Anforderungen an die Arbeitnehmer so rechtzeitig zu beraten, dass Vorschläge und Bedenken des Betriebsrats bei der Planung berücksichtigt werden können. Arbeitgeber und Betriebsrat sollen dabei auch die gesicherten arbeitswissenschaftlichen Erkenntnisse über die menschengerechte Gestaltung der Arbeit berücksichtigen.«*
> (§ 90 BetrVG)

Unter »rechtzeitig« im Sinne des § 90 BetrVG versteht man dabei, dass die Unterrichtung zu einem Zeitpunkt erfolgen muss, bei dem der Betrieb sich noch nicht endgültig auf eine Variante seiner Planung festgelegt hat, sodass noch unterschiedliche Entscheidungsmöglichkeiten bestehen und die Anregungen des

Betriebsrats geprüft werden können. Beachtet der Unternehmer das Beratungsrecht des Betriebsrates nicht, so kann der Betriebsrat auf dem Wege einer einstweiligen Verfügung die geplante Maßnahme stoppen, um seine Vorschläge in den Planungsprozess einzubringen.

Arbeitsmethoden

> **Definition**
> Die Arbeitsmethode besteht in den Regeln zur Ausführung der Arbeit durch den Menschen bei einem bestimmten Arbeitsverfahren.

Die Arbeitsmethode wird gewöhnlich durch Arbeitsanweisungen festgelegt. Wie differenziert die Arbeitsmethode den Arbeitnehmern vorgegeben wird, ist unterschiedlich und hängt von den Gegebenheiten des Arbeitssystems ab.
Im Büro- und Verwaltungsbereich an Arbeitsplätzen in Reparatur und Instandhaltung wurde bisher die Arbeitsmethode nur in sehr groben Anweisungen vorgegeben. In immer stärkerem Maße werden diese Bereiche aber auch analytisch durchdrungen und die Arbeitsmethode wird immer genauer vorgegeben. Am differenziertesten wird die Arbeitsmethode in Bereichen vorgegeben, in denen Arbeitsgestaltung und Zeitvorgaben mit Systemen vorbestimmter Zeiten durchgeführt werden. Hier wird im Extremfall des MTM-Grundsystems (vgl. Kapitel 6.5) jede Hand- und Fingerbewegung mit der Arbeitsmethode vorgegeben. Bei solchen Systemen ist es deshalb notwendig, über den Abschluss einer entsprechenden Betriebsvereinbarung zum Leistungsentgelt auch die Arbeitsmethode reklamationsfähig zu machen.

Arbeitsweise

> **Definition**
> Die Arbeitsweise ist die individuelle Ausführung der Arbeit, um den durch die Arbeitsmethode vorgeschriebenen Arbeitsablauf zu erreichen.

Das Wechselverhältnis zwischen Arbeitsweise und Arbeitsmethode ist in dem grundlegenden Konflikt um Entgelt und Leistung von zentraler Bedeutung. So schlug F. W. Taylor vor, die Arbeitsweise bei den einzelnen Arbeitnehmern zu studieren, den für die jeweilige Arbeitsweise benötigten Zeitverbrauch mit der Stoppuhr zu messen und die für den Unternehmer günstigste Arbeitsweise dann als Arbeitsmethode für alle Arbeitnehmer festzulegen. Diese Festlegung sollte nach Taylor aber keine endgültige sein. Wenn Arbeitnehmer von dieser Arbeitsmethode abweichen und wiederum eine günstigere Arbeitsweise finden, so sollte diese erneut als verbindliche Arbeitsmethode vorgegeben werden. Ein Vorgehen, wie es heute mit den Prinzipien der »kontinuierlichen Verbesserung« (KVP) in den Betrieben angewendet wird. Damit ein solches Vorgehen nicht dazu führt, dass den Beschäftigten alle Möglichkeiten genommen werden, ihre Kenntnisse in erträglichere Arbeitsbedingungen umzusetzen, haben die Gewerkschaften mit ihren Tarifverträgen Schutzvorschriften erkämpft. In den Entgelt-Rahmentarifverträgen der Metall- und Elektroindustrie gibt es z. B. Bestimmungen, unter welchen Umständen eine Vorgabezeit bzw. Leistungsvorgabe geändert werden darf.

Tarifvertrag
»Die Daten können nur dann neu festgelegt werden, wenn die bei der Erstellung zugrunde gelegten Voraussetzungen nicht mehr bestehen. Das gilt insbesondere bei technischen oder organisatorischen Änderungen im Arbeitssystem oder beim Arbeitsablauf. Außerdem können die ermittelten Daten berichtigt werden, wenn sie offensichtlich fehlerhaft sind.«
(§ 9 Ziff. 2 ERA-Tarifvertrag Thüringen)

Eine günstigere Arbeitsweise rechtfertigt nach dieser Tarifnorm keine Neufestsetzung der Leistungsvorgaben. Das gilt allerdings nur für Leistungsentgeltsysteme. Trotz aller Berechtigung versuchen Unternehmen recht erfolgreich, dies zu verhindern und die Beschäftigten im Zeitentgelt zu vergüten. Hier ist das Engagement der betrieblichen Interessenvertretung gefragt: Wenn von den Beschäftigten eine bestimmte Leistung abverlangt wird, muss auch ein entsprechendes Leistungsentgeltsystem durchgesetzt werden, um die Mitbestimmungsrechte hinsichtlich des Verhältnisses von Entgelt und Leistung zu sichern (vgl. hierzu Kap. 5.2).

3.4 Gestaltungsmöglichkeiten der Arbeitsorganisation

Wie beschrieben, hat sich die Arbeitsorganisation in den vergangenen Jahrzehnten durchweg verändert und im Zusammenhang mit der zunehmenden Digitalisierung wird sie sich auch weiterhin verändern, voraussichtlich sogar in größerem Ausmaß und Tempo als bisher. Die Organisation der Arbeit folgt dabei keinem naturgemäßen Zwang, sondern wird durch die betrieblichen Akteure gestaltet. Häufig geschieht das nur allzu häufig einseitig ohne den Betriebsrat einzubeziehen, und das obwohl die Unternehmen nach § 90 BetrVG verpflichtet sind, den Betriebsrat hinsichtlich geplanter Veränderungen der Arbeitsorganisation zu informieren und seine Bedenken, Einwände oder auch Ideen anzuhören.

Rechtsvorschrift
»(1) Der Arbeitgeber hat den Betriebsrat über die Planung (...)
3. von Arbeitsverfahren und Arbeitsabläufen oder
4. der Arbeitsplätze rechtzeitig unter Vorlage der erforderlichen Unterlagen zu unterrichten.
(2) Der Arbeitgeber hat mit dem Betriebsrat die vorgesehenen Maßnahmen und ihre Auswirkungen auf die Arbeitnehmer, insbesondere auf die Art ihrer Arbeit sowie die sich daraus ergebenden Anforderungen an die Arbeitnehmer so rechtzeitig zu beraten, dass Vorschläge und Bedenken des Betriebsrats bei der Planung berücksichtigt werden können. Arbeitgeber und Betriebsrat sollen dabei auch die gesicherten arbeitswissen-

> *schaftlichen Erkenntnisse über die menschengerechte Gestaltung der Arbeit berücksichtigen.«*
> (§ 90 BetrVG)
> *»Werden die Arbeitnehmer durch Änderungen der Arbeitsplätze, des Arbeitsablaufs oder der Arbeitsumgebung, die den gesicherten arbeitswissenschaftlichen Erkenntnissen über die menschengerechte Gestaltung der Arbeit offensichtlich widersprechen, in besonderer Weise belastet, so kann der Betriebsrat angemessene Maßnahmen zur Abwendung, Milderung oder zum Ausgleich der Belastung verlangen. Kommt eine Einigung nicht zustande, so entscheidet die Einigungsstelle. Der Spruch der Einigungsstelle ersetzt die Einigung zwischen Arbeitgeber und Betriebsrat.«*
> (§ 91 BetrVG)

Entsprechend diesem betriebsverfassungsrechtlichen Auftrag an die handelnden Akteure – einschließlich des korrigierenden Mitbestimmungsrechts nach § 91 BetrVG – sollen bzw. müssen bei den arbeitsgestalterischen Maßnahmen die gesicherten arbeitswissenschaftlichen Erkenntnisse über die menschengerechte Gestaltung der Arbeit genutzt werden. Dieser Gestaltungauftrag ergibt sich ferner aus § 5 des Arbeitsschutzgesetzes (ArbSchG). Dort werden die Unternehmen zur Beurteilung möglicher Gefährdungen und Einleitung von Maßnahmen zu deren Minimierung verpflichtet. Das sich der Auftrag zur Beurteilung und Einleitung geeigneter Maßnahmen sowohl auf das Unternehmen als auch auf den Betriebsrat bezieht, ist aus § 87 Abs. 1 Ziffer 7 BetrVG abzuleiten, wonach der Betriebsrat bei allen Maßnahmen des Gesundheitsschutzes im Rahmen der gesetzlichen Vorschriften volles Mitbestimmungsrecht besitzt; vgl. Kapitel 7.

> **Rechtsvorschrift**
> *»(1) Der Arbeitgeber hat durch eine Beurteilung der für die Beschäftigten mit ihrer Arbeit verbundenen Gefährdung zu ermitteln, welche Maßnahmen des Arbeitsschutzes erforderlich sind. (…) Eine Gefährdung kann sich insbesondere ergeben durch (…) 4. die Gestaltung von Arbeits- und Fertigungsverfahren, Arbeitsabläufen und Arbeitszeit und deren Zusammenwirken, 5. unzureichende Qualifikation und Unterweisung der Beschäftigten, 6. psychische Belastungen bei der Arbeit.«*
> (§ 5 ArbSchG)

Im Zusammenhang mit der (Neu-)Regelung der Arbeitsorganisation ergeben sich folgende Regelungsfelder:
1. Schutz vor intensiver Kontrolle von Verhalten und Leistung,
2. Schutz vor Leistungsverdichtung und zu hohen Belastungen,
3. Regelungen zur Erweiterung von Qualifikation,
4. Schaffung von Dispositions- und Entscheidungsspielräumen,
5. Vereinbarung einer angemessenen Entgeltgestaltung.

Um die geforderten Ziele bei der Arbeitsorganisation im Sinne der Beschäftigten umzusetzen, ergeben sich verschiedene Möglichkeiten, die Arbeit neu zu strukturieren. Die bis heute wichtigsten sind die Arbeitserweiterung (Job-Enlargement), die Arbeitsbereicherung (Job-Enrichment), der Arbeitsplatzwechsel (Job-Rotation) sowie die Gruppenarbeit mit erweiterten Handlungs- und Ent-

scheidungsspielräumen. Diese werden im Folgenden kurz skizziert (vgl. auch Übersichten 3.11 und 3.12).
Während bei *Job-Enlargement* eine Erweiterung des Arbeitsinhaltes durch die Übernahme weiterer ähnlicher Arbeitsaufgaben erfolgt, ist mit *Job-Enrichment* eine An- bzw. Bereicherung des bisherigen Arbeitsinhaltes mit andersartigen Arbeitsinhalten gemeint. In der Folge werden die Qualifikations- und Dispositionsspielräume größer. Zwar steigt in beiden Fällen das Ausmaß der abgeforderten Qualifikation. Bei Job-Enlargement geschieht dies allerdings durch ein breiteres Spektrum beherrschter Arbeitsaufgaben auf gleichem Qualifikationsniveau, bei Job-Enrichment hingegen durch eine Veränderung der Arbeitsinhalte. Allerdings führt Job-Enrichment aufgrund anspruchsvoller werdender Arbeitsinhalte zu einer höheren Belastung. Bei Job-Enlargement hingegen wird zwar die einseitige körperliche Belastung minimiert, durch die Übernahme weiterer gleichwertiger Arbeitsinhalte steigt jedoch die Gefahr der Leistungsverdichtung. Wenn man die Gesamttätigkeit betrachtet, ergibt sich jedoch in beiden Fällen die Chance einer höheren Eingruppierung, allerdings ist diese bei Job-Enrichment – aufgrund der Anreicherung der Arbeitsinhalte – sicherlich einfacher durchzusetzen als bei Job-Enlargement.

Übersicht 3.11: Job-Enlargement und Job-Enrichment

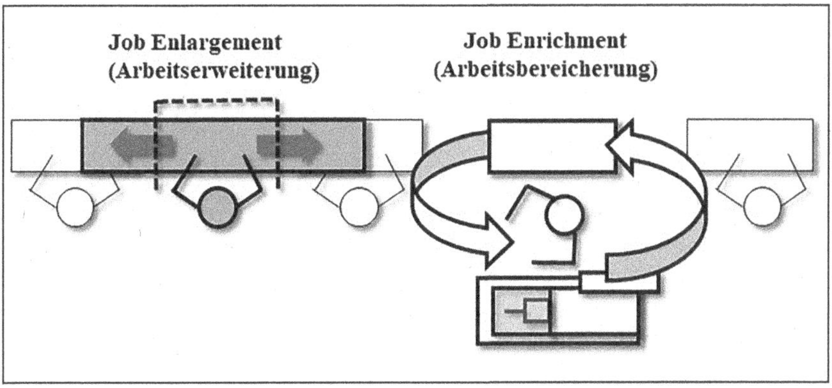

Auch *Job-Rotation* beinhaltet ausdrücklich die Chance, die Eingruppierung anzuheben. Verglichen mit der Einzeltätigkeit wird die Anforderung an die ausgeführte Gesamttätigkeit und damit die Eingruppierung in Summe ansteigen, jedenfalls dann, wenn die einzelnen Arbeitsschritte unterschiedlich sind, wovon auszugehen ist. Selbst für den Fall, dass die Tätigkeiten – bezogen auf die Eingruppierungssystematik – gleichwertig sind, ergibt sich aufgrund der möglicherweise andersartigen Tätigkeiten die Chance zur Anhebung der Eingruppierung. Oder um es anders auszudrücken: Sechs verschiedene Tätigkeiten in jeweils ein und derselben Entgeltstufe bedeuten nicht zwangsläufig, dass die Gesamttätigkeit auch in dieser Entgeltstufe einzugruppieren ist. Es bedeutet aber genauso wenig, dass die Arbeit zwingend höherwertig einzugruppieren ist. Ausgeschlossen ist lediglich das Absinken des Entgeltniveaus. Entscheidend für die Eingruppierung ist die Summe aller Anforderungen, die sich aus der übertragenen Gesamttätigkeit ergeben (vgl. hierzu auch Kapitel 4.3).

Übersicht 3.12: Job-Rotation ggf. mit erweiterten Handlungs- und Entscheidungsspielräumen der Gruppe

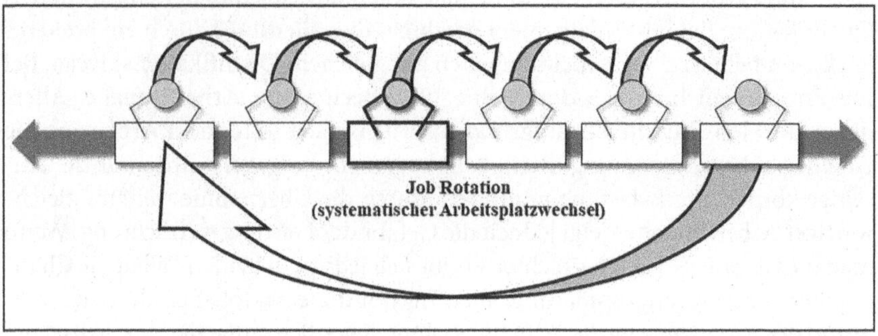

Bezüglich der physischen und psychischen Belastung kann davon ausgegangen werden, dass sich Job-Rotation grundsätzlich positiv auswirkt. Einschränkend muss jedoch hinzugefügt werden, dass dies davon abhängt, wie kurzzyklisch und monoton die bisherigen Taktzeiten gewesen sind. In den allermeisten Fällen wird eine Job-Rotation zu weniger Monotonie und zu mehr Abwechslung führen. Zudem führen die unterschiedlichen Tätigkeiten und die Bewegung zwischen verschiedenen Arbeitsplätzen zur Verringerung einer einseitigen Belastung der Beschäftigten.

Interessant wird es hingegen, wenn die Beschäftigten individuell, in einer Gruppe oder auch in einem Team mit erweiterten Handlungs- und Entscheidungsspielräumen ausgestattet werden. Hier spielen insbesondere die angeeigneten kognitiven Fähigkeiten eine besondere Rolle. Grundsätzlich ist die Ausweitung des Handlungs- und Entscheidungsspielraums positiv zu bewerten und führt bei den Beschäftigten zu einer größeren Arbeitszufriedenheit. Anderseits führt die Ausweitung der Handlungs- und Entscheidungsspielräume bei Beschäftigten, die durch jahrelange kleinteilige, repetitive Fließbandarbeit dequalifiziert worden sind zumindest dann zu Anpassungsschwierigkeiten, wenn die Komplexität der übertragenen Aufgaben zu groß ist. In solchen Fällen scheint es ratsam zu sein, die Komplexität der übertragenen Tätigkeiten und des Handlungs- und Entscheidungsspielraumes schrittweise zu erhöhen.

Übersicht 3.13: Innovative Arbeitsorganisation

AUSPRÄGUNG „NIEDRIG" (eher klassisch)	DIMENSION	AUSPRÄGUNG „HOCH" (eher innovativ)
sehr kurze Arbeitszyklen (< 1 Min.); keine indirekten, dispositiven, planenden Aufgaben	Reichweite / Aufgabenintegration	ganzheitliche Produktionsaufgabe; weitgehende Integration indirekter, dispositiver, planender Aufgaben
keine Rotation, keinerlei Flexibilität, hohe Spezialisierung	interne Aufgabenverteilung / Rotation	volle Rotation (jede Person beherrscht jeden Arbeitsplatz)
Prozessoptimierung ausschließlich durch prozessferne Spezialisten/Planer	betriebl. Organisation Prozessoptimierungen	Übertragung der Prozessoptimierung auf Prozessebene
keine Entscheidungskompetenz der Gruppe / des Teams	Selbstorganisation (Reichweite)	weitreichende Entscheidungskompetenz der Gruppe / des Teams
geringe Möglichkeiten der Gruppen- bzw. Teamselbstorganisation	Selbstorganisation (Ressourcen)	weitreichende Möglichkeiten der Gruppen- / Teamselbstorganisation
keine Gruppengespräche, ggf. vom Betrieb geführte Gruppen- bzw. Teammeetings	Qualität / Charakter Gruppen-/Teamgespräch	regelmäßige, selbstorganisierte Gruppen- / Teamgespräche; hohe Diskursivität; betriebliche und soziale Themen
(Quasi-)Vorarbeiter bzw. „hancho"; (Sonderfunktion, höhere Bezahlung)	Rollendefinition Gruppen-/Teamsprecher	gewählter, integrierter Gruppen- / Teamsprecher („Klassensprecher")
Einzelarbeitsplatz ohne Kooperationsmöglichkeiten	Zusammenarbeit in der Gruppe / dem Team	ständige, intensive Kooperationsmöglichkeiten
ausschließlich hierarchischer Vorgesetzter; enger Funktions- bzw. Kompetenzzuschnitt	Rollendefinition erste Führungsebene	Vorgesetzter / Unterstützer bzw. Außenminister; erweiterter Kompetenzzuschnitt (ökonomische und planerische Entscheidungen)
keine direkte Zusammenarbeit mit anderen / indirekten Bereichen und Fachabteilungen	Reichweite / Aufgabenintegration	kontinuierliche Zusammenarbeit mit anderen / indirekten Bereichen und Fachabteilungen

Quelle: M. Kuhlmann, SOFI-Institut, Göttingen 2006/2011, leicht verändert

Insbesondere zur menschengerechten Gestaltung der Arbeit, insbesondere der Arbeitsorganisation in Gruppen bzw. Teams, gibt es eine Vielzahl industriesoziologischer Empfehlungen. Am SOFI-Institut in Göttingen wurde in diesem Zusammenhang das Konzept der »innovativen Arbeitsorganisation« bzw. der »innovativen Arbeitspolitik« entwickelt. Dabei wurden zehn Dimensionen der Gestaltung der Arbeitsorganisation berücksichtigt. In der Übersicht 3.13 stellt die rechte Spalte »Ausprägung: Hoch« die weitestgehende Zielsetzung einer innovativen Arbeitsorganisation dar. Die linke Spalte »Ausprägung: Niedrig« stellt eine eher tayloristische Form der Arbeitsorganisation dar. Zwar basieren diese Gestaltungsempfehlungen auf Analysen aus der Automobil- und Zulieferindustrie, sie sind jedoch weitgehend übertragbar. Und zwar sowohl auf andere Branchen als auch auf die administrativen bzw. indirekten Bereiche. Die jeweils konkreten arbeitsgestalterischen Maßnahmen und ihre Ausprägung variieren ohnehin von Betrieb zu Betrieb und bedürfen der Anpassung an die jeweiligen betrieblichen Rahmenbedingungen.

Grundsätzlich bleibt festzuhalten, dass eine innovative Arbeitsorganisation gesundheitsförderliche Effekte hat und sich zugleich positiv auf die Eingruppierung auswirkt. Unabhängig von den in den Kapiteln 3.6.1 bis 3.6.9 dargestellten Organisationsformen der Arbeit sind die Gestaltungshebel letztlich identisch, auch wenn die jeweilige Anwendung, Ausprägung und die konkreten Maßnahmen variieren. Übergreifend gilt:

- die Beschäftigten müssen für die jeweilige Tätigkeit ausreichend qualifiziert sein bzw. werden
- die Arbeitsinhalte dürfen weder zu gering (größer als 1,5 min pro Takt), noch zu komplex sein, sowohl Über- als auch Unterforderung sind zu vermeiden
- die Mitbestimmung des Betriebsrats bzw. der Beschäftigten bezüglich der abgeforderten Leistung muss im Rahmen eines Leistungsentgeltsystems gewährleistet werden
- das Arbeitspensum muss in einem entsprechenden Verhältnis zum Entgelt stehen
- Leistungsobergrenzen müssen vereinbart und ihre Erreichbarkeit sichergestellt werden
- die erforderlichen Abstimmungs- und Beteiligungszeiten für Gruppen- bzw. Teamgespräche müssen eingeplant werden
- die Anzahl der zu bedienenden Maschinen, Anlagen oder auch IT-Anwendungen muss begrenzt und
- die erforderlichen Verteil- und Erholungszeiten gewährt werden.

Werden diese Eckpunkte beachtet, wird die jeweilige Arbeitsorganisation zu einem Mehr an betrieblicher Effizienz und zugleich zu einem mehr an Motivation bei den Beschäftigten führen. Arbeit wird auf diese Art und Weise auch nachhaltig gesundheitsförderlicher gestaltet. Obendrein würden die betrieblichen Akteure so ihrem betriebsverfassungsrechtlichen Gestaltungsauftrag nachkommen. Allen Konzepten der Arbeitsorganisation liegt zugrunde, dass Arbeitsorganisation nicht als ein statischer Zustand, sondern als ein dynamischer, sich ständig weiterentwickelnder Prozess betrachtet wird. Hierzu werden in den Betrieben entsprechende Instrumente eingeführt, die häufig unter der Begrifflichkeit »Kontinuierliche Verbesserung« oder »Kaizen« (japanisch = Veränderung zum Besseren) behandelt werden.

Ziel dieser Prozesse ist es, dass Gruppen bzw. Teams in ihren Gruppengesprächen bzw. in extra einberufenen Workshops Verbesserungsvorschläge erarbeiten. Die Verbesserungsvorschläge sollen zu einem rationelleren Vorgehen bei einzelnen Arbeitsschritten beitragen und zu einer nachhaltigen Verbesserung der betrieblichen Abläufe führen. Für die betriebliche Interessenvertretung bieten sie die Chance, zugleich die Arbeitsbedingungen der Beschäftigten zu verbessern. Damit wird einerseits die Beteiligung der Arbeitnehmer an der Gestaltung ihrer eigenen Arbeit erreicht, andererseits beinhaltet ein solcher kontinuierlicher Verbesserungsprozess auch die Gefahr, die eigenen Leistungsstandards ständig zu verschärfen. Wie sich neue Formen der Arbeitsorganisation aus Sicht der Betroffenen darstellen können, zeigt die Übersicht 3.14. Vor dem Hintergrund der wachsenden Bedeutung von kontinuierlichen Verbesserungsprozessen wird im folgenden Kapitel die Arbeitsorganisation in Ganzheitlichen Produktionssystemen beschrieben.

Übersicht 3.14: Problembereiche und Belastungskonstellationen

knappe Personalbemessung	- Zeitdruck - widersprüchliche Zielsetzungen
flexibler Personaleinsatz	- geringe Beeinflussbarkeit - unzureichende Einarbeitungszeit - Demotivation, weil immer wieder dieselben Beschäftigten betroffen sind - Mangel an Qualifikation
inkonsistente Aufgabenintegration	- Mengen-Qualitäts-Dilemma - mangelnde Rückkopplung von Informationen - sanktionsbetonte Fehlerkultur
Intransparenz und fehlende Beeinflussbarkeit	- Intransparenz und mangelnde Beeinflussbarkeit der Leistungskriterien - Nichtanerkennung von Leistungen (insbesondere der Selbstorganisation) - widersprüchliche Leistungsziele (Menge und Qualität)
Konkurrenz in bestehenden Gruppen / Teams	- Ausgrenzung Leistungsschwächerer und insbesondere der Leistungsgewandelten - Klima einer wechselseitigen Kontrolle - Herausbildung interner Machtstrukturen
Belastungen in Veränderungsprozessen	- Mangel an Anerkennung und positiver Rückmeldung - Misstrauensbekundungen - mangelnde Gruppen- / Teamautonomie

Quelle: F. Böhle, Neue Belastungen und Risiken bei qualifizierter Produktionsarbeit, Berlin 1992

3.5 Arbeitsorganisation bei Ganzheitlichen Produktionssystemen

Ende der 1990er Jahre und verstärkt in den 2000er Jahren ließen sich – ausgehend von der Automobilindustrie – die Verbreitung Ganzheitlicher Produktionssysteme (GPS) beobachten. Heute sind sie in vielen Betrieben realisiert; vgl. Kap. 3.1.

> **Definition**
> Ein Produktionssystem umfasst die Gesamtheit der Prinzipien, Methoden und Ressourcen, die für die Entwicklung, Herstellung und den Vertrieb von Produkten und Dienstleistungen erforderlich sind. Es stellt also das Regelwerk dar, nach dem sämtliche Prozesse in dem jeweiligen Unternehmen strukturiert und durchgeführt werden. Mit der Hinzunahme der Begrifflichkeit »ganzheitlich« soll darauf verwiesen werden, dass die verwendeten Prinzipien und Methoden in ihrer gegenseitigen Wechselwirkung über die gesamte Wertschöpfungskette hinweg aufeinander abgestimmt verwendet werden. Man spricht deshalb auch von einem Ganzheitlichen Produktionssystem; kurz von einem GPS.

Ganzheitliche Produktionssysteme (GPS) richten die Produktion am Just-in-sequenz-Prinzip aus. Dies bedeutet, dass letztlich die gesamte Fabrik als getaktete Fließfertigung organisiert wird. Sämtliche Prozesse werden synchron aufeinander abgestimmt. Die Produktion in größeren Losgrößen und die Steuerung jedes einzelnen Prozesses mit Fertigungsaufträgen wird zugunsten einer sogenannten ziehenden Steuerung (Pull-Steuerung) aufgegeben. Dies bedeutet, dass nur dann gefertigt werden kann, wenn der jeweils nachfolgende Prozess signalisiert, dass er weitere Vorprodukte benötigt. Dies geschieht in der Regel durch eine (digitalisierte) Kanban-Steuerung.

> **Definition**
> Bei Kanban handelt es sich um ein arbeitsorganisatorisches Verfahren. Das japanische Wort Kanban bedeutet ursprünglich ›Signalkarte‹ (kan = Signal, ban = Karte) und ist eine Technik aus dem Toyota-Produktionssystem, mit der ein gleichmäßiger Fluss (Flow) in der Fertigung hergestellt und so Lagerbestände reduziert werden sollen. Ziel war es, Beschäftigte in die Lage zu versetzen, auch ohne Kenntnis der jeweiligen Prozesse und Abläufe das Montageband pünktlich mit den zu verbauenden Teilen zu beliefern. Inzwischen haben sich Kanban-Systeme weitgehend durchgesetzt und ausdifferenziert. Immer häufiger zu beobachten sind digitale Kanban-Steuerungen. An dem Motiv hat sich jedoch nichts verändert. Nach wie vor geht es darum, durch eine entsprechende Visualisierung selbst komplizierte Steuerungsprozesse zu vereinfachen und damit auch für angelernte Beschäftigte beherrschbar zu machen.

Das Toyota-Produktionssystem beruht auf der Unterscheidung von Wertschöpfung und Verschwendung. Wertschöpfend sind in dieser Betrachtungsweise alle Prozesse, die einem Produkt oder einer Dienstleistung einen Wert hinzufügen. Alles andere gilt im Toyota-Produktionssystem als Verschwendung. Die meisten Vorträge von betrieblichen Beratern zum Toyota-Produktionssystem enden hier. Anschließend wird die Idealvorstellung einer verschwendungsfreien Produktion auf das jeweilige Beratungsobjekt übertragen. Tatsächlich aber ist die Verschwendung nur einer von drei Tatbeständen, die im Mittelpunkt des Interesses des Toyota-Produktionssystems standen und nach wie vor stehen.
Als Toyota mit der Automobilproduktion begann – also ab Mitte der 1940-er Jahre – herrschte aufgrund des Krieges und der geopolitischen Lage Japans ein

enormer Mangel an Ressourcen. Die Situation des Mangels an Ressourcen war das auslösende Grundmotiv für das Toyota-Produktionssystem. Im Mittelpunkt steht daher bis heute die Bekämpfung der drei M's: (1) Muda (= Verschwendung) und (2) Mura (= Ungleichmäßigkeit) sowie (3) Muri (= Unzweckmäßigkeit); vgl. Übersicht 3.15.

Übersicht 3.15: Die 3 M's im Toyota-Produktionssystem

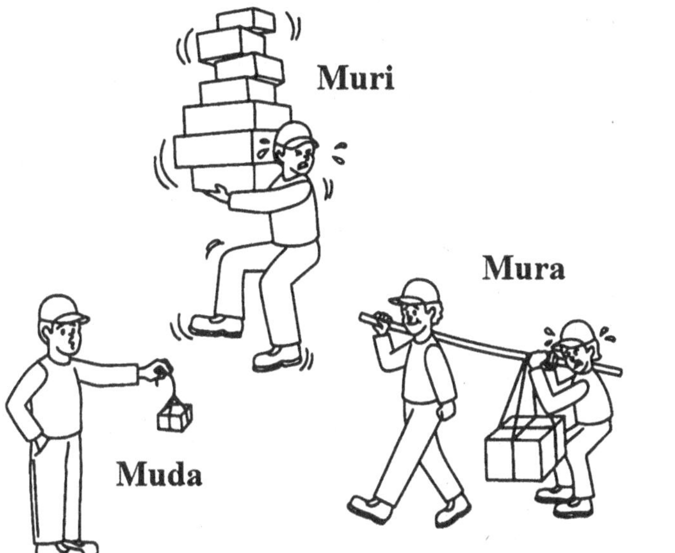

Quelle: http://www.shmula.com/about-peter-abilla/what-is-mura-muri-muda/

Deshalb verfügt das Toyota-Produktionssystem über zahlreiche Methoden, mit denen sich Produktionsprozesse hinsichtlich ihrer Anteile an Wertschöpfung und Verschwendung untersuchen und verbessern lassen. Für diese Verbesserungsprozesse sind unterschiedliche Bezeichnungen gebräuchlich; vgl. Übersicht 3.16.

Übersicht 3.16: Verbesserungsprozesse

Kaizen	Kaizen (jap. kai -Veränderung, Wandel, zen - zum Besseren) → Veränderung zum Besseren bezeichnet ein methodisches Konzept, in deren Zentrum das Streben nach kontinuierlicher und unendlicher Verbesserung steht.
bedeutet	
KVP / CIP	**K**ontinuierlicher **V**erbesserungs**P**rozess bzw. **C**ontinual **I**mprovement **P**rocess
mittels	
PDCA	Der PDCA-Zyklus beschreibt einen iterativen vierphasigen Prozess; PDCA steht hierbei für das Englische **P**lan – **D**o – **C**heck – **A**ct, zu Deutsch: Planen – Tun – Überprüfen – Umsetzen.

Die Verbesserungsprozesse enden stets mit einer Standardisierung der gefundenen Lösung. Diese Standards gelten so lange, bis eine neue bessere Lösung gefunden wird. Der Prozess wird deshalb als flexible Standardisierung bezeichnet. Die Kontinuierlichen Verbesserungsprozesse (KVP) und die dabei zumeist erfolgende Suche nach den 7 Arten der Verschwendung sind insofern dem klassischen betrieblichen Vorschlagswesen überlegen, als dass sie – zumindest konzeptionell – tatsächlich kontinuierlich erfolgen sollen. Parallel zur täglichen Arbeit soll über Verbesserungen für betrieblich definierte Probleme nachgedacht werden. In den zusätzlich stattfindenden anlassbezogenen KVP-Workshops sollen diese Ideen vorangetrieben und weitere innovative Lösungen für vorhandene betriebliche Probleme gefunden werden, und zwar im Team. Je nach Problemlage erfolgt dies vor allem unter Einbeziehung der Beschäftigten vor Ort, ggf. aber eben auch als reine Fachabteilungsrunde. Diese Stringenz findet sich im betrieblichen Vorschlagswesen seltener; Maßnahmen entstehen dort eher durch das Zufallsprinzip. Im Rahmen des betrieblichen Vorschlagswesens werden Maßnahmen zentral gesammelt, sortiert und zur Bearbeitung an die jeweiligen Fachabteilungen weitergeleitet. In der Regel ein sehr zeitaufwendiger Prozess. Im KVP-Workshop hingegen sitzt eine Vielzahl verschiedenartiger Experten einschließlich der betroffenen Beschäftigten zusammen. Sie beraten Ideen und mögliche Maßnahmen direkt und abteilungsübergreifend. Nicht zielführende Ideen bzw. Maßnahmen können daher sehr viel schneller erkannt werden. Hier liegen Chance und Risiko für die Beschäftigten eng beieinander. Einerseits besteht die Chance, durch die Berücksichtigung der unterschiedlichen KVP-Aktivitäten in der Arbeitsaufgabenbeschreibung die Eingruppierung nach unten abzusichern bzw. ggf. tendenziell anzuheben. Andererseits besteht das Risiko, durch die Definition geeigneter Maßnahmen die Leistungsverdichtung voranzutreiben. Die Art und Weise – im KVP-Workshop ggf. gleichberechtigt z. B. mit dem Meister oder anderen Vorgesetzten – Verbesserungsmaßnahmen zu kreieren und auch gleich noch umzusetzen, sorgt für eine enorme

Dynamik bei den Beschäftigten. Motiviert von dieser Dynamik werden sehr viel mehr Verbesserungsvorschläge kreiert als im Rahmen des klassischen Verbesserungswesens. Die Chancen und Risiken müssen betrieblich abgewogen und eine Beteiligung der Beschäftigten geregelt werden. Die Mitbestimmung des Betriebsrats regelt sich nach Betriebsverfassungsgesetz:

> **Rechtsvorschrift**
> *»Der Betriebsrat hat, soweit eine gesetzliche oder tarifliche Regelung nicht besteht, in folgenden Angelegenheiten mitzubestimmen: (...) 12. Grundsätze über das betriebliche Vorschlagswesen ...«*
> (§ 87 Abs. 1 Ziffer 12 BetrVG)

Zwar wird dort nur das »betriebliche Vorschlagswesen« geregelt, allerdings findet man in den entsprechenden Kommentierungen den Hinweis, dass dieser Regelung alle systematischen Bestrebungen zur Anregung, Sammlung und Bewertung von Verbesserungsvorschlägen unterliegen, unabhängig davon, ob die jeweiligen Vorschläge allein oder im jeweiligen Arbeitsbereich oder in einem eigens dafür einberufenen Workshop entwickelt wurden. Der Betriebsrat sollte hinsichtlich etwaiger Regelungen zwei Punkte besonders in den Blick nehmen:

- Erstens, dass Maßnahmen, die sich zumeist auf die Arbeitsorganisation und die Arbeitsabläufe beziehen, trotz Workshop mitbestimmungsrelevant sind (vgl. hierzu Kapitel 3.4).
- Zweitens, welche Ziele und Maßnahmen im Rahmen des Workshops verfolgt werden.

Eine Idee ist, nicht nur auf den übermäßigen Verschleiß der Produktionsfaktoren Energie, Material etc. zu achten, sondern zugleich den Verschleiß des »Produktionsfaktoren Mensch« in den Blick zu nehmen. Die Verhinderung der übermäßigen Beanspruchung menschlicher Arbeitskraft könnte als Ziel etwaiger Maßnahmen eines KVP-Workshops in einer Betriebsvereinbarung geregelt werden. Eine übermäßige körperliche oder auch psychische Belastung, eine Über- oder Unterforderung führt langfristig zu Gesundheitsschäden bei den Beschäftigten. Werden diese Langfristschäden durch eine präventive, beteiligungsorientierte Verbesserung der Arbeitsbedingungen verhindert – z. B. durch die Definition etwaiger Maßnahmen im KVP, werden diese Maßnahmen doppelt wirksam. Einerseits durch die Verbesserung der realen Bedingungen und andererseits durch die motivationsfördernde Wirkung der sich ausdrückenden Wertschätzung gegenüber den Beschäftigten.

Im Toyota-Produktionssystem spielt die kontinuierliche Verbesserung und das Null-Fehler-Prinzip eine besondere Rolle. Die Besonderheit im Toyota-Produktionssystem liegt jedoch vor allem darin, dass die einzelnen Methoden aufeinander abgestimmt und systematisch eingesetzt werden. Im Folgenden ist beispielhaft die Methode »Poka Yoke« ausgewählt, um diesen Bezug unterschiedlicher Methoden zueinander aufzuzeigen. Zu einer kurzen Definition der wichtigsten Methoden vgl. Übersicht 3.18 auf S. 96. Eine ausführliche Darstellung muss an dieser Stelle aus Platzgründen jedoch unterbleiben.

Übersicht 3.17: Poka-Yoke, unterschiedliche Steckerformen

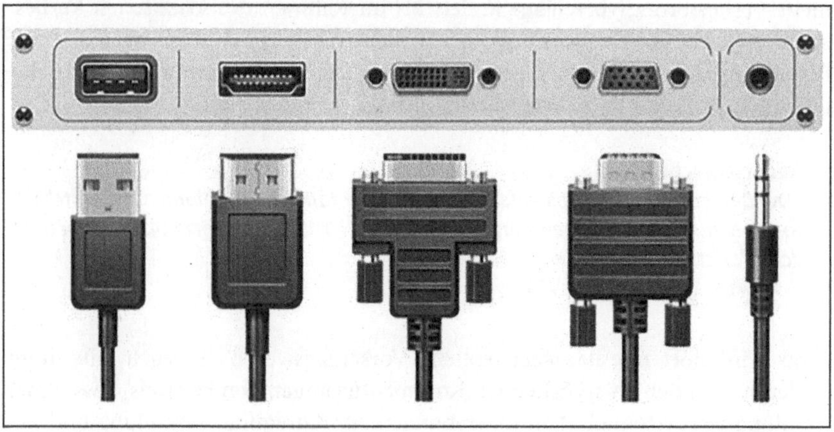

Die Methode »Poka Yoke« (vgl. Übersicht 3.17) sorgt über Farb- bzw. Formkodierungen dafür, dass z. B. bestimmte Stecker nicht falsch zusammengesteckt und bestimmte Bauteile nicht falsch montiert werden, also dafür, dass bestimmte Fehler gar nicht erst entstehen können. Sie sorgt letztlich dafür, dass selbst ein angelernter Beschäftigter einen bestimmten Arbeitsschritt vollständig und fehlerfrei ausführen kann. Die Anwendung dieser Methode fußt auf der Tatsache, dass es in Japan keine systematische Berufsausbildung gibt, stattdessen werden Fähigkeiten und Fertigkeiten durch die Tätigkeit trainiert und sukzessive erweitert. Auf gelernte Facharbeiter und Facharbeiterinnen hierzulande wirkt die Anwendung dieser Methode jedoch vermutlich demotivierend, die damit einhergehende Entwertung der Arbeit wirkt sich tendenziell negativ auf die jeweilige Eingruppierung aus. Das Nichtvorhandensein einer systematischen Ausbildung erfordert hinsichtlich der Anlernprozesse ein viel größeres Augenmerk. Das wirkt sich auf die Führungsstruktur innerhalb der Teams und auch auf deren Größe aus: Im Toyota-Produktionssystem gibt es eine dem Vorarbeiter vergleichbare Position. Der so genannte »Hancho« hat die Aufgabe, derartige Anlernprozesse zu organisieren, den Verbesserungsprozess anzuleiten sowie dafür zu sorgen, dass im Arbeitssystem störungsfrei und fehlerfrei gearbeitet werden kann und dass Arbeitsstandards eingehalten werden. Der »Hancho« ist die zentrale Figur innerhalb einer so genannten »geführten Gruppenarbeit«, einem Gegenmodell zur innovativen Arbeitsorganisation und zur teilautonomen Gruppenarbeit. Damit der »Hancho« diesen Aufgaben vollumfänglich gerecht werden kann, überschreiten Teams in aller Regel nicht die Größe von 10 Beschäftigten. Zusätzlich sorgt ein sogenanntes Andon-Cord (i. d. R. eine »Reißleine« oder eine Art Not-Aus-Knopf) dafür, dass bei einem dennoch entstandenen Fehlers das gesamte Arbeitssystem angehalten wird und alle Beschäftigten aufgefordert sind, den entstandenen Fehler gemeinsam zu analysieren und wenn möglich direkt Maßnahmen zu entwickeln, um die Wiederholung dieses Fehler künftig auszuschließen. Zum Schichtende treffen sich die Beschäftigten – ggf. vor dem sogenannten Andon-Board (= eine Informationstafel bzw. ein -bildschirm mit den aktuellen Fertigungskennzahlen) – und besprechen ggf. aufgetretene Störungssituationen und den aktuellen Stand der Fertigung mit dem Hancho und der nachfolgenden Schicht. Das wird häufig als »Shopfloor-Management« bezeichnet. Um also möglichst fehlerfrei zu fertigen, sind die Methoden Poka Yoke, Teamarbeit, KVP, Andon sowie das Shopfloor-Management aufeinander und auf die Rahmenbedingungen abgestimmt. Das kennzeichnet das Toyota-Produktionssystem.

Übersicht 3.18: Methoden/Begriffe Ganzheitlicher Produktionssysteme

KVP / Kaizen / PDCA	Bezeichnungen für Verbesserungsprozesse bzw. –werkzeuge (vgl. auch Übersicht 3.24), oftmals von den Beschäftigten getragen
Chaku Chaku	Mehrmaschinenbedienung mit sehr kurzen Arbeitszyklen, Tätigkeit: Beladen
Standardisierung	verbindliche Definition von Arbeitsmethoden und Arbeitsweisen
Wertstromdesign, -mapping	Methode zur Bewertung und Optimierung ganzer Wertschöpfungsketten; Ziel: Verbesserung der Durchlaufzeiten
5 S / 5 A bzw. 6 S / 6 A	Methode zum Aufräumen und Ordnen innerhalb von Arbeitssytemen
Shopfloor-Management	Führungsinstrument / Meeting am Ort der Wertschöpfung zur Visualisierung und Durchsprache von Status/Kennzahlen
Visual Management	Informationen über Maschinen- und Prozesszustände transparent / sichtbar machen, häufige Form: Andon-Board
Total Productive Maintenance (TPM)	vorbeugende Instandhaltung; zumeist realisiert als zusätzliche Aufgabe der Beschäftigten in der Fertigung
Andon-Cord	(Reiß)Leine oder Knopf, um bei auftretenden Problemen den Band- oder Anlagenstopp einzuleiten
Andon-Board	visuelle Kontroll-Einrichtung, meist ein Display, das den Produktionsstatus anzeigt
Poka Yoke	Prinzip zur Vermeidung menschlicher Fehler im Arbeitsprozess

Bei einer Übertragung auf eine Fertigung in einem deutschen Unternehmen werden häufig die Methoden übernommen, aber eben nicht konsequent aufeinander abgestimmt. Gut ausgebildete Facharbeiter bedürfen nicht zwingend kleiner Teams, ein wirksames Shopfloor-Management setzt die ernstgemeinte Beteiligung der Beschäftigten voraus. Im Rahmen eines zielgerichteten Einsatzes eines Andon-Systems ist die Frage zu stellen »*Warum wurde der Bandstopp ausgelöst?*« und es ist nicht danach zu fragen, wer ihn ausgelöst hat. Meist werden lediglich die Idealvorstellungen einer Just-in-Time bzw. einer Just-in-Sequenz-Fertigung und verschiedene Methoden zur Sicherstellung einer synchronen Produktion übernommen. Im Unterschied zu Toyota steht dabei die kurzfristige Kostensenkung im Vordergrund; nachhaltige Prozessverbesserungen und eine konsequente Personalentwicklung spielen eher eine untergeordnete Rolle. Würden die methodischen Grundgedanken des Toyota-Produktionssystems analysiert und systematisch auf die Rahmenbedingungen abgestimmt, würden sich abseits der kurzfristigen und oftmals überstürzten Einführung von Methoden (vgl. hierzu Übersicht 3.4 in Kap. 3.1) erweiterte arbeitsorganisatorische Möglichkeiten zur Verbesserung der Arbeitsbedingungen ergeben, die dem Wunsch der Unternehmen nach größerer Flexibilität und Wirtschaftlichkeit nicht widersprechen müssen.

Je nachdem, wie die Anwendung der Methoden und Prinzipien des Toyota-Produktionssystems erfolgt, können die Auswirkungen auf die Arbeitsorganisation recht unterschiedlich sein. In der Regel wird, wo noch vorhanden, die Montage am stehenden Produkt zugunsten von getakteten und meist ungepufferten Fließfertigungen aufgegeben. Zunehmend werden Produkte in U-förmigen Montagesystemen oder in U-förmigen »Chaku-Chaku-Linien« gefertigt (vgl. hierzu Kap. 3.6.4). **Die Arbeitsorganisation ist in ihren Merkmalen jedoch nicht durch das ganzheitliche Produktionssystem festgelegt, sondern Ergebnis von Gestaltungsentscheidungen. Insbesondere können Ganzheitliche Produktionssysteme gestaltet werden durch:**

- **den Umfang an direkten Arbeitstätigkeiten:** Die Möglichkeit zum Arbeitsplatzwechsel besteht grundsätzlich auch im ganzheitlichen Produktionssystem. Die Rotation kann sich auf Arbeitsaufgaben innerhalb eines Teams erstrecken, aber auch darüber hinaus. Sie sorgt wie beschrieben für positive Auswirkungen auf das Eingruppierungsniveau.
- **den Umfang an indirekten Arbeitstätigkeiten:** Häufig werden direkte und indirekte Tätigkeiten sowohl gedanklich als auch tatsächlich voneinander getrennt. Es ist jedoch nicht zwingend erforderlich, indirekte Tätigkeiten anderen Arbeitskräften als dem Produktionspersonal zu übertragen. Dies betrifft vor allem Aufgaben wie die Materialbereitstellung, Nacharbeit, das Rüsten oder die Instandhaltung. Der Ansatz des »Total Productive Maintenance (TPM)« (deutsch = vorbeugende Instandhaltung) sieht sogar ausdrücklich vor, dem Produktionspersonal die Verantwortung von Teilen der Wartungs- und Instandhaltungstätigkeiten zu übertragen. Mit dieser Übertragung in die Arbeitsaufgabe der jeweiligen Beschäftigten würde deren Tätigkeit abwechslungsreicher und die innerbetriebliche Personalflexibilität höher. Zugleich

könnten positive Effekte auf das Eingruppierungsniveau erzielt werden (vgl. hierzu auch Kapitel 4.4 und konkret Übersicht 4.23 zur Qualifikationsanforderung in Produktionssystemen).

Darüber hinaus gibt es weitere zu regulierende Bereiche, die ebenfalls nicht zwingend durch das Ganzheitliche Produktionssystem vorab entschieden sind. Hierzu zählen insbesondere die Erholungspausen und die Einrichtung von Puffern, wenn die Arbeitstätigkeiten mit einem Risiko von Stress und psychischer Ermüdung verbunden sind. Allgemein begründen Ganzheitliche Produktionssysteme einen arbeitsorganisatorischen Gestaltungsbedarf, weil die Orientierung von Gestaltungsmaßnahmen zum Ziel einer verschwendungsfreien Produktion Risikopotenziale für die Gesundheit der Beschäftigten mit sich bringt. Die Gründe sind kürzere Wege, verringerte Wartezeiten, die Einbindung in eine Just-in-Sequenz-Logistik und die detaillierte Standardisierung von Arbeitsabläufen. In Bezug auf die zunehmende Umsetzung von Elementen der Industrie 4.0 sind ferner »Pick by Voice« bzw. »Pick by Eyes«[2], die Leistungs- und Verhaltenskontrolle der Beschäftigten mittels erfasster Tracking-Daten sowie die zunehmende Verwendung von Assistenzsystemen und Datenbrillen zu nennen. Als Folge können neben psychischen Fehlbeanspruchungen einseitige körperliche Belastungen auftreten. Voraussetzung für eine – im Interesse der Beschäftigten – positive Gestaltung Ganzheitlicher Produktionssysteme ist es, dass die Beschäftigten umfassend qualifiziert und in die Gestaltung einbezogen werden. Die Methoden, der Einsatz von Assistenzsystemen und die daraus resultierenden Standards sollten mit den Beschäftigten gemeinsam besprochen, weiterentwickelt und an die jeweiligen Bedingungen vor Ort angepasst werden. Um eine Überlastung der Beschäftigten zu vermeiden, sollten bei der präventiven Neugestaltung der Arbeitsorganisation die gesicherten Erkenntnisse zur menschengerechten Gestaltung der Arbeit angewendet werden. Hierbei sind neben der ergonomischen Gestaltung der Arbeitsplätze ausreichende Puffer zur Verringerung der Taktzwänge und Erholungspausen von besonderer Bedeutung. Ganzheitliche Produktionssysteme sind nicht zwingend von einer mangelhaften Arbeitsorganisation gekennzeichnet, allzu oft aber von einer solchen begleitet. Diese Arbeitsorganisation im Sinne der Beschäftigten zu gestalten, darin liegt ein wichtiges Handlungsfeld für die betriebliche Interessenvertretung.

2 Dabei handelt es sich um eine menschliche Greifbewegung, bei der eine Auswahl getroffen werden muss, z. B. Griff in eine bestimmte Kiste bzw. Griff nach einem bestimmten Teil in einer Kiste. Die Greifbewegung des Menschen wird gesteuert mittels einer akustischen Ansage (Voice) über Kopfhörer oder mittels einer visuellen Unterstützung (Eyes) z. B. über eine Datenbrille.

3.6 Organisationsformen der Arbeit und ihre Gestaltungsmöglichkeit

Es gibt unterschiedlichen Formen, nach denen industrielle Arbeit organisiert werden kann. Einflussgrößen auf die Wahl der Organisationsform sind die Produkt- bzw. Dienstleistungskomplexität und der Aufgabenumfang. Mit Blick auf industrielle Fertigungsprozesse sind Stückzahlen, Fertigungstiefe, der jeweilige Betriebsmittelbedarf und die Lieferprozesse entlang der Wertschöpfungskette (z. B. Just-in-Sequenz) bei der Wahl der Organisationsform ausschlaggebend. In den administrativen Bereichen ist insbesondere die konkrete Beteiligung verschiedener Fachbereiche und die Anzahl von operativen Schnittstellen von Bedeutung. Die wichtigsten Organisationsformen werden in diesem Abschnitt vorgestellt. Zu den einzelnen Organisationsformen werden die Auswirkungen auf die Arbeitsinhalte und auf die Leistungsbedingungen erläutert. Welche Organisationsformen betrachtet werden, lässt sich der Übersicht 3.19 entnehmen.

3.6.1 Arbeit nach dem Verrichtungsprinzip

Definition
Unter dem Verrichtungsprinzip versteht man eine klassische, auch heute noch verbreitete Form industrieller Produktionsarbeit, bei der mehrere Arbeitssysteme bzw. Betriebsmittel entsprechend der jeweiligen Verrichtung (z. B. Drehen, Fräsen, Montieren) zusammen angeordnet sind und die Arbeiten auftragsbezogen verrichtet werden.

Hierfür ein Beispiel: In einer Teilefertigung stehen fünf Bearbeitungszentren; an diesen Maschinen arbeiten 5 Zerspanungsmechaniker/innen. Diese erhalten Arbeitsaufträge in Losgrößen von 1 bis 1000 Stück. Die Arbeit nach dem Verrichtungsprinzip kann im Zeit- oder im Leistungsentgelt vergütet werden. Ein weiteres Beispiel ist in Übersicht 3.20 zu sehen. Das Beispiel ist den REFA-Lehrgangsunterlagen entnommen und wird dort als »Werkstattorganisation« im Verrichtungsprinzip bezeichnet.

Übersicht 3.19: Organisationsformen der Arbeit

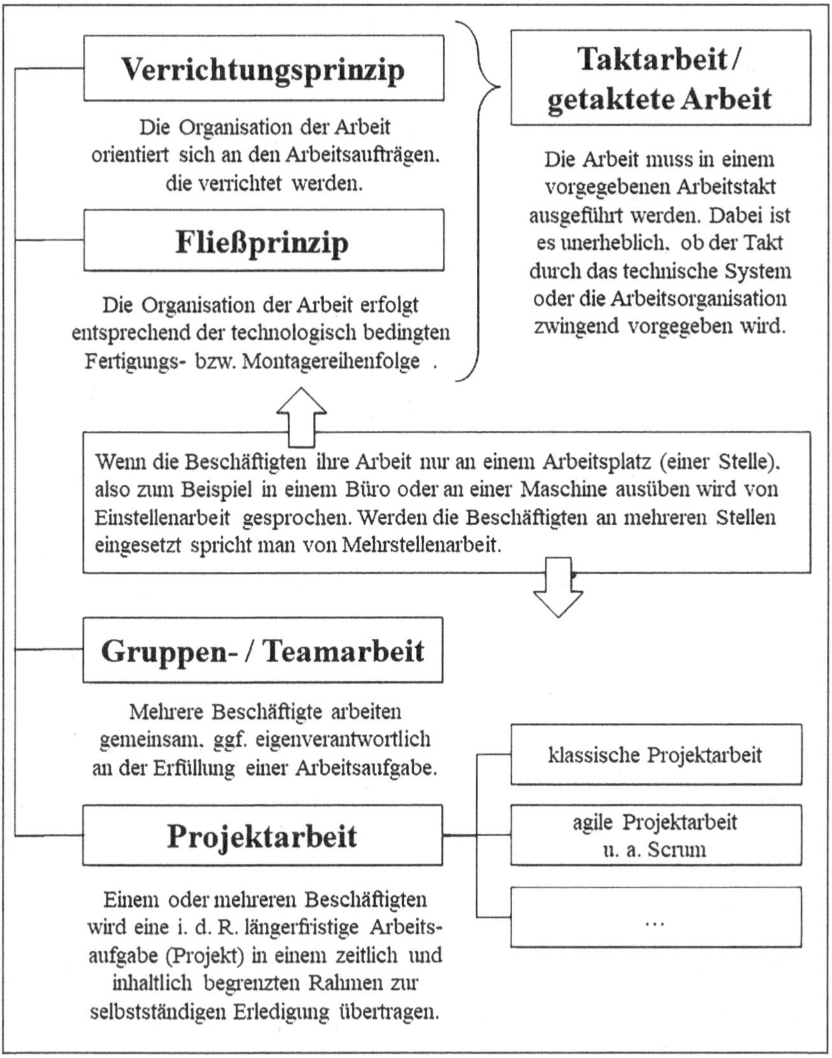

Übersicht 3.20: Beispiel für Verrichtungsprinzip

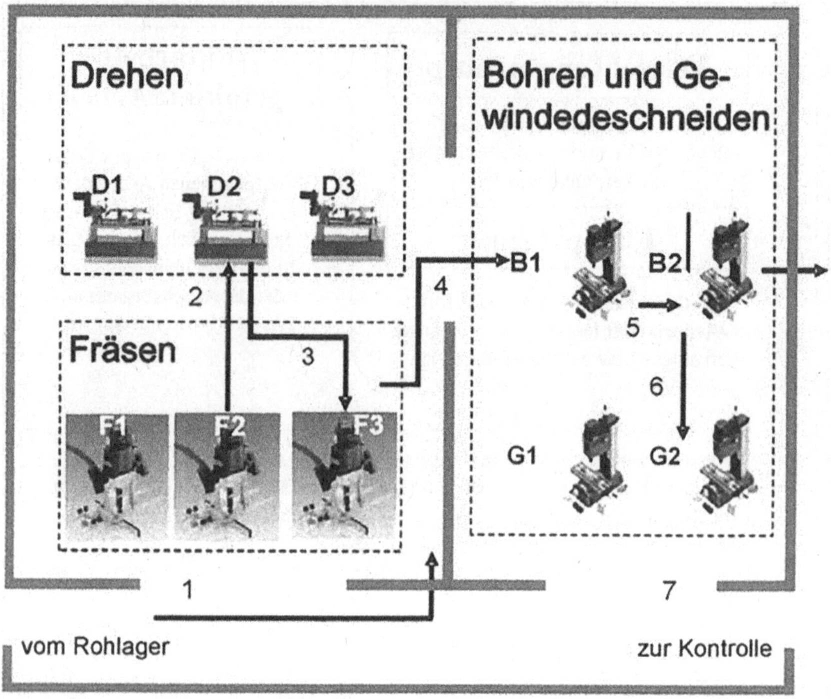

Quelle: Refa-Lehrgangsunterlagen 2015; Prozessorientierte Arbeitsorganisation; S.42

Arbeitsinhalte und Eingruppierung

Die Arbeitsinhalte bei der Arbeit nach dem Verrichtungsprinzip ergeben sich aus den Tätigkeiten, die mit der eingesetzten Technologie ausgeführt werden. So werden z. B. an Zerspanungsmechaniker die Anforderungen gestellt, dass sie alle Tätigkeiten ausführen können, die auf ihren Bearbeitungsmaschinen erledigt werden müssen. Mit der Veränderung der Technik gerade im Bereich der Teilefertigung verändern sich zwangsläufig auch die Arbeitsinhalte. Standen früher manuell bearbeitende Qualifikationen im Vordergrund, so müssen die Beschäftigten heute stärker steuernde und überwachende Funktionen wahrnehmen.

Leistungsvorgaben und Entgeltgrundsatz

Das Zeitentgelt ist nach den Tarifverträgen in der Metall- und Elektroindustrie in der Regel nur zulässig, wenn den Beschäftigten außer allgemeinen Planungsgrößen keine Bestimmungsgrößen wie z. B. Vorgabezeiten, Stückzahlen etc. vorgegeben werden. Sowohl das Akkord- als auch das Prämienentgelt bzw. der Kennzahlenvergleich sind auf »Arbeit nach dem Verrichtungsprinzip« abgestimmt. Diese Entgeltmethoden gehen davon aus, dass die erbrachte Leistung weitgehend durch muskelmäßige Arbeit des Menschen beeinflussbar ist. Im Akkordentgelt wird den Beschäftigten eine Vorgabezeit vorgegeben, die sich zusammensetzt aus der Rüstzeit für das Auf- und Abrüsten des Arbeitsplatzes und einer Zeit pro Einheit, die den notwendigen Zeitbedarf für die Bearbeitung eines Teils umfasst. Diese Zeiten müssen der tarifvertraglichen Normalleistung entsprechen und Zuschläge für die sachliche und persönliche Verteilzeit sowie die Erholungszeit beinhalten; vgl. Kapitel 6.3. Wird die Arbeit nach dem Verrichtungsprinzip im Leistungsentgelt bezahlt, so kann die Leistungsvorgabe z. B. in Form von Zeiten, Stückzahlen oder Nutzungsgraden erfolgen. Allerdings muss aufgrund des gestiegenen Automatisierungsgrades der Anteil an Prozesszeiten beachtet werden. Diese Zeitanteile sind häufig von den Beschäftigten nicht beeinflussbar. In diesem Zusammenhang haben Betriebsräte zwei entscheidende Aufgaben:

1. Die Mitbestimmung über die in Summe abgeforderte Leistung sicherzustellen; d.h. die Einführung von Zeitentgelt zu verhindern bzw. rückgängig zu machen.
2. Darauf zu achten, dass in der zu wählenden bzw. gewählten Methode des Leistungsentgeltes – z. B. über Prozesszeitenzuschläge – sichergestellt wird, dass die Leistungsverausgabung der Beschäftigten zu einem leistungsgerechten Entgelt führt.

3.6.2 Arbeit nach dem Fließprinzip

Definition
Bei Arbeit nach dem Fließprinzip handelt es sich um Arbeitsplätze, die entsprechend der technologisch bedingten Fertigungs- bzw. Montagereihenfolge direkt nacheinander angeordnet sind (vgl. Übersicht 3.21). Der Arbeitsgegenstand wird meist direkt von einem zum nächsten Arbeitsplatz transportiert. Immer häufiger ist dabei in den Betrieben die Anordnung der Arbeitsplätze in einem »U« zu beobachten (zur Anordnung der Arbeitsplätze in U-Linien vgl. Kap. 3.6.4). Bei Arbeit, die nach dem Fließprinzip gestaltet ist, kann zwischen Fließ- und Fließbandarbeit unterschieden werden.

Definition
Bei Fließbandarbeit sind die einzelnen Arbeitsplätze durch ein Fließband miteinander verbunden, auf dem die Arbeitsgegenstände quasi automatisiert von einem zum anderen Arbeitsplatz transportiert werden. Bei räumlich größeren Produkten erfolgt die Arbeit zumeist begleitend zur Fortbewegung des Bandes. Ein Beispiel hierfür sind die getakteten Montagefließbänder in der Automobilindustrie.

Definition
Bei Fließarbeit sind die Arbeitsfolgen nicht zwingend automatisiert, sehr wohl aber technologisch bzw. arbeitsorganisatorisch miteinander verbunden. In der Vergangenheit wurden die Arbeitsgegenstände zumeist von Hand weitergeschoben bzw. mit händisch bedienten Transportmitteln weiterbewegt. Mit zunehmender Digitalisierung erfolgt der Transport zum nächsten Arbeitsplatz infolge einer Anforderung des Menschen bzw. der Maschine – immer häufiger mit fahrerlosen Transportsystemen.

Übersicht 3.21: Beispiel für das Fließprinzip

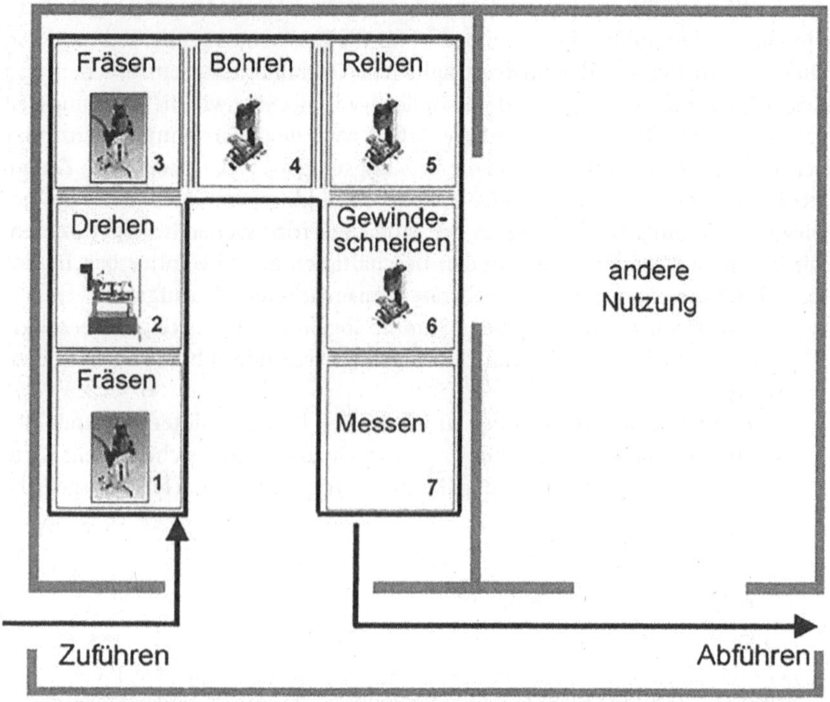

Quelle: Refa-Lehrgangsunterlagen 2015; Prozessorientierte Arbeitsorganisation; S.44

Arbeitsinhalte und Eingruppierung

Die Arbeitsinhalte bei Fließarbeit bzw. Fließbandarbeit ergeben sich aus der Abgrenzung der einzelnen Arbeitsfolgen bzw. der einzelnen Arbeitsplätze. Dabei sind die Arbeitsinhalte meistens sehr stark aufgeteilt. Man spricht in diesem Zusammenhang auch von einer tayloristischen Arbeitsteilung (vgl. Kap. 3.1). In der Folge ergeben sich geringer wertige Arbeitsinhalte, die zumeist eine geringere Eingruppierung und höhere Belastungen zur Folge haben. Auf der Grundlage gesicherter arbeitswissenschaftlicher Erkenntnisse haben die Gewerkschaften diesbezüglich immer wieder eine Anreicherung der Arbeitsinhalte auf mindestens 1,5 Minuten gefordert und teilweise auch durchsetzen können; und zwar sowohl in tarifvertraglichen als auch in betrieblichen Regelungen. Möglich wird die Anreicherung der Arbeit durch die Zusammenlegung von Arbeitsfolgen bzw. Arbeitsinhalten. Die Rotation über die zusammengelegten Arbeitsfolgen hinweg ermöglicht es allen Beschäftigten, die zuvor an den jeweiligen Einzelarbeitsplätzen beschäftigt waren, die Durchführung aller Arbeitsvorgänge zu übernehmen. Durch eine derartige Veränderung der Arbeitsorganisationen können Arbeitsinhalte angereichert und ggf. sogar höherwertig gestaltet werden. Dennoch argumentieren Arbeitgeber wider besseren Wissens, dass die im jeweiligen

Augenblick zu beobachtende Tätigkeit nicht höherwertig geworden ist und deshalb auch weiterhin in der niedrig(er)en Entgeltgruppe einzugruppieren wäre. Diese Betrachtung der Wertigkeit von Arbeit vernachlässigt, dass jeder einzelne Beschäftigte umfangreichere Qualifikationen als zuvor bereithalten muss, um flexibel in Rotation über alle Arbeitsfolgen hinweg einsetzbar zu sein. Zudem ist diese Argumentation nicht tarifvertragskonform. So heißt es beispielsweise im ERA-Tarifvertrag der nordrhein-westfälischen Metall- und Elektroindustrie:

Tarifvertrag
»(…) Grundlage der Eingruppierung des Beschäftigten ist die Einstufung der übertragenen und auszuführenden Arbeitsaufgabe. Die Arbeitsaufgabe kann eine Einzelaufgabe beinhalten oder einen Aufgabenbereich umfassen. Bei der Einstufung der Arbeitsaufgabe (…) erfolgt eine ganzheitliche Bewertung der Arbeitsaufgabe, die alle übertragenen und auszuführenden Tätigkeiten umfasst, unabhängig davon, wie oft und wie lange diese ausgeführt werden.«
(§ 3 ERA-TV der Metall- und Elektroindustrie NRW)

Entsprechend dieser Regelung müssen alle übertragenen Tätigkeiten als ganzheitliche Arbeitsaufgabe beschrieben und bewertet werden. Das sichert mindestens die bestehende Eingruppierung; ggf. kann in Summe sogar eine höhere Eingruppierung gerechtfertigt sein. Durch die Rotation über mehrere Arbeitsplätze hinweg wird zugleich die Monotonie bei der Arbeit verringert (vgl. auch Kapitel 3.4 und zur Eingruppierung Kap. 4).

Leistungsvorgaben und Entgeltgrundsatz

In den Tarifverträgen der Metallindustrie finden sich Bestimmungen über die Entlohnung bei Arbeiten, die nach dem Fließprinzip organisiert sind. Ist die Arbeit nach dem Fließprinzip organisiert, sollten die Arbeitsinhalte so aufeinander abgestimmt sein, dass der notwendige Zeitbedarf zur Erledigung der Arbeitsaufgabe an allen Arbeitsstationen etwa gleich ist (Taktabstimmung). Dieses ist jedoch niemals zu 100 % möglich. Über diese Taktabstimmung werden den Arbeitnehmern bei Fließarbeit stets Bestimmungsgrößen vorgegeben, so dass der Entgeltgrundsatz »Zeitentgelt« nicht zulässig ist. Einige Tarifverträge regeln ausdrücklich, dass Fließ- und Fließbandarbeit im Leistungsentgelt zu vergüten ist.

Tarifvertrag
*»Fließ-, Fließband- und Taktarbeit ist eine zwangsläufig gesteuerte Folge von Arbeitsgängen, die ein Werkstück durchläuft und die von einem oder mehreren Menschen ausgeführt werden müssen. Die Arbeitssysteme und Arbeitsinhalte sind räumlich und zeitlich aufeinander abgestimmt. Von der vorgeschriebenen Arbeitsmethode und von dem vorgeschriebenen Arbeitstempo kann nicht abgewichen werden. Solche Arbeitsaufgaben müssen überwiegend mit der Methode Kennzahlenvergleich vergütet werden, in denen sich das Leistungsentgelt unmittelbar aus dem Verhältnis von vorgegebenen zu eingesetzten Arbeitszeiten ergibt. * Möglich sind auch Prämien, in denen statt des Zeitbezugs andere Daten vergleichbarer Qualität zur Ermittlung des Leistungsentgelts unmittelbar herangezogen werden. Bei Fließ-, Fließband- und Taktarbeit hat im Hin-*

blick auf die arbeitswissenschaftlichen Erkenntnisse die Arbeitsgestaltung vorrangig darauf gerichtet zu sein, die Abwechslungsarmut der Beschäftigung durch Aufgabenbereicherung und Aufgabenerweiterung in ihren ungünstigen Auswirkungen auf die Beschäftigten abzumildern. Diese Verpflichtung obliegt dem Arbeitgeber in erhöhtem Maße bei einer Neuplanung der Fließ-, Fließband- und Taktarbeit sowie in allen Fällen, in denen der Arbeitsinhalt soweit abgesunken ist, dass der Zeitfaktor je Arbeitstakt nicht mehr als 1,5 Minuten beträgt. Arbeitgeber und Betriebsrat haben alle Möglichkeiten der Aufgabenerweiterung und Aufgabenbereicherung auszuschöpfen.«
(§ 2 Tarifvertrag zur Fortführung von Bestimmungen des LRTV II, Metallindustrie Nordwürttemberg-Nordbaden;
*gemeint sind sämtliche Prämiensysteme, unabhängig vom Verlauf der Prämien-Entgelt-Linie)

Tarifvertrag
»Bei Band- und Taktarbeit im Produktionsbereich ist Prämien- und Akkordentgelt zu vereinbaren. Band- oder Taktarbeit ist eine zwangsläufig gesteuerte Folge von Arbeitsgängen, die ein Arbeitsgegenstand durchläuft und die von einem oder mehreren Beschäftigten ausgeführt wird. Band- oder Taktarbeit ist unter Berücksichtigung der gesicherten arbeitswissenschaftlichen Erkenntnisse über die menschengerechte Gestaltung der Arbeit so einzurichten, dass Bewegungsarmut und Abwechslungsmangel für den Menschen durch Aufgabenbereicherung und/oder Aufgabenerweiterung weitestgehend abgemildert werden. Dabei ist anzustreben, die Taktzeit nicht unter 1,5 Minuten absinken zu lassen. Dies gilt insbesondere für Planungen neuer zwangsgesteuerter Arbeitsverfahren, Arbeitsabläufe und Arbeitsplätze.«
(§ 6 Ziff. 2, ERA-Tarifvertrag Niedersachsen)

Bei Band- und Taktarbeit sind mit dem Betriebsrat verschiedene Punkte zu vereinbaren, wie z. B. die Anzahl der Beschäftigten zur Besetzung aller Stationen des Fließbandes, einschließlich der Anzahl der Springer.

Tarifvertrag:
»Bei Band- oder Taktarbeit gem. § 6 (2) ist mit dem Betriebsrat schriftlich Folgendes zu vereinbaren:
a) *die Anzahl der zur Besetzung des Bandes benötigten Beschäftigten,*
b) *die Leistungsabstimmung je Arbeitsstation,*
c) *die Anzahl der Springer,*
d) *ist eine Sollzeitabstimmung zwischen den einzelnen Arbeitsstationen nicht möglich, so errechnet sich der Zeitfaktor der Bandbesetzung aus dem höchsten Zeitfaktor der Arbeitsstation des Bandes und der Anzahl der Stationen.«*

(§ 9 Absatz 9, ERA-Tarifvertrag Niedersachsen)

In der betrieblichen Praxis wird Fließarbeit bzw. Fließbandarbeit in der Regel im Leistungsentgelt bezahlt. Dabei wird – je nachdem, ob Vorgabezeiten unterboten oder Sollzeiten eingehalten werden – ein leistungsabhängiges Entgelt gezahlt. Hierzu muss der notwendige Zeitbedarf für jede Arbeitsfolge auf der Grundlage der tarifvertraglichen Bezugsleistung mit dem Betriebsrat ermittelt und abgestimmt werden.

Tarifvertrag
»Bezugsleistung ist die Leistung, von für die jeweils auszuführende Arbeit geeigneten, eingearbeiteten und geübten Beschäftigten bei normaler Anstrengung und menschengerechter Gestaltung von Arbeitsplatz, Arbeitsablauf und Arbeitsumgebung auf Dauer ohne Gesundheitsschädigung erreicht und erwartet werden kann.«
(ERA-TV der Metall- und Elektroindustrie im Nordverbund)

Der Betriebsrat hat den betriebsverfassungs- und tarifrechtlichen Auftrag, die Einhaltung der tariflichen Normalleistung zu überwachen bzw. den aufgrund ihrer Überschreitung (Unterschreitung der Vorgabezeit) gerechtfertigten Mehrverdienst sicherzustellen. Sowohl bei Fließband-, aber insbesondere bei Fließarbeit führt eine zu geringe Personalbemessung häufig trotzdem zu einer Leistungsverdichtung. Hier ist ebenfalls das Engagement des Betriebsrats gefordert: Um den – für die zu wenigen Beschäftigten – notwendigen Zeitbedarf bei jeder Arbeitsfolge sicherzustellen, gibt es zwei Möglichkeiten. Entweder wird die zu erreichende Sollleistung des gesamten Arbeitssystems bzw. der gesamten Anlage gesenkt oder aber die Zahl der Beschäftigten wird entsprechend nach oben angepasst. Angesichts des – durch Unternehmen vielfach künstlich kleingerechneten – Brutto- und insbesondere Netto-Personalbedarfs, dürfte es in der Praxis durchaus ratsam sein, über diesen Weg zu Vereinbarungen bezüglich der notwendigen Personalbemessung zu kommen (vgl. hierzu Kap. 5.7).
Da Fließarbeit bzw. Fließbandarbeit in der Praxis häufig einer sehr rigiden Austaktung unterliegt, ist es für die leistungspolitische Ausgestaltung dieser Organisationsform sinnvoll, in den folgenden beiden Kapiteln zu Taktarbeit und insbesondere zur getakteten Fließbandarbeit weiterzulesen.

3.6.3 Taktarbeit bzw. taktgebundene Arbeit

Insbesondere ist Taktarbeit bzw. taktgebundene Arbeit am Fließband bzw. bei Fließarbeit zu beobachten. Taktarbeit bzw. taktgebundene Arbeit gibt es jedoch auch an Einzelarbeitsplätzen bzw. wenn Arbeit nach dem Verrichtungsprinzip organisiert wird. Deswegen wird in diesem Kapitel zuerst grundsätzlich auf die Taktarbeit eingegangen, bevor in Kapitel 3.6.4 die Regelungsmöglichkeiten und -notwendigkeiten taktgebundener Arbeit bzw. Taktarbeit am Fließband bzw. in U-linienförmigen Fertigungslayouts beschrieben werden.

Definition
»Bei taktgebundener Arbeit, die auch als Taktarbeit bezeichnet werden kann, sind die Beschäftigten bei der Ausführung ihrer Tätigkeiten an eine vorgegebene Taktzeit vollständig oder in bestimmten Grenzen zeitlich gebunden. Die Taktzeit ist das Zeitintervall, nach dem sich eine Arbeitstätigkeit wiederholt.«
(Deutsche Gesetzliche Unfall-Versicherung (DGUV); Informationsblatt 11/2015 zu Fließbandarbeit)

Taktarbeit liegt also vor, wenn das Arbeitstempo entweder durch das jeweilige technische System oder die vereinbarte Arbeitsorganisation vorgegeben wird und die Beschäftigten in regelmäßigen zeitlichen Abständen tätig werden müssen. Ein Beispiel hierfür ist, das Bestücken eines CNC-Bearbeitungszentrums mit Roh- und die Entnahme von Fertigteilen. Dabei wird das Arbeitstempo des Beschäftigten durch die Geschwindigkeit bzw. den Takt der Maschine vorgegeben. Ein weiteres Beispiel ist die Montage und Sequenzierung von PKW-Achsmodulen. Dabei wird der Takt nicht durch das System erzwungen, sondern durch die Arbeitsorganisation vorgegeben. Die Achsen müssen sequenzgenau und montagebereit an das Fließband beim Automobilhersteller angeliefert werden, und zwar nicht nur zur richtigen Zeit. Die unterschiedlich vormontierten und voreingestellten Achsen müssen auch in einer vorbestimmten Reihenfolge angeliefert werden. Die Beschäftigten sind bezüglich ihrer Arbeitstätigkeit vollständig an das vorgegebene Zeitintervall gebunden.

Arbeitsinhalte und Eingruppierung
Taktarbeit bzw. taktgebundene Arbeit zeichnet sich häufig durch ein hohes Maß an Monotonie und einseitige Belastungen aus, ggf. müssen die Beschäftigten also eine Belastungszulage und Erholungszeiten erhalten. Die Arbeitsinhalte sind abhängig vom Arbeitsverfahren. Dieses Kriterium ist häufig ausschlaggebend für die Eingruppierung bei taktgebundener Arbeit.

Leistungsvorgaben und Entgeltgrundsatz
Bei Taktarbeit bzw. taktgebundener Arbeit kann sich der arbeitende Mensch dem durch das Arbeitssystem vorgegebenen Arbeitstakt nicht entziehen. Daher ist Taktarbeit bzw. taktgebundene Arbeit dem Wesen nach nur im Leistungsentgelt zu bezahlen. Wie oben dargestellt erfolgt die Vergütung der Beschäftigten im Leistungsentgelt auf der Grundlage der tariflichen Bezugsleistung; der maximale Arbeitstakt und der jeweilige Verdienstgrad sind mit dem Betriebsrat zu vereinbaren. Weil Taktarbeit bzw. taktgebundene Arbeit häufig von mehreren Beschäftigten gemeinsam ausgeführt wird, muss – ebenso wie bei der Fließ- bzw. Fließbandarbeit – zusätzlich zu den mengenmäßigen Bezugsgrößen auch die Personalbesetzung vereinbart werden.

3.6.4 Taktarbeit bzw. taktgebundene Arbeit bei Fließbandarbeit und in U-Linien

Die Organisation der Arbeit ist zunehmend geprägt vom Grundsatz der Verschwendungsvermeidung. Unter anderem soll Arbeit dazu möglichst im sogenannten »Ein-Stück-Fluss« organisiert werden (englisch: one-piece-flow). Einerseits geht es darum, Fehler besser zu erkennen und zu vermeiden; andererseits darum, unnötige Wartezeiten zu minimieren. In diesem Zusammenhang wird eine sekundengenaue Austaktung der Fließ- bzw. Fließbandarbeit angestrebt. Im Folgenden richtet sich der Blick deswegen auf Taktarbeit bzw. taktgebundene Arbeit im Rahmen von Fließ-bzw. Fließbandarbeit.
Selbst komplexe Fertigungs- und Montagevorgänge werden heute zunehmend wieder in kleinteiligste Prozessschritte zergliedert. Dabei wird auf eine Vielzahl

fortentwickelter Fertigungs- und Montageverfahren sowie arbeitsorganisatorischer Gestaltungsansätze in Anlehnung an das Toyota-Produktionssystem zurückgegriffen. Man spricht in Anlehnung an die von F. W. Taylor entwickelten Organisationsprinzipien auch von einer »Re-Taylorisierung« der Arbeit, also eine Zurück-Entwicklung hin zu bereits überwundenen Prinzipien des Taylorismus. Soll industrielle Massenfertigung möglichst verschwendungsarm, ggf. sogar als Ein-Stück-Fluss organisiert werden, müssen die einzelnen Maschinen und Anlagen außerordentlich gut zueinander ausgetaktet werden. Gleichzeitig besteht aufgrund der Absatzplanung bereits eine Anforderung, wie viele Teile pro Schicht gefertigt werden müssen, um das Volumen des jeweiligen Auftrags erfüllen zu können. Dann ergibt sich zwangsläufig ein bestimmter Arbeitstakt, der mit den technologischen Voraussetzungen (z. B. Prozesszeiten) in Einklang zu bringen ist. Das allein ist jedoch nicht ausreichend. Die entscheidende arbeitsgestalterische bzw. arbeitsorganisatorische Herausforderung besteht nun darin, die einzelnen Arbeitsvorgänge so zusammenzufassen bzw. zu trennen, dass möglichst gleichlange Taktintervalle je Arbeitsplatz entstehen; und zwar mit Bezug zur tariflichen Normalleistung. Grundvoraussetzung hierfür ist es, dass überhaupt entsprechende Soll-Zeiten für jeden einzelnen Arbeitsvorgang existieren; und diese auch mit den realen Zeitbedarfen exakt übereinstimmen; vgl. dazu Kap. 6. Wenn das der Fall ist – und nur dann – kann eine sachgerechte Austaktung erfolgen.

Das soll an einem Beispiel verdeutlich werden (vgl. Übersicht 3.22). Für ein zu fertigendes Produkt wurden alle notwendigen Arbeitsvorgänge zusammengestellt; entsprechende Datenermittlungen wurden durchgeführt bzw. liegen in Form von Planzeiten vor. Die Einzelzeiten sind auf der Basis der menschlichen Normalleistung (also inklusive der erforderlichen Verteil- und Erholungszeiten) ermittelt worden. Die Summe aller Einzelzeiten beträgt 336 hundertstel Minuten; also 3,36 Minuten oder noch anders ausgedrückt 3 Minuten und fast 22 Sekunden (in der Übersicht 3.22 dargestellt als große Säule im oberen Kasten links). Wenn alle diese Arbeitsvorgänge durch einen einzigen Beschäftigten verrichtet werden würden, könnten 125 Teile pro Schicht gefertigt werden (7 Stunden verfügbare Arbeitszeit = 420 Minuten / geteilt durch 3,36 Minuten benötigte Arbeitszeit pro Teil = 125 Teile). Wenn nun wesentlich mehr Stück gefertigt werden sollen, muss die Arbeit auf mehrere Beschäftigte verteilt und die Arbeit so auf die einzelnen Arbeitsplätze verteilt werden, dass die Beschäftigten im Fluss arbeiten können, die Arbeitstakte also möglichst gleich lang sind. Im konkreten Fall ist die Annahme getroffen, dass die dreifache Menge benötigt wird. Entsprechend erfolgt eine Aufteilung auf 3 Arbeitsplätze. Theoretisch ergibt sich dabei eine Taktzeit von 1,12 Minuten (3,36 Minuten geteilt durch 3 Arbeitsplätze). Weil aber die Summe der einzelnen Arbeitsvorgänge – sowohl aus technologischen als auch aus arbeitsorganisatorischen Gründen – selten völlig gleichmäßig auf alle Arbeitsplätze aufgeteilt werden kann, ergibt sich die erforderliche Taktzeit in der Praxis erst nachdem die Arbeit auf die einzelnen Arbeitsplätze verteilt worden ist. Im Beispiel werden dazu die 10 Arbeitsvorgänge nach und nach aufgeteilt (oberer Teil der Übersicht). Damit eine gleichmäßigere Aufteilung erreicht werden kann, wird der letzte Arbeitsvorgang (36 hundertstel Minuten) zerlegt.

Übersicht 3.22: Auffüllen der Takte mit verschiedenen Arbeitsinhalten (Zeitangaben in hundertstel Minuten)

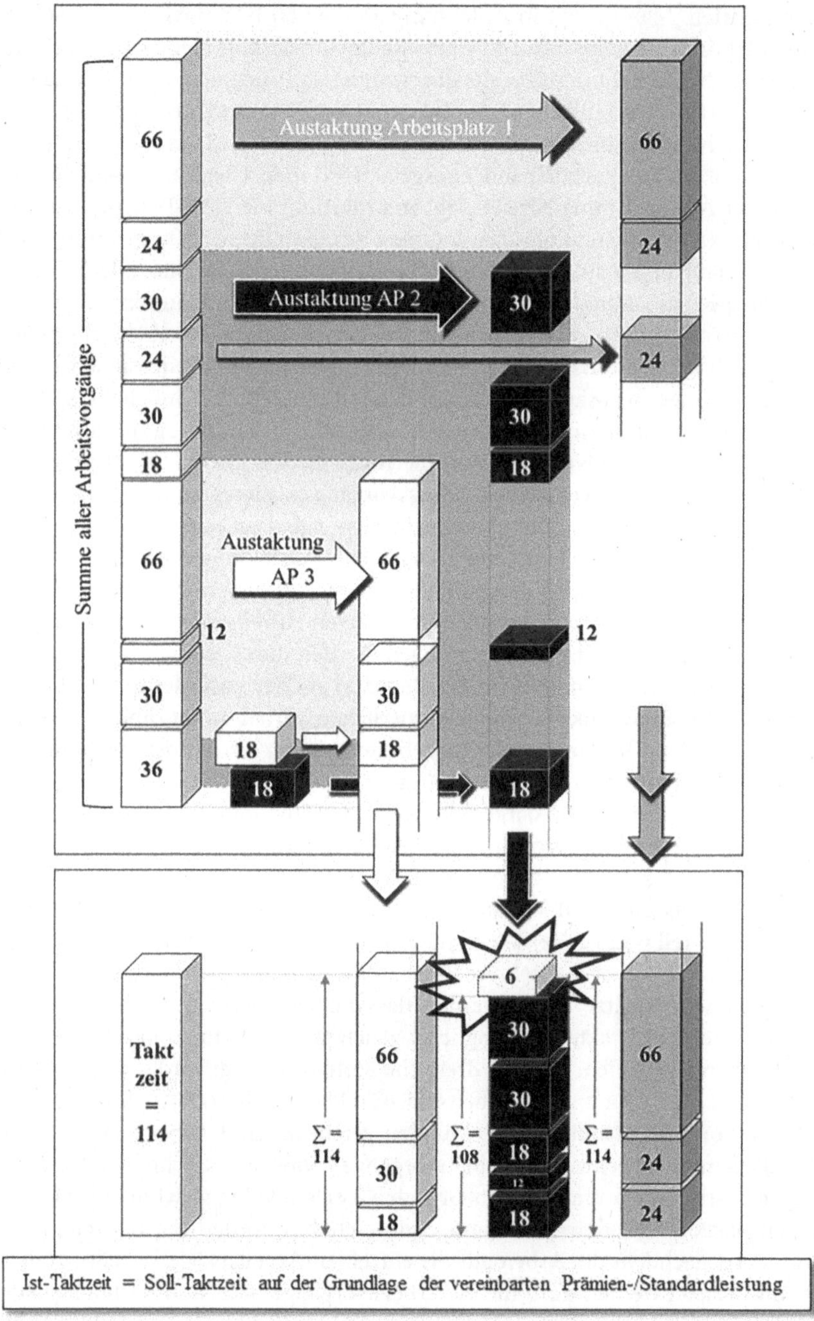

Weil sich dieser Arbeitsschritt – angenommen aus technologischen Gründen – nicht willkürlich, sondern nur in zwei gleich lange Teilarbeitsvorgänge zerlegen lässt, entstehen zwei einzelne Arbeitsvorgänge mit jeweils 18 hundertstel Minuten. Diese werden anschließend auf die Arbeitsplätze 2 und 3 aufgeteilt. Weil an den Arbeitsplätzen 1 und 3 die Summe der verteilten Arbeitsvorgänge 114 hundertstel Minuten beträgt, ergibt sich eine tatsächliche Taktzeit von 114 statt von 112 hundertstel Minuten. Die an Arbeitsplatz 2 verbleibende Differenz von 6 hundertstel Minuten (114 hundertstel Minuten minus 108 hundertstel Minuten als Summe der auf den Arbeitsplatz 2 verteilten Arbeitsvorgänge) muss dem Beschäftigten als **Taktausgleich** gewährt werden.
Im konkreten Beispiel ergibt sich eine Ausbringungsmenge von 368 Stück pro Schicht (verfügbare Arbeitszeit von 420 Minuten geteilt durch die Taktzeit von 1,14 Minuten). Sollte diese Stückzahl nicht ausreichen, könnte die Stückzahlvorgabe im Rahmen einer Leistungsentgeltvereinbarung angehoben werden. Voraussetzung ist, dass das dadurch vorgegebene Arbeitstempo allen Beschäftigten physisch und psychisch zumutbar sowie technologisch und arbeitsorganisatorisch realisierbar ist. Das muss kollektiv erfolgen, um weiterhin die gleichmäßige Austaktung der Arbeitsinhalte zueinander zu gewähren. Parallel muss eine entsprechende Vergütung sichergestellt werden. Wenn die geforderte Stückzahl beispielsweise 460 Stück beträgt, entspräche das einer Leistung von 125 % (368 geteilt durch 460 Stück) in Bezug zur menschlichen Normalleistung. Die Machbarkeit vorausgesetzt, muss die Vergütung der Beschäftigten also 125 % betragen (zum Standardentgelt vgl. Kap. 5.5.4).
Wenn auch diese Stückzahl nicht ausreichen sollte oder eine erhöhte Leistungsabforderung den Menschen nicht zumutbar oder technisch nicht realisierbar ist, muss die Arbeit auf noch mehr Beschäftigte aufgeteilt und die einzelnen Arbeitsvorgänge erneut zueinander ausgetaktet werden. Dazu wird die tägliche Arbeitszeit erneut durch die Anzahl der zu fertigenden Produkte geteilt und es ergibt sich die Länge der Taktzeit. Anschließend werden die einzelnen Arbeitsvorgänge – entsprechend ihrer jeweiligen Sollzeit – wieder so auf die einzelnen Arbeitsplätze verteilt, dass die Taktzeit nicht überschritten wird. Angenommen im konkreten Beispiel sollen 420 Produkte gefertigt werden. Dann muss die Arbeitszeit (420 Minuten) geteilt werden durch die Anzahl der zu fertigenden Produkte (420 Stück). Das ergibt eine Taktzeit von 1 Minute.
Mit der Verbreitung Ganzheitlicher Produktionssystemen sind die Prozess- und Wartezeiten verstärkt ins Blickfeld der betrieblichen Rationalisierung geraten. Unter anderem in Verbindung mit der Anordnung der Maschinen und Anlagen in sogenannten U-Linien ist es i. d. R. möglich (1) die Wartezeiten zu reduzieren ggf. sogar weitgehend zu eliminieren und (2) die zergliederten Prozessschritte zwischen den einzelnen Arbeitsplätzen so neu aufzuteilen, dass eine gleichmäßige Austaktung der einzelnen Arbeitsfolgen entsteht. (vgl. Übersicht 3.23).

Übersicht 3.23: Optimierende Austaktung, z. B. in der Automobilindustrie

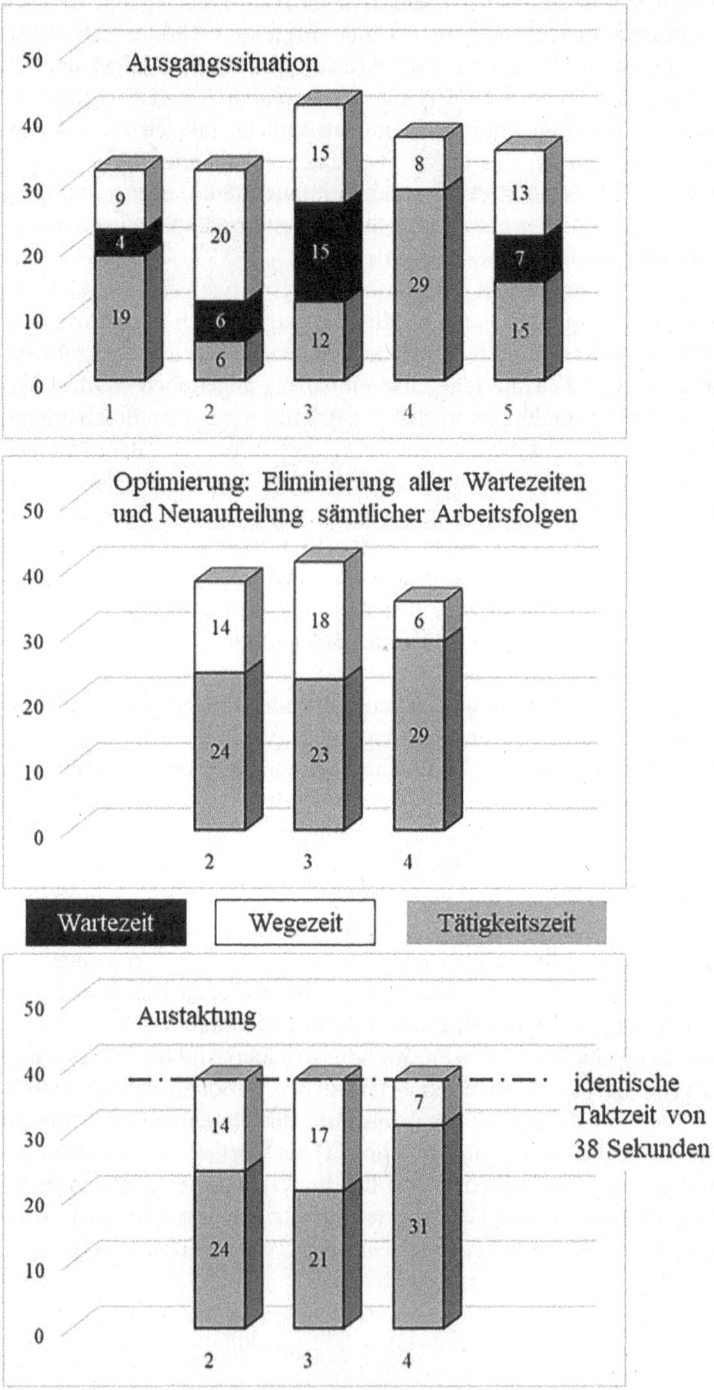

Gelingt eine vollständige Austaktung nicht, so ist (wie oben beschrieben) ein entsprechender Taktausgleich zu gewähren. Wenn jedoch eine vollständige Austaktung der Arbeitsfolgen zueinander realisiert wird, entfallen zugleich auch etwaige Mikropausen. Sollen derart gestaltete taktgebundene Tätigkeiten langfristig ohne gesundheitliche Beeinträchtigung durchgeführt werden – so wie es die tarifliche Bezugsleistung verlangt – ist nicht nur eine betriebliche Regelung des Verhältnisses von Entgelt und Leistung nötig, sondern zugleich eine optimale Arbeitsplatzgestaltung und ausreichende Erholungszeiten dringend erforderlich. Im konkreten Fall sollten die Beschäftigten über alle drei Arbeitsfolgen hinweg rotieren um – entsprechend der arbeitswissenschaftlichen Erkenntnisse und vorhandenen tariflichen Regelungen zufolge – den geforderten Mindestarbeitsinhalt von 1,5 Minuten nicht dauerhaft zu unterschreiten. Aber auch wenn die Optimierung und vollständige Angleichung der Taktzeiten der einzelnen Arbeitsfolgen nicht möglich ist, ist der Betriebsrat gefordert. Eine faire Regelung bezüglich der unterschiedlichen Austaktung ist erforderlich. Um nun die einzelnen Arbeitsstationen eines Fließbandes gleichmäßig auszulasten, werden die Arbeitsinhalte möglichst so auf die einzelnen Arbeitsplätze verteilt, dass der Zeitbedarf an allen Arbeitsplätzen annähernd gleich ist. Um die Leistungsvorgabe festzulegen, ist es notwendig, die Arbeitsstationen mit der längsten Soll-Zeit zu ermitteln. Dies ist die sogenannte Engpass-Station. Die Soll-Taktzeit für alle anderen Arbeitsstationen ergibt sich dann aus der Soll-Zeit im Engpass bzw. aus der Stückzahlplanung (siehe oben), geteilt durch den Bandwirkungsfaktor. Der Bandwirkungsfaktor ist ein Korrekturfaktor, mit dem die Zeit berücksichtigt wird, die benötigt wird, um den Arbeitsgegenstand von der einen zur nächsten Arbeitsstation zu transportieren. Um einen angemessenen Verdienst zu erreichen, muss der Betriebsrat mit dem Arbeitgeber eine zumutbare Leistungsabforderung für die Arbeitnehmer vereinbaren. Die Ist-Taktzeit errechnet sich dann aus der Soll-Taktzeit geteilt durch die mit dem Betriebsrat vereinbarte Mehrleistung (Auslastungsgrad). Alle Beschäftigten sollten dann allerdings ein konstantes Leistungsentgelt / Standardentgelt entsprechend der vereinbarten Mehrleistung erhalten.

Ein betriebliches Problem, das alle drei geschilderten Beispiele gleichermaßen betreffen kann, ist die Tatsache, dass über ein Fließband häufig unterschiedliche Produkte montiert werden. Da zwei unterschiedliche Produkte aber nie den gleichen Zeitbedarf an allen Arbeitsplätzen erfordern, ist es notwendig, dieses bei der Taktabstimmung der Fließbandarbeit zu berücksichtigen. In japanischen Produktionskonzepten wird diese Notwendigkeit »Heijunka« genannt. Gemeint ist damit die zielgerichtete, erforderliche Produktionsglättung, um die gewünschte Synchronität innerhalb der Wertschöpfungskette sicherzustellen. Eine Möglichkeit ist, bei einem Fließband die Produkte mit unterschiedlichen Abständen auf das Fließband aufzusetzen, sodass an den einzelnen Arbeitsstationen für das Produkt, das einen höheren Zeitbedarf erfordert, durch den größeren Abstand zu dem nachfolgenden Teil auch eine größere Zeit für die Erfüllung der Arbeitsaufgabe zur Verfügung steht. Eine andere Möglichkeit besteht darin, einzelne Produkte so in die Fließarbeit einzusteuern, dass stets auf ein Teil mit einem höheren Zeitbedarf ein anderes Teil mit einem niedrigeren Zeitbedarf folgt, sodass ein Ausgleich an den einzelnen Arbeitsstationen möglich ist. Das setzt intelligente Anstellungskonzepte voraus, ist inzwischen aber – zumindest in der Automobilindustrie, aber auch darüber hinaus – bereits gängige Praxis. In jedem Fall muss dafür gesorgt werden, dass die mit dem Betriebsrat vereinbarte Mehrleistung nicht überschritten wird.

Ein anderes Problem ist die Tatsache, dass in vielen Betrieben – so z. b. bei den Automobilzulieferern – im Rahmen der Fließbandarbeit unterschiedliche Stückzahlen pro Schicht abgefordert werden. Die Stückzahlflexibilität des klassischen Fließbandes ist jedoch begrenzt. Der Fließbandfertigung liegt letztlich eine definierte Anzahl von Arbeitsfolgen bzw. Arbeitsplätzen zugrunde. Nur wenn diese besetzt sind, wird – in Abhängigkeit von der vorgegebenen Bandgeschwindigkeit – über das gesamte Fließband hinweg in einem Takt gearbeitet. Aufgrund der meist technisch bedingten Verkettung der einzelnen Prozessschritte führen Störungen an einzelnen Arbeitsfolgen ebenso wie nicht besetzte Arbeitsplätze zum vorübergehenden Stillstand der gesamten Anlage und damit zu ungeplanten Stückzahlverlusten. Bezüglich etwaiger Volumenschwankungen stellt die – für den Fertigungsfluss erforderliche – Besetzung einer definierten Anzahl von Arbeitsplätzen selbst bei einem reibungslosen Ablauf eine kaum zu überwindende Hürde dar. Eine höhere Stückzahl ist nur durch eine höhere Bandgeschwindigkeit zu erzielen. In der Folge müssten alle Beschäftigten ihre Leistungsverausgabung steigern. Wenn aber eine weitere Steigerung der eigenen Leistung – z. B. aufgrund eines ohnehin hohen Austaktungs- und Auslastungsgrades – nicht möglich und / oder tarifvertraglich nicht zulässig ist, stößt die Fließbandfertigung hinsichtlich einer geforderten Stückzahlflexibilität an unüberwindbare Grenzen; Zusatzschichten sind erforderlich.

Hier bieten U-linienförmige Fertigungslayouts erhebliche Vorteile, weil der Takt durch den Einsatz von zusätzlichem Personal reduziert und dadurch die Ausbringungsmenge gesteigert werden kann. Letztlich ist dies das eigentliche Ziel einer konsequenten Anordnung der Maschinen und Anlagen im U und deren Austaktung: Für den Fall einer geringen Auslastung soll ein Beschäftigter, für den Fall einer gestiegenen Auslastung sollen mehrere Beschäftigte die notwendige Arbeit verrichten. Eine geforderte Stückzahlflexibilität wird hier also durch den Einsatz weiterer Beschäftigten erreicht. Dies unterscheidet U-linienförmige Fertigung grundsätzlich von Fließbandfertigung, bei der die schwankende Stückzahlmenge meist durch eine unterschiedliche Bandgeschwindigkeit realisiert wird. Den Grundgedanken U-linienförmiger Fertigungslayouts haben die Universität Aachen (RWTH) und das Fraunhofer-Institut wie folgt zusammengefasst: In der Regel ist es wirtschaftlich günstiger, nicht die Anlagen, sondern vor allem »*die Beschäftigten auszulasten. Dies wird im Rahmen von Mehrmaschinenbedienung, insbesondere durch die Entkopplung von Mensch und Maschine ermöglicht.*« Hierzu ein Beispiel, das auch in der Übersicht 3.24 skizziert ist: Wird in einem derartigen U ein einzelner Beschäftigter eingesetzt, so entspricht die Taktzeit der Summe der Einzelzeiten aller absolvierten Prozessschritte. Soll nun die Ausbringung erhöht, also der Takt verkürzt werden, werden ein Beschäftigter oder mehrere Beschäftigte zusätzlich eingesetzt. Die dadurch ermöglichte Verringerung der Taktzeit führt dazu, dass in der gleichen Zeit mehr Teile gefertigt werden können, ohne dass die Beschäftigten dafür ihr eigenes Arbeitstempo erhöhen müssen. Allerdings stehen sich in der Praxis zwei verschiedenartige Umsetzungsvarianten gegenüber.

Übersicht 3.24: U-Linien mit unterschiedlicher Auslastung (Variante 1)

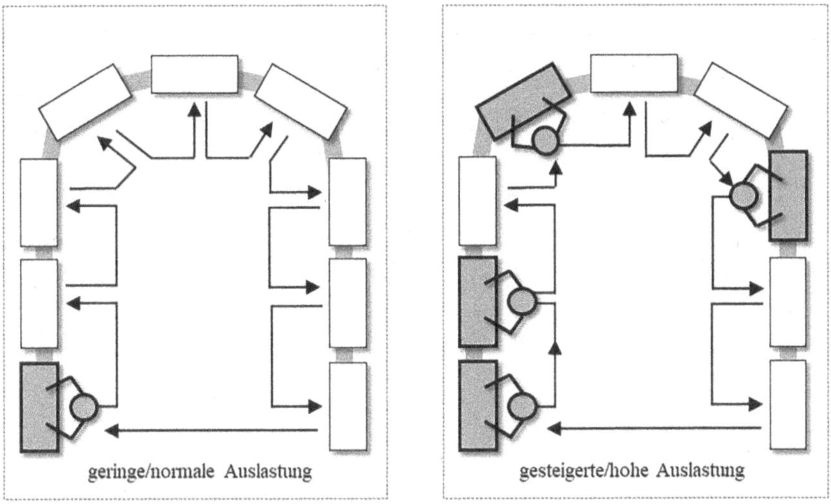

In der ersten Variante durchlaufen die Beschäftigten das komplette Arbeitssystem nacheinander (Übersicht 3.24). Die Gefahr für die Beschäftigten: Aufgrund eines unterschiedlichen Arbeitstempos laufen die Beschäftigten aufeinander auf. Unabhängig von der geregelten Entgelt-Leistungsrelation nehmen Stress und psychische Belastung der Beschäftigten zu, weil sie von den jeweils anderen Beschäftigten bei der Ausführung der Arbeit beeinträchtigt, möglicherweise sogar gehetzt werden. Selbst rein betriebswirtschaftlich betrachtet, dürfte ein solches Vorgehen kontraproduktiv sein, weil sich die negativen Auswirkungen auf die psychische und physische Gesundheit sowie die Motivation der Beschäftigten in einer sinkenden Leistungsfähigkeit Aller im Arbeitssystem widerspiegeln dürfte. Anders hingegen die zweite Variante (vgl. Übersicht 3.25). Hier durchlaufen nicht alle Beschäftigten gleichzeitig nacheinander das gesamte Arbeitssystems, sondern jeweils nur einzelne Teilbereiche. Das Auflaufen aufeinander unterbleibt zwangsläufig. Allerdings werden die oben beschriebenen negativen Auswirkungen auf Gesundheit, Motivation und betriebswirtschaftliche Ergebnisse ebenso beobachtbar sein wie in Variante 1, wenn die jeweiligen Arbeitsbereiche zueinander nur unzureichend ausgetaktet sind.

Übersicht 3.25: U-Linien mit unterschiedlicher Auslastung (Variante 2)

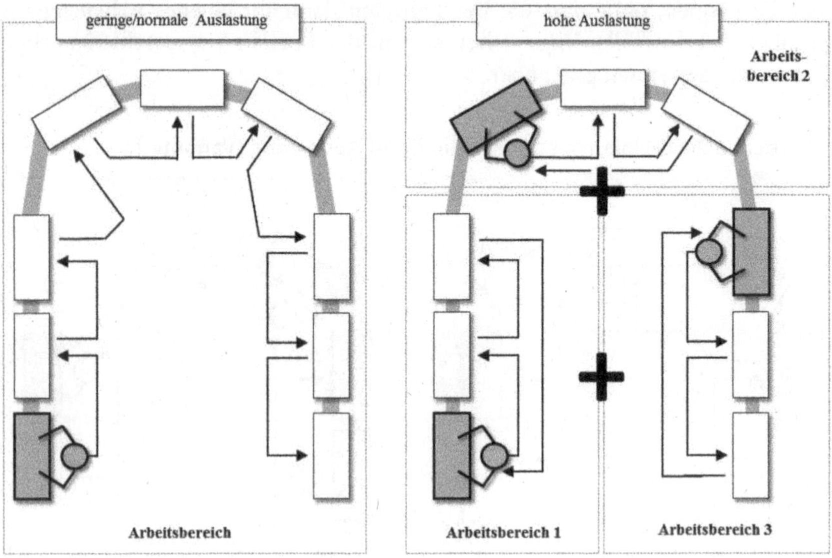

Eine Besonderheit der U-linienförmigen Fertigungslayouts stellen die sogenannten Chaku-Chaku-Linien dar. Aus dem Japanischen wortwörtlich übersetzt, bedeutet Chaku Chaku »laden, laden«. Damit wird zweierlei deutlich:

- Die einzelnen Arbeitsfolgen arbeiten weitgehend autonom und müssen nur noch bestückt werden.
- Das laufwegoptimierte U im Rahmen der Mehrmaschinenbedienung verweist auf die weitgehende Entkopplung der Leistung von Mensch und Maschine.

Zwar betonen die Befürworter solcher Fertigungssysteme die Chancen von Job-Enlargement und Job-Enrichment sowie Job-Rotation aufgrund der Tatsache, dass auch hier im Zweifel jeder Beschäftigte das gesamte Arbeitssystem durchlaufen muss. Allerdings führt das »Nacheinander-Ausführen« ein und derselben Anforderung (»laden, laden«) weder zu einer abwechslungsreichen Tätigkeit noch zu einer höheren Eingruppierung.

Arbeitsinhalte und Eingruppierung

Abgesehen vom Sonderfall der Chaku-Chaku-Linien beinhalten U-linienförmige Fertigungslayouts eine Chance sowohl für die (Anreicherung der) Arbeitsinhalte als auch für die Eingruppierung: Jeder Beschäftigte muss die Qualifikation vorhalten, um bei geringer Auslastung das gesamte Arbeitssystem vollständig autonom durchlaufen zu können. Daraus können eher gleichartige als auch unterschiedlichste Anforderungen resultieren. Diese gilt es in all ihrer Vielfalt sichtbar zu machen und als ganzheitliche Arbeitsaufgaben- bzw. Tätigkeitsbeschreibung darzulegen und einzugruppieren. Insbesondere aufgrund des Ziels eines möglichst flexiblen Einsatzes und Umrüstens der Produktionstech-

nik liegen in derartig gestalteten Arbeitssystemen möglicherweise noch weitere Arbeitsinhalte versteckt.
Bezüglich der Neu- und Umgestaltung von U-Linien verweist die Deutsche Gesetzliche Unfallversicherung (DGUV) unter anderem darauf, dass die dort Beschäftigten in diesen Prozess einbezogen werden sollten. Dabei sollten Tätigkeitsinhalte innerhalb der U-Linie mit wechselnden Belastungen geplant sowie eine Rotation mit Tätigkeiten außerhalb der U-Linie vorgesehen werden, um Monotonie und Bewegungsarmut zu verhindern. Auch hier liegen Chancen für die betriebliche Interessenvertretung, durch arbeitserweiternde (Job-Enlargement) bzw. arbeitsbereichernde (Job-Enrichment) Vorschläge bzw. Maßnahmen die bisherige Eingruppierung abzusichern.

Leistungsvorgaben und Entgeltgrundsatz
Zwar zeichnen sich insbesondere die Chaku-Chaku-Linien häufig gerade nicht durch eine technologisch bedingte Taktbindung aus, wohl aber durch die arbeitsorganisatorischen Rahmenbedingungen. Insbesondere wenn mehrere Beschäftigte die Arbeit in einem U-linienförmig angeordneten Arbeitssystem gemeinsam erledigen sollen, liegt eine Taktbindung entsprechend der eingangs vorgenommenen Definition vor. Denn die Tätigkeiten müssen in einem abgestimmten Tempo erfolgen, ansonsten gibt es Probleme mit dem »Hinter- bzw. Vordermann«. Daraus ergibt sich eine »interne Taktbindung«. Wie bereits dargestellt ist Taktarbeit bzw. taktgebundene Arbeit dem Wesen nach nur im Leistungsentgelt zu bezahlen und die von den Beschäftigten zu erbringende Leistung ist in Bezug zur tariflichen Normalleistung zu vereinbaren. Zusätzlich sind insbesondere bezüglich der zweiten Umsetzungsvariante (vgl. Übersicht 3.25) der Personaleinsatz sowie die Rotationsdetails zwischen Unternehmen und Betriebsrat zu vereinbaren.

3.6.5 Mehrstellenarbeit

Definition
Mehrstellenarbeit liegt vor, wenn ein Beschäftigter bzw. eine Beschäftigte an mehreren Stellen abwechselnd tätig ist.

Beispiel: Einem Beschäftigten, der an einer Maschine mit einer langen Prozesszeit arbeitet, werden andere Tätigkeiten übertragen, die er während der Prozesszeit ausführt, z. B. das Entgraten von Teilen. Mehrstellenarbeit liegt auch bei »Chaku-Chaku«-Plätzen mit einer sehr kurzen Zeitvorgabe vor. Ebenso wird von Mehrstellenarbeit gesprochen, wenn der Beschäftigte an mehreren Maschinen tätig wird, z. B. während der Prozesszeit der einen Maschine eine andere Maschine bedient. Hierbei handelt es sich um den speziellen Fall der Mehrmaschinenarbeit. Es kann auch sein, dass eine Gruppe von Beschäftigten an mehreren Arbeitsplätzen tätig wird (mehrstellige Gruppenarbeit).

Arbeitsinhalte und Eingruppierung

Die Arbeitsinhalte bei der Mehrstellenarbeit richten sich nach der Arbeitsaufgabe, die an den jeweiligen Arbeitsstellen zu erfüllen ist. Bei der Bewertung der Arbeitsaufgaben kann es sein, dass die Arbeitsanforderungen der Nebentätigkeiten, die während der Prozesszeit ausgeführt werden, höherwertig sind als die Bedienungstätigkeiten einer Maschine. Für die Eingruppierung sind die Arbeitsinhalte an allen Stellen zu bewerten. Zu welcher Eingruppierung dies führt, ist nach den Entgelt-Rahmentarifverträgen davon abhängig, welche Anforderungen die Arbeit prägen. Die Unternehmen versuchen häufig, mit detaillierten Zeitdarstellungen nachzuweisen, dass die Tätigkeit des Arbeitnehmers niedrig zu bewerten ist. Gemäß den ERA-Tarifverträgen muss Mehrstellenarbeit aber als ein Arbeitsbereich aufgefasst werden, sodass alle Arbeiten in ihrer Gesamtheit zu bewerten sind. Hieraus ergibt sich eine Eingruppierung, die den Arbeitsanforderungen in ihrer Gesamtheit entspricht. In den Entgelt-Rahmentarifverträgen für die Metall- und Elektroindustrie ist ausdrücklich geregelt, dass von einer ganzheitlichen Betrachtung bei der Eingruppierung auszugehen ist.

Leistungsvorgabe und Entgeltgrundsatz

Die Einführung von Mehrstellenarbeit ist nur möglich, wenn an den Maschinen, die in Mehrstellenarbeit bedient werden sollen, Zeitanteile anfallen, in denen die Maschinen selbständig und ohne Tätigkeiten des Menschen arbeiten können. Dies bedeutet, dass auch keine Überwachungstätigkeiten anfallen dürfen. Ist ein Beschäftigter an einer Maschine tätig, so kann er nicht gleichzeitig darüber wachen, dass an einer anderen Maschine der Arbeitsprozess ordnungsgemäß abläuft. Für Schäden, die während dieser Zeit an der Maschine oder am Werkstück auftreten, können die Beschäftigten daher auch nicht haftbar gemacht werden. In der betrieblichen Praxis wird Mehrstellenarbeit häufig an Aggregaten mit einem hohen Anteil von Prozesszeiten eingeführt. Die Dauer der Prozesszeiten bestimmt, an welcher Maschine der Beschäftigte zu welchem Zeitpunkt tätig werden muss. So werden mit dieser Form der Arbeitsorganisation den Beschäftigten Bestimmungsgrößen vorgegeben, die einer Zeitvorgabe entsprechen. Daher ist auch bei Mehrstellenarbeit eine Bezahlung im Zeitentgelt nicht zu akzeptieren. Auch Mehrstellenarbeit ist im Leistungsentgelt zu vergüten. Bei der Einführung von Mehrstellenarbeit stellt sich das Problem, wie viele Maschinen ein Arbeitnehmer bedienen muss. In der Praxis behilft man sich häufig mit pauschalierten Zeitzuschlägen. Im Leistungsentgelt ist die Anzahl der zu bedienenden Maschinen mit dem Betriebsrat zu vereinbaren. Ändert sich die Zusammensetzung der Arbeitsaufträge auf unterschiedlichen Maschinen, so muss eine neue Vorgabezeit erstellt werden. Der Arbeitnehmer hat das Recht, jederzeit die Vorgabezeit und damit die Anzahl der Maschinen, die er bedienen muss, zu reklamieren.

3.6.6 Gruppenarbeit bzw. Teamarbeit

Definition
Der Begriff Gruppenarbeit bzw. Teamarbeit umfasst unterschiedliche Formen der Arbeitsstrukturierung. Allgemein wird unter Gruppenarbeit das Zusammenwirken mehrerer Beschäftigter im Rahmen einer gemeinsamen Arbeitsaufgabe verstanden.

In der Diskussion über geeignete Arbeitsstrukturen hat die Gruppenarbeit in den 1990er Jahren eine wachsende Bedeutung erfahren und sich anschließend, wenn auch mit geringer Geschwindigkeit, weiterverbreitet. Gruppenarbeit bzw. Teamarbeit ist mittlerweile in vielen Unternehmen etablierter Standard der Arbeitsorganisation. Gruppenarbeit ist jedoch nur der Oberbegriff für recht unterschiedliche Gestaltungskonzepte. Hatte bis etwa 2005 die »teilautonome Gruppenarbeit« die Funktion eines Leitbildes, existieren heute überwiegend Konzepte mit einer stärkeren Betonung von Arbeitsteilung und Hierarchie. Einher gegangen mit dieser inhaltlichen Veränderung ist ein Wechsel der Begrifflichkeit. Statt Gruppenarbeit wird inzwischen sehr viel häufiger der Begriff »Teamarbeit« benutzt. Während Teamarbeit im engeren Sinne arbeitsteilig organisiert ist, sind Arbeitsplatzwechsel und Übertragung indirekter Arbeitsfunktionen Bestandteile von Konzepten der teilautonomen Gruppenarbeit. Im Folgenden wird aber zunächst auf die Gruppenarbeit bzw. Teamarbeit eingegangen.

Arbeitsinhalte und Eingruppierung
Die Arbeitsinhalte hängen von der Arbeitsaufgabe ab, die der Arbeitsgruppe bzw. dem Team übertragen wird. Für den einzelnen Beschäftigten sind sie davon abhängig, ob es eine interne Arbeitsteilung in der Arbeitsgruppe bzw. dem Team gibt und wie diese strukturiert ist oder ob alle Beschäftigten in der Arbeitsgruppe bzw. im Team die gleichen Tätigkeiten ausführen. Die Arbeitsorganisation innerhalb der Arbeitsgruppe bzw. des Teams kann genauso arbeitsteilig vollzogen werden wie außerhalb einer Arbeitsgruppe bzw. eines Teams. Sie kann aber auch so gestaltet werden, dass alle Beschäftigten im Arbeitswechsel gleiche Tätigkeiten ausüben. Das Konzept der teilautonomen Gruppenarbeit sieht vor, dass alle Beschäftigten möglichst gleiche Tätigkeiten ausüben und sich ihre Arbeit selbst untereinander aufteilen. Welches dieser Prinzipien bei der Gruppenarbeit angewendet wird, ist wichtig für die Eingruppierung nach den Tarifverträgen. Wird innerhalb einer Arbeitsgruppe bzw. eines Teams eine starre Arbeitsteilung betrieben, so können nach den Tarifverträgen die Beschäftigten entsprechend den Anforderungen, die an sie gestellt werden, unterschiedlich eingruppiert werden. Üben dagegen alle Beschäftigten die gleichen Arbeiten aus, so müssen die Anforderungen der gesamten Arbeitsgruppe bzw. des Teams als ein Arbeitsbereich ganzheitlich bewertet werden. In der betrieblichen Praxis ergeben sich häufig Mischformen zwischen arbeitsteiliger und teilautonomer Gruppenarbeit. In diesen Fällen muss genau geprüft werden, welche Arbeiten die einzelnen Beschäftigten übernehmen. Gerade bei Gruppenarbeit übernehmen häufig Be-

schäftigte Tätigkeiten, für die sie eigentlich nicht ausgebildet sind, für die sie sich aber durch die Zusammenarbeit mit anderen Kollegen qualifiziert haben. Wenn Beschäftigte solche höherwertigen Arbeiten übernehmen, sind sie auch entsprechend einzugruppieren.

Leistungsvorgaben und Entgeltgrundsatz

Gruppen- bzw. Teamarbeit kann wie jede Arbeit nach dem Verrichtungsprinzip im Zeitentgelt erbracht werden, soweit keine Bestimmungsgrößen vorgegeben werden. Anderenfalls wird auch die Gruppen- bzw. Teamarbeit im Leistungsentgelt bezahlt. In den Tarifverträgen der Metallindustrie finden sich ausführliche Bestimmungen zur Frage der Gruppenarbeit im Leistungsentgelt:

> **Tarifvertrag**
> *»In der zwischen Arbeitgeber und Betriebsrat abzuschießenden Betriebsvereinbarung über das Leistungsentgelt auf der Basis von Kennzahlen ist, soweit zutreffend, Folgendes festzulegen: [...] d) Die Festlegung, ob einzeln oder in Gruppen gearbeitet wird und ggf. Korrekturfaktoren für die Änderung des Arbeitsumfangs bzw. des Kreises der Beteiligten oder der unterschiedlichen Besetzung der Gruppen in verschiedenen Schichten.«*
> (§ 8 Ziff. 4 ERA-Tarifvertrag Hessen)

> **Tarifvertrag**
> *»Treten in einem Arbeitssystem, bei dem das Leistungsergebnis mehrerer Beschäftigter gemeinsam abgerechnet wird, prozessbedingte und ablaufbedingte Wartezeiten auf, so bezieht sich die Vorgabezeitermittlung entweder auf den längsten Zeitaufwand der gesamten Arbeitsvorgänge eines Beschäftigten (engster Querschnitt) oder auf die Summe aller Arbeitsteilvorgänge, die im Rahmen der gesamten Arbeitsaufgabe von allen Beschäftigten im Arbeitssystem verrichtet werden.«*
> (Anhang 2 Ziff. 7 ERA-Tarifvertrag Hessen)

Bei der Betrachtung des engsten Querschnitts wird wie folgt vorgegangen: Wenn zwei Beschäftigte gemeinsam eine Maschine montieren, der eine auf der linken, der andere auf der rechten Seite, kann es sein, dass die notwendige Zeit für die Montage der Maschine bei dem einen Arbeitnehmer größer ist als bei dem anderen, da auf der einen Seite mehr Arbeitsvorgänge anfallen als auf der anderen. In diesem Fall muss die längere Zeit als Vorgabezeit verwendet werden. Die Zeitdifferenz zwischen der Arbeit mit den größeren und der Arbeit mit den geringeren Arbeitsinhalten ist eine ablaufbedingte Wartezeit für den Arbeitnehmer, an dessen Arbeitsplatz weniger Arbeitsinhalte anfallen. Diese Zeit darf aus der Vorgabezeit nicht herausgerechnet werden, da der Beschäftigte ja während dieser ablaufbedingten Wartezeit keine anderen Arbeiten verrichten kann.
Bei der Berechnung der Vorgabezeit auf der Grundlage der Summe der Einzelzeiten geht man davon aus, dass sich die Vorgabezeit aus den Einzelzeiten für die Tätigkeiten in der Arbeitsgruppe plus den ablaufbedingten Wartezeiten zusammensetzt. Die beiden Methoden unterscheiden sich also weder von der Leistung noch vom Entgelt. Es handelt sich lediglich um unterschiedliche Berechnungsarten. In manchen Fällen wird jedoch von Unternehmen versucht,

die ablaufbedingten Wartezeiten bei der zweiten Berechnungsmethode nicht zu berücksichtigen und so stärkeren Leistungsdruck auf die Gruppe auszuüben. Welche der beiden Berechnungsmethoden anzuwenden ist, unterliegt der Mitbestimmung des Betriebsrats.

Erweiterte Formen der Gruppenarbeit
Neben dem hier beschriebenen Prinzip der klassischen Gruppenarbeit sind im Rahmen der Arbeitsorganisation und Arbeitsgestaltung auch erweiterte Konzepte der Gruppenarbeit denkbar und gestaltbar.

Definition
Unter erweiterten Konzepten der Gruppenarbeit wird das Zusammenarbeiten mehrerer Beschäftigter, die sich ihre Arbeit selbst untereinander aufteilen, verstanden. Dabei übernimmt die Arbeitsgruppe gegebenenfalls gleichzeitig Arbeiten aus vor- und nachgelagerten Bereichen, so z. B. planende und dispositive Tätigkeiten.

Eine erweiterte Gruppenarbeit hatte auch der Gesetzgeber im Sinn, als er in das Betriebsverfassungsgesetz ein Mitbestimmungsrecht des Betriebsrats über Grundsätze der Durchführung von Gruppenarbeit einführte.

Rechtsvorschrift
»Der Betriebsrat hat, soweit eine gesetzliche oder tarifliche Regelung nicht besteht, in folgenden Angelegenheiten mitzubestimmen: … (13) Grundsätze über die Durchführung von Gruppenarbeit; Gruppenarbeit im Sinne dieser Vorschrift liegt vor, wenn im Rahmen des betrieblichen Arbeitsablaufs eine Gruppe von Arbeitnehmern eine ihr übertragene Gesamtaufgabe im Wesentlichen eigenverantwortlich erledigt.«
(§ 87 Abs. 1 Nr. 13 BetrVG)

Eine solche Form der Arbeitsorganisation ist z. B. die Fertigungsinsel. Bei dieser Organisationsform werden mehrere unterschiedliche Maschinen zu einer sogenannten Insel zusammengestellt. Die Fertigungsinsel erhält die Vorgabe, bestimmte Teile mithilfe unterschiedlicher Maschinen komplett zu bearbeiten und diese bis zu einem bestimmten Termin fertigzustellen. Die Koordination der eigenen Arbeit und die Maschinenbelegung übernehmen die Beschäftigten der Fertigungsinsel selbst.

Arbeitsinhalte und Eingruppierung
Für den Unternehmer hat dieses Konzept den Vorteil, dass er sich nicht um den Bereich der Feinsteuerung der Fertigung kümmern muss, sondern dieses der Arbeitsgruppe übertragen kann und trotzdem eine genaue Terminplanung erreicht. Für die betroffenen Beschäftigten hat dieses Konzept den Vorteil, dass sie disponierende und planende Tätigkeiten mit übernehmen und so erweiterte Arbeitsinhalte haben. Ob diese erweiterten Arbeitsinhalte auch zu einer höheren Eingruppierung führen, hängt davon ab, in welchem Umfang diese Arbeitsinhalte die Arbeit prägen. Spielen solche erweiterten Arbeitsinhalte nur eine nebensächliche und untergeordnete Rolle, so kann es sein, dass trotz der erweiterten

Arbeitsinhalte nach den Entgelt-Rahmentarifverträgen der metallverarbeitenden Industrie keine höhere Eingruppierung zu rechtfertigen ist. Andererseits kann es auch sein, dass durch die Organisationsform der Gruppenarbeit die Arbeitsanforderungen erheblich steigen und eine höhere Eingruppierung aller Arbeitnehmer die Folge ist. Vor Einführung der Gruppenarbeit sollte sich deshalb der Betriebsrat über Arbeitsinhalte, deren zeitlichen Umfang und die Arbeitsorganisation innerhalb der Gruppe informieren. Die Entgelt-Rahmentarifverträge gehen von einer ganzheitlichen Betrachtung aus.

Leistungsvorgaben und Entgeltgrundsatz

Die beschriebene Form der Fertigungsinsel beinhaltet die Gefahr, dass sich die dort Beschäftigten durch zu enge Termine selbst antreiben. Hier ist es notwendig, im Rahmen eines leistungsbezogenen Entgeltgrundsatzes Leistungsobergrenzen zu vereinbaren. Nach den geltenden Tarifverträgen ist dies nur im Leistungsentgelt möglich. Eine solche Leistungsobergrenze kann z. B. dadurch vereinbart werden, dass man für die Fertigungsinsel eine bestimmte Kapazität in Minuten im Rahmen des Leistungsentgelts vereinbart. Der Arbeitgeber hat dann das Recht, diese Fertigungsinsel mit dem vereinbarten Volumen pro Schicht auszulasten. Ein Prämienentgelt in dieser Fertigungsinsel muss einerseits den Beschäftigten ein angemessenes Einkommen sichern, andererseits durch die Definition der Leistungsbedingungen Freiräume für den Einzelnen schaffen. Dieses ist möglich durch die Einführung einer Gruppenvergütung in Form des Standardentgelts (vgl. Kap. 5.5.4., insbesondere das Beispiel im Kap. 5.5.7). In der Vereinbarung wird geregelt, dass das Standardentgelt für eine Standardleistung gezahlt wird, die der Kapazität des Arbeitssystems entspricht.

Komplexe technische Systeme erfordern häufig nicht mehr unmittelbare Tätigkeiten bei der Erstellung des Produktes selbst, sondern überwachende Tätigkeiten sowie das Eingreifen bei Störungen. Ein Beispiel solcher Arbeitssysteme sind Transferstraßen in der Teilefertigung, wie sie beispielsweise in der Automobilindustrie zum Einsatz kommen. Bei diesen Arbeitssystemen bietet sich die Organisationsform der Gruppenarbeit geradezu an. Nur wenn sich die Beschäftigten bei der Erfüllung ihrer Arbeitsaufgabe gegenseitig helfen und unterstützen, ist für das Unternehmen eine hohe Nutzung des Betriebsmittels durch Minimierung von Stör- und Ausfallzeiten möglich. Kennzeichnend für derartige Systeme ist, dass an die Beschäftigten im Falle einer Störung höhere Leistungsanforderungen gestellt werden als im Fall des Normalbetriebs der Anlage. Dies weicht von den bisherigen Betrachtungen im Leistungsentgelt ab und geht davon aus, dass während Stör- und Ausfallzeiten keine Leistung erbracht wird und die Beschäftigten entsprechend ihrem individuellen Durchschnitt bezahlt werden. Um die Leistungsbedingungen bei derartigen neuen technischen Systemen für die Beschäftigten vertretbar zu regeln, ist es für die Interessenvertretung notwendig, auf die Personalbemessung Einfluss zu nehmen. Eine Möglichkeit dazu ist die Vereinbarung der Personalbemessung im Rahmen des Leistungsentgelts. Da das Arbeitsergebnis sowohl davon abhängt, welche Leistung die Arbeitnehmer bei der Überwachung der Anlage zur Verhinderung von Störungen erbringen, als auch davon, in welchem technischen Zustand die Anlage selbst ist, lässt sich eine Trennung nach Störungsursachen kaum vollziehen. Daher kommt für eine angemessene leistungsbezogene Entlohnung die Form des Standardentgelts in Frage (vgl. Kap. 5.5.4). Bei dieser Form wird das Standardentgelt dafür vereinbart, dass eine bestimmte Anzahl von Arbeitnehmern für einen möglichst störungsfreien Betrieb der Anlage sorgt. Als Standardleistung wird dabei eine bestimmte Soll-Nutzung der Anlage festgeschrieben. Kann diese Soll-Nutzung nicht erreicht werden, muss die Personalbemessung entsprechend angepasst werden, da durch den höheren Anteil an Störzeiten mehr Beschäftigte für den Betrieb der Anlage erforderlich sind.

3.6.7 Arbeit in den administrativen Bereichen – wie am digitalen Fließband?

Die vorstehenden Kapitel widmeten sich vor allem der Arbeit bzw. der Arbeitsgestaltung in den Fertigungs- bzw. fertigungsnahen Bereichen. Aber wie sieht eigentlich die Arbeit in den administrativen Bereichen aus bzw. wie hat sie sich in den letzten Jahren verändert? Der in Kapitel 3.2 beschriebene Transformationsprozess zur Industrie 4.0 geht selbstverständlich auch an den administrativen Bereichen nicht spurlos vorbei. Eine Vielzahl von Studien geht sogar davon aus, dass die Auswirkungen der Digitalisierung auf diese Bereiche weit größer sein werden als auf die klassischen Fertigungsbereiche bzw. dass sich die Organisation der Arbeit in diesen Bereichen durch die vorangeschrittene Digitalisierung schon jetzt stärker verändert haben dürfte, als dies in den Fertigungsbereichen der Fall ist. Dafür sind mehrere Umstände ausschlaggebend.

Einerseits ist die Digitalisierung am einzelnen Arbeitsplatz zu nennen. In den allermeisten Fällen hat zwar »der Papierkram« in den letzten Jahren abgenommen, zugleich berichten viele Beschäftigte, dass der digitale Arbeitsaufwand enorm zugenommen hat. Hier sind insbesondere die sogenannten »Employee Self Services« zu nennen, also die Anwendungen, mit denen die Beschäftigten eigene, personalbezogene Daten (z. B. die Erfassung der eigenen Arbeitszeit oder Reisekostenabrechnungen) selbst anlegen oder ändern bzw. mit denen sie Genehmigungsprozesse (z. B. Urlaubsanträge) starten können. Durch den Zugriff der Beschäftigten auf eigene Daten und Prozesse der Personalwirtschaft über das Intranet des eigenen Unternehmens werden Abläufe der Personalverwaltung vereinfacht, beschleunigt und vereinheitlicht. Aber auch der heute übliche digitale Informations- bzw. Austauschraum (über E-Mail, firmeninterne Kommunikationsnetzwerke, Telefonkonferenzen, Videokonferenzen, usw.) ist seit Beginn der 2000er Jahre sehr viel größer geworden. Dabei hat sich nicht nur das Informationsnetzwerk selbst vergrößert, sondern auch die Informationsmenge hat sich vervielfacht, weil es – anders als in der analogen Welt – digital sehr viel einfacher ist, etwaige Informationen unendlich oft zu verteilen. Dieser Umstand ist zugleich dafür verantwortlich, dass die Beschäftigten tagtäglich die Informationsflut (u. a. durch zahlreiche E-Mails) danach sortieren müssen, welche Information ein kurzfristiges Eingreifen bzw. nur das Liefern einer Information bzw. einer Bestätigung erfordert, oder ob umfangreichere eigene Tätigkeiten erforderlich sind. Im Extremfall ist eine Information nur zur eigenen Kenntnis oder ggf. zur Weiterleitung an Dritte gedacht. Die eigentliche Arbeit beginnt also erst nach der Sichtung, Priorisierung und Auswahl der E-Mail; also nach der erforderlichen Organisation der eigenen Arbeit bzw. der Arbeit weiterer beteiligter Beschäftigter. Nick Kratzer vom Institut für sozialwissenschaftliche Forschung (ISF) in München formulierte die vielfältige Übernahme umfangreicher organisatorischer Nebentätigkeiten im Rahmen einer Konferenz der IG Metall bereits 2009 wie folgt: *»Beschäftigte übernehmen neben ihrer Kernarbeit zunehmend auch die Organisationsarbeit. Die effiziente Koordination von Kern- und Organisationsarbeit und die Abstimmung von Anforderungen und Ressourcen erfordert eine weithin unsichtbare Leistung der Selbststeuerung. Die Leistung der Selbststeuerung tritt als zusätzliche Leistung neben die eigentliche Leistung.«* Statt geringer zu werden, hat die Arbeitsbelastung durch die zunehmende Digitalisierung vielfach in erheblichen Maße zugenommen. Und zwar verursacht sowohl durch die eigentliche als auch durch die Organisationsarbeit. Verschiedenste Studien zur Arbeitsbelastung belegen das alarmierende Ausmaß dieser Entwicklung ebenso wie Datenerhebungen unter den Beschäftigten z. B. der DGB-Index »Gute Arbeit« oder auch die 2017 erneut durchgeführte Beschäftigtenbefragung der IG Metall.

Zunehmende Vernetzung von Arbeitsplätzen

Andererseits ist heute die Vernetzung des eigenen digitalen Arbeitsplatzes mit vielen weiteren Arbeitsplätzen in der zumeist synchronen Wertschöpfungskette zum üblichen Standard geworden. Die zunehmende Vernetzung ermöglicht zwar häufig die fast vollständige digitale Abbildung der Wirklichkeit in Echtzeit; sie zwingt zugleich aber auch permanent zur Reaktion und zwar direkt und ebenfalls in Echtzeit. Das stellt das bisherige Nebeneinander von analoger und digitaler Informationsverarbeitung und -weitergabe zunehmend in Frage. Eine überwiegende Anzahl ehemals analoger Prozesse (z. B. Ersatzteilbeschaffung,) ist heutzutage nicht nur digital, sondern auch in entsprechenden IT-Systemen miteinander verknüpft. Analoge Abarbeitungsroutinen wurden und werden zunehmend durch sogenannte »digitale Workflows« ersetzt: Komplexe Prozesse werden in einzelne Arbeitsvorgänge zerlegt, deren Abarbeitung und Verantwortung – im Rahmen einer digitalen Abarbeitungsroutine – jeweils anderen Beschäftigten zugewiesen wird. Letztlich führt das dazu, dass zwar die Arbeit aufgeteilt wird, die Arbeit des einzelnen Beschäftigten jedoch immer eintöniger wird, weil er ggf. die immergleichen Arbeitsschritte zugewiesen bekommt. Digitale Standardisierung und eine konsequente Prozessorientierung machen schon länger nicht mehr halt vor den Bürotüren.

In einer Studie der Hans-Böckler-Stiftung mit dem Titel »Lean und Agil im Büro« kommen die Autoren zu folgendem Schluss: *»(...) Digitale Workflows und Prozesse bestimmen den Arbeitsablauf, geben die einzelnen Arbeitsschritte oftmals minutiös vor und strukturieren die Arbeitsteilung und die Zusammenarbeit mit Kollegen entlang der Wertschöpfungskette. Der digitalisierte Arbeitsgegenstand*

»fließt« so von Arbeitsschritt zu Arbeitsschritt wie an einem »digitalen Fließband« bis zum Kunden. Der Takt wird von modernen »Ticket-Systemen« vorgegeben, die den einzelnen Beschäftigten kontinuierlich mit Aufträgen versorgen. Die individuellen Handlungsspielräume werden dabei immer kleiner – die einzelnen Prozessschritte sind in die IT-Systeme regelrecht eingeschrieben und lassen ein Arbeiten am Prozess vorbei kaum noch zu.« Wenn Büroarbeit so gestaltet wird, fallen die Schlussfolgerungen ähnlich zu denen in der Fertigung aus: Auch in den indirekten Bereichen ist eine arbeits- und leistungspolitische Regulierung dringend geboten. Das Problem hierbei ist jedoch, dass solche Veränderungen in den administrativen Bereichen nicht wie bei einer klassischen Betriebsänderung über einen definierten Zeitraum laufen. Da es in vielen Fällen kein bestimmtes Ende gibt, kann der Betriebsrat mögliche Konsequenzen nicht abschließend regeln. Deshalb kommt es darauf an, Rahmenbedingungen zu setzen, damit in der konkreten Auseinandersetzung die Beschäftigten in ihren Möglichkeiten für die Gestaltung guter Arbeit gestärkt werden. Der Betriebsrat kann dafür sorgen, dass er bei den Aktivitäten rechtzeitig informiert wird und er seine Mitbestimmungsrechte in den Prozess einbringt. Hier empfiehlt sich eine Prozess-Beteiligung des Betriebsrates zu Vereinbarungen, die schriftliche fixiert werden sollte.

Digitales Fließband versus Wohlfühloase!?

Die beschriebenen Entwicklungen sind allerdings nur ein Teil der Wahrheit. Sie sind vor allem bei sachbearbeitenden Tätigkeiten bis hinein ins mittlere Qualifikationsniveau zu beobachten. Gleichzeitig kann man scheinbar als auch tatsächlich gegenläufige Entwicklungen beobachten. Immer häufiger sind z. B. bei hochqualifizierteren Engineering- und IT-Tätigkeiten großzügigere Bürolandschaften anzutreffen, die den jeweiligen aktuellen Anforderungen an die Arbeit und den Bedürfnissen der Beschäftigten gerecht werden sollen. Einerseits werden in diesem Kontext Arbeitsplätze so gestaltet, dass sie den kreativen Arbeitsphasen durch eine kommunikationsförderliche Architektur und Einrichtung (Sitzgruppen, Kaffeeautomaten etc.) gerecht werden. Andererseits werden sogenannte »Silent Rooms« für die Arbeitssituationen geschaffen, in denen es erforderlich ist, hochkonzentriert und störungsfrei zu arbeiten. Auch die Möglichkeit der mobilen Arbeit von unterwegs bzw. zuhause mit Laptops, Tablets und Smartphones findet immer mehr Verbreitung. In Verbindung mit weitreichenden individuellen Handlungsspielräumen und Entscheidungsrechten fühlt sich eine derart gestaltete Arbeit bzw. Arbeitsumgebung sicher angenehmer an als eine isolierte Tätigkeit am »ticket-basierten digitalen Fließband«, so wie oben beschrieben. Gleichwohl sollte dies nicht darüber hinwegtäuschen, dass es sich bei den ermöglichten Freiräumen nicht um einen einseitigen Verzicht auf das unternehmerische Direktionsrecht, sondern vielmehr um die gezielte Steigerung der Effektivität der jeweiligen Beschäftigten handelt. Die zugestandene Selbstorganisation, das Ermöglichen dynamischer Arbeitsweisen und die Verbesserung von kollektiven Lern- und Innovationsprozessen wirken sich motivationsfördernd auf die Beschäftigten aus. Die resultierende Bereitschaft der Beschäftigten im »Flow-Zustand« (auf Deutsch: Schaffens- bzw. Tätigkeitsrausch) die Leistungsbereitschaft bzw. das Leistungsergebnis zu steigern, ist ein wesentliches Motiv der Unternehmen, Arbeit und Arbeitsbedingungen so zu organisieren. Und auch wenn Arbeit auf diese Weise individuell angenehmer empfunden werden kann, ist auf die Dauer die Zunahme insbesondere des kollektiven Leistungsdrucks zu beobachten, weil einzelne Beschäftigte über ihre langfristigen Leistungsgrenzen »scheinbar freiwillig« hinausgehen. Dabei denken die Beschäftigten selten darüber nach, ob sie ein derartiges Arbeitspensum bis zum Erreichen des Rentenalters von 67 Jahren durchhalten können.

Zunehmender Standortwettbewerb im administrativen Bereich
Der Leistungsdruck in den administrativen Bereichen wird zusätzlich durch einen Standortwettbewerb verstärkt. Die zunehmende Digitalisierung einer Vielzahl von Prozessen bis hin zum verstärkten Einsatz künstlicher Intelligenz hat deren Durchführung ortsunabhängiger gemacht. Für die Unternehmen ist es dadurch sehr viel leichter geworden, selbst komplexe Aufgaben hochqualifizierter Fachkräfte bzw. zum Teil sogar ganze Abteilungen extern auszulagern, z. B. zu einem Dienstleister, intern an einen anderen Standort oder sogar ins Ausland. Immer häufiger geraten hierbei Länder in Osteuropa, aber auch China oder Indien in das Blickfeld der Unternehmen. Unter der Begrifflichkeit »Offshoring« – was ins Deutsche übersetzt so viel wie »Auslandsverlagerung« bedeutet – findet eine Verlagerung von Unternehmensprozessen an externe Standorte bzw. ins Ausland statt. Drei große Entwicklungen sind derzeit zu beobachten (vgl. Übersicht 3.26):

- die Verlagerung von IT-Dienstleistungen bzw. Software-Entwicklungen ins Ausland und Schließung bisheriger Standorte
- die weltweite Realisierung von Verwaltungstätigkeiten (z. B. Buchhaltung, Reisekosten) durch einen Standort im Rahmen von sogenannten »Shared-services-Strategien«.
- die digital-vernetzte internationale Zusammenarbeit dezentralisierter Forschungs- und Entwicklungsstandorte.

Unter diesen Entwicklungen verändern sich die Arbeitsbedingungen, aber auch die Anforderungen an die Arbeit der betroffenen Beschäftigten zum Teil erheblich. So wird z. B. bezüglich der Übergabe bzw. der Kommunikation von Zwischenergebnissen an andere Standorte die Besetzung der jeweiligen Abteilung in bisherigen Randarbeitszeiten immer wichtiger. In den Konstruktionsabteilungen größerer Firmen beispielsweise wird inzwischen Schichtarbeit geleistet, da die Zeitverschiebung zu Standorten in den USA oder China überbrückt werden muss. Kommunikation und Abstimmungsprozesse erfolgen zunehmend in einer Fremdsprache. Im Zusammenhang mit »Shared-Services«, wenn also gleichartige Prozesse unterschiedlicher Standorte desselben Unternehmens zusammengefasst und von einer zentralen Stelle erbracht werden, sind Kenntnisse über unterschiedliche Rahmenbedingungen, gesetzliche Vorschriften etc. in den jeweiligen Staaten erforderlich. Werden Arbeitsplätze im Zusammenhang mit »Shared-Services« nach Osteuropa, China oder Indien verlagert sind diese zudem dauerhaft für die Beschäftigungsbilanz an den deutschen Standorten verloren, denn eine Rückverlagerung ist bislang in keinem einzigen Fall zu beobachten gewesen. Aber auch unabhängig von den drei beschriebenen Offshoring-Trends unterliegen die Anforderungen an die Qualifikation und Arbeit der Beschäftigten einer permanenten Veränderung bzw. Erweiterung. Ursachen sind u. a.

- die steigende Anzahl von unternehmensinternen und externen Schnittstellen
- die vollständige Digitalisierung vormals analoger Vorgänge sowie
- der verstärkte Umfang von IT-Anwendungen und der in immer kürzeren Abständen erfolgende Wechsel der eingeführten Hard- und Software-Anwendungen.

Zudem erfordert die zunehmende Selbstorganisation – neben der fachlichen und methodischen Kompetenz – eine gesteigerte soziale Kompetenz der Beschäftigten.

Übersicht 3.26: Trends bei Offshoring-Maßnahmen im administrativen Bereich

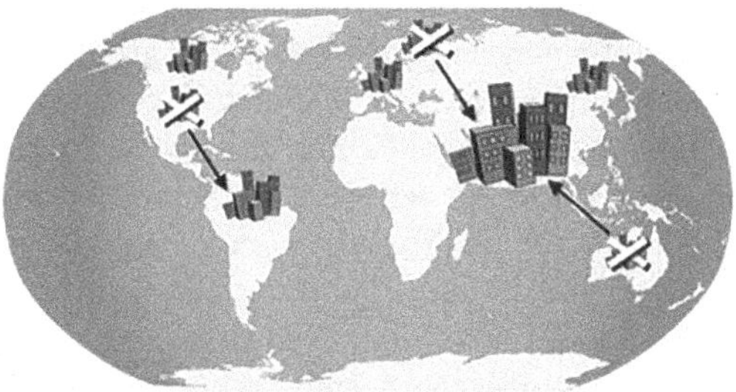

Verlagerung von IT-Dienstleistungen bzw. Software-Entwicklungen ins Ausland und Schließung bisheriger Standorte

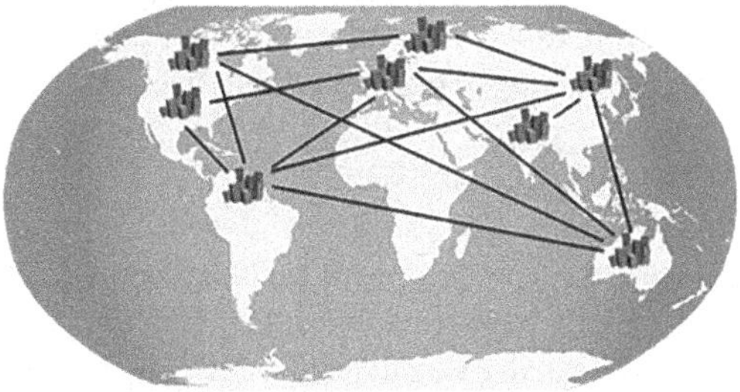

digital-vernetzte internationale Zusammenarbeit von Forschung und Entwicklung

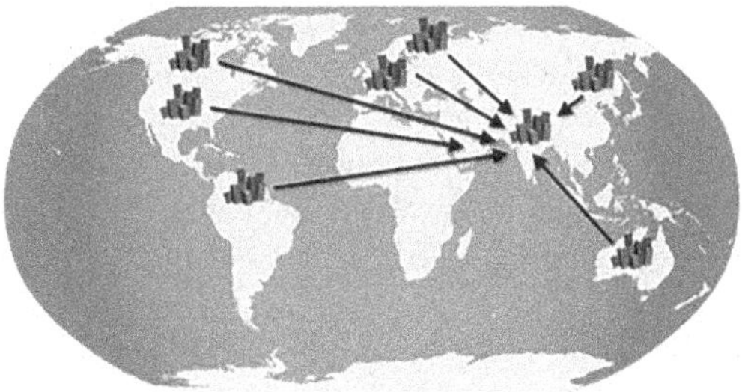

weltweite Realisierung von Verwaltungstätigkeiten im Rahmen von shared-services-Strategien

Arbeitsinhalte und Eingruppierung
Die Digitalisierung hat die Anforderungen an die Arbeit und die Qualifikation der Beschäftigten z. T. erheblich verändert, zumeist gesteigert. Auf dem aktuellen Weg zum »Büro 4.0« werden diese Anforderungen weiter steigen und sich weiter ausdifferenzieren. Vor dem Hintergrund der (scheinbar) widersprüchlichen Ergebnisse ist schon heute erkennbar: Alle Beschäftigten sind von der zunehmenden Digitalisierung betroffen, allerdings gibt es – abhängig vom jeweiligen Arbeitsbereich innerhalb der Administration – deutliche Unterschiede, wie sich diese Entwicklung auf ihre Arbeitsbedingungen, die Organisation ihrer Arbeit und die resultierenden Anforderungen auswirken wird. Entsprechend dieser Anforderungen sind die Beschäftigten einzugruppieren.
Bezüglich einer fairen Eingruppierung wird es deshalb künftig noch wichtiger werden dieser Unterschiedlichkeit Rechnung zu tragen. Zugleich muss sichergestellt werden, dass übereinstimmende Anforderungen auch an unterschiedlichen Arbeitsplätzen gleichwertig eingruppiert werden. Die große Herausforderung wird es bleiben, diese Anforderungen an die Beschäftigten ganzheitlich zu erkennen und so zu beschreiben, dass sie für eine tarifkonforme Eingruppierung herangezogen werden können. Dabei gilt den meist nur schwer beschreibbaren, implizit abgeforderten methodischen und sozialen Kompetenzen ein besonderes Augenmerk. Vor dem Hintergrund der vorausgesetzten Problemlösekompetenz der Beschäftigten scheint es in den administrativen Bereichen erfolgsversprechend zu sein, die eingruppierungsrelevante Frage »*Was tust Du?*« zu erweitern. Vielmehr sollte die Frage lauten: »*Was tust Du in einer schwierigen Situation?*« Dazu muss die betriebliche Interessenvertretung in den direkten Dialog mit den Beschäftigten eintreten, um mit ihnen die Anforderungen besser beschreiben und damit eine sachgerechte Eingruppierung besser durchsetzen zu können.

Leistungsvorgaben und Entgeltgrundsatz
Fast ausnahmslos werden administrative Tätigkeiten derzeit im Zeitentgelt vergütet. Das bedeutet, dass das individuelle Entgelt nicht in Bezug gebracht wird zum abgeforderten Arbeitspensum bzw. zur erbrachten Leistung. Genaugenommen wird der individuelle Verdienst der Beschäftigten einseitig durch den Unternehmer festgelegt – meistens in Form einer Beurteilung des Leistungsverhaltens und nicht der Leistung. Da weder Soll-Zeiten, Soll-Mengen oder Kennzahlen direkt vorgegeben werden, auf die sich die einzelnen Beschäftigten oder der Betriebsrat berufen könnten, führt die konsequente Orientierung auf die vollständige Zufriedenheit der Kunden zu einer »Entgrenzung der Leistung« bzw. einen gewachsenen Leistungsdruck. Dem könnte entgegengewirkt werden, wenn die formal oder informell vorgegebenen Kennzahlen nicht zur Leistungssteigerung, sondern zur Begrenzung der Leistung, also zur Regulierung von Leistung und Entgelt genutzt würden.

Alle sagten: Das geht nicht! Dann kam eine, die wusste das nicht und hat's einfach gemacht.

Gerade weil es in den administrativen Bereichen zumeist keine oder nur sehr wenige Erfahrungen mit einer wirksamen Regulierung der abgeforderten Leistung gibt, wirken etwaige Lösungen zumeist realitätsfremd. Anders als häufig argumentiert wird, liegt das aber nicht daran, dass Leistung im administrativen Bereich nicht messbar wäre. Vielmehr haben insbesondere die Beschäftigten gut begründete Vorbehalte gegen ein Leistungsentgelt. Diese gilt es ernst zu nehmen. Da ist einerseits die Befürchtung, dass ein Leistungsentgelt zwar vielleicht eine höhere Vergütung, mit Sicherheit aber eine höhere Leistungsanforderung zur Folge hätte. Anderseits besteht die Sorge, dass zwar die eigentliche Arbeit, nicht jedoch der Anteil der Selbstorganisationsarbeit reguliert wird. Insbesondere dieser Anteil an der Arbeit ist für einen erheblichen Anteil des Leistungsdrucks verantwortlich. Aber auch die schlichte Nichtvorstellbarkeit, die eigene Leistung messen zu können, spielt eine Rolle. Und nicht zuletzt empfinden zahlreiche Beschäftigte in den administrativen Bereichen aufgrund ihres Habitus einen Unwillen, sich einer kollektiven Regulierung der individuellen Entgelt-Leistungsrelation zu unterziehen. Gleichzeitig erscheint aber eine Regulierung der Leistungsabforderung erforderlich, um den immer weiter steigenden Leistungsdruck zu begrenzen. Letztlich gibt es mindestens drei unterschiedliche Wege, die jedoch allesamt den Wechsel in ein Leistungsentgeltsystem voraussetzen:

1. Vereinbarung über die Personalbemessung

Eine Möglichkeit, die Beschäftigten vor einer permanenten Leistungsüberforderung zu schützen, ist die Sicherstellung einer ausreichenden Personalbemessung (vgl. Kap. 5.7). Dazu wird das von den Beschäftigten abverlangte Arbeitspensum ermittelt und dem – auf der Basis arbeitswissenschaftlicher Erkenntnisse ermittelten – zumutbaren Arbeitspensum gegenübergestellt. Daraus ergibt sich die Anzahl der benötigten Beschäftigten. Je nach Bedarf kann ein solcher Ansatz unter Berücksichtigung weiterer Daten (z. B. Gesundheitsquote, Pausenansprüche etc.) eher grob oder sehr detailliert für die jeweilige Abteilung errechnet und zwischen Unternehmen und Betriebsrat vereinbart werden. Die notwendigen Leistungsdaten sind wie hinlänglich beschrieben vorhanden. Zwar ist im Betriebsverfassungsgesetz ein unmittelbares Mitbestimmungsrecht des Betriebsrates über die Höhe der Personalbemessung nicht vorgesehen, das sollte den Betriebsrat aber nicht davon abhalten, mit den Beschäftigte zusammen eine »alternative Personalplanung« zu erstellen und auf deren Grundlage ggf. auch zusätzliches Personal zu fordern. Durch eine Vereinbarung von Ziel- bzw. Standardentgelt kann der Betriebsrat nämlich sehr wohl Einfluss auf die Personalbemessung nehmen, denn sowohl beim Ziel- als auch beim Standardentgelt wird die Leistungsabforderung in Abhängigkeit von der dafür zur Verfügung stehenden Zeit entweder kollektiv oder individuell zum Regelungsgegenstand; vgl. die folgenden Punkte 2 und 3.

2. Zielvereinbarungen als Entgeltmethode

Ferner wäre es möglich, das tarifvertragliche Instrument der Zielvereinbarung bzw. des Zielentgeltes zur Leistungsbegrenzung zu nutzen (vgl. hierzu Kapitel 5.6). Diese ist in allen ERA-Tarifverträgen als eine mögliche Entgeltmethode geregelt. Dafür ist jedoch zwingend eine Betriebsvereinbarung abzuschließen. Auf der Basis gegenseitigen Einvernehmens treffen die Beschäftigten dann eine Vereinbarung mit ihrem direkten Vorgesetzten über die von ihnen zu erreichenden Ziele. Dabei müssen – anders als bei der als Führungsinstrument bekannten Form der Zielvereinbarung – neben den Zielen auch deren Rahmenbedingungen vereinbart werden, z. B. die Beschreibung des Arbeitspensums und der dafür erforderlichen Personalbesetzung sowie die Faktoren, die von den Beschäftigten nicht beeinflusst werden können bzw. die von ihnen nicht zu verantworten sind. In Bezug dazu müssen auch die Konsequenzen bei Nichterreichung bzw. einer nicht möglichen Verständigung auf ein gemeinsames Ziel geregelt werden. In Abhängigkeit von der Erfüllung des vereinbarten Ziels erhalten die Beschäftigten einen Mehrverdienst. Dadurch erhält Leistung wieder ein Maß, dem ein entsprechendes Entgelt zugeordnet wird. Zudem kann bei dieser Leistungsentgeltmethode der Beschäftigte selbst die Einhaltung der vereinbarten Leistungsziele und -grenzen reklamieren. Auch wenn die Zielvereinbarung als Führungsinstrument weit verbreitet ist, als Entgeltmethode spielt sie bislang eine untergeordnete Rolle; und das obwohl die Entgelt-Rahmentarifverträge für die Beschäftigten genügend Gestaltungs- und Schutzrechte hinsichtlich einer fairen Regulierung von Entgelt und Leistung enthalten; vgl. Kapitel 5.6.

3. Kennzahlenvereinbarung

Ist eine Vereinbarung über die Personalbemessung nicht möglich und die Zielvereinbarung z. B. aufgrund der Art der Tätigkeit nicht geeignet, bleibt noch eine weitere Regulierungsmöglichkeit. Als Bezugsgröße zu einem entsprechenden Entgelt könnte die von den Beschäftigten ohnehin erwartete Einhaltung vorhandener Kennzahlen vereinbart werden. Zu nennen wären hier z. B. die Sicherstellung einer bestimmten Soll-Menge, die Einhaltung gesetzter Termine bzw. vorgegebener Zeitspannen, die Einhaltung einer bestimmten Fehlerquote gegenüber Kunden oder auch die Kundenzufriedenheit selbst. Der Erreichung dieser Bezugsgröße wird – in einer entsprechenden Betriebsvereinbarung – ein adäquater Verdienstgrad zugeordnet. Durch diese Zuordnung einer bestimmten Leistung zu einem bestimmten Entgelt erhält Leistung wieder ein Maß. Dieses Maß ermöglicht die individuelle oder auch kollektive Reklamation der eigenen Leistung. Einer einseitigen Leistungsverdichtung durch das Unternehmen wäre ein Riegel vorgeschoben, denn diese kollektive Grenze kann nur mit Zustimmung des Betriebsrates aufgehoben bzw. korrigiert werden. Die Grundvoraussetzung hierfür ist das Vorhandensein geeigneter Kennzahlen. An dieser Stelle sei nochmals kurz auf Big Data verwiesen: Schon heute existiert – aufgrund der elektronischen Erfassung jedweder Daten und ihrer Vernetzung – eine Vielzahl von betrieblichen Leistungsdaten, aus denen die zur Leistungsregulation geeigneten ausgewählt

werden müssen. Durch die verstärkte Anwendung arbeitswirtschaftlicher Methoden in administrativen Bereichen (z. B. von »Wertstrom-Mapping«) kommen sogar fortwährend weitere Leistungsdaten hinzu. Diese werden unternehmensseitig ohnehin zur gezielten Steigerung der Leistung und der Effizienz genutzt. Gerade deswegen stellt ihre Verwendung im Rahmen eines Standardentgeltes zum Schutz der Beschäftigten vor Leistungsüberforderung eine Chance dar. Diese Form der Leistungsregulierung ist in der Fertigung durchaus verbreitet und wird dort als Standardentgelt bezeichnet (vgl. hierzu Kap. 5.5.4), im administrativen Bereich ist sie zwar denkbar, aber bisher kaum umgesetzt.
Unabhängig davon, für welchen der drei Wege sich die betriebliche Interessenvertretung entscheiden will, müssen hierfür die Köpfe und Herzen der Beschäftigten gewonnen werden, gerade weil in den administrativen Bereichen – anders als in den klassischen Fertigungsbereichen – kaum Erfahrungen mit kollektiven Regelungen zur Leistungs-Entgelt-Relation vorhanden sind. Wenn der individuelle Schutz vor Leistungsüberforderung durch eine kollektive Leistungsvereinbarung nicht als Bevormundung wahrgenommen werden soll, müssen die Beschäftigten die Chance erhalten, schon an deren Zustandekommen aktiv beteiligt zu sein.

Homeoffice und mobiles Arbeiten

Seit Jahren führt die zunehmende Digitalisierung dazu, dass Beschäftigte, deren Arbeit ortsunabhängig organisiert werden kann, stärker mobil bzw. im Homeoffice arbeiten. Dieser Trend wurde durch die Corona-Krise noch einmal massiv verstärkt. Unternehmensbefragungen des DIW aus dem Jahr 2024 zeigen, dass knapp ein Viertel der Beschäftigten auch nach Ende der Corona-Krise die Möglichkeit zum Homeoffice weiterhin nutzt und das ca. ein Fünftel der gesamten Arbeitszeit im Homeoffice stattfindet. Dabei steigert Homeoffice bzw. die Möglichkeit mobil zu arbeiten die Zufriedenheit der Beschäftigten und bietet die Chance Familie und Beruf besser zu vereinbaren. Damit ist ggf. auch der oben beschriebenen Leistungsregulation der »Zahn gezogen«. Die, zumeist individuell, erbrachte Leistung unterliegt im Home-Office noch seltener als im Betrieb und/oder Büro dem Mitbestimmungsrecht des Betriebsrates. Je nachdem, wie die Arbeitsbedingungen in Home-Office und/oder mobilen Arbeiten geregelt sind, führt die Möglichkeit, orts- und zeitunabhängiger zu arbeiten, zu einer Ausweitung der eigenen Leistungs(-bereitschaft). Der Leistungsdruck und die Arbeitsbelastung steigen, weitgehend unbemerkt, erheblich an. Dies verschärft sich, wenn die Arbeitsbedingungen nicht geregelt sind und Beschäftigte ihre Arbeiten am Küchentisch erledigen müssen. Ein Dilemma, dass von den allermeisten Beschäftigten allzu oft als negative Begleiterscheinung der Steigerung der persönlichen Flexibilität hingenommen wird. Gleichwohl gibt es auch beim mobilen Arbeiten bzw. im Homeoffice Schutzrechte die der Arbeitgeber zu beachten hat. Diese sollten die Beschäftigten in Anspruch nehmen und der Betriebsrat sie regelmäßig kontrollieren. Ein weiteres Betätigungsfeld für eine gestaltungswillige betriebliche Interessenvertretung, denn:

- Beim mobilen Arbeiten wie auch im Homeoffice gelten sowohl das Arbeitsschutzgesetz als auch das Arbeitszeitgesetz (Stichworte: tägliche Höchstarbeitszeit, Ruhezeit, …) sowie weitere Schutzrechte, zum Bsp. bezüglich der Bereitstellung geeigneter Arbeitsmittel die Betriebssicherheitsverordnung (BetrSichV).

- Der Tarifvertrag zum mobilen Arbeiten (TV MobA) – weitgehend gleichlautend in allen Tarifgebieten der Metall- und Elektroindustrie bundesweit abgeschlossen – soll »…eine flexible Gestaltung von Arbeitszeit und -ort **im privaten sowie** betrieblichen Interesse ermöglichen.« Hierzu enthält er verschiedene tarifliche und betriebliche Gestaltungsrechte und -pflichten u. a. zur Ruhezeit die betrieblich geregelt werden können bzw. müssen.
- Die Wahl des Entgeltgrundsatzes bzw. der Entgeltmethode unterliegen auch im Homeoffice bzw. beim mobilen Arbeiten der Mitbestimmung des Betriebsrates. Bei einem Leistungsentgelt unterliegt somit auch die abverlangte Leistung bzw. das erbrachte Leistungspensum dem Mitbestimmungsrecht.

Also Fluch und Segen zugleich. Die Schutzrechte ermöglichen dem Betriebsrat die Gestaltung im Interesse der Beschäftigten. Gleichwohl gilt für die betriebliche Interessenvertretung auch hier, zuerst die Herzen der Beschäftigten für die eigene Vorgehensweise zu gewinnen, wenn die Gefahr der individuellen Ausweitung der Arbeitszeit bzw. des Leistungspensums durch proaktive kollektive Schutzregelungen verhindert werden und nicht als Bevormundung wahrgenommen werden sollen. Die Beschäftigten müssen die Chance erhalten, schon an deren Zustandekommen aktiv beteiligt zu sein, anderenfalls obsiegt das individuelle Freiheitsbedürfnis gegenüber dem kollektiven Schutzinteresse.

3.6.8 Klassische Projektarbeit

Hinsichtlich des Begriffes Projektarbeit ist es sinnvoll, zwischen klassischer Projektarbeit und erweiterten Formen der Projektarbeit zu unterscheiden. Für erweiterte Formen der Projektarbeit stehen stellvertretend u. a. Begriffe wie »Agiles Arbeiten« bzw. »Scrum« (vgl. Kap. 3.6.9). Bevor der Versuch unternommen wird, diese verhältnismäßig noch sehr jungen Formen einzuordnen, erfolgt eine Darstellung und Bewertung der klassischen Formen von Projektarbeit.

> **Definition**
> Unter Projektarbeit wird ein zeitlich begrenztes Vorhaben verstanden, bei dem einem oder mehreren Beschäftigten ein umfangreicher Aufgabenkomplex zur eigenständigen Erledigung übertragen wird. Dazu wird im Rahmen eines Projektauftrages beschrieben, welche Ziele in dem Projekt erreicht werden sollen. Im Rahmen eines Projektplanes ist die zeitliche Abfolge des Projektes bestimmt und befristet.

Ein Beispiel: Einer Gruppe von Software-Ingenieuren und Programmierern wird die Aufgabe übertragen, bei einem Kunden ein neues Warenwirtschaftssystem einzuführen. Diese Aufgabe schließt die Anpassung von Standardsoftware an die Bedürfnisse des Kunden, die Installation des Systems, die Übergabe an den Kunden und die Schulung der dort Beschäftigten ein.

Arbeitsinhalte und Eingruppierung

Innerhalb einer Projektgruppe übernehmen die einzelnen Mitglieder unterschiedliche Aufgaben. Entsprechend den Anforderungen ihrer konkreten Arbeit sind sie einzugruppieren, und zwar unabhängig von ihrem jeweiligen zeitlichen Umfang: Das heißt, unabhängig davon, ob jemand vollumfänglich oder nur anteilig in einem Projekt mitarbeitet, ob er daneben weiterhin seiner bisher übertragenen Arbeitsaufgabe nachgeht oder von dieser für das Projekt vollständig entbunden wird. Bei der Eingruppierung der übertragenen und auszuführenden Arbeitsaufgabe hat eine ganzheitliche Bewertung der Aufgabe zu erfolgen, die alle übertragenen und auszuführenden Tätigkeiten umfasst, unabhängig davon, wie oft und wie lange diese ausgeführt werden (vgl. hierzu z. B. die Eingruppierungsbestimmungen im ERA-TV der Metall- und Elektroindustrie).

Die Projektarbeit wird im Rahmen von Projektgruppensitzungen koordiniert. Dazu sollen innerhalb einer Projektgruppe alle Kompetenzen verfügbar sein, um das geplante Projekt erfolgreich durchführen zu können. So soll die Projektgruppe in der Lage sein, eigenständig ihre Arbeitsaufgabe zu erledigen und durch die Integration aller Verantwortlichkeiten in die Projektgruppe sollen Reibungsverluste vermieden werden. Bei der Eingruppierung der Projektgruppenmitglieder ist zu berücksichtigen, dass auch wenn jedes Projektgruppenmitglied seine Arbeitsaufgabe behält, es doch gezwungen ist, sich anders als bei arbeitsteiliger Fertigung mit den Gesamtzielen des Projektes und angrenzender Bereiche auseinanderzusetzen. Dies erfordert höhere Qualifikationen, die bei der Eingruppierung zu berücksichtigen sind.

Immer häufiger ist zu beobachten, dass sich die Anforderungen im Laufe eines Projektes schleichend verändern bzw. erweitern. Rechtlich betrachtet kann es sich in derartigen Fällen sogar um eine schleichende Versetzung handeln. Versetzung deshalb, weil bereits mit der Veränderung der Arbeitsaufgabe bzw. des Arbeitsinhaltes eine erhebliche Änderung der Umstände verbunden sein kann, unter denen die Arbeit zu leisten ist Schleichend deshalb, weil die veränderte Arbeitsaufgabe bzw. der veränderte Arbeitsinhalt dem Beschäftigten nicht vollumfänglich und offiziell, sondern erst im Rahmen der Projektarbeit nach und nach übertragen wurde. Dadurch werden die Beteiligungsrechte des Betriebsrates (bei einer Versetzung ist auch die Eingruppierung zu prüfen!) übergangen. Insofern bestehen gute Chancen, die zusätzlich übertragenen Arbeitsinhalte zu reklamieren und ihre Berücksichtigung im Rahmen einer höheren Eingruppierung einzufordern.

Leistungsvorgaben und Entgeltgrundsatz

Projektarbeit ist in erster Linie davon gekennzeichnet, dass das jeweilige Projekt i. d. R. etwas Einmaliges ist. Anders als bei traditionellen Formen der Arbeitsorganisation wiederholt sich ein konkretes Projekt nicht. Die Bezahlung erfolgte bisher meist im Zeitentgelt. In einigen Betrieben wurden bei der Durchführung von Projekten Zielvereinbarungen geschlossen, ohne dass dafür eine tarifvertragliche Grundlage bestand. Mit den Entgelt-Rahmenabkommen in der Metall- und Elektroindustrie wurden die Grundsätze für den Abschluss von Zielvereinbarungen geregelt; vgl. dazu Kapitel 5.6. Damit haben die Beschäftigten die Möglichkeit, Vereinbarungen über ihre Leistungsbedingungen zu schließen und diese ggf. zu reklamieren. Die Leistungsbedingungen innerhalb der Projektarbeit werden einerseits davon bestimmt, wie viele Beschäftigte zu einzelnen Kompetenzbereichen innerhalb der Projektgruppe vertreten sind und andererseits davon, unter welchen terminlichen Zwängen das Projekt durchzuführen ist. Zielvereinbarungen, die diese Größen reklamations- und mitbestimmungsfähig machen, können so zu einer kollektiven Regelung vernünftiger Leistungsbedingungen beitragen.

3.6.9 Agiles Arbeiten – Agile Projektarbeit

Eine weitere Organisationsform für Arbeit bildet sich derzeit unter der Begrifflichkeit »Agiles Arbeiten« heraus. Unter dieser Begrifflichkeit verändert sich derzeit auch die klassische Projektarbeit. Elemente von agilem Arbeiten werden eingeführt; hier und da wird bereits von agiler Projektarbeit gesprochen. Auch agile Projektarbeit wird außerhalb der klassischen Hierarchien realisiert. Sie zeichnet sich jedoch vor allem durch eine nochmalige Steigerung der Selbstverantwortung aus. Durch die Verringerung rein bürokratischen Aufwands soll dabei eine schnellere Anpassung an veränderte Produktanforderungen bzw. die Umfeldbedingungen ermöglicht werden. Von der Entbürokratisierung erhoffen sich die Befürworter zudem eine Steigerung der Motivation bei den betroffenen, zumeist jüngeren Beschäftigten sowie eine unterstützende Wirkung auf die schrittweise (iterative und inkrementelle) Vorgehensweise. Größeren Bekanntheitsgrad haben diese Formen der Projektarbeit unter dem Begriff »Agile Softwareentwicklung« erreicht.
Auch hier lohnt ein kurzer Blick zurück analog den Darstellungen aus Kapitel 3.1, denn Softwareentwicklung war nicht immer agil und auch nicht immer in Projektform. Anfänglich – also in den 1960er Jahren – war Softwareentwicklung in kleinere Arbeitspakete zergliedert und erfolgte Arbeitsschritt für Arbeitsschritt; analog der tayloristischen Strukturen in der Fertigung. Die einzelnen Softwareentwickler/innen lösten jeweils den an sie übertragenen Entwicklungsschritt; z.T. räumlich und sozial getrennt voneinander und ohne Interaktion mit anderen. Ende der 1970er bzw. Anfang der 1980-er Jahre erfolgte die Entwicklung von Softwarelösungen eher in kleineren Gruppen. Teillösungen wurden gemeinsam besprochen bzw. miteinander abgestimmt. Jedoch haben sich die eigentlichen, zumeist externen Anforderungen an die jeweilige Lösung bereits während der Programmierung verändert. Diese Veränderung der Anforderung während des Prozesses konnte aber aufgrund meist zu starrer Abläufe nicht bei der Lösungsentwicklung berücksichtigt werden. Eine verbreitete Unzufriedenheit mit dieser Arbeitsorganisation führte zum »Agilen Manifest für Softwareentwicklung«, auf das sich namhafte Programmierer im Jahr 2001 in den USA verständigten. Dieses Manifest bringt die empfundene und behindernde Starrheit der Prozesse und das Bedürfnis bzw. die Notwendigkeit direkten Handelns der Betroffenen miteinander und gegenüber den Kunden auf den Punkt:

Definition
Agiles Manifest: Wir erschließen bessere Wege, Software zu entwickeln, indem wir es selbst tun und anderen dabei helfen. Durch diese Tätigkeit haben wir diese Werte zu schätzen gelernt:
- Individuen und Interaktionen stehen über Prozessen und Werkzeugen;
- Funktionierende Software steht über einer umfassenden Dokumentation;
- Zusammenarbeit mit dem Kunden steht über der Vertragsverhandlung;
- Reagieren auf Veränderung steht über dem Befolgen eines Plans.

Agiles Manifest (englisch: Manifesto for Agile Software Development)

Das Agile Manifest kann aus der heutigen Sicht auch als »Geburtsstunde« der agilen Softwareentwicklung bezeichnet werden. Letztlich fand damit nicht weniger als ein arbeitsorganisatorischer Wechsel der Grundannahmen der Arbeit statt. Längerfristige Entwicklungsprozesse sind kurzzyklischen Entwicklungsrhythmen in selbstorganisierten Teams gewichen. Diese ermöglichen die regelmäßige Reflexion untereinander und die enge Kooperation mit internen bzw. externen Kunden sowie eine flexiblere Reaktion auf Veränderungsnotwendigkeiten. Damit werden fortan auch in der Softwareentwicklung Methoden angewendet, die man bis zu diesem Zeitpunkt nur aus der Produktion kannte. Mit der Arbeit im Takt, der Strategie einer frühzeitigen Fehlervermeidung, der Produktionsnivellierung (japanisches Prinzip »Hejunka«), der Einbeziehung der Kunden und dem kontinuierlichen Verbesserungsprozess finden sich entscheidende Elemente des japanischen Lean-Ansatzes wieder. Auch bei der weiter unten beschriebenen agilen Methode »Scrum« fällt dies auf, z. B. wenn man Scrum und die eher in der Fertigung angewendete Methode des Shopfloor-Managements miteinander vergleicht. In beiden Fällen ist das Ziel, etwaige Störfaktoren frühzeitig zu erkennen, transparent zu machen und durch die Übertragung der Verantwortung auf die Beschäftigten zugleich deren Lösungskompetenz zu nutzen. Auf diese Weise werden die Beschäftigten selbst zu den Trägern einer kontinuierlichen Verbesserung der Strukturen und Abläufe, und zwar in einem viel stärkeren Maße, als das bei klassischer Projekt- / Gruppenarbeit möglich ist.

Schwarmintelligenz und Scrum – was soll das sein?

Im Zusammenhang mit dem agilen Arbeiten taucht immer wieder auch der Begriff der »Schwarmintelligenz« bzw. des »Arbeitens im Schwarm« auf. Im naturwissenschaftlichen Kontext wird häufig auf das Beispiel der Ameisen verwiesen: Während die einzelne Ameise über ein eher begrenztes, gleichwohl aber funktionelles Verhaltens- und Reaktionsrepertoire verfügt, ergeben sich in einer selbstorganisierten Zusammenarbeit Verhaltensmuster, Abläufe und Resultate, die aus menschlicher Sicht »intelligent« genannt werden können. Im Kontext IT-basierter Anwendungen bezieht sich die Begrifflichkeit Schwarmintelligenz (engl. swarm intelligence), auf den Versuch, komplexe vernetzte Softwareagentensysteme nach dem Vorbild staatenbildender Insekten (wie z. B. Ameisen, Bienen) oder Vogelschwärmen zu modellieren. Inzwischen taucht der Begriff der »Schwarmintelligenz« im Zusammenhang mit der Arbeitsorganisation auf.

Dabei wird Bezug genommen auf die Zielsetzung selbstlernender Organisationseinheiten bzw. den Selbstorganisations- und Selbstlernprozess der Beschäftigten. Unter der ebenfalls immer häufiger auftauchenden Begrifflichkeit »Scrum« ist der zum Teil erfolgreiche Versuch zu beobachten, Elemente und Methoden der agilen Softwareentwicklung in weitere administrative Bereiche zu übertragen. Wortwörtlich übersetzt bedeutet Scrum »Gedränge« und ist als Begriff dem Rugbysport entlehnt. Dort ist das angeordnete Gedränge die Standardsituation, um das Spiel nach kleineren Regelverstößen neu zu starten. Nach festgelegten Regeln kämpfen dabei Spieler beider Mannschaften um den Ball, um das Spiel fortsetzen zu können. Vereinfachend kann man sagen, es wird von Scrum zu Scrum gespielt. Bei der agilen Methode Scrum ist es letztlich genauso. Im Gegensatz zur klassischen Projektarbeit, die für die Entwicklung von Softwarelösungen häufig zu komplex und zu starr gestaltet ist, lebt Scrum von Projektschritt zu Projektschritt. Analog zur klassischen Projektarbeit werden die Anforderungen an das Gesamtprojekt vorab festgehalten. Dies geschieht bei der klassischen Projektarbeit in Form von spezifizierten Lasten- bzw. Pflichtenheften. Bei Scrum begnügt man sich hingegen mehr oder weniger mit einer Vision. Die dabei formulierten Anforderungen an das spätere Produkt werden als »Product Backlog« bezeichnet und im Fortgang des Projektes ergänzt und weiterentwickelt.

Übersicht 3.27: Standardisierte Vorgehensweise bei Scrum

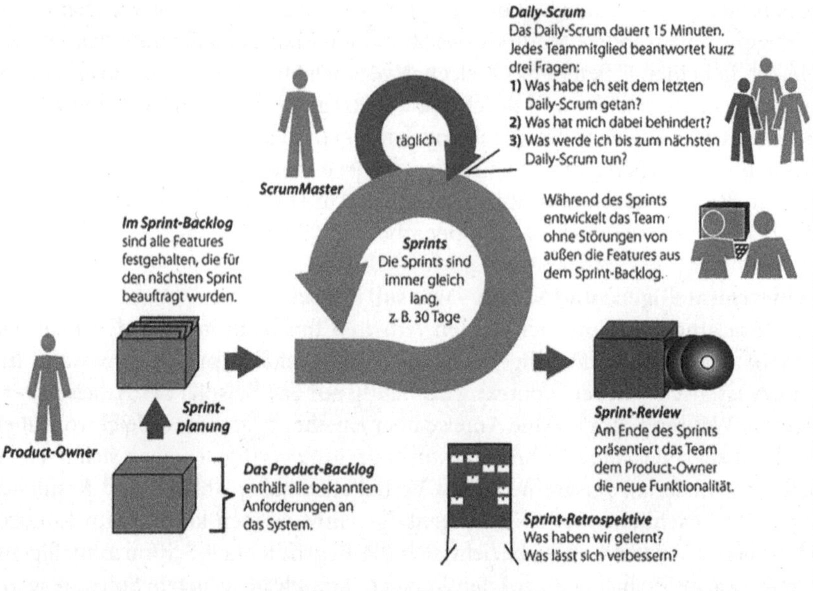

https://www.it-agile.de/fileadmin/_processed_/csm_Scrum-Grafik_1200breit_cd2fa23348.jpg

Allerdings erfolgt bezüglich der Abarbeitung eine strikte Fokussierung auf den jeweiligen Prozessschritt, den sogenannten »Sprint«, der meistens ein bis vier Wochen lang ist. Dabei organisieren die Teammitglieder, ihre internen Arbeitsprozesse selbst und verteilen die erforderlichen Tätigkeiten eigenverantwortlich auf die einzelnen Teammitglieder. Einem Beschäftigten wird die Funktion des »Scrum-Masters« übertragen. Er hat nicht die Aufgabe eines klassischen Vorgesetzten, sondern eher die eines Moderators. Er ist für den Prozess zuständig, soll Störungen aus dem Weg räumen und Konflikte lösen. Der sogenannte »Product Owner« ist hingegen dafür verantwortlich, den Kontakt zu den internen bzw. externen Auftraggebern des Projektes, also den Kunden zu halten. Er spielt eine zentrale Rolle, weil gerade bei der agilen Softwareerstellung der Fokus nicht darauf liegt, erst am Ende eines strikt vorgeplanten Entwicklungsprozesses ein fertiges Produkt abzuliefern, sondern schon während des Entwicklungs- bzw. Programmierprozesses einzelne Teilprodukte, sogenannte »Product Increments« fertigzustellen und auch mit dem Kunden abzustimmen. Dadurch kann noch während des Entwicklungs- oder Programmierprozesses auf Nutzererfahrungen und Änderungswünsche reagiert werden. Fester Bestandteil der Arbeitsweise bei Scrum ist der »Daily Scrum«, also das täglich stattfindende Meeting (meist stehend, damit es nicht zu lange dauert), auf dem sich die einzelnen Teammitglieder wechselseitig über den jeweiligen Arbeitsstand und die nächsten Schritte informieren, von Scrum zu Scrum (vgl. Übersicht 3.27).

Mit der verstärkten Verbreitung von Scrum, ist auch die Notwendigkeit den Scrum-Master einzugruppieren gestiegen; häufig ein Moment an dem ERA als *»nicht mehr zeitgemäß«* kristisiert wird: Man könne leider die tariflichen Niveaubeispiele komplett durchsuchen, ohne nur ein einziges Mal den Verweis auf Scrum zu finden. Das ist aber nicht wirklich richtig. Auch wenn aus inhaltlichen Erwägungen wie auch aus Komplexitätsgründen eine umfassende Darstellung unterbleiben muss (vgl. Kap. 4 und zur Eingruppierung in der digitalen Arbeitswelt eine Arbeitshilfe mit dem Titel: » Digitalisiserte Arbeit und Engelt – Empfehlungen für Arbeitsgestaltung und Eingruppierung«), sei hier ein kurzer Hinweis gestattet: Bspw. sind in der Anlage zum ERA Berlin-Brandenburg aufeinander aufbauend die folgenden Niveaubeispiele aufgelistet, die sich auf die Arbeitsorganisation mit Scrum anwenden bzw. anpassen lassen; mit deren Hilfe die Eingruppierung des Scrum-Masters in einer entsprechenden Entgeltgruppe kein Problem sein sollte: (a) das **Durchführen und Überwachen von** Entwicklungs**Arbeiten** (ERA-EG 11), (b) das **Durchführen und Überwachen von** Entwicklungs**Aufgaben** inkl. dem Entwerfen konstruktiver Lösungen und deren Abstimmung mit in-/externen Entwicklungspartnern / Kunden (ERA-EG 12) sowie (c) das **Koordinieren und Durchführen** von **komplexen** Entwicklungs**Aufgaben** (ERA-EG 13). Ohne Kapitel 4 vorwegzugreifen: Zwar kommt das Wort Scrum an keiner Stelle im Tarifvertrag vor, dennoch sollte die anforderungshierarchische Beschreibung eine sachgerechte Zuordnung der Arbeitsanforderungen und Entscheidungskompetenzen sowie in der Folge eine sachgerechte Eingruppierung ermöglichen.

Agiles Arbeiten = Agile Unternehmen?

War die Methode des agilen Arbeitens zunächst auf den Programmierprozess in IT-Abteilungen beschränkt, so wird sie heute in einigen Unternehmen bereits in Teilen des Konstruktions- und Entwicklungsprozesses und im Projektmanagement angewendet. Für eine zunehmende Übertragung von Scrum in andere Bereiche sprechen insbesondere die kurz(getakteten) Sprints. Der Ersatz vormals langzyklischer Projektzyklen durch kurzzyklische Entwicklungsintervalle ermöglicht eine bessere Eingliederung der Entwicklungsarbeit in die synchronisierte Wertschöpfungskette moderner Produktionssysteme (vgl. hierzu Working-Paper Nr. 023 der Hans-Böckler-Stiftung – Lean und Agil im Büro). Das schrittweise Arbeitsvorgehen ermöglicht es zugleich, Produktinnovationen in immer kürzeren Intervallen am Markt umzusetzen. Manche Beobachter sehen deshalb sogar einen Trend zum agilen Unternehmen. Bezüglich dieses Trends haben viele Praktiker eine andere, differenzierte Sichtweise. So antwortete beispielsweise ein Manager aus der Automobilindustrie, auf die Frage, ob agiles Arbeiten eins zu eins auf die Autoindustrie übertragen werden könnte, wie folgt: »*Nein, das funktioniert nicht. Bei der Produktion eines Autos braucht man industrielle Prozesse. Es gibt Aufgaben, da wäre agiles Arbeiten sogar kontraproduktiv. ...*« (Automobilwoche, Spezial, November 2017, S. 81).

Allerdings dürften die Methoden des agilen Arbeitens für eine Vielzahl von Beschäftigten hoch attraktiv sein, insbesondere weil sich flache Hierarchien, Selbstorganisation, dynamische Arbeitsweisen und die Verbesserung von kollektiven Lern- und Innovationsprozessen i. d. R. motivationsfördernd auf die Beschäftigten auswirken. Die Selbstorganisation eröffnet zudem individuelle Gestaltungsspielräume, das Privat- und Arbeitsleben im eigenen Interesse besser in Einklang zu bringen. In der Folge werden Beschäftigte möglicherweise bereit sein, für den Flow ihre Leistungsbereitschaft bzw. -intensität enorm zu steigern; mittel- und langfristig werden sowohl individuell als auch kollektiv Leistungsgrenzen erreicht, vermutlich sogar weit überschritten. Diese neue Form der Arbeitsorganisation zielt letztlich auf eine Erhöhung der individuellen Leistung ab. Hierin liegt zugleich die Gefahr, denn diese dauerhafte Erhöhung der individuellen Leistung führt möglicherweise zu einer physischen und psychischen Überlastung. Agiles Arbeiten verlangt aber leistungspolitisch auch noch aus einem weiteren Grund ein besonderes Augenmerk: Im klassischen Leistungsentgelt erfolgte die Vorgabezeitermittlung aufwandsbezogen auf der Basis arbeitswirtschaftlicher Methoden. Im klassischen Zeitentgelt existiert eine Zeitvorgabe offiziell erst gar nicht, die Subjektivität der Leistungsbeurteilung ist – obgleich nicht beliebt – jedoch allen Beschäftigten bewusst. Im Unterschied dazu erfolgt die Leistungsvorgabe bei agilen Methoden weder auf einer arbeitswirtschaftlich anerkannten Methode noch durch die subjektive Beurteilung des Vorgesetzten. Vielmehr wird sie scheinbar objektiv im gegenseitigen Abstimmprozess festgelegt und zwar ohne sachlichen Bezug zu dem notwendigen Aufwand. Auf diese Weise entsteht eine Leistungsvorgabe, die zwar in keiner Weise objektiv sein muss, der sich der Einzelne trotzdem nur schwer entziehen kann, weil sie selbstorganisiert zustande

gekommen ist. Der individuell zunehmende Leistungsdruck erscheint in diesem Kontext unzutreffender Weise selbstverschuldet.
Auch wenn der Grad der Selbstorganisation beim »agilen Arbeiten« hoch ist, liegt letztlich auch hier eine Kundenorientierung vor: der Kunde oder Projekt-Auftraggeber erwartet die Einhaltung von Terminen, Kosten und Qualitätsstandards. In diesem Kontext kann die Erfüllung der Kundenwünsche – z.B. bei nicht ausreichender Personalbemessung – zu einer Überlastung der einzelnen Beschäftigten führen. In neueren Betriebsvereinbarungen (z.B. bei Daimler und bei Bosch) wird versucht, diesem Umstand dadurch Rechnung zu tragen, dass die Beschäftigten regelmäßig bezüglich ihrer Arbeitsbelastung und Arbeitszufriedenheit befragt werden. Wenn sich in diesem Zusammenhang herausstellt, dass der Leistungsdruck zu groß geworden ist, findet ein Gespräch mit den Verantwortlichen des Unternehmens darüber statt, wie die Überlastsituation abgebaut werden kann.
Gerade beim »agilen Arbeiten« ist eine verbindliche Regulierung der Arbeitszeit, des Arbeitspensums und der Personalbemessung erforderlich. Vorstellbar wäre z.B. eine Regelung zur Brutto-Personalbesetzung bzw. einem kollektiv zumutbaren Arbeitspensum zu treffen, das bei Einhaltung der tariflichen Arbeitszeit ohne Gesundheitsbeeinträchtigung erbracht werden kann. Bei der Betriebsratsarbeit muss auf die besondere Arbeitsform Bezug genommen werden: Die zuständigen Betriebsratsmitglieder sollten Kontakt zu den Teams, einschließlich der Scrum-Master halten. Es wird deutlich, wie wichtig auch bei diesen Organisationsformen die Mitbestimmung ist. Dazu stellt die Vorsitzende der IG Metall, Christiane Benner, schon vor einem guten Jahrzehnt klar: *»Die Mitbestimmung ist auch im Zeitalter der Digitalisierung kein Beiwerk, keine Zutat, sie ist die zentrale Voraussetzung für ihre erfolgreiche Gestaltung. Nur über die Mitbestimmung lassen sich kreative Freiräume für die Beschäftigten sichern – die Voraussetzung für innovatives Arbeiten.«*

3.7 Tarifpolitische und betriebspolitische Anforderungen an die Gestaltung der Arbeitsorganisation

Die menschengerechte Gestaltung der Arbeitsorganisation gehört zu den zentralen Zielsetzungen der Gewerkschaften. Sie ist Teil einer gewerkschaftlichen Politik der Humanisierung von Arbeit, die darauf abzielt, die Belastungen der Arbeit zu verringern, die Gesundheit der Beschäftigten zu schützen, die Arbeitsfähigkeit des Einzelnen zu erhalten und so zum Wohl der Betroffenen und der gesamten Gesellschaft beizutragen. Mit Forderungen zur Verbesserung der gesetzlichen Normen im Bereich des Arbeits- und Gesundheitsschutzes und der Mitwirkung in den Gremien der Selbstverwaltung der Berufsgenossenschaften beim Erlass von Unfallverhütungsvorschriften richtet sie sich einerseits an den

Gesetzgeber und staatliche Institutionen. Andererseits richtet sie sich an die betrieblichen Interessenvertretungen, zu deren Aufgaben es gehört, gemeinsam mit den Unternehmen die Vorstellungen zur Humanisierung der Arbeit zu konkretisieren, entsprechende Maßnahmen zu kreieren und diese anschließend in die betriebliche Praxis umzusetzen. Hierzu ist es erforderlich, dass die betrieblichen Interessenvertretungen ihre arbeitsorganisatorische Gestaltungskompetenz weiter ausbauen. Mit Blick auf die 2000er Jahre wird argumentiert, dass bereits errungene arbeitspolitische Standards zugunsten einer erfolgreichen Standort- und Beschäftigungssicherung, aufgegeben wurden bzw. rückgebaut werden mussten. Mit Blick auf den Transformationsprozess zur Industrie 4.0 ist es daher dringend erforderlich, dass Gewerkschaften, Betriebsräte sowie Vertrauensleute im Betrieb und in der Gesellschaft konkrete arbeitspolitische Standards bzw. Regulierungen erhalten, rückgewinnen, ausbauen bzw. neu erstreiten. Dazu gehören insbesondere:

- **Eine präventive Arbeitsgestaltung unter Beteiligung der betroffenen Beschäftigten:** Die mit dem Transformationsprozess zur Industrie 4.0 einhergehenden Veränderungen dürfen weder physisch noch psychisch zu einer Über- bzw. Unterforderung der Beschäftigten führen. Dabei wird es insbesondere darauf ankommen, in das Spannungsfeld zwischen Mensch und Maschine einzugreifen. Mit Blick auf das jeweilige Arbeitsumfeld und die Arbeitsbedingungen wird es künftig sehr viel stärker als heute erforderlich sein, abzuwägen, ob sich der Ersatz menschlicher Arbeit durch vernetzte Maschinen und Anlagen bzw. Roboter körperlich belastungsreduzierend oder anforderungsbezogen entwertend auswirkt. Dazu müssen die gesicherten arbeitswissenschaftlichen Erkenntnisse über die menschengerechte Gestaltung der Arbeit angewendet und vertieft werden.
- **Die Durchsetzung einer fairen Eingruppierung:** Diese muss den steigenden Anforderungen an die Beschäftigten durch eine ganzheitliche Betrachtung der Arbeit gerecht werden. Nur durch die Übertragung ganzheitlicher und damit zugleich auch abwechslungsreicher Arbeitsinhalte wird auf der Grundlage der ERA-Tarifverträge eine faire Eingruppierung möglich; vgl. dazu Kap. 4.
- **Keine einseitige Festsetzung des Arbeitspensums bzw. der abgeforderten Leistung der Beschäftigten durch die Unternehmensleitung:** Es muss sichergestellt werden, dass für die Beschäftigten zumutbare Leistungsbedingungen und eine ausreichende Personalbemessung gelten. Das ist im Leistungsentgelt besser möglich als im Zeitentgelt, weil im Leistungsentgelt die Entgelt-Leistungs-Relation entweder durch die Interessenvertretung mitbestimmt oder durch die Beschäftigten mit ihrem Vorgesetzten vereinbart wird; vgl. dazu Kapitel 5.
- **Die Sicherstellung eines ausreichenden Aus- und Weiterbildungsangebots,** damit die Beschäftigten im Transformationsprozess zur Industrie 4.0 Schritt halten können. Ihre vorhandenen Qualifikationen müssen gefordert und gefördert werden. Dazu gehören verstärkte Anstrengungen bezüglich der Qualifikation von Angelernten ebenso wie die Evaluation und ggf. inhaltliche Anpassung der Ausbildungsberufe im Rahmen der dualen Ausbildung bzw. die

Weiterentwicklung dualer Studiengänge. Dazu sind verbindliche Ansprüche der Beschäftigten, die bezahlte Freistellung und die Finanzierung der Qualifizierungsmaßnahmen erforderlich; vgl. dazu Kapitel 4.5.

- **Der Ausbau individueller Gestaltungsrechte bezüglich der Arbeitszeit:** Durch die zunehmende Digitalisierung wird Arbeit orts- und zeitunabhängiger. Damit diese Entwicklung nicht ausschließlich zu »Arbeit auf Abruf« führt, müssen die Beschäftigten verbindliche individuelle Gestaltungsrechte erhalten (z. B. bezüglich einer vorübergehenden Verkürzung der Arbeitszeit), um auch individuell der zunehmenden Flexibilisierung und Entgrenzung der Arbeitszeit entgegentreten zu können. Insbesondere bezüglich der Souveränität der Entscheidungen durch die Beschäftigten selbst hat der Tarifabschluss aus dem Frühjahr 2018 einen ersten Schritt eingeleitet. Diesem ersten Schritt sollten weitere folgen.
- **Der grundsätzliche Ausbau der Mitbestimmungs- und Beteiligungskultur in den Betrieben;** und zwar nicht nur, weil es z. T. gesetzlich vorgeschrieben ist, sondern vor allem deshalb, weil es sich auf die Arbeitsgestaltung und die Arbeitsorganisation positiv auswirkt. Weil die Akzeptanz von Lösungen steigt, wenn die Betroffenen beteiligt werden, sollten sowohl die Beschäftigten selbst als auch die Gremien der betrieblichen Interessenvertretungen aktiv und präventiv in die Gestaltung der Arbeitsorganisation einbezogen werden. Dies gilt erst für den Betriebsrat selbst. Wenn der Betriebsrat die Interessen der Beschäftigten im Transformationsprozess zur Industrie 4.0 ernsthaft und glaubwürdig vertreten will, muss er die Beschäftigten nicht nur ausreichend informieren, sondern aktiv an der eigenen Politik gegenüber dem Unternehmen bzw. bereits der Entwicklung dieser Politik beteiligen.

3.8 Zukunftstarifverträge zur Transformation

Bei Zukunftstarifverträgen zur Transformation handelt es sich um firmenbezogene Verbandstarifverträge, die auf der Grundlage der 2021 abgeschlossenen Flächen-Zukunftstarifverträge zustande kommen (sollen).

Kurz zur Geschichte: Bereits seit Mitte der 1990er Jahre vereinbaren die Tarifvertragsparteien zur Abwendung von Unternehmenskrisen und Insolvenzen abweichende Tarifverträge für einzelne Unternehmen. Dieser Prozess wurde 2004 durch das sog. »Pforzheimer Abkommen« verbindlich in den Tarifverträgen zur Beschäftigungssicherung geregelt. In vielen Fällen erfolgen Anträge der Arbeitgeber auf abweichende Regelungen erst kurz vor einer akuten Krise oder gar vor einer Insolvenz. Dies geschieht gegebenenfalls noch rechtzeitig, um den jeweiligen Standort und die dortige Beschäftigung kurzfristig zu sichern, aber letztlich zu spät, um längerfristige Strategieansätze zur Zukunftssicherung zu entwickeln oder gar zu vereinbaren.

Genau hier setzen die neuen »Zukunftstarifverträge« als Rahmenregelungen an: Mit betrieblichen Zukunftstarifverträgen (firmenbezogene Verbandstarifverträge) ist dieser Rahmen je nach betrieblichen Herausforderungen mit entsprechenden Maßnahmen zu füllen. Dabei können eine Vielzahl von wirtschaftlichen, technologischen, ökologischen und politischen Entwicklungen Treiber der Transformation in Unternehmen sein. Die Tarifvertragsparteien gehen in diesem Zusammenhang davon aus, dass sich bestehende Tätigkeiten und Arbeitsplätze verändern, entfallen und neu entstehen werden. Ziel muss es sein, mit einem Bündel von Maßnahmen eine Brücke der Beschäftigungssicherung in der jeweiligen betrieblichen Transformation zu bauen.

Definition
In den betrieblichen Zukunfts-Tarifverträgen zur Transformation können auf Basis der grundlegenden Unternehmensstrategie Maßnahmen zur Realisierung von Innovationen, zur Verbesserung der Wettbewerbsfähigkeit, zur Qualifikation der Beschäftigten und ihrer Weiterbeschäftigung vereinbart werden.

Konkret: Auf der Grundlage der Regelungen im jeweiligen Rahmen-Tarifvertrag können die Betriebsparteien wechselseitig Gespräche zur Auswirkung der Digitalisierung sowie der Energie- und Mobilitätswende auf die betriebliche Veränderung der Produktions- und Arbeitsweise verlangen.

Tarifvertrag
»Gegenstand der Gespräche und der Analyse können je nach Eigenart des Betriebes sein:
- *das Zielbild des Betriebes,*
- *das Veränderungsmanagement,*
- *die Wettbewerbsfähigkeit,*
- *die Beschäftigungsentwicklung, Personal- und Qualifizierungsplanung,*
- *Möglichkeiten zur Sicherung des Standorts und der Beschäftigung.«*

Tarifvertrag Zukunft, Wettbewerbsfähigkeit und Beschäftigungssicherung (TVZWB), Nordrhein-Westfalen

Diesem Gesprächsprozess ist eine möglichst gemeinsame Analyse der Ausgangssituation ggf. unter Hinzuziehung externer Expert:innen (z. B. der IG Metall) vorgeschaltet. Hierzu stellen die IG Metall, aber auch die Tarifvertragsparteien Tools für den Analyseprozess zur Verfügung, um betriebliche Handlungsfelder passgenau zu identifizieren (wie z. B. den Digitalisierungskompass und den Transformationsatlas). Sollte gegenseitig ein Handlungsbedarf anerkannt werden, sind zwischen den Tarifvertragsparteien Verhandlungen über einen Zukunftstarifvertrag aufzunehmen. Ein betrieblicher Zukunftstarifvertrag kann jedoch nicht gegen den Willen des Unternehmers erzwungen werden. Sollten sich die Betriebsparteien nicht auf gemeinsamen Prozess verständigen können, ist der Arbeitgeber jedoch verpflichtet, in einer Betriebsversammlung über den Verlauf und die Ergebnisse der Gespräche zur Transformation zu berichten. Durch die drohende betriebsöffentliche Diskussion bei einem möglichen Scheitern soll schon zu Beginn der Verhandlungen eine höhere Verbindlichkeit erzeugt werden. Ziel muss es sein, den Arbeitgeber in einen gemeinsamen Prozess der

Zukunftsgestaltung zu drängen. Klar ist: Je frühzeitiger dieser Prozess beginnt, desto bessere Chancen bestehen, die Interessen der Beschäftigten durchzusetzen (vgl. Übersicht 3.28).

Übersicht 3.28: Eingriffszeitpunkte der Tarifvertragsparteien bei Unternehmenskrisen

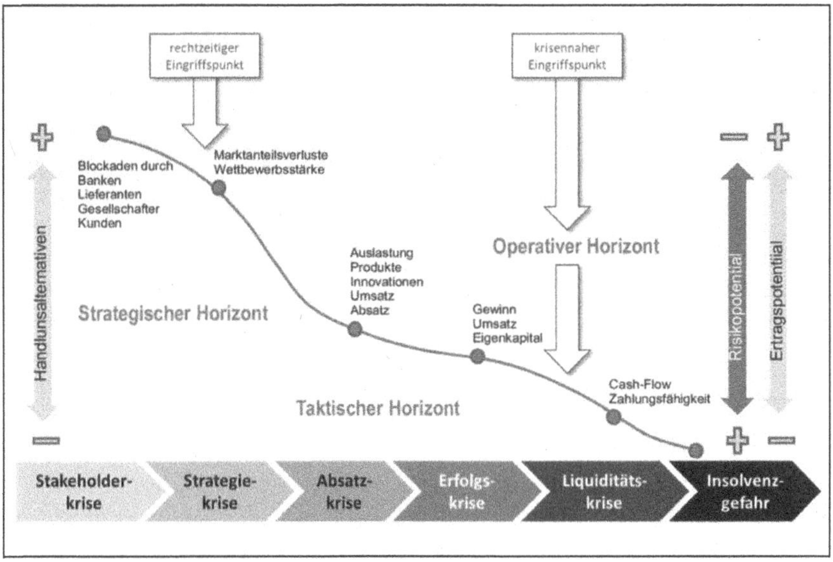

Voraussetzung für einen erfolgreichen Prozess ist eine systematische Beteiligung der Beschäftigten. Aus der ganzheitlichen Analyse der betrieblichen Situation können Forderungen abgeleitet und notfalls mit Aktionen durchgesetzt werden. Durch die »Konstruktion« der Tarifverträge wurde die Möglichkeit geschaffen, die IG Metall am betrieblichen Gesamtprozess mit einem eigenen Handlungs- und Gestaltungsanspruch wirkungsvoll zu beteiligen. Dies ist geregelt durch zwei Dinge: (1) dem Gesprächsprozess eine Analyse voranzustellen und (2) den Gesprächen bei erkanntem Handlungsbedarf Verhandlungen mit der IG Metall über einen Zukunftstarifvertrag folgen zu lassen. Im Tarifvertrag im Tarifgebiet Küste wurde zusätzlich die Möglichkeit vereinbart, dass Unternehmen und Betriebsrat einmal jährlich zu Beratungen über das Zukunftsbild des Unternehmens zusammenkommen (vgl. hierzu § 2.1 TV »Zukunft gestalten – Beschäftigung sichern«). Außerdem regelt dieser Tarifvertrag ein Antragsrecht für die Tarifvertragsparteien zu einem Zukunftsprozess.
Ein Beispiel: Aufgrund wegfallender Produktvolumina und eines ansteigenden Automatisierungsgrades in der Fertigung stand bzw. steht der beschriebene Standort eines weltweit-agierenden Unternehmens vor umfassenden Anpassungsherausforderungen hinsichtlich seiner Produkte und Prozesse. Zugleich machen sich die Beschäftigten Sorgen um den Fortbestand des Standortes und

haben individuelle Zukunftsängste. Vor diesem Hintergrund handelten IG Metall und Betriebsrat einerseits sowie Unternehmen und Arbeitgeberverband andererseits den nachfolgend dargestellten (Zukunfts-)Tarifvertrag aus, der den Automatisierungsgrad ausweitet, die gesundheitsschädliche Nachtarbeit verringert, mit einer 4-Tagewoche zur Verbesserung der »Work-Life-Balance« als auch zur CO_2-Reduzierung beiträgt, die Beschäftigung und die Qualifizierung der Beschäftigten sichert und die Weiterentwicklung des Standortes sicherstellt.
Zukunftsvision: *Die Entwicklung stabiler Automatisierungslösungen verschafft dem Standort eine neue Rolle im Konzern und wird hierfür technologisches Leitwerk. Das Werk wird zum wesentlichen Motor in Fragen der Entwicklung zukünftiger Prozesslösungen und damit verbundener Agilität im Konzern. Daneben ist und bleibt das Werk tragende Säule der weltweiten Produktion. (...) Der Standort entwickelt, erprobt und professionalisiert zukünftig prozessseitige Automatisierungslösungen in der Produktion mit dem Ziel weltweiter Zurverfügungstellung. Dafür wird der Standort ein eigenes Automatisierungsteam bilden, die erforderlichen Investitionen zur Verfügung stellen und (...) mit dem konzerninternen Sondermaschinenbau zusammenarbeiten. (...) Das erforderliche Investitionsvolumen beträgt mind. 25 Mio. US-$. (...) Das Unternehmen stellt die Dimensionierung des Maschinen- und Anlagenpark mit einem CtD-Puffer (capacity to demand) von ca. 30 % sicher.*
Viertagewoche: *Die wöchentliche Regelarbeitszeit ist in vier Tagen abgedeckt, dabei fällt die geplante Freischicht auf den Freitag oder Montag. Die Beschäftigten haben im 4-Tage-Schichtmodell Anspruch auf drei zusammenhängende freie Tage, nämlich entweder von Freitag bis Sonntag oder von Samstag bis Montag. (...) Unabhängig davon beträgt der Urlaubsanspruch für Beschäftigte und Auszubildende auch weiterhin 30 Arbeits- / Ausbildungstage im Kalenderjahr und bestimmt sich nach den Regelungen im Flächentarifvertrag. (...) Für den Fall, dass der Mitarbeiter am Tag einer geplanten Freischicht tätig wird, handelt es sich um zuschlagspflichtige Mehrarbeit.*
Beschäftigungszusagen: *Das Unternehmen sichert zu im Zeitraum bis Juli 2025 eine Mindestgröße im Jahresdurchschnitt von mindestens 500 Mitarbeitern einschließlich der Auszubildenden, nicht zu unterschreiten. In jedem Jahr werden mindestens 10 neue Berufsausbildungsverhältnisse begründet. Ab Juli 2025 und bei einer Beschäftigtengröße von jahresdurchschnittlich 550 Beschäftigten erhöht sich die Anzahl der zu begründenden Berufsausbildungsverhältnisse auf 12 und ab einer Beschäftigtengröße von jahresdurchschnittlich 600 Mitarbeitern auf 15. Die Beschäftigung in befristeten Arbeitsverhältnissen wird möglichst vermieden. Das Unternehmen verpflichtet sich, die Anzahl befristeter Arbeitsverhältnisse während der Laufzeit dieses Tarifvertrages insoweit zu begrenzen, als dass maximal 10 % aller Beschäftigten in einem befristeten Arbeitsverhältnis beschäftigt sind. Betriebsbedingte Beendigungs- bzw. Änderungskündigungen sind bis 31. 12. 2030 ausgeschlossen.*
Analog bzw. in vergleichbarer Art und Weise wie vorstehend erläutert, gilt es betriebspolitisch, die Organisationsmacht zu entwickeln und sicherzustellen, gemeinsame Handlungsbedarfe zu analysieren und jeweils rechtzeitig Maßnah-

men zur Gestaltung der Prozess- und Arbeitsorganisation einzuleiten, um den Strukturwandel in den verschiedenen Branchen im Sinne der Beschäftigten zu gestalten.

Eine bedeutende Rolle wird in Zukunftstarifverträgen das Thema Qualifizierung und Weiterbildung einnehmen. Betriebliche Weiterbildungsmentor:innen, die von der IG Metall ausgebildet werden, und gemeinsame Initiativen der Tarifvertragsparteien, wie die Transformationsagenturen in Niedersachsen oder auch in NRW, können und sollen die betrieblichen Akteur:innen beraten und unterstützen. Zielsetzung ist es, gemeinsam mit den Beschäftigten und ihren Interessenvertretungen Zukunftsvorstellungen zu entwickeln und Forderungen zu platzieren, um die Zukunftsgestaltung nicht den Arbeitgebern allein zu überlassen. Es geht darum, die Transformation zu gestalten – sozial, ökologisch und demokratisch!

4. »Wird bezahlt, was verlangt wird?« – Eingruppierung, Arbeitsbewertung und Qualifikation

Mehr als 90 % aller Erwerbstätigen in der Bundesrepublik sind abhängig Beschäftigte, d. h. sie erhalten ihr Einkommen zum wesentlichsten Teil oder vollständig aufgrund eines Arbeitsverhältnisses. Daher sind für diesen Teil der Bevölkerung nicht nur die absolute Höhe der Entgelte sowie die in Tarifauseinandersetzungen erzielten Steigerungsraten von größter Bedeutung, sondern auch alle anderen entgeltbestimmenden Tarifregelungen.
Dabei ist nicht nur wichtig, wie die Grundlagen für die *Höhe* des jeweiligen Einkommens sind, sondern auch wie die *Einkommensunterschiede* oder *Entgeltdifferenzen* in den Betrieben und in der Gesellschaft zustande kommen.
Die größten Unterschiede gibt es hier – im Bereich der sozialversicherungspflichtigen Beschäftigten – schon aufgrund der sog. »*Grundentgeltdifferenzierung*«, die sich aus den Unterschieden in den Tarifentgelte für einzelne tarifvertraglich festgelegte Entgeltgruppen ergeben.
Für die Beschäftigten und für Betriebsräte und Vertrauensleute, die sich um Eingruppierungsfragen kümmern, ist daher wichtig:

- Nach welchen Grundsätzen erfolgt die Eingruppierung?
- Welche Verfahren werden dabei angewandt?
- Wo hat der Betriebsrat hierbei mitzubestimmen?
- Wie lassen sich Höhergruppierungen durchsetzen?
- Wie lassen sich Abgruppierungen verhindern?

4.1 Entgelte in der Metall- und Elektroindustrie

Im Zeitraum von etwa 2005 bis 2010 kam es in den Betrieben der Metall- und Elektroindustrie zu einer grundlegenden Veränderung der Eingruppierungssysteme. Die getrennten Lohngruppen für Arbeiterinnen und Arbeiter sowie die Gehaltsgruppen für Angestellte wurden zu Entgeltgruppen zusammengeführt. In dieser Zeit wurden in allen Tarifgebieten neue Entgelt-Rahmentarifverträge (ERA) abgeschlossen und umgesetzt. Teilweise finden sich in den Betrieben »Restbestandteile« der alten Eingruppierungssysteme, zum Beispiel so genannte Besitzstands- oder Überleitungszulagen.
Für die *Einstufung der Arbeitsaufgaben*, die von Menschen ausgeführt werden und die zu unterschiedlichen Entgelten in einzelnen Entgeltgruppen führen,

gibt es verschiedene, teilweise komplizierte Verfahren, die in diesem Kapitel beschrieben werden.
Die tariflichen Verfahren zur Arbeitsbewertung und Eingruppierung stellen die Grundlage für Konflikte um Entgelte im Betrieb dar. Alle Verfahren enthalten »Interpretationsmöglichkeiten«, über die es im Betrieb zu Konflikten kommen wird. Letztlich sind Entgeltfragen auch Machtfragen. Betriebsräte, Vertrauensleute und Gewerkschaften müssen daher die vereinbarten Regelungen als das ansehen und nutzen, was sie sind: als Instrumente, um Konflikte auszutragen und natürlich auch zu regulieren, um die Interessen der Beschäftigten zur Sicherung und Verbesserung ihrer Eingruppierung, ihrer Qualifizierung und der Arbeitsinhalte ihrer Beschäftigung durchzusetzen.

4.1.1 Stunden-, Monats- und Jahresentgelt

In den Entgelt-Tarifverträgen der Metallindustrie sind grundsätzlich Monatsbeträge vereinbart. Im Niedriglohnbereich und bei der Debatte um Mindestentgelte (»Mindestlohn«) geht es um Stundenentgelte. Bei Führungskräften, Managern und Vorstandsmitgliedern ist dagegen von Jahresentgelten die Rede. Um hier eine Vergleichbarkeit darstellen zu können, werden die Umrechnungsprinzipien dargestellt.

Vom Monatsentgelt zum Stundenentgelt
Aus dem tariflichen Monatsentgelt errechnet sich das Stundenentgelt, in dem es durch wöchentliche Arbeitszeit und den Faktor 4,35 geteilt wird. Unter der Berücksichtigung von Schaltjahren ergibt sich, dass ein Monat durchschnittlich aus 4,35 Wochen besteht.

$$\frac{\textit{Monatsentgelt (€/Monat)}}{\textit{4,35 Wochen pro Monat} \times \textit{wöchentliche Arbeitszeit}} = \textit{Stundenentgelt (€/Std.)}$$

Beispiel 1:
Metallindustrie Hamburg: 35 Stunden pro Woche, Entgeltgruppe 5, Hauptstufe
3465 : (4,35 × 35) = 22,76 €/Std.

Beispiel 2:
Metallindustrie Mecklenburg-Vorpommern: 38 Stunden-Woche, Entgeltgruppe 5, Hauptstufe
3465 : (4,35 × 38) = 20,96 €/Std.

Bei der Debatte um Mindestentgelte bzw. »Mindestlöhne« wird mit einem Stundenentgelt gerechnet.

Beispiel 3 (Stand 1/2025):
Gesetzliches Mindestentgelt: 12,82 €/Std.
Arbeitszeit: 35 Stunden
12,82 × 4,35 × 35 = 1951,85 €/Monat

Beispiel 4 (Stand 1/2025):
Gesetzliches Mindestentgelt: 12,82 €/Std.
Arbeitszeit: 40 Stunden
12,82 × 4,35 × 40 = 2230,68 €/Monat

Vom Monatsentgelt zum Jahresentgelt
Bei der Berechnung des Jahresentgeltes sind neben den 12 Monatsentgelten die jährlichen Einmalbeträge zu berücksichtigen:
Jahresentgelt = 12 × Monatsentgelt + Jahres-Einmalbeträge.
Neben dem Urlaubs- und Weihnachtsgeld wurden in mehreren Tarifrunden der Metall- und Elektroindustrie weitere Einmalbeträge vereinbart, sodass sich folgende Einmalzahlungen ergeben:

- Das zusätzliche Urlaubsentgelt in Höhe von 50 % eines Monatsentgeltes für 6 Wochen Urlaub. Dies entspricht 69 % eines Monatsentgeltes (6 Wochen geteilt durch 4,35 mal 50 Prozent ergibt 69 Prozent);
- Das »Weihnachtsgeld« (Teil eines 13. Monatsentgeltes). Dies beträgt nach 36 Monaten der Beschäftigung in den meisten westdeutschen Tarifgebieten 55 % und in den meisten ostdeutschen Tarifgebieten 50 % eines Monatsentgeltes;
- Das Tarifliche Zusatzentgelt (T-Zug A) in Höhe von 27,5 % eines Monatsentgeltes (dieser Betrag kann für bestimmte Gruppen in 8 freie Tage umgewandelt werden);
- Das Tarifliche Zusatzentgelt (T-Zug B) in Höhe von 18,5 % des Monatsentgeltes der jeweiligen Eck-Entgeltgruppe; ab 2026 in Höhe von 26,5 % des Monatsentgeltes der jeweilige Eck-Entgeltgruppe;
- Das Transformationsgeld (T-Geld), in Höhe von 18,4 % eine Monatsentgeltes

Die zusätzlichen jährlichen Einmalbeträge summieren sich fast auf ein 14. Monatsentgelt.

Beispiel: (Eckentgeltgruppe im Jahr 2025):
69 % + 55 % + 27,5 % + 18,5 % + 18,4 % = 188,4 % eines Monatsentgeltes.
In diesem Fallbeispiel beträgt der Faktor zur Berechnung des Jahresentgeltes: 13,884
Jahresentgelt = 12 × Monatsentgelt mal 13,884

Beispiel: (2025, vereinfacht)
Jahresentgelt = 3500 € pro Monat mal 13,884 = 48 594 € pro Jahr

4.1.2 Entgeltdifferenzierung im Betrieb

Die Tarifverträge in der Metallindustrie regeln für die große Mehrheit der Beschäftigten die Entgelthöhe. Die Spannbreite der tariflichen Grundentgelte reicht im Jahr 2025 je nach regionalem Tarifgebiet von ca. 2650 Euro pro Monat bis ca. 7100 Euro pro Monat. Oberhalb und unterhalb dieser Spannbreite existieren in der betrieblichen Wirklichkeit andere Einkommensniveaus (Übersicht 4.1), z. B. Leiharbeitnehmerinnen und Leiharbeiter, Beschäftigte von Fremdfirmen usw.

Übersicht 4.1: Einkommensunterschiede im Betrieb

Topmanager von Großkonzernen	→	Ab 320.000 Euro/Jahr bis 18,9 Millionen Euro/Jahr
AT-Beschäftigte	→	Etwa ab ca. 7.700 Euro/Monat
Tarifbeschäftigte Metallindustrie	→	Etwa 2650 Euro/Monat bis 7100 Euro/Monat
Beschäftigte Mit Mindestentgelt	→	12,82 € pro Stunde (bei einer 35-Stunden-Woche: 1.951,85 Euro pro Monat

Beschäftigte bei Fremdfirmen erhalten wesentlich niedrigere Entgelte, zum Beispiel, wenn die Kantine bzw. das Werkrestaurant, der Werkschutz und Reinigungsdienste an Fremdfirmen vergeben wurden. Dort gelten entweder Tarifverträge anderer Branchen mit niedrigeren Entgelten oder gar keine Tarifverträge. Das gesetzliche Mindestentgelt (»Mindestlohn«) von 12,82 Euro pro Stunde entspricht bei einer 35-Stunden-Woche 1951,85 Euro pro Monat (Stand 1/2025). Oberhalb der tariflich geregelten Entgelte sind so genannte AT-Beschäftigte angesiedelt (AT = außertariflich). Je nach Definition des regionalen Tarifgebietes (Kapitel 4.6.7) liegen diese Beschäftigten bei Einkommen oberhalb von 7700 Euro pro Monat. Top-Manager, also Geschäftsführer/innen bzw. Vorstandmitglieder von Großkonzernen, verdienen allerdings in ganz anderen Größenordnungen. Hier reichen die Jahresverdienste von ca. 320 000 bis zu 18,9 Millionen Euro pro Jahr. Die Übersicht 4.2 zeigt einen Vergleich von tariflichen Jahresentgelten mit dem Einkommen von Top-Managern der DAX-Unternehmen im Jahre 2024.

Übersicht 4.2: Einkommensunterschiede von Beschäftigten und Management (Jahreseinkommen 2024/25 in Euro)

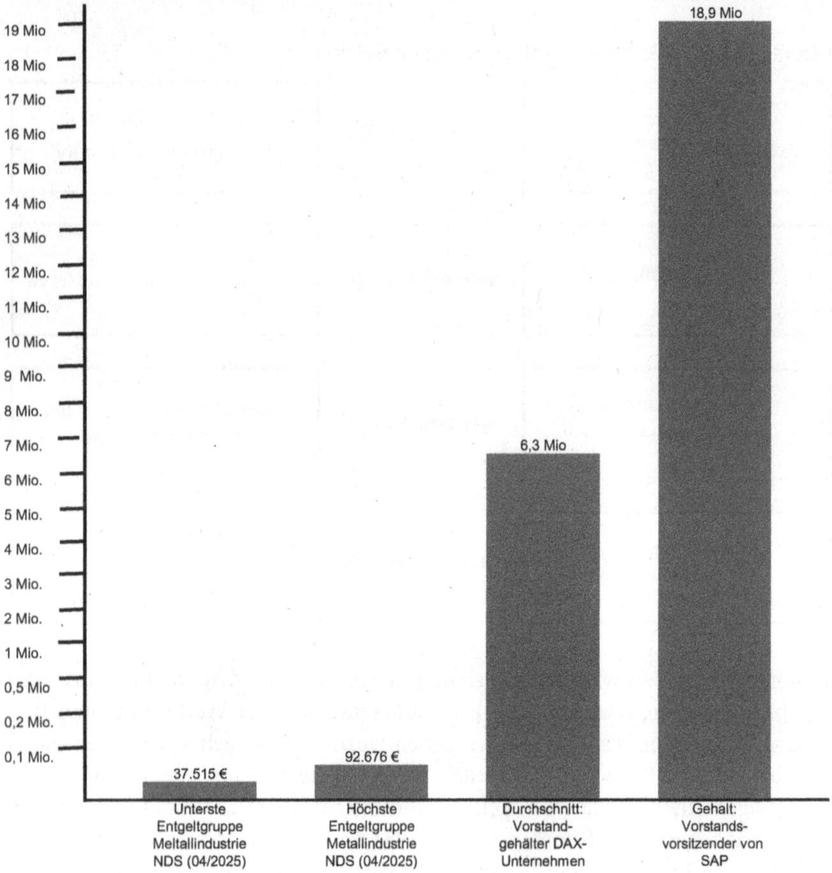

In der gesamten Darstellung dieses Buches werden ausschließlich Bruttoentgelte dargestellt. Für die einzelnen Beschäftigten ist es von entscheidender Bedeutung, »was auf dem Konto ankommt«; also die Nettoentgelte. Die tariflichen Bruttoverdienste vermindern sich um die Steuern und die Sozialabgaben (Renten-, Kranken-, Pflege- und Arbeitslosenversicherung). Je nach Steuerklasse ergeben sich daraus erhebliche Differenzen bei den Netto- gegenüber den jeweiligen Bruttoverdiensten (hier: Grundentgelt zuzüglich durchschnittlichem tariflichen Leistungsanteil; Übersicht 4.3).

Übersicht 4.3: Brutto- und Nettoverdienste (Euro/Monat) Metallindustrie Niedersachsen, Stand 2025

	Brutto	Netto StKl. III/1	Netto StKl. I
EG 13C Zeitentgelt	7343	4899	4205
EG 5B Leistungsentgelt	4154	3019	2644
EG 5B Zeitentgelt	3808	2818	2465
EG 2B Zeitentgelt	2972	2304	2018

4.1.3 Entgeltaufbau

Definition
Entgeltdifferenzierung, oder besser Grundentgeltdifferenzierung, umfasst die Eingruppierung von Beschäftigten in unterschiedliche Entgeltgruppen. Diese Gruppen sind durch tariflich vereinbarte Merkmale beschrieben und ihnen sind im Tarifvertrag unterschiedliche Euro-Beträge pro Monat zugeordnet.

Um die Bedeutung der Entgeltdifferenzierung im Zusammenhang zu sehen und zu verstehen, ist es notwendig, sich den *Entgeltaufbau* zu vergegenwärtigen. Das monatliche Entgelt setzt sich aus mehreren Bestandteilen zusammen, die in Tarifverträgen getrennt geregelt sind (Übersicht 4.4):

- Das *tarifliche Grundentgelt* macht in der Regel den größten Anteil aus. Es ergibt sich aus der jeweiligen Entgeltgruppe. Diese richtet sich in der Metallindustrie nach den Anforderungen der ausgeübten Tätigkeit, die summarisch oder analytisch bewertet und eingestuft werden. Die verschiedenen Entgeltgruppen sind in den Entgelt-Rahmentarifverträgen beschrieben. Diesen Gruppen werden in den jeweiligen Entgelttarifverträgen Euro-Beträge zugeordnet, die für ein oder zwei Jahre abgeschlossen werden.
- Zu den tariflichen Grundentgelten kommen leistungsbezogene Entgeltbestandteile hinzu, die in den verschiedenen Tarifgebieten unterschiedlich geregelt sind. Im Tarifgebiet Baden-Württemberg betragen sie durchschnittlich 15 Prozent des Grundentgeltes. Dazu kann ein »Betrieblich ermöglichter Mehrverdienst (beM)« kommen. In anderen Tarifgebieten wird zwischen Zeitentgelt und Leistungsentgelt unterschieden. Im Tarifgebiet Niedersachsen beträgt die Leistungszulage im Zeitentgelt durchschnittlich mindestens 10 Prozent des Grundentgeltes, im Prämienentgelt je nach Verdienstgrad ca. 20 Prozent (Übersicht 4.5).

Übersicht 4.4: Entgeltaufbau in der Metall- und Elektroindustrie

Übersicht 4.5: Vergleich Tarifentgelte Zeitentgelt/Leistungsentgelt (Eck-Entgeltgruppe)

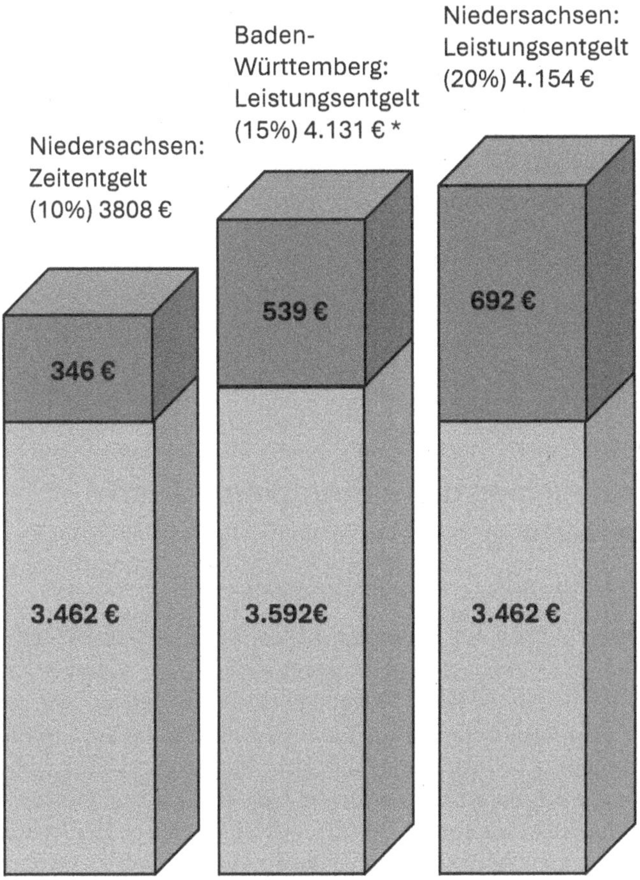

* plus beM = betrieblich ermöglichter Mehrverdienst

- Unter die *tariflichen Zuschläge und Zulagen* fallen alle die Entgeltbestandteile, für die es eine tarifliche Grundlage gibt. Hierzu zählen z. B.
  - zusätzliches Urlaubsgeld
  - Teil eines 13. Monatseinkommens (»Weihnachtsgeld«)
  - Tarifliche Zusatzentgelte
  - Zuschläge für Schicht- oder Nachtarbeit
  - Feiertagszuschläge
  - Zuschläge für Mehrarbeit
  - Belastungszulagen
  - ERA-Überleitungszulagen
  - altersvorsorgewirksame Leistungen
  - zahlreiche regionale Besonderheiten (Gießereizulage usw.)

- *Außertarifliche-/ Übertarifliche Zulagen* sind solche Zulagen des Arbeitgebers, die über die tariflich geregelten Zahlungen hinausgehen, teilweise freiwillig oder auch aufgrund zulässiger Betriebsvereinbarungen gewährt werden. Sie können die unterschiedlichste Form haben, so z. B.
  - zusätzliche Geldbeträge je Stunde oder Monat
  - zusätzliches Weihnachtsgeld
  - zusätzliche Schichtzuschläge
  - Jahresendprämien oder sog. Gewinnbeteiligung
  - freiwillige Besitzstandsregelungen
  - Fahrgeldzuschüsse
  - Essensgeldzuschüsse

In etlichen Betrieben werden keine übertariflichen Zulagen gewährt. Da, wo sie gezahlt werden, gibt es häufig Streit, falls der Arbeitgeber diese Zulagen kürzen will (Kapitel 4.6.6).

4.2 Tarifliche Regelung der Eingruppierung und Arbeitsbewertung

4.2.1 Zwischen Qualifikations- und Anforderungsbezug

»Facharbeiter kommen in die Eck-Entgeltgruppe«, kann man bisweilen in Diskussionen hören. Die Frage: »Was ist denn, wenn ein Facharbeiter einfache Einlegetätigkeiten ausführt?«, löst bisweilen Nachdenklichkeit aus, genauso wie die folgende Frage: »Kann jemand ohne abgeschlossene Berufsausbildung in die Eck-Entgeltgruppe eingruppiert werden?« Allgemein formuliert stellt sich die Frage: »Richtet sich die Eingruppierung nach der Qualifikation von Personen oder der Anforderung von Tätigkeiten?« Noch in den 20er Jahren des letzten Jahrhunderts wurde in den Tarifverträgen der Metallindustrie qualifikationsbezogen eingruppiert entsprechend der Einteilung: Gelernte, Angelernte und Ungelernte. Heute ist in allen regionalen Tarifverträgen der Metallindustrie geregelt, dass die Anforderungen der übertragenen Tätigkeiten für die Eingruppierung maßgeblich sind. Die Anforderungen der Tätigkeiten werden allerdings teilweise durch den Verweis auf Qualifikationen, die für die Ausführung der Tätigkeiten erforderlich sind, beschrieben.
Dazu heißt es in ausgewählten Tarifverträgen:

> **Tarifvertrag**
> *»(1) Die Beschäftigten werden entsprechend ihrer Tätigkeit in eine der Entgeltgruppen […] eingruppiert« […]*
> *(3) Für die Eingruppierung der Beschäftigten in eine Entgeltgruppe ist allein die Tätigkeit maßgebend, nicht die Ausbildung.«*
> § 2 ERA-Tarifvertrag Niedersächsische Metallindustrie

Tarifvertrag
»5.1.1 Gegenstand der Bewertung und Einstufung sind die Anforderungen der entsprechend der betrieblichen Arbeitsorganisation übertragenden Arbeitsaufgaben. [...]
9.1. Der Beschäftigte hat Anspruch auf das Grundentgelt derjenigen Entgeltgruppe, die der Einstufung der im Rahmen der festgelegten Arbeitsorganisation ausgeführten Arbeitsaufgaben entspricht.«
ERA-Tarifvertrag Baden-Württemberg

Tarifvertrag
»Grundlage der Eingruppierung des Beschäftigten ist die Einstufung der übertragenen und auszuführenden Arbeitsaufgabe.«
§ 2 (3) ERA-Tarifvertrag Nordrhein-Westfalen

In allen drei beispielhaften Tarifverträgen kommt zum Ausdruck, dass die Tätigkeit für die Eingruppierung maßgeblich ist. Missverständnisse entstehen häufig deshalb, weil die Anforderungen der Tätigkeit mit einem Verweis auf die erforderliche Ausbildung beschrieben werden. Dazu folgendes Beispiel:

Tarifvertrag
»Entgeltgruppe 5: Tätigkeiten, für die Kenntnisse und/oder Fertigkeiten erforderlich sind, die durch
- *eine abgeschlossene, mindestens dreijährige fachbezogenen Berufsausbildung*
- *oder entsprechende mehrjährige Berufserfahren erworben werden*

Diese Kenntnisse und/oder Fertigkeiten können auch auf anderem Wege erworben werden.«
§ 3 ERA-Tarifvertrag Niedersachsen

Die Anforderung der Tätigkeit wird mit einem Verweis auf eine erforderliche, mindestens dreijährige fachbezogene Berufsausbildung beschrieben. Die Beschreibung ist nicht so zu verstehen, dass alle Beschäftigten, die eine dreijährige Berufsausbildung haben, Anspruch auf die Entgeltgruppe haben. Vielmehr kommen alle Beschäftigten – unabhängig von ihrer Ausbildung – in die Entgeltgruppe 5, wenn sie die Tätigkeit ausüben. Darüber hinaus weist der letzte Satz daraufhin, dass die erforderlichen Kenntnisse und/oder Fertigkeiten auch auf anderen Wegen als durch eine dreijährige Berufsausbildung erlangt werden können. Ähnliche Bestimmungen gelten auch in anderen Tarifgebieten, so z. B. in der bayrischen Metallindustrie:

Tarifvertrag
»Entgeltgruppe 5: Es handelt sich um eine Arbeitsaufgabe, die Entscheidungen bei der Arbeitsausführung voraussetzt.
Die Arbeitsaufgabe erfordert Kenntnisse und Fertigkeiten, wie sie in der Regel durch eine einschlägige mindestens dreijährige abgeschlossene Berufsausbildung erworben werden.
Gleichgestellt werden Kenntnisse und Fertigkeiten, wie sie in der Regel durch eine einschlägige zweijährige abgeschlossene Berufsausbildung und längere zusätzliche fachspezifische Erfahrung erworben werden.

> *Die insgesamt erforderlichen Kenntnisse und Fertigkeiten können auch auf andere Weise erworben werden.«*
> § 3 ERA-Tarifvertrag Bayern

Führt ein Beschäftigter ständig die gleiche Tätigkeit aus, erhält er immer dieselbe Entgeltgruppe.
Dagegen wirft die Eingruppierung entsprechend der übertragenen Tätigkeit dann Probleme auf, wenn ein Arbeitnehmer abwechselnd unterschiedliche Tätigkeiten ausführt:
- Werden **auf Dauer** abwechselnd unterschiedliche Tätigkeiten ausgeführt, so finden sich dazu in den verschiedenen Tarifverträgen detaillierte Regelungen (vgl. Kap. 4.3).
- Werden **vorübergehend** unterschiedliche Tätigkeiten ausgeführt, so sind die teilweise detaillierten Bezahlungsregelungen der Tarifverträge anzuwenden. Hierbei ist darauf zu achten, ob der Arbeitnehmer mit diesen Arbeiten
  - nur vorübergehend
  - oder in geringem Umfang
  - oder vorübergehend und in geringem Umfang beschäftigt wird.

Außerdem spielt eine Rolle, ob es sich um
- höherwertige oder
- geringerwertige Arbeiten handelt.

Die tarifvertraglichen Regelungen sind hier im Detail äußerst unterschiedlich, sodass eine genaue Kenntnis der Tarifverträge erforderlich ist.
Vertritt ein Beschäftigter einen anderen, sind in den Tarifverträgen sog. **Vertretungsregelungen** anzuwenden. Meistens ist dort geregelt, dass bei einer Übernahme einer höherwertigen Tätigkeit erst ab der 7. Woche oder erst ab dem 3. Monat ein Anspruch auf höhere Bezahlung besteht.

Verfahren der Arbeitsbewertung
Ob Qualifikationen oder Anforderungen bewertet werden, ist letztlich eine gesellschaftliche Wertefrage. Die gesellschaftlichen Werte befinden sich in einem Umbruch und sind auch widersprüchlich. So spricht das Gefühl bei vielen Menschen dafür, dass wer länger gelernt und eine qualifiziertere Ausbildung hat, dafür auch später im Beruf mehr Geld verdienen soll. Andererseits spricht ebenso das Gefühl dafür, dass wer eine harte und schwere Arbeit verrichtet, mehr Geld bekommen soll als derjenige, der eine leichte und einfache Arbeit verrichtet. Diese unterschiedliche Herangehensweise lässt sich nur dann miteinander vereinbaren, wenn die Arbeitsorganisation so eingerichtet wird, dass Arbeitnehmer auch ihrer Qualifikation entsprechend im Betrieb eingesetzt werden.
Neben diesen Bewertungskriterien von Qualifikation und Anforderung gibt es aber auch in anderen Kulturen andere Bewertungskriterien. Dazu zählt das sogenannte Senioritätsprinzip. Dies bedeutet, das Einkommen steigt mit dem Alter des Beschäftigten. Unausgesprochen und tarifvertraglich nicht geregelt gibt es aber in unserer Gesellschaftsordnung Strukturen, die sich einer objektiven Betrachtung entziehen, so z. B. dass diejenigen, die in unserer Gesellschaft Mana-

gerfunktionen wahrnehmen, auch automatisch und unwidersprochen damit den Anspruch verbinden, ein Einkommen zu erzielen, das jenseits aller tariflichen Regelungen liegt.
In den Tarifverträgen wurden ausschließlich die Arbeitsanforderungen als Kriterium für die Einstufung der Arbeit und die Eingruppierung der Arbeitnehmer geregelt.

Definition
Arbeitsrechtlich sind zwei Sachverhalte zu unterscheiden: einerseits die Einstufung von Tätigkeiten und andererseits die Eingruppierung von beschäftigten Personen. Die Einstufung von Tätigkeiten ist detailliert in den ERA-Tarifverträgen geregelt, die Eingruppierung von Beschäftigten in den Tarifverträgen und im Betriebsverfassungsgesetz (Kapitel 4.6.1).

Trotz vieler Gemeinsamkeiten finden sich in den regionalen Entgelt-Rahmentarifverträgen zahlreiche unterschiedliche Regelungen, die auf gewachsene regionale Besonderheiten oder unterschiedliche tarifpolitische Zielvorstellungen der jeweiligen Tarifvertragsparteien zurückzuführen sind. Der bedeutendste Unterschied liegt in den Verfahren der Arbeitsbewertung. In den meisten regionalen Entgelt-Rahmentarifverträgen wurde die summarische Arbeitsbewertung vereinbart. Im Tarifgebiet Baden-Württemberg wurde dagegen ein Stufenwertzahlverfahren und in Nordrhein-Westfalen ein Punktbewertungsverfahren vereinbart.

Definition
Eine summarische Arbeitsbewertung liegt vor, wenn die Anforderungen der Arbeit, des Arbeitsplatzes oder des Arbeitsbereiches in einer globalen Betrachtung erfasst werden und anhand von tariflich geregelten Eingruppierungsmerkmalen für die einzelnen Entgeltgruppen eingestuft werden. Den Entgeltgruppen sind im Entgelt-Tarifvertrag Geldbeträge zugeordnet.

Definition
Stufenwertzahl- bzw. Punktbewertungsverfahren leiten sich von der analytischen Arbeitsbewertung ab. Diese liegt vor, wenn die Anforderungen der Arbeit, des Arbeitsplatzes oder des Arbeitsbereiches in tariflich geregelter Einzelanforderung untergliedert werden, diesen eine Stufenwertzahl oder Punkte zugeordnet werden und aus der Summe der so zugeordneten Stufenwertzahlen oder Punkte eine Entgeltgruppe ermittelt wird. Der Entgeltgruppe sind im Entgelt-Tarifvertrag Geldbeträge zugeordnet.

4.2.2 Summarische Arbeitsbewertung

In den Entgelt-Rahmentarifverträgen mit summarischer Arbeitsbewertung sind je nach Region zwischen 10 bis 13 Entgeltgruppen vereinbart, die ein breites Spektrum abdecken: von einfachsten Tätigkeiten über Tätigkeiten, die eine Berufsausbildung erfordern, bis hin zu Tätigkeiten, die neben einer Hochschulausbildung weitere Erfahrungen erfordern. Damit wird ein Spektrum von ca. 2650 Euro pro Monat bis ca. 7100 Euro pro Monat abgedeckt, je nach Region unterschiedlich. Die Entgeltgruppen für die niedersächsische Metallindustrie sind aus der Übersicht 4.6 zu ersehen. Für die norddeutsche Metallindustrie sind die Beschreibungen für die Entgeltgruppen in der Übersicht 4.7 aufgeführt.

Es wird deutlich, dass die Anforderungen an die Tätigkeit global (summarisch) beschrieben werden. Bei der Bewertung wird vorrangig auf die erforderliche Ausbildung abgehoben. Dazu wird mit folgenden Begriffen operiert: Unterweisung, Anlernen, mindestens dreijährige Berufsausbildung, Ausbildung als Meister, Fachwirt oder Techniker, Ausbildung an einer Fachhochschule oder Hochschule. Dies wird ergänzt durch erforderliche zusätzliche Weiterbildungen sowie erforderliche mehrjährige oder langjährige Erfahrung. In jeder Entgeltgruppe findet sich der Hinweis, dass die erforderliche Qualifikation auch auf einem anderen Wege erworben werden kann.

Für die Eck-Entgeltgruppen (in den beiden Beispielen die Entgeltgruppe 5) wird auf eine erforderliche mindestens dreijährige Berufsausbildung abgehoben – unabhängig davon, ob es sich um eine gewerbliche, kaufmännische oder technische Ausbildung handelt. Das heißt, nach Abschluss einer Ausbildung kommen Ausgebildete bei Übertragung einer entsprechenden Tätigkeit in diese Entgeltgruppe 5 und erhalten denselben Geldbetrag, unabhängig davon, ob sie eine Ausbildung als Zerspanungsmechaniker, Bürokaufmann/-kauffrau oder technischer Produktdesigner/-in oder als IT-Systemelektroniker/-in absolviert haben. In der niedersächsischen Metallindustrie wurde die Umstellung auf die angelsächsischen Hochschulabschlüsse berücksichtigt. In den Entgeltgruppen 11 bis 13 sind die Abschlüsse als Bachelor und Master ebenso berücksichtigt wie Fachhochschul- und Universitätsabschlüsse.

Neben den 11 bzw. 13 Entgeltgruppen sehen die beiden genannten Entgelt-Rahmentarifverträge in jeder Entgeltgruppe mehrere Entgeltstufen vor, die jedoch in den beiden Regionen unterschiedlich geregelt sind.

In der niedersächsischen Metallindustrie gibt es für jede Entgeltgruppe 3 Stufen. Die Stufe B ist der Regelfall für eine selbstständige Ausführung der übertragenen Tätigkeiten. Die Stufe A wird während der Einarbeitungszeit von 6 bzw. 12 Monaten bezahlt. Die Stufe C stellt eine Zwischenstufe dar, die einen flexiblen Arbeitseinsatz berücksichtigt. Ebenfalls führen höhere Anforderungen als Stufe B, die jedoch keine Höhergruppierung in die nächsthöhere Entgeltgruppe rechtfertigen, in die Stufe C. Die Entgeltbeträge sind aus Übersicht 4.8 ersichtlich.

Übersicht 4.6

Entgeltgruppentexte der niedersächsischen Metallindustrie

Entgeltgruppe 1: Auszubildende

Entgeltgruppe 2: Tätigkeiten, für die Kenntnisse und/oder Fertigkeiten erforderlich sind, die durch kurzzeitige Unterweisung erworben werden.

Entgeltgruppe 3: Tätigkeiten, für die Kenntnisse und/oder Fertigkeiten erforderlich sind, die durch Anlernen erworben werden.

Entgeltgruppe 4: Tätigkeiten, für die Kenntnisse und/oder Fertigkeiten erforderlich sind, die durch Anlernen und zusätzliche betriebliche Weiterbildung oder Abschluss einer 2-jährigen Berufsausbildung oder Anlernen und mehrjährige Erfahrung im ausgeübten Tätigkeitsfeld erworben werden.

Entgeltgruppe 5 (Eckentgelt): Tätigkeiten, für die Kenntnisse und/oder Fertigkeiten erforderlich sind, die durch eine abgeschlossene, mindestens 3-jährige fachbezogene Berufsausbildung oder entsprechende mehrjährige Berufserfahrung erworben werden. Diese Kenntnisse und/oder Fertigkeiten können auch auf anderem Wege erworben werden.

Entgeltgruppe 6: Tätigkeiten, für die Kenntnisse und/oder Fertigkeiten erforderlich sind, die eine abgeschlossene, mindestens 3-jährige fachbezogene Berufsausbildung und erweiterte berufliche Fertigkeiten voraussetzen. Diese Kenntnisse und/oder Fertigkeiten können auch auf anderem Wege erworben werden.

Entgeltgruppe 7: Tätigkeiten, für die Kenntnisse und/oder Fertigkeiten erforderlich sind, die durch eine abgeschlossene, mindestens 3-jährige fachbezogene Berufsausbildung und eine auf den Betrieb bezogene Weiterbildung oder entsprechende mehrjährige Berufserfahrung erworben werden. Diese Kenntnisse und/oder Fertigkeiten können auch auf anderem Wege erworben werden.

Entgeltgruppe 8: Tätigkeiten, für die Kenntnisse und/oder Fertigkeiten erforderlich sind, die durch eine abgeschlossene, mindestens 3-jährige fachbezogene Berufsausbildung und eine zusätzliche berufliche Weiterbildung (z. B. Assistent/in IHK, Fachberater/in IHK, IT-Spezialist) oder entsprechende Berufserfahrung erworben werden. Diese Kenntnisse und/oder Fertigkeiten können auch auf anderem Wege erworben werden.

Entgeltgruppe 9: Tätigkeiten, für die Kenntnisse und/oder Fertigkeiten erforderlich sind, die durch eine abgeschlossene, mindestens 3-jährige fachbezogene Berufsausbildung und eine höherwertige berufliche Weiterbildung (z. B. Meister/In-IHK, Fachwirt/In-IHK) oder durch entsprechende Berufserfahrung erworben werden. Diese Kenntnisse und/oder Fertigkeiten können auch auf anderem Wege erworben werden.

Entgeltgruppe 10: Tätigkeiten, für die Kenntnisse und/oder Fertigkeiten erforderlich sind, die durch eine Ausbildung an einer Fachschule (z. B. staatlich geprüfte/r Techniker/in, staatlich geprüfte/r Betriebswirt/in) oder eine abgeschlossene mindestens 3-jährige fachbezogene Berufsausbildung und entsprechende mehrjährige Berufserfahrung erworben werden. Diese Kenntnisse und/oder Fertigkeiten können auch auf anderem Wege erworben werden.

Entgeltgruppe 11: Tätigkeiten, für die Kenntnisse und/oder Fertigkeiten erforderlich sind, die durch eine abgeschlossene, bis zu 4-jährige Regelausbildung an einer Hochschule (z. B. Bachelor mit Abschlussprüfung; Fachhochschuldiplom) oder eine abgeschlossene, mindestens 3-jährige fachbezogene Berufsausbildung und eine zusätzliche berufliche Weiterbildung (z. B. staatlich geprüfte/r Techniker/in oder staatlich geprüfte/r Betriebswirtin) und eine mehrjährige entsprechende Berufserfahrung erworben werden. Diese Kenntnisse und/oder Fertigkeiten können auch auf anderem Wege erworben werden.

Entgeltgruppe 12: Tätigkeiten, für die Kenntnisse und/oder Fertigkeiten erforderlich sind, die durch eine mindestens vierjährige Regelausbildung an einer Universität (z. B. Master; Magister; Universitätsdiplom) erworben werden. Diese Kenntnisse und/oder Fertigkeiten können auch durch eine mindestens 3-jährige fachbezogene Berufsausbildung und eine zusätzliche berufliche Weiterbildung (z. B. staatlich geprüfte/rTechniker/in oder staatlich geprüfte/r Betriebswirt/in) und eine langjährige entsprechende Berufserfahrung erworben werden. Diese Kenntnisse und/oder Fertigkeiten können auch auf anderem Wege erworben werden.

Entgeltgruppe 13: Tätigkeiten, für die Kenntnisse und/oder Fertigkeiten erforderlich sind, die durch eine abgeschlossene mindestens vierjährige Regelausbildung an einer Universität (z. B. Master; Magister; Universitätsdiplom) und mehrjährige Berufserfahrung erworben werden. Diese Kenntnisse und/oder Fertigkeiten können auch durch eine mindestens 3-jährige fachbezogene Berufsausbildung und durch eine zusätzliche berufliche Weiterbildung (z. B. staatlich geprüfte/r Techniker/in oder staatlich geprüfte/r Betriebswirt/in) und entsprechende Berufserfahrung, die tief greifende Fachkenntnisse oder fachübergreifende Spezialkenntnisse erfordern, erworben werden. Diese Kenntnisse und/oder Fertigkeiten können auch auf anderem Wege erworben werden.

Übersicht 4.7

Entgeltgruppentexte für die Metallindustrie im Nordverbund

Entgeltgruppe 1: Auszubildende, die in einem anerkannten Ausbildungsberuf i. S. d. Berufsbildungsgesetzes (BBiG) aufgrund eines Berufsausbildungsvertrages ausgebildet werden.

Entgeltgruppe 2: Tätigkeiten, deren Ablauf und Ausführung im Einzelnen festgelegt sind. Erforderlich sind Arbeits- oder Materialkenntnisse oder Geschicklichkeit bei der Arbeitsausführung, die durch eine zweckgerichtete Einarbeitung und Übung von bis zu vier Wochen erlernt werden. Berufliche Vorbildung ist nicht erforderlich.

Entgeltgruppe 3: Tätigkeiten, deren Ablauf und Ausführung weitgehend festgelegt sind. Erforderlich sind Arbeits- oder Materialkenntnisse oder besondere Geschicklichkeit bei der Arbeitsausführung, wie sie in der Regel durch ein systematisches Anlernen von mehr als vier Wochen Dauer erworben werden. Berufliche Vorbildung ist nicht erforderlich.

Entgeltgruppe 4: Tätigkeiten, deren Ablauf und Ausführung teilweise festgelegt sind. Erforderlich sind Kenntnisse und Fertigkeiten, wie sie in der Regel durch eine mindestens zweijährige fachspezifische Ausbildung oder durch eine abgeschlossene dreijährige fachfremde Berufsausbildung erworben werden oder auf einem anderen Wege erworben wurden.

Entgeltgruppe 5 (Eckentgelt): Sachbearbeitende Aufgaben und/oder Facharbeiten, deren Erledigung weitgehend vorgegeben ist. Erforderlich sind Kenntnisse und Fertigkeiten, wie sie in der Regel durch eine abgeschlossene fachspezifische mindestens dreijährige Berufsausbildung oder durch eine abgeschlossene fachfremde Berufsausbildung und eine mehrjährige fachspezifische Berufserfahrung erworben werden oder auf einem anderen Wege erworben wurden.

Entgeltgruppe 6: Schwierige sachbearbeitende Aufgaben und/oder schwierige Facharbeiten, deren Erledigung überwiegend vorgegeben ist. Erforderlich sind Kenntnisse und Fertigkeiten, wie sie in der Regel durch eine abgeschlossene fachspezifische mindestens dreijährige Berufsausbildung und eine mehrjährige Berufserfahrung oder durch eine abgeschlossene fachfremde Berufsausbildung und eine mehrjährige fachspezifische Berufserfahrung sowie zusätzliche spezielle Weiterbildung erworben werden oder auf einem anderen Wege erworben wurden.

Entgeltgruppe 7: Umfassende sachbearbeitende Aufgaben und/oder umfassende Facharbeiten innerhalb des Fachgebietes, deren Erledigung teilweise vorgegeben ist. Erforderlich sind Kenntnisse und Fertigkeiten, wie sie in der Regel durch eine abgeschlossene fachspezifische mindestens dreijährige Berufsausbildung und eine mehrjährige Berufserfahrung sowie zusätzliche spezielle Weiterbildung erworben werden oder auf einem anderen Wege erworben wurden.

Entgeltgruppe 8: Fachgebietsübergreifende Aufgabengebiete, deren Erledigung im Rahmen von bestimmten Richtlinien erfolgt. Erforderlich sind Kenntnisse und Fertigkeiten, wie sie in der Regel durch eine abgeschlossene zweijährige Fachschulausbildung oder durch eine abgeschlossene fachspezifische mindestens dreijährige Berufsausbildung und eine langjährige Berufserfahrung sowie eine zusätzliche spezielle Weiterbildung erworben werden, oder auf einem anderen Wege erworben wurden.

Entgeltgruppe 9: Komplexe Aufgabengebiete im Rahmen von Richtlinien. Erforderlich sind Kenntnisse und Fertigkeiten, wie sie in der Regel durch eine abgeschlossene Hochschulausbildung oder durch eine abgeschlossene zweijährige Fachschulausbildung und eine mehrjährige Berufserfahrung sowie eine zusätzliche spezielle Weiterbildung erworben werden oder auf einem anderen Wege erworben wurden.

Entgeltgruppe 10: Aufgabenbereiche im Rahmen von allgemeinen Richtlinien. Erforderlich sind Kenntnisse und Fertigkeiten, wie sie in der Regel durch eine abgeschlossene Hochschulausbildung erworben werden oder auf einem anderen Wege erworben wurden.

Entgeltgruppe 11: Komplexe Aufgabenbereiche – teilweise nach allgemeinen Richtlinien. Erforderlich sind Kenntnisse und Fertigkeiten, wie sie in der Regel durch eine abgeschlossene Hochschulausbildung und eine langjährige fachspezifische Berufserfahrung sowie gegebenenfalls eine entsprechende Fortbildung erworben werden oder auf einem anderen Wege erworben wurden.

Übersicht 4.8: Entgelttabelle Niedersächsische Metallindustrie

Entgelttabelle: Niedersächsische Metallindustrie (Euro pro Monat)			
gültig bis 31. März 2026			
Entgeltgruppe/ Entgeltstufe	A	B	C
E 1	1.Ausbildungsjahr: 1.226 2.Ausbildungsjahr: 1.294	3. Ausbildungsjahr: 1.396 4. Ausbildungsjahr: 1.464	
E 2	2.620*	2.702	2.723
E 3	2.744	2.789	2.852
E 4	2.885	2.922	3.071
E 5	3.255	3.462	3.506
E 6	3.547	3.594	3.672
E 7	3.780	3.865	3.957
E 8	4.047	4.179	4.236
E 9	4.261	4.341	4.408
E 10	4.492	4.556	4.607
E 11	4.670	4.889	5.111
E 12	5.327	5.545	5.765
E 13	6.010	6.482	6.675
*E 2 A: Vorübergehende Aushilfstätigkeit, insbesondere für Schüler, Studenten, sofern sie nicht im Leistungsentgelt beschäftigt sind.			

In der Metallindustrie im Nordverbund sind die Zusatzstufen an Kriterien gebunden; siehe Übersicht 4.9 Zur besseren Differenzierung des Anforderungsbezugs sind im Entgeltsystem neben der »Grundeingruppierung« auch Zusatzstufen vorgesehen. Die Erreichbarkeit dieser Stufen ist abhängig von Kriterien, die aber nicht über das Anforderungsniveau einer Entgeltgruppe hinausgehen, sondern gewissermaßen die Bandbreite zwischen zwei Entgeltgruppen ausfüllen. Als Merkmale wurden Flexibilität, Verantwortung und Kooperation festgelegt.

Übersicht 4.9: Zusatzstufen in der norddeutschen Metallindustrie

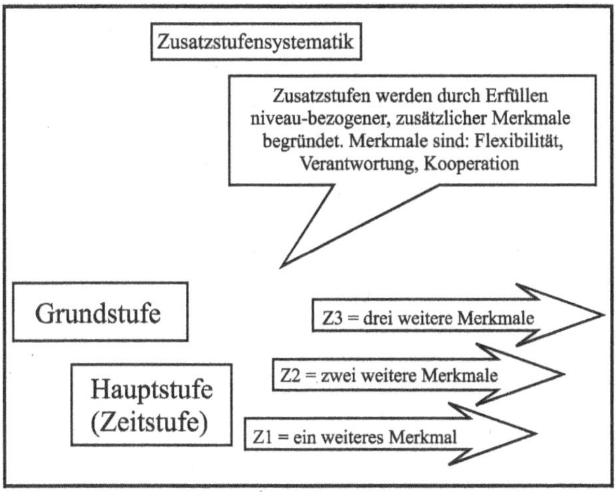

Die Voraussetzungen für die Zusatzstufen sind erfüllt, wenn die übertragene Arbeit zusätzlich Anforderungen in einem Maße stellt, das oberhalb des allgemeinen Anforderungsniveaus der Hauptstufe, aber unterhalb der nächsten Gruppe liegt.

In diesem Sinne ist

- »Flexibilität« die Anforderung, verschiedene bzw. verschiedenartige, aber der Wertigkeit der Entgeltgruppe entsprechende Arbeiten im Wechsel auszuführen,
- »Verantwortung« die Anforderung, Aufgaben mit Entscheidungsspielraum zu erledigen,
- »Kooperation« die Anforderung, Arbeiten auszuführen, deren Erledigung wiederkehrend die Abstimmung mit anderen notwendig macht.

Damit werden den Beschäftigten Chancen eröffnet, auch schon bei »kleineren« Veränderungen der Arbeitsanforderungen, die aber keine Höhergruppierung rechtfertigen würden, eine Entgeltentwicklung durchzusetzen. Im Übrigen steigt damit auch die Durchlässigkeit, denn erfahrungsgemäß lassen sich Höhergruppierungen leichter durchsetzen, wenn die »Entgeltsprünge« nicht so groß sind.

Für die norddeutsche Metallindustrie ergibt sich demgemäß die folgende Entgelttabelle (Metallindustrie Hamburg/Unterweser).

Übersicht 4.10: Entgelttabelle Metallindustrie Hamburg/Unterweser

Entgelttabelle Hamburg/Unterweser					
gültig bis 31. März 2026					
Entgelt-gruppe	1.Ausbil-dungsjahr	2.Ausbil-dungsjahr	3.Ausbil-dungsjahr	4.Ausbil-dungsjahr	
EG 1	1.332	1.366	1.400	1.434	
	Grundstufe	Hauptstufe	Zusatz-stufe 1	Zusatz-stufe 2	Zusatz-stufe 3
EG 2	2.821	2.924			
EG 3	2.910	3.015	3.120		
EG 4	3.067	3.156	3.243	3.331	
EG 5	3.377	3.465	3.553	3.637	3.727
EG 6	3.645	3.732	3.866	3.951	4.038
EG 7	3.914	4.033	4.164	4.282	4.404
EG 8	4.611	4.729	4.864	4.985	5.102
EG 9	5.339	5.494	5.626	5.783	
EG 10	6.089	6.333	6.508		
EG 11	6.876	7.117			

Für die einzelnen Entgeltgruppen sind in einigen Tarifverträgen zusätzliche tarifliche Niveaubeispiele vereinbart, so z. B. im Bezirk Mitte (Hessen, Rheinland-Pfalz, Saarland und Thüringen). Diese Niveaubeispiele sollen bei der betrieblichen Umsetzung der Entgelt-Rahmentarifverträge zusätzlich zu den Texten der Entgeltgruppe Orientierungspunkte für die betriebliche Eingruppierung geben. Im Streitfall sind allerdings die Entgeltgruppentexte maßgebend. Die Übersicht 4.11 zeigt ein tarifliches Niveaubeispiel aus Hessen.

In der niedersächsischen Metallindustrie werden diese Beispiele Richtbeispiele genannt. Es gibt keine tariflichen Richtbeispiele, aber es sind betriebliche Richtbeispiele zwischen Betriebsrat und Arbeitgeber zu vereinbaren. Bei Streitigkeiten entscheidet unter bestimmten Bedingungen im jeweiligen Einzelfall eine tarifliche Schlichtungsstelle verbindlich.

Übersicht 4.11

Tarifliches Niveaubeispiel für die summarische Arbeitsbewertung (Hessen)
Arbeitsaufgabe: Führen von Transferstraßen zur mechanischen Bearbeitung
Arbeitsbeschreibung: Vorbereiten u. Rüsten v. Transfermaschinen in Serienfertigung. CNC-gesteuerte Bearbeitungsmaschine nach Plan rüsten, Messeinrichtungen umbauen, kalibrieren und einstellen. Werkzeugwechsel an allen Stationen durchführen. Teile und Materialien bereitstellen, Werkzeuge vorbereiten. Schnittwerte und Werkzeuge nach Tabellen, Zeichnung bzw. Einstellplan einstellen. Probeteil fertigen, ggf. abnehmen lassen und Einstelldaten bei Bedarf korrigieren
Bearbeiten und Prüfen von Werkstücken: Programme einlesen und Transferstraße in Betrieb nehmen. Teile- und Maßkontrollen durchführen, Korrekturdaten ermitteln + eingeben, Ergebnisse dokumentieren. Maschinenablauf überwachen, ggf. unterbrechen. Teile auf Maßhaltigkeit + Beschaffenheit prüfen. Nacharbeit + Ausschuss dokum. Fehlerschwerpunkte analys., Abhilfemaßn. einleiten+weitere Qualitätsentwickl. verfolgen.
Beseitigen von Störungen: Störungen (z. B. Werkzeugbruch, Kühlmittelstörungen) an Maschinen lokalisieren und beheben bzw. beheben lassen. Störungsursachen feststellen und Maßnahmen zur Prozessoptimierung entwickeln und kommunizieren.
Durchführen von Wartungs- und Instandsetzungsarbeiten: Wartungs-/Reinigungsarbeiten nach Plan durchführen. Instandsetzungs- u. Wartungsintervalle überwachen. Mithilfe b. umfangreichen Anlagenreparaturen.
Ausbildung und Erfahrung: Es ist eine 3 1/2-jährige fachspezifische Berufsausbildung erforderlich. Das Bedienen, Rüsten und Einrichten von verketteten, numerisch gesteuerten Werkzeugmaschinen mit verknüpften elektronischen, mechanischen, hydraulischen und pneumatischen Maschinenkomponenten, das Bearbeiten und Prüfen von Werkstücken sowie die Korrektur von Einstelldaten, das Einstellen der Werkzeuge und Messstationen und die Störungsanalyse erfordern eine mehrjährige Berufserfahrung.
Entgeltgruppe: E 6

4.2.3 Stufenwertzahl- bzw. Punktbewertungsverfahren

In zwei Tarifgebieten der Metallindustrie sind Arbeitsbewertungsverfahren vereinbart, die sich von der analytischen Arbeitsbewertung ableiten: das Stufenwertzahlverfahren in Baden-Württemberg und das Punktbewertungsverfahren in NRW.

Das Stufenwertzahlverfahren im ERA-TV in Baden-Württemberg

Das Stufenwertzahlverfahren ist vom Grundsatz her ein analytisches Verfahren zur Bewertung von Arbeitsaufgaben unter Berücksichtigung einiger Grundsätze der Arbeitsbewertung.

Die Arbeitsaufgabe, die sich durch die Arbeitsorganisation ergibt, wird zunächst ganzheitlich betrachtet. Bei der Bewertung der Arbeitsaufgabe sind alle Teilaufgaben zu berücksichtigen, soweit sie die Arbeitsaufgabe in ihrer Wertigkeit prägen.

Die Merkmale und Merkmalsstufen sind aus Übersicht 4.12 ersichtlich.

So ist z. B. ein für die Arbeitsaufgabe erforderlicher Staplerführerschein bei einer ansonsten geringen Anforderung wertigkeitsprägend, bei einer Facharbeit hingegen nicht, da diese Qualifikation aufgrund der »relativ groben« Differenzierung des Systems zu keiner höheren Bewertung führt. Bei einer Arbeitsaufgabe mit einer ansonsten geringen Anforderung ist das Kopieren an einem relativ einfachen Kopiergerät wertigkeitsprägend, bei Sekretariatsaufgaben hingegen nicht (siehe Bewertungsmerkmal »Wissen und Können«).

Grundlage für die Einstufung ist eine Beschreibung der Arbeitsaufgabe. Auf diese Beschreibung kann nur mit Zustimmung beider Seiten verzichtet werden. Im Falle einer Reklamation ist allerdings immer eine Beschreibung der Arbeitsaufgabe vorzunehmen.
Die Beschränkung bei der Bewertung der Arbeitsaufgabe auf die wertigkeitsprägenden Elemente erleichtert die Aufgabenbeschreibung.
Bei der Beschreibung der Arbeitsaufgabe wird die Gesamtarbeitsaufgabe – da, wo notwendig und sinnvoll – in Teilaufgaben aufgegliedert. Die Form der Aufgabenbeschreibung ist da, wo möglich, allgemein gehalten. Insoweit sind die Aufgabenbeschreibungen Niveaubeschreibungen. D. h., eine Anforderung wird beschrieben, unabhängig von einer Technologie, da es für die Anforderung unerheblich ist, ob diese bei einer CNC-Drehmaschine oder einer CNC-Fräsmaschine abgefordert wird.
Die Übersicht 4.13 zeigt beispielhaft eine Arbeitsbeschreibung für »Arbeiten an elektrischen/elektronischen Anlagen der Haus- und Betriebstechnik«.
Mit dem Stufenwertzahlverfahren wurde an die Erfahrungen mit der analytischen Arbeitsbewertung (die in Nordwürttemberg/Nordbaden im gewerblichen Bereich vor der ERA-Einführung die zentrale Rolle spielte) und der summarischen Arbeitsbewertung (die im Angestelltenbereich und den Südtarifgebieten die zentrale Rolle spielte) angeknüpft.
Die klassische Analytik wurde den neuen Anforderungen nicht mehr gerecht. Einerseits ist die analytische Arbeitsbewertung mittelbar diskriminierend, da Belastungen bei der Findung der Arbeitswertgruppe mit berücksichtigt wurden. Da der Arbeitswertgruppenschlüssel wie auch der Lohngruppenschlüssel bei der Anwendung von summarischen Arbeitsbewertungssystemen progressiv ist, führt dies zu Recht unterschiedlichen Entgelten bei gleicher bzw. vergleichbarer Belastung, je nachdem, ob sich die Arbeitsaufgabe eher unten in der Hierarchie oder oben befindet. Im unteren Bereich ist jedoch der überwiegende Teil der Frauen beschäftigt. Andererseits werden bestimmte Anforderungen, die sich aus den geänderten Arbeitsaufgaben ergeben, nicht berücksichtigt. Des Weiteren ist die klassische Analytik nicht auf Angestelltenaufgaben übertragbar und nicht mehr praktikabel aufgrund der sehr feinen Differenzierung innerhalb der Bewertungsmerkmale.
Ein System, das sehr fein differenziert, erfordert auch eine sehr ausführliche Aufgabenbeschreibung. In der Zeit, in der die Analytik entstand, hatte dies seine Berechtigung, war doch die Arbeit geprägt durch den Taylorismus und die Massenproduktion. In der heutigen Arbeitswelt ist jedoch die Veränderung der Arbeitsorganisation und damit der Arbeitsaufgaben ein ständiger Prozess. Dies kann in den Arbeitsbeschreibungen in der Regel nicht nachgehalten werden. Selbst wenn es nachgehalten werden kann, so ergibt sich oft eine höhere Bewertung, aber kein höheres Entgelt, da die Arbeitswertgruppen letztendlich die feine Differenzierung wieder aufheben, da es eine Arbeitswertgruppe immer für eine Spanne von Arbeitswerten gibt. Die klassische summarische Arbeitsbewertung differenziert nach Ansicht der Vertreter der Analytik wiederum zu grob.

Das Ergebnis der Diskussion über das neue Arbeitsbewertungsverfahren ist eine neue Sicht auf Arbeit. Es ist ein System, das Arbeitsaufgaben insgesamt betrachtet und sich bei der Bewertung auf diejenigen Bewertungsmerkmale analytisch konzentriert, die die Arbeit in der Metall- und Elektroindustrie prägen und eine Gleichbehandlung der unterschiedlichen Beschäftigtengruppen gewährleistet.
Die Grundüberlegung für das neue System war, dass eine Arbeitsaufgabe dann erfüllt wird, wenn »Wissen und Können« im Rahmen von »Denken« und »Handlungsspielraum« in Zusammenarbeit mit anderen (»Kommunikation«) umgesetzt werden. Soweit fachliche und/oder disziplinarische Führungsaufgaben vorliegen, werden diese im fünften Merkmal »Mitarbeiterführung« ebenfalls erstmals mit berücksichtigt. Die Differenzierung innerhalb der Merkmale wiederum erfolgt über eine unterschiedliche Anzahl von summarisch beschriebenen Stufen.
Die Differenzierung (Gewichtung) der Bewertungsmerkmale untereinander und ihre jeweiligen Stufen erfolgt über die Festlegung von Punkten/Wertzahlen.
Es werden folgende Merkmale berücksichtigt:

1. Wissen und Können,
2. Denken,
3. Handlungsspielraum,
4. Kommunikation und
5. Mitarbeiterführung.

Für diese Merkmale sind Merkmalsstufen im Tarifvertrag definiert, die sich aus der Übersicht 4.12 ergeben.
Die Bewertungsmerkmale im Einzelnen:

Wissen und Können

Bei diesem Bewertungsmerkmal wird unterschieden in Anlernen/Übung, Ausbildung und in einer auf einer Ausbildung aufbauenden Berufserfahrung. Dabei ist es unerheblich, ob Beschäftigte ein Zertifikat besitzen oder nicht.
Entscheidend ist die Tatsache, dass die Arbeitsaufgabe ausgeführt werden kann. »Wissen und Können« umfasst die Kenntnisse und das körperliche Können bzw. die Fertigkeiten (Geschicklichkeit), die erforderlich sind, um die Arbeitsaufgabe zu erfüllen. Zu den fachlichen Anforderungen der Arbeitsaufgabe gehören auch die für die Erfüllung der Arbeitsaufgabe notwendigen Kenntnisse/Erfahrungen über: das Arbeitsumfeld, die Arbeitsabläufe sowie in den Bereichen Konfliktlösung, Moderationstechniken und Präsentationstechniken.
Bei der Bewertung des körperlichen Könnens bzw. der Fertigkeiten sind das erforderliche Reaktionsvermögen und die Geschicklichkeit zu berücksichtigen, d.h. die Sicherheit, Genauigkeit und der Freiheitsgrad der Bewegungen des Körpers und einzelner Gliedmaßen. Bewertet werden alle erforderlichen Kenntnisse und körperliches Können bzw. Fertigkeiten, unabhängig davon, wie oft bzw. wie lange diese in Anspruch genommen werden, soweit sie die Arbeitsaufgabe in ihrer Wertigkeit prägen. Bezugspunkt der Bewertung ist das durch eine Hauptschulausbildung mindestens vermittelte Wissen, welches üblicherweise bei durchschnittlich geeigneten Mitarbeitern vorausgesetzt werden kann.

Übersicht 4.12

Merkmale und Merkmalstufen (ERA-Tarifvertrag Baden-Württemberg)		
Wissen und Können		
A1	Kenntnisse, körperliches Können bzw. Fertigkeiten, die eine einmalige Arbeitsunterweisung und kurze Übung erfordern.	Punkte: 3
A2	Kenntnisse, körperliches Können bzw. Fertigkeiten, die eine Arbeitsunterweisung und längere Übung erfordern.	Punkte: 4
A3	Kenntnisse, körperliches Können bzw. Fertigkeiten, die eine Arbeitsunterweisung und Übung über mehrere Wochen erfordern	Punkte: 5
A4	Kenntnisse, körperliches Können bzw. Fertigkeiten, die ein systematisches Anlernen über einen Zeitraum der Stufe A3 hinaus erfordern, wobei das Anlernen auch die Vermittlung theoretischer Kenntnisse umfassen kann.	Punkte: 7
A5	Kenntnisse, körperliches Können bzw. Fertigkeiten, die ein umfangreiches systematisches Anlernen über ein halbes Jahr hinaus erfordern.	Punkte: 9
B1	Abgeschlossene, in der Regel zweijährige Berufsausbildung i. S. des BBiG.	Punkte: 10
B2	Abgeschlossene, in der Regel drei- bis dreieinhalbjährige Berufsausbildung i. S. des BBiG.	Punkte: 13
B3	Abgeschlossene Berufsausbildung i. S. des BBiG und eine darauf aufbauende abgeschlossene, in der Regel einjährige Vollzeit-Fachausbildung (z. B. Meister-Ausbildung IHK).	Punkte: 16
B4	Abgeschlossene Berufsausbildung i. S. des BBiG und eine darauf aufbauende abgeschlossene, in der Regel zweijährige Vollzeit-Fachausbildung (z. B. staatlich geprüfter Techniker).	Punkte: 19
B5	Abgeschlossenes Fachhochschulstudium.	Punkte: 24
B6	Abgeschlossenes Universitätsstudium.	Punkte: 29

Denken

D1	Einfache Aufgaben, die eine leicht zu erfassende Aufnahme und Verarbeitung von Informationen beinhalten.	Punkte: 1
D2	Aufgaben, die eine schwerer zu erfassende Aufnahme und Verarbeitung von Informationen erfordern oder Aufgaben, die es erfordern, standardisierte Lösungswege anzuwenden.	Punkte: 3
D3	Aufgaben, die eine schwierige Erfassung und Verarbeitung von Informationen erfordern, oder Aufgaben, die es erfordern, aus bekannten Lösungsmustern zutreffende Lösungswege auszuwählen und anzuwenden.	Punkte: 5
D4	Umfangreiche Aufgaben, die es erfordern, bekannte Lösungsmuster zu kombinieren.	Punkte: 8
D5	Problemstellungen, die es erfordern, bekannte Lösungsmuster weiterzuentwickeln.	Punkte: 12
D6	Neuartige Problemstellungen die es erfordern, neue Lösungsmuster zu entwickeln.	Punkte: 16
D7	Neue komplexe Problemstellungen, die innovatives Denken erfordern; längerfristige Entwicklungstrends sind zu berücksichtigen.	Punkte: 20

Erfahrung

E1	bis zu einem Jahr	Punkte: 1
E2	mehr als 1 Jahr/bis zu 2 Jahren	Punkte: 3
E3	mehr als 2 Jahre/bis zu 3 Jahren	Punkte: 5
E4	mehr als 3 Jahre/bis zu 5 Jahren	Punkte: 8
E5	mehr als 5 Jahre	Punkte: 10

Handlungsspielraum/Verantwortung

H1	Die Arbeitsdurchführung erfolgt nach Anweisungen.	Punkte: 1
H2	Die Arbeitsdurchführung erfolgt nach Anweisungen mit geringem Handlungsspielraum bei einzelnen Arbeitsverrichtungen (einzelne Arbeitsstufen innerhalb einer Teilaufgabe).	Punkte: 3
H3	Die Arbeitsdurchführung erfolgt nach Anweisungen mit Handlungsspielraum bei einzelnen Teilaufgaben (Teil eines Gesamtauftrages oder Arbeitsablaufes).	Punkte: 5
H4	Die Arbeitsdurchführung erfolgt nach Anweisungen mit Handlungsspielraum innerhalb der Arbeitsaufgabe.	Punkte: 7
H5	Die Arbeitsdurchführung erfolgt nach allgemeinen Anweisungen mit erweitertem Handlungsspielraum innerhalb der Arbeitsaufgabe. Alternative Handlungswege bzw. Möglichkeiten sind gegeben.	Punkte: 9
H6	Die Arbeitsdurchführung erfolgt nach Zielvorgaben mit Handlungsspielraum für ein Aufgabengebiet. Zur Aufgabendurchführung ist der selbständige Einsatz bekannter Methoden und Hilfsmittel erforderlich.	Punkte: 11
H7	Die Arbeitsdurchführung erfolgt nach Zielvorgaben mit erweitertem Handlungsspielraum für ein komplexes Aufgabengebiet.	Punkte: 14
H8	Die Arbeitsdurchführung erfolgt nach allgemeinem Zielen mit weitgehendem Handlungsspielraum für ein umfangreiches Aufgabengebiet.	Punkte: 17

Kommunikation

K1	Informationseinholung und -weitergabe zur Erledigung der Arbeitsaufgabe (z. B. Auftrag entgegennehmen und abmelden, auftretende Abweichungen melden).	Punkte: 1
K2	Abstimmung in routinemäßigen Einzelfragen in direktem Zusammenhang mit der Arbeitsaufgabe (z. B. auftretende Abweichungen durchsprechen und abstimmen).	Punkte: 3
K3	Abstimmung über routinemäßige Einzelfragen hinaus bei häufig unterschiedlichen Voraussetzungen in direktem Zusammenhang mit der Arbeitsaufgabe (z. B. auftretende Abweichungen klären).	Punkte: 5
K4	Abstimmung und Koordinierung im Rahmen des übertragenen Aufgabenkomplexes bei gleicher Gesamtzielsetzung. Unterschiedliche Interessenlagen treten auf.	Punkte: 7
K5	Interessenvertretung für den übertragenen Aufgabenkomplex gegenüber Anderen, bei unterschiedlichen Zielsetzungen (z. B. Gespräche Einkäufer mit Lieferant).	Punkte: 10
K6	Verhandlungen von funktionsübergreifender Bedeutung mit Anderen, bei unterschiedlichen Zielsetzungen.	Punkte: 13

Mitarbeiterführung

F1	Erteilen v. Anweisungen unter konstanten + überschaubaren Rahmenbedingungen+Zielen	Punkte: 2
F2	Erläuterung der Ziele und Abklärung der Aufgabenstellung mit Anhörung der Mitarbeiter. Sich ändernde Rahmenbeding. u. deren Auswirkungen s. nach Art+Umfang überschaubar.	Punkte: 3
F3	Erreichung eines gemeinsamen Aufgabenverständnisses zur Zielerreichung, auch bei teilweise unterschiedlicher Interessenlage. Sich ändernde Rahmenbedingungen und deren Auswirkungen sind abschätzbar.	Punkte: 4
F4	Gemeinsame Entwicklung von aufgaben-/bereichsbezogenen sowie individuellen Zielen bei teilweise unterschiedlicher Interessenlage. Sich ändernde Rahmenbedingungen und deren Auswirkungen sind schwerer abschätzbar.	Punkte: 5
F5	Gemeinsame, auf persönliche Überzeugung der Mitarbeiter ausgerichtete Entwicklung und Ausgestaltung von aufgaben-/bereichsbezogenen sowie individuellen Zielen, bei häufig unterschiedlichen Interessenlagen, mit eigenen und/oder anderen Mitarbeitern. Sich ändernde Rahmenbedingungen und deren Auswirkungen sind schwer abschätzbar, funktions- und/oder bereichsübergreifend.	Punkte: 7

Schulabschlüsse, die als Zugangsvoraussetzung für eine bestimmte Ausbildung erforderlich sind, werden nicht zusätzlich zu dieser bewertet. Die bei der jeweils vorausgesetzten Schulausbildung vermittelten Kenntnisse sind bei der Bewertung der Ausbildung bereits berücksichtigt. D. h., ein notwendiges Abitur wird nicht zusätzlich bewertet, sondern ist bei der Hochschulausbildung bereits beinhaltet.
Bei der Bewertung wird der jeweils aktuelle Inhalt beruflicher oder akademischer sowie betrieblicher Ausbildung berücksichtigt, der notwendig ist, um die Arbeitsaufgabe zu erfüllen.

Denken
Zu dem Bewertungsmerkmal »Denken« gibt es zwei Zugänge. In den Stufen 1 bis 3 werden die Anforderungen an die Aufnahme und Verarbeitung von Informationen bewertet (z. B. Konzentration bei Prüfaufgaben, angespannte Bereitschaft und notwendiges Eingreifen und Handeln bei Überwachungsaufgaben). Die Notwendigkeit der bewussten Ausschaltung ablenkender/störender Reize wird bei der Schwierigkeit und Komplexität des Denkens mit berücksichtigt. In den Stufen 2 und 3 können alternativ auch die Schwierigkeit und Komplexität der Aufgabe und Probleme bewertet werden (je nachdem, was höher bewertet werden kann). Ab der Stufe 4 gibt es nur noch den Zugang über die Schwierigkeit und Komplexität der Arbeitsaufgabe.

Handlungsspielraum/Verantwortung
Bei diesem Merkmal werden der Freiheitsgrad und die daraus resultierende Verantwortung bewertet, wobei zu berücksichtigen ist, ob und inwieweit Arbeitsorganisation, Arbeitsablauf, technische Sicherung und Art der Kontrolle den Handlungsspielraum und die Verantwortung begrenzen.

Kommunikation
Mit diesem Merkmal wird der Grad der Anforderungen bewertet, die sich aus dem Austausch von Informationen, der notwendigen Zusammenarbeit, den erforderlichen Abstimmungen bzw. Koordination sowie der Interessenvertretung gegenüber anderen Stellen innerhalb und/oder außerhalb einer Arbeitsgruppe bzw. eines Arbeitsbereichs ergeben.

Mitarbeiterführung
Bewertet wird mit diesem Merkmal der erforderliche Kommunikationsprozess zur Führung, wie z. B. Förderung, Betreuung, Beurteilung – unter Beachtung der Rahmenbedingungen. Unter Rahmenbedingungen werden z. B. Geschäftsprozesse, Ressourcen, Mitarbeiterstruktur (u. a. Anzahl, Qualifikation), Personalentwicklung und Arbeitssicherheit verstanden.

Für das Beispiel »Instandhaltung von elektrischen/elektronischen Anlagen« ergibt sich folgende Bewertung:

Übersicht 4.13: Instandhaltung von elektrischen/elektronischen Anlagen

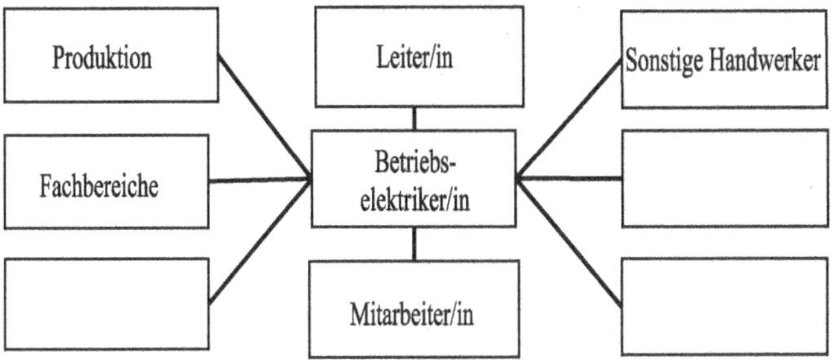

Beschreibung der Arbeitsaufgabe

Durchführen von Reparaturarbeiten	Analysieren von Fehler- und Störursachen an elektrischen/elektronischen Anlagen, Schaden lokalisieren, Art und Umfang der Störungs- und Schadensbehebung innerhalb bestimmter Grenzen festlegen und durchführen. In den Fällen, in denen über den Rahmen routinemäßiger Einzelfragen hinaus Abstimmungsprozesse erforderlich sind, mit dem Vorgesetzten Vorschläge zur Schadenserhebung abstimmen. Die instandgesetzten Anlagen auf sachgerechte Ausführung der Reparaturen prüfen und in Betrieb nehmen. Durchführung umfangreicher und schwieriger Reparaturen. Ausarbeiten und Zeichnen (auch mit PC) sowie Korrigieren und Dokumentieren von Schaltplänen. Anfertigen von Stromlauf- und Klemmplänen sowie Anpassungen und Korrigieren von Programmen für speicherprogrammierbare Steuerungen.
Durchführen von Wartungs- und Instandhaltungsarbeiten	Durchführen schwieriger und hochwertiger Wartungs- und Instandhaltungsarbeiten an elektronischen Steuerungssystemen nach vorliegenden Wartungsplänen und teils nach Anweisung durch den Vorgesetzten.
Erstellen von Neuanfertigungen	Neuanlagen und Erweiterungen werden generell nach vorgegebenen Plänen erstellt.
Führen von Mitarbeitern	Anleiten und Unterweisen von Mitarbeitern – ggf. auch von Mitarbeitern anderer Stellen – mit geringer Erfahrung bzw. Qualifikation. Mitarbeiter entsprechend ihrer Qualifikation einsetzen. Arbeitsausführung überwachen. Arbeitsergebnis prüfen. Einhaltung der Sicherheitsvorschriften sicherstellen. Die Mitarbeiter bei der Verbesserung ihrer Arbeitsprozesse unterstützen.

Übersicht 4.13a

	Bewertungsbegründung	Stufe	Pkte
A	**Wissen und Können** **Anlernen**	–	–
B	**Ausbildung:** Die Ausführung der Reparatur-, Wartungs- und Montagearbeiten erfordert eine 3 1/2-jährige Berufsausbildung (z.B. Energieelektroniker/-in).	B2	13
E	**Erfahrung:** Zur Analyse und Beurteilung von Schadensumfängen schwieriger und umfangr. Reparaturen sowie zur Erstellung von Neuanfertigungen sind umfass. Erfahrungen in Aufbau und Funktion der unterschiedlichen elektrischen/elektronischen Anlagen der Haus- und Betriebstechnik erforderlich, die über einen Zeitraum von 5 Jahren hinausgehen.	E5	10
D	**Denken:** Beim Analysieren von Fehler- und Störursachen, bei der Erarbeitung von Lösungsvorschlägen für die Störungs- und Schadensbehebung, bei der Durchführung von schwierigen und umfangr. Reparaturen sowie b. Neuanfertigungen treten Situationen auf, die es erford., bekannte Lösungsmuster zu kombinieren.	D4	8
H	**Handlungsspielraum/Verantwortung:** Die Arbeitsdurchführung erfolgt nach Anweisung mit Handlungsspielraum innerhalb der Arbeitsaufgabe (Festlegung von Art und Umfang der Störungsbeseitigung, selbständige Reparaturen, Inbetriebnahme von Anlagen, hochwertige Wartungs- und Instandhaltungsarbeiten).	H4	7
K	**Kommunikation:** Zur termin-, sach- und aufwandsgerechten Instandhaltung und Instandsetz. sind mit Vorgesetzten, Produktion + anderen Fachbereichen Abstimm. b. häufig unterschiedl. Voraussetz. erforderl.	K3	5
F	**Mitarbeiterführung:** Das Führen der Mitarbeiter erfordert das Erteilen von Anweisungen unter konstanten, überschaub. Rahmenbedingungen und Zielen.	F1	2
			Summe Punkte: 45
Die Summe der Punkte ergibt die Entgeltgruppe 12 für die Arbeitsaufgabe.			

Aus der Bewertungsbegründung (vgl. Übersicht 4.13a) für die Arbeitsaufgabe »Instandhalten von elektrischen/elektronischen Anlagen« (vgl. Übersicht 4.13) ergibt die Addition der einzelnen Punkte eine Gesamtpunktzahl von 45. Daraus ergibt sich – entsprechend der Entgelttabelle für die Metallindustrie Baden-Württemberg (vgl. Übersicht 4.14) – ein Monatsgrundentgelt von 4975 €/Monat.

Übersicht 4.14: Entgelttabelle Metallindustrie Baden-Württemberg

Entgelttabelle: Metallindustrie Baden-Württemberg (Euro in Monat)		
gültig bis 31. März 2026		
Entgeltgruppe	**Gesamtpunktezahl**	**Grundentgelt**
1	6	2.658,00
2	7–8	2.730,00
3	9–11	2.873,50
4	12–14	3.017,00
5	15–18	3.197,00
6	19–22	3.376,50
7	23–26	3.592,00
8	27–30	3.843,50
9	31–34	4.095,00
10	35–38	4.364,00
11	39–42	4.651,50
12	43–46	4.975,00
13	47–50	5.298,00
14	51–54	5.621,50
15	55–58	5.944,50
16	59–63	6.340,00
17	64–96	6.699,00

Sockelbeträge

Darüber hinaus sind so genannte Sockelbeträge vereinbart. Für Arbeitsplätze in der Produktion und produktionsnahen Bereichen, für die ausschließlich die Methode Kennzahlenvergleich zur Anwendung kommt und in denen sich das Leistungsentgelt

- unmittelbar aus dem Verhältnis von vorgegebenen zu eingesetzten Arbeitszeiten im Sinne von Zeitgradprämien ergibt,
- bzw. wenn statt des Zeitbezugs andere Daten vergleichbarer Qualität zur Ermittlung des Leistungsentgelts unmittelbar herangezogen werden,

wird zusätzlich zum Grundentgelt ein Sockelbetrag vergütet. Der Sockelbetrag ist fester Bestandteil des Monatsentgelts. Er wird als Prozentwert des ERA-Grundentgelts der jeweiligen Entgeltgruppe ausgewiesen und ist in seiner Höhe abhängig vom Arbeitsbewertungsverfahren, das vor der ERA-Einführung zur Anwendung kam.

Übersicht 4.15: Sockelbeträge, Metallindustrie, Baden-Württemberg

Entgeltgruppe(n)	Sockelbetrag (*1)	Sockelbetrag (*2)
1	9 %	11 %
2	7 %	10 %
3	2 %	5 %
4	0 %	2 %
5 - 17	0 %	0 %
*1) Für alle Betriebe, soweit nicht *2) zutrifft.		
*2) Für Betriebe im Tarifgebiet Nordwürttemberg/Nordbaden, die vor der betrieblichen Einführung des ERA-Tarifvertrages das analytische Arbeitsbewertungsverfahren gemäß § 4.1 LGRTV I Nordwürttemberg/Nordbaden vom 11.02.1988 vereinbart hatten.		

Der tarifliche Beispielkatalog

Die Anwendung und Auslegung des Stufenwertzahlverfahrens durch die Tarifvertragsparteien ist im verbindlichen tariflichen Beispielkatalog dokumentiert. Der Katalog umfasst 122 Niveaubeschreibungen aus allen Unternehmensfunktionen inklusive deren Bewertung und Begründung. Damit besteht Transparenz für alle Beschäftigten über die Wertigkeit von Arbeitsaufgaben über die Beschäftigtengruppen hinweg.

Das Stufenwertzahlverfahren kann entweder direkt angewendet werden oder aber indirekt im Rahmen einer Vergleichsbewertung mit tariflichen Niveaubeispielen. D. h. Grundlage für die Einstufung einer Arbeitsaufgabe ist ein tarifliches Niveaubeispiel. Zum Teil abweichende Arbeitsaufgaben werden dann entsprechend bei der Bewertung berücksichtigt. Da mit den tariflichen Niveaubeispielen nicht den notwendigen betrieblichen Erfordernissen Rechnung getragen werden kann, sieht der ERA-TV vor, dass einvernehmlich betriebliche Ergänzungsbeispiele erstellt werden können. Diese wiederum können ebenfalls für eine Vergleichsbewertung herangezogen werden.

Das Punktbewertungsverfahren in Nordrhein-Westfalen

Für das Entgeltrahmenabkommen in NRW einigten sich die Tarifvertragsparteien auf ein Verfahren zur Arbeitsbewertung, das von der zur Ausführung einer Arbeitsaufgabe erforderlichen Qualifikation ausgeht. Diese erforderliche Qualifikation wird durch vier »Anforderungsmerkmale« beschrieben, die unterschiedlich gewichtet sind.

Die Arbeitsbewertung erfolgt mit einem Punktbewertungsverfahren mit den Anforderungsmerkmalen *Können*, *Handlungs- und Entscheidungsspielraum*, *Kooperation* und *Mitarbeiterführung*. Ihnen sind Stufen zugeordnet, für die Punkte zu vergeben sind. Am stärksten wird das *Können* gewichtet (unter *Können* ist auch erforderliche Berufserfahrung zu fassen). Hier können 60 % der möglichen Punkte erreicht werden. Für den *Handlungs- und Entscheidungsspielraum* sind maximal 20 %, für *Kooperation* und *Mitarbeiterführung* je 10 % erreichbar. Entsprechend der erreichten Gesamtpunktzahl aus den Stufen der Anforderungsmerkmale wird die Arbeitsaufgabe einer von 14 Entgeltgruppen zugeordnet; siehe Übersicht 4.16.

Die einheitlichen Bewertungskriterien für alle Beschäftigten führen dazu, dass besonders qualifizierte Facharbeit mit dem Entgelt-Rahmentarifvertrag höher bewertet und tariflich höher bezahlt wird als nach den alten Tarifverträgen.

Die Merkmale zur sozialen Kompetenz (Kooperation, Mitarbeiterführung) berücksichtigen die Veränderungen in den Anforderungen moderner Industrie- und Dienstleistungsbetriebe auch im Tarifvertrag. Solche Fähigkeiten der Beschäftigten wurden immer mehr zur notwendigen Voraussetzung reibungsloser betrieblicher Abläufe und mit dem ERA-Tarifvertrag entgeltrelevant.

Bei der Bewertung der Arbeitsaufgabe wird eine Gesamtbetrachtung aller auszuführenden Tätigkeiten vorgenommen, unabhängig davon, wie oft oder wie lange diese ausgeführt werden. Individuelle Qualifikationen des Beschäftigten, die für die Arbeitsaufgabe nicht erforderlich sind, werden nicht bewertet. Bei der Eingruppierung der Beschäftigten spielt es keine Rolle, auf welchem Wege Qualifikationen erworben wurden. Somit werden zertifizierte Formalqualifikationen zur Wertung einer Könnensstufe nicht vorausgesetzt.

Das Anforderungsmerkmal »Können« berücksichtigt eine weitere Veränderung moderner Industriearbeit: Die Beschäftigten sollen, auch unabhängig von Gruppenarbeit, multifunktional einsetzbar sein. Somit wird die Fähigkeit einer Montiererin, an verschiedenen gleichwertigen Arbeitsplätzen eingesetzt zu werden, wertsteigernd im Entgelt berücksichtigt.

Im Prinzip könnte mit dem nordrhein-westfälischen Punktbewertungsverfahren eine Arbeitsaufgabe mit bis zu 200 Punkten bewertet werden, wenn für alle Anforderungsmerkmale die jeweils höchste Stufe eingesetzt wird.

Damit wäre jedoch der Tarifbereich der »Vor-ERA-Zeit« erheblich in den Bereich der außertariflichen Beschäftigten (AT) hinein erweitert worden. Für die Arbeitgeber war die Ausweitung des Tarifbereiches ein Tabu, das die IG Metall in den Verhandlungen nicht durchbrechen konnte. Vereinbart wurde schließlich, dass das Punktbewertungsverfahren zu einer schärferen Abgrenzung als bisher führt. Arbeitsaufgaben oberhalb von 170 Punkten sind »AT«. Außerdem ist es möglich, mit Beschäftigten, deren Arbeitsaufgabe mit mindestens 155 Punkten bewertet wurde, einen AT-Vertrag zu vereinbaren. Im Gegenzug ist für diese außertariflichen Beschäftigten jedoch ein tariflicher Mindeststandard (auch unter Berücksichtigung der Dauer der Arbeitszeit) einzuhalten: Die geldwerten materiellen Arbeitsbedingungen unter Berücksichtigung einer individuellen regelmäßigen wöchentlichen Arbeitszeit von bis zu 40 Stunden dürfen in einer Gesamtschau diejenigen der höchsten tariflichen Entgeltgruppe nicht unterschreiten.

Ausschlaggebend für die Einstufung einer Arbeitsaufgabe und die sich daraus ergebende Eingruppierung der Beschäftigten sind die Anforderungsmerkmale und ihre Stufen. Diese sind in einer Anlage des Tarifvertrags detailliert beschrieben. Als eine zusätzliche Erläuterung für die korrekte Anwendung des Punktbewertungsverfahrens wurden sog. »tarifliche Niveaubeispiele« vereinbart. Sie

Übersicht 4.16

Merkmale und Merkmalsstufen (Nordrhein-Westfalen)				
Anforderungsmerkmale		**Bewertungsstufen für die Arbeitsaufgabe**	**Punktwert**	
Können [1])	Arbeitskenntnisse	1 Arbeitsaufgaben mit einem Können, das durch ein Anlernen von bis zu einer Woche erworben wird.	6	
		2 Arbeitsaufgaben mit einem Können, d. durch e. Anlernen v. weniger als 4 Wochen erworben wird.	12	
		3 Arbeitsaufgaben mit einem Können, das durch ein Anlernen ab vier Wochen erworben wird.	18	
		4 Arbeitsaufgaben mit einem Können, das durch ein Anlernen ab drei Monaten erworben wird.	25	
		5 Arbeitsaufgaben mit einem Können, das durch ein Anlernen ab sechs Monaten erworben wird.	32	
		6 Arbeitsaufgaben mit einem Können, das durch ein Anlernen ab einem Jahr erworben wird.	40	
	Fachkenntnisse	7 Arbeitsaufgaben mit einem Können, das i.d.R. durch eine abgeschlossene Ausbildung in einem anerkannten Ausbildungsberuf von mindestens 2-jähriger Regelausbildungsdauer erworben wird.	48	
		8 Arbeitsaufgaben mit einem Können, das i.d.R. durch eine abgeschlossene Ausbildung in einem anerkannten Ausbildungsberuf von mindestens 3-jähriger Regelausbildungsdauer erworben wird.	58	
		9 Arbeitsaufgaben mit einem Können, das i.d.R. durch eine abgeschl. Ausbildung in einem anerk. Ausbildungsberuf und durch eine zusätzliche anerkannte einjährige Fachausbildung erworben wird.	69	
		10 Arbeitsaufgaben mit einem Können, das i.d.R. durch eine abgeschl. Ausbildung in einem anerk. Ausbildungsberuf und durch eine zusätzliche anerkannte 2-jährige Fachausbildung erworben wird.	81	
		11 Arbeitsaufgaben mit einem Können, das i.d.R. durch eine durch eine abgeschlossene Fachhochschulausbildung erworben wird.	94	
		12 Arbeitsaufgaben mit einem Können, das i.d.R. durch eine abgeschl. Universitätsausbildung erworben wird.	108	
	Berufserfahrung	1 Arbeitsaufgaben, die zusätzlich zu den Fachkenntnissen Berufserfahrungen von mindestens einem Jahr bis zu drei Jahren erfordern	6	
		2 Arbeitsaufgaben, die zusätzlich zu den Fachkenntnissen Berufserfahrungen von mehr als drei Jahren erfordern.	12	
Handlungs- und Entscheidungsspielraum [2])		1 Die Erfüllung der Arbeitsaufgaben ist im Einzelnen vorgegeben.	2	
		2 Die Erfüllung der Arbeitsaufgaben ist weitgehend vorgegeben.	10	
		3 Die Erfüllung der Arbeitsaufgaben ist teilweise vorgegeben.	18	
		4 Die Erfüllung der Arbeitsaufgaben erfolgt überwiegend ohne Vorgaben, weitgehend selbstständig.	30	
		5 Die Erfüllung der Arbeitsaufgaben erfolgt weitgehend ohne Vorgaben selbstständig.	40	
Kooperation		1 Die Erfüllung der Arbeitsaufgaben erfordert kaum Kommunikation und Zusammenarbeit.	2	
		2 Die Erfüllung der Arbeitsaufgaben erfordert regelmäßige Kommunikation und Zusammenarbeit.	4	
		3 Die Erfüllung der Arbeitsaufgaben erfordert regelmäßige Kommunikation und Zusammenarbeit sowie gelegentliche Abstimmung.	10	
		4 Die Erfüllung d. Arbeitsaufgaben erf. regelm. Kommunikation, Zusammenarbeit u. Abstimmung.	15	
		5 Die Erfüllung d. Arbeitsaufgaben erf. in hohem Maße Kommuniktion, Zusammenarbeit und Abstimmung.	20	
Mitarbeiterführung		1 Die Erfüllung der Arbeitsaufgaben erfordert kein Führen.	0	
		2 Die Erfüllung der Arbeitsaufgaben erfordert, Beschäftigte fachlich anzuweisen, anzuleiten und zu unterstützen.	5	
		3 Die Erfüllung der Arbeitsaufgaben erfordert, Beschäftigte zur Zielerreichung zweckmäßig einzusetzen, zu unterstützen, zu fördern und zu motivieren.	10	
		4 Die Erfüllung der Arbeitsaufgaben erfordert, Ziele zu entwickeln und die Beschäftigten zweckmäßig zur Zielerreichung einzusetzen, zu unterstützen, zu fördern und zu motivieren.	20	
		Gesamtpunktsumme:		

gelten lediglich als Orientierungshilfe. Keinesfalls darf aus der Überschrift eines solchen Niveaubeispiels – z. B. Betriebselektriker – geschlussfolgert werden, dass alle in der betrieblichen Wirklichkeit vorkommenden Betriebselektriker diesem tariflichen Niveaubeispiel zuzuordnen, mit der gleichen Punktzahl zu bewerten und die Beschäftigten in der gleichen Entgeltgruppe einzugruppieren seien. Die Anwendung der tariflichen Niveaubeispiele für die betriebliche Praxis soll stattdessen so sein, dass die tatsächliche Arbeitsaufgabe mit dem tariflichen Niveaubeispiel verglichen wird. Dabei wird sich z. B. herausstellen, dass der Beschäftigte wesentlich mehr Arbeitsaufgaben auszuführen hat, als im Niveaubeispiel beschrieben. Es ergibt sich dann, dass die tatsächliche Arbeitsaufgabe höher zu bewerten ist als das tarifliche Niveaubeispiel. Die Punktezahl ergibt die Entgeltgruppe; siehe Übersicht 4.17.

Übersicht 4.17: Entgelttabelle Metallindustrie Nordrhein-Westfalen

Entgelttabelle: Metallindustrie Nordrhein-Westfalen (Euro in Monat)		
gültig bis 31. März 2026		
Entgeltgruppe	**Punkte**	**Grundentgelt**
EG 1	10–15	2705,00
EG 2	16–21	2738,00
EG 3	22–28	2769,50
EG 4	29–35	2812,50
EG 5	36–43	2871,50
EG 6	44–54	2946,00
EG 7	55–68	3038,00
EG 8	69–77	3196,00
EG 9	78–88	3454,00
EG 10	89–101	3796,50
EG 11	102–112	4257,00
EG 12	113–128	
bis zum 36. Besch.-Monat		4387,00
nach dem 36. Besch.-Monat		4872,00
EG 13	129–142	
bis zum 18. Besch.-Monat		4902,00
nach zum 18. Besch.-Monat		5190,50
nach dem 36. Besch.-Monat		5766,50
EG 14*)	143–170	
bis zum 12. Besch.-Monat		5568,50
nach zum 12. Besch.-Monat		5917,00
nach zum 24. Besch.-Monat		6265,50
nach dem 36. Besch.-Monat		6962,50

*) Für Beschäftigte, die zuvor bei demselben Arbeitgeber mind. 36 Monate in der EG 13 eingruppiert waren, gelten die ersten 12 Monate der EG 14 als zurückgelegt

Übersicht 4.18 zeigt beispielhaft die Anwendung des Punktbewertungsverfahrens auf die Arbeitsaufgabe eines Entwicklungsingenieurs.
Es ergeben sich aus der folgenden Tabelle ein Punktwert von 161 und damit die Entgeltgruppe 14. Je nach Beschäftigungsdauer in dieser Gruppe entspricht dies einem monatlichen Grundentgelt von 5568,50 € bis 6962,50 €/Monat.

Übersicht 4.18

Tarifliches Richtbeispiel: Entwicklungsingenieur/in I (Nordrhein-Westfalen)	
Durchführen und überwachen von Entwicklungsaufgaben	
Teilaufgaben	**Ausführliche Beschreibung**
Koordinieren von Entwicklungsaufgaben	Die Entwicklung von Bauteilen/ -gruppen mit einer Vielzahl von Funktionen und Verknüpfungen im Zeitablauf (z. B. von Beginn eines Forschungsprojektes bis zur Übergabe, vom Lasterheft bis zum Serienauslauf) ganzheitlich koordinieren. Definieren und Abstimmen der technischen Anforderungen, z. B. Lasterheft für die übertragenen Entwicklungsaufgaben. Termin-, funktions- und einbaugerechte Bereitstellung von Baugruppen für die weiteren Entwicklungsschritte sicherstellen. Teile festlegen und freigeben. Einkauf bei Bewertung und Auswahl der Zulieferer unterstützen, Entwicklungsfortschritt bei Systemlieferanten kontrollieren. Auftretende Schwierigkeiten erkennen und abstellen. Einhaltung von vorgegebenen Enwicklungszielen sicherstellen. Konstruktive (Zwischen)-Ergebnisse beurteilen, Weiterentwicklungen anstoßen.
Koordinieren von Versuchen	Versuchsaufbauten und -einrichtungen für Bauteile und Baugruppen und Zusammenbauten mit einer Vielzahl von Funktionen und Verknüpfungen festlegen/vorbereiten und ggf. weiterentwickeln. Prüf- und Messgeräte erproben lassen. Versuchsergebnisse auswerten. Konstruktive Umsetzung sicherstellen und überwachen
Konstruktives Gestalten von Baugruppen	Bauteile und Baugruppen unter Berücksichtigung von Funktions-, Kosten-, Gewichts- und Einbaugesichtspunkten konstruktiv gestalten. Innovative Konzepte für Bauteile und Baugruppen entwickeln und Realisierbarkeit absichern. Konstruktive Ergebnisse der Entwicklungspartner beurteilen. Zeichnungen und Datensätze kontrollieren. Dokumentation sicherstellen. Versuchstechnische Absicherung gewährleisten.

Bewertung und Einstufung der Arbeitsaufgabe								
Können			Handlungs- und Entscheidungsspielraum	Kooperation	Mitarbeiterführung	Summe Punkte	Entgeltgruppe
Arbeitskenntnisse	**Fachkenntnisse**	**Berufserfahrungen**					
	11/94	**2/12**	**4/30**	**5/20**	**2/5**	**161**	**EG 14**

4.2.4 Bewertung von Belastungen

In allen Entgelt-Rahmentarifverträgen sind Belastungen kein Kriterium für die Eingruppierung in eine Entgeltgruppe. Belastungen werden vielmehr separat bewertet und zusätzlich abgegolten, vgl. dazu auch Kapitel 7. Es wird ein ganzheitlicher Belastungsbegriff verwendet, der über eine rein muskelmäßige Betrachtung

hinausgeht. In der niedersächsischen und norddeutschen Metallindustrie sind beispielsweise folgende Belastungsgruppen vereinbart: Belastung der Muskeln, Belastung der Sinne und Nerven sowie Belastungen aus Umgebungseinflüssen. Für nennenswerte Belastungen, die über das übliche Maß hinausgehen, werden vier bis sieben Prozent des Betrages der Entgeltgruppe 5 bzw. bei hohen Belastungen über acht Prozent der Entgeltgruppe 5 bezahlt (so in der Metallindustrie im Nordverbund). In der niedersächsischen Metallindustrie sind die entsprechenden Mindestwerte im jeweiligen Entgelttarifvertrag als Festbeträge für alle Entgeltgruppen in Euro pro Stunde vereinbart.
In Baden-Württemberg ist in der Anlage 2 zum ERA-TV die Abgeltung von Belastungen geregelt. Mit einem im Grundsatz analytischen Verfahren werden die Belastungen der Muskeln, durch Reizarmut und Umgebungseinflüsse (Lärm, sonstige Umgebungseinflüsse) ermittelt und über eine Zulage abgegolten. Mittlere Belastungen sind bereits mit dem Grundentgelt abgegolten, mit der Konsequenz, dass mit angeblichen geringen Belastungen eine mittelbare Diskriminierung von Frauen ausgeschlossen wurde.
Die Höhe der Belastung je Belastungsart ergibt sich aus einer ganzheitlichen Betrachtung. Dabei sind Intensität, Dauer, Häufigkeit und zeitliche Verteilung der Belastungsfaktoren und gegebenenfalls deren Kombination zu berücksichtigen. Jeder Belastungsart wurden zwei Stufen zugeordnet. Im Rahmen einer freiwilligen Betriebsvereinbarung können

- die Belastungsstufen konkretisiert oder
- Beispiele den Belastungsstufen

zugeordnet werden. Jede Belastungsart ist gleichgewichtig, da es für die Stufe 1 (höhere Belastung) immer einen Punkt gibt und für die Stufe 2 immer zwei Punkte.
Jeder Punkt ergibt eine Zulage in Höhe von 2,5 % der Entgeltgruppe 7 (Eckentgelt). Maximal werden 4 Punkte über die Zulage abgegolten (Ausnahme Gießereien in Nordwürttemberg/Nordbaden und Südwürttemberg-Hohenzollern; hier können auch fünf Punkte und damit 12,5 % Belastungszulage erreicht werden).

Belastungsart Muskeln
Berücksichtigt wird die für die Erfüllung der Arbeitsaufgabe erforderliche dynamische, statische bzw. einseitige Muskelbelastung. Dabei sind die gesicherten arbeitswissenschaftlichen Erkenntnisse zu berücksichtigen. Die Belastung hängt davon ab, welchen Kraftaufwand die zu bewegenden Werkstücke oder Arbeitsmittel erfordern, inwieweit die zur Arbeitsverrichtung notwendige Haltung des Körpers belastend wirkt, ob während der täglichen Arbeitszeit ein Wechsel der Belastung vorliegt, ob sie auf die gleichen Muskelgruppen wirkt oder ob sie verschiedene Muskelgruppen abwechselnd beansprucht und ob sie stoßartig auftritt.

Belastung durch Reizarmut
Eine Belastung durch Reizarmut entsteht bei inhaltlich einförmigen, monotonen, sich ständig wiederholenden Arbeiten mit geringer Kraftanstrengung und hoher

Reizarmut (Stufe 1) oder wenn am Arbeitsplatz die Möglichkeit zu sozialen Kontakten fehlt (Stufe 1 oder 2).

Belastung durch Umgebungseinflüsse
Unter Umgebungseinflüssen werden äußere Wirkungen verstanden, welche die Arbeitsausführung beeinträchtigen bzw. Belastungen hervorrufen. Folgende Umgebungseinflüsse werden berücksichtigt:
1. Lärm (über 82 dB(A) ergibt einen Punkt, über 86 dB(A) ergibt zwei Punkte)
2. sonstige Umgebungseinflüsse

Die sonstigen Umgebungseinflüsse wurden in 6 Gruppen zusammengefasst. Innerhalb jeder dieser Gruppen müssen diese ganzheitlich betrachtet werden, und zwar:
- Schmutz, Öl, Fett
- Hitze, Kälte, Zugluft
- Wasser, Säure, Lauge
- Gase, Dämpfe, Staub
- Blendung und Lichtmangel
- Unfallgefahr, Schutzkleidung

Für jede Gruppe wurde in der Anlage des Tarifvertrages eine Definition aufgenommen.
Auch in NRW gelang es im ERA, die Belastungen vollständig aus der Grundentgeltfindung herauszunehmen, womit der Frauen diskriminierende »Belastungsabschlag« wegfiel. Eine weitere Neujustierung der Bestimmungen zu Belastungen gelang jedoch nicht. Weder eine Aufnahme auch psychischer Belastungen noch ein mitbestimmtes Verfahren zur Feststellung von physischen Belastungen konnte vereinbart werden. Auch mit dem neuen ERA bleibt es dabei, dass für Arbeiten, die unter hohen körperlichen Belastungen oder besonders starken Umgebungseinflüssen auszuführen sind, ein Zuschlag in Höhe von 6 % des Stundengrundentgelts der Entgeltgruppe 7 zu zahlen ist (§ 11 ERA-Tarifvertrag, Nordrhein-Westfalens).
Einige Tarifverträge sehen vor, dass Belastungen im Sinne einer menschengerechten Gestaltung möglichst vermieden werden:

> **Tarifvertrag**
> *»Die Tarifvertragsparteien haben das Ziel, die Gesundheit der Beschäftigten zu schützen. Sie stimmen darin überein, dass im Rahmen der Bewertung von Belastungen keine Bezahlung für Gesundheitsschäden erfolgt.*
> *Um zu verhindern, dass Belastungen zu Gesundheitsschäden führen, hat der Arbeitgeber mit dem Betriebsrat geeignete Maßnahmen zur Minderung der Belastung zu beraten. Dabei sind der Stand der Technik, Arbeitsmedizin und Hygiene sowie sonstige gesicherte arbeitswissenschaftliche Erkenntnisse zu berücksichtigen.«*
> (Anlage 2, § 1 ERA-Tarifvertrag Baden-Württemberg)

Andere Tarifverträge eröffnen die Möglichkeit, Belastungszulagen auch durch entsprechende bezahlte Freistellung von der Arbeit zu realisieren.

Tarifvertrag
»Ein Ausgleich der Erschwernisse erfolgt grundsätzlich durch die vorgenannten Zuschläge. Die Betriebsparteien können in einer freiwilligen Betriebsvereinbarung festlegen, dass die Beschäftigten anstelle des Zuschlags einen Zeitausgleich wählen können«.
(§ 11 Nr. 2 ERA-Tarifvertrag Nordrhein-Westfalens)

4.3 Gruppenarbeit, flexibler Personaleinsatz und ganzheitliche Arbeitsbewertung

Ständige Veränderungen der Produktionskonzepte und der Arbeitsorganisation führen in vielen Betrieben, u. a. in der Metallindustrie dazu, dass von Arbeitnehmerinnen und Arbeitnehmern verlangt wird, ständig unterschiedliche Tätigkeiten oder Tätigkeiten an verschiedenen Arbeitsplätzen auszuführen. Diese Entwicklung stellt frühere Prinzipien der Eingruppierung und Arbeitsbewertung in Frage.

Bei Gruppenarbeit/flexiblen Personaleinsatz werden verschiedene Arbeitsaufgaben einer Arbeitsgruppe übertragen, die für deren Ausführung verantwortlich ist (vgl. Kapitel 3.6.) Dabei wird häufig angestrebt, dass alle Gruppenmitglieder bzw. Beschäftigte so zu qualifizieren, dass sie in der Lage sind, alle verschiedenen Aufgaben bzw. Arbeitsplätze innerhalb der Arbeitsgruppe abwechselnd ausführen zu können. Bei dieser Form der Gruppenarbeit/flexiblen Personaleinsatzes können sich die Beschäftigten wechselseitig vertreten und sind somit universell einsetzbar. Ihnen wird kein einzelner Arbeitsplatz, sondern die Gesamtaufgabe der Gruppe als Tätigkeit übertragen.

Die geschilderten Entwicklungen lassen sich mit dem Begriff des »flexiblen Personaleinsatzes« kennzeichnen. Vielen Beschäftigten wird ein Tätigkeitsspektrum übertragen, das vergleichbar mit dem eines Springers ist. Es wird offensichtlich, dass bei einem Eingruppierungssystem, das sich an der Tätigkeit orientiert, nicht mehr der einzelne Arbeitsplatz, sondern der gesamte Arbeitsbereich Grundlage für die Eingruppierung und Arbeitsbewertung sein muss.

Auch das Betriebsverfassungsgesetz kennt den Begriff Arbeitsbereich. Er taucht im Zusammenhang mit Versetzungen im § 95 Abs. 3 BetrVG auf. Der Arbeitsbereich wird dabei überwiegend räumlich und funktional verstanden. Dies ist in einer Reihe von Entscheidungen verdeutlicht worden:

»Die Zuweisung eines anderen Arbeitsbereichs liegt dann vor, wenn dem Beschäftigten ein neuer Tätigkeitsbereich zugewiesen wird, sodass der Gegenstand der nunmehr geforderten Arbeitsleistung, der Inhalt der Arbeitsaufgabe, ein anderer wird und sich das Gesamtbild der Tätigkeit des Arbeitnehmers ändert« (BAG v. 26. 5. 1988, AP Nr. 13 zu § 95 BetrVG).

»Der Begriff des Arbeitsbereiches ist funktional zu verstehen; er umfasst mehr als den Ort der Arbeitsleistung, nämlich die Art der Tätigkeit und den gegebenen Platz in der betrieblichen Organisation […] Erforderlich ist daher, dass die ein-

getretene Änderung über solche sich im normalen Schwankungsbereich haltende Änderungen hinausgeht und zur Folge hat, dass die Arbeitsaufgabe oder die Tätigkeit eine andere wird« (LAG Frankfurt v. 16. 2. 1989, AiB 1989, 214).
Legt man diese Definitionen zugrunde, so sind zwei Erscheinungsformen des Arbeitsbereiches in der Praxis zu beobachten: Der Arbeitsbereich umfasst am selben räumlichen Arbeitsplatz die Ausführung verschiedener Arbeiten wie z. B. die Fertigung unterschiedlicher Produkttypen oder Typenvarianten. Oder: Der Arbeitsbereich umfasst verschiedene räumliche Arbeitsplätze, an denen die Arbeitnehmer abwechselnd unterschiedliche Arbeiten ausführen.
Dieser Sachverhalt hatte vor Einführung der Entgelt-Rahmentarifverträge häufig zu Streit geführt, auch wegen der unklaren Formulierungen in den meisten alten Lohnrahmentarifverträgen. Führten Beschäftigte abwechselnd, beispielsweise verschiedene Arbeitsplätze der Lohngruppe 4 aus, wurden sie dennoch nur in die Lohngruppe 4 eingruppiert.
Ein weiterer Streitpunkt lag vor, wenn einzelne höherwertige Tätigkeiten nur in einem geringen Zeitanteil auszuführen waren. Hier nahmen die Arbeitgeber den Standpunkt ein, dass höherwertige Tätigkeiten erst dann zu berücksichtigen seien, wenn sie mehr als 50 Prozent der Arbeitszeit umfassen. Führte ein Maschinenarbeiter zusätzlich auch im zeitlich geringen Umfang die höherwertigen Einrichte- und Wartungsarbeiten durch, wurde dies bei der Eingruppierung nicht berücksichtigt.
Beide Sachverhalte führen nach wie vor in den Betrieben zu Streitigkeiten. Die Arbeitgeber behaupten weiterhin, dass unterschiedliche Arbeiten derselben Entgeltgruppe nicht zu einer höheren Bewertung führen. Oder dass die Beschäftigten mehr als 50 % ihrer Arbeitszeit in der höherwertigeren Entgeltgruppe arbeiten müssen, um diese auch für die gesamte Arbeitszeit vergütet zu bekommen. Stattdessen sind die Arbeitgeber nur dazu bereit, für die Zeit der höherwertigeren Arbeit ein Differenzbetrag zwischen der vorhandenen Entgeltgruppe und der Entgeltgruppe der höherwertigeren Arbeit zu zahlen. Diese Vorgehensweisen sind falsch und entsprechen nicht unseren tariflichen Regelungen.
Bei der Verhandlung der Entgelt-Rahmentarifverträge wurde über diesen Streitpunkt intensiv verhandelt und neue Eingruppierungsprinzipien vereinbart. Vereinfacht gesagt, enthalten alle Entgelt-Rahmentarifverträge jetzt Regelungen, dass nicht die Einzeltätigkeit, sondern die Gesamttätigkeit Maßstab der Eingruppierung ist. Entscheidend ist die Aufgabe, die die Gesamttätigkeit prägt, dabei ist der zeitliche Umfang einzelnen Tätigkeiten nicht maßgebend; vgl. Übersicht 4.19.

Übersicht 4.19: Gesamt- und Einzeltätigkeiten

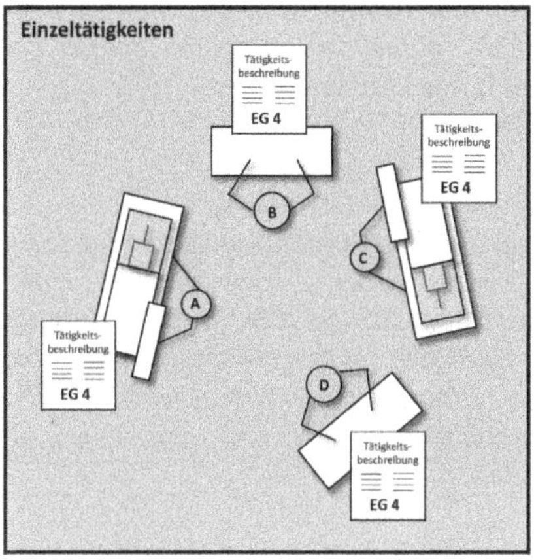

Beispiele für tarifliche Regelungen

Tarifvertrag
»Die Beschäftigten sind entsprechend derjenigen Tätigkeit einzugruppieren, die das Niveau der Gesamttätigkeit prägt, auch wenn regelmäßig oder gelegentlich Tätigkeiten mit unterschiedlichen Anforderungsniveaus ausgeübt werden. Wenn sich durch die Ausführung unterschiedlicher Tätigkeiten und/oder Einsatz an unterschiedlichen Arbeitsplätzen ein höheres Anforderungsniveau ergibt, ist dies bei der Eingruppierung entsprechend zu berücksichtigen. Für die Bewertung des Niveaus der Tätigkeit ist eine ganzheitliche Betrachtung der Anforderung erforderlich. Dabei ist der zeitliche Umfang einzelner Tätigkeiten nicht maßgebend.«
(§ 2 (4) ERA-Tarifvertrag Niedersachsen)

Ergänzend ist für die Entgeltstufe C der jeweiligen Entgeltgruppen Folgendes vereinbart:

Tarifvertrag
»Die übertragene Gesamttätigkeit geht über das Anforderungsniveau der jeweiligen Entgeltgruppe hinaus; es ist jedoch noch keine Eingruppierung in die nächst höhere Entgeltgruppe gerechtfertigt. Bei regelmäßig abwechselnd unterschiedlichen Tätigkeiten derselben Entgeltgruppe kann dies der Fall sein, wenn insgesamt ein höheres Anforderungsniveau der übertragenen Gesamttätigkeit erreicht wird.«
(§ 4 (1) ERA-Tarifvertrag Niedersachsen)

Ähnliche Regelungen finden sich in anderen Tarifgebieten, so z. B.

Tarifvertrag
»Gegenstand der Bewertung und Einstufung sind die Anforderungen der entsprechend der betrieblichen Arbeitsorganisation übertragenen Arbeitsaufgaben. Bei der Bewertung der Arbeitsaufgabe sind alle Teilaufgaben zu berücksichtigen, soweit sie die Arbeitsaufgabe in ihrer Wertigkeit prägen.«
(§ 5.1 ERA-Tarifvertrag Baden-Württemberg)

Tarifvertrag
»Bei der Einstufung der Arbeitsaufgabe […] erfolgt eine ganzheitliche Bewertung der Arbeitsaufgabe, die alle übertragenen und auszuführenden Tätigkeiten umfasst, unabhängig davon, wie oft und wie lange diese ausgeführt werden.«
(§ 4 Nr. 3 ERA-Tarifvertrag Nordrhein-Westfalen)

Tarifvertrag
Bei den Anforderungsmerkmalen »Handlungs- und Entscheidungsspielraum«, »Kooperation« und »Mitarbeiterführung« ist eine Gewichtung danach vorzunehmen, ob und inwieweit die Tätigkeiten die Arbeitsaufgabe insgesamt prägen. Bei der Bewertung des Anforderungsmerkmals »Können« (das die Wertigkeit der Arbeitsaufgabe zu 60 % bestimmt) ist das höchste für die Arbeitsaufgabe erforderliche Könnensniveau für die Einstufung der erforderlichen Arbeitsaufgabe entscheidend.
(§ 2 Nr. 3 ERA-Tarifvertrag Nordrhein-Westfalen)

Übersicht 4.20

Betriebliches Beispiel für unterschiedliche Gesamttätigkeiten	
Anforderungsprofil der Systembediener/innen in der Querlenkerfertigungslinie	
Entgeltgruppe	**Anforderung an den Mitarbeiter**
03	**Einstiegsgruppe: Der Stelleninhaber entnimmt vormontierte Stahlquerlenker und tauscht diese gegen lackierte aus.** Er entnimmt komplett montierte Stahl- bzw. Aluquerlenker, führt eine Sichtkontrolle durch, drückt eine Schutzkappe auf und verpackt die Querlenker. Der Arbeitnehmer ist in der Lage, einzelne Stationen der Montagelinie umzurüsten, beseitigt Störungen und führt eventuell Nacharbeiten durch.
04	Der Arbeitnehmer beherrscht ein Betriebsmittel und ist in allen anderen Betriebsmitteln bedingt einsetzbar. Der Stelleninhaber legt zwei Teile zugleich in die Werkstückaufnahme der Planeten-Rundschaltteller. Die Arbeitstakte der Bearbeitung werden mittels Kontaktschalter ausgelöst. Nach Erfordernis wechselt der Mitarbeiter Werkzeuge bzw. Schneidplatten. Er beseitigt anfallende Störungen, prüft die Arbeitsgüte und korrigiert ggf. die Einstellwerte.
05	Der Arbeitnehmer beherrscht das gesamte System und ist in der Lage, ein Betriebsmittel weitestgehend umzurüsten. Der Mitarbeiter rüstet ein Betriebsmittel weitestgehend um, beseitigt an allen Betriebsmitteln anfallende Störungen und prüft die Arbeitsgüte. Er sorgt für rechtzeitiges Bestücken der Zuführstationen mit Einzelteilen wie z. B. Schnappschalen, Kugelzapfen, Spannringen etc.
06	Der Arbeitnehmer beherrscht das gesamte System und ist in der Lage, eine Bearbeitungsart zu rüsten. Der Mitarbeiter muss entweder die Montagelinie mit den Einzelstationen oder alle spanenden Rundschaltteller selbstständig umrüsten können. Er beseitigt anfallende Störungen und prüft die Arbeitsgüte.
07	**Endgruppe: Der Arbeitnehmer beherrscht das gesamte System einschließlich aller Rüstvorgänge.** Systembeschreibung: In der Fertigungslinie sind mehrere Betriebsmittel der mechanischen Bearbeitung über Puffer mit einer Montagelinie verbunden. Der Transport der Bauteile zwischen den einzelnen Betriebsmitteln der mechanischen Bearbeitung geschieht mittels eines automatischen Regalsystems, im weiteren Verlauf des Prozesses mit einer Staustrecke und „Pick and Place"-Handhabungsgeräten an den Übergabepunkten der Rollkantenerwärmungsanlage und der Montagelinie. Der Stelleninhaber rüstet alle Betriebsmittel selbstständig um, führt eventuell anfallende Nacharbeiten aus und beseitigt anfallende Störungen.

Die entscheidende Formulierung liegt einerseits im Gedanken der ganzheitlichen Bewertung, andererseits in der Norm, dass diejenige Tätigkeit Maßstab ist, die das Niveau der Gesamttätigkeit prägt. Weiterhin ist entscheidend, dass der zeitliche Umfang der einzelnen Tätigkeiten bei der Bewertung des Anforderungsniveaus der Gesamttätigkeit nicht maßgebend ist. Diese Form der Arbeitsbewertung unterscheidet sich deshalb grundlegend von Systemen, die die überwiegende Tätigkeit zum Maßstab nehmen. Die Betrachtung des zeitlichen Umfangs von Teiltätigkeiten ist von den Tarifvertragsparteien ausdrücklich nicht gewollt. Damit werden Tätigkeitsstrukturen beispielsweise von Anlagenführern an hoch automatisierten Produktionssystemen sachgerecht abgebildet, deren Qualifikation hauptsächlich bei der Beseitigung von – in der Regel kurzfristig erscheinenden – Störungen abgefordert werden, deren Beseitigung aber eine hohe Kompetenz erfordert. Eine zeitliche Betrachtung der Teiltätigkeiten ist in diesem Falle nicht sachgerecht. Folglich sind die Grundsätze, die die Rechtsprechung in anderen Tarifbereichen entwickelt hat, in der Metallindustrie nicht anwendbar. Die Übersicht 4.20 zeigt an einem betrieblichen Beispiel wie unterschiedliche Arbeitsumfänge bei Gruppenarbeit zu unterschiedlichen Gesamttätigkeiten und damit zu unterschiedlichen Eingruppierungen führen können.

4.4 Vorgehensweise bei der Arbeitsbewertung

Unabhängig davon, ob die Arbeitsbewertung summarisch oder analytisch durchgeführt wird, handelt es sich bei der anforderungsbezogenen Arbeitsbewertung nicht um eine Bewertung des Arbeitnehmers, sondern der Arbeit. Daraus ergibt sich, dass bei der Arbeitsbewertung und der daraus folgenden Eingruppierung der Beschäftigten in mehreren Schritten vorzugehen ist, siehe Übersicht 4.21.

Übersicht 4.21: Vorgehensweise bei der Arbeitsbewertung

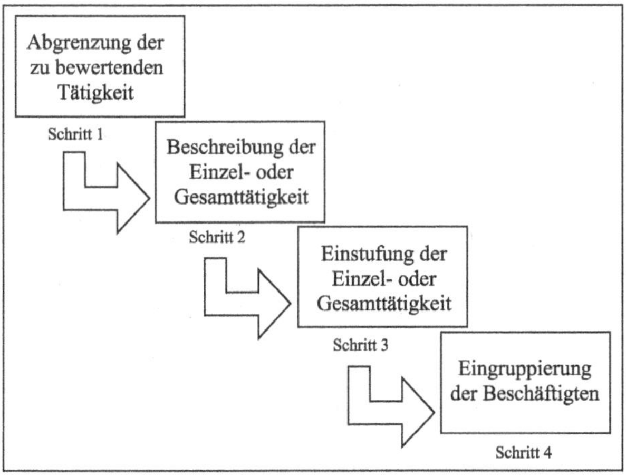

Für jeden Eingruppierungsvorgang ist sowohl bei der summarischen als auch bei der analytischen Arbeitsbewertung eine Arbeitsbeschreibung erforderlich. Die Frage, wie ausführlich eine Arbeitsbeschreibung sein sollte, hängt von der betrieblichen Situation ab:

- Ist die betriebliche Anwendung der tariflichen Eingruppierungsbestimmungen für beide Seiten – Geschäftsleitung und Betriebsrat/Belegschaft – unstrittig, kann häufig auf ausführliche Arbeitsbeschreibungen verzichtet werden. Zwischen Geschäftsleitung und Betriebsrat werden die Eingruppierung von Neueinstellungen und Höhergruppierungsanträge verhandelt und nach gewachsenen »Spielregeln« zur Anwendung des Tarifvertrages vereinbart. Konfliktfälle werden auf dem Verhandlungswege durch Kompromissregelungen beigelegt. Es gibt zahlreiche Betriebe, insbesondere Kleinbetriebe, in denen die tägliche Eingruppierungspraxis relativ konfliktfrei verläuft. Wird dieser »Gleichgewichtszustand« von einer Seite in Frage gestellt, ändert sich die Eingruppierungspraxis abrupt. Dies kann dadurch geschehen, dass die Geschäftsleitung versucht, Abgruppierungen bzw. eine Senkung des Eingruppierungsniveaus durchzusetzen oder dass der Betriebsrat eine Höhergruppierungsaktion startet.
- In Konfliktsituationen zur Eingruppierung ist der Betriebsrat gefordert, die tariflichen Bestimmungen zur Eingruppierung voll auszuschöpfen. Dazu gehört eine exakte und vollständige Arbeitsbeschreibung und eine genaue Argumentation hinsichtlich der tariflichen Eingruppierungsmerkmale. Die praktische Erfahrung in Konfliktsituationen hat gezeigt: Die Beschreibung von Arbeitsplätzen bzw. von Tätigkeiten ist selten frei von Werturteilen. Die Unternehmer versuchen häufig, Arbeitsbeschreibungen so zu formulieren, dass die tatsächlich ausgeführten Arbeiten nur unvollständig aufgelistet werden. Häufig sind die Formulierungen der Arbeitsbeschreibung auch so abgefasst, dass der Eindruck geringer Anforderungen entsteht. In Konfliktfällen wird daher empfohlen, dass ein Betriebsratsmitglied zusammen mit dem betroffenen Beschäftigten eine eigene Arbeitsbeschreibung erstellt. Auch wenn dies sehr arbeitsaufwendig ist, ist dieser Weg erheblich günstiger, als Arbeitsbeschreibungen der Geschäftsleitung zur Grundlage von Verhandlungen zu machen. Legt der Arbeitgeber eine meist verkürzte oder unvollständige Arbeitsbeschreibung vor, muss der Betriebsrat dagegen argumentieren. Legt der Betriebsrat allerdings selber eine eigene Beschreibung vor, muss sich der Arbeitgeber damit auseinandersetzen und begründen, warum diese nicht korrekt ist. Dadurch verbessert sich die Verhandlungsposition des Betriebsrates.

Eine Arbeitsbeschreibung muss vollständig sein und auch die unregelmäßig auftretenden Tätigkeitselemente beinhalten, wie z. B. Beseitigung von kleineren Störungen und Unregelmäßigkeiten sowie die Improvisation bei unvorhergesehenen betrieblichen Situationen. Als Hilfsmittel dient der erste Teil der Checkliste »Eingruppierung auf dem Prüfstand« (Übersicht 4.22).

Führt ein Arbeitnehmer abwechselnd unterschiedliche Tätigkeiten aus, sollte eine Beschreibung und Bewertung des gesamten Arbeitsbereiches erfolgen

(Kapitel 4.3). Dazu sind in der Arbeitsbeschreibung alle einzelnen Tätigkeiten vollständig zu beschreiben.

Übersicht 4.22

<table>
<tr><th colspan="3">Eingruppierung auf dem Prüfstand
Wenn die Interessenvertretung die Eingruppierung eines Beschäftigten überprüfen will, ist es erforderlich, die Anforderungen* genauer zu analysieren bzw. die Fragen zu beantworten</th></tr>
<tr><th colspan="2">Einzeltätigkeiten / Gesamttätigkeiten (↓)</th><th>Qualifikation / Erfahrung (↓)</th></tr>
<tr><td colspan="2">Handelt es sich um eine Einzeltätigkeit/-aufgabe oder werden regelmäßig unterschiedliche Einzeltätigkeiten/-aufgaben ausgeführt bzw. wird der Arbeitsplatz regelmäßig gewechselt?
...Und welche Aufgaben werden (zusätzlich) ausgeführt, auch wenn sie nicht in der eingruppierungsrelevanten Arbeitsaufgabenbeschreibung enthalten, sind...</td><td rowspan="2">Welche Qualifikationen / Erfahrungen sind für die Ausführung der offiziellen und inoffiziellen Einzel- bzw. Gesamttätigkeiten / Arbeitsaufgaben erforderlich?

Wie werden die nachfolgenden Punkte/Anforderungen beurteilt?</td></tr>
<tr><td>Bsp. aus der Fertigung (↓)</td><td>Bsp. aus der Administration (↓)</td></tr>
<tr><td>Beseitigung von kleinen Maschinenstörungen</td><td>(auftragsbezogene) Rückfragen an interne bzw. externe Kunden</td><td rowspan="9">Erforderliche Kenntnisse
...über Maschinen, Werkzeuge, Materialverhalten, Arbeitsablauf, Projekt- bzw. Prozessschritte, Richtlinien, PC-Programme
Erforderliche Geschicklichkeit
...z. B. bei kniffeligen Montage- oder Programmierarbeiten, beim Drehen komplizierter Werkstücke, beim Umgang mit schwierigen Kunden, beim Beseitigen von Störungen, beim Aufspüren fehlerhafter Kontierungen
Entscheidungsmöglichkeiten
...z. B. bei auftretenden Störungen, Abarbeitungs- / Programmierfehlern, oder anderen Unregelmäßigkeiten
Verantwortung
...z. B. für Folgefehler bei Montage fehlerhafter Teile, fälschlicherweise erteilter Prüf-, Qualitätsfreigaben, etc.
Erforderliche Einarbeitungszeit
Erforderliche Erfahrung
um trotz fehlender systematischer Einarbeitung alle übertragenen Aufgaben selbstständig zu erledigen, Kompensation nicht-dokumentierten Prozesswissens durch Erfahrung</td></tr>
<tr><td>Ausführung kl. Reparaturen und/oder Wartungsarbeiten</td><td>Anpassen bzw. Aktualisieren betriebsinterner Dokumente</td></tr>
<tr><td>teilweise Einrichten und Nachstellen von Maschinen; Optimieren von Schnittstellen</td><td>Nachsteuern/Modifizieren eines vorhandenen Kundenauftrags aufgrund erfolgter Rücksprache</td></tr>
<tr><td>teilweises Selbstorganisieren des Arbeitsablaufes; z. B. selbstständiges Besorgen von Material oder Werkzeugen, etc.</td><td rowspan="2">Dokumentation/Veränderung betriebsinterner Routinen bzw. Prozessbeschreibungen um Qualitätsanforderungen nachhaltig abzusichern</td></tr>
<tr><td>Qualitäts(zwischen)kontrolle</td></tr>
<tr><td>Improvisieren bei Serienanlauf oder bei Typenwechsel</td><td>Improvisieren bei Einführung neuer Prüfvorrichtungen bzw. neuer PC-Programme</td></tr>
<tr><td colspan="2">Unterstützen an benachbarten Arbeitsplätzen, z. B. Anlernen an neuen Arbeitsfolgen bzw. Einarbeitung durch selbstorganisierte Zusammenarbeit an einzelnen Projekt- bzw. Prozessschritten</td></tr>
<tr><td colspan="2">Ausführen von Arbeitsaufgaben anderer Beschäftigter bei deren Krankheit und/oder Umorganisieren aufgrund Personalmangel etc.</td></tr>
<tr><td colspan="3">*) Die Tarifverträge in der Metall- und Elektroindustrie gehen bezüglich der Einstufung / Eingruppierung von einer anforderungsbasierten Arbeitsaufgabenbeschreibung aus. Das heißt, es ist nicht (nur) die Einzel- bzw. Gesamttätigkeit, sondern die Gesamtheit der Anforderungen an den/die Beschäftigten zu beschreiben, die sich aus der Erfüllung der übertragenen Tätigkeit bzw. Arbeitsaufgabe ergeben bzw. diese prägt. Mit anderen Worten und an einem für die Metall- und Elektroindustrie (eher) untypischen Beispiels: Ein Steward bzw. eine Stewardess verteilt nicht nur die Getränke (Einzeltätigkeit) sondern ist zusätzlich auch für die Durchführung / Sicherstellung erforderlicher Notfallmaßnahmen verantwortlich (Gesamttätigkeit). Die sich aus dieser Gesamttätigkeit ergebende Anforderung ist, sowohl fähig zu sein bei flugbedingten Turbulenzen Getränke durch das Flugzeug zu transportieren als auch ausreichend Kenntnisse und Erfahrungen über die menschliche Psychologie zu besitzen und die erforderlichen psycho-/physiologischen Fähig- und Fertigkeiten zu besitzen, um Menschen in einem Notfall so zu beeinflussen bzw. anzuleiten, dass unter Ihnen keine Panik ausbricht und die Rettungsmaßnahmen möglichst koordiniert stattfinden und alle Menschenleben gerettet werden können.</td></tr>
</table>

Bewertung von Qualifikationsanforderungen

Das Können, die Kenntnisse und Fertigkeiten, also die *abgeforderte Qualifikation*, hat in allen Systemen der Arbeitsbewertung einen wichtigen Stellenwert für die Einstufung einer Arbeitsaufgabe und die Eingruppierung eines Arbeitnehmers bzw. einer Arbeitnehmerin. Auch die geforderten Qualifikationen ändern sich durch den Wandel von Technik und Arbeitsorganisation ständig. In der zweiten Hälfte der 1970er Jahre entstand eine breite Diskussion über die Gefahr der »Dequalifizierung« und der Abgruppierung als Folge des technisch-organisatorischen Wandels: Durch computergestützte Fertigungsprozesse drohte vor allem herkömmliche Facharbeit entwertet zu werden. Die Forderung nach Tarifverträgen zur Sicherung der Eingruppierung und des Verdienstes (Kapitel 4.6.4) war eine Reaktion darauf.

In der Praxis hat sich aber herausgestellt, dass nicht sämtliche Änderungen in den geforderten Qualifikationen die Eingruppierung gefährden, sondern auch eindeutig Höhergruppierungstendenzen festzustellen waren. Die Anforderungen an die Qualifikation sind z. B. bei dem Einsatz programmgesteuerter Maschinen oder computergestützter Sachbearbeitertätigkeiten auch wesentlich höher geworden, z. B. durch

- die komplexeren Einsatzmöglichkeiten der Arbeitsmittel,
- ihre flexiblere Nutzung,
- die Kompliziertheit der Systeme, insbesondere der Software,
- die Anforderung an Programmierung und Optimierung durch den Beschäftigten.

Übersicht 4.23

Beispielhafte Qualifikationsanforderungen (in Produktionssystemen)*	
Tätigkeiten (↓)	**Beispiele für erforderliche Qualifikationen (↓)****
Produzieren bzw. Fertigen	Kenntnisse und Fähigkeiten zur Ausführung (aller) Bearbeitungs- und Montagevorgänge, Kenntnisse der Störungsempfindlichkeit der Anlagen sowie gängiger Fehler(quellen) um diese auszuschalten bzw. zu reduzieren/vermeiden zu können
Programmieren, Programme optimieren, Einrichten und Vorbereiten	Kenntnisse des Bearbeitungsprozesses / verschiedener Arbeitsmittel, Werkzeuge, Vorrichtungen und Arbeitsverfahren sowie Fähigkeit den Bearbeitungsprozess zu planen und mit abstrakten (Programmier-)Befehlen zu beschreiben, Kenntnisse der Maschinenprogrammierung,
IT-Tätigkeiten	Kenntnisse der verwendeten Software-Systeme / -architektur, ggf. des jeweiligen Zweckes sowie der Wechselwirkungen der Systeme untereinander, Fähigkeiten zur Neu-/Umprogrammierung; Kenntnisse zur Systemmodifizierung um Benutzeroberflächen zu optimieren
Disposition und Materialzuführung	Kenntnisse von zahlreichen Einzelteilen für verschiedene Produkttypen, Erkennen von fehlerhaftem Material und Qualitätsmängeln, Fähigkeit zur Beeinflussung computerbasierter Materialflussplanung / Engpasssteuerung
Überwachung des Produktionsprozesses	Kenntnisse über den Ablauf des gesamten Produktionsprozesses, Wissen um gängige Fehler(quellen) um diese auszuschalten bzw. zu reduzieren / zu vermeiden, Fähigkeit in ständiger Reaktionsbereitschaft zu arbeiten
Vorbeugende Wartung und Qualitätssicherung	Frühzeitiges Erkennen von sich entwickelnden Fehlern im Bearbeitungsprozess; Kenntnisse über Wartungsanforderungen von Maschinen und Anlagen um diese vorbeugend warten und dadurch die geforderte Qualität sicherstellen zu können
im Produktionsprozess Störungen beseitigen	Kenntnis der Störungsempfindlichkeit der Maschinen und Anlagen, Schnelles Erkennen von Fehlerursachen, Planung der Arbeitsabläufe für die Fehlerbeseitigung, Kenntnisse wann welcher Spezialist hinzugezogen werden muss, Zusammenarbeit mit Instandhaltungsspezialisten; Fähigkeit auch in Stresssituationen ruhig zu arbeiten;
Koordination / Disposition / Zusammenarbeit in Gruppen	Materialdisposition, Planung der optimalen Reihenfolge der Bearbeitung von einzelnen Aufträgen, Fähigkeit mit anderen Beschäftigten(gruppen) zusammenzuarbeiten und sich gegenseitig zu unterstützen, Befähigung Konfliktsituationen in Arbeitsgruppen zu bewältigen
Reparatur und Instandhaltung	Kenntnisse der Arbeitsmittel und deren Einzelteilen sowie Kenntnis der Störungsempfindlichkeit der Maschinen und Anlagen; Kenntnisse über Mechanik, Elektronik Pneumatik und Hydraulik bzw. in IT-Angelegenheiten Kenntnisse der Server-/Hardwarearchitektur
Qualitätskontrolle und Nacharbeit	Kenntnisse von Messwerkzeugen und Prüfverfahren; Abgleich mit entsprechenden Normen, Qualitätsanforderungen bzw. der Qualitätsvorschriften; Kenntnisse des gesamten Produktes, Fähigkeit das Produkt „manuell bzw. herkömmlich“ zu fertigen
Arbeits- und Betriebsorganisation	Kenntnisse über Produktpalette, die Arbeitsorganisation und die betrieblichen Abläufe; Kenntnisse gesetzlicher Vorschriften zur Arbeitsorganisation / Arbeitsgestaltung ggf. unter Beachtung der Mitbestimmungsrechte der SBV, der JAV und des BR

*) Die Qualifikationsanforderungen sind in den letzten Jahren bzw. Jahrzehnten sehr stark angestiegen; unter anderem aufgrund fehlenden Wissensmanagements in den Betrieben sowie Verlagerung von Entscheidungskompetenz an die jeweils handelnden Beschäftigten, ohne dass dies bei den anforderungsbasierten Arbeitsaufgabenbeschreibungen und somit zumeist auch bei der Einstufung / Eingruppierung berücksichtigt wurde.
**) Auflistung ohne Anspruch auf Vollständigkeit. Entscheidend ist die Situation im jeweiligen Unternehmen.

Richtig ist, dass sich die *Stellung des Menschen im Arbeitsprozess* grundlegend ändert. Gefordert ist immer weniger die unmittelbare handwerkliche Fähigkeit und Fertigkeit im Umgang mit Werkstoffen, Werkstücken und Werkzeugen, sondern vielmehr eine Überwachungs-, Kontroll- und Steuerungstätigkeit mit

dem Ziel, dass der Prozessablauf eines Maschinensystems möglichst reibungslos aufrechterhalten wird. Bei der Einführung von Gruppenarbeit sollen die Gruppenmitglieder erweiterte Dispositions- und Planungsaufgaben übernehmen und in ihrem Arbeitsbereich selbstständig Entscheidungen treffen. Auch die Fähigkeit, in Gruppen mit anderen Arbeitnehmern konstruktiv zusammenzuarbeiten, sich gegenseitig zu unterstützen und Konfliktsituationen zu bewältigen, stellen wichtige Qualifikationsanforderungen dar.
Die geforderten Qualifikationen *verändern* sich, nehmen aber nicht einfach ab: Der Umgang mit komplexen technischen Systemen, Anforderungen an die Flexibilität des Arbeitseinsatzes, zusätzliche Kenntnisse oder die Fähigkeiten in Arbeitsgruppen zu arbeiten, sind Beispiele für höhere Qualifikationsanforderungen in Verbindung mit Technik und Arbeitsorganisation (Übersicht 4.23).
Ähnliche Entwicklungen lassen sich an vielen Arbeitsplätzen im Zusammenhang mit der »Industrie 4.0« bzw. der Digitalisierung der Arbeitswelt beobachten, vgl. dazu Kapitel 3.

4.5 Qualifizierung und Eingruppierung

Der Zusammenhang zwischen Qualifizierungsmöglichkeiten und Eingruppierung ist offensichtlich. Die Eingruppierung der Beschäftigten erfolgt entsprechend der übertragenden Tätigkeit. Wandeln sich im Laufe der Zeit die technischen Bedingungen dieser Tätigkeit, sind in der Regel Erhalt- und Anpassungsqualifizierungen erforderlich, um auch beim technischen Wandel, die Tätigkeit auszuführen. Sollen höherwertige Tätigkeiten ausgeführt werden, die mit höheren Entgeltgruppen vergütet werden, sind in der Regel Qualifizierungsmaßnahmen für die Beschäftigten erforderlich (Entwicklungsqualifizierung). Dies kann von einem einwöchigen Kursus, beispielsweise für Maßnahmen der Qualitätssicherung, bis zu einer zweijährigen Ausbildung als Techniker reichen. Darüber hinaus findet eine ständige Weiterentwicklung der Qualifikation durch Ausübung der Tätigkeiten statt (»learning by doing«).
Trotz zahlreicher Sonntagsreden über die Bedeutung von Bildung und Weiterbildung werden in der Mehrheit der Metallbetriebe nur sehr unzureichende Qualifizierungsmaßnahmen angeboten. Die Weiterbildungsmaßnahmen, die Unternehmer anbieten, richten sich überwiegend an bereits höher qualifizierte Beschäftigte. Beschäftigte, die nicht die Gelegenheit hatten, eine Berufsausbildung oder eine weiterführende Ausbildung abzuschließen, sind bei Qualifizierungsmaßnahmen stark unter repräsentiert. Dies gilt insbesondere für Frauen, die häufig Tätigkeiten am unteren Ende der Entgeltskala ausführen müssen. Erforderlich sind daher verbindliche Weiterbildungsansprüche für jeden Beschäftigten.
Sowohl im Betriebsverfassungsgesetz als auch in den Tarifverträgen der Metallindustrie finden sich Regelungen zur Qualifizierung: Die §§ 96–98 des Betriebsverfassungsgesetzes und die Qualifizierungstarifverträge in der Metall- und

Elektroindustrie eröffnen für Betriebsräte und Beschäftigte zahlreiche Handlungsmöglichkeiten. Es gibt allerdings eine entscheidende Grenze: Die Qualifizierungstarifverträge enthalten keinen verbindlichen, einklagbaren Anspruch auf eine bestimmte Zahl von Weiterbildungstagen pro Jahr. Auch im Betriebsverfassungsgesetz kann der Betriebsrat lediglich über die Durchführung von Weiterbildungsmaßnahmen mitbestimmen, nicht jedoch über die Frage, ob überhaupt Maßnahmen durchgeführt werden (keine Mitbestimmung beim »Ob«, Mitbestimmung beim »Wie«). Trotz dieses Defizits gilt es vielen Betriebsräten durch eine aktive Interessenspolitik Qualifizierungsmaßnahmen durchzusetzen. Da der ständige technologische und organisatorische Wandel permanent neue und teilweise höhere Anforderungen an die Beschäftigten stellt, können sich die Arbeitgeber den Forderungen der Betriebsräte und Beschäftigten nicht gänzlich entziehen. Zur Regelung bieten sowohl das Betriebsverfassungsgesetz als auch die Qualifizierungstarifverträge wichtige Hilfsmittel für die Betriebsräte.

Handlungsmöglichkeiten nach dem Betriebsverfassungsgesetz

Die Handlungsmöglichkeiten nach dem Betriebsverfassungsgesetz beziehen sich insbesondere auf die §§ 96–98 und sind überblicksartig in der Übersicht 4.24 wiedergegeben.

Übersicht 4.24

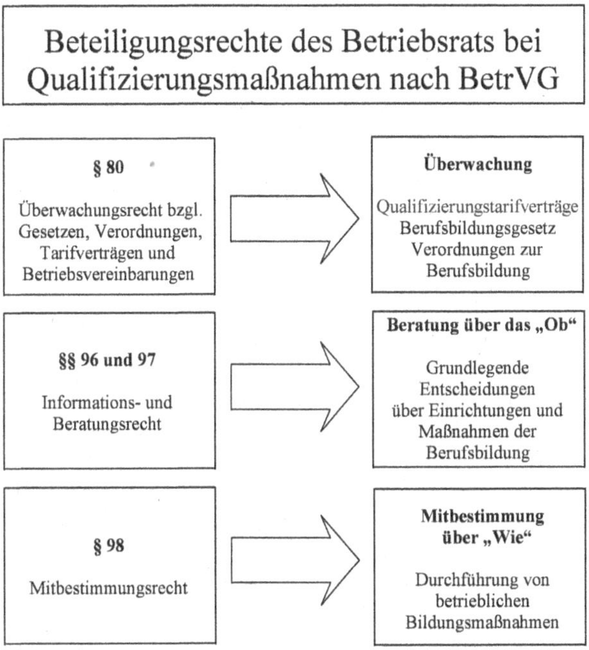

Was heißt Beratung über das »Ob«?

Nach § 96 haben Arbeitgeber und Betriebsrat die Berufsausbildung der Beschäftigten zu fördern. Hierzu kann der Betriebsrat Vorschläge machen, die der Arbeitgeber mit ihm beraten muss. Ein erzwingbares Mitbestimmungsrecht über die Durchführung der Maßnahmen existiert nicht. Das Beratungsrecht bezieht sich nach § 97 BetrVG auf:

- die Einrichtung und Ausstattung betrieblicher Einrichtungen
- die Einführung betriebliche Berufsbildungsmaßnahmen
- die Teilnahme an außerbetrieblichen Berufsbildungsmaßnahmen

Was heißt Mitbestimmung über das »Wie«?

Ist eine Entscheidung über das »Ob« gefallen, hat der Betriebsrat ein Mitbestimmungsrecht, wie diese Maßnahmen der betrieblichen Berufsbildung durchgeführt werden. Kommt eine Einigung nicht zustande, entscheidet die Einigungsstelle (§ 98 Abs. 4 BetrVG). Hierunter fallen etwas folgende Fragen:

- Welche Inhalte werden vermittelt?
- Welche Methoden werden eingesetzt?
- Wie wird die theoretische und praktische Ausbildung kombiniert?
- Wie lang soll die Maßnahme sein?
- An welchen Tagen und zu welcher Zeit werden die Maßnahmen angeboten?

Rechtsvorschrift

»Führt der Arbeitgeber betriebliche Maßnahmen der Berufsbildung durch oder stellt er für außerbetriebliche Maßnahmen der Berufsbildung Beschäftigte frei oder trägt er die entstehenden Kosten ganz oder teilweise, so kann der Betriebsrat Vorschläge für die Teilnahme von Beschäftigten oder Gruppen von Beschäftigten des Betriebes an diesen Maßnahmen der beruflichen Bildung machen.«

(§ 98 Abs. 3 BetrVG)

Können sich Arbeitgeber und Betriebsrat nicht über die vorgeschlagenen Teilnehmer einigen, entscheidet die Einigungsstelle (§ 98 Abs. 4 BetrVG).

Qualifizierungstarifverträge

Im Tarifgebiet Baden-Württemberg wurde 2001 erstmals in der Metallindustrie ein Qualifizierungstarifvertrag abgeschlossen. Inzwischen konnten in allen Tarifgebieten der Metallindustrie ähnliche Tarifverträge durchgesetzt werden, die dem Betriebsrat zahlreiche Handlungsmöglichkeiten eröffnen. Die Tarifverträge sehen zunächst vor, dass ein Qualifizierungsplan erstellt wird. Der Arbeitgeber hat auf der Grundlage der geplanten und erwarteten Veränderungen des Betriebes den künftigen betrieblichen Qualifikationsbedarf festzustellen und mit dem Betriebsrat zu beraten. Hierbei kann der Betriebsrat selbstverständlich eigene Vorschläge einbringen. Auf dieser Grundlage hat der Beschäftigte Anspruch auf ein individuelles Qualifizierungsgespräch, in dem Qualifizierungsmaßnahmen für den einzelnen Beschäftigten beraten werden. Bei der Durchführung der Qualifizierung wird unterschieden zwischen:

- Betrieblich notwendiger Qualifizierung
- Betrieblich zweckmäßiger Qualifizierung (Entwicklungsqualifizierung) sowie
- persönliche, berufliche Weiterbildung

Die Einzelheiten ergeben sich aus der Übersicht 4.25.

Übersicht 4.25

Regelungen in den Qualifizierungstarifverträgen der Metallindustrie		
Betrieblich notwendige Qualifizierung	**Betrieblich zweckmäßige Qualifizierung**	**Persönliche und berufliche Weiterbildung**
Ziele: **Erhaltungsqualifizierung:** Sie dient dazu, die ständige Fortentwicklung des fachlichen, methodischen und sozialen Wissens im Rahmen des eigenen Aufgabengebietes nachvollziehen zu können. **Anpassungsqualifizierung:** Sie dient dazu, veränderte Anforderungen im eigenen Aufgabengebiet erfüllen zu können. **Umqualifizierung:** Sie dient dazu, beim Wegfall von Arbeitsaufgaben eine andere gleichwertige oder höherwertige Arbeitsaufgabe für einen durch den jeweiligen Beschäftigten im Betrieb zu besetzenden Arbeitsplatz übernehmen zu können.	**Ziel:** **Entwicklungsqualifizierung:** Sie dient dazu, eine andere höherwertige Arbeitsaufgabe im Betrieb übernehmen zu können.	**Ziel:** Persönliche, berufliche Weiterbildung, obwohl zurzeit kein betrieblicher Bedarf entsteht.
Zeit wird zu 100 % vom Arbeitgeber bezahlt	Qualifizierungszeit wird zu 50 % vom Arbeitgeber bezahlt und zu 50 % vom Beschäftigten eingebracht.	Qualifizierungszeit wird nicht vergütet (unbezahlte Freistellung)
Kosten der Maßnahme zahlt der Arbeitgeber	Kosten der Maßnahme zahlt der Arbeitgeber	Kosten der Maßnahme zahlt der Beschäftigte

Im Hinblick auf die Übernahme von höherwertigen Tätigkeiten und damit der Vergütung in höheren Entgeltgruppen sind insbesondere die Entwicklungsqualifizierung und die persönliche, berufliche Weiterbildung von Bedeutung.
Die praktische Erfahrung mit der Umsetzung der Qualifizierungstarifverträge ist in einigen Betrieben ausgesprochen positiv, in anderen Betrieben allerdings ernüchternd. Es kommt im jeweiligen Betrieb darauf an, dass sowohl auf Arbeitgeber- als auch auf Betriebsratsseite das Thema mit ganzem Engagement bearbeitet wird und im Zweifelsfall auch gegen Widerstände der Arbeitgeberseite gearbeitet wird. In vielen Betrieben sind Möglichkeiten, die das Betriebsverfassungsgesetz

und die Qualifizierungstarifverträge eröffnen, auch nicht ansatzweise umgesetzt. In der Praxis ergeben sich zahlreiche Probleme, für die an dieser Stelle noch stichwortartige Lösungsmöglichkeiten aufgeführt werden können (Übersicht 4.26).

Übersicht 4.26

Probleme und Lösungsmöglichkeiten bei Weiterbildungsmaßnahmen	
Probleme	**Konsequenzen**
• Kein Kursangebot für Beschäftigte in den unteren Entgeltgruppen • Das Unternehmen will bestimmte Beschäftigungsgruppen nicht weiterbilden. • „Nasenpolitik" der Unternehmer bei der Auswahl der Beschäftigten. • Kein Interesse der Beschäftigten – Bemühungen werden im Betrieb nicht anerkannt. • Große Hemmschwelle an einer Weiterbildungsmaßnahme teilzunehmen – Angst zu scheitern. • Die sozialen Bedingungen lassen eine Teilnahme nicht zu.	• Vorhandene Angebote bekannt machen – eigene Angebote mit den Beschäftigten entwickeln. • Mitbestimmungsrechte wahrnehmen, Bildungsurl. nutzen. • Mitbestimmungsrechte wahrnehmen, systematische Weiterbildungsplanung (z.B. abteilungsbezogenen Plan erstellen). • Informationen in den Abteilungen verbreiten (Weiterbildungsdatenbänke nutzen). • Regelungen mit dem Unternehmer über Arbeitsanreicherung treffen, Höhergruppierungen durchsetzen. Qualifizierungszuschlag vereinbaren. • Kurse müssen auch für Lernungewohnte gestaltet sein. • Kurse müssen auch für Schichtarbeiter zugänglich sein. Möglichkeiten zum Sprachtraining für Beschäftigte mit Migrationshintergrund.

Bildungsteilzeit (persönliche berufliche Weiterbildung)

Im Jahr 2015 konnten bundesweit die Tarifverträge zur Qualifizierung beim Thema persönliche berufliche Weiterbildung ergänzt werden. Es wurden dort u. a. Regelungen zur Bildungsteilzeit und zu Ausscheidungsvereinbarungen zur Qualifizierung aufgenommen. Die IG Metall hatte ursprünglich einen Anspruch auf Qualifizierung gefordert, der aber gegen den harten Widerstand der Arbeitgeberverbände nicht durchgesetzt werden konnte. Lediglich im Tarifgebiet Baden-Württemberg besteht ein Anspruch für 1 % der Beschäftigten – allerdings ausschließlich in Betrieben mit mehr als 500 Beschäftigten. In allen anderen Tarifgebieten sind die Regelungen zur Bildungsteilzeit freiwilliger Art; bei Streitigkeiten über die Ablehnung einer beantragten Qualifizierungsmaßnahme entscheidet aber die tarifliche Schlichtungsstelle. Durch eine Verknüpfung mit dem Tarifvertrag zum flexiblen Übergang in die Rente (TV FlexÜ) aus dem Jahr 2015 können nicht verbrauchte Mittel zur Finanzierung von Altersteilzeitverträgen für die Förderung der Bildungsteilzeit verwendet werden (vgl. dazu das Handbuch Arbeitszeit – Manteltarifverträge im Betrieb, Kapitel 11.6 – herausgegeben von Dirk Schumann und Hilde Wagner).

> **Tarifvertrag**
> *»Persönliche berufliche Weiterbildung (§ 2 Nr. 5)*
> *Bildungsteilzeit*
> *Die Teilnahme an Maßnahmen der persönlichen beruflichen Weiterbildung findet außerhalb der Arbeitszeit statt. Im Wege einer Bildungsvereinbarung gem. § 8 können die Arbeitsvertragsparteien eine unbezahlte Freistellung (Teilzeit, ggf. mit monatlicher Aufzahlung) regeln oder eine aus einem Wertguthaben (teil-)bezahlte Freistellung vereinbaren (z. B. über verblockte Teilzeit).*
> *Ausscheidensvereinbarung*
> *Sofern dies durch die Art der Maßnahme der persönlichen beruflichen Weiterbildung geboten ist, kann zwischen dem Beschäftigten und dem Arbeitgeber eine Ausscheidensvereinbarung getroffen werden bei gleichzeitiger Wiedereinstellungszugsage auf dem vorherigen oder einem zumutbaren gleich- oder höherwertigen Arbeitsplatz. Dieser ist bei vorher Vollzeitbeschäftigten ein Vollzeitarbeitsplatz.*
> *Förderung*
> *Soweit sich die Betriebsparteien auf eine freiwillige Betriebsvereinbarung nach § 14 Ziff. 2 TV FlexÜ … einigen, ist dort festzulegen, welchen Anteil der Quote gemäß § 12 Ziff. 1.1 TV FlexÜ für eine Förderung verwendet wird. Für den vereinbarten Zeitraum reduziert sich der Anspruch bzw. die Quote für Altersteilzeit entsprechend. Der Gesamtwert dieser Förderung errechnet sich gem. § 12 Ziff. 3.2 Abs. 2 TV FlexÜ. Für jeden 0,1 %-Punkt weniger Altersteilzeit unterhalb der Quote von 4 % sind 0,02 % der tariflichen Bruttoentgeltsumme des Betriebes aufzuwenden. Die Einzelheiten der Verteilung werden im Rahmen der Beratungen zu §§ 3 und 4 zwischen Betriebsrat und Arbeitgeber erörtert und vereinbart.«*
> (§ 5 Tarifvertrag Bildung Hessen)

Die Bedingungen, zu denen eine Weiterbildungsmaßnahme durchgeführt wird, sind in einer Bildungsvereinbarung zwischen den Beschäftigten und dem Arbeitgeber zu beschreiben; in diesem Rahmen kann auch ein sog. Bildungskonto beschrieben werden. In einer Bildungsvereinbarung sind u. a. folgende Punkte zu regeln:

- Beginn und Dauer der Maßnahme sowie der Umfang und die zeitliche Lage der Freistellung,
- ggf. ein Bildungskonto,
- eventuelle öffentliche Förderung,
- eventuelle freiwillige zusätzliche Leistungen des Arbeitgebers,
- u. a.

Beschäftigte können in einem Bildungskonto Geld und Zeit ansparen und dieses während der Qualifizierungsmaßnahme entnehmen. Dort können eingebucht werden: die zusätzliche Urlaubsvergütung, die Jahressonderzahlung (»Weihnachtsgeld«) sowie bis zu 152 Stunden Arbeitszeit pro Jahr. Es wird angestrebt, dass die Beschäftigten während der vollen bzw. teilweisen Freistellung zur Qualifizierung mindestens 70 % des zuletzt erzielten Netto-Monatsentgeltes erzielen.

4.6 Handlungsmöglichkeiten der Interessenvertretung

4.6.1 Rechtliche und tarifliche Grundlagen

Betriebsverfassungsgesetz

Das Betriebsverfassungsgesetz bietet für die Betriebsräte eine Reihe von Handlungsmöglichkeiten in Verbindung mit der Eingruppierung von Arbeitnehmerinnen und Arbeitnehmern. Zunächst sind vier grundlegende Bestimmungen zu nennen:

Rechtsvorschrift

Nach § 75 BetrVG hat der Betriebsrat darüber zu wachen, dass jede Benachteiligung der Arbeitnehmerin/des Arbeitnehmers unterbleibt, z. B. auch wegen des Geschlechts, und alle Beschäftigten nach Recht und Billigkeit behandelt werden. Werden Frauen beispielsweise bei gleicher oder gleichwertiger Tätigkeit in eine schlechtere Entgeltgruppe eingruppiert, ergibt sich daraus ein Handlungszwang für den Betriebsrat. Der Verfassungsartikel 3 Abs. 2 und 3 Grundgesetz (Gleichbehandlungsgebot) ist durch § 75 BetrVG für den Betrieb als unmittelbar verbindlich bekräftigt worden.

Rechtsvorschrift

Nach § 80 Abs. 1 Nr. 1 BetrVG besteht für den Betriebsrat u. a. die Verpflichtung, darüber zu wachen, dass die zugunsten der Arbeitnehmerinnen und Arbeitnehmer geltenden Gesetze und Tarifverträge auch tatsächlich durchgeführt werden. Hierzu gehört eindeutig auch die genaue Anwendung der Tätigkeitsmerkmale in den Entgeltgruppenbeschreibungen, wobei grundsätzlich die tatsächlich ausgeübte Tätigkeit maßgebend ist.

Rechtsvorschrift

§ 80 Abs. 2 BetrVG gibt dem Betriebsrat das Recht, zu verlangen, dass ihm die zur Durchführung seiner Aufgaben erforderlichen Unterlagen zur Verfügung gestellt werden. Dazu gehören z. B. auch Aufstellungen, Listen, Abrechnungen oder Auszüge, auch das Recht des Einblicks in die Bruttoentgeltlisten durch den Betriebsausschuss oder einen anderen Ausschuss.

Rechtsvorschrift

§ 77 Abs. 3 BetrVG zeigt die Grenzen für die Regelungsmöglichkeiten durch den Betriebsrat auf. »Arbeitsentgelte und sonstige Arbeitsbedingungen, die durch Tarifvertrag geregelt sind oder üblicherweise geregelt werden, können nicht Gegenstand einer Betriebsvereinbarung sein.« Dies gilt beispielsweise für die Entgelthöhe und die Zahl und Beschreibung der Entgeltgruppen.

Da in der Metallindustrie die Eingruppierungskriterien, die Zahl der Entgeltgruppen sowie die entsprechenden Geldbeträge abschließend im Tarifvertrag geregelt sind, ist es nicht zulässig, dazu Betriebsvereinbarungen abzuschließen. Dies gilt auch für die Vereinbarung von sog. Zwischenentgeltgruppen. Etwaige Betriebsvereinbarungen sind nichtig, und im Konfliktfall sind darin vereinbarte Leistungen nicht haltbar; es sei denn, dass eine Zustimmung der Tarifvertragsparteien vorliegt (Ausnahme: Im Bezirk Baden-Württemberg können Eingangs- und Zusatzstufen vereinbart werden. In den Tarifgebieten Hessen, Saarland und Rheinland-Pfalz können Zusatzstufen vereinbart werden).
Für konkrete Eingruppierungskonflikte ergeben sich die Beteiligungsrechte aus drei unterschiedlichen Rechtsquellen, dem § 99 BetrVG, dem § 102 BetrVG und den tariflichen Bestimmungen zur Einstufung von Tätigkeiten (Übersicht 4.27).

Übersicht 4.27: Beteiligungsrechte des Betriebsrates bei der Ein- und Umgruppierung

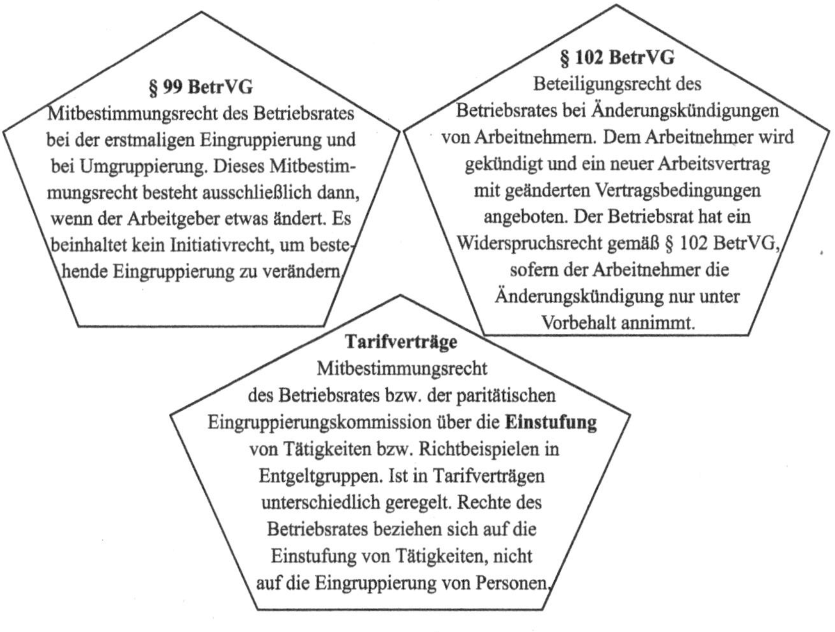

Mitbestimmungsrecht nach § 99 BetrVG bei Ein- und Umgruppierung

Rechtsvorschrift

Die wichtigste Grundlage der Mitbestimmung bei der Eingruppierung ist der § 99 des BetrVG, der die Mitbestimmung des Betriebsrats bei personellen Einzelmaßnahmen regelt: Der Betriebsrat ist »vor jeder Einstellung, Eingruppierung, Umgruppierung und Versetzung zu unterrichten«. […] »Bei Einstellungen und Versetzungen hat der Arbeitgeber insbesondere den in Aussicht genommenen Arbeitsplatz und die vorgesehene Eingruppierung mitzuteilen.« Der Arbeitgeber hat »die Zustimmung des Betriebsrates zu den geplanten Maßnahmen einzuholen«.

Übersicht 4.28

Zustimmungsverweigerung zur Umgruppierung, Entwurf für ein Schreiben des Betriebsrates

Fall:

Ein Arbeitgeber informiert den Betriebsrat, dass er den Maschinenarbeiter, Herrn Y, von der Entgeltgruppe 7 in die Entgeltgruppe 5 umgruppieren will, da er in Zukunft nicht mehr für die Einrichtung der Maschine zuständig sei.

Schreiben des Betriebsrates (innerhalb einer Woche):

An die Personalabteilung

Betr.: Vorgesehene Umgruppierung von Herrn Y

Sehr geehrte Damen und Herren,

der Betriebsrat hat sich in seiner Sitzung am ... mit der von Ihnen vorgesehenen Umgruppierung beschäftigt und folgenden Beschluss gefasst:

Der Betriebsrat verweigert die Zustimmung zur vorgesehenen Umgruppierung von Herrn Y gem. § 99 Abs. 2 Ziff. 1 BetrVG. Die vorgesehene Umgruppierung verstösst gegen § ... des Entgelt-Rahmentarifvertrages. Der Betriebsrat ist der Auffassung, dass Herr Y auch nach der geplanten organisatorischen Änderung entsprechend seiner Tätigkeit in die Entgeltgruppe 7 einzugruppieren ist.

Begründung: ...

Mit freundlichen Grüßen

...

(Betriebsratsvorsitzende[r])

Hinweise zur Begründung:

1. Die Begründung muss auf den Einzelfall bezogen sein und auf die jeweilige Entgeltgruppenbeschreibung im Tarifvertrag Bezug nehmen.
2. Sie muss deutlich machen, dass die Tätigkeit des Kollegen/der Kollegin der jeweiligen Entgeltgruppenbeschreibung entspricht.
3. Eventuell können zusätzlich die anderen Gründe des § 99 Abs. 2 herangezogen werden.

Ohne die Zustimmung des Betriebsrates wird eine Eingruppierung oder Umgruppierung nicht wirksam. Der Betriebsrat kann die Zustimmung zur Eingruppierung oder Umgruppierung aus einem der im Gesetz vorgesehenen Gründe verweigern und muss dies innerhalb einer Woche nach Unterrichtung durch den Arbeitgeber schriftlich mitteilen (siehe die Musterschreiben in Übersicht 4.28 und 4.29). Im Übrigen kann der Betriebsrat der Neueinstellung eines Beschäftigten zustimmen und gleichzeitig der beabsichtigten Eingruppierung seine Zustimmung verweigern.

Übersicht 4.29

Zustimmungsverweigerung zur Eingruppierung, Entwurf für ein Schreiben des Betriebsrates

Fall:

Ein Arbeitgeber informiert den Betriebsrat, dass er Frau X als Montagearbeiterin einstellen und sie in die Entgeltgruppe 2 eingruppieren will.

Schreiben des Betriebsrates (innerhalb einer Woche):

An die Personalabteilung

Betr.: Vorgesehene Einstellung und Eingruppierung von Frau X

Sehr geehrte Damen und Herren,

der Betriebsrat hat sich auf seiner Sitzung am ... mit der von Ihnen vorgesehenen Einstellung und Eingruppierung von Frau X beschäftigt und folgende Beschlüsse gefasst:

Der Betriebsrat stimmt der vorgesehenen Einstellung von Frau X zu. Der Betriebsrat verweigert die Zustimmung zur vorgesehenen Eingruppierung von Frau X gem. § 99 Abs. 2 Ziff. 1 BetrVG. Die vorgesehene Eingruppierung in die Entgeltgruppe 2 verstößt gegen § . . . des Entgelt-Rahmentarifvertrages. Der Betriebsrat ist der Auffassung, dass Frau X entsprechend ihrer vorgesehenen Tätigkeit in die Entgeltgruppe 4 einzugruppieren ist.

Begründung: ...

Mit freundlichen Grüßen

...

(Betriebsratsvorsitzende[r])

Hinweise zur Begründung:

1. Die Begründung muss auf den Einzelfall bezogen sein und auf die jeweilige Entgeltgruppenbeschreibung im Tarifvertrag Bezug nehmen.

2. Sie muss deutlich machen, dass die Tätigkeit des Kollegen/der Kollegin der jeweiligen Entgeltgruppenbeschreibung entspricht.

3. Eventuell können zusätzlich die anderen Gründe des § 99 Abs. 2 herangezogen werden.

Verweigert der Betriebsrat seine Zustimmung zu einer beabsichtigten Eingruppierung oder Umgruppierung, ist der Unternehmer gezwungen, zum Arbeitsgericht zu gehen, um sich dort die Zustimmung des Betriebsrates ersetzen zu lassen. Sind die betroffenen Arbeitsplätze/Arbeitnehmer nicht korrekt eingruppiert, so hat der Unternehmer vor Gericht schlechte Karten. In vielen Fällen versucht er daher mit dem Betriebsrat Verhandlungen aufzunehmen, um die Streitigkeiten auf dem betrieblichen Verhandlungswege zu regeln.

§ 99 BetrVG gibt dem Betriebsrat allerdings kein Initiativrecht, um bestehende Eingruppierungen zu überprüfen. Er kann eine solche Überprüfung oder höhere Eingruppierung natürlich im Rahmen einer betrieblichen Aktion verlangen und versuchen, dies mit dem Arbeitgeber zu verhandeln. Sollen bestehende Eingruppierungen zugunsten der Arbeitnehmer verbessert werden, ist dies rechtlich nur über eine Leistungs- oder Feststellungsklage des einzelnen Arbeitnehmers möglich.

In vielen Betriebsratsgremien hat sich eine unzureichende Praxis eingeschlichen. Bei Abgruppierungsversuchen der Unternehmer lässt sich der Betriebsrat auf das »schwächere Gleis« der Beteiligung bei Änderungskündigungen drängen und schöpft die stärkeren Mitbestimmungsrechte nach § 99 BetrVG nicht aus. Auch wenn der einzelne Arbeitnehmer einer Abgruppierung und einer Änderungskündigung zugestimmt hat, ist die Abgruppierung nicht wirksam, sofern der Betriebsrat seine Zustimmung verweigert hat. In diesem Fall muss der Arbeitgeber die Zustimmung des Betriebsrates beim Arbeitsgericht ersetzen lassen.

Beteiligungsrecht nach § 102 BetrVG bei Änderungskündigungen

Eine Abgruppierung setzt auf der individual-rechtlichen Ebene eine Änderungskündigung gemäß § 2 des Kündigungsschutzgesetzes (KSchG) voraus. Der Arbeitgeber kündigt dabei das Arbeitsverhältnis und bietet dem Arbeitnehmer die Fortsetzung des Arbeitsverhältnisses zu geänderten (in der Regel schlechteren) Arbeitsbedingungen an, in diesem Fall für eine geringere Entgeltgruppe. Der Betriebsrat ist gemäß § 102 BetrVG vorher anzuhören. Der Arbeitgeber muss die gesetzlichen bzw. tariflichen Kündigungsfristen einhalten. Erst nach dem Ende der Kündigungsfrist kann eine Abgruppierung wirksam werden. Diese Fristen betragen je nach Betriebszugehörigkeit bis zu sieben Monate (siehe § 622 BGB bzw. die regionalen Tarifverträge).

Wird eine Änderungskündigung ausgesprochen, befindet sich der Arbeitnehmer in einer Zwangssituation.

Akzeptiert er die neuen Vertragsbedingungen nicht, ist sein Arbeitsverhältnis gekündigt und er hat seinen Arbeitsplatz verloren. Der Arbeitnehmer kann der Fortsetzung des neuen Arbeitsverhältnisses unter dem Vorbehalt zustimmen, dass es nicht sozial ungerechtfertigt ist (siehe § 1 KSchG). Der Arbeitnehmer sollte sich umgehend mit dem Betriebsrat in Verbindung setzen. Der Betriebsrat hat die Möglichkeit, der Änderungskündigung nach § 102 BetrVG zu widersprechen. Dies sollte getan werden, aber in jedem Fall sollte zusätzlich die Zustimmung zur beabsichtigten Umgruppierung nach § 99 BetrVG verweigert werden. **Das Recht des Betriebsrates nach § 99 BetrVG ist wesentlich stärker als das nach § 102 BetrVG!**

Tarifliche Mitbestimmungsrechte bei der Einstufung der Tätigkeiten

Bei betrieblichen Ein- bzw. Umgruppierungen handelt es sich parallel um zwei verschiedene Rechtstatbestände:

a. Eingruppierung oder Umgruppierung einer/s Beschäftigten,
b. Einstufung einer Tätigkeit bzw. eines betrieblichen Richtbeispiels.

Der zweite Sachverhalt ist in einigen Entgelt-Rahmentarifverträgen der Metallindustrie ausführlich geregelt. Die meisten Entgelt-Rahmentarifverträge sehen die Bildung einer paritätischen Entgeltkommission vor, deren Rechte im Tarifvertrag geregelt sind. In der Übersicht 4.30 sind Auszüge aus dem Entgelt-Rahmentarifvertrag für die Metallindustrie in Baden-Württemberg aufgeführt. Die paritätische Kommission hat sowohl die Einstufung bestehender, aber nicht bewerteter Arbeitsaufgaben, als auch die Einstufung neu entstehender oder veränderter Arbeitsaufgaben vorzunehmen. In der paritätischen Kommission wird einvernehmlich anhand einer Arbeitsbeschreibung über die Einstufung der Tätigkeit beraten. Wird Einvernehmen erzielt, gilt die einvernehmlich geregelte Einstufung der Arbeitsaufgabe. Im Streitfall wird eine Schiedsstelle gebildet. Wird auch hier kein Einvernehmen erzielt, entscheidet – vereinfacht gesprochen – das Los. Hierdurch entsteht für beide Seiten ein hoher Einigungsdruck. Darüber hinaus ist im § 10 ein Reklamationsrecht für Beschäftigte oder den Betriebsrat über die mitgeteilte Entgeltgruppe verankert. Die Beschäftigten oder der Betriebsrat kann die jeweilige Entgeltgruppe reklamieren. Erfolgt darüber keine Einigung, wird der Sachverhalt entsprechend den Regeln der paritätischen Kommission nach § 7 im Zweifelsfall in der Schiedsstelle entschieden. Insbesondere das Reklamationsrecht über die Eingruppierung erweitert die Möglichkeiten nach dem Betriebsverfassungsgesetz. Nach § 99 BetrVG hat der Betriebsrat nur dann ein Mitbestimmungsrecht, wenn es sich um erstmalige Eingruppierungen oder Umgruppierungen handelt. Der § 99 beinhaltet kein Initiativ- oder Reklamationsrecht. Die Paragrafen 7 und 10 des Entgelt-Rahmentarifvertrages der Metallindustrie Baden-Württemberg eröffnen diese Handlungsmöglichkeiten, die letztlich in einer Schiedsstelle entschieden werden.

In anderen Tarifverträgen ist dieser Sachverhalt wesentlich kürzer beschrieben. Im § 15 des Entgelt-Rahmentarifvertrages der niedersächsischen Metallindustrie sind so genannte Einzelstreitigkeiten geregelt. Einzelstreitigkeiten über die Anwendung der tariflichen Entgeltgruppen bzw. Entgeltstufen sind in der paritätischen Entgeltkommission zu behandeln. Gelingt hier keine Einigung, steht der Rechtsweg offen. Das heißt, der einzelne Beschäftigte muss beim Arbeitsgericht eine Leistungsklage bzw. Feststellungsklage einreichen; Kapitel 4.6.2.

Im niedersächsischen Entgelt-Rahmentarifvertrag sind keine tariflichen Richtbeispiele vorgesehen. Im § 2.2 ist jedoch die Möglichkeit der Vereinbarung von betrieblichen Richtbeispielen festgehalten. Diese Richtbeispiele und deren Zuordnung zu Entgeltgruppen werden in einer paritätischen Kommission festgelegt. Im Konfliktfall entscheidet die tarifliche Schlichtungsstelle. Sind betriebliche Richtbeispiele vereinbart, dürfen sie vom Arbeitgeber nicht einseitig gekündigt werden, denn sie haben den Charakter einer Betriebsvereinbarung und haben entsprechende Nachwirkung. Sollte in diesem Fall der Arbeitgeber versuchen, eine Abgruppierung durchzusetzen, ist zunächst das vereinbarte Richtbeispiel zu kündigen und durch ein neues zu ersetzen, was im Zweifelsfall in der paritätischen Kommission und/oder Schlichtungsstelle zu vereinbaren ist. Sind tarifliche Richtbeispiele vereinbart, bieten sie einen guten Schutz vor Abgruppierungen.

Übersicht 4.30

Paritätische Kommission, § 7 des ERA-Tarifvertrages Baden-Württemberg, 2022 (Auszüge)	
§ 7 Paritätische Kommission	
7.1	In den Betrieben wird eine paritätisch besetzte Einstufungs- bzw. Reklamationskommission (im Folgenden: Paritätische Kommission) gebildet (siehe auch § 8).
7.1.1	Die Paritätische Kommission besteht aus je drei Vertretern des Arbeitgebers einerseits sowie der Beschäftigten andererseits […] .
7.2	**Aufgaben der Paritätischen Kommission** Der Paritätischen Kommission obliegt die Einstufung bestehender, aber nicht bewerteter Arbeitsaufgaben und Einstufung neu entstehender oder veränderter Arbeitsaufgaben, soweit dieser Tarifvertrag ihr nicht weitere Aufgaben zuweist.
7.2.2	Sie ist darüber hinaus berechtigt, von Fall zu Fall bestehende Einstufungen zu überprüfen, sofern dargelegt werden kann, dass sich aufgrund veränderter Anforderungen eine Veränderung der Einstufung ergeben könnte.
7.3	Entscheidungsfindung in der Paritätischen Kommission
7.3.1	Der Arbeitgeber übergibt der Paritätischen Kommission zur Vorbereitung der Entscheidung die entsprechenden Unterlagen (§ 6.4) und teilt die vorläufige Einstufung mit. Jede Seite der Paritätischen Kommission kann unter Angabe von Gründen vom Arbeitgeber die Überprüfung der Beschreibung der Arbeitsaufgabe hinsichtlich ihrer Übereinstimmung mit der übertragenen Arbeitsaufgabe und ggf. die Überarbeitung der Beschreibung verlangen. Der vorläufigen Einstufung kann jede Seite der Paritätischen Kommission bis zum Ablauf von acht Wochen widersprechen. Erfolgt kein Widerspruch gegen die vorläufige Einstufung, gilt diese endgültig. Bei Widerspruch gilt die vorläufige Einstufung bis zur verbindlichen Entscheidung (siehe § 7.3.7 Abs. 2).
7.3.3	Kommt es in der Paritätischen Kommission zu keiner Einigung, so wird auf Antrag einer Seite je ein sachkundiger stimmberechtigter Vertreter der Tarifvertragsparteien hinzugezogen (erweiterte Paritätische Kommission).
7.3.4	Kommt nach eingehender Beratung in dieser erweiterten Paritätischen Kommission eine einheitliche oder mehrheitliche Meinung nicht zu Stande, wird auf Antrag einer Seite eine Schiedsstelle gebildet. Diese besteht aus den Mitgliedern der erweiterten Paritätischen Kommission und einer/m Vorsitzenden. Der Vorsitz wird durch Los aus einem durch die Tarifvertragsparteien festgelegten Personenkreis ermittelt.
7.3.5	…………..
	Vor der Abstimmung in der erweiterten Paritätischen Kommission entscheidet das Los, welcher der Vertreter der Tarifvertragsparteien eine zweite Stimme erhält. Dieser hat die Entscheidung binnen einer Frist von drei Wochen schriftlich zu begründen.

Zusammenfassend kann festgehalten werden: Versucht der Arbeitgeber, Abgruppierungen durchzusetzen, hat der Betriebsrat mehrere Möglichkeiten, dem entgegenzuwirken. Die stärkste Möglichkeit ist die Zustimmungsverweigerung nach § 99 BetrVG sowie ein Widerspruch gegen die damit verbundene Änderungskündigung nach § 102 BetrVG. Je nach den tariflichen Möglichkeiten eröffnen sich dem Betriebsrat weitere Handlungsmöglichkeiten über die paritätische Entgeltkommission.

4.6.2 Höhergruppierungen durchsetzen

Die Arbeitnehmer und ihre Interessenvertreter sehen sich häufig in einer Situation, in der sie Höhergruppierungen gegen den Widerstand der Unternehmer durchsetzen müssen. Derartige Handlungssituationen können etwa wie folgt aussehen:

- In den Betrieben mit flexiblem Personaleinsatz führt die Arbeit zu erweiterten Arbeitsinhalten und größeren Dispositionsspielräumen, die bisherige Eingruppierung wird jedoch beibehalten. Der Betriebsrat verlangt entsprechend den gesteigerten Anforderungen eine höhere Entgeltgruppe für die Beschäftigten.
- An einer betrieblichen Eingruppierungsstruktur, die bei der Einführung des Entgelt-Rahmentarifvertrages gebildet wurde, hat in der letzten Zeit niemand »gerüttelt«. Nach einer sorgfältigen Analyse kommt der Betriebsrat zu der Auffassung, dass in mehreren Abteilungen die Beschäftigten nicht tarifgerecht eingruppiert sind und verlangt Höhergruppierungen.
- Einer Kollegin wird nach einer umfangreichen Qualifizierung für mehrere neue komplexe Softwarepakete eine Höhergruppierung verweigert, obwohl sie nun entsprechend höher qualifizierte Tätigkeiten ausführt.

Die Handlungsstrategie des Betriebsrates kann von Betrieb zu Betrieb unterschiedlich aussehen. In einigen Betrieben ist es möglich, durch engagiertes und hartnäckiges Drängen des Betriebsrates schrittweise ohne rechtliche Auseinandersetzungen Höhergruppierungen durchzusetzen. Wenn das Problem auf Betriebsversammlungen zum Dauerthema wird und in Verhandlungen vom Betriebsrat engagiert und kompetent begründet wird, lassen sich einige Unternehmer zu Höhergruppierungen bewegen. Häufig spielen hier in der betrieblichen Praxis auch »Tauschgeschäfte« eine Rolle (z. B. Zustimmung zu Überstunden durch den Betriebsrat und im Gegenzug Höhergruppierungen für Arbeitnehmer in einer bestimmten Abteilung).

Führt dieser Weg nicht zum Erfolg, muss versucht werden, mit rechtlichen Mitteln Höhergruppierungen durchzusetzen. Dieser Weg wird umso erfolgreicher sein, je mehr die rechtliche Vorgehensweise durch gewerkschaftliche Aktionen im Betrieb begleitet wird.

Die meisten regionalen Tarifverträge eröffnen die Möglichkeit, bestehende Eingruppierungen zu reklamieren und in paritätischen Kommissionen zu beraten. Führt die Streitigkeit in der paritätischen Kommission zu keinem Ergebnis, sehen einige Tarifverträge vor, dass die Tarifvertragsparteien hinzugezogen werden. Erfolgt auch hier keine Einigung, steht dem einzelnen Arbeitnehmer der Rechtsweg offen oder es wird in einer Schlichtungsstelle entschieden.

Zur Veränderung bestehender Eingruppierungen hat der Betriebsrat nach dem BetrVG kein erzwingbares Initiativrecht. Die Tarifverträge eröffnen jedoch Reklamationsrechte bzw. die Einleitung von Verfahren zu Einzelstreitigkeiten über bestehende Eingruppierung. Je nach den regionalen Tarifverträgen entscheidet entweder die paritätische Kommission in Verbindung mit einer Schiedsstelle verbindlich, bzw. der Beschäftigte muss beim Arbeitsgericht eine Leistungsklage oder Feststellungsklage einreichen.

Bei einer **Leistungsklage** wird der Differenzbetrag zwischen der geforderten und der bestehenden Entgeltgruppe für mehrere Monate eingeklagt. Der Betrag ist vorher schriftlich beim Arbeitgeber geltend zu machen (siehe die Regelungen in den regionalen Manteltarifverträgen). Bei einer **Feststellungsklage** klagt der einzelne Arbeitnehmer auf die Feststellung, dass die Entgeltgruppe X für seine Tätigkeit gerechtfertigt ist und nicht seine bestehende Entgeltgruppe Y. Voraussetzung ist, dass der Arbeitnehmer ein konkretes Feststellungsinteresse hat.

Im Rahmen des Verfahrens vor dem Arbeitsgericht ist der Arbeitnehmer beweispflichtig. Eingruppierungsklagen bedürfen einer sorgfältigen Vorbereitung und können sich über einen längeren Zeitraum hinziehen. Gewerkschaftsmitglieder erhalten für derartige Verfahren Rechtsschutz.

Für derartige Eingruppierungsklagen ist eine exakte Argumentation erforderlich. Häufig wird vom Betriebsrat der Fehler gemacht, dass ausschließlich politisch oder moralisch argumentiert wird (z. B. »der Kollege ist schon so lange im Betrieb, er wäre jetzt wirklich mal bei einer Höhergruppierung dran«). Zumindest sind zwei Schritte im Vorfeld einer Eingruppierungsklage erforderlich:

1. Erstellung einer exakten Arbeitsbeschreibung.
2. Argumentationen mit den Eingruppierungskriterien des Tarifvertrages.

Zur Erstellung von Arbeitsbeschreibungen wird auf Kapitel 4.4 verwiesen.

Bei der Argumentation mit den Eingruppierungskriterien des Tarifvertrages ist im Einzelnen zu begründen, warum die Beschreibung der geforderten Entgeltgruppe auf die Tätigkeit zutrifft und nicht die der bestehenden Entgeltgruppe. Je präziser hier vom Arbeitnehmer argumentiert werden kann, desto bessere Chancen hat eine Eingruppierungsklage. Häufig wird hier der Fehler gemacht, dass in den Argumentationspapieren ausschließlich die Eingruppierungsmerkmale aus dem Tarifvertrag mit der angestrebten Entgeltgruppe wiedergegeben werden. Dies reicht nicht aus. Vielmehr muss mit den Eingruppierungsmerkmalen argumentiert werden, im Vergleich zur jetzt bestehenden Entgeltgruppe. Die Argumentation lautet von der Struktur her etwa so: Der oder die Beschäftigte ist in die Entgeltgruppe X plus 1 einzugruppieren, weil … er oder sie ist nicht in die bestehende Entgeltgruppe X einzugruppieren ist, da die tatsächlich ausgeführte Tätigkeit dem nicht entspricht. Sie unterscheidet sich von der Entgeltgruppe durch folgende Tätigkeitselemente und Anforderungen: …

Beispiel:

Ein Beschäftigter führt Arbeiten an einer CNC-Maschine aus. Er ist in die Entgeltgruppe 6 eingruppiert und verlangt eine Eingruppierung in die Entgeltgruppe 7. Die tariflichen Entgeltgruppenbeschreibungen lauten (Metallindustrie Niedersachsen):

- **Entgeltgruppe 6:**

Tätigkeiten, für die Kenntnisse und/oder Fertigkeiten erforderlich sind, die eine abgeschlossene, mindestens dreijährige fachbezogene Berufsausbildung und erweiterte berufliche Fertigkeiten voraussetzen. Diese Kenntnisse und/oder Fertigkeiten können auch auf anderem Wege erworben werden.«

- **Entgeltgruppe 7:**

Tätigkeiten, für die Kenntnisse und/oder Fertigkeiten erforderlich sind, die durch eine abgeschlossene, mindestens dreijährige fachbezogene Berufsausbildung und eine auf den Betrieb bezogene Weiterbildung oder entsprechende mehrjährige Berufserfahrung erworben werden. Diese Kenntnisse und/oder Fertigkeiten können auch auf anderem Wege erworben werden.«

In diesem Fall könnte etwa wie folgt argumentiert werden (Stichworte):
Aus der Arbeitsbeschreibung ergibt sich, dass es sich nicht lediglich um Tätigkeiten der Entgeltgruppe 6, sondern Tätigkeiten der Entgeltgruppe 7 handelt. Es werden komplexe Bearbeitungsschritte durchgeführt sowie aufwendige Umrüstarbeiten geleistet. Die Tätigkeit setzt Kenntnisse und/oder Fertigkeiten voraus, die über die Anforderungen der Entgeltgruppe 6 hinausgehen, wie zum Beispiel, das selbstständige Erstellen von komplexen CNC-Programmen. Wegen des unterschiedlichen Teilespektrums ist eine mehrjährige Berufserfahrung erforderlich. Die Tätigkeit in der vorliegenden Form verlangt eine bis zu dreijährige Berufserfahrung. Bezeichnend ist, dass die entsprechenden Tätigkeiten nicht »Berufsanfängern übertragen werden«, sondern ausschließlich Beschäftigten, die über eine mehrjährige Berufserfahrung verfügen. Ansonsten könnten die komplexen Tätigkeitselemente nicht ausgeführt werden. Daraus ergibt sich, dass die Tätigkeit tariflich korrekt in die Entgeltgruppe 7 und nicht in die Entgeltgruppe 6 einzugruppieren ist.

Es hat sich als sinnvoll erwiesen, wenn die Arbeitsbeschreibung und Argumentationen gemeinsam vom betroffenen Arbeitnehmer, dem zuständigen Betriebsratsmitglied und den Rechtsschutzsekretär/innen der Gewerkschaft ausgearbeitet werden.

4.6.3 Abgruppierungen verhindern

Beschäftigte und Betriebsrat können mit Versuchen der Unternehmer, Abgruppierungen durchzusetzen, in unterschiedlicher Weise konfrontiert werden. Hier einige praktische Beispiele:

- Technische Änderungen im Arbeitsablauf nimmt der Unternehmer zum Anlass zu behaupten, die Anforderungen an die Beschäftigten einer Abteilung hätten sich verringert und sie müssten eine Entgeltgruppe niedriger eingestuft werden.
- In einer wirtschaftlichen Krisensituation behauptet der Unternehmer pauschal, alle Beschäftigten seien zu hoch eingruppiert und müssten nun um ein bis zwei Entgeltgruppen abgruppiert werden.
- In einer Konstruktionsabteilung sind alle Ingenieure in die beiden höchsten Entgeltgruppen eingruppiert. Der Unternehmer versucht, sog. »Jungingenieure« in niedrigere Entgeltgruppen einzugruppieren.

In vielen Fällen versuchen die Unternehmer »sozialverträglich« abzugruppieren: Sie fordern eine niedrigere Entgeltgruppe, sichern aber eine individuelle Besitzstandsregelung zu. Neu eingestellte Beschäftigte werden dann in niedrige Ent-

geltgruppen eingruppiert, die bisher beschäftigten Mitarbeiter werden ebenfalls abgruppiert, aber erhalten den Differenzbetrag als Besitzstandszulage. Damit verfolgen sie das Ziel, langfristig ein durchschnittlich niedrigeres Eingruppierungsniveau durchzusetzen, ohne aktive Gegenwehr der betroffenen Arbeitnehmer zu provozieren.
Die rechtlichen Möglichkeiten des Betriebsrates, Abgruppierungen zu verhindern, sind sehr gut. Der Erfolg wird jedoch umso größer sein, je stärker die rechtlichen Schritte von gewerkschaftlichen Aktionen im Betrieb begleitet werden.
Zu den Details der rechtlichen Handlungsmöglichkeiten wird auf Kapitel 4.6.1 hingewiesen. Das wichtigste Instrument, um Abgruppierungen zu verhindern, ist der § 99 BetrVG. Vor jeder einzelnen Abgruppierung muss der Arbeitgeber die Zustimmung des Betriebsrates einholen. Verweigert der Betriebsrat den Antrag auf Abgruppierung frist- und formgerecht, muss der Arbeitgeber in jedem Einzelfall die Zustimmung vom Arbeitsgericht ersetzen lassen (Musterschreiben in Kapitel 4.6.1). Der entscheidende Vorteil liegt darin, dass nicht der betroffene Mitarbeiter oder der Betriebsrat, sondern der Arbeitgeber diesen Schritt zum Arbeitsgericht gehen muss. Beabsichtigt das Unternehmen, viele Beschäftigte abzugruppieren, müssen zahlreiche Einzelverfahren vor dem Arbeitsgericht anhängig gemacht werden. Davor schrecken dann viele Unternehmer zurück und suchen eine Verhandlungslösung mit dem Betriebsrat.
Einzelvertraglich setzt eine Abgruppierung eine Änderungskündigung voraus. Der Beschäftigte sollte diese Änderungskündigung nur unter Vorbehalt annehmen (Kapitel 4.6.1). Auch wenn ein Beschäftigter in einer Drucksituation einer Abgruppierung und Änderungskündigung zugestimmt hat, kann der Betriebsrat nach § 99 BetrVG seine Zustimmung zur beabsichtigten Abgruppierung verweigern. Viele Betriebsräte machen den Fehler und lassen sich nur noch »auf das Gleis der Änderungskündigung abschieben«, anstatt konsequent ihre Rechte nach § 99 BetrVG zu nutzen.

4.6.4 Eingruppierungs- und Verdienstsicherung

Im Zuge der technisch-arbeitsorganisatorischen Veränderungen wurde Ende der 1970er Jahre die Forderung nach *kollektiver und individueller Sicherung von Eingruppierung und Verdienst* und damit nach dem Schutz vor Abgruppierung aufgestellt.
Die Manteltarifverträge kennen heute Verdienstsicherungen bei Abgruppierung etwa aufgrund von technischen Änderungen und für *ältere* Arbeitnehmerinnen und Arbeitnehmer.
Die Verdienstsicherung für ältere Arbeitnehmer hat ein bestimmtes Lebensalter in Verbindung mit Betriebszugehörigkeit zur Voraussetzung. Sie liegt in der Regel bei 100 %, in anderen Tarifgebieten bei 90 % oder 95 % des bisherigen Durchschnittsverdienstes. In einigen Tarifgebieten ist die Vorlage eines ärztlichen Attestes über Leistungsminderung Anspruchsvoraussetzung.
Darüber hinaus enthalten einige regionale Entgelt-Rahmentarifverträge Regelungen zur Eingruppierungs- und Verdienstsicherung für alle Beschäftigten.

Hier lassen sich bei dem *tarifvertraglichen Schutz vor Abgruppierungen* zwei Regelungsarten unterscheiden:

- einmal Regelungen, die nur für eine bestimmte Zeitspanne nach Änderung des Arbeitsplatzes mit der Folge der Entgeltminderung oder nach Wegfall des Arbeitsplatzes einen Anspruch auf die Weiterzahlung des bisherigen Entgeltes für eine bestimmte Zeitdauer, z. B. zwölf Monate, festlegen,
- zum anderen tarifvertragliche Regelungen, die den Arbeitgeber im Vorfeld verpflichten, alle Möglichkeiten der Arbeitsgestaltung, der Arbeitsorganisation und der Qualifikation zu nutzen, um entsprechende neue gleichwertige Arbeitsplätze zu schaffen und/oder die Beschäftigten zu befähigen, andere, aber gleichwertige Arbeitsplätze zu übernehmen (Umschulung).

Die letztgenannten Regelungen ermöglichen dem Betriebsrat ein relativ frühes »Eingreifen« bei der Gefahr drohender Abgruppierung und geben einen gewissen Ansatzpunkt für den Betriebsrat, auf Arbeitsorganisation, Arbeitsgestaltung und Qualifikation der Beschäftigten Einfluss zu nehmen bzw. mit der Geschäftsleitung darüber in Gespräche und Verhandlungen zu kommen.
Führen aber alle genannten Maßnahmen nicht zum Erfolg, so bleibt auch in dem letztgenannten Fall nur eine sozial abgefederte Abgruppierung, bei der der materielle Verlust für den Betroffenen verkraftbar gestreckt werden soll.
Das grundsätzliche Verfügungsrecht des Arbeitgebers über Arbeitsinhalte, Arbeitsorganisation und Arbeitsgestaltung wird auch mit diesen Regelungen zur Verdienstsicherung nicht in Frage gestellt.

4.6.5 Entgelt-Diskriminierung von Frauen

Die offiziellen Statistiken beweisen seit vielen Jahren, dass das durchschnittliche Entgelt von Frauen gegenüber Männern eindeutig niedriger ist. So z. B. die aktuelle Auswertung des Bundesamtes für Statistik vom Januar 2025: Frauen verdienen nach dem sogenannte unbereinigte Gender Pay Gap 16 % weniger als Männer. Nach dem bereinigten Gender Pay Gap sind es noch 6 % weniger.
Beim unbereinigten Gender Pay Gap werden die durchschnittlichen Stundenverdienste von Frauen und Männern ohne jegliche Anpassung miteinander verglichen. Hier spielt es demnach keine Rolle, dass Frauen häufiger in schlechter bezahlten Berufen und häufiger in Teilzeit arbeiten oder seltener Führungskraft sind als Männer.
Beim bereinigten Gender Pay Gap werden damit die Stundenverdienste von Frauen und Männern mit vergleichbaren Eigenschaften miteinander verglichen. Zu berücksichtigen ist hier, dass nicht über alle entgeltrelevanten Einflussfaktoren Informationen zur Verfügung stehen.
An zwei Tagen im Jahr wird dieser Sachverhalt deutlich:

- Der Equal Pay Day: Dieser Tag ist Anfang März und ist der Tag, an dem Frauen das Entgelt erreichen, was Männer schon am 31.12. des Vorjahres erreicht haben.

- Der Tag der betrieblichen Entgeltgleichheit: Dieser Tag ist Ende Oktober und ist der Tag, an dem die Männer bereits das Geld erreicht haben, was Frauen erst am 31.12. desselben Jahres erreichen.

Eine spezielle Auswertung des statistischen Bundesamtes für die IG Metall zeigt, dass auch im Bereich der Metallindustrie eine ungleiche Bezahlung erfolgt.

- In Betrieben mit Tarifvertrag bekommen Frauen 9,65 €/Stunde mehr als in Betrieben ohne Tarifvertrag.
- Die Bezahlung von Frauen und Männern in tarifgebundenen Betrieben der Metallindustrie ist immer noch 11 % niedriger. Dies ist weniger als gesamtgesellschaftlich, aber trotzdem noch viel zu hoch.

Übersicht 4.31: Durchschnittsverdienste von Männern und Frauen in der Metall- und Elektroindustrie, 2023

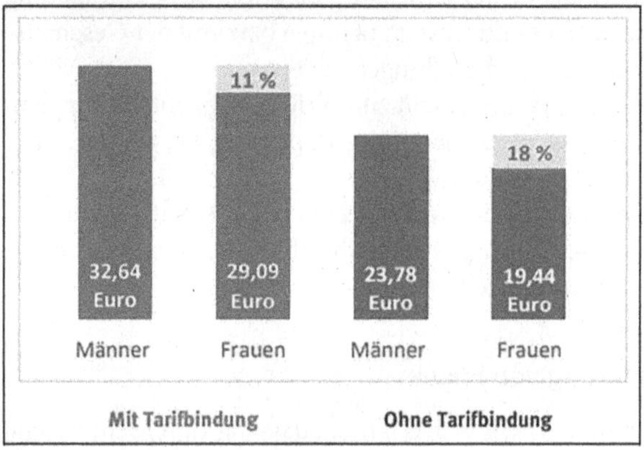

Woran liegt es, dass in Betrieben mit Tarifvertrag eine Entgeltlücke vorhanden ist?

Um diesen diskriminierenden Sachverhalt zu klären, müssen zunächst zwei grundsätzliche Fragen geklärt werden:

- Werden Frauen bei der Ausübung gleicher oder gleichwertiger Tätigkeiten aufgrund von tariflichen Regelungen niedriger bezahlt oder nicht?
- Werden Tätigkeiten in den unteren Entgeltgruppen überwiegend von Frauen ausgeführt?

Alle Entgelt-Rahmentarifverträge der Metall- und Elektroindustrie enthalten keine direkten oder indirekten diskriminierenden Eingruppierungselemente, die dazu führen könnten, dass Frauen bei der Ausübung der gleichen Tätigkeit diskriminiert werden. Noch in den 1950er Jahren wurden in der Metallindustrie Tarifverträge mit ausdrücklichen Frauenlohngruppen abgeschlossen. Hier wurde vereinbart, dass für dieselbe Tätigkeit Frauen ein niedrigeres Entgelt erhalten als Männer. Diese Praxis wurde erst in den 60er und 70er Jahren des vorigen Jahrhunderts schrittweise abgeschafft. Ein Umgehungsweg war die Einführung von so genannten »Leichtlohngruppen«, bei denen neben den Tätigkeitsanforderungen so genannte »leichte Belastungen« als Eingruppierungsmerkmal ver-

einbart wurden. Dies führte in der Praxis dazu, dass die Tätigkeiten mit leichten Belastungsmerkmalen überwiegend Frauen zugewiesen wurden. In langjährigen Kämpfen der Kolleginnen innerhalb der IG Metall konnten insbesondere in den 1980er Jahren durch gewerkschaftliche Aktionen und rechtliche Verfahren dieser diskriminierenden Praxis entgegengewirkt werden.
Durch den Abschluss der Entgelt-Rahmentarifverträge wurden in allen Tarifgebieten mittelbar diskriminierende Beschreibungen bei der Eingruppierung ersatzlos gestrichen. Die niedrigeren Verdienste von Frauen sind überwiegend darauf zurückzuführen, dass Frauen überdurchschnittlich Tätigkeiten in den unteren Entgeltgruppen ausführen.
Was tun bei der Ungleichbehandlung?
Das Wichtigste ist es, sich einzumischen. In den Entgeltausschüssen des Betriebsrates sind in der Regel mehrheitlich Männer vertreten. Frauen müssen sich hier stärker engagieren, sonst ändert sich nur wenig.

Handlungsmöglichkeiten des Betriebsrates

Auf der betrieblichen Ebene kann gegen eine Entgeltdiskriminierung von Frauen mit verschiedenen Maßnahmen vorgegangen werden:

- Zunächst heißt es dazu in § 80 Abs. 1 BetrVG: »Der Betriebsrat hat folgende allgemeine Aufgaben: … 2a. die Durchsetzung der tatsächlichen Gleichstellung von Frauen und Männern, insbesondere bei Einstellung, Beschäftigung, Aus-, Fort- und Weiterbildung und dem beruflichen Aufstieg zu fördern.«
- Durch § 13 des Entgelttransparenzgesetzes (EntgTranspG) wird diese Aufgabe um die Entgeltgleichheit erweitert: »Im Rahmen seiner Aufgaben nach § 80 Absatz 1 Nummer 2a des Betriebsverfassungsgesetzes fördert der Betriebsrat die Durchsetzung der Entgeltgleichheit von Männern und Frauen.«
- Die Entgelt-Rahmentarifverträge sehen eine Eingruppierung entsprechend der ausgeübten Gesamttätigkeit vor, unabhängig von der vorhandenen Qualifikation und vom Geschlecht der Beschäftigten, die diese Tätigkeit ausüben. In der Praxis muss überprüft werden, ob insbesondere für Frauen die Eingruppierung tarifkonform ist, oder ob entgegen den Eingruppierungsmerkmalen der Tarifverträge, Arbeitsplätze, die üblicherweise von Frauen besetzt werden, niedriger eingruppiert sind, als es der Tarifvertrag vorsieht.
- Frauen, die die gleichen oder gleichwertigen Tätigkeiten ausführen, müssen auch dieselbe Entgeltgruppe bekommen. Im § 7 EntgTranspG wird ausdrücklich darauf verwiesen, dass Beschäftigungsverhältnisse für gleiche oder für gleichwertige Arbeit nicht wegen des Geschlechts der oder des Beschäftigten ein geringeres Entgelt vereinbart oder gezahlt werden darf.
- Im Rahmen eines flexiblen Personaleinsatzes wird häufig von den Beschäftigten verlangt, dass sie regelmäßig unterschiedliche Tätigkeiten ausüben. Hier ist darauf zu achten, dass die Gesamttätigkeit Maßstab der tarifvertraglichen Eingruppierung ist und nicht die einzelnen Tätigkeiten (vgl. dazu ausführlich Kapitel 4.3 und Übersicht 4.20).
- Im Zeitentgelt wird zusätzlich zum Grundentgelt eine tarifliche Leistungszulage gezahlt. Hier kann durch eine geschlechtsspezifische Auswertung über-

prüft werden, ob die durchschnittliche Leistungszulage von Frauen der durchschnittlichen Leistungszulage der Männer entspricht. Ist dies nicht der Fall, besteht Handlungsbedarf bei der Vereinbarung bzw. Festsetzung von Leistungszulagen im Zeitentgelt (vgl. dazu Kapitel 5.4.3).

- In einigen Betrieben ist zu beobachten, dass trotz gleicher Qualifikation Frauen der Zugang zu höherqualifizierten Tätigkeiten verwehrt wird. Dies führt dazu, dass Frauen geringer bewertetet Tätigkeiten ausüben. Im Rahmen einer Personalauswahl ist darauf zu achten, dass bei gleicher Qualifikation Frauen mindestens die gleiche Chance bekommen höherwertigere Tätigkeiten im Unternehmen ausführen zu können. Der § 99 BetrVG bietet dem Betriebsrat dazu entsprechende Handlungsmöglichkeiten.
- Im Rahmen der betrieblichen Weiterbildung ist darauf zu achten, dass Frauen entsprechende Qualifizierungsmöglichkeiten bekommen, um dann auch höherwertige Tätigkeiten ausüben zu können (vgl. dazu Kapitel 4.5).
- Im Rahmen der Vereinbarkeit von Beruf und Familie plädieren die Gewerkschaften dafür, dass Frauen wie Männer während bestimmter Lebensphasen, zum Beispiel während der Kindererziehung, die Möglichkeiten bekommen, auf Teilzeitarbeit zu wechseln. Entscheidend ist hier, ein verbindliches Rückkehrrecht auf einen Vollzeitarbeitsplatz am Ende der Erziehungsphase, so dass sichergestellt wird, dass Teilzeitarbeit nicht zu einer »Sackgasse« für niedrig bezahlte Tätigkeiten wird.

Entgelt-Transparenz-Gesetz

2017 trat das Entgelttransparenzgesetz (EntgTranspG) in Kraft, das den Betriebsräten und Beschäftigten neue Handlungsmöglichkeiten eröffnet. Zunächst ist in § 3 Abs. 1 folgender Grundsatz verankert:

> **Rechtsvorschrift**
> *»Bei gleicher oder gleichwertiger Arbeit ist eine unmittelbare oder mittelbare Benachteiligung wegen des Geschlechts verboten.«*
> (§ 3 Abs. 1 EntgTranspG)

Darüber hinaus ist der Arbeitgeber gehalten, bei Benachteiligungen geeignete Gegenmaßnahmen zu ergreifen. Dazu heißt es im § 19:

> **Rechtsvorschrift**
> *»Ergeben sich aus einem betrieblichen Prüfverfahren Benachteiligungen wegen des Geschlechts in Bezug auf das Entgelt, ergreift der Arbeitgeber die geeigneten Maßnahmen zur Beseitigung der Benachteiligung.«*
> (§ 19 EntgTranspG)

Es fehlt allerdings, eine Sanktionsmöglichkeit für den Betriebsrat bzw. die Beschäftigten, wenn der Arbeitgeber die Maßnahmen nicht ergreift. In einem solchen Fall ist der Betriebsrat gefordert. Es müssen die Möglichkeiten ausgeschöpft werden, die zur Verfügung stehen. Unter anderem sollte der Betriebsrat gemäß

§ 43 Abs. 2 BetrVG i. V. m. § 21 EntgTranspG einen Gleichstellungsbericht, beim Arbeitgeber, anfordern. Diesen Bericht sollte jeder Arbeitgeber einmal im Jahr auf einer Betriebsversammlung halten. Wenn Arbeitgeber dieser und ihren weiteren gesetzlichen Aufgaben zur Gleichstellung nicht gerecht werden, müssen die Gleichstellungsbeauftragen den Vollzug des Gesetztes und die Durchsetzung des Gleichstellungsgebotes fördern (§ 24 EntgTranspG).
Den individuellen Auskunftsanspruch haben Beschäftigte, wenn das Unternehmen regelmäßig mehr als 200 Beschäftigte hat. Arbeitgeber mit mehr als 200 Beschäftigten müssen diesen auf deren Anfrage darlegen, nach welchen Kriterien sie bezahlt werden (§§ 10 – 15 EntgTranspG). Die Pflicht zur Prüfung der Entgeltgleichheit gilt für Unternehmen mit mehr als 500 Beschäftigten. Beschäftigte tarifgebundener und tarifanwendender Arbeitgeber wenden sich für ihr Auskunftsverlangen an den Betriebsrat (§ 14 EntgTranspG), Beschäftigte nicht tarifgebundener oder nicht tarifanwendender Arbeitgeber wenden sich dabei an den Arbeitgeber (§ 15 EntgTranspG). Der Anspruch besteht jedoch nur, wenn es im Unternehmen mindestens sechs Mitarbeiter gibt, die vergleichbare Positionen haben.
Darüber hinaus kann der Betriebsausschuss nach § 13 Absatz 3 Einsicht in aufbereitete Brutto-Entgeltlisten nehmen:

Rechtsvorschrift
»Der Arbeitgeber hat dem Betriebsausschuss Einblick in die Listen über die Bruttolöhne und -gehälter der Beschäftigten zu gewähren und diese aufzuschlüsseln. Die Entgeltlisten müssen nach Geschlecht aufgeschlüsselt alle Entgeltbestandteile enthalten einschließlich übertariflicher Zulagen und solcher Zahlungen, die individuell ausgehandelt und gezahlt werden. Die Entgeltlisten sind so aufzubereiten, dass der Betriebsausschuss im Rahmen seines Rechts auf Einblick die Auskunft ordnungsgemäß erfüllen kann.«
(§ 13 Abs. 3 EntgTranspG)

Bei einer ungleichmäßigen Verteilung der Leistungszulage kann der Betriebsrat bzw. der Betriebsausschuss Auskunft über die geschlechtsspezifische Verteilung der Leistungszulage in den einzelnen Entgeltgruppen verlangen. Er kann dem Arbeitgeber dazu ein Formblatt bzw. eine Dateivorlage vorlegen und ihn auffordern diese auszufüllen. Die Übersicht 4.32 zeigt eine entsprechende Tabelle, die je nach dem regionalen Entgelt-Rahmentarifvertrag angepasst werden muss. Zeigen sich bei der Auswertung Differenzen zwischen der Höhe der Leistungszulage zwischen Frauen und Männern, hat der Arbeitgeber die Aufgabe entsprechende Gegenmaßnahmen einzuleiten.

Übersicht 4.32: Tabelle zur Entgelttransparenz bei der ungleichmäßigen Verteilung der tariflichen Leistungszulage

	Zahl der Beschäftigten			Durchschnittliche Leistungszulage in %		
	Männer	**Frauen**	**Gesamt**	**Männer**	**Frauen**	**Gesamt**
Niedrigste Entgeltgruppe						
EG ...						
EG ...						
EG ...						
EG ...						
EG ...						
EG ...						
EG ...						
EG ...						
EG ...						
EG ...						
EG ...						
Höchste Entgeltgruppe						
Summe				-	-	-
Durchschnitt	-	-	-			

EU-Entgelttransparenzrichtlinie (EU 2023/970)

Obwohl das Entgelttransparenzgesetz viele Möglichkeiten bietet, muss leider auch gesagt werden, dass das nationale Recht die Entgeltdiskriminierung nicht beseitigt hat. Das liegt unter anderem an mangelnder Rechtssicherheit in der Frage, was gleichwertige Arbeit ist und an Verfahrenshindernisse für Diskriminierte. Das sind hohe Hürden, um einen individuellen Anspruch auf gleiche Bezahlung durchzusetzen. Die neue EU-Richtlinie zielt auf mehr Transparenz und eine bessere Durchsetzung ab.

Nach jahrelanger Arbeit wurde ein Kompromiss für eine **EU-Entgelttransparenzrichtlinie** erreicht und beschlossen.

Was wird sich u. a. ändern:

- Einstiegseinkommen für eine Stelle muss in der Ausschreibung genannt oder den Bewerber*innen anderweitig vor dem Vorstellungsgespräch zur Verfügung gestellt werden
- Der Entgeltvergleich muss zwischen allen Personen ermöglicht werden, deren Entgeltsystem von derselben »Quelle« (z. B. demselben Tarifvertrag) geregelt ist (im EntgTanspG ist die Vergleichsgruppe mindestens 6 Personen)
- Die neue Richtlinie sieht vor, dass Angaben über die durchschnittlichen Entgelte von Vergleichspersonen gemacht werden (bisher über das Medianentgelt)
- Erweiterung Berichtspflicht zur Gleichstellung und Entgeltgleichheit auf alle Unternehmen ab 100 Personen (hier gibt es gestaffelte Übergangsfristen bis 2031)
- Nachjustierung der Grundsätze zur Beweislastumkehr. Das erleichtert die Durchsetzbarkeit der Arbeitnehmerrechte bei Nichtanwendung des Grund-

satzes des gleichen Entgelts sowie zu diesbezüglichen Schadensersatzansprüchen des Mitarbeitenden
- Ergibt sich bei der Entgeltberichterstattung ein geschlechterspezifisches Entgeltgefälle von mindestens 5 % und kann der Arbeitgeber dieses Gefälle anhand von objektiven Faktoren nicht rechtfertigen, muss er mit dem Betriebsrat eine Entgeltbewertung vornehmen und Maßnahmen entwickeln, um die Entgeltunterschiede zu beseitigen
- Einführung von (Bußgeld-)Sanktionen gegen den Arbeitgeber bei Nichtbeachtung der Vorgaben des EntgTranspG zur geschlechtsneutralen Vergütung und zu den Transparenzpflichten

Die Bundesregierung muss jetzt handeln und die Richtlinie bis Juni 2026 in Deutschland umsetzen.

Rechtsprechung des Bundesarbeitsgerichtes (BAG)
Die Entgeltdiskriminierung von Frauen hat unterschiedliche Gründe. Das BAG hat in den letzten Jahren zwei wichtige Entscheidungen getroffen:
- Wenn jemand ein geringeres Entgelt erhält als das vom Arbeitgeber genannte Vergleichsentgelt (das Mitarbeitende des anderen Geschlechts für gleichwertige Arbeit durchschnittlich bekommen), liegt die Vermutung nahe, dass eine Ungleichbehandlung wegen des Geschlechtes vorliegt. In diesem Fall muss der Arbeitgeber darlegen, dass die unterschiedliche Bezahlung sachlich begründet und nicht diskriminierend ist. Kann er das nicht, können Mitarbeitende zurecht eine Nachzahlung und Entgelterhöhung fordern (BAG v. 21. Jan. 2021, 8 AZR 488/19).
- Die Begründung von Arbeitgebern »Der Mann hat besser verhandelt« rechtfertigt keine höhere Bezahlung für Männer bei gleicher Tätigkeit. Es stellt eine Diskriminierung aufgrund des Geschlechts dar (BAG v. 16. Feb. 2023, 8 AZR 450/21).

4.6.6 Außertarifliche/Übertarifliche Zulagen

In manchen Betrieben werden neben den tariflichen Entgeltbestandteilen zusätzliche, so genannte übertarifliche Zulagen bezahlt. Meistens handelt es sich um feste Geldbeträge pro Stunde oder pro Monat. Darunter fallen aber auch ein zusätzliches Weihnachtsgeld, zusätzliche Schichtzuschläge, Jahresendprämien, Gewinnbeteiligung usw.
In wirtschaftlich schlechten Zeiten versuchen die Unternehmer übertarifliche Zulagen zu streichen oder sie auf die tariflichen Entgelterhöhungen anzurechnen. Über den Abbau oder die Anrechnung von übertariflichen Zulagen gibt es in den Betrieben häufig Konflikte.
Die übertariflichen Zulagen sind die Entgeltbestandteile, die am schwächsten abgesichert sind. Es gibt zwar einige juristische Möglichkeiten, ihre Kürzung oder Anrechnung zu verzögern, aber letztlich sind diese Entgeltbestandteile nur durch gewerkschaftliches Handeln abzusichern.

Ob und in welchem Umfang der Arbeitgeber die übertariflichen Zulagen anrechnet oder widerrufen kann, hängt einerseits davon ab, auf welcher individualrechtlichen Grundlage diese Zulagen gezahlt werden, andererseits davon, welche Rechte der Betriebsrat wahrnehmen kann. Zum individualrechtlichen Vorgehen muss unterschieden werden, ob es sich um eine Anrechnung übertariflicher Zulagen oder den Widerruf übertariflicher Zulagen handelt.

Definition
Eine Anrechnung übertariflicher Zulagen liegt vor, wenn im Zusammenhang mit einer Tariferhöhung der Arbeitgeber die übertarifliche Zulage maximal in dem Umfang kürzt, in dem das Tarifentgelt angehoben wird, sodass das Effektiveinkommen des Arbeitnehmers gleichbleibt oder nicht in dem vollen Umfang seiner Tariflohnerhöhung steigt.

Definition
Ein Widerruf übertariflicher Zulagen liegt vor, wenn der Arbeitgeber unabhängig von einer Tariferhöhung die übertarifliche Zulage ganz oder teilweise streicht. Der Widerruf einer übertariflichen Zulage setzt aber voraus, dass die übertarifliche Zulage auch als widerruflich deklariert ist und dass der Widerruf nicht in unbilliger Weise erfolgt.

Bei der Frage der juristischen Handlungsmöglichkeiten spielt es eine große Rolle, wie die übertarifliche Zulage deklariert ist. Am schwächsten ist die Rechtsposition des Arbeitnehmers bei folgender Formulierung: »Die übertarifliche, freiwillige Zulage wird unter dem Vorbehalt des jederzeitigen Widerrufs gezahlt. Sie kann bei Tariferhöhungen angerechnet werden.« Der Arbeitgeber kann die Zulage jederzeit absenken/beseitigen. Er muss den Grundsatz der Gleichbehandlung beachten.
Wird die Zulage dagegen für einen bestimmten Zweck – z. B. Leistung, Erschwernis – gezahlt, kann sie nicht ohne Weiteres gekürzt oder angerechnet werden.
Fehlt jeder Hinweis auf Freiwilligkeit oder Zweck der Zulage, muss der Arbeitsvertrag ausgelegt werden. Die Gerichte tendieren dazu, eine Anrechenbarkeit auch bei mehrjähriger Zahlung anzunehmen.
Eine lang umstrittene Frage ist die, ob das Mitbestimmungsrecht des Betriebsrats bei Entlohnungsfragen nach § 87 Abs. 1 Ziff. 10 BetrVG auch auf übertarifliche Zulagen zutreffen. Dazu gibt es mehrere Urteile des Bundesarbeitsgerichts. Vereinfacht gesagt gilt:

Rechtsvorschrift
Der Betriebsrat hat kein Mitbestimmungsrecht bei der Frage, ob übertarifliche Zulagen gezahlt werden oder nicht. Werden dagegen übertarifliche Zulagen gewährt, hat er bezüglich ihrer Verteilung ein Mitbestimmungsrecht nach § 87 Abs. 1 Ziff. 10 BetrVG.

Die Frage, ob übertarifliche Zulagen gezahlt werden, entscheidet nach Auffassung des Bundesarbeitsgerichtes allein der Arbeitgeber. Der Betriebsrat kann

deshalb auch nicht in einem Einigungsstellenverfahren derartige Zahlungen durchsetzen.
Werden vom Arbeitgeber übertarifliche Zulagen gewährt, hat der Betriebsrat ein Mitbestimmungsrecht bei deren Verteilung. Dazu gibt es zwei einschlägige Urteile des Bundesarbeitsgerichtes:

Rechtsprechung
BAG-Beschluss vom 17.12.1985 – 1 ABR 6/84 –: Mitbestimmung bei übertariflichen Zulagen: Der Betriebsrat hat mitzubestimmen, wenn der Arbeitgeber zum tariflich geregelten Entgelt allgemein eine betriebliche Zulage gewährt, deren Höhe von ihm aufgrund einer individuellen Entscheidung festgelegt wird.
BAG – Großer Senat – Beschluss vom 3.12.1991 – GS 2/90 –: Bejaht wird das Mitbestimmungsrecht, wenn

1. die Anrechnung unterschiedlich bzw. der Widerruf von Zulagen nicht gleichmäßig erfolgt oder
2. bei gleichmäßiger Vorgehensweise des Arbeitgebers entweder
   a) die Zulagen vor der Anrechnung nicht in einem einheitlichen und gleichen Verhältnis zum jeweiligen Tariflohn gestanden haben oder
   b) die Tarifentgelte um einen unterschiedlichen Prozentsatz erhöht worden sind oder
   c) Sockelbeträge unterschritten werden.

Hinzutreten muss in den o.g. Fällen 2a) bis 2c) für die Inanspruchnahme von Mitbestimmungsrechten, dass der Arbeitgeber keine vollständige, sondern nur eine teilweise Anrechnung der Tariferhöhung plant.
Die Mitbestimmung wird verneint, wenn der Arbeitgeber gleichmäßig vorgeht und die Tariferhöhung vollständig anrechnet.

Bei der Anwendung des Mitbestimmungsrechtes wird die Interessenvertretung jedoch verschiedene Aspekte zu berücksichtigen haben. Das Mitbestimmungsrecht über die Verteilung von übertariflichen Zulagen ist nur dann anwendbar, wenn sichergestellt ist, dass der Arbeitgeber diese übertariflichen Zulagen nicht vollständig kürzt. Dies kann der Fall sein, wenn die Arbeitsmarktlage und die Entgeltstrukturen im Betrieb derartig gelagert sind, dass der Arbeitgeber von einer möglichen Kürzung absieht, da er befürchten muss, dass die Arbeitnehmer den Betrieb verlassen bzw. er Schwierigkeiten hat, neue Arbeitnehmer anzuwerben. In derartigen Situationen kann der Betriebsrat eine Betriebsvereinbarung über die Verteilung der übertariflichen Zulagen fordern und durchsetzen, im Streitfall über die Einigungsstelle bzw. die tarifliche Schlichtungsstelle.
Bei der Ausgestaltung des Mitbestimmungsrechtes kann der Betriebsrat versuchen, Kriterien für die Verteilung der übertariflichen Zulagen zu vereinbaren: Beachtung des Gleichbehandlungsgrundsatzes und des Diskriminierungsverbotes, anteilmäßige Gewährung in allen Entgeltgruppen, Sockelbeträge, Regelungen über mögliche Kürzungen, Reklamationsrechte der Arbeitnehmer usw.

4.6.7 AT-Beschäftigte (Außertarifliche Beschäftigte)

Die Eingruppierung von außertariflichen Beschäftigten (sog. AT-Beschäftigte) ist – wie der Begriff bereits verdeutlicht – nicht im Tarifvertrag geregelt. In fast allen Tarifverträgen sind die Bedingungen für ein außertarifliches Arbeitsverhältnis definiert (Eine Ausnahme sind die Tarifverträge der Metall- und Elektroindustrie in Baden-Württemberg. Hier wird davon ausgegangen, dass mit Ausnahme der leitenden Angestellten alle anderen Beschäftigten Tarifbeschäftigte sind, auch diejenigen, deren Entgelt weit oberhalb der höchsten Entgeltgruppe des Tarifvertrages liegt.). Die Regelungen zur Definition von AT-Angestellten finden sich in der Regel im persönlichen Geltungsbereich der Tarifverträge. Hierzu ein Beispiel:

Tarifvertrag
»Ausgenommen sind: […] Beschäftigte, die aufgrund eines schriftlichen Arbeitsvertrages als außertarifliche Beschäftigte gelten und deren Jahreseinkommen geteilt durch zwölf das tarifliche Monatsgrundentgelt der Entgeltgruppe 13 C um mehr als 17,5 Prozent ohne Einbeziehung der Leistungszulage […] übersteigt. Dabei ist vom Jahreseinkommen der außertariflichen Beschäftigten ein Betrag für die Zahlungen abzusehen, die den tariflichen Beschäftigten aufgrund tariflicher oder betrieblicher Regelungen allgemein zustehen.«
(§ 1 (3b), ERA-Tarifvertrag Niedersachsen)

Die Frage, ab welchem Geldbetrag ein Beschäftigter als AT-Beschäftigter gilt, ist nach der o.g. Definition nicht einfach zu beantworten. Der jeweilige Arbeitsvertrag des AT-Beschäftigten muss beispielsweise daraufhin überprüft werden, ob eine wöchentliche Arbeitszeit von 35 Stunden oder 40 Stunden vereinbart ist. Mehrere Urteile des BAG gehen davon aus, dass es bei der Betrachtung des AT-Status ausschließlich auf das Entgelt ankommt, unabhängig von der Arbeitszeit. Diese Auffassung ist aus Sicht der IG Metall praxisfern: So könnte ein AT-Beschäftigter nicht in Teilzeit wechseln, ohne den AT-Status zu verlieren. Das BAG hat im November 2020 (5 AZR 21/20), aufgrund der tariflichen Bestimmungen im Tarifgebiet Osnabrück-Emsland-Grafschaft Bentheim entschieden, dass die Arbeitszeit für die Berechnung des AT Mindestentgeltes maßgeblich ist. Wichtig ist auch die Frage, ob zusätzlich zum Monatsentgelt eine zusätzliche Urlaubsvergütung oder eine Sonderzahlung (»Weihnachtsgeld«) gezahlt wird. Unter Berücksichtigung aller tariflichen Leistungen ergeben sich nach der o.g. Definition je nach Vertragsgestaltung verschiedene AT-Mindestentgelte. In der niedersächsischen Metallindustrie ist dies tariflich geregelt. Im Jahr 2025 beträgt in Niedersachsen das AT-Mindestentgelt (bei 35-Stunden-Arbeitszeit) 7843 € pro Monat bzw. 107 923 € pro Jahr. Gegebenenfalls müssen weitere betriebliche Regelungen einbezogen werden.
Oberhalb dieses Entgelts gilt ein Beschäftigter als AT-Beschäftigter. Beziehen Beschäftigte dagegen niedrigere Entgelte, gelten für sie auch dann, wenn sie betriebsintern als AT-Beschäftigte bezeichnet werden, die Tarifverträge, sofern sie Mitglied der IG Metall sind. AT-Beschäftigte gehen häufig davon aus, dass ihr

Einkommen und ihre Arbeitsbedingungen einzig und allein auf ihrem Einzelarbeitsvertrag beruhen. Dieses ist auch von der Definition der Rechtsquelle ihrer Arbeitsbedingungen her richtig. Faktisch aber profitieren auch AT-Beschäftigten von den tariflich geregelten Entgelten und Arbeitsbedingungen. Dies ergibt sich aus der Definition des AT-Beschäftigten. AT-Beschäftigter kann nur derjenige sein, dessen Entgelt und Arbeitsbedingungen günstiger sind als das tariflich geregelte. Damit wird für seinen AT-Arbeitsvertrag eine Mindestgrenze festgeschrieben. Diese Mindestgrenze erhöht sich zwangsläufig mit jeder Tariflohnerhöhung und jeder Verbesserung der tariflichen Arbeitsbedingungen. Hieraus ergibt sich, dass Unternehmer auch das AT-Entgelt erhöhen und die Arbeitsbedingungen der AT-Beschäftigten verbessern müssen, wenn es zu einer Verbesserung der tariflichen Leistung kommt. Nicht in allen Tarifverträgen wurde ein geldliches Abstandgebot vereinbart, sondern andere Regelungen getroffen. So müssen bei den Beschäftigten die Vertragsbedingungen im Ganzen gesehen die tariflichen Bedingungen überschreiten. Dies betrifft sowohl die Anforderungen an die Arbeit als auch das Entgelt. Auch wenn AT-Beschäftigte nicht unter die Tarifverträge fallen, so ist der Betriebsrat dennoch für sie genauso wie für jeden anderen Arbeitnehmer zuständig. Dies gilt beispielsweise auch für das Einblicksrecht in die Entgeltlisten gemäß § 80 Abs. 2 BetrVG.
Häufig findet sich das Missverständnis, dass der Betriebsrat nicht für AT-Beschäftigte zuständig sei. Dabei werden häufig die Begriffe AT-Beschäftigte und leitende Angestellte gemäß § 5 BetrVG durcheinander geworfen. Für leitende Angestellte ist der Betriebsrat nicht zuständig, für AT-Beschäftigte – soweit sie keine leitenden Angestellten sind – ist der Betriebsrat zuständig.
So kann der Betriebsrat die Initiative ergreifen und ein Eingruppierungssystem in einer Betriebsvereinbarung für AT-Beschäftigte verlangen.
Die Einführung und Anwendung eines solchen betrieblichen Systems ist mitbestimmungspflichtig nach § 87 Abs. 1 Nr. 10 BetrVG (Urteil des Bundesarbeitsgerichtes vom 22. 1. 1980). Der Betriebsrat kann nicht die Höhe des Entgeltes regeln, aber je nachdem wie viele Entgeltgruppen vereinbart werden, sind die Abstände zwischen den Entgeltgruppen Bestanteil einer solchen Betriebsvereinbarung (Urteil des Bundesarbeitsgerichtes vom 14. 12. 1993). Demnach könnte das außertarifliche Mindestentgeltgelt z. B. das Entgelt der ersten Entgeltgruppe sein und dann die Abstände, in Prozent, der weiteren Entgeltgruppen vereinbart werden.

4.7 Entgelt bei Leiharbeit

Die Gewerkschaften fordern unbefristete Vollzeitarbeitsverhältnisse für alle und lehnen Leiharbeit grundsätzlich ab. Durch die De-Regulierung des Arbeitnehmerüberlassungsgesetzes (AÜG) erlebte die Leiharbeit einen rasanten Anstieg. Sogenannte christliche Gewerkschaften schlossen mit einzelnen Arbeitgeberverbänden Tarifverträge mit sehr niedrigen Entgeltbeträgen ab. Mit Stand Juni 2024 gibt es 725 000 Beschäftigte Leiharbeitsbeschäftigte. Aufgrund der schlechteren Rahmenbedingungen hat sich u. a. die IG Metall entschlossen, Leiharbeitsbeschäftigte als Gewerkschaftsmitglieder zu werben sowie für und mit ihnen Tarifverträge für Leiarbeitsbeschäftigte abzuschließen. Im Januar 2025 waren 39 000 Leiharbeitsbeschäftigte Mitglied der IG Metall. Durch eine Änderung des AÜG im Jahr 2017 hat sich die Situation der Leiharbeitsbeschäftigten ein Stück verbessert. Das Gesetz lässt zu, dass die Tarifvertragsparteien branchenspezifische Regelungen vereinbaren. Die derzeitige Situation von Leiharbeit ist in der Metall- und Elektroindustrie durch das AÜG sowie drei Tarifverträge geregelt; vgl. dazu Übersicht 4.33.

Übersicht 4.33: Regulierung von Leiharbeit in der Metall- und Elektroindustrie

Arbeitnehmerüberlassungsgesetz

- Allgemeine Regelungen
- Höchstüberlassungsdauer: 18 Monate
- Equal Pay-Regelung: nach 9 Monaten
- Öffnung für tarifliche Regelungen

Tarifvertrag Leiharbeit
DGB-Gewerkschaften sowie BAP/iGZ (heute GVP)

- Manteltarifvertrag und Entgelttarifvertrag
- Entgelttabellen mit niedrigen Entgelten
  EG1: 14,53 € ab 1. März 2025

Tarifvertrag Leiharbeit/Zeitarbeit (TV LeiZ)
IGM BZL und NiedersachsenMetall

- Keine Betriebsvereinbarung: Nach 24 Monaten Übernahmeanspruch auf unbefristete Übernahme
- Bestandsschutz für bestehende Betriebsvereinbarung
- Freiwillige Betriebsvereinbarung mit maximaler Höchstüberlassungsdauer von 48 Monaten.

Tarifvertrag Branchenzuschläge (TV BZ)
IGM Vorstand und BAP/iGZ

- Bei Einsatz in Metallbetrieben: Branchenzuschlag auf die Entgelte nach TV DGB/BAP/iGZ
- Gestaffelt von »ersten Einsatztag« bis »nach 15 Monaten«
- Ab 1. März 2025:
  EG 1 nach 15 Monaten: 23,97 €/Stunde

Die Regelungen im Einzelnen:

- Im AÜG ist geregelt, dass die Überlassungsdauer eines Leiharbeitsbeschäftigten maximal 18 Monate betragen darf. Zum Grundsatz »Gleiches Geld für gleiche Arbeit« oder auch »Equal Pay« ist festgehalten, dass Leiharbeitsbeschäftigte nach 9 Monaten den Anspruch auf gleiches Entgelt wie die »Stammbeschäftigten« haben. Das Arbeitnehmerüberlassungsgesetz enthält keine Regelungen, wie sie üblicherweise in Manteltarifverträgen geregelt sind, z. B. bezüglich Arbeitszeit, Urlaub, Entgeltfortzahlung im Krankheitsfall usw. Das AÜG enthält eine Klausel, nach der die Tarifvertragsparteien eigene branchenspezifische Regelungen vereinbaren können. Diese Klausel hat die IG Metall genutzt, um mehrere Tarifverträge für die Leiharbeitsbeschäftigten in der Metall- und Elektroindustrie abzuschließen.
- Zunächst wurde ein Tarifvertrag zur Leiharbeit zwischen allen DGB-Gewerkschaften und den beiden großen Arbeitgeberverbänden der Leiharbeitsbranche – dem Bundesarbeitgeberverband Personaldienstleister (BAP) und dem Interessenverband deutscher Zeitarbeitsunternehmen (iGZ) – abgeschlossen.

Diese beiden Verbände haben sich im Dezember 2023 zusammengeschlossen und sind heute der Gesamtverband der Personaldienstleister (GVP). In den Tarifverträgen sind Regelungen vereinbart zu Arbeitszeit, Urlaub und Entgeltfortzahlung im Krankheitsfall sowie 9 Entgeltgruppen festgelegt. Dieser Tarifvertrag gilt für alle Branchen, auch für die Niedriglohnbereiche und beinhaltet niedrigere tarifliche Grundentgelte. Die meisten Leiharbeitsbeschäftigten sind in die Entgeltgruppe 1 eingruppiert und erhalten 14,53 € pro Stunde. In der höchsten Entgeltgruppe 9 liegt der Betrag bei 27,87 € pro Stunde. In der Metall- und Elektroindustrie sind Branchenzuschläge zu diesen Entgelten vereinbart, die zusätzlich bezahlt werden.

- In der Metallindustrie wurden identische regionale Tarifverträge zwischen den IG Metall Bezirksleitungen und den regionalen Metallarbeitgeberverbänden zu allgemeinen Regelungen der Leiharbeit abgeschlossen: Tarifvertrag Leih- und Zeitarbeit (TV LeiZ). Dort ist keine Höchstüberlassungsdauer wie im AÜG geregelt, sondern ein Übernahmeanspruch nach 24 Monaten. Das heißt: Nach einem Einsatz von 24 Monaten muss der Unternehmer den bzw. die Leiharbeitsbeschäftigten in ein Arbeitsverhältnis im Entleihbetrieb übernehmen. In vielen Großbetrieben der Metallindustrie sind gute Betriebsvereinbarungen zur Leiharbeit abgeschlossen; für die eine Bestandsschutzregelung vereinbart war. Da in etlichen dieser Betriebsvereinbarungen keine Höchstüberlassungsdauer bzw. ein Übernahmeanspruch geregelt ist, kann durch freiwillige Betriebsvereinbarung die Frist für den Übernahmeanspruch auf 48 Monate ausgedehnt werden. Stimmt der Betriebsrat der Ausweitung nicht zu, bleibt es bei der Frist von 24 Monaten.
- Der Tarifvertrag Branchenzuschläge wurde zwischen dem Vorstand der IG Metall und den beiden großen Arbeitgeberverbänden der Leiharbeitsbranche (BAP und iGZ, heute GVP) vereinbart. Dort ist geregelt, dass Leiharbeitsbeschäftigte für die Einsatzzeit in einem Betrieb der Metall- und Elektroindustrie zusätzlich zum »DGB-Tarifvertrag Leiharbeit« sog. Branchenzuschläge erhalten. Sie sind nach der Zeitdauer des Einsatzes (ab dem ersten Einsatztag sowie nach 3, 5, 7, 9 bzw. 15 Monate) gestaffelt.

Bei Tariferhöhungen in der Metall- und Elektroindustrie werden auf Antrag einer Tarifvertragspartei die Branchenzuschläge mit einem Zeitversatz angepasst. Mit dem Branchenzuschlag erhalten die Leiharbeitsbeschäftigten spätestens nach 15 Monaten das tarifliche Monatsentgelt (Equal Pay) wie die »Stammbeschäftigten«. Die Übersicht 4.34 zeigt die Entgelttabelle für Leiharbeitsbeschäftigte. Je nach Tarifgebiet und Entgeltgruppe der Beschäftigten, wird das tarifliche Monatsentgelt der Stammbeschäftigten auch schon früher erreicht.

Angesichts der aktuellen Gesamtsituation hat dieser Regelungsansatz für die Leiharbeitsbeschäftigten mehrere Vorteile gegenüber dem AÜG:

- Branchenzuschläge sind im Zweifelsfall für Leiharbeitsbeschäftigte leichter beim Arbeitsgericht einzuklagen als ein abstrakter Anspruch auf gleiche Bezahlung wie die Stammbeschäftigten, da im Rahmen der Klage erst nachgewiesen werden müsste, was vergleichbare »Stammbeschäftigte« verdienen.

- Da viele Leiharbeitsbeschäftigte Einsatzzeiten von wenigen Monaten haben, erhalten sie gemäß Tarifvertrag bereits ab dem ersten Einsatztag schrittweise mehr Entgelt und nicht erst nach 9 Monaten, wie es das AÜG vorsieht.

Übersicht 4.34: Entgelt pro Stunde für Leiharbeitsbeschäftigte inkl. Branchenzuschlag in der Metall- und Elektroindustrie, ab 1. März 2025

Entgeltgruppe	Stundensatz nach Entgelt-TV Leiharbeit	ab dem ersten Einsatztag (15 %)	nach 3 Monaten (20 %)	nach 5 Monaten (30 %)	nach 7 Monaten (45 %)	nach 9 Monaten (50 %)	nach 15 Monaten (65 %)
EG 1	14,53	16,71	17,44	18,89	21,07	21,80	23,97
EG 2a	14,85	17,08	17,82	19,31	21,53	22,28	24,50
EG 2b	15,23	17,51	18,28	19,80	22,08	22,85	25,13
EG 3	16,21	18,64	19,45	21,07	23,50	24,32	26,75
EG 4	17,14	19,71	20,57	22,28	24,85	25,71	28,28
EG 5	19,21	22,09	23,05	24,97	27,85	28,82	31,70
EG 6	21,33	24,53	25,60	27,73	30,93	32,00	35,19
EG 7	24,82	28,54	29,78	32,27	35,99	37,23	40,95
EG 8	26,57	30,56	31,88	34,54	38,53	39,86	43,84
EG 9	27,87	32,05	33,44	36,23	40,41	41,81	45,99

- Die Stundenentgelte liegen deutlich über dem gesetzlichen Mindestlohn von 12,82 €.
- Durch den Tarifvertrag ist auch geregelt, dass die Leiharbeitsbeschäftigten die Branchenzuschläge während des Urlaubs und der Entgeltfortzahlung im Krankheitsfall erhalten.
- Die Regelung eines Übernahmeanspruches wie im Tarifvertrag ist für die Beschäftigten günstiger als die Regelung einer maximalen Überlassungsdauer.
- Die Ausweitung der Frist für den Übernahmeanspruch auf 48 Monate durch eine freiwillige Betriebsvereinbarung sollte nur im Rahmen der Fortführung der guten Betriebsvereinbarungen in mehreren Großbetrieben erfolgen.

5. »Wieviel Geld für wieviel Leistung?« – Entgeltgrundsätze und Entgeltmethoden

5.1 Entgelt- und Leistungsgestaltung im Wandel

Die Ingenieurin in der Entwicklungsabteilung arbeitet in mehreren Projekten gleichzeitig mit unterschiedlichen und zum Teil sich widersprechenden Zielen. Den Stress schleppt sie mit nach Hause. Der Industriekaufmann im Einkauf sitzt jetzt im Großraumbüro und macht die Arbeit, die bis vor Kurzem von drei Beschäftigten erledigt wurde. In den Fachabteilungen und in der Instandhaltung klagen die Werkzeugmechaniker über unrealistische Terminvorgaben und Arbeitshetze. Kürzere Taktzeiten in der Montage, Wegfall von Erholzeitpausen und immer wieder das Gleiche statt interessanter abwechslungsreicher Arbeit. Die Liste der Beispiele ließe sich beliebig verlängern.
Arbeit wird intensiviert, Leistung verdichtet. Waren die Beschäftigten früher nach der Arbeit müde, fühlen sie sich heute oft einfach nur noch »kaputt«. Burnout, Depressionen und körperliche Verschleißerscheinungen sind keine Modethemen sondern konkrete Ergebnisse der verschärften Arbeitsbedingungen in den Betrieben. Mehr als die Hälfte der Beschäftigten fühlen sich sehr häufig, häufig oder oft bei der Arbeit gehetzt oder stehen unter Zeitdruck (DGB-Index Gute Arbeit 2024; siehe Übersicht 5.1).

Übersicht 5.1: physische und psychische Arbeitsbelastung

Wie häufig...	sehr häufig	häufig	selten	nie
...kommt es vor, dass Sie körperlich schwer arbeiten müssen; z. B. schwer heben, tragen oder stemmen?	14%	12%	28%	46%
...kommt es vor, dass Sie an ihrem Arbeitsplatz Lärm oder lauten Umgebungsgeräuschen ausgesetzt sind?	21%	16%	35%	28%
...fühlen Sie sich bei der Arbeit gehetzt oder stehen unter Zeitdruck?	23%	29%	33%	14%
...werden bei der Arbeit verschiedene Anforderungen an Sie gestellt, die schwer miteinander zu vereinbaren sind?	13%	21%	41%	24%

Quelle: DGB Index Gute Arbeit 2024

Im Vergleich des aktuellen DGB-Index Gute Arbeit 2024 zum DGB-Index Gute Arbeit 2020, der in der letzten Ausgabe dieses Buches zitiert wurde, ist der Anteil der Beschäftigten die bei der Arbeit schädigenden körperlichen Anforderungen ausgesetzt sind, zwar zurückgegangen; jedoch ist der Anteil der Beschäftigten die bei der Arbeit schädigenden psychischen Anforderungen ausgesetzt sind im Vergleichszeitraum stark angestiegen. Im Detail: Der Anteil der Beschäftigten, die entweder sehr häufig, häufig oder oft körperlich schwer arbeiten mussten ist von 28 % auf 26 % gesunken. Bezüglich der Arbeit unter Lärm ist dieser Wert noch stärker gesunken, nämlich von 42 % auf 37 %. Ganz anders die Untersuchungsergebnisse hinsichtlich der Arbeitsintensität und der widersprüchlichen Anforderungen innerhalb der eigenen Tätigkeit. Der Anteil der Beschäftigten die sich im Rahmen ihrer Tätigkeit sehr häufig, häufig oder oft widersprüchlichen Arbeitsanforderungen ausgesetzt sahen, ist von 31 % auf 34 % angestiegen. Der Anteil der Beschäftigten die sich von ihrer Arbeit sehr häufig, häufig oder oft gehetzt gefühlt bzw. unter Zeitdruck gestanden haben ist sogar von 48 % auf 52 % angestiegen. Befragt nach ihrem subjektiven Empfinden gaben zwei Drittel dieser Beschäftigten an, vom Zeitdruck stark bzw. eher stark belastet zu sein. Und die Belastungssituation verschärft sich von Jahr zu Jahr mehr. Waren es im ersten Halbjahr 2023 (nur) ca. 1,59 Fehltage pro Beschäftigten, so verursachten psychische Erkrankungen, Depressionen und Anpassungsstörungen laut DAK im ersten Halbjahr 2024 bereits rund 1,82 Fehltage pro Beschäftigte. Immerhin ein Anstieg um 14,3 Prozent. Selbst wenn man die Corona-Pandemie und die damit einhergegangenen Auswirkungen auf die Arbeitswelt als verändernden Einschnitt betrachtet, ist dieser rasante Anstieg ein deutlicher Hilferuf nach einer tariflichen bzw. gesetzlichen Regulierung.

Während die Regelungen der tariflichen Leistungs- und Entgeltgestaltung in den letzten 20 Jahren nahezu unverändert geblieben sind, waren die dazugehörigen betrieblichen Umsetzungskonzepte einem starken Veränderungsdruck ausgesetzt. Was Leistung ist, wie sie erfasst, gesteuert und bezahlt wird – all das stand und steht in den Betrieben zur Debatte. Die Gründe für diesen Prozess im Betrieb sind vielschichtig:

- Im Zuge der verschärften, oftmals globalen Standortkonkurrenz und einer ausschließlich am kurzfristigen Gewinninteresse der Anteilseigner eines Betriebes (shareholder value) orientierten Betriebsführung wurden Fragen der menschenwürdigen Gestaltung von Leistungsbedingungen hinten an gestellt. In Existenz gefährdenden wirtschaftlichen Situationen sahen sich die Interessenvertretungen der Beschäftigten gezwungen, die Sicherung der Arbeitsplätze über die Sicherung und Verbesserung der Arbeitsbedingungen zu stellen. Betriebsräte wurden und werden erpresst, pauschalen Vorgabezeitkürzungen zuzustimmen, oder globale Stückzahl-Beschäftigten-Relationen zu akzeptieren (z. B. X Fahrzeuge pro Tag mit Y Beschäftigten pro Schicht). Der Leistungsstandard orientiert sich an den Kostenzielen des Unternehmens. So ist es üblich, dass für ein neues Produkt in der ersten Planungsphase ein Marktpreis gesetzt wird und davon Gewinnmarge und zulässige Gesamtkosten abgeleitet werden. Daraus ergeben sich dann Material- und Personalkosten sowie Zeitvorgaben.

- Die Veränderungen in der Produktion und der Arbeitsorganisation führen immer wieder dazu, dass auch die Entgeltsysteme auf den Prüfstand gestellt werden. So wurden bereits in den 1980er Jahren computergestützte Arbeitssysteme mit höheren Prozessanteilen im Durchschnitt des Akkordlohns entlohnt. Hinzu kam: Wenn im Zuge der Einführung von Team- und Gruppenarbeit immer mehr indirekte Tätigkeiten und nicht beeinflussbare Zeiten die Leistung prägen, stellte sich die Frage nach geeigneten Bezugsgrößen, an denen die Leistung fest gemacht werden kann. Aufgrund der umfassenden und systemischen Rationalisierung in den Betrieben, deren Kernelemente unter anderem die fließende und getaktete Produktion sind, vertreten viele Arbeitgeber die Position, dass wegen der mangelnden Beeinflussbarkeit dieser Art von Arbeit nur Zeitentgelt mit Beurteilung des Leistungsverhaltens in Frage käme. Dies würde zu einer leistungspolitischen Deregulierung führen.
- In vielen Betrieben blieben die Akkord- und Prämiensysteme bei Veränderungen lediglich formal bestehen. In der Praxis war der Mechanismus der Leistungsentlohnung dann »eingefroren«. Die Entlohnung erfolgte im Durchschnitt und der bisherige Verdienstgrad für die zu diesem Zeitpunkt Beschäftigten (nicht jedoch für Neu-Eingestellte) wurde garantiert. Die Leistung wurde dagegen über monatliche Sollgrößen vorgegeben und vielfach erhöht. Damit einher ging ein Prozess, der dazu führte, dass sich immer weniger Menschen im Betrieb mit den leistungspolitischen Regulierungsinstrumenten auskennen, sowohl aufseiten der Beschäftigten und ihrer Interessenvertretungen als auch auf Arbeitgeberseite.
- Leistungsdruck, Stress und Arbeitshetze sind für immer mehr Beschäftigte alltägliche Erfahrung. Direkte und indirekte Leistungszielvorgaben prägen längst auch die Arbeitsbedingungen in den Zeitentgeltbereichen.

Der beschriebene Trend ist allerdings nicht einheitlich und auch nicht widerspruchsfrei.

- In vielen Betrieben werden die durch die Entgelt-Rahmentarifverträge modifizierten Formen des Leistungsentgelts (Kennzahlenvergleich/Prämie/Akkord, Zielvereinbarungen) auch weiterhin angewendet. Die Leistungsvorgaben werden in diesen mengen- bzw. zeitorientierten Systemen meist mit Methoden der Zeitwirtschaft (Zeitstudien, Planzeiten, MTM usw.) ermittelt und vereinbart. Entgeltsysteme und Datenermittlung sind detailliert in einer Betriebsvereinbarung geregelt; zwischen Betriebsrat und Arbeitsvorbereitung werden Einzelfragen auf dem Verhandlungsweg geklärt.
- Immer mehr Unternehmensleitungen und Betriebsräte erkennen, dass Leistungsentgeltmodelle auch vernünftige Steuerungsinstrumente sind, zur Verbesserung der Bedingungen für die Beschäftigten und zur Steigerung der Produktivität, auch und gerade bei ganzheitlichen Produktionssystemen.
- Gerade aus Sicht der Beschäftigten werden Wertschätzung und materielle Anerkennung der geleisteten Arbeit immer wichtiger.

Jenseits aller Entwicklungstrends und auch aller Moden bleiben Fragen der Leistungs- und Entgeltgestaltung betriebliche Konfliktthemen.

Managementstrategien und Leistungspolitik

»Wir wollen nicht mehr für verschwitzte Trikots bezahlen, sondern nur noch für geschossene Tore.« So oder so ähnlich wird von Managern auf Betriebsversammlungen argumentiert.

Lässt man die Besonderheiten und die spezifischen Bedingungen in den einzelnen Betrieben außer Acht, so zeichnen sich trotz der bestehenden Differenzierung einige strategische Schwerpunkte unternehmerischer Leistungspolitik ab:

- *Der Unternehmenserfolg als Bestandteil des Entgelts.* Dieser kann in der Regel nicht durch die Beschäftigten beeinflusst werden. Deshalb darf er nach den Entgelt-Rahmentarifverträgen auch nicht als Bezugsgröße für ein Leistungsentgeltmodell verwendet werden (Ausnahme Provision und einige Zielentgeltregelungen, je nach Tarifvertrag). Ein erfolgreiches Unternehmen kann seinen Beschäftigten jederzeit einen Bonus über das vereinbarte Leistungsentgelt hinaus zahlen. Dies ist dann allerdings eine übertarifliche Zulage. In den Gewerkschaften wird diskutiert, wie die Interessenvertretung einen Einfluss auf solche Zahlungen erhalten kann, damit sie nicht nur von Unternehmers Gnaden gewährt werden.
- *Die Bildung von »Costcentern« oder »Profitcentern«.* Unternehmensinterner Kunden-Lieferanten-Beziehungen und der direkte Vergleich interner mit externen Anbietern werden aus unternehmerischer Sicht mit einer veränderten »Leistungsphilosophie« verbunden: So finden sich in Theorie und Praxis immer häufiger Vorstellungen zur Festlegung von Leistungszielen, Pensen und Personalstärke, die sich nicht an einer arbeitswissenschaftlich definierten Zumutbarkeit orientieren, sondern aus unternehmerischen »Costtargets« (Kostenziele) bzw. »Benchmarks« (»Vergleichszielgrößen« wie Preise, Qualität, Kosten, Fertigungszeiten, Produkteigenschaften usw.) abgeleitet werden. Dabei wird die tatsächliche Leistungsfähigkeit von Mensch und Maschine ebenso ignoriert wie die spezifischen Bedingungen der örtlichen Arbeitsorganisation.
- *Die variable Gestaltung des Entgeltes und die Kombination von Methoden.* Auf das Grundentgelt (Kapitel 4) werden verschiedene weitere Entgeltbestandteile bezahlt. Für das Erreichen einer Kennzahl wird eine Prämie von × % gezahlt, für ein bestimmtes Leistungsverhalten eine Zulage von y % und für das Erreichen eines Jahresziels z %. Nach den Entgelt-Rahmentarifverträgen sind diese Kombinationen entweder nur durch freiwillige Betriebsvereinbarung oder nur mit Zustimmung der Tarifvertragsparteien möglich. Der Betriebsrat kann also rechtlich nicht dazu gezwungen werden, problematische Kombinationen zu akzeptieren.
- *Die Kombination von Bezugsgrößen.* Innerhalb eines Leistungsentgeltsystems, z. B. einer Prämie, werden mehrere Kennzahlen herangezogen um die erreichte Leistung zu bewerten (Ausbringungsgrad, Termintreue, Reduzierung der Gemeinkosten). Nach den Entgelt-Rahmentarifverträgen ist die Kombination

von Bezugsgrößen entweder durch Betriebsvereinbarung oder mit Zustimmung der Tarifvertragsparteien möglich.

Die beispielhaft aufgeführten Punkte sind Teil einer Strategie, Leistungsvorgaben und Personalbemessung so zu dynamisieren, dass eine ständige Anpassung an die Kosten- und Marktsituation des Unternehmens und der Abteilung und damit eine ständige Kürzung erfolgen kann.

Die heute geltenden tariflichen Vorschriften, dass Leistungsvorgaben im Leistungsentgelt nur unter bestimmten Bedingungen durch den Unternehmer verändert werden dürfen, »behindert« im unternehmerischen Sinne eine kontinuierliche Steigerung der Leistungsvorgaben. Gerade unter den Bedingungen von Kaizen und KVP werden deshalb Verfahren vorgeschlagen, die eine Kürzung der Vorgaben in regelmäßigen Abständen (z. B. Neufestsetzung jedes Jahr) vorsehen. Oder es erfolgt bei der Überschreitung einer vorher festgelegten Leistungsgrenze – z. B. Leistungssteigerung von mehr als 10 % – eine Kürzung. Das ist etwa bei den sog. Gain-Sharing-Systemen (gain-sharing = Zugewinnteilung) der Fall. (Kapitel 5. 5. 10)

Aus der Perspektive »moderner« Managementkonzepte werden Leistung und Arbeitszeit als ein integriertes System betrachtet. Im Sinne »kommunizierender« Röhren sollen betriebliche Regulierungssysteme so umgebaut werden, dass Arbeitszeit und Leistung eine direkte Kopplung erfahren. So gibt es etwa Gruppenprämien, die die Beschäftigten bei Auftragsmangel bzw. technischer Überkapazität dazu zwingen, Stunden aus ihrem Arbeitszeitkonto abzubauen. Ansonsten würde sich ihre Prämie reduzieren.

Letztlich zielen diese Managementstrategien darauf, Leistungsvorgaben dem Marktgeschehen zu unterwerfen und umfassend zu ökonomisieren. Nicht der Mensch und die Bedingungen des Arbeitssystems sind Ausgangspunkt für die Bemessung von Leistung und Entgelt, sondern der »Markt« bestimmt.

Praktisch bedeutet das etwa, dass nicht der Aufwand bzw. die Leistung des Menschen in Produktion und Dienstleistung honoriert wird, sondern der Mehrverdienst nur erzielt werden kann, wenn die gesamte Prozesskette funktioniert bzw. das Produkt gewinnbringend verkauft wurde.

Gewerkschaftliches Leitbild eines »fairen« Leistungskompromisses

IG Metall und Betriebsräte stellen dem unternehmerischen Bild von Entgelt und Leistung ein Prinzip zur Gestaltung der Arbeits- und Leistungsbedingungen entgegen, das sich in erster Linie am Menschen und nicht am Markt orientiert.

Die menschliche Leistungsfähigkeit über ein ganzes Arbeitsleben hinweg ist das Maß für die abgeforderte Leistung bei der Ausführung der Arbeit. Leistungsvorgaben müssen zumutbar und erreichbar sein. Für ihre Leistung haben die Beschäftigten einen Anspruch auf ein angemessenes Entgelt, das ihnen ein Leben in Würde auch im Alter möglich macht. Die Arbeitsbedingungen sind lern- und gesundheitsförderlich sowie alterns- und altersgerecht zu gestalten.

Der diesem Leitbild zugrunde liegende Leistungsbegriff geht von einem erweiterten Leistungsverständnis aus, er beschränkt sich nicht auf eine rein quantitative Betrachtung. Diese ist dann nicht mehr zeit- und sachgemäß, wenn sie weder

den veränderten Arbeitskonstellationen noch den stärker ausdifferenzierten individuellen Bedürfnissen gerecht wird. Eine ganzheitliche Leistungspolitik muss die unterschiedlichen Facetten des Themas Leistung berücksichtigen. Ausgangspunkt ist dabei die Tatsache, dass die Menschenwürde nur gewahrt wird, wenn die Beschäftigten Wertschätzung und Anerkennung ihrer Leistung erfahren. Dazu gehört das Grundverständnis, dass es bei der Gestaltung der Leistungsbedingungen um mehr geht, als um die Anwendung des einen »richtigen« Instruments. Neben dem passenden Leistungsentgelt sind Fragen der Arbeits- und Arbeitszeitgestaltung, der Ergonomie, der Ablauforganisation, der Qualifizierung, der Personalentwicklung und -bemessung zu berücksichtigen. Es braucht eine verstetigte Auseinandersetzung mit den sich permanent verändernden Rahmenbedingungen der Leistungserbringung, also eine Prozessorientierung, die für alle, Beschäftigte und Interessenvertretung, jederzeit nachvollziehbar und transparent ist.
Mit den Entgelt-Rahmentarifverträgen sind die tariflichen Verfahren und Vorschriften für die betriebliche Regelung von Kennzahlen und Prämiensystemen, ein Überforderungsschutz für Beschäftigte im Zeitentgelt oder etwa die Regelungen für Zielvereinbarungen, auf die aktuellen Anforderungen in den Betrieben zugeschnitten worden. Die Nutzung der Möglichkeiten, die die Entgelt-Rahmentarifverträge bieten, hängt jedoch von vielen Faktoren ab. Es braucht ein Verständnis aller Akteure, dass Fragen der Arbeitszeitpolitik mit leistungspolitischen Herausforderungen verbindet und auch die Gestaltung von Arbeits- und Produktionsprozessen mitdenkt. Denn gerade mit betrieblichen Reorganisationsprozessen werden bestehende Arbeitszeitregelungen und – dort wo es sie gibt – Leistungsentgeltvereinbarungen auf den Prüfstand gestellt. Um einen derartigen integrierten Ansatz erfolgreich umzusetzen, müssen viele Voraussetzungen erfüllt sein. Es geht vor allem um die Einbeziehung der Beschäftigten als Expertinnen und Experten in eigener Sache und es braucht konfliktbereite und fachlich kompetente Interessenvertretungen, die in der Lage sind, die nötigen Beteiligungsprozesse zu organisieren.

5.2 Die Mitbestimmung über das Verhältnis von Entgelt und Leistung

Gewerkschaftliche Zielsetzung ist es, den Leistungsdruck und das Arbeitstempo auf ein zumutbares Maß zu begrenzen und die Leistungsbedingungen so zu gestalten, dass die Beschäftigten ihre Wünsche auf Entfaltung ihrer Leistungspotenziale verwirklichen können. Das Interesse der Unternehmer zielt dagegen darauf ab, eine möglichst hohe Arbeitsleistung von jedem Beschäftigten abzuverlangen. Dabei benutzen sie ausgefeilte Methoden, um die Leistungsanforderungen immer höher zu treiben. Dies begann mit der Einführung des Akkordlohnes, der Ausbreitung des Taylorismus und der Verbreitung der REFA-Methodenlehre, führt über die Einführung von MTM bis hin zu systematischen Methoden der Personalbemessung in der Verwaltung und der Konstruktion. In vielen Betrieben wurden die Leistungsanforderungen so hoch geschraubt, dass sie nicht über ein Arbeitsleben hinweg erbracht werden können, sondern lediglich von jüngeren, »olympiareifen« Kolleginnen und Kollegen für eine begrenzte Anzahl von Jahren erreicht werden können.

Im Leistungsentgelt bestehen sowohl tarifliche als auch betriebsverfassungsrechtliche Mitbestimmungsmöglichkeiten des Betriebsrats über die Höhe der abverlangten Leistung und des dafür zu zahlenden Entgelts. Diese Mitbestimmungsrechte unterscheiden sich in den jeweiligen Entgeltgrundsätzen und -methoden. Diese Tatsache hat weitgehende Konsequenzen für die betriebliche Durchsetzung der tariflich geschaffenen Möglichkeiten, die in den folgenden Kapiteln ausführlich behandelt werden.

Die Mitbestimmung des Betriebsrates über die abverlangte Leistung ist im Betriebsverfassungsgesetz geregelt:

> **Rechtsvorschrift**
> *»Der Betriebsrat hat, soweit eine gesetzliche oder tarifliche Regelung nicht besteht, in folgenden Angelegenheiten mitzubestimmen:*
> *(11) […] Festsetzung der Akkord- und Prämiensätze und vergleichbarer leistungsbezogener Entgelte, einschließlich der Geldfaktoren.«*
> (§ 87 Abs. 1 Ziff. 11 BetrVG)

Der Leistungsbegriff in der Zeitwirtschaft wird überwiegend wie folgt gesehen: Unter dem Begriff der »Leistung« wird in der Zeitwirtschaft eine Mengenleistung bzw. ein Arbeitsergebnis verstanden. Mit dem Begriff »Leistung« ist also nicht die individuelle Anstrengung des einzelnen Menschen gemeint, die erforderlich ist, um ein Arbeitsergebnis zu erreichen, sondern ausschließlich die erarbeitete Menge.

Für die Praxis der Interessenvertretung bedeutet dies:

- **Beim Leistungsentgelt hat der Betriebsrat, beispielsweise bei den Prämiensätzen, ein Mitbestimmungsrecht über die Höhe der abverlangten Leistung bzw. des Arbeitstempos und dem der Leistung entsprechenden Entgelt.**
- **Beim Zeitentgelt oder der Methode Beurteilen hat der Betriebsrat dagegen kein Mitbestimmungsrecht über die abverlangte Leistung bzw. das Arbeitstempo und die Personalbemessung.**

Übersicht 5.2: Mitbestimmung über Leistungsbedingungen

Zeitentgelt	Leistungsentgelt
Arbeitgeber setzt einseitig die Leistungsbedingungen fest.	Arbeitgeber und Betriebsrat entscheiden gemeinsam („fairer“ Leistungkompromiss)

Über die Form des Mitbestimmungsrechtes hinsichtlich Vorgabezeiten in der Entgeltmethode Akkord bzw. Kennzahlenvergleich mit Zeitgrad bestehen unterschiedliche Auffassungen. Überwiegend wird die Meinung vertreten, der Arbeitgeber könne die Vorgabezeiten einseitig festsetzen, wobei er sich an die einschlägigen tariflichen Bestimmungen halten muss. Erst im Nachhinein können die Beschäftigten und/oder der Betriebsrat im Rahmen des Reklamationsverfahrens mitbestimmen. Nach dieser Auffassung wird das betriebsverfassungsrechtliche Mitbestimmungsrecht durch das tarifliche Reklamationsverfahren konkretisiert (vgl. den Eingangssatz des § 87 BetrVG).

Die tarifvertraglichen Schutzbestimmungen schreiben u. a. fest, dass bestehende Leistungsvorgaben nur bei technisch-organisatorischen Änderungen gekürzt werden dürfen. Eine willkürliche Erhöhung des Leistungsdrucks durch den Unternehmer ist durch diese Art der Festschreibung der Leistungsbedingungen nur sehr schwer möglich. Auch eine Erhöhung des Arbeitsanfalls führt nicht, wie es im Zeitentgelt oft passiert, zu einer schleichenden Leistungsverdichtung, sondern kann bei einer entsprechenden Nutzung der Mitbestimmungsmöglichkeiten durch den Betriebsrat zu einer Erhöhung der Personalsetzung führen. Die kollektiven Schutzbestimmungen im Leistungsentgelt, die die Gewerkschaften erkämpft haben, können im Betrieb zu einer Situation führen, die für die unbefangenen Betrachter zunächst paradox erscheint. Anders jedoch als das schnelle Gefühl es erscheinen lässt, sind die – nicht der betrieblichen Mitbestimmung unterliegenden – Leistungsbedingungen in manchen Zeitentgeltbereichen härter als im Leistungsentgelt.

Die Akkordentlohnung wurde geschichtlich von den Unternehmern eingeführt, um die Arbeiter zu einer höchstmöglichen Leistung anzuhalten. Die daraufhin von den Gewerkschaften erkämpften kollektiven Regelungen und Mitbestimmungsmöglichkeiten können dagegen zu einer Begrenzung des Leistungsdrucks im Akkord, in der Prämie bzw. im Kennzahlenvergleich genutzt werden.

Der Wechsel aus dem Leistungsentgelt in das Zeitentgelt bedeutet die Deregulierung des Faktors »Leistung«. Gewerkschaftliche Zielsetzung ist es dagegen, über eine kollektive Regelung dieses Faktors sozial zumutbare und menschliche Leistungsbedingungen durchzusetzen.

Es lassen sich hier folgende vorläufige Schlussfolgerungen zur Anwendung der ERA-Tarifverträge formulieren:

- Schlägt ein Unternehmer vor, aus dem Leistungsentgelt in das Zeitentgelt zu wechseln, sollte die Interessenvertretung dies ablehnen.
- Besteht im Zeitentgelt ein hoher Leistungsdruck und/oder sind die Beschäftigten unzufrieden mit der Beurteilungspraxis, sollte die Interessenvertretung diskutieren, ob durch den Wechsel in eine Leistungsentgeltmethode eine Begrenzung des Leistungsdrucks und eine Verobjektivierung der Leistungsbedingungen möglich ist, und gegebenenfalls diese Forderung aufstellen.
- Sind die im Zeitentgelt Beschäftigten mit ihren Leistungsbedingungen und/oder der Beurteilungspraxis zufrieden, besteht zunächst kein aktueller Handlungsbedarf. Die Interessenvertretung sollte jedoch überlegen, wie diese Bedingungen erhalten bleiben können.

- Besteht im Leistungsentgelt ein hoher Leistungsdruck, hat die Interessenvertretung die Möglichkeit, die bestehenden Rechte des Betriebsverfassungsgesetzes und der Tarifverträge auszunutzen, um den Leistungsdruck zu begrenzen bzw. zu gestalten.
- Sind die Beschäftigten im Leistungsentgelt mit ihren Leistungsbedingungen zufrieden, besteht kein aktueller Handlungsbedarf. Die Interessenvertretung sollte jedoch Überlegungen anstellen, wie reagiert wird, falls die Unternehmer versuchen, diese Leistungsbedingungen zu verschärfen. Die Interessenvertretung braucht für diese Situation Konzepte und Aktionspläne »in der Schublade«.
- Bei Veränderungen in der Arbeitsorganisation sind immer die bestehenden Entgeltsysteme berührt. Diese Einführungen neuer Produktionssysteme sind Änderungen des Betriebes, daher mitbestimmungspflichtig und müssen in Betriebsvereinbarungen geregelt werden. Dazu gehören dann auch Änderungen im Entgeltsystem. Die Interessenvertretung sollte sich keinesfalls darauf einlassen, zunächst die Arbeitsorganisation in einer Betriebsvereinbarung zu regeln und »irgendwann später« das dazugehörige Entgeltmodell zu regeln.

Ergänzend zu diesen Schlussfolgerungen hat der 25. Ordentliche Gewerkschaftstag der IG Metall 2023 beschlossen, dass es notwendig ist, sowohl tarifpolitisch als auch betriebspolitisch neue Instrumente, insbesondere zur Personalbemessung zu entwickeln, mit denen in Zeitentgeltbereichen Stress und Überforderung von Beschäftigten begrenzt werden kann (vgl. Kap. 5.7).

5.3 Der tarifliche Rahmen für Entgeltgrundsätze und Entgeltmethoden

Seit 2003 sind in allen Tarifgebieten der Metall- und Elektroindustrie Entgelt-Rahmentarifverträge abgeschlossen worden. Die in den Tarifverträgen vorgesehenen Einführungsphasen sind beendet. Dies gilt vor allem für die Themen Arbeitsbewertung und Eingruppierung (Kapitel 4). Die Ausgestaltung der Leistungsbedingungen und Verdienstchancen der Beschäftigten mit den – zum Teil neuen – Instrumenten der in den Entgelt-Rahmentarifverträgen vorgesehenen Entgeltgrundsätze und -methoden steht hingegen in vielen Fällen noch aus. Betriebsräte und Unternehmensleitungen *mussten* neu eingruppieren. Betriebsräte und Unternehmensleitungen *können* die Leistung neu regulieren.

Ein Blick auf die betriebliche Verbreitung der verschiedenen Entgeltgrundsätze und -methoden zeigt den Handlungsbedarf. 1955 arbeitete die eine Hälfte der Beschäftigten in der Produktion im Zeitlohn, die andere im Akkord. Mit der zunehmenden Automatisierung in den Betrieben in den 1970er Jahren veränderte sich auch die Welt im Leistungslohn. Neben dem Akkord gewann die Prämie an Bedeutung (1980: 8,5 % der in der Produktion Beschäftigten). In den folgenden beiden Jahrzehnten begann der Triumphzug der computergestützten und -ge-

steuerten Produktion und Dienstleistung. Im Verbund mit Fließ-, Band- und Taktarbeit sank der Anteil der Arbeit durch unmittelbar »die eigenen Hände Arbeit« betreffenden, beeinflussbaren Leistungsanteile. 2000 arbeiten 23 % der Arbeiterinnen und Arbeiter in der Metall- und Elektroindustrie in ganz Deutschland unter Prämienbedingungen. Die letzte getrennte Erfassung von Arbeitern und Angestellten 2006 zeigt die zweigeteilte Welt im Leistungslohn. Der Akkord ist zwar nach wie vor weit verbreitet, wird aber auf lange Sicht an Bedeutung verlieren. Erstaunlich: der Anteil, der im Zeitlohn Beschäftigten ist über die Jahrzehnte stabil bei ca. 50 % und gewinnt im Vergleich der Jahre 2000 zu 2006 sogar wieder an Bedeutung. Die Ursachen dafür sind vielschichtig. Die wichtigste: Vielfach werden leistungslohnfähige Arbeiten nicht im Leistungslohn entlohnt. Wenn kein Betriebsrat oder Unternehmer die Initiative zum Wechsel des Entlohnungsgrundsatzes ergreift, ist also inzwischen die Regel: der Zeitlohn. Weitere Ursache: Im Zusammenhang mit der steigenden Automatisierung hat der Anteil der nicht oder nur kaum beeinflussbaren Prozesszeiten an der Gesamttätigkeit der Beschäftigten zugenommen. Vielfach wurde das betrieblich zum Anlass genommen, von Akkord in Zeitlohn mit abgesicherten Verdienstgranden gewechselt, weil das betrieblich als vermeintlich einfachere Regelung erschien. Ein Irrtum, wie auf den folgenden Seiten noch zu sehen sein wird.
Ab 2008 führt Gesamtmetall die ERA-Verdiensterhebung für alle Beschäftigtengruppen durch, also auch inklusive der vormaligen Angestellten (Gehaltsempfängern), die entgelt- und leitungspolitisch mit den Zeitlöhnern vergleichbar sind. Beide Beschäftigtengruppen erhalten eine Leistungszulage nach einer Beurteilung ihres Leistungsverhaltens. In der Metall- und Elektroindustrie ist dies seit einigen Jahren der größere Teil der Beschäftigten. So verwundert es nicht, dass inzwischen rund vier Fünftel der Beschäftigten im Zeitentgelt arbeiten. Bemerkenswert ist sicher, der auf rund 5 % bezifferte geringe Anteil von Zielvereinbarungen und Zielentgelten als Entgeltmethode. Zwar ist davon auszugehen, dass der Anteil derjenigen Beschäftigten, die Zielvereinbarungen als Führungsinstrument (in der Regel als Zielvorgabe) kennen bzw. selbst einer solchen unterliegen erheblich höher liegt. Eine tarifliche Ausgestaltung, auf Grundlage der ERA-Tarifverträge, findet in diesen Fällen nicht statt. Die Chance, mit der Methode Zielvereinbarung, vor allem im Bereich der ehemaligen Angestellten zur Regulierung des Verhältnisses von Entgelt und Arbeit bzw. zu einer Diskussion über Personalbemessung zu kommen, wird noch zu wenig wahrgenommen.
Zusammenfassend lässt sich für die Metall- und Elektroindustrie feststellen: Nur noch einer von fünf Beschäftigten arbeitet im Leistungsentgelt, in dem das individuelle Leistungsmaß und die Verdienstchance durch den Betriebsrat mitbestimmt werden. Vierfünftel der Arbeitnehmerinnen und Arbeitnehmer sind konfrontiert mit weitgehend unregulierter Leistungsverdichtung. Die Betriebsräte haben hier keine direkte Mitbestimmung über das Leistungsmaß und es gibt keine objektiv nachvollziehbaren Kriterien für den Mehrverdienst durch eine Leistungszulage. Denn diese hängt im Zeitentgelt von der subjektiven Beurteilung des Leistungsverhaltens durch die Vorgesetzten ab, welche – wenn überhaupt – einmal jährlich stattfindet.

Angesichts einer deutlich zurückgegangenen leistungspolitischen Regulierung in den Betrieben ist davon auszugehen, dass in den kommenden Jahren der Druck auf die Arbeitsbedingungen wächst. Wie gearbeitet wird und wie viel Geld dafür bezahlt werden muss, wollen die Arbeitgeber entscheiden. Die Unternehmen werden weiter versuchen, Kosten zu senken und die Leistungsschraube weiter anzuziehen. Die Beschäftigten und ihre Interessenvertretungen werden für den Erhalt ihrer tariflichen Rechte und die Verbesserung ihrer konkreten Arbeits- und Leistungsbedingungen kämpfen müssen. Dies geht im Leistungsentgelt besser, weil hier Leistungsbedingungen, Leistungsmaß und Verdienstchancen nicht einseitig vom Arbeitgeber festgesetzt werden können, sondern mit dem Betriebsrat vereinbart werden müssen. Dazu ist es erforderlich, die über nunmehr Jahrzehnte hinweg verlorengegangene Handlungskompetenz der Betriebsratsgremien, die konkreten Arbeitsbedingungen leistungspolitisch regulieren zu wollen, zurückzuerlangen. Zur konkreten Unterstützung bzw. Realisierung dieses Anliegens hat die IG Metall eine tarifpolitische Bildungsoffensive begonnen deren erklärtes Ziel es ist, die tarifpolitischen Kompetenzen von haupt- und ehrenamtlichen Kollegen und Kolleginnen wieder bzw. weiter aufzubauen. Insbesondere mit Blick auf den altersbedingten Ausstieg vieler Kolleginnen und Kollegen, die die ERA-Einführung (im Betrieb) aktiv begleitet und organisiert haben. Es ist von enormer Bedeutung, um dem drohenden bzw. bereits erlittenen Kompetenzverlust in den Betrieben und Geschäftsstellen entgegenzuwirken.

Entgeltgrundsätze und -methoden in den Entgelt-Rahmentarifverträgen

Im Arbeitsrecht gibt es für die wesentlichen Fragen der betrieblichen Entgelt- und Leistungsgestaltung Rahmenregelungen in den Tarifverträgen und im Betriebsverfassungsgesetz. In den Entgelt-Rahmentarifverträgen wird zwischen den Begriffen Entgeltgrundsatz und Entgeltmethode unterschieden (ein gemeinsamer Entgeltbegriff für alle Beschäftigte ersetzt die Begriffe Lohn für Arbeiter/-innen und Gehalt für Angestellte). Im Betriebsverfassungsgesetz finden sich noch die Begriffe Entlohnungsgrundsatz und Entlohnungsmethode.

Definition

Entgeltgrundsätze sind die übergeordneten, allgemeinen Vorschriften, nach denen die gesamte Entgeltgestaltung im Betrieb oder in den einzelnen Abteilungen geregelt wird, also Leistungsentgelt oder Zeitentgelt.

Definition

Entgeltmethode ist der engere Begriff, nämlich die Art und Weise der Durchführung der Entgeltgrundsätze bzw. die Methode zur Ermittlung des Leistungsergebnisses, beispielsweise der Vergleich von Kennzahlen, Prämien- oder Akkordentgelt, der Soll/Ist-Vergleich bei Zielvereinbarungen oder die Art der Leistungsbeurteilung im Zeitentgelt.

Entgeltgrundsätze und Entgeltmethoden

Sowohl über die Entgeltgrundsätze als auch die Entgeltmethoden hat der Betriebsrat ein Mitbestimmungsrecht. Dies ist einerseits in den Tarifverträgen, andererseits im Betriebsverfassungsgesetz verankert.

> **Rechtsvorschrift**
> *»Der Betriebsrat hat, soweit eine gesetzliche oder tarifliche Regelung nicht besteht, in folgenden Angelegenheiten mitzubestimmen:*
> *(10) […] Fragen der betrieblichen Lohngestaltung, insbesondere die Aufstellung von Entlohnungsgrundsätzen und die Einführung und Anwendung von neuen Entlohnungsmethoden sowie deren Änderung.«*
> (§ 87 Abs. 1 Ziff. 10 BetrVG)

Je nach Entgeltgrundsatz hat der Betriebsrat unterschiedliche Mitbestimmungsmöglichkeiten. Der Umfang dieser Mitbestimmungsrechte ist davon abhängig, ob das Verhältnis vom Entgelt zur Leistung vereinbart ist oder nicht, siehe Übersicht 5.3.

Übersicht 5.3: Das Verhältnis von Entgelt und Leistung in den Entgeltgrundsätzen

Zeitentgelt	Leistungsentgelt
Im Entgeltgrundsatz Zeitentgelt wird den Beschäftigten für die vereinbarte Arbeitszeit ein festes Entgelt gezahlt. Das Verhältnis von Entgelt und Leistung ist NICHT vereinbart.	Im Entgeltgrundsatz Leistungsentgelt wird den Beschäftigten für die, in der vereinbarten Arbeitszeit erbrachte Leistung ein festes oder variables Entgelt gezahlt, das von der erbrachten Leistung abhängig ist. Das Verhältnis von Entgelt und Leistung IST vereinbart.

Dass direkte Leistungsvorgaben im Zeitentgelt nicht zulässig sind, ergibt sich aus allgemeinen Grundsätzen des Arbeitsrechts im BGB. So beschreibt B. Rüthers bereits in den 1970er Jahren in der »Zeitschrift für Arbeitsrecht« (1973, S. 403 ff), dass ein Zeitlöhner verpflichtet sei, »seine individuellen Kräfte und Fähigkeiten nach bestem Vermögen in den Dienst der Vertragserfüllung zu stellen«. Und weiter heißt es dort: »Wenn z. B. die Manteltarifverträge für die gewerblichen Arbeitnehmer bedeutender Industriezweige – wie die meisten übrigen Tarifverträge – für die Zeitlöhner ausdrücklich nur die Entgeltseite des Arbeitsverhältnisses, nicht den Umfang der Arbeitspflicht regeln, so gilt insoweit das Recht des Dienstvertrages, wonach sich grundsätzlich die Leistungspflicht nach dem individuellen Leistungsvermögen richtet«.
Als *Maßstab für die Arbeitsleistung* für die Beschäftigten im Zeitentgelt gilt folglich die Leistung, »die bei angemessener Anspannung der geistigen und körperlichen Kräfte auf Dauer ohne Gefährdung der Gesundheit« (Erfurter Kommentar zum Arbeitsrecht, § 611a BGB Rn. 736, 25. Auflage, München 2025) erreicht werden kann. Dem Beschäftigten können danach nur Nachteile entstehen, wenn

vorsätzlich unterhalb des individuellen Leistungsvermögens geblieben wird. Sollten entgegen den tarifvertraglichen Bestimmungen Leistungsvorgaben gemacht werden, dürfen den einzelnen Beschäftigten keine Nachteile entstehen, wenn diese Vorgaben nicht eingehalten werden.

Übersicht 5.4: Entgeltgrundsätze und Entgeltmethoden

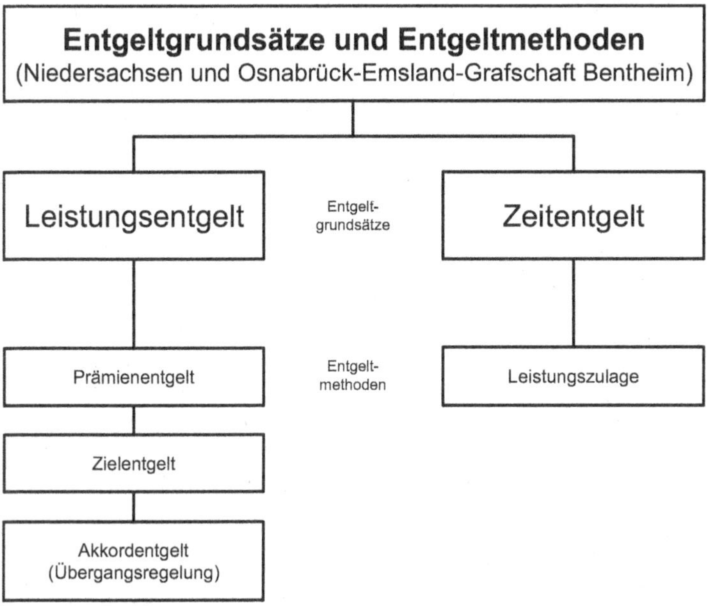

Unterschiedliche Regelung in den regionalen Tarifverträgen

In den einzelnen regionalen Entgelt-Rahmentarifverträgen haben die Tarifvertragsparteien das Thema der Entgeltgrundsätze und Entgeltmethoden unterschiedlich geregelt. In den meisten Tarifgebieten gibt es eine klare Trennung zwischen Leistungsentgelt und Zeitengelt. Dies zeigt die Übersicht 5.4 beispielhaft für die Tarifgebiete Niedersachsen sowie Osnabrück-Emsland-Grafschaft Bentheim. Hier sind im Entgeltgrundsatz Leistungsentgelt die Entgeltmethoden Prämienentgelt und Zielentgelt vereinbart und für eine Übergangszeit das Akkordentgelt.

Im Nordverbund, in Berlin und Brandenburg sind die Regelungen ähnlich. Hier kommt beim Leistungsentgelt noch die Entgeltmethode Provision hinzu.

In Baden-Württemberg ist abweichend von allen anderen Tarifgebieten ein einheitliches Leistungsentgelt mit den drei Methoden Beurteilen, Kennzahlenvergleich und Zielvereinbarung vereinbart (vgl. Übersicht 5.5). Dabei ähneln die Entgeltmethode »Kennzahlenvergleich« dem Prämienentgelt und die Entgeltmethode »Beurteilen« dem Zeitentgelt mit Leistungszulage.

Die Regelung der Entgeltgrundsätze und Entgeltmethoden in den anderen Tarifgebieten zeigen die Übersichten 5.6 bis 5.11.

Übersicht 5.5: Entgeltgrundsätze und Entgeltmethoden (Baden-Württemberg)

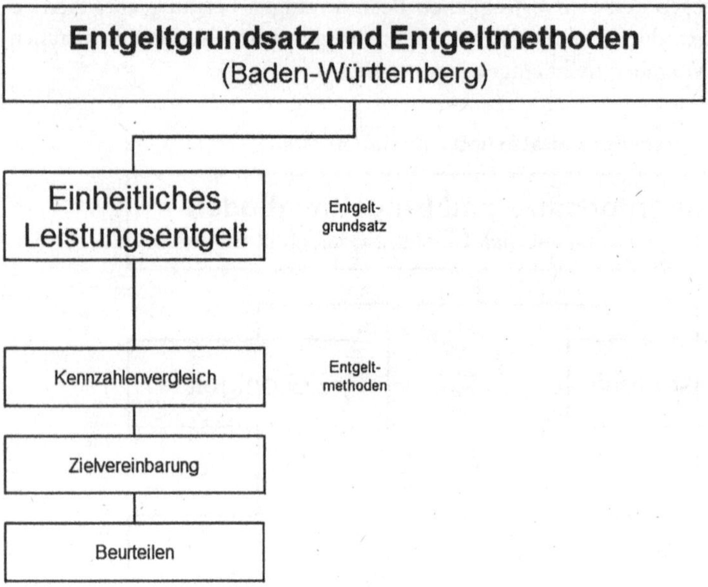

Übersicht 5.6: Entgeltgrundsätze und Entgeltmethoden (Nordverbund)

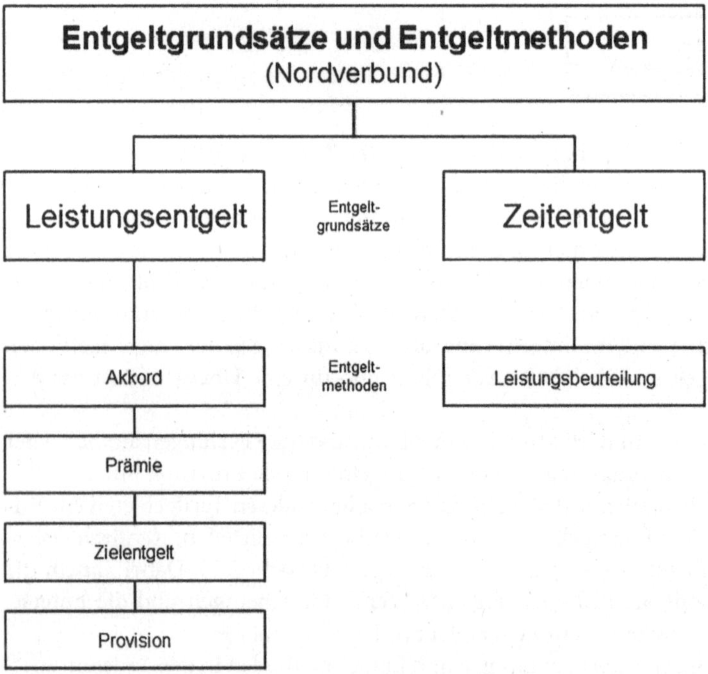

Übersicht 5.7: Entgeltgrundsätze und Entgeltmethoden (Nordrhein-Westfalen)

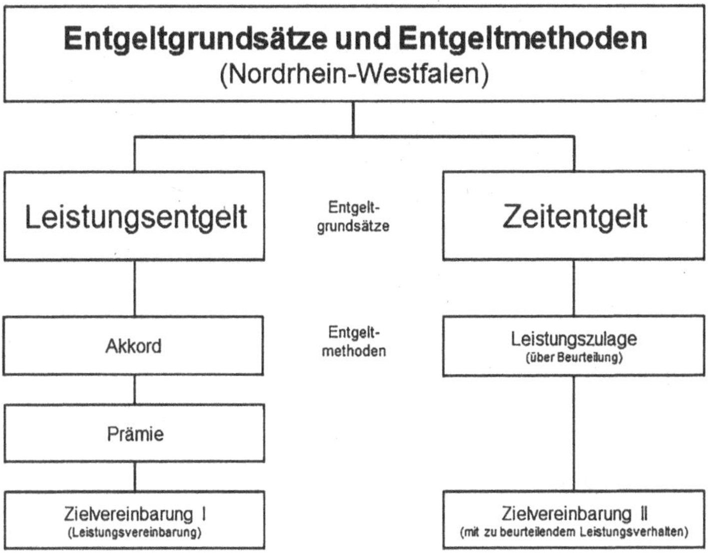

Übersicht 5.8: Entgeltgrundsätze und Entgeltmethoden (Berlin-Brandenburg)

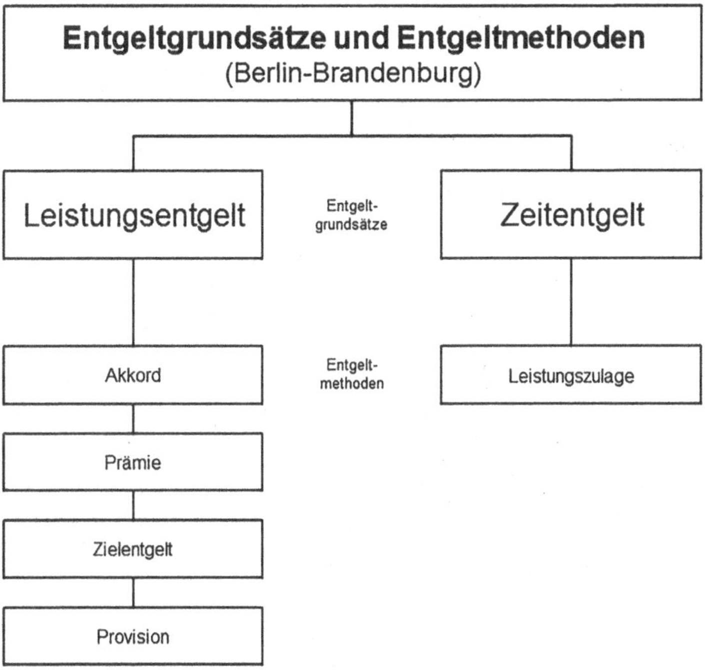

Übersicht 5.9: Entgeltgrundsätze und Entgeltmethoden (Sachsen-Anhalt)

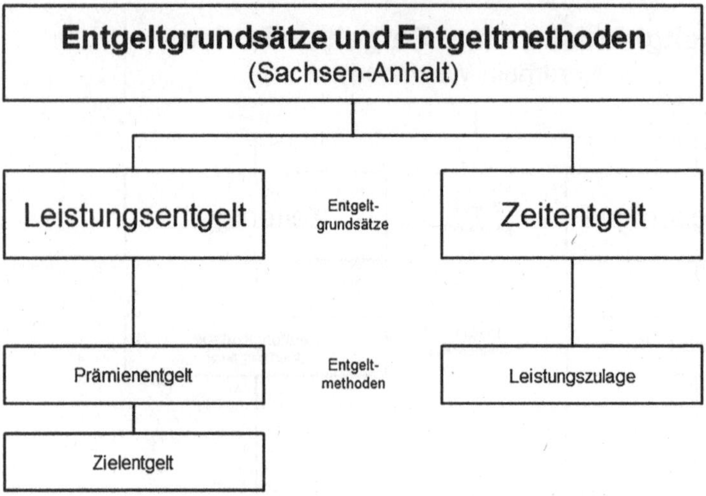

Übersicht 5.10: Entgeltgrundsätze und Entgeltmethoden (Mitte, Thüringen und Sachsen)

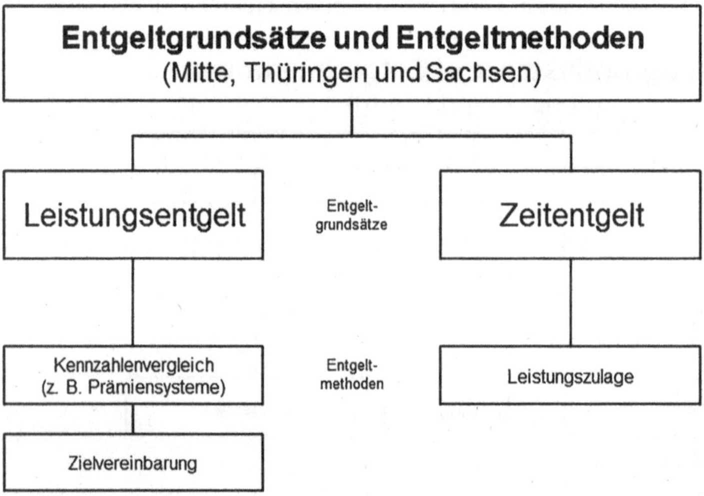

Übersicht 5.11: Entgeltgrundsätze und Entgeltmethoden (Bayern)

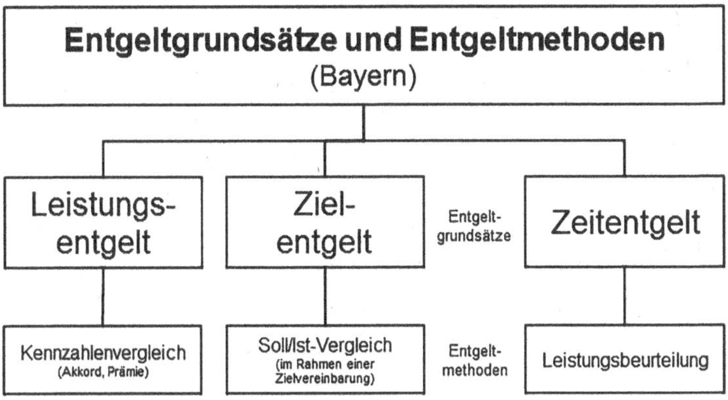

Zusammenfassend zeigt die Übersicht 5.12, welche Entgeltgrundsätze und Entgeltmethoden in den Tarifverträgen der Metall- und Elektroindustrie geregelt sind.

Übersicht 5.12

Leistungsabhängige Entgeltbestandteile der Entgelt-Rahmentarifverträge

Tarifgebiete	**Entgelt-grundsätze**	**Entgelt-methoden**	**Entgelthöhe/-anteil**	**Kombination**
Baden-Württemberg	Leistungsentgelt:	Beurteilen, Kennzahlen-vergleich, Zielvereinbarung	Im Durchschnitt 15 %; (± 1 %, ansonsten Überprüfung) individuell 0 - 30 %	Die Methoden können einzeln oder in Kombination angewendet werden.
Bayern	Zeitentgelt: Leistungsentgelt: (Akkord/Prämie) Zielentgelt:	Leistungs-beurteilung, Kennzahlen-vergleich Soll-/Ist-Vergleich im Rahmen einer Zielvereinbarung	Im Durchschnitt 14 % (unter 13 oder über 15 % Beratung und ggf. Maßnahmen) individuell 0 - 28 %	Der Entgeltgrundsatz Zielentgelt sowie die Kombination von Entgeltgrundsätzen und Methoden kann **nur mit freiwilliger** Betriebsvereinbarung eingeführt werden.
Berlin/ Brandenburg	Zeitentgelt Leistungsentgelt:	Akkord Prämie Provision Zielentgelt	Zeitentgelt im Durchschnitt 10 %	**Keine** Kombination: Die Entgeltgrundsätze und -methoden können nur einzeln zu Anwendung kommen.

Leistungsabhängige Entgeltbestandteile der Entgelt-Rahmentarifverträge				
Tarifgebiete	**Entgelt-grundsätze**	**Entgelt-methoden**	**Entgelthöhe/-anteil**	**Kombination**
Hessen, Saarland, Rheinland-Pfalz sowie Thüringen **Sachsen**	Zeitentgelt: Leistungsentgelt:	Beurteilen Kennzahlen-vergleich, Zielvereinbarung	Bei Beurteilung und Zielvereinbarung jeweils mindestens 10 % im Durchschnitt	**Keine** Kombination: Bei der Auswahl der Entgeltgrundsätze soll derjenige gewählt werden, der der Leistungsgerechtigkeit am besten Rechnung trägt.
Niedersachsen	Zeitentgelt Leistungsentgelt:	 Prämienentgelt Akkordentgelt Zielentgelt	Zeitentgelt mind. 10 % im Durchschnitt jeweils von Entgeltgruppe 2 – 4, 5 – 9 und 10 – 13 Leistungsentgelt mind. 10 % in der jeweiligen Entgeltmethode	Kombination **eingeschränkt möglich:** Mit Zustimmung der TVP können bei Prämie in Kombination mit zähl- und/oder messbaren Einflussgrößen Beurteilungskriterien (Leistungsbeurteilung) vereinbart werden.
Nordverbund	Zeitentgelt: Leistungsentgelt:	Leistungs-beurteilung, Akkord Prämie Zielentgelt Provision	Zeitentgelt 6 % im Durchschnitt der jeweiligen Entgeltgruppe; Betriebe bis 200 Beschäftigte im Durchschnitt jeweils von Entgeltgruppe 2 – 4, 5 – 8 und 9 - 11	Kombination **eingeschränkt mögl.:** AG und BR können für Beschäftigte im Zeitentgelt, die in direkter Abhängigkeit von der Arbeitsleistung der Beschäftigten im Leistungsentgelt stehen, eine gesonderte Regelung treffen.
Nordrhein-Westfalen	Zeitentgelt: Leistungsentgelt:	mit Leistungszulage Zielvereinbarung II (m. zu beurteilendem Leistungsverhalten) Akkord Prämie Zielvereinbarung I	Zeitentgelt ca. 10 % (9 - 11 %) Leistungsentgelt mindestens 10 % im Durchschnitt	Die Betriebsparteien können **freiwillig** eine Kombination mehrerer tariflicher Entgeltgrundsätze und -methoden vereinbaren.

Leistungsabhängige Entgeltbestandteile der Entgelt-Rahmentarifverträge				
Tarifgebiete	**Entgelt-grundsätze**	**Entgelt-methoden**	**Entgelthöhe/-anteil**	**Kombination**
Osnabrück-Emsland-Grafschaft-Bentheim	Zeitentgelt Leistungsentgelt:	 Akkordentgelt Prämienentgelt Zielentgelt	Zeitentgelt mind. 10 % im Durchschnitt der jew. Entgeltgruppe; Betriebe b. 200 Beschäftigte im Durchschnitt jew. von Entgeltgruppe 1–4, 5–8 und 9–12. Leistungsentgelt mind. 10 % im Durchschnitt d. jeweiligen Methode	Kombination **eingeschränkt möglich:** Mit Zustimmung der Tarifvertragsparteien können im Prämienentgelt in Kombination mit sachbezogenen Merkmalen auch persönliche leistungsbezogene Merkmale angewandt werden.
Sachsen-Anhalt	Zeitentgelt Leistungsentgelt:	 Prämienentgelt Zielentgelt	Zeitentgelt mind. 8 % im Durchschnitt jew. von Entgeltgruppe 1–4, 5–8 und 9–11 Leistungsentgelt mind. 8% im Durchschnitt der jew. Methode	**Keine** Kombination

In den meisten Tarifverträgen der Metallindustrie ist das Mitbestimmungsrecht des Betriebsrats über die Einführung und Änderung der Entgeltgrundsätze ebenfalls verankert. Hierüber ist eine Betriebsvereinbarung abzuschließen. Hierzu ein Beispiel:

Tarifvertrag
»Grundsätze der Entgeltgestaltung
1. Folgende in diesem Tarifvertrag geregelten Entgeltgrundsätze sind zulässig:
1.1 Leistungsentgelt mit folgenden Entgeltmethoden
- *Akkord (§ 7)*
- *Prämie (§ 8)*
- *Zielentgelt (§ 9)*
- *Provision (§ 10)*

1.2 Zeitentgelt mit Leistungsbeurteilung (§ 11).
[…]
Die Betriebsparteien legen die jeweiligen Entgeltgrundsätze und -methoden und deren Ausgestaltung nach Maßgabe der folgenden Bestimmungen fest.
Im Nichteinigungsfall entscheidet die Einigungsstelle nach § 87 Abs. 2 BetrVG.«
(§ 6 ERA-Tarifvertrag Nordverbund)

Für die Praxis der Interessenvertretung bedeutet dies:
- Der Betriebsrat hat mitzubestimmen, welche Arbeiten in welchem Entgeltgrundsatz und mit welcher Methode vergeben werden.
- Einige Tarifverträge schreiben für bestimmte Formen der Arbeitsorganisation den Entgeltgrundsatz vor. Zum Beispiel wird in einigen Tarifverträgen bei Band- und Taktarbeit im Produktionsbereich Leistungsentgelt vorgeschrieben.

- Ohne Zustimmung des Betriebsrats kann der Unternehmer nicht den Entgeltgrundsatz oder die Entgeltmethoden wechseln. Beispielsweise können nicht ohne Zustimmung des Betriebsrats Arbeiten, die bisher im Kennzahlenvergleich mit Zeitgrad vergeben wurden, nun in Zeitentgelt vergeben werden. Oder ein weiteres Beispiel: Die Umstellung eines Prämienentgeltsystems auf der Grundlage von Sollzeiten kann nur mit Zustimmung des Betriebsrats in eine Nutzungsprämie überführt werden.
- Der Betriebsrat hat ein Initiativrecht und kann die Änderung des Entgeltgrundsatzes verlangen. Der Betriebsrat kann beispielsweise für bestimmte Arbeiten verlangen, dass sie vom Zeitentgelt auf Leistungsentgelt mit einem Prämienmodell umgestellt werden.
- Die genannten Regelungspunkte sind in einer Betriebsvereinbarung schriftlich festzuhalten.
- Erfolgt über die genannten Punkte keine Einigung, entscheidet die Einigungsstelle nach § 76 Betriebsverfassungsgesetz bzw. eine tarifliche Schlichtungsstelle.

5.4 Zeitentgelt

Definition
Im Entgeltgrundsatz Zeitentgelt wird den Beschäftigten für die Arbeitszeit, in der sie ihre Arbeitskraft dem Unternehmen zur Verfügung stellen, ein festes Entgelt gezahlt.

5.4.1 Leistungsbedingungen im Zeitentgeltbereich

Permanent hoher Arbeitsanfall, enge Fristen oder Vorgabezeiten und Verzögerung der Arbeit durch unvorhergesehene Probleme (die oft zulasten der Beschäftigten wieder reingeholt werden müssen) bestimmen heute vielfach den betrieblichen Arbeitsalltag. Für mehr und mehr Menschen gilt, dass sie im Namen der Firma immer und überall verfügbar sind. Arbeit wird immer häufiger per Smartphones oder Notebook auf Reisen und nach Hause mitgenommen. Abends werden noch mal schnell die neuesten E-Mails angeschaut und bearbeitet, die Mail-Box abgehört und bei den Anrufern Nachrichten hinterlassen.
Die Methoden, mit denen an der Leistungsschraube gedreht wird, sind unterschiedlich (Übersicht 5.13).

Übersicht 5.13

Verschärfung des Leistungsdrucks in Zeitentgeltbereichen	
1. Methoden der Personalführung und der indirekten Steuerung	- Kunden- und Marktorientierung - Führen mit Zielen - Ausnutzen von Karrierehoffnungen - Ausnutzen des Interesses an kreativer Arbeit (Forschungsarbeit, Programmieren usw.) - Vorgesetztendruck („Antreiben“) - Leistungsbeurteilung durch Vorgesetzte und neue Bonussysteme -Angst vor Arbeitslosigkeit führt zu gesteigerter Arbeitsleistung - Ausnutzung von befristeten Arbeitsverträgen und Leiharbeit: Hoffnung auf einen festen Arbeitsplatz führt zu gesteigerter Arbeitsleistung
2. Arbeitsorganisation	- Kontinuierlicher Verbesserungsprozess (KVP): Ständige Reduzierung der „inoffiziellen“ Zeitvorgaben - Arbeitsplätze mit hohen Anteilen von Maschinenlaufzeiten - Fließbänder - Verkettete Arbeitsplätze - Schaffung kleiner Unternehmenseinheiten (Cost-Center, Profit-Center)
3. Zeit- und Terminvorgaben	- Auftragsscheine mit „inoffiziellen“ Vorgabezeiten - Vorgabe von exakten Terminen für die Fertigstellung von Aufträgen - Just-in-time-Konzepte: Termingenaue Logistik und Fertigungssteuerung - Ausweitung des Aufgabenbereichs - Computergestützte Projekt- und Terminplanungssysteme
4. Herkömmliche und computergestützte Leistungskontrolle	- Ermitteln von Vorgabezeiten durch „Zeitstudien“ und andere Methoden - Systematisches Aufschreiben des Zeitverbrauchs (Selbstaufschreiben) - Nutzungsterminals / Nutzungsschreiber - Kontrollprogramme an computergestützten Arbeitsplätzen - Betriebsdatenerfassungssysteme (BDE) - Exakte Erfassung von Beginn und Ende von Arbeitsaufträgen
5. Systematische Personalbemessung	- Gemeinkostenwertanalyse (McKinsey) - Personalplanung mit Kennzahlen und Leistungsstandards - Systematischer, schleichender Personalabbau bei gleichem Arbeitsanfall - Trotz höheren Arbeitsanfalls keine Neueinstellungen

Warum ist die Leistungsverdichtung gerade in Zeitentgeltbereichen so groß?
Die Gründe dafür, dass die alten und neuen Methoden der Leistungsintensivierung auch und gerade in den Zeitengeltbereichen so stark greifen, sind sicherlich ebenso vielschichtig wie die betrieblichen Umsetzungsformen. Gleichwohl lassen sich einige wesentliche Faktoren herauskristallisieren:

- Wesentlich ist die arbeitsrechtliche Seite des Entgeltgrundsatzes Zeitentgelt. Die Regelung von Pensum und Personal unterliegt nicht der Mitbestimmung des Betriebsrates und die Beschäftigten haben im Vergleich zum Leistungsentgelt nur wenige wirksame Reklamationsrechte.

- Gerade in den produktionsferneren Bereichen ist gemeinschaftliches gewerkschaftliches Handeln traditionell weniger verbreitet. In vielen Abteilungen sind keine oder nur wenige Beschäftigte gewerkschaftlich orientiert oder organisiert. Fehlen aber die gewerkschaftlichen Strukturen, so fällt es dem Einzelnen unzweifelhaft schwerer, sich gemeinsam mit anderen für seine Interessen einzusetzen. Um dem wachsenden Leistungsdruck Herr zu werden, bilden sich individuelle »Lösungsstrategien«:
  - Arbeit wird mit nach Hause genommen.
  - Die Arbeitszeit wird ausgedehnt, indem unbezahlte »graue« Überstunden verfahren oder zusätzliche Gleitzeitguthaben aufgebaut werden.
  - Erforderliche Weiterbildung erfolgt in der Freizeit usw.
- Mit steigendem Qualifikationsniveau wachsen die qualitativen Ansprüche an die eigene Arbeit und führen zu einer hohen inhaltlichen Identifikation mit der eigenen Tätigkeit. Eine höhere Leistungsbereitschaft ist die Folge.
- Ein Mittel zur Durchsetzung verschärfter Leistungsbedingungen sind Methoden der sog. indirekten Steuerung. Diese sind dadurch gekennzeichnet, dass sich jeder Beschäftigte ausschließlich am Kunden bzw. am Markt orientieren soll. Der Markt wird dabei in das Unternehmen hereingeholt. Dazu werden neue Unternehmenseinheiten geschaffen (Units, Segmente, Profit- oder Costcenter), die wie »Unternehmen im Unternehmen« agieren und sich auf internen und externen Märkten bewähren müssen. Damit werden auch Beziehungen der Beschäftigte untereinander verändert, als seien sie nicht mehr Kolleginnen und Kollegen, sondern Lieferant und Kunde und/oder Konkurrent. Gesteuert wird dies durch Kennzahlen und/oder sog. Benchmarks. Wer kennt nicht die Kurvendiagramme, die die Ausschussquote, die durchschnittliche Produktivität, den Umsatz pro Mitarbeiter, die Gemeinkosten usw. an jedem Arbeitsplatz und in jeder Besprechung mahnend zeigen. Auf dieser Basis wird dann der Slogan der neuen (Schein-)Selbstständigkeit den Beschäftigten verkündet: »Macht, was ihr wollt, aber seid profitabel!«

5.4.2 Schutz vor Leistungsüberforderung

Da keine konkreten Leistungsvorgaben gemacht werden dürfen, schließt dieses eine Mitbestimmung des Betriebsrates über die Höhe von Leistungsvorgabe sachlogisch aus. In den Entgelt-Rahmentarifverträgen wurden jedoch in einigen Tarifgebieten Regelungen zum Überforderungsschutz vereinbart. Darüber hinaus gibt es Bestimmungen, die Leistungsvorgaben im Zeitentgelt untersagen (Übersicht 5.14).

Übersicht 5.14

Regelungsgegenstände	Regelungen in den Tarifverträgen
Keine Leistungsvorgaben	„Arbeit im Zeitentgelt ist solche Arbeit, bei der die zur Ausführung der Arbeit notwendige Zeit wegen der Art der Arbeit vorher nicht festgelegt worden ist.“ (§ 6.3 ERA-Tarifvertrag, Bayern) „Im Zeitentgelt wird das individuelle tarifliche Grundentgelt lt. Entgelttabelle für eine sach- und ordnungsgemäße Ausführung der übertragenen Arbeit bezahlt, es werden keine exakten Bestimmungsgrößen für die Leistung vorgegeben. Allgemeine betriebliche Arbeitsvorschriften und allgemeine Planungsgrößen sind keine Festlegung im Sinne dieser Vorschrift.“ (§ 6.2 ERA-Tarifvertrag, Nordverbund (Küste)) „Im Entgeltgrundsatz Zeitentgelt dürfen außer den betrieblichen Arbeitsvorschriften und Planungsgrößen keine Leistungsbestimmungsgrößen als Zeit- oder Mengenvorgabe der Tätigkeit zugrunde gelegt werden.“ (§ 7.2 ERA-Tarifvertrag, Niedersachsen)
Schutz vor Leistungsverdichtung und Streitigkeiten	„Für Beschäftigte darf es nicht zu einer unzumutbaren Leistungsverdichtung kommen. Dieses ist durch Neueinstellung, eine Änderung der Arbeitsverteilung oder in sonstiger Weise zu vermeiden.“ (§ 7.2 ERA-Tarifvertrag, Niedersachsen) „Kommt es zu keiner Einigung, ist der Abschluss einer Betriebsvereinbarung zum Leistungsentgelt gem. § 8 Ziff. 4 zu prüfen.“ (§ 7.3 ERA-Tarifvertrag, Niedersachsen)
Überforderungsschutz	„Die Anforderungen an die Leistung im Zeitentgelt sind so zu gestalten, dass sie von für die auszuführenden Arbeiten geeigneten, genügend eingearbeiteten und eingeübten Beschäftigten auf Dauer ohne Gefährdung für ihre Gesundheit bewältigt werden können.“ (§ 10.2 ERA-Tarifvertrag, Nordrhein-Westfalen)

Im Tarifgebiet Niedersachsen wurde zusätzlich zur Definition des Zeitentgelts der Grundsatz vereinbart, dass es für die Beschäftigten nicht zu einer unzumutbaren Leistungsverdichtung kommen darf. Beschäftigte und/oder Betriebsrat haben dort die Möglichkeit, diesen Sachverhalt im Zweifelsfall zu reklamieren. Bei Streitigkeiten haben Arbeitgeber und Betriebsrat mit dem Willen zur Einigung zu verhandeln. Bei Nichteinigung sieht der Tarifvertrag zwar keinen Einigungszwang vor, aber er gibt einen deutlichen Hinweis, wie weiter zu verfahren ist. In den Tarifgebieten Nordrhein-Westfalen und Nordverbund (Bezirk Küste) existiert für die Beschäftigten im Zeitentgelt eine Schutzbestimmung vor Leistungsanforderungen, die auf Dauer die Gesundheit gefährden (»Überforderungsschutz«). Die abgeforderte Leistung kann entsprechend dieser Bestimmung vom Beschäftigten oder durch den Betriebsrat schriftlich beanstandet werden. Reklamationsgründe können neben einer quantitativen Überforderung (Menge, Aufträge, Stück usw.) auch Arbeitsbedingungen sein.

Über mehrere Stufen führt das Verfahren dann in eine paritätische Kommission, die sich mit dem Ziel einer einvernehmlichen Regelung mit der Beanstandung zu befassen hat.

Die (neue) Qualität ist die individuelle Reklamierbarkeit von Leistungsanforderungen. Selbst wenn die Reklamation im Streitfall nicht in eine Einigungsstelle mit Entscheidungskompetenz mündet, so gibt es dennoch einen »Befassungszwang« und eine Veröffentlichung von Leistungsüberforderung. Dabei müssen nicht einmal die Beschäftigten selbst reklamieren, sondern die Reklamation kann auch vom Betriebsrat ausgehen. Nach § 80 (1) BetrVG hat der Betriebsrat die korrekte Durchführung der Tarifverträge zu überwachen und ist somit verpflichtet, überhöhte Leistungsabforderungen zu reklamieren und entsprechend zu handeln.
Das folgende Beispiel orientiert sich an einer Arbeitshilfe zur era-Leistungsbeurteilung; Hrsg. IG Metall Bezirksleitung Nordrhein-Westfalen.

Handlungsweisen gegen Überforderung – Beschäftigte beteiligen (Beispiel)
Ausgangssituation:
Den Betriebsrat erreichen durch verschiedene Personen Klagen, dass in der Abteilung XY der Stress zunimmt und die Belastungen sehr hoch sind. Nachdem sich ein BR-Mitglied der Sache angenommen hat, ergeben sich weitere Hinweise: Der Krankenstand in der Abteilung ist im Verhältnis zu anderen höher und die Arbeitszeitkonten sind bis zur zulässigen Grenze gefüllt.
Die Kolleginnen und Kollegen in der Abteilung arbeiten im Zeitentgelt.
Bestandsaufnahme und Analyse:
In der anschließend stattfindenden Betriebsratssitzung wird die Situation diskutiert und es wird verabredet, dem Problem auf den Grund zu gehen. Die betroffenen Beschäftigten sollten bereits bei der Bestandsaufnahme einbezogen werden, da sie ihre Situation am besten kennen und sich dann auch mit gemeinsam entwickelten Maßnahmen und Aktionen identifizieren können. Eine Möglichkeit bietet z. B. ein eigens für diesen Bereich entwickelter Fragebogen zur Belastungssituation, der den Zugang zu den Betroffenen ermöglicht und Gelegenheit für persönliche Gespräche bietet.
Bei der Analyse dieser Situation geht es u. a. um folgende Fragestellungen:

- Wurde eine Gefährdungsanalyse nach dem Arbeitsschutzgesetz durchgeführt und wenn ja, wann?
- Was war das Ergebnis?
- Wurden die Maßnahmen umgesetzt?
- Hat es seit der Durchführung der Gefährdungsanalyse Veränderungen in diesem Bereich gegeben?
- Wie sieht die Personalsituation aus?
- Wie ist die Arbeit organisiert?
- Wie sind die Arbeitsbedingungen?
- Sind die Beschäftigten für ihre Aufgaben ausreichend qualifiziert?
- Liegen überhöhte mengen- und/oder zeitbezogene Leistungsanforderungen vor?
- …

Die beauftragten BR-Mitglieder informieren das Gremium jeweils über die Zwischenergebnisse und klärt die entsprechenden Maßnahmen (z. B. Fragebogenaktion) ab.
Je nach Ergebnis der Bestandsaufnahme/Analyse der Situation sollte sich die Interessenvertretung über mögliche Maßnahmen informieren (Möglichkeiten siehe

oben), eigene Ziele entwickeln und sich über die Durchsetzungsstrategie verständigen.
Das Ergebnis der Bestandsaufnahme könnte zum Beispiel eine überhöhte Leistungsanforderung sein, deren Ursachen in einem erhöhten Auftragseingang, kein Ausgleich der Fluktuation, Mängel in der Arbeitsorganisation usw. liegen können.
Zielsetzung und Umsetzung:
Zusammen mit der IG Metall berät das Betriebsratsgremium über Maßnahmen und einigt sich auf die Ziele.
Mögliche Zielsetzungen können sein:
- Der Personalstand muss erhöht werden.
- Die Mängel in der Arbeitsorganisation offen legen.
- Ein Wechsel des Entgeltgrundsatzes in Leistungsentgelt.
- Die Leistungsanforderungen im Zeitentgelt auf ein »gesundes« Maß reduzieren.
- ...

Neben der Nutzung der gesetzlichen Möglichkeiten (z. B.: Durchführung bzw. erneute Durchführung einer Gefährdungsanalyse, Mitwirkungsrechte bei der Personalplanung, usw.) plant der Betriebsrat die Durchführung einer Kampagne gegen Leistungsüberforderung und klärt wer, was, bis wann machen sollte.
Mögliche Schritte zur Durchführung der Kampagne:
1. *Konkrete Zielsetzungen klären:*
   - Reklamation der Leistungsanforderungen gemeinsam mit den Betroffenen
   - Erweiterung des tariflichen Verfahrens durch ein betriebliches Einigungsverfahren, soweit keine abschließenden tariflichen Regelungen bestehen.
2. *Problembewusstsein schaffen:*
   - Gesundheitliche Folgen aufzeigen
   - Über Rechte und ihre Durchsetzung informieren (Reklamationsrecht)
   - Gemeinsames Vorgehen/Aktionen erhöhen die Chancen
3. *Betroffene einbeziehen und mit ihnen Aktionen vorbereiten und durchführen:*
   - Aktion mit einem Motto versehen z. B.: »Überforderung schadet der Gesundheit und der Qualität der Arbeit«, »Gute Arbeit bis zur Rente und dabei gesund bleiben«, »Gesundheit geht vor«, »Wir wollen eine Klärung im Betrieb – deshalb betriebliches Einigungsverfahren« usw.
   - Alle Beschäftigten geben gemeinsam mit dem Betriebsrat ihre Reklamationen ab.
   - Die Betroffenen erfüllen tatsächlich nur die Aufgaben, die vom Arbeitgeber ausdrücklich verlangt werden.
   - Die Beschäftigten nehmen ihr Informationsrecht beim Betriebsrat gemeinsam wahr und gehen in das BR-Büro.
   - Bei den Verhandlungen/Gesprächen mit dem Arbeitgeber werden von den Betroffenen Unterbrechungen wegen Informationsbedarf organisiert.
   - ...
4. *Betriebliche Öffentlichkeit herstellen:*
   - Betriebsversammlung;
   - Mitgliederversammlungen;
   - Betriebsrat, Vertrauensleute und IG Metall machen eine Info-Blatt-Reihe zum Thema.
5. *Aktionen zur Leistungs- und Belastungssituation auf andere Bereiche und Abteilungen ausweiten, beginnend mit einer Fragebogen-Aktion zur Belastungs-Analyse.*

5.4.3 Leistungszulage

In allen Tarifverträgen der Metallindustrie ist festgelegt, dass Beschäftigte im Zeitentgelt bzw. in der Methode Beurteilen (Baden-Württemberg) je nach Leistung eine Leistungszulage erhalten.
Im Gegensatz zu Vereinbarungen zum Leistungsentgelt, die für sachbezogene Bezugsmerkmale Bestimmungsgrößen vorgeben, bemisst sich die Höhe der Leistungszulage nach dem Ergebnis der Beurteilung des Leistungsverhaltens. Während in den Leistungsvereinbarungen zum Leistungsentgelt also messbare bzw. erfassbare Bezugsgrößen herangezogen werden, anhand derer der Grad des Leistungsergebnisses ermittelt werden kann, wird bei der individuellen Leistungsverhaltensbeurteilung auf Kriterien zurückgegriffen, deren Erfüllung subjektiv beurteilt wird.

Tarifvertrag
»Bei Beurteilung der persönlichen Leistung ist von folgenden Beurteilungsmerkmalen auszugehen:
- *Anwendung der Kenntnisse und Fertigkeiten (Sorgfalt, Genauigkeit und Zuverlässigkeit)*
- *Arbeitseinsatz (Intensität, Wirksamkeit, Selbstständigkeit, Kostenbewusstsein, sachgemäße Behandlung der Betriebsmittel)*
- *Beweglichkeit (Überblick, Setzen von Prioritäten, Arbeitsverhalten bei verschiedenen Arbeitssituationen)*
- *Zusammenarbeit/Führungsverhalten (Informationsaustausch, Überzeugungsfähigkeit, aufgabenorientierte Zusammenarbeit).«*

(§ 10.8 ERA-Tarifvertrag Nordrhein-Westfalen)

In der Praxis finden sich drei unterschiedliche Methoden der Leistungsbeurteilung bzw. der Festsetzung der Leistungszulagen:
- **Einheitliche Leistungszulage:** Hier wird eine gleiche prozentuale Zulage für alle Beschäftigten im Zeitentgelt festgesetzt.
- **Pauschale Leistungsbeurteilung:** Hier erhalten die Beschäftigten unterschiedliche prozentuale Leistungszulagen, wobei der durchschnittliche Mindestwert eingehalten bzw. überschritten werden muss. Die Festlegung erfolgt durch die Vorgesetzten aufgrund einer pauschalen Beurteilung des Leistungsverhaltens.
- **Analytische bzw. methodische Leistungsbeurteilung (Punktesystem):** Hier wird die Leistung nach verschiedenen Merkmalen beurteilt und mit Punkten bewertet. Aus diesen Punkten ergibt sich die Leistungszulage bzw. das Leistungsentgelt. Die Kriterien und Beurteilungsverfahren sind entweder im Tarifvertrag geregelt oder müssen durch Betriebsvereinbarung festgelegt werden. In Baden-Württemberg gibt es im einheitlichen Leistungsentgelt die Methode Beurteilen zur Ermittlung des Leistungsentgelts. Die tariflichen Beurteilungskriterien und das Beurteilungsverfahren sind jedoch mit den Kriterien und Verfahren im Zeitentgelt der anderen Entgelt-Rahmentarifverträge vergleichbar (Übersicht 5.15).

In allen Tarifgebieten wurde in den Entgelt-Rahmentarifverträgen die Höhe der durchschnittlichen Leistungszulage für alle Beschäftigten festgelegt. In den meisten Tarifgebieten sind 10 % vereinbart, je nach Tarifgebiet können es aber auch durchschnittlich 6 %, 8 %, 14 % oder 15 % sein.
In einzelnen Tarifverträgen gibt es Korrekturmechanismen, wenn die durchschnittliche Leistungszulage die Grenzen einer vordefinierten Bandbreite überschreitet, oder aber einen Mechanismus, der den Punkten aus der Leistungsbeurteilung solche Geldbeträge zuordnet, dass der tariflich geforderte Durchschnittswert erreicht wird.
In der betrieblichen Praxis wurden häufig die höheren Entgeltgruppen in der Leistungsbeurteilung unverhältnismäßig besser gestellt als die Beschäftigten in den niedrigeren Entgeltgruppen. Das Leistungsverhalten ist jedoch bezüglich der übertragenen Arbeitsaufgabe zu beurteilen. Eine übertragene höherwertige Arbeitsaufgabe führt nicht automatisch zu einem besseren Leistungsverhalten. Sehr wohl kann ein Beschäftigter in einer niedrigeren Entgeltgruppe ein besseres Leistungsverhalten zeigen als Beschäftigte in einer hohen Entgeltgruppe. Um dieser Arbeitgeber-Politik und den daraus folgenden Ungerechtigkeiten Grenzen zu setzen, sind in einigen Tarifverträgen Bestimmungen zur Verteilung der Zulagen aufgenommen worden.

Tarifvertrag
»Die Summe der Leistungszulagen beträgt mindestens 10 % der Summe der Grundentgelte der Beschäftigten im Zeitentgelt jeweils in den Entgeltgruppen 2 bis 4, 5 bis 9 und 10 bis 13.«
(§ 7.5 ERA-Tarifvertrag Niedersachsen)

Tarifvertrag
»Arbeitgeber und Betriebsrat prüfen gemeinsam, ob die tariflichen Mindestbestimmungen eingehalten sind.
Ergeben sich Abweichungen von mehr als 5 Prozentpunkten zwischen den Durchschnitten der prozentualen Leistungszulagen einzelner Entgeltgruppen (bei mindestens mehr als 6 Beschäftigten in der Entgeltgruppe) kann der Betriebsrat beim Arbeitgeber eine Überprüfung aller betroffenen Beurteilungen verlangen.«
(§ 10.10 ERA-Tarifvertrag Nordrhein-Westfalen)

Übersicht 5.15

Das tarifliche Verfahren zur Leistungsbeurteilung im Entgelt-Rahmentarifvertrag Baden-Württemberg					
Beurteilung des Leistungsergebnisses					
von					
Beschäftigte/r / Abteilung			Personalnummer		Entgeltgruppe
durch					
(Vorgesetzter / Abteilung)				(Datum)	
Die Leistungsbeurteilungsmerkmale 1 bis 5 gelten grundsätzlich für jede/n Beschäftigten (max. Gesamtpunktzahl: 28). Merkmal 6 nur für Mitarbeiter/In mit Führungsverantwortung (max. Gesamtpunktzahl: 32). Bei der Beurteilung sind die Merkmale entspr. der Arbeitsaufgabe anzuwenden. Die beispielhaft aufgeführten Kriterien sind nicht abschließend.					
Merkmale	**Beurteilungsstufe**				
	A	**B**	**C**	**D**	**E**
	Das Leistungsergebnis entspricht dem Ausgangsniveau der Arbeitsaufgabe	Das Leistungsergebnis entspricht im allg. den Erwartungen	Das Leistungsergebnis entspricht in vollem Umfang den Erwartungen	Das Leistungsergebnis liegt über den Erwartungen	Das Leistungsergebnis liegt weit über den Erwartungen
1 Effizienz	0	2	4	6	8
Z. B. wirksame Arbeitsausführung; termingerechte Arbeitsergebnisse; rationelle Durchführung					
2 Qualität	0	2	4	6	8
Z. B. sorgfältige Durchführung von Aufgaben; Häufigkeit von Fehlern und Mängeln; Einhaltung von Zusagen u. Absprachen; Ideenvielfalt					
3 Flexibilität	0	1	2	3	4
Z. B. Erledigung wechselnder Aufgaben; Bewältigung veränderter Arbeitsbedingungen					
4 Verantwortliches Handeln	0	1	2	3	4
Z. B. Zielorientierung; Umgang mit Ressourcen; Selbstständigkeit; Übernahme v. Verantwortung; Sauberkeit in der Arbeitsumgebung; Förderung v. Arbeits- u. Gesundheitsschutz					
5 Kooperation	0	1	2	3	4
Z. B. Zusammenarbeit bei gemeinsamer Erledigung von Arbeitsaufgaben; Zusammenarbeit mit anderen Stellen/Bereichen innerhalb der Arbeitsaufgabe; Weitergabe von Erfahrungen und Informationen zur Aufgabenerfüllung					
6 Führungsverhalten	0	1	2	3	4
Z. B. Delegation; Integration; Motivation; Personalentwicklung; Informationsverhalten					
Gesamtpunktzahl					
Leistungsentgelt (%) = Gesamtpunktzahl / max. Punktzahl x 30 * =					
Kenntnisnahme:					
Datum, Unterschrift Beschäftigte/r				Dat./Unterschr. Vorgesetzte/r	
*) Dieser Prozentsatz gilt, wenn das Leistungsentgelt ausschließlich mit diesem Verfahren ermittelt wird.					

Im Entgelt-Rahmentarifvertrag Niedersachsen (§ 7.6) ist vorgesehen, dass eine einheitliche Leistungszulage von 10 % für alle Beschäftigten im Zeitentgelt der Regelfall ist. Nur in Ausnahmefällen kann eine ungleichmäßige Verteilung der

Leistungszulage vereinbart werden. Über 60 % der Betriebe wenden dort eine einheitliche Leistungszulage an.
In einigen Tarifverträgen sind Regelungen zu finden, die einen individuellen Rechtsanspruch auf eine Leistungszulage von mindestens 10 % regeln, wenn der Arbeitgeber keine Beurteilung durchführt.

> **Tarifvertrag**
> *»Verzichtet der Arbeitgeber auf eine methodische individuelle Beurteilung der Leistung, so hat der Beschäftigte einen Anspruch auf persönliche Leistungszulage in Höhe von mindestens 10 %.«*
> (§ 8.5 ERA-Tarifvertrag Hessen)

Verfahren zur Festsetzung der tariflichen Leistungszulage:
- Die Beurteilung bzw. Festsetzung der Leistungszulage erfolgt in der Regel durch den Arbeitgeber oder dessen Beauftragte.
- Betriebsrat und/oder Beschäftigte können die Beurteilung innerhalb bestimmter Fristen beanstanden.
- In der Regel wird ein Streitfall nach den tariflichen Vorschriften in einer paritätischen Kommission behandelt.
- Je nach Tarifgebiet entscheidet bei Nichteinigung die Einigungsstelle bzw. eine tarifliche Schlichtungsstelle oder der Streitfall wird in einem Gespräch der Tarifvertragsparteien behandelt.
- Den Beteiligten steht in jedem Fall der Rechtsweg offen.

Den Ablauf eines Reklamationsverfahrens zeigt am Beispiel des Entgelt-Rahmentarifvertrags für Nordrhein-Westfalen die Übersicht 5.16.

Entgelttransparenzgesetz
Jährlich sollte überprüft werden, ob bei der ungleichmäßigen Verteilung der Leistungszulage eine Diskriminierung von Frauen stattfindet. Grundlage ist seit 2017; zuletzt geändert 2021 das Entgelttransparenzgesetz (vgl. dazu Kap. 4.6.5). Möglicherweise ist diese Vorgehensweise künftig jedoch nicht mehr ausreichend. Denn bereits im Mai 2023 wurde im Rahmen der europäischen Gesetzgebung die EU-Entgelttransparenzrichtlinie (EU 2023/970) verabschiedet. Durch diese Richtlinie sollen Entgeltdiskriminierung und geschlechtsspezifische Entgeltunterschiede abgeschafft werden, wobei der Fokus der Richtlinie auf dem geschlechtsspezifischen Aspekt liegt. Insofern kann davon ausgegangen werden, dass das deutsche Entgelttransparenzgesetz erneut modifiziert werden muss. Allerdings gibt die EU den Mitgliedsstaaten noch bis Juni 2026 Zeit, die Richtlinie in nationales Recht umzusetzen. Zum Redaktionsschluss des vorliegenden Buches waren die konkreten Auswirkungen für die Betriebe bzw. die Arbeitsaufgaben für die Betriebsparteien noch nicht endgültig abzusehen.

Gewerkschaftliche Bewertung der Leistungszulagen
Die Leistungszulagen haben aus gewerkschaftlicher Sicht einen widersprüchlichen Charakter: Einerseits stellen die Mindestregelungen des Tarifvertrags

eine Möglichkeit dar, auch im Zeitentgelt Teile der Effektivverdienste besser abzusichern. Durch die tarifliche Regelung werden – vereinfacht gesprochen – im Durchschnitt 110 % (oder 106 %, 108 %, 114 % oder 115 %) des Tarifgrundentgelts abgesichert. Andererseits ist es unmöglich, die Arbeitsleistung eines Menschen »richtig« zu beurteilen und subjektive Verzerrungen durch den Vorgesetzten zu vermeiden. Letztlich besteht so bei jeder Leistungsbeurteilung die Gefahr, dass sie zu einem Disziplinierungsinstrument in der Hand der Unternehmer wird und Spaltungstendenzen in der Belegschaft noch vertieft werden. Geldanreiz und die Hoffnung, durch eine gute Beurteilung die eigenen Karrierechancen zu verbessern, können Konkurrenz zwischen den Beschäftigten und Leistungsintensivierung fördern. Diese Gefahren gelten sowohl für die pauschale als auch die analytische Beurteilung. Lediglich eine einheitliche Leistungszulage bringt diese Risiken so nicht mit sich. Wird diese Methode in der Belegschaft ausführlich diskutiert und begründet, ist sie am ehesten geeignet, Spaltungstendenzen zu verhindern und die Solidarität zu fördern. Streitigkeiten und Neid zwischen Kollegen um unwesentliche Differenzen in der Leistungszulage wirken entgeltpolitisch eher hemmend, da sie vom eigentlichen Konflikt zwischen Kapital und Arbeit ablenken. Die einheitliche Beurteilung stößt allerdings in einigen Fällen auf Kritik bei den Beschäftigten selbst. Hauptargumente sind dabei, dass Beschäftigte sich im Vergleich zu anderen ungerecht behandelt fühlen oder dass Einzelne wissen möchten, wo sie mit der eigenen Leistung stehen und ob der Vorgesetzte zufrieden ist.

Für die Interessenvertretung bedeutet dies:

- In allen Fällen, in denen Beschäftigten im Zeitentgelt durch enge Termine, zwangsgesteuerte Arbeitsabläufe, ständig höhere Ziele, Planzeiten und/oder zu geringe Personalbemessung usw. direkte oder indirekte Leistungsvorgaben gemacht werden, sollte die Interessenvertretung auf eine Änderung des Entgeltgrundsatzes drängen, bei dem sie Einfluss auf die Höhe der abverlangten Leistung, persönliche Zeiten usw. hat. Hier empfiehlt sich die Umstellung auf eine Form des Leistungsentgelts (Kennzahlenvergleich, Prämie, Zielentgelt).
- Mindestens einmal jährlich sollte überprüft werden, ob die durchschnittliche Leistungszulage den tariflichen Mindestwert erreicht (z. B. 10 % im Betriebsdurchschnitt). Hier sollte der Betriebsrat eine Liste verlangen, aus der für alle einzelnen, im Zeitentgelt Beschäftigten das Grundentgelt sowie die Leistungszulage in Euro und in Prozenten hervorgeht.
- In der Entgeltabrechnung muss die Leistungszulage eindeutig ausgewiesen sein. Sie darf nicht mit den anderen tariflichen Zulagen oder übertariflichen Zulagen vermischt werden.
- Bei einer Höhergruppierung erfolgt in der Regel eine neue Leistungsbeurteilung. Dazu gibt es in den Tarifverträgen unterschiedliche Regelungen.
- Beschäftigtengruppen oder einzelne Beschäftigte dürfen bei der Leistungsbeurteilung nicht benachteiligt werden (Frauen, Beschäftigte mit Migrationshintergrund, gewerkschaftlich aktive Kolleginnen und Kollegen usw.).

Übersicht 5.16: Reklamation der Leistungsbeurteilung am Beispiel des Tarifgebietes Nordrhein-Westfalen nach § 10.14 ERA-Tarifvertrag

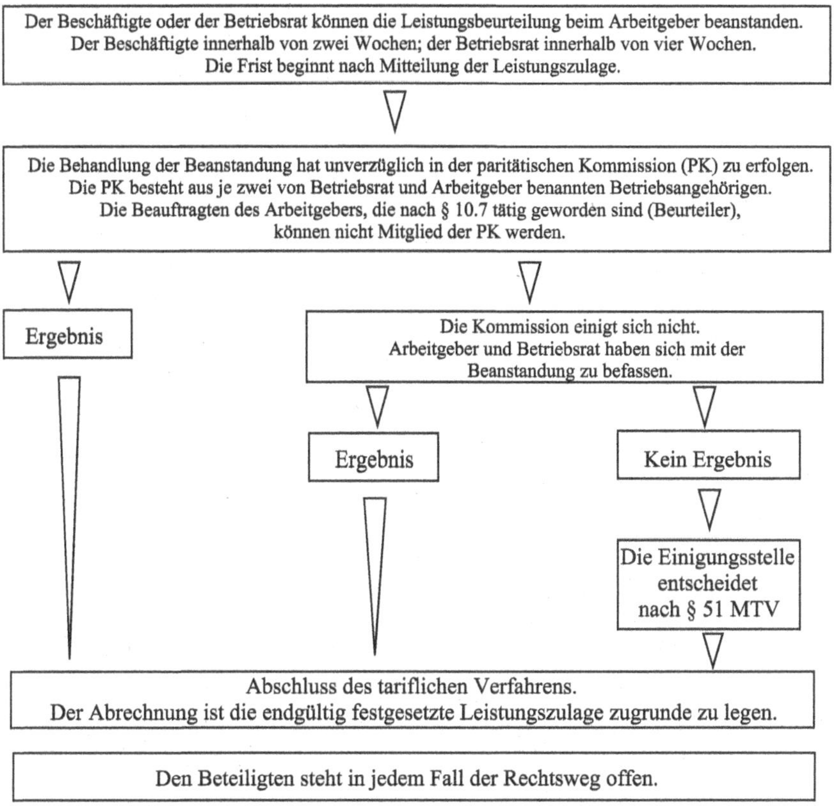

- Führt die Geschäftsleitung eine differenzierte Leistungsbeurteilung durch und ist im Tarifvertrag kein Verfahren geregelt, sollte der Betriebsrat eine Betriebsvereinbarung über die Verteilung der Leistungszulagen fordern (vgl. § 87 Abs. 1 Nr. 10 BetrVG). Mit einer derartigen Betriebsvereinbarung ist lediglich die Verteilung der Leistungszulagen, nicht aber die durchschnittliche Höhe regelbar. Die Leistungsbedingungen (»Leistungsdruck«) sind dadurch ebenfalls nicht geregelt.
- Unzufriedenheiten mit der Subjektivität der Beurteilung durch den Vorgesetzten verbunden mit dem gleichzeitigen Wunsch der Beschäftigten nach Wertschätzung, Anerkennung und/oder einer Rückmeldung zur geleisteten Arbeit können dazu genutzt werden, die Grenzen des Entgeltgrundsatzes »Zeitentgelt« oder der Methode »Beurteilen« zu problematisieren und damit die Voraussetzungen zu schaffen, für einen Wechsel in das Leistungsentgelt.

Der Umgang mit den Schwierigkeiten beim Beurteilen

Beurteilen erfolgt notwendigerweise immer subjektiv durch die jeweiligen Vorgesetzten. Daraus ergeben sich Probleme in mehrfacher Hinsicht. Im Folgenden geht es darum, diese Schwierigkeiten zu durchleuchten, um für die Beurteilten Gründe für eine erfolgreiche Reklamation zu finden. Schließlich hängt von der Beurteilung des Leistungsverhaltens ein Teil des monatlichen Einkommens ab. An verschiedenen Stellen wird aus zweierlei Gründen die Perspektive des Beurteilenden eingenommen. Zum einen um denjenigen, die beurteilen müssen eine Hilfestellung zu geben. Zum anderen sind die Schwierigkeiten der Vorgesetzten beim Beurteilen die Ansatzpunkte für die Reklamation durch den Beschäftigten. Da mögliche Beurteilungsfehler Gründe zur Reklamation der Beurteilung darstellen, erfolgt zunächst ein Überblick über mögliche Problemfelder bei »Beurteilungen« (Übersicht 5.17) und die häufigsten Beurteilungsfehler (Übersicht 5.18). Beide Übersichten und die Beschreibung der Beurteilungsfehler sind angelehnt an: Era-Wissen Handbuch II, Kapitel 3.1 Leistungsermittlungsmethode Beurteilen, Hrsg. IG Metall Bezirksleitung Baden-Württemberg, IG Metall Bereich Bildung und Beratung Bad Orb/Lohr. Reklamationsgründe (wo ist der Punkt zum Einhaken?) liegen möglicherweise

- in der Persönlichkeit von Beurteilenden,
- in systematischen Abweichungen, z. B. durch Vorgaben des Arbeitgebers,
- in (mangelndem) methodischem Vorgehen.

Übersicht 5.17

Problemfelder bei „Beurteilungen“
Problemfelder können in der Persönlichkeit des Beurteilenden liegen
Gebrauch von Macht **Persönlich statt Leistungsorientiert**
Subjektiver Leistungsmaßstab **Selbstbild als Maßstab statt Aufgabenbezug**
Sozialverhalten **Vorurteile statt Wertschätzung** **Vorlieben und Launen statt Professionalität**
Problemfelder können in der systematischen Abweichung liegen
Entgeltverteilung **durch den Arbeitgeber (informell) vorgegeben statt aus Beurteilung**
Führungsstil oder Unternehmenskultur **Autoritär statt kooperativ**
Problemfelder können im methodischen Vorgehen liegen
Beobachtung der Leistung **Sporadisch statt regelmäßige Notizen** **Aus zweiter Hand statt eigenen Beobachtungen**
Bezug zu Leistungsbasis, Arbeitsaufgabe und Leistungsmerkmalen **Gegen die Logik statt mit der Logik** **Leistungsmerkmale selektiv statt vollständig** **Stufen nachlässig statt angemessen** **Wichtigkeit der Arbeitsaufgabe statt Leistung in Bezug auf die Arbeitsaufgabe**
Nachvollziehbare Rückmeldung an Beschäftigte **Beurteilungsgespräch entfällt oder unprofessionell statt angemessene Rückmeldung im Beurteilungsgespräch**

Subjektivität des Vorgesetzten und mangelhaftes methodisches Vorgehen
Es kann bei der Methode »Beurteilen« keine verallgemeinerbaren, nachvollziehbaren, messbaren Kriterien geben. Am Ende bleibt der subjektive Eindruck des Vorgesetzten das Entscheidungsmaß. Eine Objektivität und damit Gerechtigkeit, vergleichbar mit mess-, zähl- und damit nachvollziehbaren Größen, wie sie beispielsweise beim Kennzahlenvergleich möglich wäre, kann hier nicht erreicht werden. Trotzdem lohnt sich eine genauere Auseinandersetzung. Denn ein besseres methodisches Vorgehen und eine kritische Auseinandersetzung mit möglichen Beurteilungsfehlern kann diese reduzieren und damit zu mehr Beurteilungsgerechtigkeit beitragen. Im Folgenden sind die wichtigsten Beurteilungsfehler zusammengestellt (Übersicht 5.18).

Übersicht 5.18: Die häufigsten Beurteilungsfehler

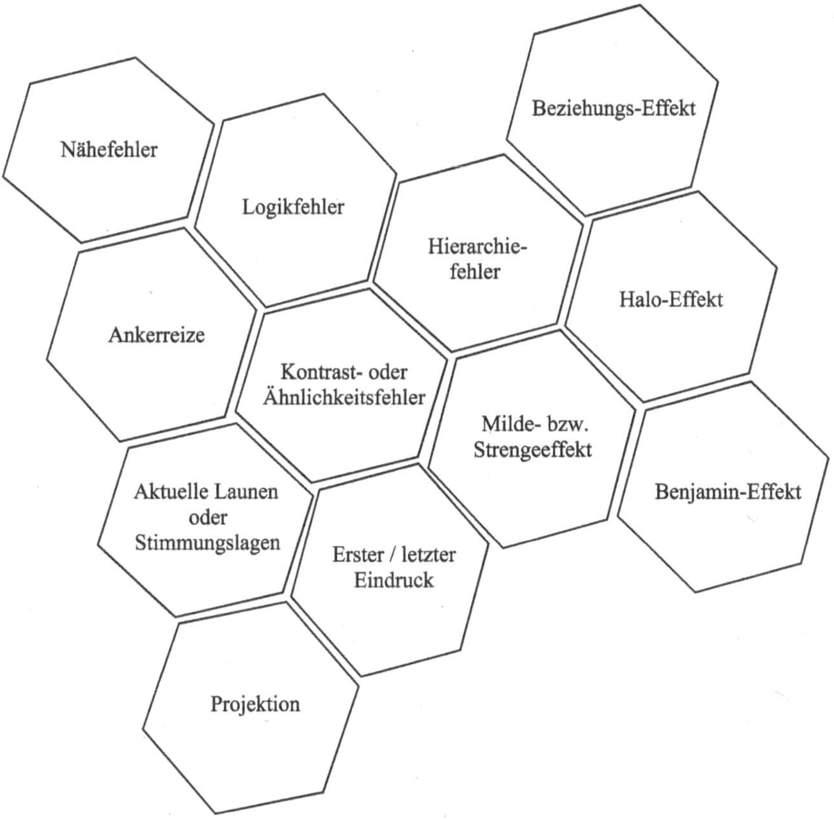

Beziehungs-Effekt
Wie Vorgesetzte und Beschäftigte zusammen arbeiten können bestimmt die Beurteilung. Personen, die näher am Beurteilenden dran sind, kennen die persönlichen Stärken und Schwächen. Sie können sich besser darauf einstellen und sich

so in ein besseres Licht rücken. Wer das nicht kann, hat schlechtere Karten. Oft gelangen nur handverlesene Beschäftigte in die Nähe der Führungskraft. »Personalbeurteilungen sind in erster Linie Beurteilungen von Beziehungen und in zweiter Linie Beurteilungen von Personen.« (Oswald Neuberger)

Benjamin-Effekt
Je kürzer die Person im Unternehmen, bzw. in der Stellung, je jünger, um so strenger wird sie beurteilt. (»Lass dir von keinem Fachmann imponieren, der dir erzählt: ›Lieber Freund, das mach ich schon seit zwanzig Jahren so!‹ Man kann eine Sache auch zwanzig Jahre lang falsch machen.« Kurt Tucholsky)

Halo-Effekt
Beim Halo-Effekt (Lichthof um Sonne oder Mond, wie er durch Lichtstrahlung bei feuchter Luft entsteht) orientiert sich der Beurteiler an einem vermeintlichen zentralen Beurteilungsmerkmal oder -kriterium und stimmt die Beurteilung anderer Kriterien darauf ab. Nach dem Motto: wer bei »Beweglichkeit« 2 Punkte bekommen hat, kann bei »Anwendung der Kenntnisse und Fertigkeiten« nicht 6 Punkte bekommen und umgekehrt.

Milde- bzw. Strengeeffekt
Beim Milde- bzw. Strengeeffekt führt das subjektive Maßstabs- und Bezugssystem der Vorgesetzten zu einer allgemeinen Tendenz, entweder zu positiv oder zu negativ zu bewerten. Dieser Fehler ähnelt dem Kontrastfehler- oder Ähnlichkeitsfehler.

Logikfehler
Zwischen zwei Kriterien wird zu Unrecht eine logische Verbindung angenommen und sie werden nicht mehr unabhängig voneinander beurteilt. Beurteiler beurteilen dann nicht, was sie beobachten, sondern stützen sich auf ihre subjektive Logik, ihre persönliche Theorie. Sie konstruieren Zusammenhänge, wo es keine systematischen Zusammenhänge gibt, beispielsweise: »Wer lügt, der stiehlt« oder »Wer unordentlich ist, kann auch nichts leisten«.

Nähefehler
Nähefehler entstehen aufgrund der Neigung, unmittelbar hintereinander angeordnete Merkmale in ähnlicher Weise zu bewerten.

Kontrast- oder Ähnlichkeitsfehler
Kontrast- und Ähnlichkeitsfehler resultieren aus der Tendenz der Vorgesetzten, den Beschäftigten Eigenschaften abzusprechen (Kontrast) oder zuzuschreiben (Ähnlichkeit), die diese für sich selbst beanspruchen oder kategorisch ablehnen. Hält sich beispielsweise der Vorgesetzte für überdurchschnittlich fleißig und intelligent, gesteht er diese Eigenschaft nicht gern jemand anderem zu, weil er aus dem Vergleich mit anderen gewichtige Teile seines Selbstbewusstseins schöpft.

Ankerreize

Bei den so genannten Ankerreizen ist die Wahrnehmung geprägt von unmittelbar vorgelagerten Eindrücken und Erfahrungen und führt zu einer zeitweiligen Verschiebung der Beurteilungsmaßstäbe in die eine oder andere Richtung. Wenn man die Hand in heißes Wasser hält und anschließend in lauwarmes, so wird letzteres als kalt empfunden. Einen vergleichbaren Effekt gibt es bei Beurteilungen: Wenn man kurz zuvor die Beobachtungen über eine ausgesprochen leistungsfähige und »gute« Mitarbeiterin hat Revue passieren lassen und unmittelbar anschließend eine andere Beurteilung vornimmt, hat es dieser Beschäftigte mit hoher Wahrscheinlichkeit über Gebühr schwer, eine der Realität angemessene Einschätzung/Beurteilung zu erhalten.

Launen und Stimmungslagen

Natürlich wirken sich auch aktuelle Launen und Stimmungslagen (Freude, Trauer, Niedergeschlagenheit, Aufbruchstimmung usw.) auf Beobachtungen aus. Einem gut gelaunten Beobachter werden wesentlich eher positive Verhaltensweisen seiner Mitarbeiter bzw. Mitarbeiterinnen ins Auge fallen als einem gestressten und überlasteten Beobachter.

Erster/letzter Eindruck

Der erste wie auch der letzte Eindruck haben eine große Bedeutung. Ein auf Anhieb sympathischer Mensch kann sich in aller Regel für den weiteren Verlauf der Zusammenarbeit auf einen Bonus oder Vertrauensvorschuss seitens des bzw. der Vorgesetzten stützen, der sicherlich auch auf Beurteilungen durchschlägt. Viele Experimente belegen aber auch, dass dem letzten Eindruck vor einer anstehenden Beurteilung, allein aufgrund der zeitlichen Nähe, gewöhnlich mehr Gewicht beigemessen wird als älteren Informationen.

Projektion

Eigene Affekte werden auf das Gegenüber projiziert. Ein Vorgesetzter mit Wut im Bauch behauptet zum Beispiel, er habe es mit aggressiven Beschäftigten zu tun.

Hierarchiefehler

Die Tendenz, Beschäftigte in Abhängigkeit von ihrer Stellung in der Hierarchie grundsätzlich besser zu beurteilen, wird so bezeichnet. Ein Vorgesetzter hat Schwierigkeiten bei der Beurteilung den sozialen Status zu ignorieren. Nach dem Motto: »Der Rangniedere kann nicht besser beurteilt werden als der Ranghöhere«.

Diese Auflistung möglicher Beurteilungsfehler zeigt, dass auch innerhalb einer »ungerechten« Methode mehr oder weniger Gerechtigkeit erreicht werden kann. Voraussetzung dafür ist eine inhaltliche Auseinandersetzung mit der Methode, ihren Möglichkeiten und vor allem ihren Grenzen. So können Beschäftigte und Betriebsräte die politischen Grundlagen schaffen für einen Wechsel von Zeit- in Leistungsentgelt, zumindest aber für eine bessere Beurteilung.

Kritischer Blick auf »Objektivierungsversuche« der Unternehmen
Es gibt Verfahren zur Vergabe der Beurteilungsstufen, die für sich in Anspruch nehmen zur Objektivierung der Beurteilung beizutragen. Diese Verfahren haben gemeinsam, dass sie die Beschäftigten nach festen Verfahren auf die Merkmalstufen der Leistungsmerkmale verteilen. Was im Zusammenhang mit gemessenen Daten zulässig, sinnvoll und erforderlich ist (Kapitel 6) ist bei der Methode »Beurteilen« nicht zulässig und ein Verstoß gegen die Bestimmungen der Entgelt-Rahmentarifverträge.

Verteilung auf eine bestimmte Form der Normalverteilung
Vom Vorgesetzten wird nach dem Beurteilungsprozess erwartet, dass die Leistungsergebnisse normal verteilt sind mit fixiertem Durchschnitt und fixierter Standardabweichung (Gaußsche Normalverteilung)

Rangfolgeverfahren
Von den Vorgesetzten wird verlangt, dass sie die Beschäftigten hinsichtlich eines jeden Beurteilungsmerkmals in einer Rangfolge anordnen. Strengen sich im nachfolgenden Beurteilungszeitraum alle Beschäftigten an und werden besser, dann findet das höhere Leistungsniveau keine Berücksichtigung in der Beurteilung und damit in der Leistungszulage.

Zweistufige Beurteilungsprozesse
Die Führungskraft nimmt in der ersten Stufe eine »absolute« Beurteilung vor. In einem zweiten Schritt erfolgt dann eine Abstimmung mit Führungskräften ähnlicher Abteilungen, was der »Objektivierung« dienen soll.
Vorgesetzte, die das Leistungsergebnis und das Leistungsverhalten der jeweils anderen Abteilungen nicht kennen und nicht beobachtet haben, treten in eine kollegiale Beratung ein und erstellen dann eine »relative« Bewertung. Was ist der Grund? In einem Erfahrungsbericht schreibt H. Posselt (in: Becker [u. a.]: Entgelt gestalten, Köln 2001. S. 156):
»Natürlich stellt sich die Frage, wie gewährleistet ist, dass nicht alle Mitarbeiter mit den Noten 1 und 2 bewertet werden. Ein solches Ergebnis würde die durchschnittliche Leistungszulage wesentlich über die tariflich geforderten 10 bzw. 16 Prozent hinaus erhöhen und damit das Gehaltsbudget deutlich überschreiten. Deshalb ist festgelegt, gesamtbetrieblich einen Durchschnitt der Leistungsnoten von 2,3 zu erreichen. Um das zu erreichen, wurde ein zweistufiger Beurteilungsprozess eingeführt.«
Diese Verfahren sind nach den Entgelt-Rahmentarifverträgen nicht zulässig. Sie gehen nicht davon aus, dass Leistung im Vergleich zu ihrer Bezugsbasis und zur übertragenen Arbeitsaufgabe beurteilt wird. Es wird allenfalls die Leistung der Beschäftigten im Verhältnis zueinander beurteilt.

Mögliche Lösungsansätze

Systematische statt sporadische Beurteilung
Die Beurteilung sollte systematisch geplant und durchgeführt werden. Es kommt darauf an, das Leistungsergebnis einer ganzen Periode zugrunde zu legen. Das geht nur, wenn die Beobachtungen über den gesamten Zeitraum schriftlich festgehalten werden. Um das sicherzustellen, ist in einer Betriebsvereinbarung festzuhalten, dass die durch den Vorgesetzten gemachten Beurteilungen zeitnah und nachvollziehbar schriftlich dokumentiert werden. Im Reklamationsfall können diese Aufzeichnungen herangezogen werden. Eine nachträgliche Dokumentation ist ausgeschlossen.

Beurteilung auf Basis der Bezugsleistung
Die Tarifvertragsparteien haben nicht den Vergleich der Leistungen der Beschäftigten untereinander als Leistungsmaßstab bestimmt, sondern Leistung im Vergleich zum »Ausgangsniveau auf Basis der Bezugsleistung«. Um das deutlich zu machen und eine innerbetriebliche Klärung zu erzielen, sind in einer Betriebsvereinbarung fehlerhafte Methoden der Leistungsermittlung ausdrücklich auszuschließen. Die Beurteilung bezieht sich auf den Grad der Erfüllung der Erwartungen, den Beschäftigte bei der Ausübung ihrer Arbeitsaufgabe erreichen. Das heißt, eine Beurteilung nach dem Prinzip von beispielsweise Rangfolgeverfahren oder der Gaußschen Normalverteilung ist unzulässig.

Mitarbeitergespräche: Feedback und Beurteilungsgespräche
In der Höhe der Leistungszulage können Beschäftigte auch eine Rückmeldung über ihre Leistung sehen. Dieses Feedback kann möglicherweise in einem gut geführten und wertschätzenden Mitarbeitergespräch stattfinden. Es sollte konkret darauf geachtet werden, zu welchen Themen eine Rückmeldung gewünscht wird und in welche Richtung sich die Beschäftigten entwickeln wollen. Im Gespräch kann anhand der Beurteilung darauf hingewiesen werden, wie die Stärken besser eingesetzt und die Schwächen verringert werden können.
Für das Unternehmen kann das höher motivierte Beschäftigte, für die Beschäftigten höhere Arbeitszufriedenheit bedeuten.

Training von Vorgesetzten
Durch das Training von Vorgesetzten kann versucht werden, die häufigsten Beurteilungsfehler zu bearbeiten und dafür zu qualifizieren, diese weitgehend zu vermeiden. Solche Trainings sind anzustreben, insbesondere, wenn in einer Betriebsvereinbarung deren Art und genauer Zweck vereinbart sind.

Checkliste bei »schwächeren« Beurteilungsergebnissen
Wenn auf Dauer unterdurchschnittliche Beurteilungsergebnisse erreicht werden, kann dies unterschiedliche Ursachen haben. Falls Reklamationen nicht zum gewünschten Ergebnis führen, kann mithilfe einer Checkliste (siehe Über-

sicht 5.19) überprüft werden, welche Maßnahmen geeignet wären, ein besseres Leistungsverhalten zu ermöglichen.

Übersicht 5.19

Checkliste: *Maßnahmen bei „schwächeren" Beurteilungsergebnissen*	✓	Notizen
In der Struktur oder Ablauforganisation		
Mehr Beschäftigte einstellen		
Neuverteilung des Arbeitsvolumens auf mehrere Beschäftigte, gegebenenfalls in Abstimmung mit nächst höherem Vorgesetzten		
Veränderungen in der Aufbau-/Ablauforganisation vorschlagen		
Hilfsmittel anschaffen / Anschaffung vorschlagen		
Änderung in Materialzulieferung vorschlagen		
Reduktion belastender Arbeitsbedingungen durch: …		
Bei den Vorgesetzten		
Qualifizierung (fachlich und / oder im Bereich Personalführung)		
Mehr Anerkennung guter Leistungen oder Zwischenergebnisse		
Mehr Konstruktivität in der Kritik		
Gewähren von mehr Selbstständigkeit		
Sich mehr Zeit für Personalführungsaufgaben nehmen, andere zeitliche Belastungen in Abstimmung mit nächst höherem Vorgesetzten reduzieren		
Regelmäßige Mitarbeitergespräche führen		
Bei den Beschäftigten		
Die Möglichkeiten der Tarifverträge zur Bildung/Qualifizierung nutzen (Bedarfsanalyse, Recht auf Weiterbildungsgespräch, Weiterbildungsplanung)		
Qualifizierung (intern oder extern, fachbezogen oder hinsichtlich Teamarbeit oder Ähnliches; möglichst genau spezifizieren)		
Welche eigenen Weiterbildungsbedürfnisse / Vorstellungen hat der Beschäftigte?		
Entwicklungsmöglichkeiten		
Übernahme einer höherwertigen Arbeitsaufgabe		
Bereitschaft zur Annahme von Hilfestellungen des Vorgesetzten oder von Kollegen		
Konstruktive Kritik		
Sich bei auftretenden Problemen eher an den Vorgesetzten wenden und häufiger ansprechen		
Betriebsrat einbeziehen		
Sich mit Kollegen verständigen; sich häufiger absprechen		

5.4.4 Betriebsvereinbarung zum Zeitentgelt

Die Entgelt-Rahmentarifverträge sehen für die Betriebsparteien je nach Tarifgebiet unterschiedliche Gestaltungsmöglichkeiten vor. Von den unterschiedlichen Modellen der Beurteilung (einheitlich, pauschal, analytisch bzw. methodisch) über die Beurteilungskriterien bis zum Beurteilungsverfahren und der Regelung von Streitigkeiten gibt es tarifvertragliche Bestimmungen oder Öffnungen für betriebliche Regelungen. Unabhängig von der tarifvertraglichen Regulierungsdichte ist der Abschluss einer Betriebsvereinbarung zum Zeitentgelt mit Leistungsbeurteilung erforderlich, da nicht alle Fragen der Leistungsbeurteilung abschließend geregelt sind.
Bei einer betrieblichen Regelung der Leistungsbeurteilung kommt es darauf an, die dem Verfahren eigene Subjektivität zu begrenzen. Hierzu dient die Definition von Beurteilungsmerkmalen, ihre Gewichtung zueinander und die Möglichkeit der Reklamation der Leistungsbeurteilung. Beim Abschluss einer Betriebsvereinbarung ist deshalb darauf zu achten, dass:

- *die vereinbarten Merkmale eindeutig definiert sind.* Fehlt es an einer solchen eindeutigen Definition, ist der Streit über die Beurteilung vorprogrammiert und die Beurteilung für den Beschäftigten nur schwer zu reklamieren.
- *diese Merkmale sich auf die zu leistende Arbeitsaufgaben beziehen.* Sachfremde Kriterien, die im privaten Bereich des Beschäftigten liegen, haben mit seiner Leistung nichts zu tun.
- *das mit unterschiedlich beschriebenen Merkmalen nicht das gleiche bewertet wird.* Werden verschiedene Merkmale beschrieben, müssen sie sich auch auf unterschiedliche Teile der zu erbringenden Leistung beziehen, sonst versteckt sich in den Merkmalen eine falsche Gewichtung durch Doppelbewertung des gleichen Sachverhalts.
- *jeder Beschäftigte bzw. jede Beschäftigte auch die höchste Punktzahl erreichen kann.* Auch die Beschäftigten in den unteren Entgeltgruppen müssen die maximale Leistungszulage erhalten können. Die Differenzierung des Entgeltes nach den Arbeitsanforderungen erfolgt allein durch die Eingruppierung der Tätigkeit und hat mit der Leistungsbeurteilung nichts zu tun. Werden Beurteilungsmerkmale vereinbart, die bei einzelnen Beschäftigtengruppen nicht zutreffen – z. B. das Führungsverhalten – müssen bei diesen Beschäftigten die anderen Merkmale höher gewichtet werden.
- *die Gewichtung der Merkmale zueinander auch der Bedeutung der erbrachte Leistung entspricht.* Wird die Leistung von Beschäftigten nach verschiedenen Kriterien beurteilt, so haben diese für das Arbeitsergebnis meist eine unterschiedliche Wichtigkeit. Die Gewichtung der Merkmale sollte dieses widerspiegeln, da jede Beurteilung sonst als ungerecht empfunden wird. Weichen die Leistungsanforderungen von Beschäftigten stark voneinander ab, müssen die Beurteilungsmerkmale und ihre Gewichtung nach Beschäftigtengruppen differenziert werden.
- *die Leistungszulage gleich auf die Beschäftigtengruppen verteilt wird.* Sinnvoll ist, sofern eine tarifliche Regelung nicht besteht, die Vereinbarung, dass die

tarifliche Leistungszulage jeweils innerhalb einer Entgeltgruppe oder eines Entgeltgruppenbündels erreicht werden muss.

Die im Folgenden erläuterten Eckpunkte zeigt die Übersicht 5.20 auf. Bei einer betrieblichen Regelung ist der zugrunde liegende Tarifvertrag zu beachten. Die Tarifverträge enthalten teilweise abschließende Regelungen, die nicht in einer Betriebsvereinbarung verändert werden können. Wird in einem Betrieb eine einheitliche Leistungszulage für alle Beschäftigten gezahlt, so ist hierfür keine Betriebsvereinbarung erforderlich.

Übersicht 5.20: Eckpunkte für Betriebsvereinbarungen zum Zeitentgelt bzw. zur Methode »Beurteilen«

1. **Geltungsbereich**
2. **Menschengerechte Arbeitsbedingungen**
3. **Überforderungsschutz und Reklamationsverfahren**
4. **Beurteilungsdatei**
5. **Beurteilungsgespräch**
6. **Beurteilungszeiträume**
7. **Beuteilungsmerkmale**
8. **Beurteilungsverfahren**
9. **Höhe der Leistungszulage**
10. **Qualifizierungsmaßnahmen zur Umsetzung der Betriebsvereinbarung**
11. **Einführungszeitpunkt und Kündigung**

Hinweise für die Interessenvertretung

Trotz aller Grenzen der subjektiven Leistungsverhaltensbeurteilung durch die Vorgesetzten, ist die Zielsetzung auch bei der Methode »Beurteilen«, die Wertschätzung und Anerkennung des persönlichen Beitrages zum Arbeitsergebnis und des Engagements für die Arbeit der Beschäftigten. Dies gilt auch dort, wo sich Betriebsrat und Beschäftigte gegen eine einheitliche oder pauschale Beurteilung aussprechen und der Wunsch nach methodischer und damit differenzierter Beurteilung geregelt wird.

Unter gesundheits- und lernförderlichen Arbeitsbedingungen müssen die Leistungserwartungen zumutbar und erreichbar sein.

Überforderungsschutz und Reklamationsverfahren

Für den Fall von Streitigkeiten ist es notwendig paritätisch besetzte Kommissionen einzurichten und deren Kompetenzen zu regeln. Sie haben die Aufgabe bei Streitigkeiten zu prüfen, ob die Leistungsbeurteilung so durchgeführt wurde, wie es vereinbart war und ob Beurteilungsfehler vorliegen. Sinnvoll ist es aber diese Aufgaben der Kommission zu erweitern. So können diese beispielweise Qualifizierungsmaßnahmen beschließen, Neueinstellungen vorschlagen, usw. Für den

Fall, dass im Einigungsverfahren eine Leistungsüberforderung festgestellt wird, hat der Arbeitgeber für angemessene Abhilfe zu sorgen.

Beurteilungsdatei
Der Betriebsrat sollte nach Abschluss des Beurteilungsverfahrens eine listenmäßige Zusammenfassung der Beurteilungsergebnisse erhalten.

Beurteilungsgespräch
Das Beurteilungsergebnis sollte in jedem Fall mit den Beschäftigten besprochen werden. Eine Hinzuziehung des Betriebsrates ist möglich.

Beurteilungszeiträume
Die Leistungsbeurteilung wird kalenderjährlich durchgeführt.
Spätestens nach sechs Monaten wird eine Beurteilung Neueingestellter durchgeführt. Auf Antrag einer Betriebspartei kann diese auch einvernehmlich früher stattfinden. Bis zur ersten Beurteilung erhält der Beschäftigte eine pauschale Leistungszulage.

Beurteilungsmerkmale
Basis für die Beurteilung ist die übertragene Arbeitsaufgabe. Falls bei einer Arbeitsaufgabe ein Beurteilungsmerkmal nicht beurteilungsfähig ist, sehen einige Tarifverträge vor, dass auf Antrag einer Betriebspartei einvernehmlich ein anderes Beurteilungsmerkmal und/oder eine andere Gewichtung vereinbart werden kann. Kommt eine Einigung nicht zustande, ist für ein nicht beurteilungsfähiges Beurteilungsmerkmal die volle Punktzahl zu vergeben.
Für jede Arbeitsaufgabe muss die volle Punktzahl auf Dauer erreichbar sein. Die höchste Bewertungsstufe setzt nicht völlige Fehlerfreiheit voraus.
Letztlich kann es für den Betriebsrat bzw. die Beschäftigten allerdings sinnvoll sein, sich genauer mit den Bewertungsstufen auseinanderzusetzen bzw. diese genauer zu definieren und damit die subjektive Beurteilung durch die Vorgesetzten zumindest zum Teil zu objektivieren. Die Überlegung dahinter ist, genauer zu definieren, was es konkret bedeutet, wenn z. B. das »Leistungsergebnis« bezüglich des »Verantwortlichen Handelns« »...über den Erwartungen liegt« oder wenn es »...in vollem Umfang den Erwartungen entspricht« (vgl. ERA BBS). Auf dieser Art und Weise wird der subjektive Beurteilungsspielraum der Vorgesetzten eingeschränkt bzw. es wird für den Beurteilten überhaupt erst die Möglichkeit geschaffen, dass er bzw. sie die erfolgte Beurteilung als sachlich falsch bzw. unberechtigt subjektiv motiviert zurückweisen bzw. reklamieren kann.

Beurteilungsverfahren
Die Vorgesetzten sind verpflichtet, die Beschäftigten vor Beginn eines Beurteilungszeitraums ihr Vorgehen und ihre Verfahrensweise zu erläutern. Beurteilt wird das individuelle Leistungsverhalten im gesamten zurückliegenden Beurteilungszeitraum. Vorgaben zur Erreichung eines bestimmten Punktevolumens

oder Quervergleiche zwischen Beschäftigten oder Beschäftigtengruppen (Rangreihenverfahren, Beurteilung der Punkteverteilung) sind unzulässig.

Höhe der Leistungszulage
Liegt die individuelle Leistungszulage dauerhaft oder absehbar unter × % haben Vorgesetzter und Beschäftigter darüber zu beraten, wie ein besseres Leistungsverhalten/-ergebnis erzielt werden kann. Arbeitgeber, Betriebsrat und Beschäftigter verfolgen das gemeinsame Ziel, durch möglichst optimales Leistungsverhalten optimale Leistungsergebnisse zu erzielen. Sie gehen von einem überdurchschnittlichen Engagement aller Beschäftigten aus. Eine Korrektur eines Durchschnittswertes aller Leistungszulagen oberhalb y % findet deshalb nicht statt. Liegt der Durchschnittswert der Leistungszulagen dauerhaft unter y %, finden Verhandlungen mit dem Betriebsrat zwecks Abhilfe der Ursachen statt.

Qualifizierungsmaßnahmen zur Umsetzung einer Betriebsvereinbarung
Voraussetzung, um Beurteilungen vornehmen zu können, ist die Teilnahme der Vorgesetzten an entsprechenden Qualifizierungsmaßnahmen. Gegenstand dieser Qualifizierungsmaßnahmen sind mindestens die einschlägigen tariflichen Bestimmungen, der Text der Betriebsvereinbarung, mögliche Beurteilungsfehler, die Möglichkeiten zur Minimierung von Beurteilungsfehlern, faire Gesprächsführung und der Tarifvertrag zur Qualifizierung bzw. Bildung.
Alle Beschäftigten haben ebenfalls Anspruch auf Qualifizierungsmaßnahmen. Gegenstand dieser Qualifizierungsmaßnahmen sind mindestens, die einschlägigen tariflichen Bestimmungen, der Text der Betriebsvereinbarung, mögliche Reklamationsgründe, das Reklamationsverfahren und der Tarifvertrag zur Qualifizierung bzw. Bildung.

5.5 Leistungsentgelt

In den Entgelt-Rahmentarifverträgen sind Entgeltgrundsätze und -methoden geregelt. Zu den tariflich geregelten Methoden des Leistungsentgelts zählen der Kennzahlenvergleich, das Prämienentgelt, das Akkordentgelt und Zielvereinbarungen. Das Leistungsentgelt setzt mess- und zählbare bzw. erfassbare Größen voraus vgl. Übersicht 5.21. Wie ein Leistungsentgelt mit messbaren Größen im Betrieb geregelt und gehandhabt wird, kann am besten nachvollzogen werden durch das Verständnis über die Entwicklung des Leistungsentgelts und die politischen Auseinandersetzungen um seine Regulierung.
Die älteste Leistungsentgeltmethode in Deutschland ist die Akkordentlohnung. Das Wort »Akkord« steht für Vertrag, nämlich dem Vertrag über die Leistung, die Beschäftigte zu erbringen haben und dem Entgelt, das sie für diese Leistung erhalten. So verstanden, ist der Akkord auch ein gutes Referenzmodell für die Ausgestaltung von Kennzahlenvergleichen, Prämienmodellen und Zielvereinbarungen. Im Folgenden wird deshalb eine Prinzipdarstellung der Akkordent-

lohnung vorgenommen. Dann werden die verschiedenen aktuellen Varianten des Leistungsentgelts besprochen.

Übersicht 5.21

<table>
<tr><th colspan="2">Die Entgeltmethoden im Leistungsentgelt und ihre Besonderheiten im Überblick</th></tr>
<tr><td>Baden-Württemberg</td><td>Die Methoden Beurteilen, Kennzahlenvergleich, Zielvereinbarungen sind als einheitliches Leistungsentgelt zusammengefasst.
<u>Bezugsleistung:</u> ungeachtet von Alter und Geschlecht bei menschengerechter Gestaltung von Arbeitsplatz, Arbeitsablauf und Arbeitsumgebung von durchschnittlich geeigneten Beschäftigten ohne gesteigerte Anstrengung auf Dauer zu erreichen.</td></tr>
<tr><td colspan="2">Beurteilen:
Beurteilen der individuellen Leistung nach vorgegebenen Leistungsbeurteilungsmerkmalen</td></tr>
<tr><td colspan="2">Kennzahlenvergleich:
Festellen der individuellen Leistung durch Vergleich von Vorgaben mit dem Leistungsergebnis.</td></tr>
<tr><td colspan="2">Zielvereinbarung:
Die Ermittlung des Leistungsergebnisses erfolgt durch Vergleich der Zielerfüllung mit der Zielvereinbarung. Grundlage der Zielvereinbarungen sind aus Leistungsmerkmalen abgeleitete Ziele.</td></tr>
<tr><td colspan="2">Besonderheiten/Bezugsleistung:
Der Tarifvertrag enthält eine Auswahl der (nicht) zulässigen Leistungsbeurteilungsmerkmal(-gruppen). Relation von Leistungsergebnis und Leistungsentgelt sowie Bezugszeitraum sind zu vereinbaren. Leistungsmerkmale, einzeln oder in Kombination, können in einer Betriebsvereinbarung festgelegt werden.</td></tr>
<tr><td colspan="2"></td></tr>
<tr><td>Niedersachsen, Sachsen-Anhalt, Osnabrück-Emsland-Grafschaft-Bentheim</td><td></td></tr>
<tr><td colspan="2">Prämienentgelt:
Prämienentgelt liegt vor, wenn für das individuelle Erreichen von sachbezogenen Bestimmungsgrößen ein vereinbartes Leistungsentgelt gezahlt wird. Es ist zulässig, wenn zur Ausführung der Tätigkeit zähl- und/oder messbare Einflussgrößen vorhanden sind, deren Ausprägung Prämienausgangsbasis, -verlauf und -endpunkt bestimmen.
Besonderheiten/Bezugsleistung:
In Kombination mit zähl- und/oder messbaren Einflussgrößen sind mit Zustimmung der Tarifvertragsparteien Beurteilungskriterien (Leistungsbeurteilung) möglich.
<u>Bezugsleistung:</u> Der Prämienendpunkt muss erreichbar sein</td></tr>
<tr><td colspan="2">Akkordentgelt (Auslaufmodell)
Akkordentgelt liegt vor wenn für das individuelle Erreichen einer vereinbarten Leistung auf der Basis des Geldfaktors das entsprechend höhere Entgelt gezahlt wird. Hierfür ist eine Bezugsleistung (tarifliche Normalleistung) festzulegen. (Sachsen-Anhalt: Kein Akkord im TV geregelt.)
Besonderheiten/Bezugsleistung:
<u>Bezugsleistung:</u> ist so festzusetzen, dass der Beschäftigte bei menschengerechter Gestaltung Arbeitsbedingungen nach Einarbeitung ohne Rücksicht auf Geschlecht, Alter und tägliche Arbeitsleistungsfähigkeit ohne gesteigerte Anstrengung den Akkordrichtsatz seiner Entgeltgruppe erreichen kann.</td></tr>
<tr><td colspan="2">Zielentgelt:
Eine Zielvereinbarung liegt vor, wenn zwischen Arbeitgeber und einzelnen Beschäftigten oder Gruppen von Beschäftigten ein konkretes Ergebnis (Ziel) auf der Grundlage definierter Rahmenbedingungen festgelegt und wenn für die Erreichung dieses Ziels ein Zielentgelt gezahlt wird.
Besonderheiten / Bezugsleistung:
Im Tarifvertrag sind beispielhaft die möglichen Regelungspunkte einer abzuschließenden Rahmenbetriebsvereinbarung definiert.</td></tr>
</table>

Die Entgeltmethoden im Leistungsentgelt und ihre Besonderheiten im Überblick

Nordverbund

Akkordentgelt:
Akkordarbeit liegt vor, wenn die zur Ausführung der Arbeit notwendige Zeit vorher auf der Grundlage der Bezugsleistung gemäß § 6 Ziff. 3 ermittelt und vorgegeben wird.
Besonderheiten/Bezugsleistung:
Bezugsleistung: von für die Arbeit geeigneten, eingearbeiteten und geübten Beschäftigten bei normaler Anstrengung und menschengerechter Gestaltung von Arbeitsplatz, Arbeitsablauf und Arbeitsumgebung auf Dauer ohne Gesundheitsschädigung erreicht und erwartet werden kann.

Prämienentgelt:
Prämienentgelt liegt vor, wenn für das individuelle Erreichen eines vereinbarten sachbezogenen Bezugsmerkmals ein vereinbartes Leistungsentgelt gezahlt wird.
Besonderheiten/Bezugsleistung:
Der Tarifvertrag enthält eine Auswahl der zulässigen Bezugsmerkmale. Darüber hinaus gilt: Prämienentgelt darf nur auf der Grundlage einer Betriebsvereinbarung und auch nur mit Zustimmung der Tarifvertragsparteien eingeführt werden.

Zielentgelt:
Eine Zielvereinbarung liegt vor, wenn zwischen Arbeitgeber und Beschäftigten/Gruppen von Beschäftigten eine konkrete Ergebniserwartung (Ziel) auf der Grundlage definierter Rahmenbedingungen festgelegt und für die Erreichung dieses Ziels ein Zielentgelt gezahlt wird.
Besonderheiten/Bezugsleistung:
Für die Anwendung von Zielvereinbarungen ist eine Rahmenbetriebsvereinbarung zwingend erforderlich. Der Tarifvertrag definiert, zu welchen Punkten Regelungen getroffen werden müssen und definiert darüber hinaus die möglichen Ziele bzw. Zielarten.

Provision:
(Nur) für Beschäftigte, die durch ihre Arbeitsleistung Einfluss auf Umsatz- und Gewinngrößen nehmen, kann durch Betriebsvereinbarung eine Provisionsregelung vereinbart werden. Das individuelle Entgelt wird dabei für das Erreichen eines betrieblich vereinbarten Ergebnisses gezahlt.
Besonderheiten/Bezugsleistung:
Anstelle des individuellen tariflichen Grundentgeltes lt. Entgelttabelle kann ein monatliches Fixum gezahlt werden, das unterhalb des o. g. Grundentgeltes liegen kann. Im Jahresdurchschnitt ist jedoch das tarifliche Grundentgelt gemäß Entgeltgruppe und Tabelle garantiert.

Bayern

Akkordentgelt:
…ist solche Arbeit, bei der die zur Ausführung der Arbeit notwendige Zeit vorher direkt oder indirekt festgelegt wird.
Besonderheiten/Bezugsleistung:
Bezugsleistung: von durchschnittlich geeigneten Arbeitnehmern bei voller Übung und ausreichender Einarbeitung ohne Gesundheitsschädigung und ohne gesteigerte Anstrengung auf Dauer zu erreichen.

Prämienentgelt:
…ist solche Arbeit, bei der durch Betriebsvereinbarung ein bestimmter Arbeitserfolg (Qualität, Materialeinsparung u. a.) festgelegt wird.
Besonderheiten/Bezugsleistung:
Das Prämienentgelt ist auf sachbezogenen mess- oder zählbaren Größen aufzubauen.

Zielentgelt:
ist solche Arbeit, bei der durch individuelle Vereinbarung ein bestimmter Arbeitserfolg vereinbart wird.
Besonderheiten/Bezugsleistung:
Als Regelungsgrundlage hierfür ist eine freiwillige Betriebsvereinbarung erforderlich, deren Regelungspunkte im Tarifvertrag nicht abschließend definiert sind. Eine Betriebsvereinbarung in der eine Konfliktlösung nicht geregelt ist, ist unwirksam. Hinweis: Zielentgelt ist im Tarifvertrag als eigener Entgeltgrundsatz beschrieben.

Die Entgeltmethoden im Leistungsentgelt und ihre Besonderheiten im Überblick	
Saarland, Rheinland-Pfalz, Hessen, Thüringen	
Kennzahlenvergleich: Festellen der individuellen Leistung durch Vergleich von Kennzahlen mit dem Leistungsergebnis **Besonderheiten/Bezugsleistung:** Die Kennzahlen und ihre Anwendung müssen sachgerecht und wirtschaftlich sinnvoll sein. Das auf der Grundlage der Kennzahlen ermittelte Leistungsergebnis muss erfassbar und durch die Beschäftigten ganz oder teilweise beeinflussbar sein..	
Zielvereinbarung: ...aus Leistungsmerkmalen abgeleitete auf eine konkrete Arbeitssituation bezogene Ziele für dessen Erreichen ein (zusätzliches) Entgelt gezahlt wird. Diese schließt der Arbeitgeber mit einzelnen Beschäftigten ab. Sie können aber auch mit mehreren Beschäftigten abgeschlossen werden. **Besonderheiten/Bezugsleistung:** Für die Anwendung von Zielvereinbarungen ist eine Betriebsvereinbarung zwingend erforderlich. Der Tarifvertrag definiert zu welchen Punkten Regelungen getroffen werden müssen und definiert darüber hinaus die möglichen Ziele bzw. Zielarten.	
Nordrhein-Westfalen	
Akkord: ...liegt vor wenn sachbezogene Bestimmungsgrößen für die Erreichung einer Sollleistung, die der menschlichen Normalleistung entspricht, vorgegeben werden. Der Verdienst richtet sich ausschließlich nach den mengenmäßigen Arbeitsergebnis. **Besonderheiten/Bezugsleistung:** Es kann ein Zeitakkord aber auch ein Geldakkord vorgegeben werden. Bezugsleistung: von jedem genügend geeigneten Beschäftigten nach genügender Übung und genügender Einarbeitung ohne Gesundheitsstörung auf die Dauer erreicht und erwartet werden kann.	
Prämie: ...liegt vor, wenn für sachbezogene Bezugsmerkmale Bestimmungsgrößen und eine dazugehörige Prämienausgangsleistung vorgegeben werden. **Besonderheiten/Bezugsleistung:** Bezugsleistung: von einen für die Arbeit, geeigneten genügend eingearbeiteten und eingeübten Beschäftigten ohne gesteigerte Anstrengung bei menschengerechter Gestaltung von Arbeitsplatz, Arbeitsablauf und Arbeitsumgebung auf Dauer erreicht und erwartet werden kann.	
Zielvereinbarung I ...liegt vor wenn zwischen Arbeitgeber und Beschäftigten auf der Grundlage einer Betriebsvereinbarung eine konkrete Ergebniserwartung (Ziele) festgelegt wird, für das ein bestimmtes (zusätzliches) Entgelt gezahlt wird. **Besonderheiten/Bezugsleistung:** Der Tarifvertrag definiert (nicht abschließend) die in einer Betriebsvereinbarung zu regelnden Punkte. Die Zielvereinbarung I basiert auf sachbezogenen Bezugsmerkmalen.	

Die Entgeltmethoden im Leistungsentgelt und ihre Besonderheiten im Überblick	
Berlin, Brandenburg	
Akkordentgelt: ...liegt vor, wenn die zur Ausführung der Arbeit notwendige Zeit vorher auf der Grundlage der Bezugsleistung ermittelt und vorgegeben wird. Der Zeitverbrauch muss von den Beschäftigten beeinflussbar sein. Die Vergütung erfolgt proportional zur Mehr- oder Minderleistung der Beschäftigten. Sowohl Einzel- als auch Gruppenakkord sind möglich. **Besonderheiten/Bezugsleistung:** Bezugsleistung: die von für die Arbeit geeigneten, eingearbeiteten und geübten Beschäftigten bei menschengerechter Gestaltung von Arbeitsplatz, Arbeitsablauf und Arbeitsumgebung auf Dauer ohne Gesundheitsschädigung erreicht und erwartet werden kann.	
Prämienentgelt: ...liegt vor, wenn zur Bestimmung des Leistungsergebnisses zähl- und/oder messbare vom Beschäftigten zu beeinflussende Bestimmungsgrößen vorhanden sind und die Höhe des Prämienentgelts sich unmittelbar aus dem Verhältnis der Bezugsleistung zur erbrachten Leistung ermitteln lässt.	
Provision: (Nur) für Beschäftigte, die durch ihre Arbeitsleistung Einfluss auf Umsatz- und/oder Gewinngrößen nehmen, kann durch Betriebsvereinbarung eine Provisionsregelung vereinbart werden. **Besonderheiten/Bezugsleistung:** Das tarifliche Grundentgelt wird den Beschäftigten im Jahresdurchschnitt garantiert.	
Zielentgelt: ...liegt vor, wenn für die Erreichung eines Ziels (Ziel und/oder Teilziele/Zielerreichungsgrade) ein vereinbartes Entgelt gezahlt wird. Grundlage ist eine Zielvereinbarung zwischen Arbeitgeber und einzelnen Beschäftigten oder Gruppen von Beschäftigten auf Basis einer Rahmenbetriebsvereinbarung **Besonderheiten/Bezugsleistung:** Der Tarifvertrag definiert (nicht abschließend) die in einer Betriebsvereinbarung zu regelnden Punkte.	
Sachsen	
Kennzahlenvergleich: Festellen der individuellen Leistung durch Vergleich von Kennzahlen mit dem Leistungsergebnis **Besonderheiten/Bezugsleistung:** Die Kennzahlen und ihre Anwendung müssen sachgerecht und wirtschaftlich sinnvoll sein. Das auf der Grundlage der Kennzahlen ermittelte Leistungsergebnis muss erfassbar und durch die Beschäftigten ganz oder teilweise beeinflussbar sein. Der Tarifvertrag definiert die in der zwingend erforderlichen Betriebsvereinbarung zu regelnden Punkte.	
Zielvereinbarung: ...aus Leistungsmerkmalen abgeleitete auf eine konkrete Arbeitssituation bezogene Ziele für dessen Erreichen ein (zusätzliches) Entgelt gezahlt wird. Diese schließt der Arbeitgeber mit einzelnen Beschäftigten ab. Sie können aber auch mit mehreren Beschäftigten abgeschlossen werden. **Besonderheiten/Bezugsleistung:** Für die Anwendung von Zielvereinbarungen ist eine Rahmenbetriebsvereinbarung zwingend erforderlich. Der Tarifvertrag definiert zu welchen Punkten Regelungen getroffen werden müssen und definiert darüber hinaus die möglichen Ziele bzw. Zielarten.	

5.5.1 Entwicklung des Leistungsentgelts am Beispiel des Akkords

Mit der Herausbildung der kapitalistischen Produktionsweise und der Industrialisierung prägte der Akkord in vielen Industriezweigen die Entlohnungsstrukturen. Seit der Entwicklung des Taylorismus zu Beginn des vorigen Jahrhunderts und die Verbreitung der REFA-Lehre in den 1920er Jahren war die Akkordentlohnung mit einer systematischen Ermittlung von Vorgabezeiten verbunden.

Definition
Das Akkordsystem basiert auf dem Prinzip des finanziellen Lohnanreizes. Ein Unterschreiten der Vorgabezeiten führt zu einer Erhöhung des Akkordverdienstes.

In der Geschichte führte die Kombination von knapper Bemessung von Vorgabezeiten und finanziellem Lohnanreiz zu unmenschlichen Leistungsbedingungen in den Fabriken und Werkhallen. In den Gewerkschaften wurde die Position zur Akkordarbeit kontrovers diskutiert. Zunächst wurde mehrheitlich die Ablehnung bzw. das Verbot der Akkordarbeit gefordert. Um 1900 wurde diese Position aufgegeben und Regelungen zu den Bedingungen der Akkordarbeit gefordert.
Viele tarifliche Regelungen zum Leistungsentgelt scheinen heute selbstverständlich zu sein, mussten aber von den Gewerkschaften durchgesetzt werden. Zu Beginn des 20. Jahrhunderts setzten viele Unternehmer die Vorgabezeiten bzw. Akkordpreise nachträglich fest und konnten somit den Lohn drücken.
Durch die tarifliche Regelung des Akkordes konnten Leistungsbedingungen durchgesetzt werden, die in vielen Fällen erträglicher sind als in dem weitgehend ungeregelten Zeitentgelt. Eine Voraussetzung war jedoch, dass die Beschäftigten ein kollektives Leistungsbewusstsein entwickelt haben. In vielen Akkordbetrieben wurde dadurch ein stabiles Leistungsniveau durchgesetzt.
Diese Leistungspolitik der Gewerkschaften hat bei dem Konflikt um Lohn und Leistung beide Faktoren kollektiv geregelt, sowohl das Entgelt als auch die Leistung. Anders als im Zeitentgelt hat die Interessenvertretung im Leistungsentgelt einen Zugriff auf die Leistungsvorgabe. Während im Zeitentgelt der Unternehmer allein über die Höhe der abverlangten Leistung entscheidet, kann der Betriebsrat im Leistungsentgelt darüber mitbestimmen und sich auf kollektive tarifliche Schutzregelungen stützen.
Unter den heutigen betrieblichen Bedingungen, die zunehmend von Automatisierung geprägt ist, hat der Akkord zunehmend an Bedeutung verloren. Sein Anteil am Leistungsentgelt ist in den letzten Jahrzehnten kontinuierlich gesunken. Die Gründe hierfür sind vielschichtig. Wesentliche Faktoren sind:

- Der Einsatz computergestützter Anlagen und verketteter Systeme, die den Anteil beeinflussbarer Zeiten reduzieren.
- Die wachsende Bedeutung neuer Logistikkonzepte auf Basis der »Just-in-time-Philosophie« und Produktionsplanungs- und Steuerungssysteme, die die effektive Einhaltung eines Produktionsprogramms für größere Arbeitssysteme und nicht die ständige Erhöhung der Stückzahl an einzelnen Maschinen erfordern.

- Die Durchsetzung neuerer Konzepte des Qualitätsmanagements, die im Interesse von Ausschussreduzierung oder »Null-Fehler-Produktion« vom unbegrenzten Entgeltanreiz des Akkords abrücken.
- Arbeitsorganisationskonzepte und Gruppenarbeitsmodelle, die sich durch die Integration indirekter und steuernder Tätigkeiten auszeichnen. Sie verlangen Leistungsbezugsgrößen, die sich nicht auf die Zeit beziehen, sondern die Leistungsanforderungen ganzheitlich betrachten.

Das Prinzip des Akkordentgelts bzw. des Kennzahlenvergleichs mit Zeitgrad
Während die Akkordlogik für die dort Beschäftigten selbstverständlich ist, sind für Außenstehende die Regelungen zunächst schwer verständlich. Die Zusammenhänge lassen sich an einem Entgelt-Leistungs-Diagramm verdeutlichen (Übersicht 5.22)

Übersicht 5.22: Entgelt-Leistungsdiagramm Akkord

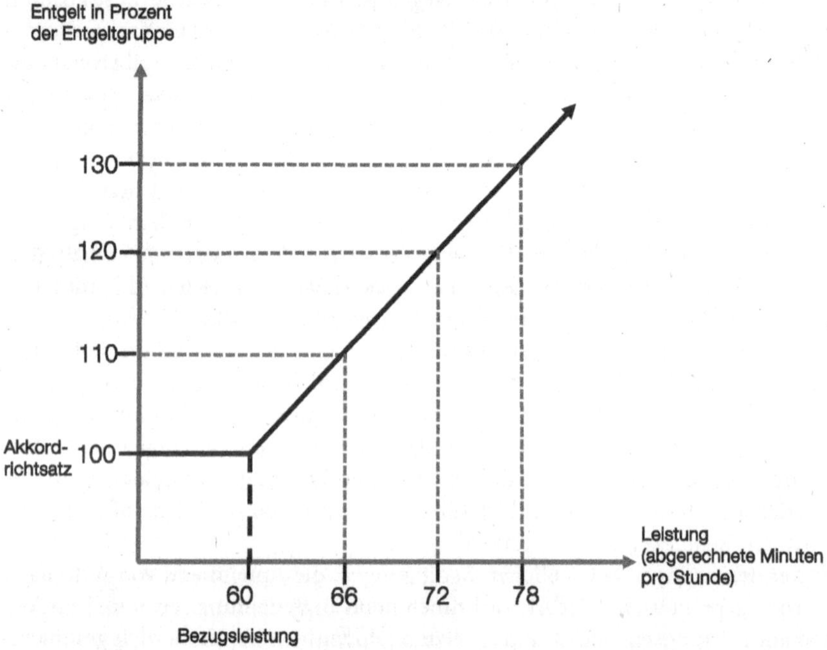

Die folgenden Erläuterungen sind bewusst vereinfacht, um das Prinzip zu erläutern. Es wird angenommen, dass eine Beschäftigte im Akkordentgelt für die Fertigung eines Teils eine Vorgabezeit von zwei Minuten erhält. Diese heißt auch »Zeit je Einheit« und wird auf dem Akkordschein mit der Abkürzung te = 2 Minuten oder TE = 2 Minuten angegeben. Der Aufbau von Vorgabezeiten ist im Kapitel 6 näher erläutert.

Die Leistung von Beschäftigten im Akkordentgelt wird über die abgerechneten Minuten erfasst. Fertigt die Beschäftigte im Akkordentgelt nun pro Stunde 30 Teile, so kann sie pro Stunde 2 × 30 = 60 Minuten abrechnen. Arbeitet sie schneller und produziert 33 Teile, so kann sie pro Stunde 66 Minuten abrechnen. Bei 36 Teilen kann sie pro Stunde 72 Akkordminuten abrechnen. 66 abgerechnete Minuten entsprechen einer Leistung von 110 % und 72 Minuten von 120 %. Das Verhältnis von Entgelt und Leistung ist beim Akkord in der Regel 1 : 1 oder proportional.
Der Zeitgrad errechnet sich nach der Formel:

$$Zeitgrad = \frac{Vorgabezeit}{gebrauchte\ Zeit} \times 100\,\%$$

Bei einer erbrachten Leistung von 100 %, also 60 abgerechneten Akkordminuten, erhält die Akkordarbeiterin den Akkordrichtsatz in Höhe von 100 % ihrer Entgeltgruppe. Bei einer erbrachten Leistung von 110 %, also 66 abgerechneten Minuten, erhält sie 110 % des Akkordrichtsatzes ihrer Entgeltgruppe.

Beispiel
Grundentgelt z. B. 3196 € pro Monat oder auf Basis der 35-Stunden-Woche (3196 €: 152,25 Stunden/Monat = 21 €/Stunde) (NRW EG 8)
Daraus ergibt sich folgende Zuordnung von Entgelt und Leistung:
60 Minuten (100 %) = 21,00 € pro Stunde * 152,25 Stunden = 3196,00 € pro Monat
66 Minuten (110 %) = 23,10 € pro Stunde * 152,25 Stunden = 3516,98 € pro Monat
72 Minuten (120 %) = 25,20 € pro Stunde * 152,25 Stunden = 3836,70 € pro Monat
75 Minuten (125 %) = 26,25 € pro Stunde * 152,25 Stunden = 3996,56 € pro Monat
78 Minuten (130 %) = 27,30 € pro Stunde * 152,25 Stunden = 4156,43 € pro Monat

Bei der Einführung der Entgelt-Rahmentarifverträge wurden die (ehemaligen) Grundlöhne z. T. sehr stark angehoben, um aus unterschiedlich hohen Lohn- bzw. Gehaltsniveaus eine gemeinsame Entgelttabelle mit gemeinsamen Grundentgelten vereinbaren zu können. Damit sich in diesem Zusammenhang die Vergütung für die jeweils zu erbringende Leistung nicht zinseszinsartig erhöht, wurde mathematisch die Basis für die Leistungsvergütung angepasst. Vereinfachend kann man sagen, dass das Verhältnis der Grundentgelte zu den leistungsbezogenen Entgeltbestandteilen zugunsten des abgesicherten Grundentgeltanteils verändert wurde. Im Ergebnis dieser **rein (!)** mathematischen Anpassung sehen die Tarifverträge zusätzliche Faktoren vor, mit denen das Entgelt korrigiert wird, wenn die Leistungsvorgaben auf der Basis der bisherigen tariflichen Bezugsleistung ermittelt wurden oder weiter ermittelt werden (Kapitel 5.5.9).
Abrechnungstechnisch spricht man auch vom Zeitfaktor (auch Minutenfaktor) einerseits und dem Geldfaktor andererseits. Der Zeitfaktor entspricht der Vorgabezeit, der Geldfaktor ist 1/60 des tariflichen Stundenentgelts der jeweiligen Entgeltgruppe, also 21 € geteilt durch 60 gleich 35 Cent pro Minute.
Jede abgerechnete Akkordminute wird mit dem Geldfaktor multipliziert und ergibt so den Akkordverdienst.

Beispiel
Bei einer 35-Stunden-Woche hat der durchschnittliche Monat 9135 Minuten (errechnet als Produkt aus der individuellen/tariflichen Arbeitszeit = 7 Stunden bzw. 420 Minuten und der Anzahl der durchschnittlichen Arbeitstage pro Monat = 21,75 Tage). Rechnet eine Beschäftigte in diesem Monat 10 962 Minuten ab, so errechnet sich der individuelle Akkordverdienst aus diesem Verhältnis: 10 962 min.: 9135 min. = 120 %. Für diesen Monat erhält die Beschäftigte im Akkordentgelt 120 % ihres tariflichen Grundentgelts. Im weiteren Fortgang lässt sich der Akkordverdienst entweder als Produkt aus dem individuellen Tabellengrundentgelt und den Akkordprozenten oder eben als das Produkt aus dem Zeit- und dem Geldfaktor errechnen: 10 962 Minuten × 0,35 € =3836,70 €.

In der Praxis wird häufig rückwärts gerechnet, indem von einem bestimmten üblichen Zeitgrad ausgegangen wird. Will man bei einer Vorgabezeit von zwei Minuten einen Zeitgrad von 120 % erreichen, wird wie folgt gerechnet:
72 abgerechnete Minuten in der Stunde / 2 Minuten pro Stück = 36 Stück pro Stunde
Die Beschäftigten im Akkord wissen nun, dass sie pro Stunde 36 Stück fertigen müssen, um ihren üblichen Zeitgrad von 120 % zu erreichen. Genauso gehen sie bei der Monatsabrechnung vor: Sie geben so viele Minuten ab, dass sie bezogen auf die Arbeitszeit des Monats ihren üblichen Verdienst erreichen.
Die entscheidende Frage bei der Beurteilung von betrieblichen Akkordsystemen ist die nach dem Leistungsniveau der Vorgabezeiten. Ist es relativ human, erreichen die meisten auch bei einigen Freiräumen ihre Zeitgrade.
In jedem Betrieb bildet sich in dieser Entgeltmethode ein üblicher Zeitgrad heraus. Diese »Schallmauer« pegelt sich in jedem Betrieb je nach Konjunktur und Arbeitsmarktlage und je nach den Kräfteverhältnissen zwischen Unternehmer und Belegschaften auf ein bestimmtes Niveau ein.
In den Entgelt-Rahmentarifverträgen in der Metallindustrie ist der Akkord bzw. der Kennzahlenvergleich mit Zeitgrad einschließlich der Vorgabezeitermittlung detailliert geregelt.

5.5.2 Kennzahlenvergleich, Akkord- und Prämienentgelt

Die Entgeltgrundsätze und -methoden sind in den Entgelt-Rahmentarifverträgen je nach Tarifgebiet unterschiedlich systematisiert worden (Übersichten 5.4 bis 5.11).
In Baden-Württemberg, Thüringen, Hessen, Rheinland-Pfalz, Saarland und in Sachsen finden sich die bisherigen Systeme der Akkord- und Prämienentlohnung in modifizierter Form als Kennzahlenvergleich wieder. Die Methode Kennzahlenvergleich ist jedoch mehr als das. In den anderen Tarifgebieten werden in den Entgelt-Rahmentarifverträgen das Prämienentgelt und zum Teil auch noch das Akkordentgelt geregelt.

Es können zwei Formen unterschieden werden, wenn es um die Ermittlung und Bezahlung der Leistung im Sinne von Arbeitstempo geht (Kennzahlensysteme lassen auch andere Bezugsgrößen zu):

- Die Ermittlung eines Leistungsergebnisses über einen Zeitgrad (das Verhältnis von vorgegebener Zeit zu gebrauchter Zeit), wobei der Mehrverdienst durch eine Unterschreitung des gesetzten Zeit-Maßes entsteht (ähnlich dem Akkord).
- Die Ermittlung eines Leistungsergebnisses auf der Grundlage von vereinbarten Daten (z. B. Sollzeiten), die als Zielgröße dienen. Je nach Tarifregelung und Betriebsvereinbarung stellen diese die Leistungsobergrenze dar oder einen Bezugspunkt, um den die tatsächliche Leistung in einem definierten Ausmaß schwanken kann (ähnlich der Prämie).

Kennzahlenvergleich: Vorgabezeiten (Akkordentgelt)
Die Kennzahl ist in diesem Fall der Zeitgrad, also das Verhältnis von vorgegebener Zeit zu gebrauchter Zeit. In einigen Tarifverträgen ist abschließend geregelt, dass sich in diesem Fall das Entgelt proportional zur erreichten Leistung verhält.

Tarifvertrag
»Wird das Leistungsergebnis ausschließlich auf Basis eines Zeitgrades ermittelt, so ist das Leistungsentgelt proportional zu der erbrachten Leistung.«
(§ 9.3 ERA-Tarifvertrag Hessen)

Das Verhältnis von Entgelt und Leistung wird in Baden-Württemberg in allen Fällen durch Betriebsvereinbarungen bestimmt und muss bei der Kennzahl »Zeitgrad« nicht notwendigerweise proportional sein.

1. **Bezugsgröße:** Maßstab für die Leistung ist (immer) die Zeit, d. h. die abgerechneten Minuten.
2. **Ausgangsleistung/Ausgangsentgelt:** Grundsätzlich gilt, dass die Beschäftigten bei Normalleistung bzw. Bezugsleistung (100 %) in einer Stunde mindestens das tarifliche Grundentgelt der Entgeltgruppe verdienen (100 %).
3. **Entgelt-Leistungs-Relation:** In den Tarifgebieten Saarland, Rheinland-Pfalz, Thüringen, Hessen-Fulda, Hessen und Sachsen ist die Entgelt-Leistungsrelation auf Basis eines Zeitgrades proportional (1 : 1) tariflich festgelegt. In Baden-Württemberg muss das Verhältnis Entgelt-Leistung beim Kennzahlenvergleich betrieblich vereinbart werden.
4. **Entgelt:** In Baden-Württemberg beträgt der Leistungsentgelt-Mehrverdienst im Durchschnitt 15 % (individuelle Spannbreite zwischen 0–30 %). In den weiteren Tarifgebieten mit Kennzahlenvergleich auf Basis eines Zeitgrades ist dieser nicht begrenzt. Überschreitet der Leistungsentgelt-Mehrverdienst im Betriebsdurchschnitt in Baden-Württemberg 16 %, sind ggf. Maßnahmen zur Bereinigung der Ursachen einzuleiten. Der überschreitende Anteil ist tariflicher Leistungsentgelt-Mehrverdienst.

Auch wenn im Tarifvertrag wichtige Tatbestände abschließend geregelt sind, müssen zahlreiche Regelungsfragen im Betrieb umgesetzt werden.

In der Regel sind im Tarifvertrag folgende Punkte abschließend geregelt:
- Normalleistung,
- Verhältnis von Entgelt und Leistung,
- Regelungen zur Methode der Vorgabezeitermittlung,
- Bestandteile der Vorgabezeiten,
- Änderung von Vorgabezeiten,
- Reklamationsrecht der Beschäftigten im Akkord oder des Betriebsrats von Vorgabezeiten,
- Paritätische Akkordkommissionen,
- Absicherung des Durchschnittsverdienstes bei Störungen und Wartezeiten und die
- reproduzierbare Beschreibung der Arbeitsbedingungen.

Viele Tarifverträge enthalten jedoch Rahmenregelungen und Öffnungsklauseln für Betriebsvereinbarungen. Dies hat zur Folge, dass sich in den einzelnen Betrieben sehr unterschiedliche Akkordsysteme herausgebildet haben.

Beispielsweise sind in einer Betriebsvereinbarung zum Akkord folgende Punkte zu regeln: Methoden der Datenermittlung, Höhe der Verteil- und Erholungszeiten, Ausschussregelungen, Mindermengenzuschläge, Einarbeitungszuschläge sowie zahlreiche Detailregelungen.

In vielen Betrieben konnten die Interessenvertretung und die Belegschaft für die Beschäftigten im Akkord humane Leistungsbedingungen durchsetzen, in anderen Betrieben herrscht im Akkord auch heute noch ein brutales unmenschliches Arbeitstempo.

Dass der Akkord trotz der tariflichen Neuregelung in den Entgelt-Rahmentarifverträgen ein »Auslaufmodell« ist, wird an den beschriebenen Tendenzen deutlich. Die Tarifparteien in Niedersachsen unterstreichen dies und geben eine Empfehlung an die Betriebsparteien, den Akkord mittelfristig in Prämiensysteme überzuleiten:

> **Tarifvertrag**
> *»Die Tarifvertragsparteien empfehlen, mittelfristig Akkord- in Prämienentgelt überzuleiten. Bei neu einzuführenden Leistungsentgeltsystemen ist der Methode Prämienentgelt der Vorzug zu geben.«*
> (Protokollnotiz zu § 8.4 ERA-Tarifvertrag Niedersachsen)

In anderen Tarifgebieten bilden Akkordsysteme zukünftig einen Sonderfall des Leistungsentgelts mit Kennzahlenvergleich. Die Kennzahl ist in diesem Fall der Zeitgrad, also das Verhältnis von vorgegebener Zeit zu gebrauchter Zeit.

Für die Tarifverträge im Bezirk Mitte gelten unter diesen Bedingungen, dass das Leistungsentgelt proportional zur erbrachten Leistung ist:

> **Tarifvertrag**
> *»Wird das Leistungsergebnis ausschließlich auf Basis eines Zeitgrades ermittelt, so ist das Leistungsentgelt proportional zu der erbrachten Leistung.«*
> (§ 9.3 ERA-Tarifvertrag Thüringen)

Damit findet sich das Verhältnis von Entgelt und Leistung, das den Akkord typischerweise immer geprägt hat, in der veränderten Systematik des neuen Leistungsentgeltes wieder.
Auch in Baden-Württemberg taucht der Akkord in der neuen Systematik der Entgeltgrundsätze und -methoden nicht mehr auf. Die tarifrechtliche Situation ist aber anders als in den Tarifgebieten des Bezirkes Mitte: Die Relation von Entgelt und Leistung wird in allen Fällen durch Betriebsvereinbarungen bestimmt und muss auch bei der Kennzahl »Zeitgrad« nicht notwendigerweise proportional sein.

Kennzahlenvergleich: Sollzeiten oder Sollvorgaben (Prämienentgelt/ Prämie)

Im Unterschied zur Ermittlung eines Zeitgrades sind bei dieser Form des Leistungsentgelts im Tarifvertrag nur Eckdaten (ähnlich der Prämie) geregelt. Auf dieser Grundlage müssen entsprechende Betriebsvereinbarungen abgeschlossen werden. Insbesondere bei der Vereinbarung der Entgelt-Leistungs-Relation und bei der Auswahl der Bezugsgrößen entstehen so betriebliche Gestaltungsspielräume (Übersicht 5.23). Damit sind wichtige entgelt- und leistungspolitische Entscheidungen auf der Grundlage der Tarifverträge in Betriebsvereinbarungen regelbar. Der Tarifvertrag regelt die Mindestinhalte für die Betriebsvereinbarung:

Tarifvertrag

»In der zwischen Arbeitgeber und Betriebsrat abzuschließenden Betriebsvereinbarung über das Leistungsentgelt auf der Basis von Kennzahlen ist, soweit zutreffend, Folgendes festzulegen:

a) *der in Frage kommende Personenkreis, die verwendeten Kennzahlen, die Arbeitsaufgabe, Arbeitsplätze, Arbeitsbereiche, Maschinen und Anlagen;*
b) *das Verfahren über die Ermittlung der Daten zur Festlegung der Kennzahlen;*
c) *die Kennzahlenentgeltlinie als Verhältnis zwischen dem Leistungsergebnis und dem Leistungsentgelt;*
d) *die Festlegung, ob einzeln oder in Gruppen gearbeitet wird und ggf. Korrekturfaktoren für die Änderung des Arbeitsumfangs bzw. des Kreises der Beteiligten oder der unterschiedlichen Besetzung der Gruppen in verschiedenen Schichten;*
e) *bei Mehrstellenarbeit die Zahl und Art der Maschinen sowie die Anzahl der Arbeitsvorgänge;*
f) *der Einführungszeitpunkt sowie die Kündigungsfrist.«*

(§ 9.4 ERA-Tarifvertrag Rheinland-Pfalz)

Übersicht 5.23: Kennzahlenvergleich: Basis Sollzeiten oder Sollvorgaben (Prämienentgelt/Prämie)

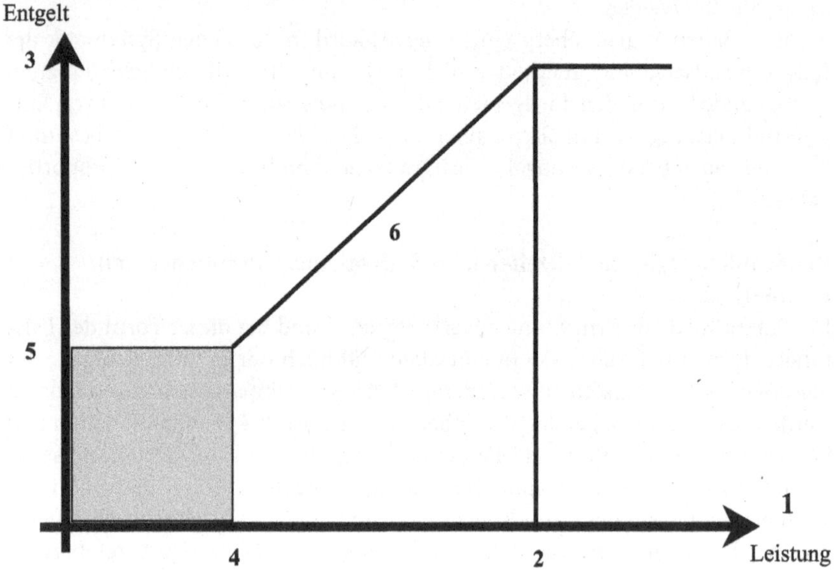

1. **Bezugsgröße:** »[…] sachbezogene, mess- und/oder zählbare Größen« oder »Das auf der Grundlage von Kennzahlen ermittelte Leistungsergebnis muss erfassbar und durch den oder die Beschäftigten ganz oder teilweise beeinflussbar sein.« (z. B. Minuten, Stück, Qualität, Tonnen, Nutzungsgrad, …).
2. **Endleistung:** Muss zumutbar und erreichbar sein.
3. **Endentgelt:** Wird gezahlt für die Erreichung der Endleistung.
4. **Ausgangsleistung:** Dies ist diejenige Leistungshöhe, für die das Ausgangsentgelt gezahlt wird.
5. **Ausgangsentgelt:** In einigen Tarifgebieten entspricht im Prämienentgelt des Ausgangsentgelts dem tariflichen Grundentgelt. Es besteht aber auch die Möglichkeit in einer Betriebsvereinbarung eine Untergrenze bzw. Mindestprämie zu vereinbaren, die oberhalb des Ausgangsentgelts liegt.
6. **Entgeltlinie:** Gestaltung des Verhältnisses von Entgelt und Leistung. Sie zeigt an, für wie viel mehr an Leistung es wie viel mehr an Geld gibt. Dies kann wie in Übersicht 5.23 grafisch dargestellt werden, häufig finden sich in der betrieblichen Praxis aber auch Tabellen oder Formeln.

5.5.3 Tarifliche und betriebliche Regelung von Prämienentgeltmodellen

Einige Tarifgebiete der Metall- und Elektroindustrie haben das Prämienentgelt bzw. die Prämie als eine Form des Leistungsentgelts geregelt.

Definition
Im Tarifrecht wird unter Prämienentgelt eine Entgeltmethode verstanden, die zum Entgeltgrundsatz Leistungsentgelt zählt. Das Entgelt steht in einem definierten Verhältnis zu einer bestimmten erbrachten Leistung. Die Leistung wird aufgrund von sachbezogenen, mess- und zählbaren Bezugsmerkmalen vereinbart.

Die betriebliche Gestaltbarkeit von Prämienentgelt oder auch dem Kennzahlenvergleich auf Basis einer Sollzeit ist gewerkschaftspolitisch widersprüchlich zu bewerten. Einerseits bieten sich dem Betriebsrat Chancen das Verhältnis von Leistungsbedingungen und Entgelt im Sinne der Beschäftigten zu regeln. Andererseits versuchen viele Unternehmer durch die Einführung von Prämienentgelt Mindeststandards zu unterlaufen. Die Unternehmer haben zahlreiche Prämiensysteme entwickelt, die für die Beschäftigten zu erheblichen Verschlechterungen führen können. Vielen Betriebsräten ist es dagegen in Zusammenarbeit mit ihrer Gewerkschaft gelungen, fortschrittliche Prämiensysteme durchzusetzen. Ein Prämienentgeltmodell ist nicht notwendigerweise ein Anreizsystem, sondern genau das Gegenteil: ein Mittel zur Begrenzung des Leistungsdrucks durch kollektive Vereinbarungen von Leistungsobergrenzen.
Da in den meisten Tarifverträgen zum Prämienentgelt nur Rahmenvorschriften geregelt sind, müssen in einer Betriebsvereinbarung zum Prämienentgelt verschiedene wichtige Fragen vereinbart werden. Hierzu zählen:
Prämienbezugsgrößen/Kennzahlen: Die Prämienbezugsgröße ist die Größe oder Maßeinheit, in der die erbrachte Leistung vorgegeben wird. Die Bezugsgröße muss erfasst, gemessen oder gezählt werden können. Als Bezugsgrößen können verschiedene Merkmale verwendet werden, z. B. abgerechnete Minuten, Maschinennutzungsgrad, Qualität oder ein vereinbartes Arbeitspensum mit vereinbarter Soll-Personalbesetzung. (Kapitel 5.5.6)
Mitbestimmung über Leistungsvorgaben: Im Prämienentgelt und Kennzahlenvergleich hat der Betriebsrat ein Mitbestimmungsrecht bei der Vereinbarung von Zeit- und Leistungsvorgaben. Dies ergibt sich sowohl aus Tarifverträgen als auch aus dem Betriebsverfassungsgesetz.

Rechtsvorschrift
»Der Betriebsrat hat, soweit eine gesetzliche oder tarifliche Regelung nicht besteht, in folgenden Angelegenheiten mitzubestimmen: […]
(11) Festsetzung der Akkord- und Prämiensätze und vergleichbarer leistungsbezogener Entgelte einschließlich der Geldfaktoren.«
(§ 87 Abs. 1 Ziff. 11 BetrVG)

Verfahrensregelungen: In einer Betriebsvereinbarung zum Prämienentgelt/Kennzahlenvergleich müssen zahlreiche Verfahrensregelungen vereinbart werden, z. B. Methoden der Datenermittlung, Zuschläge, Ausschussregelungen usw. (vgl. Kapitel 6).
Prämienobergrenze und Prämienuntergrenze: Beim Prämienentgelt ist es erforderlich eine Begrenzung der Prämie nach oben und unten zu vereinbaren.

Eine Prämienuntergrenze stellt eine Mindestabsicherung für die im Prämienentgelt Beschäftigten dar. Die Prämienobergrenze stellt dagegen eine Leistungsobergrenze dar. Damit entfällt der finanzielle Anreiz, die eigenen Leistungsgrenzen kurzfristig zu überschreiten oder persönliche Zeiten und Erholungszeiten wegen des Mehrverdienstes nicht in Anspruch zu nehmen. Prämienober- und -untergrenzen werden im Rahmen der Prämienentgeltlinie vereinbart. Wichtig ist die Regelung, dass die Prämienobergrenze erreichbar sein muss. In einigen Tarifverträgen ist dieser Grundsatz festgelegt.

Entgelt-Leistungs-Relation (Prämienentgeltlinie): Beim Prämienentgelt ist das Verhältnis von Entgelt und Leistung in einer Betriebsvereinbarung zu regeln. Es kann, aber muss nicht proportional sein. Üblicherweise wird dieses Verhältnis mit einer Prämienentgeltlinie in einem Entgelt-Leistungs-Diagramm vereinbart. Es sind aber auch Prämientabellen üblich. In der Praxis ist die Vereinbarung des Verhältnisses von Entgelt und Leistung natürlich die konfliktträchtigste Frage. Aus Übersicht 5.23 gehen die wichtigsten Regelungspunkte hervor:

- Prämienbezugsgröße (1),
- Prämienendleistung (2),
- Prämien-Endentgelt (3)
- Prämienausgangsleistung (4),
- Prämienausgangsentgelt (5),
- Prämienentgeltlinie (6).

In der betrieblichen Praxis gibt es zahlreiche Formen von Prämienentgeltlinien. Von den in der Übersicht 5.24(a) + (b) angegebenen Prämienentgeltlinien sind die feste und variable Standardprämie sowie die Vario-Prämie zu empfehlen.

5.5.4 Standardentgelt, Standardleistung, Personalbemessung

Bei der Arbeit an Fließbändern und computergesteuerten Produktionsanlagen können die einzelnen Beschäftigten nicht beliebig langsamer oder schneller arbeiten, sondern ein geplantes Produktions-Soll ist einzuhalten. Dies wird bei CNC-Maschinen und verketteten Fertigungssystemen durch die Maschinenlaufzeiten bzw. Prozesszeiten bestimmt.

Mit computergesteuertem System zur Produktionsplanung und -steuerung (PPS) werden die Durchlaufzeiten der einzelnen Werkstücke über mehrere Bearbeitungsstufen in ihrem zeitlichen Ablauf exakt vorgeplant. Schlagworte wie »Just-in-time« kennzeichnen Logistik-Konzepte, die auf eine termingenaue Produktion angewiesen sind. Ein individuell schnelleres oder langsameres Arbeiten ist unter diesen Bedingungen kaum möglich. Von den Beschäftigten wird die Einhaltung eines Produktionsprogramms, also die Einhaltung einer konstanten Leistung verlangt. Insofern ergibt sich auch aus der Logik dieser Produktionsprozesse, dass es sinnvoll ist, ein Standardentgeltsystem zu vereinbaren.

Definition
Die Entgeltmethode Standardentgelt liegt vor, wenn für die Einhaltung einer vereinbarten Standardleistung ein Standardentgelt gezahlt wird.

Beim Standardentgelt werden also Soll-Zeiten vorgegeben, die einem höheren Leistungsniveau als bei Anreizprämien entsprechen. Die ermittelten Ist-Zeiten werden nicht mit einem Leistungsgrad oder -faktor korrigiert. Stattdessen vereinbaren Geschäftsleitung und Betriebsrat auf der Grundlage der ermittelten Ist-Zeiten eine Soll-Zeit – die Standardleistung. Diese Soll-Zeit kann nicht unterschritten, sondern soll eingehalten werden, sie stellt somit die Leistungsobergrenze dar. Bei vergleichbaren Bedingungen ist die Soll-Zeit im Standardentgelt niedriger (da keine Beurteilung des Leistungsgrades erfolgt und sich die Verteilzeit- und Erholzeitzuschläge auf die Ist-Zeit beziehen) als die Vorgabezeit im Akkordentgelt. Sie ist gleichzeitig die zu erwartende Mengen-Leistung der im Standardentgelt Beschäftigten, die einzuhalten ist (Übersicht 5.25).
Die Standardleistung ist eine Mengenleistung, die zumutbar und erreichbar ist. Sie muss über ein Arbeitsleben ohne körperliche, geistige oder seelische Gesundheitsschäden erreichbar sein.
Diese Definition der Standardleistung ersetzt die Definition der Normalleistung, wie sie im Akkord üblich ist (vgl. Kapitel 6).
In Verhandlungen über das feste Standardentgelt stellt sich natürlich die Frage, was passiert, wenn die Standardleistung nicht erreicht wird. Anders formuliert: Wie viel Entgelt erhalten die Beschäftigten, wenn weniger als die vereinbarte Stückzahl pro Schicht hergestellt wird? Es erfolgt keine Verdienstminderung, aber es werden die Ursachen geprüft und Maßnahmen vereinbart, die die Erreichbarkeit der Standardleistung sicherstellen. Im Akkord würde der Verdienst proportional sinken. Es sei denn, die Beschäftigten erhalten für Stör- und Wartezeiten einen Verrechnungszettel und damit seinen Durchschnittsverdienst. In der Praxis erreichen fast alle Beschäftigten den im jeweiligen Betrieb üblichen Verdienstgrad.
Für manche mag es ungewohnt sein, dass im Standardentgelt ständig eine bestimmte Leistung erbracht werden muss. Dieses System kann nur dann zur Zufriedenheit der Beschäftigten funktionieren, wenn die vereinbarte Standardleistung bei Einhaltung der Verteil- und Erholungszeiten zumutbar und erreichbar ist; und zwar von allen Beschäftigten.
Bei Verhandlungen um ein Standardentgeltmodell wird von Unternehmen immer wieder behauptet, das Leistungsprinzip sei nicht gewährleistet. Wenn jemand im Leistungsentgelt nur 110 % leiste, könne er auch nur 110 % verdienen. Dieses Argument ist völlig praxisfern, denn bei zwangsgesteuerten Arbeitsabläufen, wie sie beim Einsatz weitgehend automatisierter bzw. computergestützter Technologien üblich sind, besteht überhaupt nicht die Möglichkeit, eine niedrigere als die geplante Leistung zu erreichen (CNC-Maschinen, Fließband, Just-in-time bzw. Just-in-sequenz). Diese Systeme basieren auf dem Grundgedanken einer geplanten zu erwartenden Soll-Leistung.
Wird in einem festen Standardprämien-System die Standardleistung nicht erreicht, erfolgt keine Verdienstminderung. Geschäftsleitung und Betriebsrat prüfen jedoch die Ursachen und beraten Maßnahmen, die sicherstellen, dass die Standardleistung in Zukunft erreicht wird. Gibt es darüber Streitigkeiten, entscheidet die Einigungsstelle.

Übersicht 5.24a: Verschiedene Prämienentgeltsysteme

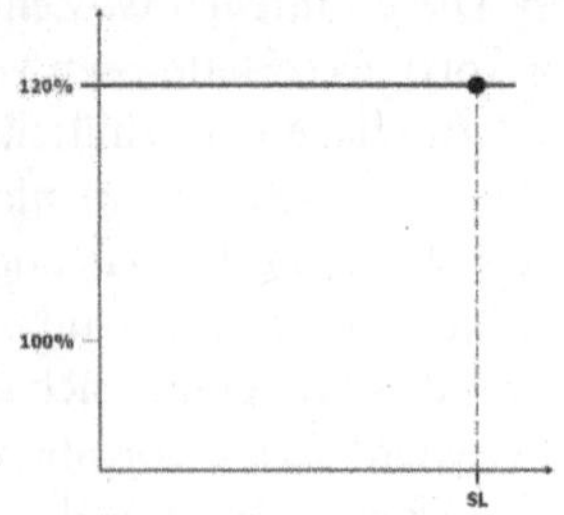	**Feste Standardprämie** Für die Einhaltung einer fest vereinbarten Standardleistung (SL) wird ein fest vereinbartes Standardentgelt gezahlt, z.B. 120%. Unterschreitungen der Standardleistung führen zu keiner Verdienstminderung. Die Einhaltung der Standardleistung ist der Regelfall.
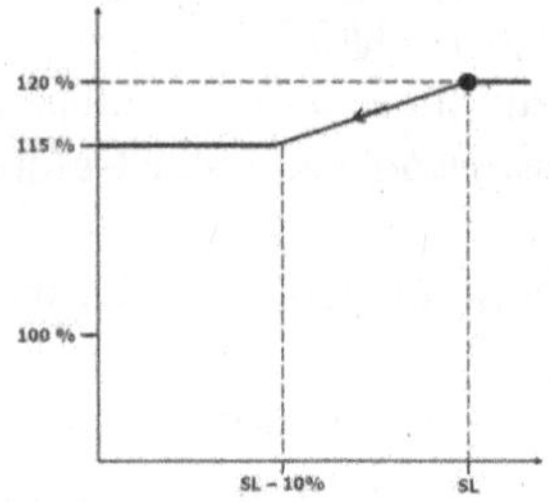	**Variable Standardprämie** Für die Einhaltung einer vereinbarten Standardleistung (SL) wird ein vereinbartes Standardentgelt gezahlt, z.B. 120%. Unterschreitungen der Standardleistung um 10% führen, sofern die Beschäftigten dies zu vertreten haben, zu einer Verringerung des Standardentgeltes von 5%.
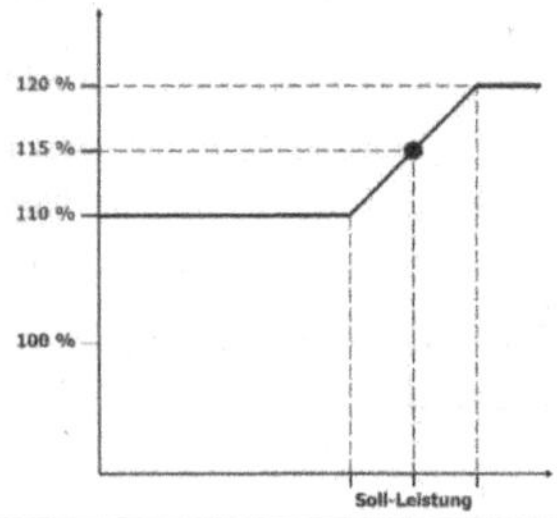	**Vario-Prämie:** Für die Einhaltung einer vereinbarten Soll-Leistung wird ein zugeordnetes Prämienentgelt gezahlt (z.B.115%). Prämienentgelt und Prämienleistung können um plus/minus 5% schwanken.
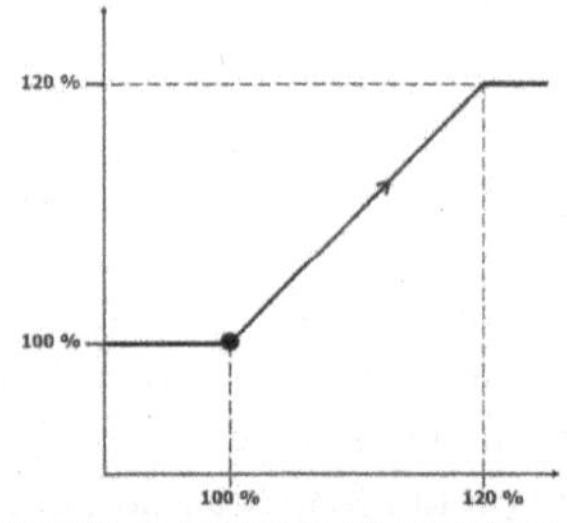	**Proportionale Anreizprämie (ähnlich wie Akkord, jedoch nach oben begrenzt)** Für die Bezugsleistung von 100% wird 100% des Tarifentgeltes bezahlt. Leistungssteigerung führt zu einer proportionalen Entgelterhöhung (Verhältnis 1:1) bis zur Prämienobergrenze von z.B. 120%.

In Abwandlung von der festen Standardprämie kann auch eine variable Standardprämie vereinbart werden. Bei dieser Prämie erfolgt diese Regelung etwas anders. Auch hier wird eine Standardleistung vereinbart, die von den Beschäftigten einzuhalten ist. Wird diese Standardleistung nicht erreicht, gibt es zwei Möglichkeiten: Eine Unterschreitung der Standardleistung aus Gründen, die die Beschäftigten nicht zu vertreten haben, zieht keine Verdienstminderung nach sich (z. B. Stör- und Wartezeiten). Bei einer Unterschreitung der Standardleistung aus Gründen, die die Beschäftigten zu vertreten haben, verringert sich das

Übersicht 5.24b: Verschiedene Prämienentgeltsysteme

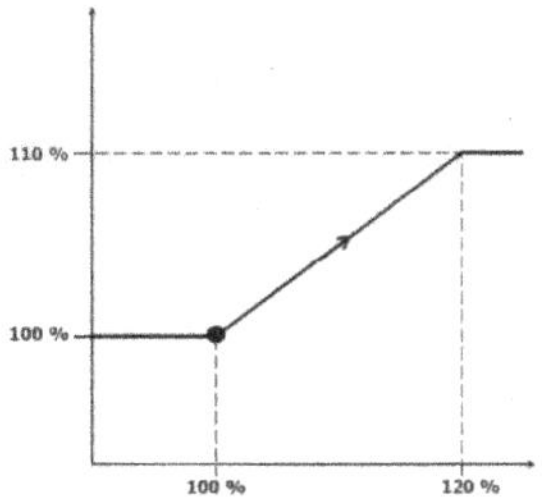

Unterproportionale Prämie
Die Prämienentgeltlinie verläuft linear, aber unterproportional. Eine Leistungssteigerung von 20% führt nur zu einer Entgelterhöhung von 10% (gegenüber dem Akkord bedeutet dies eine erhebliche Verschlechterung).

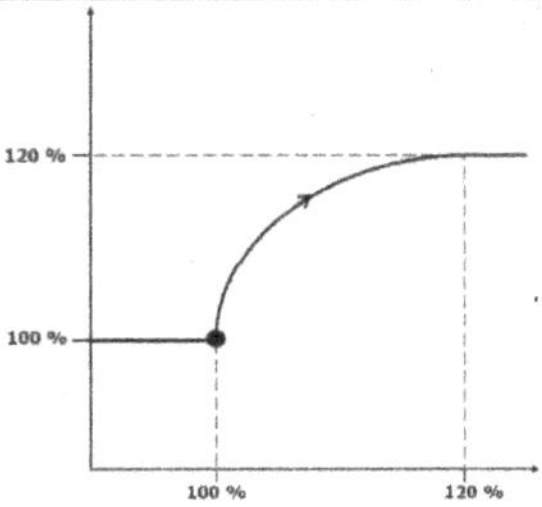

Degressive Prämie
Eine Leistungssteigerung führt zunächst zu hohen, dann aber zu ständig geringer werdenden Entgeltsteigerungen (insgesamt unterproportional, d.h. schlechter als das Akkordentgelt).

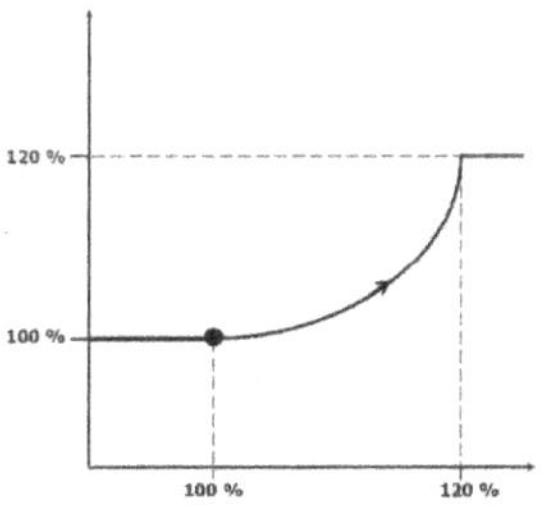

Progressive Prämie
Eine Leistungssteigerung führt zunächst zu geringen, dann aber zu immer höheren Entgeltsteigerungen. Erst bei 120% ergibt sich eine proportionale Zuordnung.

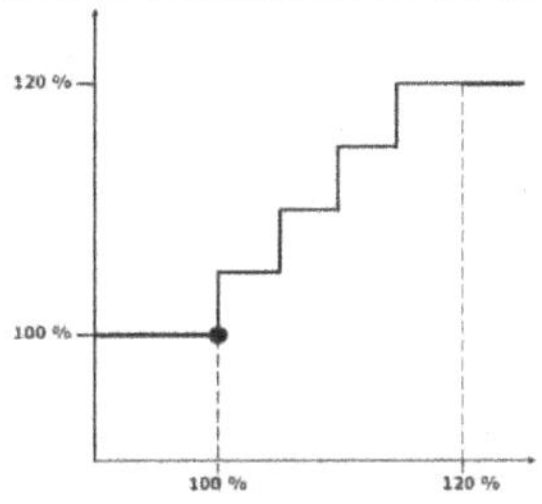

Gestaffelte Prämie
Leistungssteigerungen führen in Stufen oder Sprüngen zu Entgeltsteigerungen.

Standardentgelt entsprechend der vereinbarten Prämienentgeltlinie. Hier empfiehlt sich die Vereinbarung einer unterproportionalen Linie (z. B. minus 10 % Standardleistung ergibt minus 5 % Standardentgelt). Wird die Standardleistung nicht erreicht, sollten auch bei der variablen Standardprämie die Ursachen geprüft werden und entsprechende Maßnahmen eingeleitet werden.

Übersicht 5.25: Vorgabe und Sollzeiten (Soll-Leistung)

Aufbau einer Vorgabezeit

Ist-Zeit (t_i) =	10,00′
+ LG-Beurteilung (120%) =	2,00′
Grundzeit (t_g) =	12,00′
+ sachl. Verzeilzeit (t_{vs}) 5% =	0,60′
+ pers. Verteilzeit (t_{vp}) 5% =	0,60′
+ Erholzeit (t_{er}) 5% =	0,60′
Vorgabezeit (t_e) (= 100% Akkordrichtsatz) =	13,80′

Sollleistung (Stück/Schicht)

Ist-Zeit 10′ (= Sollzeit)/Brutto-Schicht-Zeit 420′ (7 Stunden) t_{vs} = 5% / t_{vp} = 5% / t_{er} = 5%

Brutto-Schicht-Zeit =	420′
- sachl. Verteilzeiten 5% =	21′
- pers. Verteilzeiten 5% =	21′
- Erholzeit 5% =	21′
Netto-Zeit =	357′

357′ : 10′ = 35,7 Stück/Schicht = Sollleistung

Akkord-Diagramm

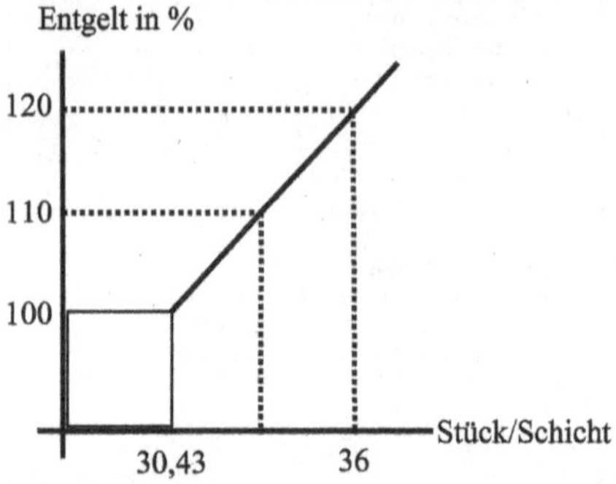

420′ : 13,80 = 30,43 Stück x 1,2 = 36 Stück
oder
7 x 72 = 504′
504′ : 13,80 = 36 Stück
Die Vorgabezeit (100%) enthält eine Verdienstchance. Durch ihre Unterschreitung ergibt sich der Akkordverdienst.

Standardprämie

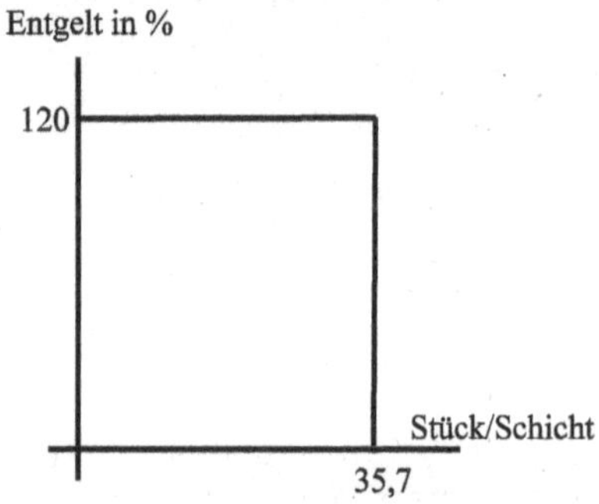

Die Sollzeit (Sollleistung) enthält keine Verdienstchance. Für ihre Einhaltung wird das Standardentgelt bezahlt.

Vorteile des Standardentgelts

- Da ein festes Leistungsentgelt gezahlt wird, entfällt die Unsicherheit, ob der übliche Mehrverdienst erreicht wird. Hat man einmal einen schlechten Tag, führt dies nicht zu einer Verdienstminderung.
- Durch die Vereinbarung eines festen Leistungsentgelts entfällt der finanzielle Anreiz zu Höchstleistungen, die nur für eine begrenzte Zeit erbracht werden können.
- Treten Störungen und Unregelmäßigkeiten bei der Arbeit auf, führt dies nicht zu Verdienstminderungen.
- Auf der Grundlage gemessener Ist-Zeiten werden Soll-Zeiten vereinbart. Die äußerst problematische Beurteilung des Leistungsgrades kann entfallen (vgl. Kap. 6).

- Angesichts der technischen Entwicklung mit immer mehr geplanten, verketteten und standardisierten Arbeitsabläufen stellt das Standardentgelt auch in Zukunft ein tragfähiges Entgeltsystem dar.
- Gegenüber dem Zeitentgelt besteht der Vorteil, dass die Leistung nicht einseitig vom Unternehmer vorgegeben wird, sondern zwischen Betriebsrat und Geschäftsleitung vereinbart wird.

Auch aus der Sicht der Unternehmer bietet das Standardentgelt verschiedene Vorteile, sodass auf dieser Grundlage in vielen Betrieben tragfähige Kompromisse vereinbart wurden:

- Die Logik der Rationalisierungsprozesse läuft auf die exakte Vorplanung und Einhaltung einer konstanten Soll-Produktion hinaus. Diesen Konzepten kommt der Gedanke des Standardentgelts entgegen.
- Die Termin-, Kapazitäts- und Kostenplanung erfolgt auf der Basis fester, verlässlicher Zeitdaten.
- Es gibt keine Unterscheidung mehr zwischen Sollzeiten und Vorgabezeiten. Bei einem Standardentgeltsystem sind die Zeitdaten sowohl für die Entlohnung als auch für die Termin- und Kapazitätsplanung einsetzbar.

Bei der Vereinbarung von Standardentgeltsystemen bestehen natürlich weiterhin Konflikte und gegensätzliche Interessen, z. B. über die Höhe des Standardentgelts und der Standardleistung sowie der Erholungszeiten. Nachdem sich Betriebsrat und Geschäftsleitung über diese strittigen Fragen geeinigt haben und eine Betriebsvereinbarung abgeschlossen haben, bewähren sich Standardentgeltsysteme in der betrieblichen Praxis, so z. B. bei der Mehrheit der deutschen Autokonzerne. Die Vereinbarung von Standardentgeltsystemen ist auf der Grundlage der Tarifverträge der Metallindustrie im Rahmen des Prämienentgelts möglich.

Tarifvertrag

»Standardentgelt (Standardprämie) liegt vor, wenn für die Einhaltung einer vereinbarten Standardleistung ein festes Leistungsentgelt gezahlt wird. Mit Zustimmung der Tarifvertragsparteien kann Standardentgelt eingeführt werden. Die Höhe der Standardleistung und des festen Leistungsentgelts sind durch Betriebsvereinbarung zu regeln.«
(§ 11 Abs. 3 ERA-Tarifvertrag Niedersachsen)

Standardentgelt: Vereinbarung der Soll-Personalbesetzung und des Arbeitspensums

Bei allen Leistungsentgelt-Systemen werden die Leistungsbedingungen nicht nur durch die direkten Leistungsvorgaben sondern auch durch die Personalbemessung bestimmt, mit der die Leistungsvorgaben erfüllt werden müssen. Im Standardentgelt ist es möglich Soll-Personalbesetzungen und Arbeitspensen zu vereinbaren.

- Für einzelne Arbeitssysteme oder Abteilungen werden zwischen Geschäftsleitung und Betriebsrat jeweils ein mengenmäßig beschriebenes Arbeitspensum (Standardleistung) und die dazu erforderliche Soll-Personalbesetzung vereinbart.

- Die Soll-Personalbesetzung ist so festzulegen, dass das vereinbarte Arbeitspensum innerhalb der tariflichen Arbeitszeit bei Einhaltung von persönlichen Verteilzeiten und Erholungszeiten erledigt werden kann.
- Die Vereinbarung des Arbeitspensums und der Soll-Personalbesetzung erfolgt entweder auf der Grundlage von Erfahrungswerten oder auf der Grundlage von ermittelten Ist-Daten: Die Methoden der Datenermittlung sind zwischen Geschäftsleitung und Betriebsrat zu vereinbaren. Das Arbeitspensum (die Standardleistung) muss für jeden Beschäftigten zumutbar und erreichbar sein.
- Für die Einhaltung des Arbeitspensums (Standardleistung) ist ein festes Standardentgelt zu zahlen, das über dem tariflichen Grundentgelt liegt.
- Die Soll-Personalbesetzung ist die bei Arbeitsbeginn erforderliche Anzahl von anwesenden Beschäftigten. Für Urlaub, Krankheit, freie Tage usw. ist für die Personalplanung zwischen Geschäftsleitung und Betriebsrat ein prozentualer Zuschlag zu vereinbaren.
- Die Soll-Personalbesetzung darf nur verringert werden, wenn dies durch technisch-organisatorische Änderungen oder Änderungen im Arbeitsanfall gerechtfertigt ist. Dann ist die Soll-Personalbesetzung neu zwischen Geschäftsleitung und Betriebsrat zu vereinbaren.
- Bei einer Erhöhung des Arbeitspensums und/oder einer Verkürzung der tariflichen Wochenarbeitszeit muss die Soll-Personalbesetzung entsprechend erhöht werden. Sie ist zwischen Geschäftsleitung und Betriebsrat neu zu vereinbaren.
- Die Soll-Personalbesetzung kann von den betroffenen Beschäftigten oder dem Betriebsrat reklamiert werden.
- Bei Streitigkeiten über die Vereinbarung des Arbeitspensums und der Soll-Personalbesetzung entscheidet die Einigungsstelle.

Im Haustarifvertrag für die Volkswagen AG sind Regelungen zur Personalbemessung im Leistungsentgelt AK (AK = arbeitssystembezogene Kenndaten) vereinbart:

> **Tarifvertrag**
> *»12.5 SOLL-Personalbesetzung bei Leistungsentgelt AK.*
> *12.5.1 Die SOLL-Personalbesetzung ist so bemessen, dass die arbeitssystembezogenen Kenndaten auf der Grundlage der VW-Standardleistung eingehalten werden.*
> *12.5.2 Die SOLL-Personalbesetzung wird zwischen den Beauftragten des Unternehmens und des Betriebsrates auf der Grundlage der ermittelten Daten festgesetzt.*
> *12.5.3 Die SOLL-Personalbesetzung darf nur geändert werden, wenn dies durch Änderung der arbeitssystembezogenen Kenndaten oder durch Fehler begründet ist.«*
> (§ 12 Ziff. 5 Tarifvertrag über Leistungs- und Personalbemessung, Volkswagen AG)

Bei der Vereinbarung der Personalbesetzung sind in der Praxis die erforderlichen Zuschläge für Pausen, persönliche Zeiten und Erholungszeiten zu berücksichtigen (Ablöse-Zuschlag) sowie die Zuschläge für Abwesenheit wegen Urlaub und (durchschnittlichen) Krankenstand (Abwesenheits-Zuschlag). Das Berechnungsschema sieht wie folgt aus:

Grund-Personalbesetzung **+ Ablöse-Zuschlag**
= Netto-Personalbesetzung **+ Abwesenheits-Zuschlag**
= Brutto-Personalbesetzung

Die **Grund-Personalbesetzung** ist ein theoretischer Wert, der die Personalbesetzung bezeichnet, die technisch bzw. organisatorisch erforderlich ist, um das Arbeitssystem »am Laufen zu halten«. Würde lediglich die Grund-Personal-Besetzung vereinbart, könnte keiner der Beschäftigen Pausen in Anspruch nehmen. Daher ist ein Ablöse-Zuschlag erforderlich.
Der **Ablöse-Zuschlag** ergibt sich, dass die Beschäftigten einen Anspruch auf Pausen nach dem ArbZG, persönliche Zeit (5 %) und evtl. auf Erholzeiten haben. Wenn das Arbeitssystem in diesen Zeiten weiterläuft, muss die Pausenentnahme individuell erfolgen, so dass sich je nach den Gegebenheiten des Arbeitssystems ein Ablöse-Zuschlag bzw. ein Ablöseverhältnis vereinbart werden muss. In der Praxis liegt dieses Verhältnis in einer Größenordnung von 1 : 5, teilweise auch bei 1 : 4.
Die **Netto-Personalbesetzung** ergibt sich aus der Grund-Personalbesetzung zuzüglich des Ablöse-Zuschlages. Die Netto-Personalbesetzung ist die Personenzahl, die während der gesamten Arbeitszeit anwesend sein muss.
Durch den **Abwesenheits-Zuschlag** sollen folgende Abwesenheitszeiten abgedeckt werden:

- Urlaub,
- Freischichten aufgrund der Arbeitszeitregelung,
- Krankheit,
- Sonstiges.

Die Höhe des Zuschlages wird im Betrieb aufgrund von Erfahrungswerten zwischen Management und Betriebsrat vereinbart.
Die **Brutto-Personalbesetzung** ist eine rechnerische Größe für die Personalplanung des Unternehmens. Sie stellt die erforderliche Personalbesetzung unter Berücksichtigung aller Umstände dar, aufgrund deren Beschäftigte nicht direkt am Arbeitsplatz einsetzbar sind.

5.5.5 Variable Prämienmodelle

Vario-Prämie: Mit der sog. Vario-Prämie hat sich in den letzten Jahren in der Metall- und Elektroindustrie verstärkt ein Prämienmodell verbreitet, das auf einem der Standardprämie vergleichbaren Ansatz beruht.

Definition
Bei der Vario-Prämie wird die Soll-Leistung vereinbart, die durchschnittlich erwartet wird. Dieser Leistung wird ein entsprechendes Prämienentgelt zugeordnet. Die Soll-Leistung kann innerhalb einer definierten Spannbreite – z. B. plus/minus 5 % – über- oder unterschritten werden. Der Prämienverdienst ändert sich entsprechend.

Anwendungsbereiche der Vario-Prämie liegen dort, wo aufgrund der technischen und/oder organisatorischen Bedingungen gewisse, durch die Beschäftigten beeinflussbare Leistungsschwankungen möglich sind. Während die Standardentgeltsysteme bei der Mehrheit der deutschen Autokonzerne Eingang in die betriebliche Praxis gefunden haben, finden sich Vario-Prämien beispielsweise im Maschinenbau, der Automobilzuliefer- oder der Elektroindustrie.

Vergleicht man Standardentgelt und Vario-Prämie (Übersicht 5.26), so zeigen sich viele Gemeinsamkeiten und einige Unterschiede:

- Auch die Vario-Prämie bricht mit dem Prinzip des unbegrenzten Entgeltanreizes.
- Der Sollzeit liegt eine durchschnittliche Leistungserwartung zugrunde. Sie entspricht – ebenso wie die Soll-Leistung im Standardentgelt – nicht den Vorgabezeiten des Akkords, sondern einem höheren, zumutbaren Leistungsniveau. Denn: die ermittelten Zeiten werden nicht mit einem Faktor oder Leistungsgrad korrigiert.
- Der wesentliche Unterschied zum Standardentgelt besteht in dem vereinbarten »Korridor«, der Leistungs- und Verdienstschwankungen zulässt.

Übersicht 5.26: Modell: Varioprämie

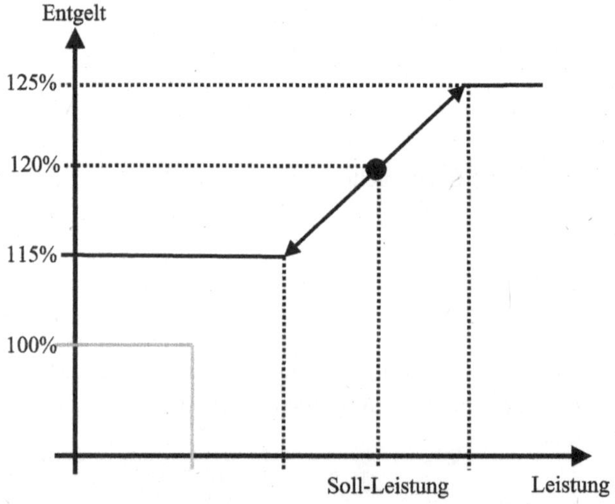

Gestaltungshinweise

Prämien-Soll-Leistung: Die Prämien-Soll-Leistung ist die vereinbarte Mengenleistung. Sie kann X % über- oder unterschritten werden. Das Erreichen der Prämienendleistung muss körperlich, sozial und psychisch zumutbar sein.

Prämienentgelt: Für die Einhaltung der Prämien-Soll-Leistung wird ein Prämienentgelt in Höhe X % des Tarifentgeltes gezahlt.

Eine Über- oder Unterschreitung der Prämien-Soll-Leistung führt zu einer direkt proportionalen Änderung des Prämienentgeltes (entspricht der vereinbarten Prämienentgeltlinie).
Unterschreitung der Prämien-Soll-Leistung: Eine Unterschreitung der Prämien-Soll-Leistung, die die/der Beschäftigte nicht zu vertreten hat, führt zu keiner Verdienstminderung.
Wird die Prämien-Soll-Leistung aus Gründen, die die/der Beschäftigte nachweislich zu vertreten hat, nicht erreicht, so vermindert sich das Prämienentgelt entsprechend der vereinbarten Prämienentgeltlinie.
Wird die Prämien-Soll-Leistung in zwei aufeinanderfolgenden Abrechnungszeiträumen nicht erreicht, so haben die Beauftragten des Arbeitgebers und des Betriebsrates die Ursachen zu prüfen. Streitigkeiten werden in der paritätischen Kommission behandelt.
Der Prämienverdienst der Beschäftigten darf X % des Tarifentgeltes nicht unterschreiten.
Die Prämienentgeltlinie verläuft direkt proportional im Verhältnis 1 : 1, gemäß dem vereinbarten Diagramm.

Vorteile der Vario-Prämie

- Zwischen der vereinbarten Leistungsobergrenze und -untergrenze sind nur begrenzte Schwankungen von Leistung und Mehrverdienst möglich. Damit entfällt der finanzielle Anreiz für Höchstleistungen. Gleichzeitig ist das Entgeltrisiko nach unten begrenzt.
- Gegenüber dem Zeitentgelt besteht der Vorteil, dass die Leistung nicht einseitig durch den Arbeitgeber vorgegeben, sondern zwischen Betriebsrat und Geschäftsleitung vereinbart wird.
- Mit einer Vario-Prämie können Leistungsentgeltsysteme aufgebaut werden, die ohne den problematischen Leistungsgrad eine »einfache« Leistungsbemessung gewährleisten und gleichzeitig den Beschäftigten eine angemessene Verdienstchance eröffnen. Das Leistungsentgelt soll einen begrenzten Entgeltanreiz bieten, einfach und »unbürokratisch« sein und auf aufwändige Datenermittlungsmethoden verzichten. Keine Seite hat ein Interesse an der problematischen Leistungsgradbeurteilung. Für die Leistungsbemessung soll auf Erfahrungswerte, Maschinendaten oder ähnliches, also auf eine bislang schon von den Beschäftigten erbrachte Leistung, zurückgegriffen werden. Oder: Nicht Zeiten oder Stückzahlen sollen als Bezugsgröße herangezogen werden, sondern die Maschinennutzung oder die Produktivität einzelner Gruppen. Auch bei diesen Parametern kann auf Leistungsdaten zurückgegriffen werden, die aus der Vergangenheit bekannt sind und von den Beschäftigten über einen längeren Zeitraum bereits erbracht wurden. Eine Leistungsgradbeurteilung wäre unsinnig.

Wird diese Ist-Leistung jetzt aber zum Ausgangspunkt einer Anreizprämie gemacht und mit 100% bewertet, dann kommt es zu einschneidenden Entgeltverlusten bei den Beschäftigten, die nur durch übergroße Leistungssteigerungen kompensiert werden können. Denn für die bisher erbrachte Leistung wurde im

Akkord ein höherer Verdienstgrad verrechnet, und selbst im Zeitentgelt liegt die Leistungszulage deutlich über dem Grundentgelt. Aufbau und Logik der Vario-Prämie tragen dazu bei, dieses Risiko zu vermeiden, da bei diesem Entgeltmodell einer durchschnittlichen Leistungserwartung ein entsprechender Prämienverdienst zugeordnet und auf die Festlegung eine 100 %-Leistung verzichtet wird. Die Vario-Prämie bietet die Möglichkeit, im Rahmen einer betrieblichen Kompromissbildung in Betrieb oder Abteilung übliche Leistungsniveaus und Verdienstgrade abzubilden und abzusichern.

Variable Standardprämie

Die variable Standardprämie kombiniert die Modelle Standardprämie und Vario-Prämie siehe Übersicht 5.27.

Übersicht 5.27: Modell: Variable Standardprämie

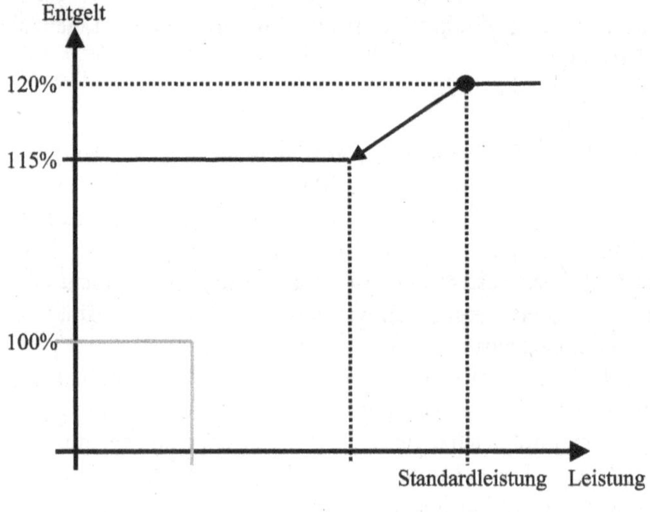

Gestaltungshinweise

- Die Unterschreitung der Prämienendleistung, die die Beschäftigten nicht zu vertreten hat, führen zu keiner Verdienstminderung. Wird die Prämienleistung aus Gründen, die die Beschäftigten nachweislich zu vertreten hat, nicht erreicht, so vermindert sich das Prämienentgelt (z. B. höchstens um X %) entsprechend der vereinbarten Prämienentgeltlinie.
- Wird die Prämienendleistung in zwei aufeinanderfolgenden Abrechnungszeiträumen nicht erreicht, so haben die Beauftragten des Arbeitgebers und des Betriebsrates die Ursachen zu prüfen. Streitigkeiten werden in der paritätischen Kommission behandelt.
- Der Prämienverdienst der Beschäftigten darf X % des Tarifentgeltes nicht unterschreiten.

5.5.6 Bezugsgrößen und Kennzahlen

War traditionell die Auswahl der Bezugsgrößen im Prämienentgelt relativ begrenzt, so zeigen die Vorschläge von Arbeitgeberverbänden und Unternehmensberatern ein breites Spektrum von möglichen Parametern zur Leistungsbemessung und eine Vielzahl an Varianten und Kombinationsmöglichkeiten. Und auch aus Sicht der Beschäftigten und der Interessenvertretung kann es sinnvoll sein, neue Bezugsgrößen zu entwickeln.

Die grundlegende strategische Orientierung des Managements wurden bereits im Kapitel 5.1 erläutert. Im Folgenden soll es um ganz praktische Fragen der Leistungsbemessung gehen: Welche Parameter sind nicht akzeptabel? Welche können in unterschiedlichen Bereichen (Büro und Produktion) genutzt werden und wie sollten sie gestaltet sein?

Die folgenden Kennzahlen und Bezugsgrößen können in fünf große Gruppen unterteilt werden:

- Quantität (Stückzahl, Sollzeit, Vorgabezeit, Calls, bearbeitete Vorgänge pro Tag usw.)
- Unternehmenskennzahlen (Herstellungskosten, Umsatz, Gewinn, EBIT, usw.)
- Qualität (Gutstück, Ausschuss)
- Nutzung der Anlagen (Nutzungsgrad, Nutzung/Stillstand, usw.)
- Produktivitätskennzahlen

Ein Teil der Bezugsgrößen kann je nach Arbeitssystem und den vereinbarten Regelungen zu akzeptablen Verdienstchancen und Leistungsbedingungen führen. Der andere Teil muss aus gewerkschaftlicher Sicht abgelehnt werden, da er nicht beeinflussbar ist, zu unzumutbaren Leistungsbedingungen führt und/oder gegen Tarifverträge bzw. Gesetze verstößt.

a) Quantität (Stückzahl, Vorgabezeit, Sollzeit, Calls, bearbeitete Vorgänge pro Tag, usw.)

Hierbei handelt es sich um Bezugsgrößen, die in den Betrieben nach wie vor einen sehr hohen Verbreitungsgrad haben.

Stück pro Schicht: Diese einfache und transparente Bezugsgröße lässt sich überall dort einsetzen, wo die Kennziffer nicht durch unterschiedliche Fertigungszeiten für verschiedene Varianten oder Baugruppen beeinflusst wird.

Beispiel: An einem Montagearbeitsplatz werden Wasseruhren eines Typs montiert. Die vorgegebene Stückzahl beträgt 1000 pro Schicht. Dafür erhalten die Beschäftigten eine Prämie von × %.

Vorgabezeit bzw. Zeitgrad: Die Vorgabezeit ist die bedeutendste traditionelle Bezugsgröße im Leistungsentgelt. Sie stammt ursprünglich aus dem klassischen Akkord und wurde bzw. wird auch heute noch in Prämienentgeltsystemen verwendet:

$$Zeitgrad = \frac{Vorgabezeit}{gebrauchte\ Zeit} \times 100\,\%$$

Sollzeit: In Leistungsentgeltsystemen wird heute häufig nicht mehr mit Vorgabezeiten und Leistungsgradbeurteilung operiert, sondern es wird auf Basis von

Ist-Zeiten und Verteilzeiten eine zumutbare Soll-Leistung mit dem Betriebsrat vereinbart. Die Ist-Zeiten können mit unterschiedlichen Datenermittlungsmethoden ermittelt werden. In diesem Zusammenhang ist auch die Anwendung des MTM-Systems zur Arbeitsgestaltung und Sollzeit-Ermittlung zu sehen. Die MTM-Zeiten bilden die Grundlage für die Prämienendleistung bzw. die Standardleistung (vgl. Kapitel 6.5).

Bewertung aus gewerkschaftlicher Sicht
Sicherlich handelt es sich bei der Vorgabezeit bzw. dem Zeitgrad um eine bewährte Form der Leistungsdefinition. Ob die Leistungsbedingungen und der Verdienstgrad der Beschäftigten akzeptabel gestaltet sind, hängt wesentlich vom Aufbau der Vorgabezeit und der ausreichenden Bemessung der einzelnen Zeitarten ab. Ob die Vorgabezeit ausreichende persönliche und sachliche Verteilzeiten enthält und ggf. notwendige Erholzeiten angemessen berücksichtigt sind usw., sind entscheidende Prüfkriterien (vgl. Kapitel 6).
Im Leistungsentgelt wird für die Einhaltung der Vorgabezeit ein tarifliches »Ausgangsentgelt« bezahlt. Die Verdienstchance der Beschäftigten liegt folglich in der Unterbietung der Zeiten. Um dies zu gewährleisten, wird bei der Ermittlung der Vorgabezeit ein Leistungsgrad festgelegt. Die Höhe des Leistungsgrades entscheidet somit wesentlich über die Verdienstchance der Beschäftigten.
Unter heutigen Bedingungen stößt diese Art der Leistungsbestimmung allerdings zunehmend an Grenzen. Einige wenige Gründe mögen zur Illustrierung genügen:

- Angesichts neuer Produktionskonzepte und verstärktem Technikeinsatz kommt es immer häufiger vor, dass die Beschäftigten ihr Arbeitstempo nicht mehr selbst bestimmen und Vorgabezeiten gar nicht mehr unterboten werden können.
- Die Bestimmung der Vorgabezeit mithilfe der Leistungsgradbeurteilung ist ein aufwändiges Verfahren. Bei wachsender Varianten- und Typenvielfalt stehen Aufwand und Nutzen in einer oft nicht mehr vertretbaren Relation.

Bei der Soll-Zeit handelt es sich um eine nachvollziehbare, mess- und zählbare Größe, die gerade auch die Anforderungen moderner Produktionssysteme erfüllt. Sie überwindet die Schwächen der alten Leistungsgradbeurteilung und schafft neue Spielräume für einfache Formen der Datenermittlung.
Da es sich bei Soll-Zeiten um Leistungsvorgaben ohne Verdienstchance handelt, muss darauf geachtet werden, dass für die Einhaltung nicht lediglich das tarifliche Grundentgelt gezahlt wird. Soll-Zeiten müssen in ein variables oder in ein Standardprämiensystem integriert werden.

b) Unternehmenskennzahlen (Herstellungskosten, Umsatz, Gewinn, ROI, EBIT, usw.)

Im Rahmen von Prämienentgeltverhandlungen oder als Bonus im Zeitentgelt werden als entgeltrelevante Kennzahlen von Unternehmern Größen vorgeschlagen, die sich direkt aus wirtschaftlichen Kennzahlen des Unternehmens ableiten. Zwei Beispiele:

»Ergebnisorientierte Prämie«
Umsatz des Bereiches
./. Materialaufwand
./. Personalaufwand
./. Gemeinkosten des Bereichs (ohne Overheadkosten)
= Ergebnis des Bereichs
Diese Kennziffer wird in einem Zeitraum ermittelt und als Ausgangsgröße festgelegt. Verbesserungen des Ergebnisses werden dann mit einem Bonus honoriert.
»Prämie oder Bonus für die Reduzierung der Herstellungskosten«
Die Herstellungskosten des gesamten Betriebes oder einzelner Abteilungen werden in Relation zum Umsatz betrachtet:

$$\frac{\textit{Herstellungskosten}}{\textit{Umsatz}} \times 100\,\%$$

Oder die Herstellungskosten werden im Verhältnis zur Anzahl der verkauften Produkte bewertet:

$$\frac{\textit{Herstellungskosten}}{\textit{Anzahl verkaufter Produkte}} \times 100\,\%$$

»Gewinnorientierte« Prämie
Bei diesen Prämien schlagen die Unternehmen vor, den in der Bilanz eines Unternehmens ausgewiesenen Gewinn eines Jahres als Prämienbezugsgröße zu verwenden. Im Rechnungswesen gibt es unterschiedliche Kennzahlen, die den »Gewinn« bezeichnen: Jahresüberschuss, operatives Ergebnis, Ergebnis vor bzw. nach Steuern oder die englische Abkürzung EBIT (**E**arnings **B**efore **I**nterest and **T**axes oder Ertrag vor Zinsen und Steuern).

Bewertung aus gewerkschaftlicher Sicht
Diese Kennzahlen sind als Prämienbezugsgrößen abzulehnen. Sie beziehen Faktoren ein, die völlig außerhalb des Einflussbereiches der Beschäftigten liegen, wie etwa die Absatzlage, das Geschick des Managements, Materialpreise usw. Letztlich werden hierbei unternehmerische Risiken auf die Beschäftigten verlagert.
Solche Kennzahlen als Prämienbezugsgrößen sind tarifvertragswidrig. So verlangt etwa der Entgelt-Rahmentarifvertrag in Nordrhein-Westfalen in § 8.1 »sachbezogene« Bezugsgrößen. Unter sachbezogenen Bezugsgrößen sind solche zu verstehen, die sich auch die Arbeitssituation des Beschäftigten beziehen. Tarifverträge schreiben auch vor, dass das Leistungsergebnis durch den Beschäftigten beeinflussbar sein muss (§ 9 ERA-Tarifvertrag Saarland). Aus den genannten Gründen lehnt die IG Metall eine Kopplung von Unternehmenserfolg und tariflichen Prämienbestandteilen ab. Eine Ausrichtung an wirtschaftlichen Kennzahlen kann lediglich »on top«, also oberhalb der bisherigen tariflichen Entgelte angesiedelt werden.

c) Qualität (Gutstücke und Ausschuss)

In den letzten Jahrzehnten sind die Qualitätsanforderungen sprunghaft angestiegen. Stichworte wie TQM (Total Quality Management), Null-Fehler-Prinzip und ISO-9000 ff. verdeutlichen dies. Vor diesem Hintergrund liegt es nahe, Qualität in einem Entgeltanreizsystem als Kennziffer zu integrieren. Grundsätzlich sind hierbei zwei Varianten zu unterscheiden:

Gutstückprämie

Hierbei werden in einem Prämiensystem nur Gutteile bezahlt. Dabei ist es völlig irrelevant, ob der bzw. die Beschäftigte tatsächlich Verantwortung für die Fehlerproduktion hat oder nicht. Egal ob Materialfehler, technische Mängel der Anlage oder schlechte Vorprodukte, der/die Beschäftigte bezahlt den Ausschuss mit einer niedrigeren Prämie.

Die Gutstückprämie findet sich in der Praxis und unterschiedlichen Darstellungsformen wieder. Beispiel:

$$\textit{Prämie} = \frac{\textit{Gutstücke} \times \textit{Vorgabezeit}}{\textit{gebrauchte Zeit}} \times 100\,\%$$

Solche Modelle sind rechtlich fragwürdig, heben sie doch das in Tarifverträgen und das gesetzlich (§ 276 BGB) verankerte »Verschuldensprinzip« auf.

> **Tarifvertrag**
> *»Ist fehlerhafte Arbeit ohne Verschulden des Beschäftigten entstanden, so darf sie keine Verdienstminderung zur Folge haben.«*
> (§ 16.3.1 Manteltarifvertrag Südbaden)

Qualität als weitere Prämienbezugsgröße

Anders als die Gutstückprämie, die Ausschuss und Mengenprämie miteinander kombiniert, arbeiten Prämien, welche die Qualität als zusätzliche Bezugsgröße darstellen.

Die Funktionsweise kann an einem Beispiel erläutert werden (Übersicht 5.28).

Bewertung aus gewerkschaftlicher Sicht

Solche Modelle sind aus gewerkschaftlicher Sicht differenziert zu bewerten: Einerseits unterwerfen sie einen gewissen Teil der Verdienstchance einer unsicheren Bezugsgröße. Denn auch in diesem Modell wird für die Ausschüttung der Qualitätsprämie und nicht nach dem Verschuldungsprinzip vorgegangen. Lediglich die Reduzierung des Ausschusses zählt. Andererseits haben sich solche Modelle in der Praxis durchgesetzt.

Übersicht 5.28: Qualitäts- und Mengenprämie

Qualitätsprämie	Qualitätsprämie für Ausschussreduzierung = z.B. 3%
Mengenprämie	Mengenprämie (z.B. Stück/Schicht) = z.B. 20%
Tarifliches Grundentgelt	1. Die Mengenprämie wird unabhängig vom Aussschussprozentsatz bezahlt. Es erfolgt kein Abzug bei unverschuldeter, fehlerhafter Produktion. 2. Die Mengenpämie stellt den wesentlichen Einkommensteil im Prämienbereich dar. 3. Die Qualitätsprämie wird „on top“ gezahlt. Allerdings nur dann, wenn der Ausschuss in einem vorher festgelegten Umfang reduziert wird.

Wenn der Bereich der Qualitätsprämie keine allzu große Verdienstspanne abdeckt und die Mengenprämie einen akzeptablen Verdienstgrad absichert, stellt diese Form einen praktischen Kompromiss dar.
Qualitätsprämien verlieren an Bedeutung. Durch konsequente Qualitäts-Management-Systeme werden extrem hohe Qualitätskennzahlen durchgesetzt, von denen Abweichungen nicht toleriert werden (z. B. sog. Null-Fehler-Programme). Vor diesem Hintergrund geht die Bedeutung von Qualitätsprämien zurück.

d) Nutzung der Anlagen (Nutzungsgrad, Nutzung, Stillstand, usw.)

Nutzungsgrad:
Der Grundgedanke der Nutzungsprämie besteht darin, dass die Nutzung einer Maschine/Anlage ins Verhältnis zur effektiven Arbeitszeit gesetzt wird. Dieses Verhältnis wird als Nutzungsgrad bezeichnet. Dieser kann durch unterschiedliche Formeln definiert werden:

Beispiel

$$\text{Nutzungsgrad} = \frac{\text{Maschinenlaufzeit}}{\text{Tarifliche Arbeitszeit} - \text{Ausfallzeit}} \times 100\,\%$$

Als *Ausfallzeit* werden all die Zeiten verstanden, die zu Produktionsstillständen führen und von den Beschäftigten nicht zu verantworten bzw. nicht zu beeinflussen sind, wie Materialmangel, Maschinenstillstände, Betriebsversammlungen, ablaufbedingte Wartezeiten usw. Je nach Arbeitsorganisation und betrieblichen Bedingungen kann es sich hierbei um unterschiedliche Störungen oder Ablaufarten handeln.
Weitere Unterbrechungen wie persönliche Verteilzeiten usw. müssen auch abgegolten werden. Das muss gesondert vereinbart werden: entweder durch eine

entsprechend niedrigere Festsetzung des Soll-Nutzungsgrades oder durch einen entsprechenden Abzug von der tariflichen Arbeitszeit im Nenner des Bruches.
Der Verlauf der Prämienentgeltlinie ist eine der entscheidenden Regelungsfragen: Empfohlen werden Standard- und variable Prämienmodelle. Dort wird einem vereinbarten Soll-Nutzungsgrad eine vereinbarte Prämie zugeordnet. Durch effektiveres Arbeiten, eine Minimierung von kleineren Störungen usw. lässt sich eine Steigerung der Nutzung über den Soll-Nutzungsgrad hinaus erreichen, wodurch ein Mehrverdienst erzielt werden kann. Wird der Soll-Nutzungsgrad aus Gründen, die die Beschäftigten zu vertreten haben unterschritten, verringert sich der Prämienverdienst entsprechend.
Bei der Festlegung der Entgelt-Leistungs-Relation sollte auch bedacht werden, dass Nutzungsgrad und Leistungsgrad nicht identisch sind. Denn 1 % mehr Nutzungsgrad kann 10 % mehr menschliche Leistung bedeuten.
Je höher für die Unternehmer der anteilmäßige Kapitalaufwand für Maschinen und Anlagen ist, desto größer wird ihr Interesse an einer möglichst hohen Auslastung für Maschinen. Neben dem Versuch, die Betriebsmittelnutzungszeiten durch Schichtarbeit, Samstags- und Sonntagsarbeit usw. auszuweiten, soll auch die effektive Nutzung der Betriebsmittel innerhalb der Arbeitszeit verbessert werden. Stör-, Warte- und Rüstzeiten werden möglichst gering gehalten. Mit Nutzungsprämien soll ein Anreiz für die Beschäftigten geschaffen werden, eine möglichst hohe Maschinenauslastung sicherzustellen: je höher der Nutzungsgrad, desto höher die Prämie. Einige Unternehmer versuchen Nutzungsprämien durchzusetzen, die tarifliche Schutzregeln unterlaufen und zu Nachteilen für die Beschäftigten führen.

Bewertung aus gewerkschaftlicher Sicht

Nutzungsgrad als Bezugsgröße im Leistungsentgelt ist aus Sicht der Beschäftigten dann akzeptabel, wenn wesentliche Regelungsfragen in einer Betriebsvereinbarung positiv geregelt sind. Dabei ist insbesondere Folgendes zu beachten:

- Der maximale obere Nutzungsgrad, also die Standardleistung bzw. die Prämienendleistung, muss so vereinbart werden, dass sie zumutbar und erreichbar ist, und zwar bei Einhaltung der persönlichen Zeiten, Erholungszeiten und Pausen nach dem Arbeitszeitgesetz. Bei der Festlegung dieses Nutzungsgrades sollte auf »Vergangenheitsdaten« (z. B. 6 bis 12 Monate) zurückgegriffen werden. Nur so ist es gewährleistet, dass keine theoretischen Maximalleistungen vereinbart werden.
- Es muss sichergestellt werden, dass die persönlichen Zeiten, Erholungszeiten und Pausen nach dem Arbeitszeitgesetz tatsächlich in Anspruch genommen werden und nicht dazu genutzt werden, einen höheren Nutzungsgrad und damit eine höhere Prämie zu erzielen. Erfolgt eine Regelung mit Pausendurchlauf, muss sichergestellt werden, dass die einzelnen Beschäftigten auch während des Pausendurchlaufs »ungestört« ihre persönlichen Zeiten, Erholungszeiten und Pausen nach dem Arbeitszeitgesetz einhalten können. Dazu sind in der Regel Springerregelungen erforderlich.

- Sinn einer Nutzungsprämie ist es, durch effektives Arbeiten und die Minimierung von kleineren Störungen einen höheren Nutzungsgrad zu erreichen. Es stellt sich die entscheidende Frage: Welche Störungszeiten sind von den Beschäftigten beeinflussbar und welche nicht? Hier sind pragmatische Lösungen zu vereinbaren, etwa wie folgt: Ausfallzeiten von mehr als fünf Minuten im Einzelfall und einer schichtbezogenen Gesamtzeit von 15 Minuten und mehr sind mit dem Durchschnittsverdienst zu bezahlen. Das heißt umgekehrt: Kürzere Störungszeiten werden in den Verantwortungsbereich der Beschäftigten übertragen und beeinflussen den Prämienverdienst.
- Ausfallzeiten, die nicht von den Beschäftigten zu vertreten sind, dürfen zu keinen Verdienstminderungen führen. Das heißt: Längere Stör- und Wartezeiten, Zeiten aufgrund von Maschinenstillständen, Materialmangel, Betriebsversammlung usw. müssen mit dem Standardentgelt oder dem durchschnittlichen Prämienverdienst vergütet werden. Die Erfassung dieser Ausfallzeiten erfolgt entweder durch Selbstaufschreiben bzw. bei einer automatischen Datenerfassung durch das Drücken von Tasten am Nutzungsschreiber oder BDE-Terminal.
- Erfolgt eine automatische Datenerfassung mit einem Nutzungsschreiber oder einem BDE-Terminal, sollte die Datenauswertung möglichst grob erfolgen. Es reicht aus, wenn der tägliche bzw. monatliche Nutzungsgrad der Anlage pauschal ausgewiesen wird, ohne dass die Uhrzeit der Unterbrechungen angegeben wird.

e) Produktivitätskennzahlen

In vielen Prämienempfehlungen von Unternehmensberatern und Arbeitgeberverbänden wird die Kennzahl »Produktivität« oder »Ausbringungsgrad« als Bezugsgröße vorgeschlagen. Dabei werden mit unterschiedlichen Begriffen und Definitionen Produktivitätsformeln entwickelt:

Variante 1:

$$Produktivität = \frac{Summe\ Planstunden\ Fertigprodukte\ (Output)}{Summe\ Anwesenheitszeit\ (Input)}$$

Variante 2:

$$Produktivität = \frac{Summe\ vorgegebener\ Zeit - vorgeplante\ Ausfallzeiten}{Summe\ Anwesenheitszeit}$$

Die zu zahlende Prämie soll in diesen Prämienmodellen oft dem bisher erreichten Verdienst entsprechen, wenn die bisherige Produktivität weiter erreicht wird. Steigerung der Produktivität führt dann zu Verdienststeigerungen. Es gibt aber auch Einzelfälle, bei denen das »Halten« der bisherigen Produktivität zu einem niedrigeren Verdienst führen soll.

Für die Festlegung dieser Ausgangsproduktivität wird häufig ein sog. »Referenzzeitraum« von mehreren Monaten festgelegt, in dem die Kennziffer durch Selbstaufschreiben oder BDE ermittelt wird. Diese Kennzahl soll dann als Prämienausgangsleistung dienen.

Bewertung aus gewerkschaftlicher Sicht

Die Form der Leistungsberechnung ist – oberflächlich betrachtet – durchaus dem Akkord ähnlich:

Akkordformel:

$$Verdienstgrad = \frac{Vorgabezeit}{gebrauchte\ Zeit} \times 100\,\%$$

Im Prinzip handelt es sich bei einer Produktivitätsprämie also auch um ein Entgeltmodell, das die Leistung am prozentualen Verhältnis von Output und Input festmacht. Hinterfragt man aber die Prämienmodelle der Arbeitgeber, werden die Unterschiede zur Akkordformel sichtbar.

Unterschiede, die zum Teil erhebliche Risiken für die Beschäftigten bergen können:

Die Output-Stunden:

- Im Akkord enthält die Vorgabezeit sowohl sachliche und persönliche Verteilzeit (ggf. auch Erholzeit) als auch einen Leistungsgrad, der eine Unterbietung der Zeitvorgabe erst möglich macht.
- Ob die Planstunden bzw. vorgegebenen Stunden Verteilzeiten enthalten, ist zu prüfen. Ist das nicht der Fall, so muss geklärt werden, dass sie hinzugerechnet werden. Auch Rüstzeiten müssen natürlich berücksichtigt werden.
- Es besteht allerdings auch die Möglichkeit, die Verteil- und Erholungszeiten von der Summe der Anwesenheitszeiten abzuziehen.
- In der Praxis enthalten die vorgegebenen Stunden/Planstunden häufig keinen Leistungsgrad. Die ermittelte Ausgangsproduktivität stellt also die tatsächliche Leistung (Ist-Leistung) der Arbeitsgruppe dar. Für diese Leistung wird im Akkord nicht das tarifliche Grundentgelt gezahlt, sondern ein höherer Verdienstgrad.

Das tarifliche Grundentgelt wird für die Einhaltung der Vorgabezeit bezahlt, die aber eine Verdienstchance enthält. Sollen diese Bedingungen nicht verschlechtert werden, so muss für die Ausgangsproduktivität mindestens der bisherige Verdienstgrad abgesichert werden.

Die Input-Stunden:

- Viele Modelle der Produktivitätsprämie lassen Betriebsrat und Beschäftigte darüber im Unklaren, was mit der Summe der Anwesenheitszeit genau gemeint ist. In der betrieblichen Praxis zeigt sich dann sehr schnell, dass die Gruppe nicht in der gesamten Brutto-Anwesenheitszeit Aufträge abarbeiten kann.
- Gruppengespräche, Einarbeitungszeit, Verteil- und Erholzeiten (sofern sie nicht in den Planstunden berücksichtigt sind), Stör- und Wartezeiten müssen als Ausfallzeiten von der Anwesenheitszeit abgezogen werden, sollen sie nicht zulasten der Beschäftigten gehen.

Ablehnen oder gestalten?

Wenn alle Haupt- und Nebentätigkeiten erfasst bzw. Teil der Ausgangsproduktivität sind und die Ausfallzeiten von der Anwesenheit abgezogen werden, kann ein solches Prämienmodell akzeptiert werden. Dazu wird folgende Formel empfohlen:

$$Produktivität = \frac{Summe\ Sollzeiten + Summe\ Rüstzeiten}{Summe\ Anwesenheitszeit - Summe\ Ausfallzeiten}$$

Entscheidend für die Leistungsbedingungen in einem solchen Prämienmodell ist das Niveau der Sollzeiten, es muss eine Verdienstchance enthalten. Für eine in einem Referenzzeitraum ermittelte Produktivität (z. B. durch Selbstaufschreiben, usw.), darf nicht nur das tarifliche Grundentgelt gezahlt werden.
Bei einer so ermittelten Leistung handelt es sich um das täglich zu erbringende Leistungsniveau. Deshalb kann im Rahmen einer Vario-Prämie diese sog. Soll-Produktivität bzw. Soll-Ausbringungszeit mit einem Prämienentgelt vergütet werden, das mindestens bisherige Verdienstgrade absichert. Übersicht 5.29 zeigt ein solches Modell.

Übersicht 5.29: Varioprämie und Produktivität

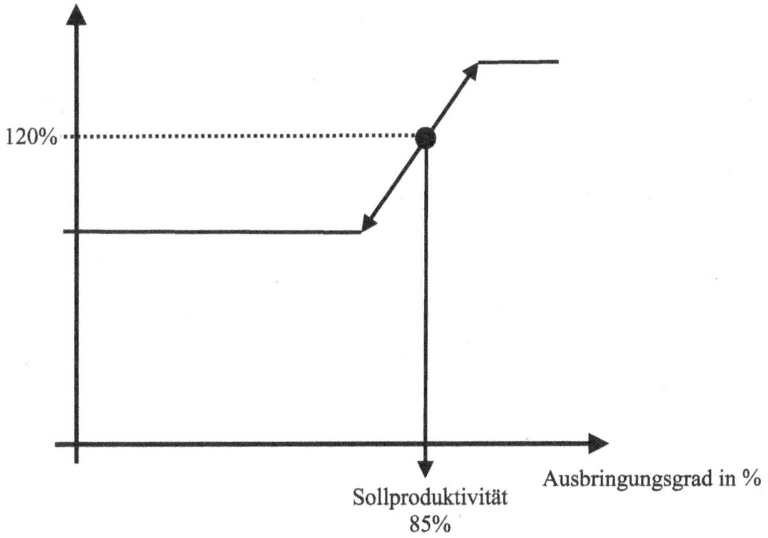

Was besonders zu beachten ist:

- Sollzeiten müssen akzeptable Leistungsniveaus enthalten. Dazu muss u. a. geprüft werden, ob der Referenzzeitraum tatsächlich repräsentativ war, welche Art der Datenermittlung stattgefunden hat und wie die Daten nun in die Prämie einfließen. Sind diese Daten reproduzierbar und repräsentativ? Möglicherweise muss auf eine Ausweitung des Referenzzeitraumes gedrungen werden.
- Der Referenzzeitraum muss eindeutig festgelegt werden. Eine automatische »Nachführung« (in der z. B. dann, wenn eine Produktivitätssteigerung erreicht wurde, diese als neue Ausgangsproduktivität festgelegt wird) muss unbedingt verhindert werden.

- Verteil- und Erholzeiten sowie Stör- und Wartezeiten müssen als Ausfallzeit abgezogen werden. Genaue Definition der Stör- und Wartezeiten festlegen, z. B. in Form eines Katalogs.
- Soll-Ausbringungsgrad bzw. Soll-Produktivität müssen mindestens mit dem bisherigen Verdienstgrad abgesichert werden.
- Das Entgeltmodell basiert auf der Grundannahme qualifizierter Gruppenarbeit. Ist diese Voraussetzung gegeben? Besteht eine Betriebsvereinbarung, deren Geltungsbereich die von der Produktivitätsprämie erfassten Bereiche abdeckt? Gruppenbeteiligungszeiten (Gruppengespräche usw.) müssen als Ausfallzeit abgezogen werden.
- Im Mehrschichtbetrieb müssen geeignete Maßnahmen entwickelt werden, um zu verhindern, dass sich Schichten entsolidarisieren. Ob eine Trennung der Schichten in selbstständige Prämiengruppen sinnvoll ist oder die Schichten gemeinsam verrechnet werden, muss von Fall zu Fall entschieden werden.
- Über- und Unterbesetzung regeln. Anwesenheitsstunde ist nicht gleich Anwesenheitsstunde. So können nicht alle Beschäftigten mit gleicher Kapazität in das System eingestellt werden. Aushilfskräfte, Einzuarbeitende, usw. müssen mit einer reduzierten Kapazität eingerechnet werden.

5.5.7 Kennzahlenvergleich/Prämienentgelt bei Gruppenarbeit

Sind mehrere Beschäftigte für einen Aufgabenbereich zuständig, ist es wichtig, die Leistungsbedingungen durch eine kollektive Vereinbarung des Arbeitspensums und der Soll-Personalbesetzung zu regeln. Hierfür sind Standard- und variable Prämienmodelle geeignet. Dies bietet sich vor allem an für

- komplexe automatische Produktionssysteme (z. B. verkettete automatische Montagestationen oder flexible Fertigungssysteme),
- Arbeitsorganisation in Form der Gruppenarbeit,
- Tätigkeiten im so genannten Gemeinkostenbereich (z. B. Materialbereitstellung, Lager, Instandhaltung usw.).

Bei einer Vario-Prämie erhalten beispielsweise alle Gruppenmitglieder das gleiche Prämienentgelt je nach der erbrachten Leistung. Eine ungleiche Verteilung innerhalb der Gruppe ist wenig sinnvoll und abrechnungstechnisch aufwendig. Bei Mehrschichtbetrieben stellt sich die Frage, ob jede Schichtgruppe als getrennte Prämiengruppe betrachtet wird oder ob die Beschäftigten aus allen Schichtgruppen als eine Prämiengruppe betrachtet werden. Hierfür gibt es kaum eine Patentlösung. Die Frage muss betriebsbezogen entschieden werden. Bei einer getrennten Prämienabrechnung pro Schicht liegt der Vorteil in der Überschaubarkeit und der Nachteil darin, dass sich zwischen den Gruppen ein unterschiedliches Leistungsniveau und ein »Konkurrenzverhalten« entwickelt. Bei schichtübergreifenden Gruppen liegt der Nachteil darin, dass die Gruppenmitglieder kaum Zeit zur Kommunikation haben. Der Vorteil besteht darin, dass ein gemeinsames Leistungsniveau erreicht und abgerechnet wird.
Um die Regelungsmöglichkeiten zu verdeutlichen, werden vier vereinfachte Beispiele erläutert.

Beispiel: Automatisches Produktionssystem

Das Arbeitssystem besteht aus 60 verketteten automatischen Montagestationen, auf denen pro Schicht 1500 Baugruppen gefertigt werden; diese Stückzahl ist von den dort beschäftigten Arbeitnehmern nicht direkt beeinflussbar. Die Schichtzeit beträgt 420 Minuten, die persönliche Zeit drei Minuten, die Erholungszeit drei Minuten pro Stunde.

Innerhalb der Schicht erfolgt ein Variantenwechsel, insgesamt werden 70 Produktvarianten gefertigt. An diesem Montagesystem wird keine Montageoperation manuell ausgeführt. Der Aufgabenbereich der dort beschäftigten Kolleginnen und Kollegen umfasst drei Tätigkeitsgruppen:

- Materialbeschickung,
- Störungsbeseitigung,
- Nacharbeit.

Der Konflikt um die Höhe der abverlangten Leistung stellt sich in Form des Konfliktes über die Höhe der Personalbesetzung dar. Wird das Arbeitspensum von wenigen ausgeführt, steigt der Leistungsdruck. Bei einer höheren Personalzahl sinkt er. Es wäre denkbar, dass die Geschäftsleitung eine Personalbesetzung von 14, der Betriebsrat eine von 18 Beschäftigten durchsetzen will. Das Ergebnis der Verhandlungen über die Soll-Personalbesetzung könnte 16 Kolleginnen und Kollegen ergeben. Diese Vereinbarung der Soll-Personalbesetzung stellt in Verbindung mit der Beschreibung des Arbeitspensums die Standardleistung dar, für die ein festes Standardentgelt gezahlt wird. Die Personalbesetzung kann von der Geschäftsleitung nicht willkürlich gekürzt werden. Bei technisch-organisatorischen Änderungen muss die Personalbesetzung neu zwischen Geschäftsleitung und Betriebsrat vereinbart werden. Gegenüber dem Zeitentgelt bringt dies für die Beschäftigten einen Schutz gegen willkürliche Leistungsverdichtung.

Anstelle dieses Systems eines festen Standardentgelts ist auch eine Vario-Prämie möglich. Gelingt es der Gruppe, durch Verringerungen der Störzeiten eine höhere Stückzahl herzustellen, erhöht sich ihr Verdienst um max. × %. Im anderen Fall ist eine Verringerung um minus × % möglich.

Beispiel: Gruppenarbeit in einer Fertigungsinsel

In einem Automobilzulieferbetrieb wurden Fertigungsinseln eingerichtet, die aus jeweils fünf Werkzeugmaschinen bestehen. Die Gruppengröße wird auf fünf Kolleginnen und Kollegen festgelegt. Die Gruppenmitglieder werden qualifiziert, um an allen fünf Maschinen zu arbeiten, die Programmierung und Einrichtung der Maschinen durchzuführen, die Arbeitsabläufe zu planen und die Fertigungssteuerung vorzunehmen (zu den Organisationsprinzipien von Gruppenarbeit vgl. Kap. 3). Damit diese sinnvolle Form der Arbeitsorganisation nicht zu einer unzumutbaren Leistungsverdichtung führt, ist die Vereinbarung eines Standardentgeltsystems zu empfehlen. Die Standardleistung der Gruppe könnte wie folgt vereinbart werden (das Beispiel geht von der 35-Stunden-Woche aus):

	5	×	420 Minuten pro Schicht =	2100 min/Schicht
–	5	×	21 Minuten persönliche Zeit	– 105 min/Schicht
–	5	×	25 Minuten sachliche Verteilzeit	– 125 min/Schicht
–	5	×	21 Minuten Erholungszeit	– 105 min/Schicht
–	5	×	10 Minuten Planungszeit	– 50 min/Schicht
Kapazität der Arbeitsgruppe:				1715 min/Schicht.

Die Kapazität der Gruppe in Höhe von 1715 Minuten pro Schicht stellt die Standardleistung dar. (Da die Gruppe auch die Aufgabe hat, die Arbeitsabläufe zu planen und die Fertigungssteuerung vorzunehmen, wurde in dem Beispiel eine Planungszeit von zehn Minuten pro Schicht zugrunde gelegt.)
Die Standardleistung von 1715 Minuten pro Schicht ist die gruppenbezogene Leistungsvorgabe. Bei einem System mit festem Standardentgelt wird diese Leistung einem Standardentgelt von 120 % des Tarifentgelts zugeordnet. Bei einer Vario-Prämie würde dagegen die Kapazität von 1715 Minuten pro Schicht als Soll-Leistung vereinbart und einem Prämienentgelt von 120 % zugeordnet. Leistung und Entgelt können in einer Spannbreite von plus/minus 5 % schwanken. Also 1715 minus 5 % = 1629 Minuten entsprechen 115 % bzw. 1715 plus 5 % = 1800 Minuten entsprechen 125 %.

Beispiel: Materialbereitstellung in einer Produktionshalle
In einem Betrieb des Maschinenbaus sind in einer Werkhalle 138 Beschäftigte an Bearbeitungsmaschinen tätig. Für den Materialtransport an diesen Plätzen sind vier Kolleginnen und Kollegen zuständig. Wegen des hohen Leistungsdrucks und häufiger Wartezeiten an den Maschinen nahm sich der Betriebsrat dieses Problems an. Nach einem betrieblichen Reorganisationsprozess wurde die Bereitstellung mit einer zusätzlichen Planstelle besetzt. Die Soll-Personalbesetzung für die Halle wurde mit fünf Beschäftigten vereinbart. Dadurch ist die Standardleistung vereinbart, für die ein festes Standardentgelt gezahlt wird.

Beispiel: Produktivitätsprämie bei Gruppenarbeit
In einem Maschinenbaubetrieb werden in der Endmontage Fleischbearbeitungsmaschinen für Industrie und Handwerk hergestellt. Rund 60 Beschäftigte arbeiten in 4 Teams. Pro Team sind ca. 12 bis 15 Beschäftigte für ganz bestimmte Maschinentypen zuständig. Für die direkten Montagetätigkeiten existieren Soll-Zeiten, die entweder durch »Messen von Ist-Zeiten« oder »Vergleichen und Schätzen« ermittelt wurden. Die übrigen Aufgaben, wie Wartung, Beseitigung kleinerer Störungen, Planung und Steuerung, Qualitätssicherung usw. sind zeitlich nicht bewertet. Die Anteile hierfür sind in den Gruppen je nach Arbeitsorganisation, Maschinentyp, Produktmix usw. unterschiedlich. Um einen Maßstab für die Leistungsbedingungen für jede Gruppe zu erhalten und die indirekten Tätigkeiten einzubeziehen, hat man sich für eine Produktivitätsprämie entschieden. Über einen Zeitraum von sechs Monaten werden zur Ermittlung der Gruppen-Produktivität Auftragsstunden und Anwesenheitsstunden monatlich ausgewertet.

Stör- und Wartezeiten (über einer festgelegten Höhe) und weitere, vorab mit dem Betriebsrat festgelegte Zeiten (z. B. persönliche Verteilzeit usw.) werden von den Anwesenheitszeiten abgezogen. Damit werden sie für das Leistungsentgelt »neutralisiert«. Fallen diese Zeiten wieder an, wenn die Prämie »scharf geschaltet« ist, werden sie auch weiterhin entsprechend ihrer Dauer von der Anwesenheitszeit abgezogen. Somit senken sie nicht die erreichte Produktivität der Gruppe und führen zu keiner Minderung der Prämie. Auf der Basis dieser Daten wird dann zwischen Geschäftsleitung und Betriebsrat die Soll-Produktivität vereinbart. In der ermittelten Produktivität kommt zum Ausdruck, wie groß der Zeitanteil an der gesamten Anwesenheitszeit ist, der für direkte Montagetätigkeiten entfällt und welche Anteile für Wartung und Steuerung aufgewendet werden müssen.
Für die vier Gruppen wurde folgende Soll-Produktivität ermittelt und vereinbart:

Gruppe 4711	Gruppe 4712	Gruppe 4713	Gruppe 4714
0,77	0,63	0,71	0,69

Hierbei handelt es sich um ein vereinfachtes Beispiel. Regelungsdetails zu Produktivitätsprämien finden sich im vorangegangenen Kapitel (vgl. Kap. 5.5.6).
Für die Einhaltung ihrer Soll-Produktivität erhält die Gruppe eine Prämie von 120 %. Diese kann durch unterschiedliche Maßnahmen verbessert werden. Die Prämienobergrenze liegt bei 125 % und die Untergrenze bei 115 %.

5.5.8 Höhe und Absicherung der Leistungsentgelte

Damit sich die Verdienstchancen bei vergleichbarer Leistung in den Entgeltgrundsätzen und -methoden nicht auseinander entwickeln, wurden in einigen Tarifgebieten auch Bestimmungen geregelt, die auch nach der Einführung der Entgelt-Rahmentarifverträge anzuwenden sind.
In manchen Tarifgebieten wurden zum Teil für alle Entgeltgrundsätze und -methoden, zum Teil nur für bestimmte Entgeltgrundsätze und -methoden durchschnittliche Verdienstgrade als Mindestabsicherung geregelt.

Tarifvertrag
»Die Summe der leistungsabhängigen variablen Entgelte beträgt mindestens 10 % der Summe der Grundentgelte der Beschäftigten in der jeweiligen Entgeltmethode.«
(§ 8.3 ERA-Tarifvertrag Niedersachsen)

Diese am Beispiel des Tarifgebiets Niedersachsen aufgezeigte Regelung findet sich auch in den Entgelt-Rahmentarifverträgen anderer Tarifgebiete. Die Regelungen unterscheiden sich in der Höhe des Absicherungsniveaus und enthalten in einigen Tarifgebieten besondere Bestimmungen für den Fall, wenn das Absicherungsniveau in der Praxis nicht erreicht wird.

Regelungen zur Entgelthöhe
In den Tarifgebieten Bayern und Baden-Württemberg ist in den Entgelt-Rahmentarifverträgen sowohl eine individuelle Bandbreite des erreichbaren Leis-

tungsentgelts wie auch eine Regelung der Entgelthöhe im Betriebsdurchschnitt, in allen Entgeltgrundsätzen und Entgeltmethoden, vorgesehen.

> **Tarifvertrag**
> *»(II) Das individuelle leistungsabhängige Entgelt beträgt zwischen 0 % und 28 %.«*
> (§ 6.6 ERA-Tarifvertrag Bayern)

> **Tarifvertrag**
> *»(I) Die Summe der leistungsabhängigen Entgelte soll bezogen auf den Betrieb 14 % der Grundentgeltsumme ergeben. In die Berechnung werden nur Arbeitnehmer einbezogen, die dem Grunde nach einen Anspruch auf ein leistungsabhängiges Entgelt haben. Arbeitnehmer mit einer Betriebszugehörigkeit unter 6 Monaten bleiben bei der Ermittlung des Durchschnitts unberücksichtigt.*
> *(II) Wenn das leistungsabhängige Entgelt im Betriebsdurchschnitt 13 % unterschreitet, so sind die Gründe zwischen Arbeitgeber und Betriebsrat zu beraten und gegebenenfalls Maßnahmen zu ergreifen, um die Ursachen zu bereinigen.*
> *Unterschreitet das leistungsabhängige Entgelt im Betriebsdurchschnitt 12,5 % so ist eine Aufzahlung auf 13 % vorzunehmen. Die Einzelheiten sind mit dem Betriebsrat zu vereinbaren. Bei Nichteinigung ist gem. § 29 Abschn. D MTV-Arbeiter bzw. § 18 Abschn. D MTV-Angestellte zu verfahren.*
> *(III) Wenn das leistungsabhängige Entgelt im Betriebsdurchschnitt 15 % überschreitet, so sind die Gründe zwischen Arbeitgeber und Betriebsrat zu beraten und gegebenenfalls Maßnahmen zu ergreifen, um die Ursachen zu bereinigen. Auch der 15 % überschreitende Anteil ist tarifliches Leistungsentgelt, wenn er auf tariflichem Grundentgelt beruht und mit einer tariflichen Methode ermittelt wurde. Ausgewiesene außer- und übertarifliche Entgeltbestandteile werden hierbei nicht berücksichtigt.«*
> (§ 6. 7. ERA-Tarifvertrag Bayern)

Diese Begrenzung kann nur über eine freiwillige Betriebsvereinbarung und mit Zustimmung der Tarifvertragsparteien geändert werden.

> **Tarifvertrag**
> *»(I) Die Betriebsparteien können mit freiwilliger Betriebsvereinbarung sowohl eine andere Spanne (0–28 %) als auch einen abweichenden Durchschnitt (14 %) festlegen. Diese bedarf der Zustimmung der Tarifvertragsparteien. Ein über 28 % hinausgehendes leistungsabhängiges Entgelt ist ein betrieblich ermöglichter Zusatzverdienst.«*
> (§ 6. 8. ERA-Tarifvertrag Bayern)

Für die Umsetzung in der betrieblichen Praxis müssen unbedingt die Regelungen der einzelnen Tarifverträge beachtet werden! Die Unterschiede liegen nicht nur in der Höhe der Faktoren, sondern auch darin, auf welche Beschäftigtengruppe sie Anwendung finden, ob sie nur für ehemalige Leistungslohnregelungen gelten oder auch für zukünftige usw.

5.5.9 Anpassungsbestimmungen für die Verdienstgrade in den Entgelt-Rahmentarifverträgen

Um den Übergang in eine einheitliche Systematik und vergleichbare Verdienstchancen in allen Entgeltgrundsätzen bzw. -methoden zu gewährleisten, haben die Tarifparteien Anpassungsbestimmungen für die Verdienstgrade vereinbart. Diese Anpassungsfaktoren waren erforderlich, da mit der Einführung der Entgelt-Rahmentarifverträge das Verhältnis von grund- zu den leistungsbezogenen Entgeltbestandteilen verändert wurde. Das Grundentgelt plus durchschnittliche Leistungszulage betrug z.B. in Nordrhein-Westfalen vor der Einführung des Entgelt-Rahmentarifvertrages im Zeitlohn 116%. Da mit dem Entgelt-Rahmentarifvertrag die Grundentgelte deutlich angehoben wurden, verringerten sich die Leistungsanteile im Zeitentgelt, sodass dort nunmehr mindestens ein Durchschnitt von 110% Gesamtverdienst erreicht wird. Um eine Gleichbehandlung aller Beschäftigten sicherzustellen, mussten auch die Akkordverdienste angepasst werden. Der Korrekturfaktor 0,9483 ergibt sich also aus dem Verhältnis der neuen durchschnittlichen Leistungszulage im Zeitentgelt zur vorherigen (110% : 116%).
In Nordrhein-Westfalen gilt:

> **Tarifvertrag**
> *»Der Verdienst richtet sich ausschließlich nach dem mengenmäßigen Arbeitsergebnis. Die Höhe des Akkordverdienstes wird durch Multiplikation des Grundentgelts mit dem Zeitgrad und dem Faktor 0,9483 ermittelt.«*
> (§ 7.1 ERA-Tarifvertrag Nordrhein-Westfalen)

Da Entgeltlinie und auch Entgeltaufbau (z.B. unterschiedliche Höhe von weiteren Zulagen, Zusatzstufen usw.) in den Tarifgebieten stark voneinander abweichen, sind die Faktoren über die Tarifgebiete hinweg nicht miteinander vergleichbar (Übersicht 5.30).
Das Grundprinzip wird erneut am Beispiel einer Beschäftigten im Akkordentgelt aus Nordrhein-Westfalen illustriert (Kapitel 5.5.1). Nach der Einführung des Entgeltrahmen-Tarifvertrages heißt das Folgendes:
Grundentgelt = 3196€ pro Monat in der EG 8 NRW
60 Minuten (100%) : 3196€ × 100% × 0,9483 = 3030,77€ pro Monat
66 Minuten (110%) : 3196€ × 110% × 0,9483 = 3333,84€ pro Monat
72 Minuten (120%) : 3196€ × 120% × 0,9483 = 3636.92€ pro Monat
75 Minuten (125%) : 3196€ × 125% × 0,9483 = 3788,46€ pro Monat
78 Minuten (130%) : 3196€ × 130% × 0,9483 = 3940,00€ pro Monat
usw.
Alle weiteren abrechnungstechnischen Fragen bleiben wie in der Prinzipdarstellung oben. Der ermittelte Zeitgrad wird mit dem Grundentgelt und dem Korrekturfaktor 0,9483 multipliziert und ergibt die Höhe des Akkordverdienstes. Für welche Dauer die Faktoren anzuwenden sind, ist in den Tarifverträgen unterschiedlich geregelt. In einem Teil der Tarifverträge wird davon ausgegangen, dass mit der Einführung der Entgelt-Rahmentarifverträge das Leistungsentgelt neu

geregelt wird. In diesen Tarifgebieten ist der Anpassungsfaktor meist in einem Einführungstarifvertrag geregelt und gilt nur für zum Einführungszeitpunkt des Entgelt-Rahmentarifvertrags bereits bestehende Vereinbarungen. In anderen Tarifgebieten wird davon ausgegangen, dass künftige Vereinbarungen über das Leistungsentgelt auf der bisherigen Bezugsleistung beruhen, dort gelten die Anpassungsfaktoren auch für neue Vereinbarungen im Leistungsentgelt.

Übersicht 5.30

<table>
<tr><th colspan="5">Anpassungsbestimmungen für die Verdienstgrade
in den Entgelt-Rahmentarifverträgen</th></tr>
<tr><th>Tarifgebiet</th><th>Entgeltgrund-sätze/Entgelt-methoden</th><th colspan="2">Faktoren/Divisoren/Formeln</th><th>Anwendung</th></tr>
<tr><td>Berlin, Brandenburg</td><td>Akkord, Prämie</td><td colspan="2">Faktor: 0,9735: (durchschnittliche ERA-Leistungszulage 110% / durchschnittliche Leistungszulage „alt“ 113%)</td><td>… auch nach der ERA-Einführung</td></tr>
<tr><td>Nordverbund (Küste)</td><td>Akkord, Prämie</td><td colspan="2">Faktor: 0,9141: (durchschnittliche ERA-Leistungszulage 106% / durchschnittliche Leistungszulage „alt“ 116%)</td><td>… auch nach der ERA-Einführung</td></tr>
<tr><td>Nordrhein-Westfalen</td><td>Akkord</td><td colspan="2">Faktor: 0,9483: (durchschnittliche ERA-Leistungszulage 110% / durchschnittliche Leistungszulage „alt“ 116%)</td><td>… auch nach der ERA-Einführung</td></tr>
<tr><td>Saarland, Rheinland-Pfalz, Hessen</td><td>Prämie</td><td colspan="2">Faktor: 0,9709: (100% / 103% wegen Akkordrichtsatz alt 103,5%)</td><td>… bei bestehenden Prämienvereinbarungen</td></tr>
<tr><td>Niedersachsen</td><td>Akkord, Prämie</td><td>Entgeltgruppe
E 2
E 3
E 4
E 5
E 6
E 7
E 8</td><td>Divisor
1,0610
1,0730
1,0730
1,1547
1,0890
1,0737
1,0470</td><td>…bei neuen Prämienentgeltvereinbarungen Verzicht auf Divisoren möglich durch Anpassung der Prämienentgeltlinie</td></tr>
<tr><td>Osnabrück-Emsland-Grafschaft-Bentheim</td><td>Akkord, Prämie</td><td>Entgeltgruppe
E 1
E 2
E 3
E 4
E 5
E 6
E 7</td><td>Divisor
1,0602
1,0497
1,0769
1,1541
1,1850
1,1300
1,0906</td><td>… bei neuen Prämienentgeltvereinbarungen Verzicht auf Divisoren möglich durch Anpassung der Prämienentgeltlinie</td></tr>
<tr><td>Baden-Württemberg</td><td>Akkord, Prämie</td><td colspan="2">Verdienstgrad ERA = Verdienstgrad ALT x 115/130</td><td>… bei bestehenden Akkord und Prämienvereinbarungen</td></tr>
<tr><td>Bayern</td><td>Akkord, Prämie</td><td colspan="2">Verdienstgrad ERA = Verdienstgrad ALT x 114/128</td><td>… bei bestehenden Akkord und Prämienvereinbarungen</td></tr>
<tr><td>Sachsen, Thüringen</td><td></td><td colspan="2">Faktor: 0,9709: (siehe Hessen, oben)</td><td>… bei bestehenden Prämienvereinbarungen</td></tr>
<tr><td>Sachsen-Anhalt</td><td>Prämie</td><td colspan="2">Faktor: 0,956: (108% / 113%)</td><td>… bei bestehenden Regelungen zum Leistungsentgelt</td></tr>
</table>

Weiter müssen bei der Betrachtung der Faktoren in Baden-Württemberg zwei Besonderheiten berücksichtigt werden:
1) Wegen des spezifischen Verlaufs der neuen Entgeltlinie und der Zusammenführung der Lohn- und Gehaltstabellen aus drei Tarifgebieten wurden für ganz bestimmte Entgeltgruppen (E1–E3 bzw. E4) sog. »Sockelbeträge« vereinbart (Kapitel 4.2.3). Sie gelten für Beschäftigte an Arbeitsplätzen in der Produktion und produktionsnahen Bereichen, die im Leistungsentgelt mit der Methode Kennzahlenvergleich arbeiten:

Tarifvertrag
»Für Arbeitsplätze in der Produktion und produktionsnahen Bereichen, für die die Methode Kennzahlenvergleich zur Anwendung kommt und in denen sich das Leistungsentgelt unmittelbar aus dem Verhältnis von vorgegebenen zu eingesetzten Arbeitszeiten im Sinne von Zeitgradprämien ergibt, [...] wird zusätzlich zum Grundentgelt ein Sockelbetrag vergütet.«
(§ 2.2.2 Tarifvertrag über Entgelte und Ausbildungsvergütungen (ERA Baden-Württemberg))

Gemeint sind damit auch die vorherigen Akkord- und Prämienentgeltsysteme. Die Sockelbeträge sind im Tarifvertrag geregelt.
2) Damit sich die Verdienstchancen bei vergleichbarer Leistung zwischen den Methoden nicht auseinander entwickeln, wurde geregelt:

Tarifvertrag
»Wenn das Leistungsentgelt im Betriebsdurchschnitt 16 % überschreitet, so sind die Gründe zwischen Arbeitgeber und Betriebsrat zu beraten und gegebenenfalls Maßnahmen zu ergreifen, um die Ursachen zu bereinigen. Auch der 16 % überschreitende Anteil ist tarifliches Leistungsentgelt, wenn er auf dem tariflichen Grundentgelt beruht und mit einer tariflichen Methode ermittelt wurde. [...]«
(§ 21.3 ERA-Tarifvertrag Baden-Württemberg)

Im Tarifgebiet Niedersachsen wurden Divisoren vereinbart. Die Anwendung der Divisoren ergibt sich aus der Vereinbarung zur kostenneutralen Umstellung von Akkord- bzw. Prämienlohn auf Akkord- bzw. Prämienentgelt. Ziel der Tarifvertragsparteien war die Grundentgelte der Beschäftigten in den Entgeltgruppen 2 bis 8 deutlich anzuheben dieses war nur bei einer Korrektur der Leistungsverdienste realistisch. Die erreichten Verdienstgrade des jeweiligen Akkord- bzw. Prämienbeschäftigten werden durch entsprechende Divisoren geteilt, sodass sich in der Regel der gleiche Bruttoverdienst wie vorher ergibt.
Die Übersicht 5.31 zeigt hierzu hier ein Rechenbeispiel, wobei sich die Entgeltbeträge auf den Zeitpunkt der Umstellung auf die Entgelt-Rahmentarifverträge beziehen.

Übersicht 5.31: Rechenbeispiel Niedersachsen (Stand der Umstellung 2004)

LG 7 (100%)		EG 5 (100%)
2.029,00 Euro	Grundentgelt	2.342,00 Euro
608,70 Euro	30% Mehrverdienst	702,60 Euro
2.637,70 Euro Monatslohn		3.044,60 Euro dividiert 1,1547
		2.636,70 Euro Monatsentgelt

5.5.10 Leistungsentgeltkonzepte der Unternehmer

Von Unternehmern und Beratungsfirmen werden häufig Prämienentgeltsysteme vorgeschlagen, mit denen entgegengesetzte Vorstellungen verfolgt werden als mit den gewerkschaftlichen Prämienentgeltkonzepten. Mit ihren Prämienentgeltsystemen versuchen die Unternehmer das Verhältnis von Entgelt und Leistung für die Beschäftigten zu verschlechtern. Dabei lassen sich bisher in der Praxis häufig zwei Fallkonstellationen beobachten:

- Existiert im Betrieb ein gewachsenes Leistungsentgeltsystem mit relativ hohen Verdienstgraden und zumutbaren Leistungsbedingungen, wird mit neuen Prämienentgeltsystemen versucht, die Entgelt-Leistungs-Relation zu verschlechtern. Meistens werden Systeme angeboten, bei denen das effektive Entgelt erhalten bleibt, aber dafür eine höhere Leistung verlangt wird. In einigen Fällen wird auch versucht, mit derartigen Prämienentgeltsystemen das Effektiventgelt zu senken.
- Existiert im Betrieb oder in einer Abteilung ein Zeitentgeltsystem mit zumutbaren Leistungsbedingungen, versuchen die Unternehmer durch ein Prämienentgeltmodell die Leistungsbedingungen zu verschärfen. Dies wird teilweise mit einer systematischen Datenermittlung verbunden. Den Beschäftigten und ihren Interessenvertretern werden manchmal diese Prämiensysteme durch geringfügige Erhöhungen des Effektiventgelts schmackhaft gemacht, die aber in keiner Relation zu der geplanten Leistungserhöhung stehen.

Nach Einführung der Entgelt-Rahmentarifverträge in der Metall- und Elektroindustrie wurden die Leistungsentgelte zum Teil neu geregelt. Hierfür gibt es verschiedene Gründe: In einem Teil der Tarifverträge sind neue Vereinbarungen ausdrücklich vorgeschrieben. In anderen Tarifgebieten gelten die Anpassungs-

faktoren (Kapitel 5.5.9) nur für die bereits bestehenden Vereinbarungen, gewissermaßen als eine Übergangsregelung und teilweise werden bestehende Vereinbarungen zum Leistungsentgelt nicht mehr gelebt, sie stehen nur noch auf dem Papier.
Legt die Geschäftsleitung ein Konzept für ein Prämienentgeltsystem vor, muss die Interessenvertretung dieses sorgfältig prüfen. Die Übersicht 5.32 zeigt häufig angewendete »Tricks« der Unternehmer, auf die die Interessenvertretung bei der Prüfung achten soll.

Übersicht 5.32

Unternehmerische Prämiensysteme auf dem Prüfstand
Prämienendleistung nicht erreichbar: Auf den ersten Blick scheinen in diesen Systemen hohe Prämienverdienste möglich zu sein. Die dem Prämien-Endentgelt zugeordnete Prämienendleistung ist allerdings so hoch angesetzt, dass sie von niemandem erreicht werden kann. In der Praxis sind die erzielten Verdienstgrade dann sehr niedrig.
Prämienvereinbarung in Geldbeträgen: In der Betriebsvereinbarung zum Prämienentgelt werden die Prämienverdienste nicht in Prozent des Tarifentgelts, sondern in festen Geldbeträgen ausgewiesen. Dies hat zur Folge, dass sich der Prämienverdienst bei Tariferhöhungen nicht erhöht. Die Prämie ist nicht tarifdynamisch. Im Laufe der Jahre sinkt wegen der Inflationsrate der effektive prozentuale Prämienverdienst – bezogen auf das Tarifentgelt – ständig. Eine Vereinbarung von Prämien in Geldbeträgen kann nur akzeptiert werden, wenn festgelegt wird, dass diese Geldbeträge bei Tariferhöhungen entsprechend angehoben werden.
Prämie als freiwillige Zulage: In den angebotenen Betriebsvereinbarungen zum Prämienentgelt werden die Prämienverdienste oder Teile davon als freiwillige außertarifliche Zulage bezeichnet. Dies hat zur Folge, dass sie von der Geschäftsleitung jederzeit gekürzt oder bei Tariferhöhungen angerechnet werden können.
Prämien mit komplizierten Formeln: Häufig wird die Verschlechterung der Entgelt-Leistungs-Bedingungen mit komplizierten Prämienformeln verschleiert. Die Prämiensysteme sind dann für die Beschäftigten und die Interessenvertretung nicht durchschaubar und kontrollierbar
Prämien auf der Basis von „Gut-Stück-Zahlen": Hierbei wird eine Prämie nur für Gut-Stücke bezahlt. Ausschuss geht zulasten des Arbeitnehmers. Dies verstößt gegen § 276 BGB und die Rechtsprechung des Großen Senats des Bundesarbeitsgerichtes (Kapitel 5.6).
Prämien mit „automatischer" Vorgabekürzung: Unter der Bezeichnung Gain-Sharing oder Bonus-Lohn werden die Prämiensysteme vorgestellt, bei denen es zu einer einmaligen Bonus-Ausschüttung und anschließenden Kürzung der Leistungsvorgaben kommt. Von diesen Prämien ist dringend abzuraten, da sie für die Arbeitnehmer zu Nachteilen gegenüber dem herkömmlichen Prämienentgelt führen.
Prämien mit problematischen Bezugsgrößen: Hierzu zählen beispielsweise: Zeitersparnisprämien sowie schwer durchschaubare Prämiensysteme mit mehreren, kombinierten Bezugsgrößen und Prämien mit der Bezugsgröße Gemeinkosten-Reduzierung.

Im Folgenden wird am Beispiel der Zeitersparnisprämie die Vorgehensweise der Unternehmen verdeutlicht.

Zeitersparnisprämie

Diese Systeme bauen auf einem simplen Taschenspielertrick auf, der mit komplizierten Formeln verschleiert wird. Das Prinzip funktioniert folgendermaßen: der oder die im Prämienentgelt Beschäftigte bekommt für jeden Auftrag eine

Vorgabezeit. Wird – bezogen auf diese Vorgabezeit – eine Zeitersparnis von 10 % erzielt, gibt es eine Prämie von 10 %. Das Verhältnis von Entgelt und Leistung scheint auf den ersten Blick proportional zu sein. Durch die Gestaltung der Prämienformel ergibt sich jedoch eine unterproportionale, degressive Prämienlinie. Im Vergleich zum Akkordlohn wird dies deutlich. In beiden Fällen wird von einer Vorgabezeit von 100 Minuten pro Auftrag ausgegangen. Der Mehrverdienst errechnet sich jedoch mit unterschiedlichen Formeln (Übersicht 5.33).

Übersicht 5.33

Vergleich zwischen Akkord und Zeitersparnisprämie				
Tatsächlich gebrauchte Ist-Zeit	Akkordentgelt		Zeitersparnis-Prämie	
	$\frac{\text{Vorgabezeit - Ist-Zeit}}{\text{Ist-Zeit}}$	x 100%	$\frac{\text{Vorgabezeit - Ist-Zeit}}{\text{Vorgabezeit}}$	x 100%
90 Min.	$\frac{100 - 90}{90}$	x 100% = 11%	$\frac{100 - 90}{100}$	x 100% = 10%
80 Min.	$\frac{100 - 80}{80}$	x 100% = 25%	$\frac{100 - 80}{100}$	x 100% = 20%
70 Min.	$\frac{100 - 70}{70}$	x 100% = 43%	$\frac{100 - 70}{100}$	x 100% = 30%
usw.	usw.		usw.	

Eine Mehrleistung von 43 % wird beispielsweise nur mit einer Prämie von 30 % vergütet. Gegenüber dem Akkordentgelt ist dies eine Entgeltkürzung um 13 %. Der Trick besteht darin, in der Formel zur Berechnung des Mehrverdienstes den Nenner zu verändern. Derartige Prämiensysteme sollten von der Interessenvertretung abgelehnt werden.

Kennzahlenvergleich/Prämienentgelt bei Anwendung des kontinuierlichen Verbesserungsprozesses (KVP)

In vielen Unternehmen sind kontinuierliche Verbesserungsprozesse (KVP) oder KAIZEN Praxis. Es geht darum, die Beschäftigten dazu anzuhalten, ständig – auch kleinere – Verbesserungsvorschläge für ihren Arbeitsbereich zu machen, beispielsweise zur Verbesserung der eingesetzten Maschinen, Anlagen, Werkzeuge und Vorrichtungen, zur Optimierung der Arbeitsorganisation, aber auch zur menschengerechteren Arbeitsplatzgestaltung. KVP-Programme unterscheiden sich vom betrieblichen Vorschlagswesen vor allem durch drei Aspekte:

- es können Vorschläge aus dem eigenen Arbeitsbereich gemacht werden;
- es sind auch viele kleinere Vorschläge gefragt;
- es erfolgt eine zügige Überprüfung des Vorschlages und wenn möglich eine sofortige Umsetzung.

Im Hinblick auf die Leistungsentgeltsysteme sind folgende Aspekte wichtig:

Ein Vorschlag im Rahmen des kontinuierlichen Verbesserungsprozesses kann zu einer Kürzung von Vorgabezeiten führen und die Leistungsbedingungen der Arbeitnehmer verschlechtern. In allen regionalen Entgelt-Rahmentarifverträgen der Metallindustrie ist der Grundsatz festgehalten, dass Vorgabezeiten und andere Kennzahlen oder Leistungsvorgaben nur bei nachweisbaren technischen und/oder organisatorischen Bedingungen geändert werden dürfen. Die neue Leistungsvorgabe ist unter Beteiligung des Betriebsrates auf der Grundlage der vereinbarten Methoden der Datenermittlung neu festzusetzen. Bei der Anwendung von KVP müssen der Betriebsrat und die Beschäftigten darauf achten, dass diese tariflichen Schutzbestimmungen eingehalten werden. Nur allzu schnell sind KVP-Moderatoren dabei, Sollzeiten innerhalb weniger Tage ohne Beteiligung des Betriebsrates und ohne Beachtung der tariflichen Bestimmungen zu kürzen. Wird ein KVP-Programm durchgeführt und von den Beschäftigten mit getragen, kann dies zu einer Senkung der Mehrverdienstgrade führen. Der Betriebsrat sollte einem KVP-Programm nur dann zustimmen, wenn mindestens folgende Punkte in Betriebsvereinbarungen geregelt sind:

- Anwendung eines Prämienentgeltsystems;
- detaillierte Absprachen über die Vorgehensweise bei der Änderung und Neufestsetzung bestehender Leistungsvorgaben;
- Regelungen über die Umsetzung von Vorschlägen im eigenen Arbeitsbereich und in anderen Arbeitsbereichen;
- Regelungen der finanziellen Vergütung von KVP-Vorschlägen im Rahmen des § 87 Satz 1 Ziffer 12 BetrVG, also im Rahmen der Grundsätze des betrieblichen Vorschlagswesens. Häufig wird hier eine Ausschüttung in Höhe von 50 % der jährlichen Einsparung vereinbart.

Abgeraten wird von Entgeltsystemen, die KVP-Vorschläge zur Grundlage von Prämienmodellen machen.

Gain-Sharing

Einige Entgeltsysteme, die sich an einer Steigerung der Produktivität orientieren, hatten vor einigen Jahren eine gewisse Bedeutung erlangt. Sie sind dadurch gekennzeichnet, dass Entgelt- und Produktivitätsentwicklung unmittelbar verknüpft werden sollen.

Eines dieser Modelle ist das sog. »Gain-Sharing«, auf Deutsch etwa: Zugewinn-Teilung. Der Grundgedanke ist bei allen Modellen der gleiche. Am Beispiel von Gain-Sharing soll die tarifpolitische Problematik dieser Systeme aufgezeigt werden. Das aus den USA stammende Entlohnungsmodell soll Gruppenarbeitssysteme unterstützen, die auf Qualitäts- und Leistungssteigerung im »kontinuierlichen Verbesserungsprozess« (KVP/KAIZEN) abzielen.

Wie funktionieren diese Modelle?

Zunächst wird – etwa innerhalb eines Quartals – der Produktionsausstoß einer Gruppe ermittelt, einschließlich aller für die Herstellung qualitativ guter Produkte notwendigen Zeiten.

Aus den beiden Faktoren Menge und Zeit wird nun die Grundeffektivität ermittelt:

$$Grundeffektivität = \frac{Produktionsmenge\ (Output\ in\ Grundstücken)}{Anwesenheitszeit\ (Input)\ der\ Gruppe}$$

Beispiel

Eine Gruppe mit fünf Beschäftigten produziert in einem Quartal von 13 Arbeitswochen 1820 Produktionseinheiten (Stückzahl). Die Anwesenheit der Gruppe beträgt: fünf Beschäftigte × 35 Stunden × 13 Wochen = 2275 Stunden. Für dieses erste Quartal errechnet sich die Grundeffektivität mit der genannten Formel:

$$Grundeffektivität = \frac{1820\ Stück}{2275\ Stunden} = 0{,}8\ Stück\ pro\ Stunde$$

Pro Anwesenheitsstunde werden also 0,8 Stück gefertigt. Für die Einhaltung dieser Grundeffektivität erhält die Gruppe beispielsweise 120 % des Tarifentgelts.

Der errechnete Faktor wird nun zur Ausgangsleistung (100 % = Basis) eines Prämienmodells, für die ein bestimmter Prämienverdienst gezahlt wird.

Nun wird – bezogen auf ein Quartal – ermittelt, ob und wie viel die Grundeffektivität verbessert wird.

Das Besondere an »Gain-Sharing« sind zwei Elemente:

1. Die Höhe der zusätzlichen Prämie errechnet sich aus 50 % der Entgeltkosten der eingesparten Stunden. Die andere Hälfte der Einsparung geht in die »Tasche des Unternehmens«.
2. Überschreitet die Effizienzsteigerung mehr als eine vorher festgelegte Grenze (z. B. 6 % Fondsausschüttungsgrenzen), so bekommt die Gruppe den gesamten Betrag. Der Nachteil für die Gruppe liegt nun also darin, dass die Ausgangsleistung auf eine neue Basis angehoben wird – diese neue Basis ist jetzt die 100-%-Marke.

Einzelne Modelle sehen vor, dass die Anhebung um die Hälfte des Abstandes zwischen alter Basis und Fondsausschüttungsgrenze erfolgt.

Angenommen, die Gruppe produziert im 2. Quartal um 5 % höhere Stückzahlen, also 1820 + 91 = 1911 Stück, so errechnet sich die Effektivität wie folgt:

$$\frac{1911\ Stück}{2275\ Stunden} = 0{,}84\ Stück\ pro\ Stunde$$

Mit dieser erhöhten Effektivität hätten die 1820 Stück des 1. Quartals in nur 2167 Stunden produziert werden können (1820 : 0,84 = 2167). Zur Berechnung des Bonus wird im ersten Schritt die zusätzliche Effektivität in Stunden berechnet. Die Rechnung lautet:

$$2275\ Std \times \frac{0{,}84 - 1}{(0{,}8)} = 113{,}75\ Stunden$$

Die Hälfte der Entgeltkosten dieser eingesparten Stunden wird dann als Prämie an die Beschäftigten weitergegeben. Bei einem Stundenentgelt von z. B. 21,50 € pro Stunde ergibt sich folgende Rechnung:

113,75 Stunden × 21,20 € = 2411,50 €. Die Hälfte dieser Einsparung beträgt 1205,75 €. Jedes der 5 Gruppenmitglied erhält 241,50 € pro Quartal oder 68,63 –

80,39 € pro Monat. Dies ist wesentlich ungünstiger als im Prämienentgelt, da dort der volle Betrag (die Prämienmehrleistung) ausgezahlt würde.
Angenommen, die Gruppe produziert im 2. Quartal 7 % höhere Stückzahlen, also 1820 + 127 = 1947 Stück, wird die »magische Grenze« von 6 % überschritten. Die Effektivität liegt jetzt bei

$$\frac{1947\ \textit{Stück}}{2275\ \textit{Stunden}} = 0{,}86\ \textit{Stück pro Stunde}$$

Die Gruppe erhielte in diesem Beispiel jetzt zwar den vollen Einsparungsbetrag, müsste jetzt aber eine Erhöhung der Bezugsbasis in Kauf nehmen. Die erzielte höhere Grundeffektivität wird nämlich jetzt als Basis genommen. Würde die Gruppe im 3. Quartal wieder eine Leistung von 1947 Stück erzielen, bekäme sie keine »Prämie«. Dies entspricht einer »automatischen Vorgabezeitverkürzung«. Erst eine weitere Leistungssteigerung über 1947 Stück hinaus rechtfertigt eine Ausschüttung der Prämie.
Gain-Sharing-Modelle führen in der Regel zu erheblichen Nachteilen für die betroffenen Beschäftigten:

1. Die mit dem Modell beabsichtigten Produktivitätssteigerungen führen zur Einsparung von Arbeitskräften. Nur wenn es dem Unternehmen gelingt, in entsprechendem Maße seine Marktanteile auszubauen, ist dies nicht mit Arbeitsplatzabbau verbunden.
2. Letztlich wird durch die Prämie ein Anreiz zur ständigen Reduzierung von Vorgabezeiten geschaffen. Überschreitet die Gruppe die betrieblich festgelegte »magische Grenze«, so erfolgt eine »automatische Kürzung der Vorgabezeit«. Dies ist tarifwidrig, denn in den Tarifverträgen ist im Entgeltgrundsatz Leistungsentgelt geregelt, dass Zeitfaktoren und Sachleistungskennzahlen nur geändert werden dürfen, wenn sich die Arbeitsmethode, technische bzw. organisatorische Änderungen oder offensichtliche Berechnungsfehler bei der Vorgabezeitfestsetzung ergeben haben, die entscheidend die Stückzeit beeinflussen. Diese Schutzbestimmungen für im Leistungsentgelt Beschäftigte werden mit »Gain-Sharing-Modellen« unterlaufen.
3. Stör- und Wartezeiten reduzieren die Effektivität der Gruppe und wirken sich damit Prämien mindernd aus. Zwar wird bei der Ermittlung der Grundeffektivität ein durchschnittlicher Störanteil mit erfasst. Sollte sich der Störanteil allerdings außerplanmäßig erhöhen, geht dies zulasten der Gruppe. Auch dies verstößt gegen die tarifvertraglichen Normen beim Prämienentgelt.
4. Ähnlich verhält es sich mit Ausschuss. Da lediglich Gut-Stücke in die Effektivität eingehen, bedeutet Ausschuss-Produktion automatisch eine Reduzierung des Prämienverdienstes. Das BAG hat im Gegensatz dazu entschieden, dass nur bei Verschulden der Beschäftigte haftet. Der Begriff des Verschuldens umfasst nach § 276 BGB in der Regel Vorsatz und Fahrlässigkeit (vgl. Kapitel 5.5.6).
5. Der Entgeltanreiz für schnelleres und/oder effizienteres Arbeiten steht im Vordergrund dieser Modelle. In einem gewissen Maß wird möglicherweise die Gruppe Wege finden, durch Verbesserung von Arbeitsabläufen zu ei-

ner höheren Stückzahl zu kommen. Andererseits ist es aber auch genauso möglich, dass sich die Gruppe über wachsende Leistungsverdichtung ihren Mehrverdienst sichert. Gruppendruck auf Leistungsschwache und Konkurrenz zwischen verschiedenen Gruppen (»Welche Gruppe bekommt die Arbeiten mit größerem Einsparungspotenzial?«) scheinen vorgezeichnet.
Eine weitere Problemstellung ergibt sich, wenn die Erkenntnisse in einer Gruppe auf andere Gruppen durch die Arbeitgeber übertragen werden.
Dem Betriebsrat wird die Regelung eines zumutbaren Leistungspensums letztlich entzogen, da die Gruppe »selbst« über die Reduzierung von Leistungsvorgaben entscheidet.

6. Die Prämienbestimmungen der Entgelt-Rahmentarifverträge sehen vor, dass in einer Betriebsvereinbarung u. a. der Prämienverlauf und die Prämienendleistung bzw. das Prämien-Endentgelt zu vereinbaren sind. Der Prämienendpunkt muss erreichbar sein. Dies sind Schutzbestimmungen, die ein ständiges »anziehen« der Leistungsschraube verhindern sollen – also das genaue Gegenteil der »Gain-Sharing-Modelle«. Schon allein deswegen sind diese Modelle tarifvertragswidrig.
7. Es wird eine nach oben offene Entgeltsteigerung suggeriert. Offen bleibt beim »Gain-Sharing-Modell«, ob das erreichte Entgelt bei einem »ausgelaufenen« Produkt bei der Neufestsetzung des Prämienentgelts für das »neue« Produkt gesichert wird. Zudem ist davon auszugehen, dass die übertragenen Synergieeffekte bei der Festsetzung der Prämienausgangsleistung auf hohem Niveau Leistungssteigerungen im Sinne von »Gain-Sharing« so gut wie ausschließen.

5.5.11 Betriebsvereinbarung zum Leistungsentgelt (Kennzahlenvergleich und Prämienentgelt)

Soll in einem Betrieb oder einer Abteilung Kennzahlenvergleich oder Prämienentgelt eingeführt werden, erfordert dies den Abschluss einer Betriebsvereinbarung. Da sich in den Tarifverträgen der Metallindustrie zum Prämienentgelt nur Rahmenregelungen finden, sind die Betriebsvereinbarungen recht umfangreich. Übersicht 5.34 zeigt die wichtigsten Eckpunkte.
Hinweise für die Interessenvertretung bei der Einführung von Kennzahlenvergleich oder Prämienentgeltmodellen

- Schlägt der Unternehmer bei derzeit akzeptablen Entgelt-Leistungs-Bedingungen einen Kennzahlenvergleich oder ein Prämienentgeltsystem vor, sollte die Interessenvertretung dies kritisch daraufhin prüfen, ob es eine Verschlechterung der Entgelt-Leistungs-Bedingungen zur Folge hätte. Die Interessenvertretung muss dann entscheiden, ob sie das derzeitige akzeptable Entgeltsystem verteidigen will oder einen eigenen Vorschlag zum Prämienentgelt entwickelt.
- Bei Umstellungen von Entgeltgrundsätzen und Methoden wird sich meistens an der Höhe des derzeitigen durchschnittlichen Mehrverdienstes der Betriebe orientiert. Haben die einzelnen Kolleginnen und Kollegen relativ unterschiedliche Mehrverdienste, müssen in der Regel Übergangsregelungen vereinbart

werden. Denkbar sind unterschiedlich hohe Standardentgelte in einzelnen Abteilungen, die in einem vereinbarten Zeitraum zusammengeführt werden. Möglich sind auch persönliche Besitzstandsregelungen.

- Bei der Einführung neuer Technologien und neuer Formen der Arbeitsorganisation kann das auch Konsequenzen für gewachsene Entgeltsysteme haben. Die Interessenvertretung sollte dies zum Anlass nehmen, das Entgeltsystem zu überprüfen und gegebenenfalls ein neues System fordern. Es kann dabei sinnvoll sein, ein neues Entgeltmodell zunächst an einzelnen Arbeitssystemen zu erproben, bevor es für andere Abteilungen eingeführt wird.
- Besteht im Zeitentgelt ein hoher Leistungsdruck, sollte die Interessenvertretung überlegen, ob sie die Einführung eines Standardentgelts fordert. Dieser Schritt sollte für eine längere Zeit sehr sorgfältig im Betriebsrat, Vertrauenskörper und mit der Belegschaft diskutiert werden. Hier muss sehr viel Überzeugungsarbeit geleistet werden. Erhalten die im Zeitentgelt Beschäftigten bereits direkte Zeit- oder Leistungsvorgaben, lässt sich die Standardleistung mit der Bezugsgröße Stückzahl bzw. abgerechnete Minuten definieren. Ist dies nicht praktikabel, sollte die Standardleistung durch eine Vereinbarung der Soll-Personalbesetzung und des Arbeitspensums geregelt werden. Das Standardentgelt sollte mindestens so hoch wie die effektiven Verdienste der im Zeitentgelt Beschäftigten sein.

Beispiel für das Tarifgebiet der Metallindustrie in Niedersachsen:
Entgeltgruppe 5 B: 3462 €/Monat
10 % Leistungszulage: 346,20 €/Monat
übertarifliche Zulage: 243 €/Monat
Effektiver Verdienst: 4051,20 €/Monat
Daraus ergibt sich:

$$\text{Standardentgelt} = \frac{4051{,}20\,€}{3462} \times 100\,\% = 117\,\% \text{ der Entgeltgruppe 5 B}$$

Auch für eine derartige »kostenneutrale« Umstellung wird die Interessenvertretung streiten müssen, da die übertariflichen Zulagen im Standardentgelt rechtlich besser abgesichert sind.

- Die Einführung eines Prämienentgelts bzw. Standardentgelts zieht sich in der Praxis über mehrere Monate, teilweise Jahre hin. Entsprechend sorgfältig sollte die Interessenvertretung ihre Forderungen und ihre Vorgehensweise planen. Dazu gehören intensive Diskussionen im Betriebsrat und Vertrauenskörper in Abstimmung mit der Gewerkschaft. Eine besondere Bedeutung kommt der Information und Diskussion mit der Belegschaft zu. Dabei besteht die Schwierigkeit darin, die relativ komplizierten Entgeltregelungen so darzustellen, dass sie für die Belegschaft nachvollziehbar sind. Wenn es »hart auf hart« geht, wird sich ohne Mobilisierung der Belegschaft kein akzeptables Entgeltsystem durchsetzen lassen.

Übersicht 5.34

Eckpunkte für Betriebsvereinbarungen zum Leistungsentgelt (Kennzahlenvergleich/Prämienentgelt)	
1	Geltungsbereich
2	Menschengerechte Arbeitsbedingungen
3	Kennzahlen bzw. Bezugsgrößen
4	Datenermittlung
4.1	Reproduzierbare Arbeitsbeschreibung
4.2	Zulässige Methoden der Datenermittlung, z. B. - Vereinbaren - Messen von Ist-Zeiten (Kennzahlenvergleich auf Basis Zeitgrad, Leistungsgradbeurteilung, tarifliche Normalleistung) - Rechnen von technisch bedingten Zeiten - Planzeiten
4.3	Einzelheiten zu den verschiedenen Methoden
5	Erholungszeit/persönliche Zeit
6	Rüstzeit und sachliche Verteilzeit
7	Von Fall zu Fall abzugeltende Zeiten
8	Verfahren zur Vereinbarung der Soll-Zeiten bzw. Soll-Daten
9	Verhältnis Entgelt/Leistung auswählen (Kennzahlenvergleich/Prämie) aus a) oder b)
9a	**Standardentgelt:** Für die Einhaltung der Endleistung wird das End-Entgelt gezahlt. Dieses beträgt ... % des Tarifentgelts der jeweiligen Entgeltgruppe. Unterschreitungen der Endleistung führen zu keiner Verdienstminderung. Geschäftsleitung und Betriebsrat überprüfen die Ursachen.
9b	**Vario-Prämie:** Für die Einhaltung der Soll-Leistung wird ein Leistungsentgelt von ... % des Tarifentgelts der jeweiligen Entgeltgruppe gezahlt. Über- bzw. Unterschreitungen der Soll-Leistung um plus/minus 5% führen zu einer entsprechenden Änderung des Leistungsentgelts, wenn sie vom Arbeitnehmer zu vertreten sind.
10	Eventuell Regelungen zur Gruppenarbeit und zur Soll-Personalbesetzung
11	Änderungen von Vorgabezeiten, Soll-Zeiten, Soll-Daten und der Soll-Personalbesetzung
12	Paritätische Kommission
13	Ausschussregelungen
14	Mindermengenzuschläge
15	Einarbeitungszeiten
16	Einführungszeitpunkt und Kündigung

5.5.12 Praktische Anwendungsfragen des Leistungsentgelts (Kennzahlenvergleich, Prämie und Akkord)

Bei der Anwendung des Leistungsentgelts entstehen häufig ganz praktische Fragen und Probleme. Im Folgenden werden die Wichtigsten geschildert und Hinweise zur Lösung gegeben, ohne den Anspruch zu erheben, für alle Eventualitäten eine Patentlösung parat zu haben. Probleme, die sich aus der Ermittlung und Festsetzung von Vorgabezeiten ergeben, werden in Kapitel 6 behandelt.

Versuche der Unternehmer, Verdienstgrade zu senken

Die Unternehmer versuchen häufig, die aus ihrer Sicht zu »hohen« Verdienstgrade zu senken. Sie fordern vom Betriebsrat die Zustimmung zu einer pauschalen Kürzung der Leistungsvorgaben und einer Begrenzung des Verdienstgrades.

Hinweis für die Interessenvertretung

Eine pauschale Kürzung von Leistungsvorgaben ist nach den Tarifverträgen nicht zulässig. Sie dürfen im Leistungsentgelt auf der Basis von Kennzahlen, im Akkord- oder Prämienentgelt nur bei technisch-organisatorischen Änderungen gekürzt werden. Der Betriebsrat sollte darauf achten, dass für jede einzelne Leistungsvorgabe der Nachweis verlangt wird, dass eine Änderung nach dem Tarifvertrag zulässig ist. Will die Geschäftsleitung systematisch neue Vorgaben ermitteln, sollte der Betriebsrat prüfen, ob er in einer Betriebsvereinbarung Regelungen zur Datenermittlung vereinbart und so versucht, die derzeitigen Besitzstände zu verteidigen.

Niedrige Verdienstgrade

Die Beschäftigten im Akkordentgelt bzw. im Kennzahlenvergleich auf der Grundlage des Zeitgrads können je nach der Höhe der abgerechneten Minuten einen unterschiedlich hohen Verdienst erzielen. Eine Streitfrage ist, wie hoch abgerechnet werden kann. Sollen die Verdienstchancen in der betrieblichen Praxis unterhalb der tariflich festgelegten Entgelt-Leistungs-Relation bzw. des Niveaus der tariflichen Leistungszulage im Zeitentgelt liegen, dann besteht auf jeden Fall Handlungsbedarf für die Interessenvertretung.

Hinweis für die Interessenvertretung

Bei zu niedrigen Verdienstgraden in einem Betrieb oder einer Abteilung muss die Interessenvertretung aktiv werden und in einer Betriebsvereinbarung versuchen, bessere Regelungen anzustreben. Das heißt konkret, dass Regelungen für die Festsetzung der Leistungsvorgaben vereinbart werden müssen (vgl. Kap. 6).

Maschinenlaufzeiten (Prozesszeiten) im Akkord

Das Akkordsystem geht von der Annahme aus, dass die Vorgabezeiten eine Verdienstchance enthalten und unterschritten werden können, um einen Mehrverdienst erzielen zu können. Bei immer mehr Maschinen und Anlagen bestimmt allerdings die Maschine den Takt. Zum Beispiel ergibt sich bei CNC-Maschinen die Maschinenlaufzeit aus dem Werkstückprogramm. Die Beschäftigten im Akkord können diese Zeiten nicht unterschreiten und damit folglich auch keinen Mehrverdienst erzielen. Dieses Problem bestand schon immer bei relativ hohen Laufzeiten an konventionellen Maschinen. Durch Computerisierung von Produktionsanlagen nimmt der Anteil der Maschinenlaufzeiten bzw. Prozesszeiten zu und stellt die gesamte Akkordentlohnung in Frage.

Hinweis für die Interessenvertretung
Steigt der Anteil von Prozesszeiten, bietet sich ein Wechsel des Entgeltgrundsatzes von Akkord zu einem Prämienentgeltmodell oder einer anderen Methode des Kennzahlenvergleichs an. Hier kann die Problematik besser geregelt werden. Soll das Akkordsystem dagegen beibehalten werden, muss in einer Betriebsvereinbarung festgelegt werden, dass die Maschinenlaufzeiten (Prozesszeiten) mit einem Faktor multipliziert werden. Dieser Faktor sollte so hoch sein wie der betriebsübliche Verdienstgrad der Beschäftigten im Akkord.

Zeiten, für die der Durchschnittsverdienst zu zahlen ist

Beschäftigte, deren Leistungsentgelt auf der Basis von Vorgabezeiten ermittelt wird, haben für die Zeit von Tätigkeitsunterbrechungen, Störungen sowie für Wartezeiten Anspruch auf ihren Durchschnittsverdienst, also z. B. in Höhe von 120 % des tariflichen Grundentgelts. In einigen Tarifverträgen werden diese Zeiten als F-Zeiten bezeichnet (von Fall zu Fall abzugeltende Zeiten). Dazu zählen alle zusätzlichen Arbeiten, Wartezeiten, Unterbrechungen und Störungen, die der Arbeitnehmer nicht zu vertreten hat. Beispiele sind: Materialmangel, Maschinenschaden, Auftragsmangel, Störungen im Betriebsablauf, Kranwartezeiten, Betriebsversammlung, Gang zum Betriebsrat, zum Sanitäter und zu anderen betrieblichen Stellen soweit sie nicht bereits in der Leistungsvorgabe enthalten sind. Die Beschäftigten müssen diese Zeiten dem Vorgesetzten melden und erhalten dafür eine Gutschrift.

Hinweis für die Interessenvertretung
Wenn bestritten wird, dass Beschäftigte einen Anspruch auf den Durchschnittsverdienst haben oder wenn sie Arbeiten im Zeitentgelt verrichten, lohnt sich der Blick in den Tarifvertrag. In allen Tarifverträgen finden sich Regelungen zum Anspruch auf die Bezahlung von Wartezeiten usw.; ggf. sollte dies in einer Betriebsvereinbarung präzisiert werden.

Inanspruchnahme von Verteil- und Erholungszeiten

Im Leistungsentgelt müssen die Beschäftigten ausreichend Zeit für unregelmäßig anfallende Arbeiten und persönliche Bedürfnisse erhalten. Vorgabezeiten dafür müssen Zuschläge sachliche und persönliche Verteilzeiten und gegebenenfalls Erholungszeiten (Kapitel 7) enthalten. Um einen höheren Verdienst zu erzielen können Beschäftigte dazu verleitet werden, persönliche Verteilzeiten und Erholungszeiten nicht in Anspruch zu nehmen, damit würde der Sinn dieser Zuschläge unterlaufen.

Hinweis für die Interessenvertretung

- Die Vorgaben müssen so bemessen sein, dass die betriebsüblichen Verdienstgrade bei Inanspruchnahme der Verteil- und Erholungszeiten erreicht werden können.
- Ein erster Schritt dazu ist die Information der Beschäftigten über den zeitlichen Anspruch pro Schicht. 5 % persönliche Zeit bedeuten drei Minuten pro Stunde oder 21 Minuten in einer Arbeitsschicht von sieben Stunden. Da dies nicht bei den Zeit- oder Sollvorgaben separat ausgewiesen ist, die ein Beschäftigter im Leistungsentgelt erhält, sind sich manche Beschäftigte über diesen Anspruch nicht im Klaren.
- Für die Inanspruchnahme von Erholungszeiten empfiehlt sich die Festlegung von festen Pausenblöcken (Kapitel 7).

Einarbeitungszeiten

Wird einem Kollegen oder einer Kollegin eine neue Arbeit im Leistungsentgelt übertragen, kann nicht erwartet werden, dass er oder sie gleich vom ersten Tag an den üblichen Leistungsstand erreicht. Sie werden sich einarbeiten müssen.

Hinweis für die Interessenvertretung

In einer Betriebsvereinbarung sollten dazu Regelungen für die Einarbeitungszeit vereinbart werden. Für die Dauer von beispielsweise sechs Wochen erhalten die Beschäftigten im Leistungsentgelt ihren bisherigen Durchschnittsverdienst, neu eingestellte Kolleginnen und Kollegen den Durchschnittsverdienst der Abteilung.

Mindermengenzuschläge

Werden die Leistungsvorgaben ermittelt, wenn eine größere Stückzahl hergestellt wird und die Datenermittlung nach einer gewissen Einarbeitung des Beschäftigten erfolgte, sind diese Vorgaben für Aufträge mit kleinen Stückzahlen zu niedrig.

Hinweis für die Interessenvertretung

In einer Betriebsvereinbarung sollte geregelt werden: Wird bei der Ausführung erheblich von der Stückzahl abgewichen, die bei der Festlegung der Leistungsvorgabe zugrunde lag, so wird diese um × Prozent erhöht.

Ausschussregelung

In einigen Betrieben gibt es darüber Streit, ob fehlerhafte Arbeiten bezahlt werden müssen. Maßstab muss der bei der Datenermittlung festgelegte und dokumentierte Qualitätsstandard sein.

Hinweis für die Interessenvertretung

In einer Betriebsvereinbarung zum Leistungsentgelt sollte ausdrücklich geregelt werden: Für fehlerhafte Arbeiten (Ausschuss), die ohne Verschulden des Beschäftigten entstanden sind, ist der volle Verdienst zu zahlen. Nacharbeiten, die ohne Verschulden des Beschäftigten notwendig sind, werden mit dem Durchschnitt bezahlt. Der Begriff des Verschuldens umfasst nach § 276 BGB Vorsatz oder Fahrlässigkeit.

Änderung von Leistungsvorgaben/kontinuierlicher Verbesserungsprozess

Bei der Festsetzung von Vorgaben im Leistungsentgelt muss sich der Unternehmer an die Regelungen im Tarifvertrag und in der Betriebsvereinbarung halten. Einmal festgesetzte Leistungsvorgaben dürfen vom Unternehmer nicht willkürlich gekürzt werden. In fast allen Tarifverträgen der Metallindustrie finden sich Regelungen darüber, wann Vorgabezeiten geändert werden dürfen. So heißt es im Tarifgebiet Küste:

> **Tarifvertrag**
> *»Jede Akkordfestsetzung hat nur solange Gültigkeit, wie die der Akkordfestsetzung zugrunde gelegten Voraussetzungen sich nicht ändern. Demgemäß ist eine Neufestsetzung von Akkorden zulässig, wenn sie durch Änderung des Arbeitsganges, der Maschinen bzw. Vorrichtungen, der Art des Materials durch technische Verbesserungen oder durch sonstige Änderung (wie Gruppenbesetzung oder wesentliche Änderung der Stückzahl) der für die Akkordfestlegung maßgebenden Voraussetzungen begründet ist.«*
> (§ 7.10 ERA-Tarifvertrag Nordverbund)

Durch derartige Regelungen ist ausgeschlossen, dass die Unternehmer Vorgabezeiten für Aufträge kürzen, wenn die Beschäftigten bei diesen Aufträgen hohe Verdienstgrade erzielen.
Führt die Geschäftsleitung die Grundsätze des kontinuierlichen Verbesserungsprozesses (KVP) bzw. von KAIZEN ein, verfolgt sie damit auch das Ziel, durch kleinere technische und arbeitsorganisatorische Änderungen die Vorgaben zu kürzen.

Hinweise für die Interessenvertretung

- Es ist wichtig, dass der Betriebsrat systematisch die Änderung von Vorgaben kontrolliert. Auch wenn es viel Arbeit bedeutet, hat es sich in manchen Betrieben als sinnvoll erwiesen, dass der Betriebsrat über die Änderung jeder Leistungsvorgabe unter Angabe von Gründen vorher informiert wird, um die Berechtigung der Kürzung überprüfen zu können. Nur so hat der Betriebsrat die Möglichkeit, eine schleichende Leistungsverdichtung zu kontrollieren.
- Nimmt der Unternehmer eine technische Änderung vor, nur um die Leistungsvorgaben kürzen zu können, ist diese nicht in jedem Fall erlaubt. In dem vorher genannten Tarifvertrag ist beispielsweise geregelt, dass dies nur zulässig ist, wenn die technische Änderung »entscheidend« die Stückzeit beeinflusst. Kleine technische Änderungen, die die Stückzeit nicht »entscheidend« beeinflussen, rechtfertigen keine Kürzung der Vorgabe.

- Bei der Anwendung des kontinuierlichen Verbesserungsprozesses (KVP) muss der Betriebsrat darauf achten, dass die tariflichen Bestimmungen zur Änderung und Neufestsetzung von Leistungsvorgaben eingehalten werden.

Vorläufige Leistungsvorgaben

Werden neue Produkte oder Serien gefertigt, werden häufig in Akkordsystemen und im Kennzahlenvergleich mit Zeitgrad, vorläufige Vorgabezeiten vorgegeben, die nach einer gewissen Zeit endgültig festgesetzt werden können. Damit besteht die Möglichkeit, innerhalb dieser Zeit die Leistungsvorgaben auch dann zu kürzen, wenn keine technisch-organisatorische Änderung vorliegt.

Hinweis für die Interessenvertretung

In einigen Tarifverträgen sind vorläufige Vorgabezeiten zugelassen. In einer Betriebsvereinbarung sollte dann jedoch eine möglichst kurze Frist vereinbart werden. Behaupten die Unternehmer, sie könnten kurzfristig keine Datenermittlung durchführen, kann dieses Argument dadurch zurückgewiesen werden, dass auf andere Methoden der Datenermittlung verwiesen wird (z. B. Vergleichen und Schätzen sowie Planzeiten). Damit können auch schon im Planungsstadium endgültige Vorgabezeiten festgesetzt werden.

Reklamation von Leistungsvorgaben

Nach § 87 Abs. 1 Ziff. 11 BetrVG hat der Betriebsrat – soweit eine tarifliche Regelung nicht besteht – ein Mitbestimmungsrecht über leistungsbezogene Entgelte (Akkord- und Prämiensätze, einschließlich der Geldfaktoren). In der Metallindustrie wird dieses Mitbestimmungsrecht durch das Reklamationsverfahren des Tarifvertrages ergänzt. Erweist sich eine Leistungsvorgabe in der Praxis als zu niedrig, können die Beschäftigten oder der Betriebsrat die Vorgaben reklamieren. In den Tarifverträgen ist das Reklamationsverfahren unterschiedlich vereinbart. Im Entgelt-Rahmentarifvertrag Nordrhein-Westfalen (§ 7.11) heißt es:

Tarifvertrag

»Beanstanden der Akkordarbeiter oder der Betriebsrat eine Vorgabezeit, so ist der Antrag bei der zuständigen Stelle zu stellen, zu registrieren und unverzüglich zu bearbeiten.

Ist der Antragsteller mit dem Ergebnis der Nachprüfung nicht einverstanden, so wird die Vorgabezeit von der paritätischen Akkordkommission überprüft und gegebenenfalls neu festgesetzt. Der paritätischen Akkordkommission gehören je zwei von der Werksleitung und vom Betriebsrat bestellte möglichst sachverständige Betriebsangehörige an.

Die paritätische Akkordkommission kann von der zuständigen Stelle jede Unterstützung, z. B. Vorlage der Datenaufnahmebogen und sonstige Aufzeichnungsträger (Anlage 2 III/6), in Anspruch nehmen und Sachverständige zur Beratung hinzuziehen.

Das Ergebnis der Überprüfung ist den Beteiligten mitzuteilen. Kommt die paritätische Akkordkommission ausnahmsweise zu keiner Entscheidung, so haben Arbeitgeber und Betriebsrat die Aufgabe, die Angelegenheiten zu regeln. Kommen Arbeitgeber und Betriebsrat zu keiner Einigung, so entscheidet die Einigungsstelle nach § 24 EMTV.

> *Den Beteiligten (Arbeitgeber, Betriebsrat sowie Beschäftigten) steht im Rahmen des § 76 Abs. 5 BetrVG bzw. entsprechend §§ 101 ff. AGG in jedem Fall der Rechtsweg offen. Der Abrechnung ist die endgültig festgesetzte Vorgabezeit zugrunde zu legen. Die Leistung der Akkordarbeit darf wegen Meinungsverschiedenheit über die Richtigkeit der Vorgabezeit nicht verweigert werden.«*
> (§ 7.11 ERA-Tarifvertrag Nordrhein-Westfalen)

In anderen Tarifverträgen ist darüber hinaus geregelt, dass für die Dauer des Reklamationsverfahrens der Durchschnittsverdienst zu bezahlen ist.

Hinweise für die Interessenvertretung

- Eine Reklamation führt nicht unbedingt zu einer neuen Datenermittlung. Die paritätische Kommission kann die reklamierte Leistungsvorgabe neu festsetzen. Eine neue Datenermittlung birgt häufig die Gefahr, dass die Vorgabe noch kürzer wird, als sie schon ist. Die Vertreter des Betriebsrats in der paritätischen Kommission sollten mit einer festen zahlenmäßigen Vorstellung über die Höhe der Leistungsvorgabe in die Verhandlung gehen und über diese Höhe verhandeln. Sind sie sich unsicher, wie hoch diese sein muss, sollten sie mit dem betroffenen Beschäftigten und den zuständigen Vertrauensleuten Rücksprache halten. Niemand wird den erforderlichen Zeitbedarf besser als die Betroffenen kennen. Erfolgt bei der Verhandlung über die Höhe der Leistungsvorgabe keine Einigung, müssen Betriebsrat und Geschäftsleitung die Angelegenheit behandeln. Erfolgt auch hier keine Einigung, entscheidet die Einigungsstelle bzw. die tarifliche Schlichtungsstelle.
- Die Vertreter des Betriebsrats sollten gut vorbereitet in die Sitzung der paritätischen Kommission gehen und für jede reklamierte Vorgabezeit Argumente anführen können. Zur inhaltlichen Argumentation für die Reklamationen von Vorgaben finden sich in Kapitel 6 ausführliche Hinweise.
- Die gewerkschaftspolitisch sinnvollste Form der Reklamation von Vorgabezeiten ist ein gemeinsames solidarisches Vorgehen von Betroffenen und Betriebsrat.
- In manchen Betrieben zögern einzelne Kolleginnen und Kollegen, schlechte Vorgaben zu reklamieren, weil sie befürchten, dadurch Nachteile zu erleiden. In diesem Fall muss der Betriebsrat initiativ werden und diese schlechten reklamieren.

Fliessfertigung

Die Prinzipien Fluss und Takt gehören zum Standardrepertoire der Arbeitsorganisation in der Metall- und Elektroindustrie (Kapitel 3). Das hat weitreichende Konsequenzen für die Entgelt- und Leistungsgestaltung.
Durch die Bindung an die Taktzeit hat der einzelne Beschäftigte nicht mehr die Möglichkeit, das Arbeitstempo individuell zu bestimmen. Das Fließband diktiert das Arbeitstempo aller Beschäftigten am Band. Die meisten Fließbänder sind auf ein bestimmtes »Leistungsniveau« getaktet.

Das Arbeitstempo am Fließband bestimmt sich aus der Austaktung und den Vorgabezeiten für die einzelnen Aufgabenelemente. Da der Betriebsrat im Akkord- und im Prämienentgelt Mitbestimmungsrechte über die Vorgabezeiten hat, kann er so das Arbeitstempo am Fließband beeinflussen. Außerdem muss zwischen Geschäftsleitung und Betriebsrat vereinbart werden, auf welchen Zeitgrad das Fließband getaktet werden soll. Einige Tarifverträge der Metallindustrie schreiben vor, dass Fließbandarbeit nur im Leistungsentgelt zu entlohnen ist; dann kann das Fließband nicht willkürlich vom Unternehmer oder vom Vorgesetzten schneller gestellt werden.

Hinweise für die Interessenvertretung

- Fließbandarbeit darf nur im Leistungsentgelt vergeben werden.
- Die Taktzeiten sollten ein Mindestmaß nicht unterschreiten. Einige Tarifverträge enthalten die Regelung, dass die Taktzeiten mindestens 1,5 Minuten betragen sollen. Wenn zwischen den einzelnen Arbeitsstationen Puffer liegen, kann innerhalb dieser Grenzen in einer Arbeitsschicht das Arbeitstempo variiert werden.
- Die Abgeltung der persönlichen Verteilzeiten und der Erholungszeiten kann auf zwei Arten erfolgen: Stillsetzen der Fließbänder für festgesetzte Zeiträume (Bandpausen) oder Ablösen durch Springer.
- Neben der Vorgabezeit für die einzelnen Aufgabenelemente muss der Betriebsrat auch die Austaktung kontrollieren. Die Informationen über die Taktabstimmung sind ihm auf Verlangen auszuhändigen. Dabei muss darauf geachtet werden, dass für jede Station maximal so viele Sollzeiten vorgegeben werden, wie es die Taktzeit zulässt. Beispiel: Bei einer Taktzeit von 1,5 Minuten darf jede Station maximal mit Sollzeiten von 1,5 Minuten ausgelastet werden. Da diese Austaktung in der Praxis nie genau den Maximalwert erreicht, entstehen so genannte Taktausgleichszeiten, vgl. dazu Kapitel 3.6.4.

Gruppen im Leistungsentgelt

Erhält eine Gruppe eine gemeinsame Leistungsvorgabe und ist diese knapp kalkuliert, kann dies die Solidarität in der Arbeitsgruppe extrem beeinträchtigen. Es besteht dann immer die Gefahr, dass sich die Kolleginnen und Kollegen gegenseitig antreiben, sich disziplinieren und »leistungsschwächere« Kolleginnen und Kollegen aus der Arbeitsgruppe hinausdrängen.

Hinweis für die Interessenvertretung

Die Gefahren können vermieden werden, wenn die Vorgaben zumutbar sind, gewisse Freiräume beibehalten und die Gruppenmitglieder gleich qualifiziert und eingearbeitet sind. Wie das erzielte Leistungsentgelt auf die Mitglieder der Gruppe verteilt wird, ist in einem Verteilungsschlüssel zu regeln. Die Frage des Verteilungsschlüssels ist mitbestimmungspflichtig. Ungleiche Verteilungsschlüssel des gemeinsam erarbeiteten Gruppenergebnisses sind abzulehnen, da sie die Solidarität der Gruppe untergraben können.

Wird Gruppenarbeit eingeführt, empfiehlt es sich, im Rahmen eines Prämienentgeltmodells ein für die Gruppenarbeit maßgeschneidertes Entgeltsystem zu vereinbaren (Kapitel 5.5.7).

Mehrmaschinenarbeit

Bei der Mehrmaschinenarbeit müssen Beschäftigten an zwei oder mehr Maschinen parallel arbeiten. Während der Maschinenlaufzeit an der einen Maschine müssen sie die Werkstücke an der anderen Maschine ein- und ausspannen.

Hinweise für die Interessenvertretung

Bei Mehrmaschinenarbeit sind folgende Regelungen zu vereinbaren:

- Als Voraussetzung für die Mehrmaschinenarbeit sollte festgelegt werden, dass die Maschinenlaufzeit mindestens doppelt so lang ist, wie die Zeit für das Ein- und Ausspannen (je nach den betrieblichen Gegebenheiten).
- In der Vorgabezeit müssen die Überschneidungen berücksichtigt werden, wenn die Beschäftigten gleichzeitig an mehreren Maschinen eingreifen müssen, ggf. durch einen Zuschlag.

Durchschnittsverdienst für alle

In einigen Betrieben ist es Praxis geworden, keine systematischen Datenermittlungen mehr vorzunehmen. Um keine Konflikte mit der Belegschaft bzw. dem Betriebsrat einzugehen, wird allen der Durchschnittsverdienst garantiert. Bei der Einführung neuer Technologien und neuer Formen der Arbeitsorganisation, die z. B. zum bisherigen Akkordsystem nicht mehr »passen«, wird vielfach dieser Weg gegangen. Für die Beschäftigten und den Betriebsrat mag dieser Weg verlockend erscheinen: Es werden keine verbindlichen Zeiten vorgegeben und dennoch ein vergleichsweise hoher Durchschnittsverdienst garantiert. Dennoch ist von derartigen Lösungen abzuraten, denn die Mitbestimmung über die Leistungsbemessung wird schleichend unterlaufen. Die Höhe der abverlangten Leistung wird nicht mehr vereinbart, sondern wird, vermittelt über den Arbeitsablauf, einseitig festgelegt. Dadurch kann sich schleichend eine höhere Leistungsanforderung ergeben als im Akkordsystem, zumal keine verbindlichen Ansprüche auf persönliche Verteilzeiten usw. mehr sichtbar werden.

Darüber hinaus besteht die Gefahr, dass die Geschäftsleitung mittelfristig den Entgeltgrundsatz aufkündigen und versuchen wird, Zeitentgelt einzuführen. Wenn keine Leistung mehr vorgegeben und abgerechnet wird, kann die Geschäftsleitung im Konfliktfall gut argumentieren, dass kein Leistungsentgelt mehr vorliege und Zeitentgelt eingeführt werden müsse. Die höheren Verdienste werden schrittweise abgebaut oder als – schlecht abgesicherte – übertarifliche Zulagen bezeichnet und dann ggf. bei Tariferhöhungen angerechnet.

Hinweise für die Interessenvertretung

- Regelungen einer Bezahlung nach dem Durchschnittsverdienst sollten gar nicht oder nur für eine kurze Übergangszeit, deren Ende verbindlich festgelegt ist, zugestimmt werden.

- Sind die technisch-organisatorischen Änderungen nicht mehr mit dem klassischen Akkordsystem zu vereinbaren, sollte ein neues Entgeltsystem im Rahmen eines Prämienentgeltmodells vereinbart werden.
- Wenn die Geschäftsleitung versucht, Zeitentgelt einzuführen, sollte der Betriebsrat dies ablehnen und kurzfristig einen Vorschlag für eine Betriebsvereinbarung zu einem Prämienentgeltmodell erarbeiten und in die Verhandlungen einbringen.

5.6 Zielvereinbarung und Zielentgelt

Vor einigen Jahren wurde in Managerzeitschriften und durch Unternehmensberater das Thema »Zielvereinbarung« als ein zukunftsweisendes Entgeltsystem dargestellt. Anfang der 2000er Jahre wurden Regelungen zum Zielentgelt in die Entgelt-Rahmentarifverträge aufgenommen. Anders jedoch als damals erwartet, spielt das Zielentgelt heute (leider) eine untergeordnete Rolle.

5.6.1 Zielvereinbarungen

Noch immer werden bis heute nur sehr wenige Beschäftigte in der Metall- und Elektroindustrie nach der tariflichen Entgeltmethode Zielvereinbarung bzw. Zielentgelt (rund 5 % vgl. dazu Kapitel 5.3) bezahlt. Damit steht fest: Trotz der tariflichen Vereinbarung von Zielentgelt in den Entgelt-Rahmentarifverträgen (vgl. Kapitel 5.6.2) findet die Zielvereinbarung in der Metallindustrie bis heute leider nur wenig Verbreitung. Das Etikett »Zielvereinbarung« dient jedoch dazu, die verschiedensten Verfahrensweisen, Managementkonzepte und zum Teil auch Entgeltformen zu beschreiben. Einige Beispiele verdeutlichen die unterschiedliche Praxis:

- Abteilung, Gruppen oder Teams erhalten Zielvorgaben, die über einen definierten Zeitraum erreicht werden müssen. Dabei kann es um die Erhöhung der Produktivität (z.B. 8 % Steigerung jährlich), die Reduzierung der Kosten oder die Verbesserung der Termintreue und viele andere Zielgrößen gehen. Eine Verbindung zum Entgelt liegt hier nicht vor.
- Eine zweite Form richtet sich auf das Leistungsverhalten Einzelner. Einmal jährlich beraten der Vorgesetzte und der Beschäftigte in einem sog. Mitarbeiter- oder Zielvereinbarungsgespräch. Dabei werden nach bestimmten Kriterien einerseits Ziele für das folgende Jahr festgelegt, andererseits die Zielerreichung im vergangenen Jahr diskutiert. Auch in diesem Fall wird das Führungsinstrument ohne Bezug zum Entgelt eingesetzt.
- Seit Jahren werden auch zielvereinbarungsähnliche Konzepte an der Schnittstelle zwischen Unternehmen und Markt eingesetzt. Für Verkäufer werden Umsatzzahlen, Abschlussquoten usw. vereinbart. Hier finden wir häufiger auch eine Kopplung mit meist übertariflichen Jahressonderzahlungen oder Jahresprämien.

In manchen Fällen ersetzen oder ergänzen Zielvereinbarungen die herkömmlichen Leistungszulagen im Zeitentgeltbereich. Nach ähnlichen Kriterien wie bei der Leistungsbeurteilung findet ein Beurteilungsgespräch statt, aus dem sich die Leistungszulage ableitet. Außerdem wird die Zielerreichung für die nächsten Jahre zwischen dem Vorgesetzten und dem Beschäftigten »besprochen«. Der Unterschied zu den bisherigen Formen der tariflichen Leistungsbeurteilung liegt darin, dass die tariflichen Verfahren sog. merkmalsorientierte Beurteilungsverfahren sind. Hierbei sind die Kriterien bzw. Merkmale, nach denen der Einzelne beurteilt wird, vorher festgelegt worden und für alle gleich. Bei der Leistungsbeurteilung mit Zielvereinbarung spricht man von sog. zielorientierten Beurteilungsverfahren. Hier werden Ziele wie Verbesserung der »Arbeitssorgfalt« oder der »Kooperationsbereitschaft« usw. und die Maßstäbe, nach denen die Zielerreichung beurteilt wird, erst im Gespräch mit dem Vorgesetzten entwickelt. Die Leistungsbeurteilung ergibt sich damit erst aus dem Grad der Zielerreichung.
- Auch Zielvereinbarungen als eine Art »verschleierter« Leistungslohn sind aus der Praxis bekannt. Dabei werden mess- oder zählbare Größen, z. B. Vorgabezeiten oder Stückzahlen, zwischen Vorgesetzten und Beschäftigten vereinbart. Je nach Erfüllung dieser Vorgaben wird eine Prämie oder ein Bonus gezahlt.
- Im Rahmen projektförmiger Arbeitsorganisationsformen werden für ein konkretes Arbeitsvorhaben Leistungsumfang, Termine usw. vereinbart.

Beispiel
Es wird eine Gruppe von Software-Ingenieuren zusammengestellt, die die Aufgabe hat, innerhalb eines Unternehmens ein neues Software-Paket zu entwickeln, zu installieren und dies innerhalb einer Zeit von eineinhalb Jahren abzuschließen. In einer Zielvereinbarung werden der konkrete Leistungsumfang, einzelne Meilensteine, zur Verfügung stehende Ressourcen usw. vereinbart. Solche Modelle sind mit – oder auch ohne – Entgeltbezug (einmalige Sonderzahlungen) aus der Praxis bekannt.

Sicherlich lassen sich in der Praxis noch andere Beispiele und unterschiedliche Abstufungsformen finden, die in unserer Aufzählung nicht vorkommen. Zudem wäre das Bild unvollständig, wenn der Blick nicht auch auf Steuerungsmethoden, Konzepte und Verfahren gerichtet würde, in denen der Begriff »Zielvereinbarung« zwar nicht auftaucht, aber ähnliche Dinge wie zuvor beschrieben in der Praxis ablaufen. Ständig neue Leistungsvorgaben, neue Termine, höhere Umsatzzahlen und damit permanent neue Ziele des Unternehmens und »verordnete« Ziele für die Beschäftigten stehen heute eigentlich in fast allen Bereichen auf der Tagesordnung. In diesem Sinne findet sie das Instrument der Zielvereinbarung als einseitige Zielvorgaben in nahezu allen Unternehmen.
Jenseits tarif- und arbeitsrechtlicher Fragen kann auf der Grundlage der aktuellen betrieblichen Entwicklungen Zielvereinbarung folgendermaßen beschrieben werden:

Definition
Hinter dem Begriff Zielvereinbarung verbergen sich in der Praxis unterschiedliche Management-Methoden und/oder Entgeltformen. Mit Blick auf die tarifvertraglichen Anforderungen ist unbestritten, dass hierbei Vorgesetzte mit den ihnen zugeordneten Beschäftigten (einzelne Beschäftigte, Abteilungen, Teams, ganze Unternehmensbereiche) auf der Basis des gegenseitigen Einvernehmens Vereinbarungen über anzustrebende Ziele treffen. Das kann praktisch bedeuten, dass sowohl Zielarten als auch die Zielhöhe (Erfüllungsgrad) ausgehandelt werden.

Chancen und Risiken
Bei der Vielfalt der betrieblichen Zielvereinbarungssysteme und den unterschiedlichen betrieblichen Bedingungen wäre aus gewerkschaftlicher Sicht eine Bewertung nach dem Muster »gut« oder »schlecht« zu einfach. Chancen und Risiken von Zielvereinbarungssystemen müssen genau analysiert werden. Zunächst zu den **Chancen**:

1. **Zielvereinbarungen klären Leistungsbedingungen und Leistungsparameter.**
   In vielen Bereichen, insbesondere in Büro und Verwaltung, Konstruktion, Forschung und Entwicklung werden die Faktoren, die über Erfolg oder Nichterfolg entscheiden oft nicht wahrgenommen. Mit Zielvereinbarungen können die Voraussetzungen zur Zielerreichung systematisch erfasst, dokumentiert und damit auch reklamiert werden.
2. **Zielvereinbarungen können die Leistung auf ein vernünftiges Maß begrenzen.**
   Durch die Festlegung auf Ziele und die Bedingungen zur Zielerreichung ist ein Leistungsmaß für die Zielerreichungsperiode definiert. Eine Veränderung ist nur mit Zustimmung der Beteiligten möglich.
3. **Zielvereinbarungen können an Erfahrungen anknüpfen.**
   Bei der Vereinbarung von Zielen für die Zukunft können die Beschäftigten an bisherigen Erfahrungen mit ähnlichen Projekten anknüpfen, sodass es nicht zu unrealistischen Leistungserwartungen kommt.
4. **Zielvereinbarungen können die Beteiligungs- und Reklamationsrechte der Beschäftigten stärken.**
   Im Zielvereinbarungsgespräch können die Beschäftigten direkt mit ihren Vorgesetzten die Bedingungen aushandeln, unter denen die Ziele erreicht werden können. Verändern sich die Bedingungen, hat das auch Einfluss auf das Ziel, die Zielerreichungsperiode bzw. die Personalbemessung.
5. **Zielvereinbarungen können Leistungsbedingungen sichtbar machen.**
   Zielvereinbarungen sorgen für Transparenz auf allen Ebenen und in allen Bereichen.
6. **Zielvereinbarungen können den Verfall von Arbeitszeit verhindern.**
   In der Zielvereinbarung wird auch die Arbeitszeit geklärt, in der das Ziel erreicht werden kann. Bezugspunkte sind die geltenden tariflichen und arbeitsvertraglichen Wochenarbeitszeiten. Diese Zeiten werden erfasst, vergütet bzw. in Freizeit ausgeglichen.

Ein sorgfältiger Blick auf die **Risiken** von Zielvereinbarungssystemen zeigt aber auch geradezu spiegelbildlich die Problemkomplexe:

1. **Zielvereinbarungen können ein »Bezugsgrößenproblem« enthalten.**
   In der Praxis kommt es vor, dass unter der Überschrift »Zielvereinbarung« nicht beeinflussbare Leistungsbezugsgrößen wie Umsatz, Netto-Wertschöpfung, Senkung des Krankenstandes usw. vereinbart werden. Damit werden Größen leistungsrelevant, die im Leistungsentgelt mit Kennzahlenvergleich oder Prämien nicht zulässig wären.
2. **Zielvereinbarungen können ein »Zielerhöhungsproblem« enthalten.**
   Es wird immer wieder versucht, über das Instrument der Zielvereinbarung kontinuierlich an der Leistungsschraube zu drehen und Ziele ständig zu erhöhen.
3. **Zielvereinbarungen können ein »Datenermittlungsproblem« enthalten.**
   Zielvereinbarungen geben Leistungsdaten vor, die bislang in der Praxis noch nicht erreicht wurden. Sie stellen also eine Wette auf die Zukunft dar. Leistungsvorgaben im Kennzahlenvergleich oder in einem Prämiensystem knüpfen immer an einer schon einmal erbrachten Leistung an. Ob das anvisierte Ziel also tatsächlich erreichbar ist, kann nicht eindeutig gesagt werden.
4. **Zielvereinbarungen können ein »Mitbestimmungsproblem« enthalten.**
   Häufig wird mit dem Mittel der Zielvereinbarung versucht, die Mitbestimmungsrechte des Betriebsrates zu unterlaufen. Unter dem Deckmantel »Vereinbarung« werden Ziele einseitig vorgeben. Weder kann der Betriebsrat seine Mitbestimmungsrechte nutzen, noch werden den Beschäftigten wirkliche Beteiligungs- und Reklamationsrechte zugestanden.
5. **Zielvereinbarungen können ein »Transparenzproblem« enthalten.**
   Wenn die abgeschlossenen Zielvereinbarungen nicht sauber dokumentiert werden, dann ist es im Streitfall nicht möglich, die vereinbarten Rahmenbedingungen, Verpflichtungen des Beschäftigten, Pflichten des Arbeitgebers usw. nachzuvollziehen. Eine sachliche Reklamation wird damit häufig unmöglich.
6. **Zielvereinbarungen können ein »Arbeitszeitproblem« enthalten.**
   Die Zielvorgaben sind vielfach so gestaltet, dass sie in der normalen tariflichen Arbeitszeit von den Beschäftigten gar nicht bewältigt werden können. Unter solchen Bedingungen kommt es dann häufig zu überlangen Arbeitszeiten, die in Verbindung mit flexiblen Arbeitszeitsystemen zu überlaufenden Zeitkonten der Beschäftigten führen.

Fazit:

Bei der Frage »Ablehnung oder Gestaltung« von Zielvereinbarungen müssen noch drei Dinge in die Betrachtung einbezogen werden:

1. Aus dem Blickwinkel funktionierender Leistungsentgeltsysteme kann die Zielvereinbarung in der Praxis ein Instrument zum Unterlaufen gesicherter tariflicher Schutzrechte im Vergleich zum klassischen Leistungsentgelt sein.
2. In Bereichen der leistungspolitisch schlecht oder gar nicht regulierten Entgeltgrundsätze – insbesondere im Zeitentgelt – könnten mit Zielvereinba-

rungen auf der Basis der Entgelt-Rahmentarifverträge Leistungsbedingungen, die bisher durch die Arbeitgeber einseitig vorgegeben wurden, reguliert werden.

3. Nach wie vor gibt es Zielvereinbarungen, die nicht als Entgeltgrundsatz bzw. Entgeltmethode geregelt sind, sondern als übertarifliche Zulage.

5.6.2 Der tarifrechtliche Rahmen

Die Entgelt-Rahmentarifverträge der Metall- und Elektroindustrie regeln Zielvereinbarungen bzw. Zielentgelte als eine Methode der leistungsbezogenen Entgelte. Der Tarifvertrag gibt dabei den rechtlichen Rahmen für den Abschluss von Zielvereinbarungen vor und sichert den Beschäftigten Reklamationsmöglichkeiten. So definiert der Entgelt-Rahmentarifvertrag in Baden-Württemberg unter der Überschrift »Leistungsentgelt mit Zielvereinbarung«, Folgendes:

> **Tarifvertrag**
> *»Grundlage der Zielvereinbarung sind aus Leistungsmerkmalen abgeleitete auf eine konkrete Arbeitssituation bezogene Ziele für eine Zielvereinbarungsperiode. Zielvereinbarungen schließt der Arbeitgeber mit einzelnen Beschäftigten ab. Sie können bei Vorliegen entsprechender Arbeitsstrukturen auch mit mehreren Beschäftigten abgeschlossen werden. Sie beruhen auf dem gegenseitigen Einvernehmen zwischen Beschäftigten und Vorgesetzten.«*
> (§ 17.4.3 ERA-Tarifvertrag Baden-Württemberg)

Im System der tariflichen Entgeltgrundsätze und -methoden ist die Zielvereinbarung bzw. das Zielentgelt immer ein Leistungsentgelt. Lediglich in Nordrhein-Westfalen heißt es:

> **Tarifvertrag**
> *»Zielvereinbarungen als Entgeltmethode sind entweder dem Leistungsentgelt zugeordnete Leistungsvereinbarungen nach Nr. 3 (Zielvereinbarung I) oder Zielvereinbarungen mit zu beurteilendem Leistungsverhalten nach Nr. 7 (Zielvereinbarung II).«*
> (§ 9.1 ERA-Tarifvertrag Nordrhein-Westfalen)

Der Unterschied zwischen Zielvereinbarung I und II liegt in Nordrhein-Westfalen darin, dass bei Zielvereinbarung I für »sachbezogene Bezugsmerkmale Bestimmungsgrößen« vorgegeben werden. Bei Zielvereinbarung II bemisst sich die Höhe der Leistungszulage nach dem Ergebnis der Beurteilung des Leistungsverhaltens.

»Wer regelt was?«
Werden Zielvereinbarungen in den Betrieben abgeschlossen, so sind drei Regelungsebenen (Übersicht 5.35) zu unterscheiden:

Übersicht 5.35

Regelungsebenen bei Zielvereinbarungen
Tarifliche Ebene: Im Tarifvertrag sind die Möglichkeit des Abschlusses von Zielvereinbarungen, die Mitbestimmungsrechte des Betriebsrats, grundlegende Anforderungen an die auszuwählenden Ziele, das Reklamationsverfahren des Beschäftigten, die Absicherung von Mindestentgelten und Mindestanforderungen für das Verfahren bei Veränderungen und Störungen, geregelt. Der Tarifvertrag gibt einen Katalog der betrieblich zu vereinbarenden, zulässigen Ziele vor. **Betriebliche Ebene:** Zwischen Arbeitgeber und Betriebsrat sind die im Betrieb zulässigen Ziele, das Verfahren zur Vereinbarung von Zielen und deren Dokumentation sowie die Zuordnung von Zielerreichungsgraden zum Zielentgelt in einer Rahmenbetriebsvereinbarung zu regeln. **Individuelle Ebene:** Zwischen Arbeitgeber und Beschäftigten sind konkrete Ziele in Zielvereinbarungsgesprächen zu vereinbaren.

Für die betriebliche Praxis ist von Bedeutung, wie die einzelnen Ebenen mit ihren Vorschriften, Schutzbestimmungen und Rechten ineinandergreifen. Da dies etwas komplexer ist, wird das Zusammenspiel von Tarifvertrag, Betriebsvereinbarung und individueller Zielvereinbarung erläutert:

Das Zusammenspiel der Ebenen

Die Tarifverträge regeln, dass Zielvereinbarungen nur zulässig sind, wenn darüber zunächst eine Betriebsvereinbarung zwischen Arbeitgeber und Betriebsrat geschlossen wurde. In Niedersachsen heißt es:

> **Tarifvertrag**
> *»Die Entgeltgrundsätze Zeit- oder Leistungsentgelt und die Entgeltmethoden sind durch Betriebsvereinbarungen festzulegen.«*
> (§ 6.1 ERA-Tarifvertrag Niedersachsen)

Diese Betriebsvereinbarung unterliegt der Mitbestimmung und damit auch dem Initiativrecht des Betriebsrates. In ihr ist zunächst festzulegen, in welchen Abteilungen oder Kostenstellen das Instrument der Zielvereinbarung überhaupt angewandt werden soll. Weiterhin wird ein Zielartenkatalog definiert, aus dem dann Beschäftigte und Vorgesetzte für eine betriebliche Zielvereinbarungsmethode Ziele auswählen und vereinbaren können. Der Tarifvertrag setzt bei der Auswahl der Ziele allerdings entscheidende Rahmenbedingungen. So müssen Ziele im Zusammenhang mit der Arbeitsaufgabe, der Verantwortung und den Einflussmöglichkeiten der Beschäftigen stehen. Die vorgegebenen Ziele müssen von den Beschäftigten auch beeinflussbar sein.

> **Tarifvertrag**
> *»Ziele stehen mit der Arbeitsaufgabe, der Verantwortung und der Einflussmöglichkeiten der Beschäftigten im Zusammenhang.«*
> (§ 9.1.2 ERA-Tarifvertrag Nordverbund)

Ganz bestimmte Ziele sind in den Tarifverträgen zudem ausdrücklich ausgeschlossen. In manchen Tarifverträgen sind nur mess- oder zählbare Ziele im Rahmen eines Leistungsentgeltes auf Basis von Zielvereinbarungen zulässig. Andere Tarifverträge unterscheiden zwischen qualitativen und quantitativen Zielen. Qualitative Ziele können nicht konkret bemessen werden, sondern der Grad der Zielerreichung kann nur durch eine Beurteilung ermittelt werden, ähnlich wie bei der Leistungsbeurteilung im Zeitentgelt. Zu dieser Zielgruppe gehören etwa Zusammenarbeit, Kommunikation, Führungsverhalten, Arbeitsweise usw. (Einige Tarifverträge zählen auch die Zielarten bzw. Ziele in einem Katalog auf; Übersicht 5.36)
Zu den quantitativen Zielen gehören sachbezogene mess- oder zählbare Bezugsgrößen wie beispielsweise Projektlaufzeit, Ausbringungsgrad, Durchlaufzeiten, Termine usw.
Besonderes Augenmerk hat die IG Metall auf den Ausschluss nicht beeinflussbarer und/oder unkalkulierbarer Ziele gelegt:

Tarifvertrag
»Umsatz oder Ertrag des Unternehmens sind ebenso wie Abwesenheit wegen eigener Krankheit keine Ziele, die im Leistungsentgelt vereinbart werden können.«
(§ 14.3 ERA-Tarifvertrag Niedersachsen)

In der Betriebsvereinbarung ist auch festzulegen, wie die zwischen dem Arbeitgeber und dem Beschäftigten vereinbarten Ziele festgehalten und dokumentiert werden. Zudem gehört in die Betriebsvereinbarung auch das Verhältnis von Zielerreichung zu Entgelt. Das Verhältnis von Leistung zu Entgelt wird also durch den Betriebsrat in einem voll mitbestimmten Verfahren geregelt und nicht etwa dem Kräftemessen zwischen Beschäftigten und Arbeitgeber überlassen.

Übersicht 5.36

Zielartenkatalog im ERA-Tarifvertrag, Nordverbund
Die Auswahl von Zielen/Zielarten erfolgt aus folgendem Katalog:
Prozessbezogen: z. B. Stückzeiten, Maschinennutzungsgrad, Durchlaufzeiten, Auftragsbearbeitungszeiten, Projektzeit, Menge, Ausbringung
Kundenbezogen: z. B. Kundenreklamation, Kundenzufriedenheit, Kundenkontakte, Reduzierung Nacharbeit.
Produktbezogen: z. B. Problemlösung, Ideenentwicklung, Produktinnovation, Fertigungsgerechtigkeit, Ergonomie
Mitarbeiterbezogen: z. B. Zusammenarbeit, Kommunikation, Führungsverhalten, Personalentwicklung, Fluktuationsrate, Arbeitsweise, Initiative, Einsatz, Umgang mit Ressourcen, Arbeitssorgfalt, Sauberkeit in der Arbeitsumgebung, Beteiligung an Qualifizierungsmaßnahmen.
Finanzbezogen: z. B. Vertriebsspanne, Gemeinkosten, Bestände, Forderungsrückstände, Ressourcenverbrauch
(§ 9.3.2 ERA-Tarifvertrag, Nordverbund,)

Weitere Punkte der Betriebsvereinbarung wären die Laufzeit der einzelnen Zielvereinbarungen, genaue Verfahrensvorschriften zur Vereinbarung von Zielen, der Auszahlungsmodus, die Behandlung von Reklamationen, soweit sie nicht im Tarifvertrag geregelt sind. Besteht eine Betriebsvereinbarung über das System der Zielvereinbarung, müssen Arbeitsgeber und Beschäftigte konkrete Zielvereinbarungen abschließen. Der Arbeitgeber wird dabei in der Regel durch die Vorgesetzten vertreten. Zielvereinbarungen werden in einem Zielvereinbarungsgespräch getroffen. Bei einem solchen Gespräch muss dann festgelegt werden, welche Zielarten und welche Zielerreichung in der Zielvereinbarungsperiode gelten sollen. Diese Vereinbarung ist schriftlich zu fixieren. Teile der Vereinbarung müssen auch die maßgeblichen Rahmenbedingungen sein, die für die Zielerreichung von wesentlicher Bedeutung sind.
Nach Ablauf der Zielerreichungsperiode muss in einem Zielerfüllungsgespräch festgestellt werden, wie hoch der Grad der Zielerreichung ist. Treten hierbei Streitigkeiten über das Ergebnis auf, so regeln die Tarifverträge üblicherweise ein Verfahren, nach dem Einsprüche zu bearbeiten sind (Übersicht 5.37).
Die Tarifverträge enthalten auch Vorschriften für den Fall, dass im Verlauf der Zielvereinbarungsperiode Veränderungen eintreten, die beim Abschluss der Vereinbarungen nicht zu überblicken waren.
Hierzu ein Beispiel: Es ist vereinbart, dass eine Gruppe von Software-Entwicklern innerhalb einer bestimmten Zeit ein Software-Projekt abschließt. Im Verlauf der Projektbearbeitung werden jedoch mehrere Kollegen oder Kolleginnen krank oder der Kunde wünscht Erweiterungen der Leistungen bzw. des Pflichtenheftes. In solchen oder ähnlichen Fällen können dann die vereinbarten Ziele nicht mehr erreicht werden. Im Tarifvertrag Küste steht hierzu:

Tarifvertrag

»Verändern sich während der Laufzeit einer Zielvereinbarung die dokumentierten maßgeblichen oder andere wesentliche Rahmenbedingungen, welche die Zielerreichung wesentlich erschweren oder erleichtern, besteht die Pflicht zur wechselseitigen unverzüglichen Information.«

»Hilft der Arbeitgeber einer bekannten nachteiligen Veränderung nicht ab, geht das nicht zulasten der Beschäftigten.«

»Verschweigen Beschäftigte erleichternde äußere Veränderungen stehen ihnen die Vorteile daraus nicht zu.«

»Ist Abhilfe in Bezug auf die Veränderungen nicht zweckmäßig oder nicht möglich, beraten die Parteien gemeinsam, ob und wie die Zielvereinbarung anzupassen ist.«

(§ 9.5 ERA-Tarifvertrag Nordverbund)

Übersicht 5.37

Vereinfachte Darstellung des Verfahren bei Meinungsverschiedenheiten über den Grad der Zielerreichung
Beispiel Thüringen
Einspruch des Beschäftigten innerhalb einer Woche
Bei Ablehnung durch den Arbeitgeber kann der Betroffene binnen einer weiteren Woche die paritätische Kommission anrufen.
Paritätische Kommission prüft, ob der Einspruch berechtigt ist. Und sie stellt den Grad der Zielerreichung fest.
Kommt die paritätische Kommission zu keinem Ergebnis oder ist der Arbeitnehmer mit dem Ergebnis der paritätischen Kommission nicht einverstanden, so steht ihm der Rechtsweg offen (§ 10.6. ERA-Tarifvertrag, Thüringen)

5.6.3 Betriebsvereinbarung zum Zielentgelt

Soll in einem Betrieb oder in einer Abteilung Zielentgelt eingeführt werden, erfordert das den Abschluss einer Betriebsvereinbarung. Für die Interessenvertretung bedeutet dies, dass viele Aspekte bedacht werden müssen:

- Welche Bereiche sind überhaupt für eine Zielvereinbarung geeignet?
- Welche Ziele bzw. Zielarten sind für welche Beschäftigtengruppe akzeptabel und »fair«?
- Wie können für die Beschäftigten angemessene Verdienstchancen eröffnet und das Risiko begrenzt werden?
- Wie können akzeptable Leistungsbedingungen gesichert werden?
- Wie kann verhindert werden, dass Beschäftigte im Zielvereinbarungsgespräch über den Tisch gezogen werden und sie unzumutbar hohe Ziele akzeptieren?
- Welche Verfahrensvorschriften sollen bei Streitigkeiten und Meinungsverschiedenheiten gelten?
- Wie kann ein regelmäßiger Monatsverdienst sichergestellt werden, wenn die Zielerreichung erst nach einem Zeitraum von beispielsweise einem Jahr feststeht?
- Welche Einwirkungsmöglichkeiten haben die Betriebsräte während des laufenden Verfahrens der Aushandlung von Zielvereinbarungen und der Ermittlung des Ergebnisses?
- In welcher Form werden Daten aus den Zielvereinbarungen gespeichert und welchen Schutz gibt es vor einer sachfremden Verwendung der gewonnenen Daten?
- Wie erfolgt die erstmalige Einführung von Zielvereinbarungen im Betrieb?

Das Prinzip der Zielvereinbarung bzw. des Zielentgelts stellt tarifrechtlich für die Metall- und Elektroindustrie eine weitere Entgeltmethode dar. Auch Jahre nach der Einführung der Entgelt-Rahmentarifverträge ist die Zahl der Anwender überschaubar. Betriebsräte und Vertrauensleute haben hier wesentlich weniger

Praxiserfahrungen als bei der Gestaltung von Akkord und Prämiensystemen. Zudem ist das Zielentgelt eher in Bereichen Thema, in denen es bislang wenig gemeinschaftliche leistungspolitische Orientierung gab.
Auch für die Beschäftigten wird hier also leistungspolitisches Neuland betreten werden. Allerdings waren und sind Zielvereinbarungen im Büro oft als Führungs- und Disziplinarinstrumente bekannt und negativ besetzt. Statt Vereinbarung gab es oft Vorgaben. Hier wiederholt sich die Geschichte. Von den Arbeitgebern wurden Systeme des Leistungsentgelts entwickelt, um Leistungsanreize zu schaffen. Mit der tariflichen Regulierung dieser Systeme wurde eine Grundlage für die Begrenzung des Leistungsdrucks geschaffen. Voraussetzung war aber ein kollektives Leistungsbewusstsein als Grundlage für gewerkschaftliche Gegenwehr. Auch die Regulierung von Zielvereinbarungen wird nur dann erfolgreich für die Beschäftigten sein, wenn betrieblich die gemeinsame Auseinandersetzung mit dem Arbeitgeber über dieses Instrument organisiert wird.
Da die Tarifverträge umfangreiche und auch unterschiedliche Rahmenregelungen enthalten, folgen hier die wichtigsten Eckpunkte, die die Interessenvertretung bei der betrieblichen Umsetzung beachten sollte.

1. Geltungsbereich: In welchem Bereich soll Zielentgelt bzw. Zielvereinbarungen eingeführt werden?

Jede Rahmenvereinbarung muss einen Geltungsbereich haben. Hier wird entschieden, in welcher Abteilung, für welche Beschäftigtengruppe usw. Zielvereinbarungen gemacht werden können. Bei der Auswahl der Bereiche sollten, neben betrieblichen Besonderheiten, folgende grundlegende Aspekte berücksichtigt werden:

- Gegenüber dem Prämienentgelt oder dem Kennzahlenvergleich ist die Zielvereinbarung bzw. das Zielentgelt eine Entgeltmethode mit geringerer Reichweite der Mitbestimmungsrechte. So werden die einzelnen Ziele und die Zielhöhe zwischen Vorgesetzten und Beschäftigten ausgehandelt, während etwa im Prämienentgelt eine volle Mitbestimmung über alle Regelungsfragen besteht. Unter diesen Bedingungen kann das Risiko von zu hohen Leistungsvorgaben nicht ganz ausgeschlossen werden.
- Zudem ist der Abschluss der einzelnen Zielvereinbarungen (nicht der Rahmenbetriebsvereinbarung, hier gelten die Mitbestimmungs- und Initiativrechte in vollem Umfang) für beide Seiten freiwillig. Kommt es zu keiner Einigung zwischen dem Vorgesetzten und dem Beschäftigten, so wird der Beschäftigte im Zeitentgelt entlohnt.

Hierzu heißt es etwa im Tarifgebiet Nordverbund:

> **Tarifvertrag**
> *»Einigen sich die Vertragsparteien nicht, verbleibt es bei der für sie aktuellen Entgeltmethode; ist diese die Zielvereinbarung, erhalten die jeweiligen Beschäftigten bis zum Abschluss einer neuen Zielvereinbarung das durchschnittliche Monatsentgelt aus der vorangegangenen Zielperiode, längstens jedoch für 3 Monate. Kommt eine Zielverein-*

> *barung innerhalb dieses Zeitraums nicht zustande, gilt bis auf Weiteres der Entgeltgrundsatz Zeitentgelt.«*
> (§ 9.4.4 ERA-Tarifvertrag Nordverbund)

Damit besteht die Gefahr, dass ursprünglich im Leistungsentgelt entlohnte Beschäftigtengruppen schrittweise in den leistungspolitisch weitgehend ungeregelten Bereich des Zeitentgelts abgedrängt werden.

- Die Besonderheit der Zielvereinbarung besteht gegenüber anderen Methoden des Leistungsentgeltes darin, dass eine Leistungserwartung prognostiziert wird, die bislang noch nicht erreicht wurde. Während im Kennzahlenvergleich oder im Prämienentgelt bei weitgehend stabilen Rahmenbedingungen feste Leistungsvorgaben kontinuierlich (jeden Tag, jede Woche, jeden Monat) erbracht werden müssen, setzt die Zielvereinbarung ja gerade auf die Veränderung bzw. Optimierung der Ausgangsbedingungen durch die Beschäftigten. Technisch und arbeitsorganisatorisch setzt das Arbeitsformen voraus, in denen einzelne Beschäftigte oder Beschäftigtengruppen über einen längeren Zeitraum hinweg Leistungsergebnisse erbringen. Dabei haben sie Einfluss auf Arbeitsabläufe und individuelle Gestaltungsspielräume. Typisch für solche Situationen sind etwa projektförmige Arbeitskonzepte.

> **Fazit:**
> Alle drei Faktoren lassen sich in einem Leitsatz zusammenfassen: Dort, wo die organisatorischen, rechtlichen und politischen Voraussetzungen vorliegen, sind Prämienentgelt oder Kennzahlenvergleich dem Zielentgelt vorzuziehen. Für die typischen Zeitentgeltbereiche aber stellt das Zielentgelt eine Verbesserung der Ausgangsbedingungen für einen »fairen« betrieblichen Leistungskompromiss dar.

2. Welche Zielarten/Ziele?

Der Betriebsrat muss auf jeden Fall in der Betriebsvereinbarung eine Vorauswahl der Ziele treffen, aus denen in den einzelnen Bereichen dann ausgewählt werden kann. Es sollte unbedingt vermieden werden, dass mit pauschalen Aussagen eine Art Blanko-Scheck ausgestellt wird. Auch ist es unzureichend, wenn die Betriebsvereinbarung lediglich die allgemeinen Vorschriften des Tarifvertrages oder den tariflichen Zielkatalog wiederholt. Die möglichen Ziele sollten auch abschließend aufgezählt werden. Die Anzahl der Ziele, die in einer Zielvereinbarung vereinbart werden können, sollte festgelegt werden. So ist im Entgelt-Rahmentarifvertrag Niedersachsen geregelt, dass je Zielvereinbarungsperiode höchsten 3 Ziele vereinbart werden können. Sollte sich im Verlauf der Anwendung dann herausstellen, dass der Zielkatalog der Rahmenbetriebsvereinbarung nicht ausreicht, kann im Zuge der Mitbestimmung eine Änderung der Vereinbarung vorgenommen werden. Die Vorauswahl möglicher Zielarten in einer Rahmenbetriebsvereinbarung erfordert unbedingt eine breite Diskussion mit den Beschäftigten. Letztlich ist ihre Kompetenz und Sachkenntnis erforderlich, um praktikable Ziele für die einzelnen Bereiche auswählen zu können.

3. Wie lange sollte eine Zielvereinbarungsperiode sein?
In der Praxis ist es heute üblich, Zeiträume von etwa einem Jahr zu vereinbaren. Je nach Situation (Art des Zieles, Rahmenbedingungen usw.) können sich auch andere Zeiträume ergeben. Für die Rahmenbetriebsvereinbarung empfiehlt es sich, hier einen Korridor vorzugeben, der dann je nach Ziel und den spezifischen Bedingungen für die einzelne Vereinbarung konkret vereinbart wird. Vorsicht ist bei einer Zielvereinbarungsperiode von weniger als einem halben Jahr geboten, da hier eher die Bedingungen für eine andere Form des Leistungsentgelts (Kennzahlenvergleich/Prämienentgelt) vorliegen. Die Zielvereinbarung könnte sich in diesem Fall als ein Instrument einer permanenten Leistungsverdichtung entpuppen, indem etwa alle zwei Monate nach Zielerreichung die Messlatte höher gelegt wird.

4. Wie wird das Verhältnis von Entgelt und Zielerreichung definiert?
In der Rahmenvereinbarung wird weder die einzelne Zielart noch die Höhe des Zieles festgelegt. Die Interessenvertretung muss aber im Rahmen ihrer Mitbestimmung die Verdienstspannen bei unterschiedlicher Zielerreichung festlegen. Hierzu bieten sich unterschiedliche Möglichkeiten an:
Variante 1: *Einmal kann das Zielentgelt nach einer festgelegten Formel ermittelt werden:*

$$\textit{Zielentgelt} = \frac{\textit{maximales Zielentgelt} - \textit{minimales Zielentgelt}}{\textit{maximale Zielerreichung}} \times \textit{Zielerreichung}$$

Die Zielerreichung ergibt sich aus der Differenz der tatsächlichen Zielerreichung abzüglich der minimal möglichen Zielerreichung.
Das maximale und das minimale Zielentgelt werden beispielsweise mit 110 % und 120 % des Grundentgeltes in der Betriebsvereinbarung festgelegt. Auf dieser Basis vereinbaren dann Beschäftigte und Arbeitgeber eine Zielart und die Höhe des zu erreichenden Zieles. Wird dieses Ziel dann im Verlauf einer Zielperiode nur zu 90 % erreicht, kann die Höhe des Zielentgelts mit der Formel errechnet werden.

Beispiel
Ein Beispiel mag die zunächst etwa kompliziert wirkende Formel illustrieren:
Im Zielvereinbarungsgespräch wurde für eine Gruppe von Sachbearbeiterinnen und Sachbearbeitern die Verkürzung der Durchlaufzeit vom Auftragseingang bis zum Auftragsausgang um 4 Tage (bislang durchschnittlich 11 Tage) festgelegt. Wird die Reduzierung um 4 Tage innerhalb der Zielerreichungsperiode (z. B. 12 Monate) erreicht, liegt eine Zielerreichung von 100 % vor. Bei 3 Tagen sind es 75 % Zielerreichung usw.

In die Formel eingesetzt ergibt sich folgende Rechnung, wenn tatsächlich eine Reduzierung um 3 Tage erreicht wird:

$$\textit{Zielentgelt} = \frac{120\,\% - 110\,\%}{100\,\%} \times 75\,\% = 7{,}5\,\%$$

Übersicht 5.38 – Beispiel für eine Zielvereinbarung: Qualifizierungsmaßnahmen umsetzten

Ziel X: Qualifizierungsmaßnahmen umsetzen		
Zeitraum: 01.04.2025 – 31.03.2026		**Bereich: Fertigung**
Mitarbeiterin: Frau Schmidt **Funktion: Meisterin**		
Welches Ergebnis wird realisiert sein?	**realisiert bis:**	**Benötigte Mittel bzw. Unterstützung**
Gezielte Verbesserung der Qualifikation bei 20% der Stammbelegschaft und Integration der befristet eingestellten Beschäftigten	31.03.2026	Enge Abstimmung mit Produktionsleitung und Instandhaltung. Unterstützung durch Personalabteilung.
Schritte auf dem Weg zum Ziel	**realisiert bis:**	**Benötigte Mittel bzw. Unterstützung**
Definition der Soll-Qualifikation	April 2025	Funktionskatalog, Abstimmung mit Führungskraft, Unterstützung durch Personalabteilung
Aufnahme der IST-Qualifikation für Schlüsselfunktionen bei dem Szenario Wachstum 2020	April 2025	Produktionsleitung, Personalabteilung
Qualifizierungsbedarf ermitteln	Mai 2025	Personalabteilung
Qualifikation mitarbeiterbezogen erarbeiten und mit dem Betriebsrat abstimmen	Juni 2025	Produktionsleitung, Personalabteilung
Individuelle Gespräche zu Standortbestimmung und Entwicklungsmöglichkeiten	Juni 2025	
Umsetzung und Controlling der Maßnahmen	ab Juli 2025 kontinuierlich	Produktionsleitung, Personalabteilung
Controlling der Maßnahmen	März 2026	Produktionsleitung, Personalabteilung

Der gesamte Mehrverdienst beträgt in diesem Fall einschließlich des minimalen Zielentgeltes (10 %) 17,5 % vom jeweiligen Grundentgelt des Beschäftigten.

Variante 2:

- Zielerreichungsgrad nicht erfüllt: Zielentgelt 110 %
- Zielerreichungsgrad teilweise erfüllt: Zielentgelt 115 %
- Zielerreichungsgrad erfüllt: Zielentgelt 120 %

Die Variante 2 stellt eine mehrstufige Skala dar, die Zielerreichung und Zielentgelt zuordnet. Damit führen Leistungssteigerungen stufenweise zu Entgeltsteigerungen. In der Möglichkeit 1 führt jede prozentuale Steigerung der Zielerreichung auch zu einer Änderung des Zielentgeltes. Nicht bei allen Zielarten kann die gleiche Vorgehensweise gewählt werden. So wäre etwa bei einem Ziel, dass sich aus einem komplexen Projektauftrag, wie etwa der termingerechten Einführung eines neuen Software-Paketes mit spezifischen Leistungsumfängen (Pflichtenheft), ergibt, eine prozentgenaue Zuordnung der Zielerreichung unmöglich. Hier empfiehlt es sich, eine möglichst einfache und klare Staffelung vorzunehmen (Übersicht 5.38).

Wie läuft das Verfahren bei der Vereinbarung von Zielen?

Ziele werden im Rahmen eines Zielvereinbarungsgesprächs vereinbart. Die Regeln, nach denen es abzulaufen hat, sollten in der Betriebsvereinbarung festgehalten werden. Der Betriebsrat muss darauf achten, dass den Beschäftigten die vorgeschlagenen Ziele durch den Vorgesetzten erläutert werden und sie das Recht erhalten, ihrerseits mögliche Ziele vorzuschlagen. Den Vorschlag für die Ziele sollten die Beschäftigten rechtzeitig vor dem Zielvereinbarungsgespräch in schriftlicher Form vom Vorgesetzten erhalten, damit eine angemessene Vorbereitung auf das Gespräch möglich ist. Wichtig ist auch, dass in der Betriebsvereinbarung klar geregelt wird, wie das Gespräch und die Vereinbarung dokumentiert werden. Nur durch eine »saubere« Dokumentation wird letztlich für den Konfliktfall eine überprüfbare Reklamationsmöglichkeit eröffnet. Neben den Zielen sollten in der Vereinbarung auch unbedingt die Rahmenbedingungen festgehalten werden, die für die Zielerreichung von Bedeutung sind. Dazu gehören auch Maßnahmen, die der Arbeitgeber für die Zielvereinbarung zu erfüllen hat. Es empfiehlt sich, im Interesse der Rechtssicherheit und Transparenz ein einheitliches Formblatt (vgl. Übersicht 5.39) für den Abschluss der Zielvereinbarung als Anlage zur Betriebsvereinbarung festzuschreiben.

Übersicht 5.39

Zielentgelt / Zielvereinbarung	
Abteilung / Arbeitsplatz / Arbeitsbereich:	Termin für die Überprüfung der Zielerreichung:
Periode der Zielvereinbarung:	Periode der Zielvereinbarung:
Vertragspartner:	Verhältnis von Zielentgelt zu Zielerreichung:
Ziele:	Erklärungsfrist / Information des Betriebsrates: Unterschrift des Betriebsrates
Erforderliche Rahmenbedingungen und unterstützende Maßnahmen:	Abschlussdatum / Unterschriften: (Vorgesetzter) (Beschäftigter)

<table>
<tr><th colspan="2">Zielentgelt / Zielvereinbarung</th></tr>
<tr><td><u>Abteilung / Arbeitsplatz / Arbeitsbereich:</u>
Konstruktion: Prototypen
Kostenstelle: 18-047</td><td><u>Termin für die Überprüfung der Zielerreichung:</u>
10. September 2025</td></tr>
<tr><td><u>Periode der Zielvereinbarung:</u>
vom 01.02.2025 bis 31.08.2025</td><td><u>Periode der Zielvereinbarung:</u>
Vom: ____________ Bis: ____________</td></tr>
<tr><td><u>Vertragspartner:</u>
W. Niemsch (Vorgesetzter)
A. Siebert, B. Grosspeter, M. Müller,
P. Struntz, S. Westernhagen (<u>Beschäftigte</u>)</td><td><u>Verhältnis von Zielentgelt zu Zielerreichung:</u><table><tr><th>Zielerreichung</th><th>Zielentgelt</th></tr><tr><td>nach 7.9.2025</td><td>10%</td></tr><tr><td>7.9.2025</td><td>20%</td></tr><tr><td>31.08.2025</td><td>30%</td></tr></table>Auszahlungstermin: pauschal monatl. 10%;
Rest im Oktober 2025</td></tr>
<tr><td><u>Ziele:</u>
Fertigstellung der Entwicklung eines Prototyps für die Verpackungsmaschine PQ 78, so dass der Messetermin erreicht werden kann (Termin: 31.08.2025)</td><td><u>Erklärungsfrist / Information des Betriebsrates:</u>
Erklärungsfrist: bis 29.1.2025
Information BR: 17.01.2025

____
Unterschrift des Betriebsrates</td></tr>
<tr><td><u>Erforderliche Rahmenbedingungen und unterstützende Maßnahmen:</u>
Einhaltung der tariflichen Arbeitszeit von 35 Stunden/Woche, Personalbemessung: 4 Konstrukteure und ein CAD-Assistent; Einsatz für andere Projekte: max. 25% der Arbeitszeit</td><td><u>Abschlussdatum / Unterschriften:</u>
15.1.2025

____
Niemsch (Vorgesetzter)

____________ ____________ ____________
Siebert Grosspeter Müller

____________ ____________
Struntz Westernhagen</td></tr>
</table>

Zur Absicherung der Beschäftigten sollte eine Erklärungsfrist (z. B. zwei Wochen) in der Betriebsvereinbarung festgelegt werden, innerhalb derer die Beschäftigten der Zielvereinbarung widersprechen können.
Im Entgelt-Rahmentarifvertrag Niedersachen heißt es dazu:

Tarifvertrag
»Die Beschäftigten können während der Erklärungsfrist der Zielvereinbarung widersprechen.«
(§ 14.4 ERA-Tarifvertrag Niedersachsen)

Auch dem Betriebsrat muss ein Informations- und Einspruchsrecht eingeräumt werden. Im Tarifgebiet Küste heißt es dazu:

> **Tarifvertrag**
> *»Beauftragte Mitglieder erhalten auf Verlangen und zur Überprüfung des Verfahrens und des Ergebnisses analog § 80 BetrVG Einblick in die erforderlichen Unterlagen.«*
> (§ 9.4 ERA-Tarifvertrag Nordverbund)

Und zum Einspruchsrecht des Betriebsrats heißt es in Niedersachsen:

> **Tarifvertrag**
> *»Bei offensichtlichen Verstößen gegen gesetzliche oder tarifliche Bestimmungen kann auch der Betriebsrat widersprechen. Kommt es nicht zu einer Einigung, tritt diese Zielvereinbarung nicht in Kraft.«*
> (§ 14.4 ERA-Tarifvertrag Niedersachsen)

Wie wird die Zielerreichung festgestellt?
Das geschieht in einem Zielerreichungsgespräch. In diesem wird gemeinsam zwischen dem betrieblichen Vorgesetzten und dem Beschäftigten festgestellt, in welchem Umfang Ziele erreicht wurden. Dabei sollten die Vorgesetzten durch Betriebsvereinbarung auch dazu verpflichtet werden, alle Abrechnungsunterlagen, die zur Ermittlung der Zielerreichung notwendig sind, vorzulegen. Bei Meinungsverschiedenheiten über den Grad der Zielerreichung greift entweder ein tariflich festgelegtes oder ein betrieblich zu vereinbarendes Verfahren. Die Interessenvertretung sollte in jedem Fall darauf achten, dass eine gültige Regelung (entweder über Tarifvertrag oder Betriebsvereinbarung) vorliegt.

Wie erfolgt die Auszahlung der Zielentgelte?
Während bei einem Leistungsentgeltsystem mit einer sich kontinuierlich wiederholenden Leistungserbringung die Frage der Auszahlung eine eher untergeordnete Rolle spielt, wird die Absicherung eines stabilen monatlichen Einkommens bei einer Zielerreichungsperiode von mehreren Monaten zu einer wichtigen Regelungsfrage. So ist beim Kennzahlenvergleich oder beim Beurteilen sichergestellt, dass die Leistung und damit der Mehrverdienst monatlich abgerechnet werden kann. Aber wie kann das bei einem Zielentgelt gelingen, bei dem erst nach einem Jahr festgestellt werden kann, ob das Ziel überhaupt erreicht wurde? Hierfür bieten sich zwei Lösungsmöglichkeiten an:
Variante 1: Bis zum Ablauf der ersten Zielvereinbarungsperiode erhalten Beschäftigte ihre bisherige Leistungszulage weitergezahlt. Nach Ablauf der ersten Zielvereinbarungsperiode erhalten sie dann ein Leistungsentgelt, dessen Höhe sich nach dem Grad der zurückliegenden Zielerreichung bemisst.
Variante 2: Die Beschäftigten erhalten nach Abschluss der Zielvereinbarung eine Abschlagszahlung in Höhe eines festgelegten Prozentsatzes vom Grundentgelt. Nach Ablauf der Zielvereinbarungsperiode wird dann der Grad der Ziel-

erreichung festgestellt, und es erfolgt eine Restzahlung mit der dann folgenden Entgeltabrechnung.

Was tun bei Streitigkeiten?
In vielen Tarifgebieten ist ein Verfahren für Meinungsverschiedenheiten über den Grad der Zielerreichung festgeschrieben. Darüber hinaus können aber auch andere Fragen zum Streitgegenstand werden. So kann es im Verlauf der Zielvereinbarungsperiode strittig sein, ob die vereinbarten Rahmenbedingungen sich geändert haben und wenn ja, welchen Einfluss sie auf die Zielerfüllung haben usw. Für diese und ähnliche Fälle sollte unbedingt ein Reklamationsverfahren in der Betriebsvereinbarung fixiert werden, soweit dieses nicht bereits im Tarifvertrag vorgesehen ist. Am besten eignet sich eine paritätische Kommission, die die Streitigkeiten regelt.

Welche Einwirkungsmöglichkeiten haben die Betriebsräte während des laufenden Verfahrens der Aushandlung von Zielvereinbarungen und der Ermittlung des Ergebnisses?
In Zielvereinbarungssystemen werden mit jeder neuen Zielvereinbarung das Leistungsniveau und die Anforderungen an die Beschäftigten neu festgelegt. Dies erfordert eine permanente Ausübung der Kontroll- und Mitbestimmungsrechte der Betriebsräte auch nach Abschluss einer entsprechenden Betriebsvereinbarung. In der Rahmenvereinbarung müssen deshalb Informations- und Eingriffsrechte des Betriebsrates festgelegt werden.

In welcher Form werden Daten aus den Zielvereinbarungen gespeichert und welchen Schutz gibt es vor einer sachfremden Verwendung der gewonnenen Daten?
In Zielvereinbarungssystemen werden in großem Umfang Leistungs- und Verhaltensdaten der Beschäftigten erhoben und in schriftlicher Form bzw. in EDV-Anlagen gesammelt. Vereinbart werden sollte in jedem Fall, an welchem Ort und wie lange diese Daten aufbewahrt werden. So sollte u. a. verhindert werden, dass im PC des Vorgesetzten eine zweite Personalakte entsteht. Außerdem sollten die Daten nach spätestens drei Jahren gelöscht werden. Nicht zuletzt muss vereinbart werden, dass die gesammelten Daten nur zweckgebunden im Rahmen des Zielvereinbarungssystems bzw. zur Ermittlung des Zielentgelts genutzt werden dürfen und nicht für andere Zwecke wie z. B. zur Begründung von Personalmaßnahmen.

Wie erfolgt die erstmalige Einführung von Zielvereinbarungen im Betrieb?
Bei der erstmaligen Einführung von Zielvereinbarungen sollten die Betriebsräte für die Beschäftigten Schulungsmaßnahmen durchführen.
In der Übersicht 5.40 sind die Eckpunkte für Betriebsvereinbarungen zum Zielentgelt bzw. zur Zielvereinbarung zusammengefasst.

Übersicht 5.40

Eckpunkte für Betriebsvereinbarungen zum Zielentgelt / zur Zielvereinbarung	
1.	Geltungsbereich
2.	Menschengerechte Arbeitsbedingungen
3.	Zielarten / Ziele
4.	Verfahren bei der Vereinbarung von Zielen
5.	Erforderliche Rahmenbedingungen
6.	Unterstützende Maßnahmen
7.	Dauer Zielvereinbarungsperiode
8.	Verhältnis von Entgelt und Zielerreichung
9.	Feststellung Zielerreichung
10.	Auszahlungsmodalitäten der Zielentgelte
11.	Streitigkeiten
12.	Einwirkungsmöglichkeiten des Betriebsrates
13.	Datenspeicherung und Schutz vor sachfremder Verwendung
14.	Einführungsbestimmungen
15.	Einführungszeitpunkt und Kündigung

5.7 Tarifpolitische Perspektive: Mitbestimmung über die Personalbemessung

Die Leistungspolitik der IG Metall ist seit den 1950er Jahren bis heute davon geprägt, dass in den Kategorien Zeitentgelt und Leistungsentgelt gedacht wird. In den 1950er Jahren war für die große Mehrheit der Beschäftigten in der Produktion Akkordlohn vereinbart, bei dem die Leistungsbemessung mittels einer systematischen Datenermittlung erfolgte: Zunächst Istzeit-Ermittlung mit der Stoppuhr und später mit elektronischen Zeitstudiengeräten (vgl. Kapitel 6.4) oder mittels MTM-Systemen. Die Beschäftigten im Zeitlohn und im Gehalt waren damals noch in der Minderheit. Durch eine konsequente Tarifpolitik konnten die Systeme des Akkord- bzw. Prämienlohns in den Lohnrahmentarifverträgen gut geregelt werden. Im Akkord- und Prämienlohn hatte und hat der Betriebsrat umfangreiche Mitbestimmungsrechte bei der Leistungsbemessung. Dies hatte zur Konsequenz, dass der Arbeitgeber nicht allein über Leistungsvorgaben entscheiden und der Leistungsdruck begrenzt werden konnte. In Zeitlohn und Gehalt bzw. heute im Zeitentgelt existieren keine Mitbestimmungsrechte des Betriebsrates über die Leistungsbemessung, vgl. dazu ausführlich Kapitel 5.2. 1980 waren noch über 60 % der Beschäftigten in der Produktion im Akkord- und Prämienlohn beschäftigt. Dieser Anteil sank in den letzten Jahrzehnten kontinuierlich. In immer mehr Bereichen drängten die Arbeitgeber darauf, vom Leistungsentgelt in das Zeitentgelt zu wechseln. In vielen großen Unternehmen bzw. Betrieben ist es den Betriebsräten gelungen, derartige Angriffe der Arbeitgeber abzuwehren und das Leistungsentgelt zu erhalten. Aber in immer mehr, vor allem in klein- und mittelständischen Betrieben, gelang es den Arbeitgebern, gegen den Widerstand der Betriebsräte, in das Zeitentgelt zu wechseln. Umgekehrt gibt es aber so gut wie gar keine Betriebe, in denen es den Betriebsräten gelang, vom Zeitentgelt in das Leistungsentgelt zu wechseln.

Parallel dazu wurde in immer mehr Betrieben ein Strukturwandel sichtbar: Die Zahl der »Angestellten« nahm zu und der Anteil der »Arbeiter« nahm ab. In vielen Betrieben der Metall- und Elektroindustrie sind heute mehr »Angestellte« als »Arbeiter« beschäftigt. Diese beiden Entwicklungen hatten zur Folge, dass heute über 80 % der Beschäftigten im Zeitentgelt tätig sind und somit die Arbeitgeber allein über die Leistungsbemessung entscheiden. Die in den ERA-Verträgen neu vereinbarte Methode des Zielentgeltes bzw. der Zielvereinbarung wurde nur für einen sehr kleinen Teil der Beschäftigten vereinbart.

Allerdings schildern viele Beschäftigte im Zeitentgelt einen erhöhten Leistungsdruck. Mit direkten und indirekten Methoden gelingt es den Arbeitgebern dort, das Arbeitspensum kontinuierlich zu erhöhen bzw. den Leistungsdruck zu verschärfen (vgl. Kapitel 5.4.1). Auch wenn die tarifrechtliche Möglichkeit besteht, vom Zeitentgelt in das Leistungsentgelt zu wechseln, um so den Leistungsdruck zu begrenzen, gelingt dies in der Praxis kaum. Die langjährige Orientierung der IG Metall, durch tarifliche Regelungen im Leistungsentgelt den Leistungsdruck zu begrenzen, greift in der Praxis für immer weniger Beschäftigte. Für 80 % der Beschäftigten gilt heute Zeitentgelt und es ist zu befürchten, dass diese Zahl zunimmt. Wenn es in der betrieblichen Praxis immer schwieriger wird, Leistungsentgelt durchzusetzen bzw. es zu verteidigen, liegt es auf der Hand, über eine neue gewerkschaftliche Strategie zu diskutieren. Dies soll im Folgenden versucht werden. Dazu wird ein Ansatz vorgestellt, bei dem die Regulierung der Leistung bzw. des Arbeitspensums nicht mehr wie bisher mit dem Entgelt verknüpft ist – wie ja schon der Name Leistungsentgelt verdeutlicht. Die folgenden tarifpolitischen Überlegungen laufen daraus hinaus, dass ein festes monatliches Grundentgelt mit einer Leistungszulage gezahlt wird. Darüber hinaus werden unabhängig vom Entgelt, im Tarifvertrag Regelungen zur Mitbestimmung über die Personalbemessung geregelt. Dieser Ansatz ist konfliktgeladen, denn er trifft bislang auf den massiven Widerstand der Arbeitgeber.

Konfliktpunkte: Arbeitspensum, Arbeitszeit und Personalbemessung

Zur Analyse der Konflikte um die Leistungsbedingungen ist es hilfreich, drei zentrale Konfliktpunkte zu betrachten: Arbeitspensum, Arbeitszeit und Personalbemessung, vgl. Übersicht 5.41.

Übersicht 5.41

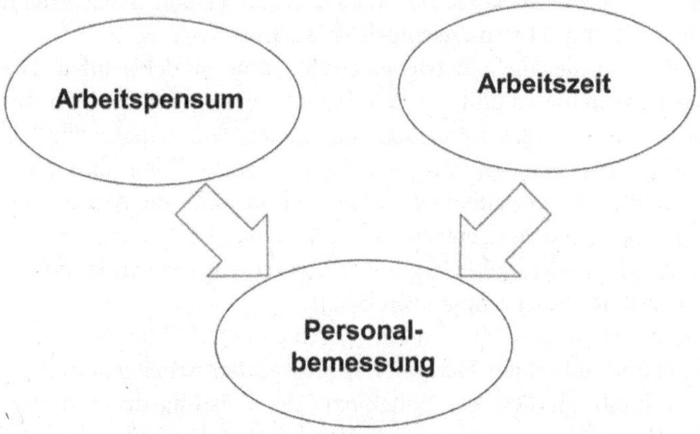

Das *Arbeitspensum* ist – umgangssprachlich – zunächst einmal die »Arbeit, die anfällt« – am einzelnen Arbeitsplatz, in einer Arbeitsgruppe, einer Abteilung oder während eines Projekts. Das Arbeitspensum hat quantitative und qualitative Aspekte. Es kann durch den Arbeitgeber aufgrund seines Direktionsrechts festgelegt werden, sofern dazu nicht tarifliche Regelungen vereinbart sind. In der betrieblichen Praxis hat dies unterschiedliche Erscheinungsformen:

- Verzicht auf die Festlegung eines definierten Arbeitspensums aufgrund unterschiedlichen Arbeitsanfalls (Motto: »Die Beschäftigten werden das schon irgendwie packen.«);
- Festlegung des Arbeitspensums aufgrund von Erfahrungswerten;
- systematische Festlegung des Arbeitspensums aufgrund von quantitativen Standards, Kennzahlen, Soll-Zeiten oder Soll-Mengen;
- Vereinbarung von quantitativen und/oder qualitativen Zielgrößen.

Die Dauer der *Arbeitszeit* ist in tarifgebundenen Betrieben im Tarifvertrag festgelegt, z. B. 35 Stunden pro Woche. Aufgrund der Regelungen zur Flexibilisierung ist dies eine durchschnittliche Zahl, die von Woche zu Woche schwanken kann, aber im Jahresdurchschnitt erreicht werden muss. In der Praxis wird dies durch tarifliche bzw. betriebliche Regelungen zu Arbeitszeitkonten realisiert. In außergewöhnlichen Fällen kann mit Zustimmung des Betriebsrats Mehrarbeit geleistet werden. Die Dauer der Arbeitszeit ist laut Arbeitszeitgesetz zu erfassen und zu dokumentieren. Jede zusätzliche Stunde Arbeitszeit ist zu vergüten oder durch Freizeit auszugleichen.

Die *Personalbesetzung* ergibt sich – vereinfacht gesprochen – aus dem zu leistenden Arbeitspensum in einer Abteilung und der Klärung der Frage, wie viele Beschäftigte erforderlich sind, um dieses Arbeitspensum bei Einhaltung der tariflichen Arbeitszeit abzuarbeiten. Die Festlegung der Personalbesetzung erfolgt durch den Arbeitgeber aufgrund des Direktionsrechts, sofern dazu nicht tarifliche Regelungen vereinbart sind. Dabei wird entweder mit exakten Planungsgrößen, Kennzahlen, Vorgabe von Soll-Zeiten oder Soll-Mengen gearbeitet oder mit betrieblichen Erfahrungswerten. Bei der Personalbemessung ist je nach Arbeitsplatz bzw. Tätigkeitsfeld zwischen einer Grund-Personalbesetzung, einer Netto-Personalbesetzung (unter Berücksichtigung von Ablösezeiten) und einer Brutto-Personalbesetzung (unter Berücksichtigung von üblichen Abwesenheitszeiten wie Urlaub, Krankheit usw.) zu unterscheiden.

Grund-Personalbesetzung + **Ablöse-Zuschlag**
= Netto-Personalbesetzung + **Abwesenheits-Zuschlag**
= Brutto-Personalbesetzung

In der betrieblichen Praxis gibt es zahlreiche Zusammenhänge zwischen den drei Größen Arbeitspensum, Arbeitszeit und Personalbesetzung. Folgende beispielhaften Konstellationen tauchen in der Praxis auf:

- Das *Arbeitspensum* ist so hoch angesetzt, dass es nur durch erhöhte Anstrengungen der Beschäftigten abgearbeitet werden kann, wobei häufig mittel- und langfristige Leistungsgrenzen überschritten werden. Häufig wird das Arbeitspensum als zumutbar angesehen, da junge Beschäftigte es tatsächlich erfüllen, aber anderseits mit dieser Leistungsintensität nicht ein Arbeitsleben lang gearbeitet werden kann.
- Das *Arbeitspensum* ist so hoch angesetzt, dass es nicht im Rahmen der tariflich vereinbarten *Arbeitszeit* abgeleistet werden kann. In vielen Bereichen führt dies dazu, dass Beschäftigte scheinbar freiwillig länger als die tarifliche Arbeitszeit arbeiten. Sind Arbeitszeitkonten vereinbart, ist häufig zu beobachten, dass durch erhöhte Arbeitszeiten die Konten ständig gefüllt werden, aber keine Möglichkeit besteht, die positiven Zeitsalden durch Freizeit auszugleichen und das Arbeitszeitkonto wieder auf plus/minus Null zurückzuführen. Das führt teilweise zum Verfall der Bezahlung von geleisteter Arbeitszeit oder zur Auszahlung der angesammelten Stunden, was faktisch einer bezahlten Verlängerung der Arbeitszeit gleichkommt.
- Dieser Ansatz wird mit dem Konzept der *Vertrauensarbeitszeit* zum Prinzip erhoben. Der Arbeitgeber verzichtet dabei bewusst auf eine Erfassung der Arbeitszeit, sondern überlässt es den Beschäftigten, wie lange sie arbeiten. Was auf den ersten Blick für die Beschäftigten als Vorteil oder gar Privileg erscheint, entpuppt sich in der Praxis als Falle. Ist das Arbeitspensum zu hoch angesetzt, führt Vertrauensarbeitszeit häufig dazu, dass bis zur Erledigung des Arbeitspensums gearbeitet wird, ohne auf der Erfassung, Dokumentation und Bezahlung der Arbeitszeit zu bestehen. Häufig erweist sich Vertrauensarbeitszeit als »Flatrate« für den Arbeitgeber: Er kann Arbeitszeit und Arbeitsleistung der Beschäftigten quasi unbegrenzt abrufen und ist nicht an ein vereinbartes Verhältnis von geregeltem Entgelt und definierter Arbeitszeit gebunden. Inwieweit sich das durch die in Teilen neue Rechtsprechung und durch eine

neue europäische Gesetzgebung; die jedoch erst in nationales Recht umgesetzt werden muss, verändern wird bleibt abzuwarten.

- Dieser Trend wird in einigen Bereichen durch das *Homeoffice und mobiles Arbeiten* verstärkt. Dabei werden Teile des Arbeitspensums nicht im Betrieb, sondern unterwegs oder zu Hause unter Benutzung von Laptops, Tablets oder Smartphones erledigt. Dies kann zu einer Entgrenzung von Arbeit und Privatleben führen, da Beschäftigte verleitet werden, bestimmte Teile des Arbeitspensums »quasi nebenbei« von unterwegs oder zu Hause zu erledigen. Es kann weiter bedeuten, dass an Wochenenden, im Urlaub und bei Krankheit E-Mails oder andere Projekte am Laptop bearbeitet werden. Zwar bestehen mit den Tarifverträgen zur Mobilen Arbeit auch in der Metall- und Elektroindustrie gute Voraussetzungen, um gesetzliche Öffnungsklauseln tariflich bzw. betrieblich zu schließen und so die Schutzrechte der abhängig Beschäftigten zu stärken; allein zu oft fehlt es dafür an der erforderlichen betrieblichen Umsetzung.
- Da die *Personalbemessung* durch den Arbeitgeber erfolgt, ist in der betrieblichen Praxis häufig zu beobachten, dass die Personalbesetzung aus Kostengründen zu niedrig angesetzt wird. Meistens sind Führungskräfte und Personalverantwortliche dabei an Vorgaben hinsichtlich Personalstellen und Personalkosten im Rahmen einer globalen Unternehmensplanung gebunden (Personal-Budget). Die Personalbesetzung ergibt sich dabei aus ökonomischen Zielgrößen der Unternehmensplanung und nicht aus den tatsächlichen Anforderungen, die sich am Anspruch von menschengerechten Arbeits- und Leistungsbedingungen orientieren.
- Häufig wird die Personalbesetzung ausschließlich »rechnerisch« vorgenommen, ohne dass notwendige Ablösezeiten für gesetzliche Pausen von 30 Minuten pro Arbeitstag und persönliche Zeiten berücksichtigt werden. Im Produktionsbereich laufen häufig während der Pause die technischen Anlagen weiter und müssen in dieser Zeit von einer verringerten Personenzahl gemanagt werden. Gleiches gilt bei Tätigkeiten im Büro oder im Dienstleistungsbereich, bei denen Öffnungszeiten oder Ansprechzeiten während der Pause von einzelnen Beschäftigten von Anderen abgedeckt werden müssen. Es wird also nur eine Grund-Personalbesetzung und keine *Netto-Personalbesetzung* zu Grunde gelegt.
- Darüber hinaus werden bei der Personalbesetzung unvermeidliche Abwesenheitszeiten für den tariflichen Urlaub, die freien Tage im Rahmen einer Arbeitszeitregelung und den üblichen Krankenstand nicht berücksichtigt. Der Abwesenheitszuschlag für den tariflichen Urlaubsanspruch von sechs Wochen beträgt bei 46 Arbeitswochen schon allein 13 Prozent (6/46), wozu noch der übliche Krankenstand hinzukommt. In der Praxis wird ein Abwesenheitszuschlag auf die Netto-Personalbesetzung zwischen 15 und 20 Prozent liegen, um eine ausreichende Brutto-Personalbesetzung sicherzustellen. Sind im Rahmen der Verteilung der Arbeitszeit freie Tage vereinbart, sind diese ebenfalls beim Abwesenheitszuschlag zu berücksichtigen. Wird bei einer tariflichen Arbeitszeit von 35 Stunden beispielsweise 40 Stunden gearbeitet,

sind dies 29 freie Tage. Dies entspricht einem weiteren Zuschlag auf die Netto-Personalbesetzung von zirka 13 Prozent. Liegt keine ausreichende *Brutto-Personalbesetzung* vor, führt dies wiederum dazu, dass die Beschäftigten mit erhöhtem Arbeitseinsatz arbeiten (müssen), der ihre langfristigen Leistungsgrenzen übersteigt, oder länger als die tarifliche Arbeitszeit.

Konzept für zumutbare Leistungsbedingungen und Personalbemessungen
Um Leistungsbedingungen zu beeinflussen oder sie in Tarifverträgen und/oder Betriebsvereinbarungen regeln zu können, sind zunächst konzeptionelle Überlegungen anzustellen. Ziel ist die Vereinbarung einer ausreichenden Brutto-Personalbesetzung und eines zumutbaren Arbeitspensums, das bei Einhaltung der tariflichen Arbeitszeit ohne Gesundheitsbeeinträchtigung erbracht werden kann. Eine denkbare Formulierung für ein zumutbares Arbeitspensum lautet wie folgt:

»Das zumutbare Arbeitspensum (ZAP) bezeichnet das quantitative Arbeitspensum, das von den Beschäftigten für die Dauer eines Arbeitslebens und bei Einhaltung der vereinbarten Arbeitszeit ohne Gesundheitsbeeinträchtigung erbracht werden kann. Diese Definition des Arbeitspensums ist Maßstab für die Leistungs- und Personalbemessung.«

Im jeweiligen Einzelfall erfolgt eine qualitative oder quantitative Beschreibung des Arbeitspensums, das von einzelnen Beschäftigten, Teams oder von den Beschäftigten einer einzelnen Abteilung abzuleisten ist. Dieses Arbeitspensum kann entweder aufgrund von Erfahrungswerten qualitativ beschrieben oder aufgrund von Kennzahlen quantitativ festgelegt werden. Für den Fall, dass das Arbeitspensum auf der Grundlage von detaillierten Methoden der Datenermittlung festgelegt wird (Zeitstudien, MTM-Vorgaben, technische Vorgaben usw.), sind diese Systeme in einer Betriebsvereinbarung zu regeln.
Das Arbeitspensum und die Bedingungen, unter denen es zu erbringen ist, sind zu dokumentieren. Auf dieser Grundlage finden Verhandlungen zwischen Betriebsrat und Arbeitgeber statt. Der Vorteil dieses konzeptionellen Ansatzes liegt darin, dass der Faktor Leistung reguliert werden kann, und zwar durch die Vereinbarung des Verhältnisses von Arbeitspensum und Personalbesetzung. Dieser Ansatz dürfte nicht nur für Produktionsbereiche in der Metall- und Elektroindustrie, sondern auch für sogenannte indirekte Bereiche in Büro und Verwaltung, aber auch für andere Branchen, beispielsweise im Dienstleistungsbereich, anwendbar sein. Für das vereinbarte Arbeitspensum wird zwischen dem Arbeitgeber und dem Betriebsrat die dafür erforderliche Personalbesetzung vereinbart. Hierbei ist neben der Netto-Personalbesetzung unter Berücksichtigung von Abwesenheitszeiten durch Urlaub, freie Tage im Rahmen der Arbeitszeitregelung und den durchschnittlichen Krankenstand auch die Brutto-Personalbesetzung zu vereinbaren. Bei einem sechswöchigen Urlaub beträgt der Abwesenheitszuschlag 13 Prozent. Wird eine längere betriebliche Arbeitszeit als die tarifliche Arbeitszeit realisiert, ist dies durch freie Tage auszugleichen. Werden bei einer tariflichen Arbeitszeit von 35 Stunden betrieblich 40 Stunden gearbeitet, ist dies

durch 29 freie Tage auszugleichen, was einem weiteren Zuschlag von 13 Prozent auf die Netto-Personalbesetzung entspricht.
Die vereinbarte Personalbesetzung darf nur verändert werden, wenn auch die grundlegenden technischen und/oder organisatorischen Gegebenheiten verändert werden. In diesen Fällen ist die Personalbesetzung neu zu vereinbaren. Sie kann von den betroffenen Beschäftigten und/oder dem Betriebsrat reklamiert werden und muss anschließend in einer paritätischen Kommission überprüft und gegebenenfalls neu vereinbart werden.
Unter den besonderen Bedingungen des Homeoffice und des mobilen Arbeitens mit Smartphones, Tablets oder Laptops sind besondere Regelungen zur Erfassung und Dokumentation der tariflichen Arbeitszeit zu vereinbaren. Gerade beim mobilen Arbeiten ist sicherzustellen, dass die Beschäftigten nicht länger als die tariflich vereinbarte Arbeitszeit arbeiten und es zu keiner »Entgrenzung von Arbeit und Freizeit« kommt. Es hat sich bewährt, Zeiten der Nicht-Erreichbarkeit zu vereinbaren: beispielsweise Zeiten zwischen 20 Uhr und 6 Uhr, Zeiten am Wochenende, im Urlaub und bei Krankheit.
Die Vereinbarung des Arbeitspensums und der Personalbesetzung erfolgt zwischen dem Arbeitgeber und dem Betriebsrat. Dieser Verhandlungsprozess sollte unter Beteiligung der Beschäftigten gestaltet werden. Die Beschäftigten sollten verbriefte Vorschlags- und Reklamationsrechte erhalten. Das Arbeitspensum und die Personalbesetzung werden dabei nicht mit detaillierten Methoden festgelegt, sondern auf der Grundlage von Erfahrungswerten vereinbart. Denkbare Kriterien sind:

- Zahl der Beschäftigten an einem komplexen Produktionssystem bei einem vereinbarten Nutzungsgrad
- Zahl der Beschäftigten in einer Abteilung bei beschriebenem Arbeitspensum
- Zahl von Konstrukteuren für die Dauer eines definierten Projekts bei vereinbartem Endtermin
- Relation Ausbilder/innen zu Auszubildenden
- Relation Personalsachbearbeiter/in zu Beschäftigten

In der betrieblichen Praxis wird es Abteilungen geben, die sich der quantitativen Beschreibung eines Arbeitspensums durch Kennzahlen oder Standards entziehen. Für diese Bereiche müsste ein anderer Ansatz gewählt werden. Es könnte tariflich oder betrieblich ein Verhandlungsprozess vereinbart werden, der sicherstellt, dass bei Überlast-Situationen über eine Erhöhung der Personalbesetzung zwischen Betriebsrat und Arbeitgeber verhandelt wird. Indikatoren für Überlast-Situationen wären z. B. der Krankenstand, die Fluktuation, die Zahl von Überstunden und der Stand von Arbeitszeitkonten. Wird von den Beschäftigten und/oder dem Betriebsrat aufgrund der vereinbarten Indikatoren eine Überlast-Situation festgestellt, löst dies einen Verhandlungsprozess zwischen Arbeitgeber und Betriebsrat aus, an dessen Ende eine erhöhte Personalbesetzung stehen könnte. In der Praxis wird dies umso wirksamer sein, falls für derartige Überlast-Situationen ein definiertes zusätzliches Budget zur Erhöhung der Personalbesetzung zur Verfügung steht. Dieser Ansatz wurde in Tarifverträgen zum

Gesundheitsschutz und zur Demografie zwischen ver.di und diversen Universitätskrankenhäusern bzw. deren Trägern vereinbart.

Durchsetzungsmöglichkeiten und Konfliktlinien

Die Ausweitung der Mitbestimmungsrechte der Betriebsräte auf die Personalbemessung zielt auf eines der Tabu-Themen der Arbeitgeberseite. Dies wird nur im Rahmen eines größeren Konfliktes durchgesetzt werden können. Denn dieser Ansatz tangiert letztlich die Festlegung von Personalbudget und ist unmittelbar kostenrelevant.

Die ökonomischen Interessen der Arbeitgeberseite werden dabei häufig als »betriebswirtschaftliche Zwänge« dargestellt, da im Rahmen der Unternehmensplanung und der darin enthaltenen ökonomischen Zielgrößen Budgets für die Personalbesetzung und die Personalkosten festgesetzt werden. Arbeitnehmervertreter in den Aufsichtsräten sehen sich seit Jahren damit konfrontiert, dass globale Zielgrößen wie das operative Ergebnis (EBIT = Earnings before interest and tax) oder die Kapitalrentabilität (ROCE = Return on capital employed) regelmäßig erhöht werden.

Konflikte um die Personalbemessung sind immer im Zusammenhang mit diesen unternehmerischen, ökonomischen Zielgrößen zu sehen und sind – jenseits der jeweiligen Erscheinungsform an den einzelnen Arbeitsplätzen und in den Abteilungen – Ergebnis eines grundsätzlichen Konflikts zwischen Arbeitgebern und Beschäftigten. Deshalb gelten bei den Arbeitgebern Mitbestimmungsrechte über Personalbemessung und Arbeitspensum als Tabu-Themen. Die Gewerkschaften werden sich schon allein deshalb darauf einstellen müssen, dass Mitbestimmungsrechte in diesen zentralen Fragen nur im Rahmen eines Großkonfliktes durchsetzbar sein werden.

Allein vor diesem Hintergrund ist eine ausführliche Debatte innerhalb der Gewerkschaften erforderlich, wie Arbeitspensum und Personalbesetzung reguliert werden sollen. Erfahrungsgemäß wird diese Frage einen längeren und umfangreichen Diskussionsprozess erforderlich machen, der in den gewerkschaftlichen Gremien und mit den Belegschaften ausführlich geführt werden muss. Angesichts des Konfliktpotentials wird eine Durchsetzung nur möglich sein, wenn man den Gedanken einer neuen Leistungspolitik in den Belegschaften so fest verankert, dass eine Mobilisierung für eine entsprechende Forderung möglich ist.

Beschlüsse des Gewerkschaftstages der IG Metall 2023
Auf dem 25. Ordentlichen Gewerkschaftstag der IG Metall 2023 wurden zum Thema Leistungs- und Personalbemessung mehrere Beschlüsse gefasst. Im Leitantrag sind die diesbezüglichen Ziele festgehalten, folgerichtig in gegenseitiger Bezugnahme der drei Konfliktpunkte Arbeitspensum, Arbeitszeit und Personalbemessung zueinander:

»Unsere Arbeitszeitpolitik verknüpfen wir eng mit dem Thema Leistungsregulierung und Personalbemessung, um eine zusätzliche Arbeitsverdichtung zu verhindern. Arbeitsorganisation, und zuletzt auch zunehmender Fach- und Arbeitskräftemangel, führen zu einer stetigen Intensivierung der Arbeit in der Produktion, in der Werkstatt und im Büro.

- Die IG Metall fordert deshalb mehr Mitbestimmung für Betriebsräte bei der Personalbemessung – vor allem in indirekten Bereichen ohne Leistungsentgelt.
- Wir werden in den kommenden Jahren unsere Anstrengungen verstärken, dort, wo möglich, Leistungsbedingungen und Personalbemessung über die Einführung und Verteidigung von Leistungsentgelten zu steuern.

Darüber hinaus ist es notwendig, tariflich und betriebspolitisch neue Instrumente zu entwickeln, mit denen wir in Bereichen mit Zeitentgelt Stress und Überforderung von Beschäftigten verhindern. Dies kann z. B. über Vereinbarungen zur Personalbesetzung, zum Umgang mit Urlaubs- oder Ausfallzeiten oder mit veränderten Rahmenbedingungen für Projekte geschehen.«

6. »Die Zeiten werden härter!« – Datenermittlung für die Zeitwirtschaft

Bei der Vereinbarung von Leistungsbedingungen stellt sich die Frage, wie »Leistung« gemessen und vereinbart werden kann. In der betrieblichen Praxis stellt sich das Problem bei der Feststellung von Vorgaben im Leistungsentgelt, bei der Festlegung von Kennzahlen, aber auch bei der Vereinbarung von Arbeitspensum und Personalbesetzung. Dazu werden zahlreiche Methoden der Datenermittlung eingesetzt, die teilweise in Tarifverträgen geregelt sind.

Definition
In der Zeitwirtschaft wird unter Datenermittlung die Ermittlung von Ist-Zeiten oder Ist-Daten verstanden. Dabei geht es in erster Linie um die Ermittlung von Zeitdaten, aber auch um die Ermittlung von Daten über die Bedingungen, unter denen diese gelten, z. B. über die Arbeitsbedingungen. Auf der Grundlage der ermittelten Ist-Daten werden Soll-Daten vereinbart, z. B. Vorgabezeiten, Soll-Zeiten, Soll-Stückzahlen, Soll-Nutzungsgrade, Soll-Arbeitspensen sowie Soll-Personalbesetzung.
Der Begriff Datenermittlung hat zunächst nichts mit elektronischer Datenverarbeitung zu tun; Datenermittlung für Zeit- und Leistungsvorgaben kann manuell, aber auch EDV-gestützt erfolgen. Bevor die einzelnen Methoden erläutert werden, soll die grundsätzliche gewerkschaftliche Position zur Datenermittlung beleuchtet werden.

6.1 Leistungsbedingungen und Datenermittlung

Bei der Leistungsentlohnung war die Zeitstudie mit Leistungsgradbeurteilung das wichtigste Instrument der Datenermittlung und die Arbeitsvorbereitung diejenige betriebliche Stelle, die für die Arbeit mit diesem Instrument zuständig war bzw. zum Teil immer noch ist.
Unter diesen Bedingungen wurde die Zeitaufnahme häufig als ein Ansatzpunkt zur Leistungsverdichtung und Kürzung von Leistungsvorgaben genutzt. Der »Stopper« betätigte sich als »*Zeitnehmer*«, der sich auf arbeitswissenschaftliche Argumente stützte.
Die gewerkschaftliche Antwort lag einerseits in einer politischen Kritik an der »Scheinwissenschaftlichkeit« einiger Methoden und andererseits in der Entwick-

lung eigener arbeitswissenschaftlicher Anforderungen (beispielsweise an die statistische Absicherung). Dazu gehörten auch detaillierte tarifliche Regelungen für die Datenermittlung im Leistungsentgelt. Mit diesen Instrumenten kann bis heute – möglicher – Missbrauch vermieden und die Vorgabe von unzumutbaren Vorgabezeiten weitgehend verhindert werden. Durch die aktive Umsetzung der tariflichen Bestimmungen ist es vielen Betriebsräten gelungen, im Leistungsentgelt akzeptable Leistungsbedingungen durchzusetzen.
Gegenüber dieser Situation verändert sich heute aber die Lage in mehr und mehr Betrieben. Leistungspolitik und Zeitdatenmanagement befinden sich in einer Umbruchphase (Kapitel 3 und 5).
Ausgangspunkt für diese Entwicklung ist die allmähliche Verbreitung neuer *Produktionskonzepte und Managementmethoden sowie Entwicklungen wie »Industrie 4.0« bzw. die Digitalisierung der Arbeitswelt.* In ihrem Zentrum steht die direkte Unterordnung der betrieblichen Abläufe und Entscheidungsprozesse unter die unmittelbaren Anforderungen des Marktes (so genannte »Vermarktlichung« oder auch »marktorientierte Steuerung«). Kennzeichnend für die Umbruchphase ist aber auch, dass die Entwicklung in den Betrieben sehr differenziert ist. Da gibt es einerseits Betriebe, die noch mit den bekannten Methoden und Strategien der Leistungsbemessung arbeiten, während andere neue Ansätze praktizieren. Teilweise lässt sich auch beim Management eine gewisse konzeptionelle Unsicherheit beobachten. Da wird dann schon mal die methodische Zeitwirtschaft eingestellt, um ein Jahr später eine Unternehmensberatungsfirma zu engagieren, die die Zeiten mal wieder »auf Vordermann bringen« soll.
Gleichwohl kann man trotz der Unterschiedlichkeit der betrieblichen Entwicklungen einige allgemeine *Trends in der Zeitwirtschaft* und *der Leistungsbemessung* herausstellen:

- So existieren beispielsweise in der Massen- und Großserienfertigung noch Zeitdaten, die methodisch ermittelt wurden. Bei neuen Produkten und Abläufen werden dann aber die Daten mit dem Betriebsrat oder der Gruppe vereinbart und nicht mehr methodisch ermittelt. Basis für diese Vereinbarung sind immer häufiger nicht die Arbeitsbedingungen und die Leistungsfähigkeit des Arbeitssystems, sondern Kostenziele, Kundentermine oder Benchmarks (d.h. Leistungsvergleiche zwischen Standorten, externen Anbietern und Konkurrenten).
- In der Einzel- und Kleinserienfertigung wird immer häufiger gar kein Bezug mehr auf methodisch ermittelte Daten genommen. Daten werden hier *»kalkuliert«* oder *einfach gesetzt.*
- Aus Sicht der Unternehmen soll die Leistung permanent den Erfordernissen des Marktes angepasst, also ständig erhöht werden. Gerade unter den Bedingungen von »Kaizen« und »KVP« werden deshalb Verfahren vorgeschlagen, die eine Kürzung der Vorgaben in regelmäßigen Abständen (z.B. Neufestsetzung jedes Jahr) vorsehen. Eine andere Variante sieht vor, dass bei der Überschreitung einer vorher festgelegten Leistungsgrenze – z.B. Leistungssteigerung von mehr als 10% – automatisch eine Kürzung der Zeitvorgaben erfolgt.

Das ist etwa bei den so genannten Gain-Sharing-Systemen (gain-sharing = Zugewinnteilung) der Fall (Kapitel 5.5.10).

Insgesamt wird immer stärker versucht, Leistungsvorgaben nicht von »unten««, also von den Arbeitsbedingungen her, zu *bemessen*, sondern von »oben« über Kostenziele, Benchmarks usw. *herunterzubrechen*. Damit orientieren sich die Plan- und Leistungsdaten nicht mehr an einer arbeitswissenschaftlich definierten Zumutbarkeit. Die tatsächliche Leistungsfähigkeit des Menschen wird ignoriert und die spezifischen Bedingungen der örtlichen Arbeitsorganisation werden ausgeblendet. Es gibt keinen überprüfbaren und allgemein akzeptierten Maßstab mehr dafür, was eine zumutbare Leistung ist. Leistung hat kein Maß mehr, sie wird in der Tendenz schrankenlos.

6.1.1 Die Art der Daten, die zur Entgeltgestaltung herangezogen werden

Ermittelte Daten werden im Betrieb nicht nur zur Entgeltgestaltung verwendet. Sie werden umfassend für die Zeitwirtschaft eines Betriebes benötigt. In Gablers Wirtschaftslexikon wird die Zeitwirtschaft mit der Terminwirtschaft gleich gesetzt und wie folgt definiert.

Definition

Terminwirtschaft; Teil der Produktionsprozessplanung und Produktionsprozesssteuerung, der die zeitliche Strukturierung des Produktionsprozesses umfasst.

Viele Unternehmen nutzen zwar ermittelte Zeitdaten zur Terminplanung, Steuerung und zur Kapazitätsplanung aber immer seltener zur Gestaltung der Entgelt-Leistungs-Relation. In diesem Kapitel geht es um die Ermittlung von Daten zur Entgeltgestaltung. Daten können im Betrieb in ganz unterschiedlicher Qualität vorliegen.

- Daten, die mess- und zählbar sind. Solche Daten können mit objektivierbaren Methoden gemessen und überprüft werden.
- Daten, die aufgrund von Beurteilungen und Bewertungen erhoben werden. Diese Daten entziehen sich einer objektiven Überprüfung.

Bei der Entgeltgestaltung in Leistungsentgeltsystemen sollten mess- oder zählbare Daten zugrunde gelegt werden. Da auf ihrer Grundlage das Verhältnis von Leistung und Entgelt klar und überprüfbar bestimmt werden kann.

Dieser Grundsatz ist aber in der Praxis nicht leicht durchzuhalten. Häufig werden mess- und zählbare Daten mit beurteilten Daten kombiniert.

Ein Beispiel hierfür ist die Beurteilung der Leistungsgrade bei Zeitaufnahmen. Zur Ermittlung der jeweiligen Grundzeit (Kapitel 6.3) werden die gemessenen Ist-Zeiten bei einer Zeitaufnahme mit einem beurteilten Leistungsgrad kombiniert. So erhält das objektiv feststellbare Datum Bearbeitungszeit für einen Arbeitsvorgang eine zusätzliche subjektive Komponente.

Im Rahmen von Kennzahlbildung nimmt eine Kombination solcher objektivierbaren mit beurteilbaren Daten zu.

Beispiel: Zur Grundlage einer Qualitätsprämie wird eine Ausschussquote vereinbart. Die Feststellung des Ausschusses hängt aber nicht nur von der Maßhaltigkeit von Teilen, sondern von der Oberflächengüte ab.

6.1.2 Die Herkunft von Daten

Zeitdaten werden heute über vielfältige Wege gesammelt und verarbeitet. Die am häufigsten verwendeten Methoden der Datenermittlung sind das Messen von Ist-Zeiten und MTM-Systeme. In der Praxis finden sich auch weitere Methoden, vgl. Übersicht 6.1.

Übersicht 6.1: Die wichtigsten Methoden der Datenermittlung in der Zeitwirtschaft

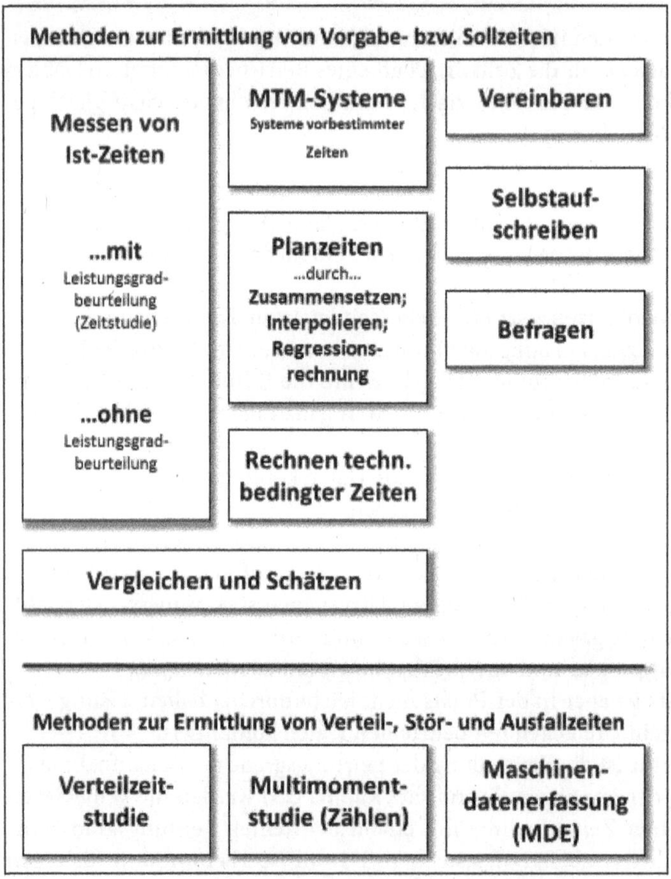

Selbst in den ursprünglich zeitwirtschaftlich wenig »erschlossenen« Bereichen werden heute Daten über Termine, Durchlaufzeiten, Qualitätsstandards, Planzeiten usw. gesammelt.
Es vollzieht sich also eine zunehmende zeitwirtschaftliche Durchdringung aller Bereiche des Betriebes.
Andererseits wird aber vom Management versucht, diese Zeitdaten *lediglich für ihre Planung, Steuerung und Kalkulation* zu verwenden, sie aber nicht als *offizielle Grundlage für die Leistungs- und Personalbemessung* zuzulassen. Unterstützt wird diese Strategie manchmal durch die Flucht in das Zeitentgelt.
Den Streit um die »wissenschaftlich richtige Vorgabezeit« zwischen Betriebsrat und Arbeitsvorbereitung gibt es dann auf dieser Basis gar nicht mehr. Letztlich sollen ja die Marktbedingungen über die Vorgaben entscheiden.
Unter diesen Bedingungen erhält die Datenermittlung eine neue leistungspolitische Bedeutung: Methodische Datenermittlung wird mehr und mehr zu einem Schutzinstrument, das helfen kann, akzeptable Leistungsstandards gegen das Marktdiktat zu sichern.
Will die Interessenvertretung die Schutzfunktion *methodischer Datenermittlung* nutzen, dann trifft das häufig auf den entschiedenen Widerstand der Arbeitgeberseite. Die vorgebrachte Kritik der Arbeitgeber gegenüber Datenermittlung lautet: »Sie ist zu aufwendig, bei Einzel- und Kleinserienfertigung nicht mehr praktikabel, die Genauigkeitsanforderungen der IG Metall sind zu hoch usw.« Und manchmal sind die betrieblichen Rahmenbedingungen (Losgrößen, Typen, Varianten) so, dass tatsächlich die klassischen Methoden, wie etwa die Zeitaufnahme, nicht oder nur mit erheblichem Aufwand eingesetzt werden können. Zudem gibt es eine wachsende Zahl von Betrieben, die gar nicht mehr die personellen und organisatorischen Voraussetzungen (z. B. Arbeitsvorbereitung abgebaut) für eine Zeitwirtschaft haben.
Das bedeutet für die Interessenvertretung, dass sie praktikable, auch weniger aufwendige Methoden anbieten muss, die trotzdem die zentralen Anforderungen an Datenermittlung berücksichtigen.
Die geschilderte differenzierte Situation erfordert von der gewerkschaftlichen Interessenvertretung differenzierte Antworten und Handlungsweisen.
Die konkrete Herangehensweise der Interessenvertretung wird u. a. von folgenden Faktoren abhängen:

- Seriengröße (Massenfertigung, Serienfertigung, Einzelfertigung),
- Typenvielfalt,
- Organisationsprinzipien (»tayloristische« oder »ganzheitliche« Arbeitsorganisation),
- Verhaltensweisen der Geschäftsleitung (systematische Anwendung von Datenermittlungsmethoden oder Vorgabe von gesetzten Planungsdaten),
- derzeitige Leistungsbedingungen (hoher Leistungsdruck oder gewisse Freiräume).

Die erforderliche differenzierte Herangehensweise der Interessenvertretung soll an folgenden Beispielen deutlich gemacht werden:

- In einer Großserienfertigung sind die Anforderungen an Vorgabezeiten und Soll-Daten höher als in der Einzel- und Kleinserienfertigung. Wenn Beschäftigte über einen längeren Zeitraum ständig dasselbe Produkt bearbeiten, kann sich eine unzumutbare oder fehlerhafte Vorgabezeit sofort negativ auf die Verdienstchance auswirken. In der Einzel- und Kleinserienfertigung mit wechselnden Produkten und Vorgabezeiten können »schlechte« Vorgabezeiten eher durch »gute« Vorgabezeiten ausgeglichen werden. In der Großserienfertigung sollten Betriebsräte daher darauf bestehen, dass Vorgabezeiten durch detaillierte Zeitstudien oder MTM-Analysen belegt werden. In der Einzel- und Kleinserienfertigung ist es akzeptabel, Vorgabezeiten zu verwenden, die durch vereinfachte Methoden ermittelt wurden, z. B. durch Vereinbaren oder Selbstaufschreiben.
- Versucht die Geschäftsleitung bei einer Einzel- und Kleinserienfertigung bestehende betriebliche Regelungen zum Leistungsentgelt oder zur Datenermittlung »auszutrocknen«, ist der Betriebsrat möglicherweise gefordert, eigene weniger aufwendige Methoden der Datenermittlung vorzuschlagen. So zum Beispiel: Planzeittabellen statt aufwendiger Zeitstudien für jedes einzelne Teil.
- Versucht die Geschäftsleitung, Zeitvorgaben aus Kostenzielen abzuleiten und den Betriebsrat mit der Drohung der Standortschließung zu Zugeständnissen zu bewegen, kann der Betriebsrat durch Verweis auf die tariflichen Vorschriften zur Datenermittlung in einer etwaigen Drucksituation besser argumentieren.

Bei der Darstellung der einzelnen Methoden der Datenermittlung in den folgenden Abschnitten dieses Kapitels muss die Interessenvertretung aufgrund der jeweiligen betrieblichen Situation entscheiden, ob alle genannten Anforderungen an die Datenermittlungsmethode tatsächlich erforderlich sind oder ob angepasste, weniger aufwendige Verfahren für die Beschäftigten akzeptabel sind. An einigen zentralen Stellen wird in der folgenden Darstellung auf diese Entscheidungsmöglichkeiten der Interessenvertretung hingewiesen.

Wie auch immer mit der Frage der Datenermittlung umgegangen wird, die Interessenvertretung sollte sich bewusst sein, dass eine Regelung dieses Problemkomplexes auf jeden Fall notwendig ist. Selbst wenn die Geschäftsleitung ihrerseits vorgibt, keine Daten mehr zu ermitteln, ist die Interessenvertretung gefordert, wenn sie nicht der Geschäftsleitung ermöglichen will, einseitig Leistungsvorgaben festzusetzen und/oder zu kürzen.

6.1.3 Die Verwendung von Daten

Die jüngere Entwicklung in den Betrieben läuft darauf hinaus, Leistungsmaßstäbe aus Marktbedingungen und -abläufen, Kosten- oder Rendite-Zielen, Benchmark-Vergleichen etc. abzuleiten. Sollen die Beschäftigten dabei nicht »unter die Räder kommen«, so muss dieser Entwicklung eine andere Herangehensweise entgegengesetzt werden. Diese Herangehensweise hat als Ausgangspunkte

- den Menschen mit seiner Leistungsfähigkeit, seiner Gesundheit, seinen sozialen Bedürfnissen sowie
- die tatsächliche Dauer der Arbeitsvorgänge (statt der gewünschten oder geforderten).

Damit diese Ausgangspunkte auch praktisch wirksam werden können, sind betrieblich die geeigneten Entgeltgrundsätze bzw. -methoden und Datenermittlungsmethoden zu vereinbaren.

Eine Orientierung der Interessenvertretung auf leistungsbezogene Entgeltsysteme und die Anwendung von Methoden zur Datenermittlung kann es erforderlich machen, folgende Problemstellungen aufzulösen:

- *Bewältigung des Aufwandes für die Datenermittlung:* Vielfach sind in den Betrieben die personellen Kapazitäten für Datenermittlung abgebaut worden oder waren nie ausreichend vorhanden. Hier empfiehlt sich eine Prüfung, inwieweit vorhandene Daten genutzt werden können, welche weniger aufwendigen Datenermittlungsmethoden angewendet oder wie die Möglichkeiten der elektronisch gestützten Datenermittlung und -aufbereitung eingesetzt werden können. Häufig wird in den Betrieben ein umfangreicher Kranz von Daten für unterschiedlichste Zwecke ausgewertet, nicht aber für ein Leistungsentgelt.
- *Auseinandersetzung mit Vorbehalten gegenüber systematischer Datenermittlung:* Viele Beschäftigte werden zunächst skeptisch auf Vorschläge reagieren, ihre Arbeits- und Leistungsbedingungen datentechnisch zu erfassen. Sie befürchten u. a. eine Offenlegung von Bereichen, in welche die Geschäftsleitung bislang wenig Einblick hatte. In diesen Bereichen wird es darauf ankommen, solche Risiken zu begrenzen und eines deutlich zu machen: dass nämlich auf Dauer gesehen nur Leistungsmaßstäbe und -vereinbarungen einen hinreichenden Schutz vor Überforderung bieten können, die an Leistungsfähigkeit, gesundheitlicher und sozialer Verträglichkeit sowie Arbeitsaufwand orientiert sind.

Für die Ausgestaltung der betrieblichen Regelungen bietet sich folgende Unterscheidung an:

- In der *Massen- und Großserienfertigung* werden die klassischen Zeitstudien und die MTM-Verfahren ihren Stellenwert auf absehbare Zeit behalten. Da hier die einzelnen Beschäftigten für eine lange Zeit dieselbe Aufgabe ausführen müssen, sind hier weiterhin sehr hohe Anforderungen an die Datenermittlung zu stellen (genaue reproduzierbare Beschreibung, exakte Datenermittlung mit den Methoden »Messen von Ist-Zeiten« oder den MTM-Verfahren, Regelungen zu statistischen Sicherheitszuschlägen usw.).
- In der *Einzel- und Kleinserienfertigung* ist davon auszugehen, dass die Beschäftigten häufig wechselnde unterschiedliche Arbeitsaufgaben ausführen. Hier erhalten im Vergleich zur Zeitstudie weniger aufwendige Methoden der Datenermittlung einen hohen Stellenwert, wie etwa die Methode »Vereinbaren aufgrund von Erfahrungswerten«, »Selbstaufschreiben« oder »Planzeiten«. Dies gilt insbesondere auch vor dem Hintergrund wachsender Produkttypenvielfalt.

- Bei der *Arbeit in verketteten automatischen Produktionssystemen* ist die Zeit je Einheit keine geeignete Bezugsgröße für die Leistungs- und Personalbemessung. Geeigneter erscheinen Bezugsgrößen wie der Nutzungsgrad. Zur Vereinbarung dieser Größe haben Methoden der Datenermittlung wie Verteilzeitstudien, Multimomentaufnahmen oder Maschinendatenerfassung große Bedeutung und müssen betrieblich sorgfältig geregelt werden.
- Für den Bereich außerhalb des Leistungsentgelts muss geprüft werden, inwieweit Kennzahlen-Systeme oder Zielvereinbarungen geeignet sind, um Leistungsbedingungen, Personalbemessung und Leistungsmaßstäbe zu regulieren. Dabei ist ein differenzierter Blick erforderlich. Denn das Spektrum der Bedingungen wird ausgesprochen breit gefächert sein: von Arbeiten, die eigentlich heute schon im Leistungsentgelt ausgeführt werden müssten, bis hin zu Arbeiten, bei denen der notwendige Zeitaufwand vorab schlecht bis gar nicht angegeben werden kann. Ohne das Erfahrungswissen der Beschäftigten werden in diesen Bereichen tragfähige Regelungen nicht entwickelt werden können. (Kapitel 5.7)

Unabhängig von den hier angesprochenen Fragen von Entgeltgrundsätzen und Entgeltmethoden (einschließlich der zugehörigen Datenermittlung) wird jede Interessenvertretung den Fragen des Datenschutzes wegen der immer umfangreicher werdenden betrieblichen Datenerfassung und -auswertung eine hohe Aufmerksamkeit widmen müssen.

6.1.4 Die Organisationen, die sich mit den Methoden der Datenermittlung befassen (REFA, MTM u. a.)

Es gibt verschiedene Organisationen, die sich mit der Datenermittlung beschäftigen. Die wichtigsten sind REFA und MTM.

Vom Reichsausschuss für Arbeitszeitermittlung (REFA) zur REFA Group
In Deutschland wurden die Arbeits- und Zeitstudien durch den »Reichsausschuss für Arbeitszeitermittlung« systematisiert, der von den Metallarbeitgebern 1924 gegründet wurde.
Neben dem generellen Rationalisierungsziel sollte insbesondere die Ermittlung der Akkorde »objektiviert« und somit den Verhandlungen mit Betriebsräten und Gewerkschaften entzogen werden. Außerdem sollten die »galoppierenden Akkorde« aufgrund der inflationären Entwicklung unter Kontrolle der Unternehmensleitungen gebracht werden.
Nach der Zerschlagung der Gewerkschaften und der Beseitigung des autonomen Tarifsystems durch die Nazidiktatur im Jahre 1933 ist REFA voll einbezogen worden in das Vorantreiben der Arbeits- und Zeitstudien als Grundlage für die »lohnordnenden Maßnahmen«, die für das Naziregime vor allem auch die Steigerung der Kriegs- und Rüstungswirtschaft zum Ziel hatte.
Trotz Neugründung nach 1951 hat der REFA-Verband seinen Ursprung und seine Tradition nie verleugnen können. Die Beteiligung der Vertreter des Deutschen Gewerkschaftsbundes und der Arbeitgeberverbände in den Entscheidungsgre-

mien auf Bundes-, Landes- und Bezirksebenen, sowie in den Grundsatz- und Fachausschüssen dürfen nicht übersehen, dass REFA ein im Prinzip im Interesse der Wirtschaft und auch letztlich von ihr finanzierter Verband ist, der – ähnlich wie jede Unternehmensberatung – die Rationalisierung der Arbeit zum Ziel hat. Dazu arbeitet der REFA-Verband insbesondere auf folgenden Ebenen:

- Entwicklung des Arbeitsstudiums in einer umfassenden Form, auch bezogen auf Betriebs- und Unternehmensorganisation, auf Produktionstechnik, Arbeitsorganisation und Unternehmensführung;
- Herausgabe von Methodenlehren für das Arbeitsstudium bzw. für die gesamte Betriebsorganisation;
- Entfaltung einer breiten Schulungs- und Qualifizierungstätigkeit durch Lehrgänge und Publikationen sowohl für entsprechende Fachleute in einzelnen Unternehmen als auch für unternehmensexterne Berater.

Die Grenzen traditioneller Arbeits- und Zeitstudienmethoden aufgrund des Umbruchs von Produktionstechnik, Arbeitsorganisation und Unternehmensführung führten auch zu einem Umbruch im REFA-Verband selbst.

Der REFA-Verband hat vor dem Hintergrund zurückgehender Nachfrage nach einer umfassenden REFA-Ausbildung eine eigene Beratungsgesellschaft gegründet. Sie wird in Unternehmen gegen Bezahlung wie jede andere Unternehmensberatung tätig. In der Unternehmensberatungsgesellschaft des REFA wirken die Gewerkschaften nicht mit, daher ist es auch kein Beweis einer besonderen Neutralität, wenn diese Unternehmensberatung mit dem Namen REFA im Betrieb tätig wird.

Gewerkschaftliche Beurteilung

Für die Beurteilung aus gewerkschaftlicher Sicht ist Folgendes festzuhalten:

REFA ist eine Organisation zur Entwicklung und Verbreitung von Methoden bzw. zur Qualifizierung von Beschäftigten in entsprechenden Abteilungen mit dem Ziel einer *Rationalisierung* des Produktionsprozesses. Seine Aktivitäten dienen immer primär der Verbesserung der Wirtschaftlichkeit. Der in der REFA-Satzung formulierte Anspruch, gleichrangig einen Beitrag zur Humanisierung der Arbeit zu leisten, wird in der Praxis oft nicht erfüllt.

Bestimmte methodische Prinzipien, Definitionen, Verfahren zur Ermittlung und Auswertung von Daten, die innerhalb von REFA vermittelt werden, sind auch in Tarifverträgen geregelt worden. Diese Vereinbarungen haben Kompromisscharakter. Damit ist keineswegs gesagt, dass den übernommenen Methoden und Verfahrensregelungen wissenschaftliche Objektivität und Gemeingültigkeit zugrunde liegt. Für die Gewerkschaften steht fest:

Die Gewerkschaften haben immer deutlich gemacht: Die Beteiligung von DGB-Vertretern in den Gremien des REFA bedeutet nicht, dass damit der Anwendung der REFA-Methodenlehre in der betrieblichen Praxis vorbehaltlos zugestimmt wird. Die Datenermittlung für Vorgabezeiten oder Soll-Zeiten muss auf der Grundlage der tarifvertraglichen Bestimmungen erfolgen. In keinem geltenden Tarifvertrag der Metallindustrie ist die REFA-Methoden-

lehre vereinbart. Die IG Metall z. B. empfiehlt, in Betriebsvereinbarungen die einzelnen Methoden der Datenermittlung im Detail zu regeln (Kapitel 6.1.6).
Auf dieser Grundlage erfolgt die Mitarbeit des DGB im REFA mit dem Ziel,
- dem Auftrag zur Humanisierung der Arbeit soweit wie möglich Geltung zu schaffen,
- eine sachlich möglichst korrekte Darstellung von Methoden zu erreichen,
- auf die Einhaltung gesetzlicher und tariflicher Bestimmungen zu achten,
- die Weiterentwicklung von Methoden im Sinne der Anwendbarkeit in neuen Tarifverträgen zu beeinflussen,
- Informationen über Entwicklung der REFA-Methodenlehren und Ausbildungsprogramme in betrieblichen und tariflichen Auseinandersetzungen interessenbestimmt nutzbar zu machen.

Die Beteiligung der Gewerkschaften beim REFA-Verband ist aus gewerkschaftlicher Sicht widersprüchlich zu beurteilen. Einerseits besteht die Chance, einige Mindeststandards in der REFA-Lehre sicherzustellen, andererseits aber auch die Gefahr, dass die Gewerkschaftsvertreter als »soziales Alibi« missbraucht werden. Deshalb gibt es in einigen Gewerkschaften Diskussionen, ob die Mitarbeit im REFA weiterhin sinnvoll ist oder ob sie nicht eine konsequente, gewerkschaftliche Betriebs- und Tarifpolitik behindert.

MTM und Systeme vorbestimmter Zeiten

Zu den Rationalisierungsstrategien der Unternehmer zählt spätestens seit Beginn des 20. Jahrhunderts eine systematische Durchleuchtung der Arbeitsabläufe und eine perfektionierte Ermittlung von Zeitvorgaben. Zunächst lag der Schwerpunkt auf der systematischen Anwendung der Stoppuhr im Rahmen von Zeitstudien, die in nahezu allen Unternehmen schrittweise eingeführt wurde.
In den USA führte um 1900 der Unternehmensberater *Gilbreth* Bewegungsstudien bei menschlichen Arbeitsabläufen durch, bei denen er 17 Bewegungselemente herauskristallisierte. Seine Studien waren Vorläufer für die Entwicklung des MTM-Verfahrens, das 1948 in den USA von den Unternehmensberatern *Maynard, Schwab* und *Stegemerten* veröffentlicht wurde (Einzelheiten zu MTM sind in Kapitel 6.5 erläutert). Neben der Perfektionierung der Gestaltung der Arbeitsmethoden und der damit einhergehenden Leistungsverdichtung bot sich den Unternehmen ein weiterer Vorteil. Sie konnten damit erstmals unabhängig vom Verhalten des einzelnen Arbeiters Zeitvorgaben entwickeln. Dieses Problem war für die Unternehmer im Rahmen von Zeitstudien nicht lösbar. Denn um ihre Gesundheit zu schützen, entwickelten die Akkordarbeiter bei Zeitstudien eine einfache Form der Gegenwehr. Während der Zeitaufnahme arbeiteten sie langsamer als üblich, was von den Unternehmern als »Leistungszurückhaltung« diffamiert wurde, aber letztlich nicht verhindert werden konnte. Die MTM-Systeme haben unter diesem Gesichtspunkt die Funktion, die individuelle Gegenwehr der Arbeiter gegen Leistungsverschärfung zu unterlaufen. Dies wird dadurch verstärkt, dass die Unternehmen MTM-Zeiten als wissenschaftlich abgesichert bezeichnen und so versuchen, Zeitvorgaben einem kollektiven Verhandlungsprozess zu entziehen. Auch wenn ihnen das nicht in jedem Betrieb gelingt, wird

doch überall durch die normative Kraft einer faktischen MTM-Analyse der Verhandlungsspielraum über Soll-Zeiten eingeschränkt (Kapitel 6.5).

Die deutsche MTM-Vereinigung

1962 gründeten führende Konzerne in der Bundesrepublik die (»gemeinnützige«) *Deutsche MTM-Vereinigung e. V.*, die die Verbreitung des MTM-Verfahrens forciert. Zu ihren Aufgaben zählen Publikationen, umfangreiche Schulungsangebote und die Koordination der Weiterentwicklung der MTM-Verfahren. Daneben wurde die *Deutsche MTM-Gesellschaft für Industrie- und Wirtschaftsberatung mbH* gegründet, die am selben Ort unter der gleichen Geschäftsführung wie die MTM-Vereinigung ihre Aktivitäten entwickelt. Hauptaufgabe der MTM-Beratungs-GmbH ist die Beratung von Unternehmen, die beabsichtigen, MTM-Systeme einzuführen. Die MTM Vereinigung gehört zu dem internationalem Partner-Netzwerk »One-MTM«, dass international agierende Industrieunternehmen bei der Anwendung der Methodenstandards unterstützt.

Andere Verfahren vorbestimmter Zeiten

In der Bundesrepublik haben die Unternehmer von den verschiedenen Verfahren vorbestimmter Zeiten überwiegend auf MTM-Systeme gesetzt. Andere Verfahren werden nur vereinzelt angewendet. Dazu zählen u. a.:

WF	Work-Factor-Verfahren, das in unterschiedlichen Versionen von der Work-Faktor-Gesellschaft angeboten wird.
UMS	Universal Maintenance Standards, die überwiegend für den Instandhaltungsbereich vorgesehen sind. UMS wird von der angloamerikanischen Unternehmensberatungsfirma Maynard angeboten, die auch in Europa Niederlassungen hat.
MOST	Maynard Operation Sequence Technique; dieses Verfahren wird von der Unternehmensberatung Scott-Grant, Manchester, vermarktet.
MODAPTS	Modular Arrangement of Predetermined Time Standards; diese Verfahren wurden von der US-amerikanischen MODAPTS Association vermarktet und in Teilen der Autoindustrie in den USA angewendet.

Darüber hinaus versuchen kleinere Unternehmensberater verwandte Systeme anzubieten, die teilweise auf MTM-Daten basieren sollen. Einige der genannten Verfahren sind überaus fragwürdig und für die Beschäftigten mit größeren Nachteilen als MTM-Systeme verbunden. Zu den MTM-Systemen vergleiche Kapitel 6.5.

6.1.5 Rechtliche und tarifliche Regelungen

Die Mitbestimmungsrechte des Betriebsrats bei den Methoden der Datenermittlung hängen eng mit dem Entgeltgrundsatz zusammen. *Für das Leistungsentgelt gilt: Ob und wie Daten für Leistungsvorgaben ermittelt werden, unterliegt der Mit-*

bestimmung des Betriebsrats. Außerhalb des Leistungsentgelts ist die Frage der Mitbestimmung umstritten.

Leistungsentgelt
Die Mitbestimmung des Betriebsrats ergibt sich aus dem § 87 Abs. 1 Ziff. 10 und 11 BetrVG in Verbindung mit den Tarifverträgen. Nach dem BetrVG hat der Betriebsrat, soweit eine tarifliche Regelung nicht besteht, über die Fragen der Lohngestaltung (Entlohnungsgrundsätze und Entlohnungsmethoden) und die Festsetzung der Akkord- und Prämiensätze mitzubestimmen. Da mit den Methoden der Datenermittlung Akkord- und Prämiensätze festgesetzt werden, ergibt sich schon daraus das Mitbestimmungsrecht des Betriebsrats über die anzuwendenden Methoden. Darüber hinaus ist in fast allen Tarifverträgen der Metallindustrie festgelegt, dass die Methode der Datenermittlung zwischen Geschäftsleitung und Betriebsrat zu vereinbaren ist. Beispiel:

> **Tarifvertrag**
> *»Die Methoden der Vorgabezeitermittlung sind in einer Betriebsvereinbarung zwischen Geschäftsleitung und Betriebsrat schriftlich festzulegen.«*
> (§ 9 Buchst. C Ziff. 1 ERA-Tarifvertrag Bayern)

In einer Betriebsvereinbarung müssen für die einzelnen Methoden Verfahrensregelungen festgeschrieben werden, wobei die Bestimmungen in den Tarifverträgen zu beachten sind. Es empfiehlt sich, die Datenermittlung im Rahmen einer Betriebsvereinbarung zum Leistungsentgelt zu regeln. Kommt es zwischen Geschäftsleitung und Betriebsrat zu keiner Einigung, entscheidet die Einigungsstelle nach dem Betriebsverfassungsgesetz oder eine tarifliche Schlichtungsstelle.

Datenermittlungen im Zeitentgelt?
Beabsichtigt ein Unternehmer im Zeitentgelt Datenermittlungen vorzunehmen, kann die Interessenvertretung zunächst darauf hinweisen, dass dies außerhalb des Leistungsentgelts in den Tarifverträgen nicht vorgesehen ist. In einigen Tarifverträgen ist darüber hinaus ausdrücklich festgelegt, dass im Zeitentgelt keine Leistungsbestimmungsgrößen vorgegeben werden dürfen. Falls der Unternehmer auf der beabsichtigten Datenermittlung besteht, sollte die Interessenvertretung einen Wechsel des Entgeltgrundsatzes fordern und im Rahmen eines leistungsbezogenen Entgeltes die Datenermittlung regeln.
Erscheint ein Wechsel des Entgeltgrundsatzes nicht durchsetzbar zu sein, sind die Mitbestimmungsrechte des Betriebsrats wesentlich schwächer. In bestimmten Fällen kann § 87 Abs. 1 Ziff. 1 und 6 BetrVG herangezogen werden.
Es besteht die Möglichkeit, die Datenermittlung als eine Frage der Ordnung des Betriebes zu betrachten, die somit dem Mitbestimmungsrecht nach § 87 Abs. 1 Ziff. 1 BetrVG unterliegt. Bei der Einführung von arbeitsbegleitenden Papieren, auf denen die Beschäftigten ihre Tätigkeiten und den Zeitverbrauch notieren sollen, gibt es einige positive Arbeitsgerichts-Urteile. Die Problematik ist allerdings rechtlich umstritten.

Erfolgt die Datenermittlung und Auswertung mit EDV-Systemen, unterliegt sie der Mitbestimmung des Betriebsrats gemäß § 87 Abs. 1 Ziff. 6 BetrVG: nämlich der Mitbestimmung des Betriebsrats bei »Einführung und Anwendung von technischen Einrichtungen, die dazu bestimmt sind, das Verhalten und die Leistung der Beschäftigten zu überwachen«. Nach der Rechtsprechung des Bundesarbeitsgerichts (BAG) fallen EDV-gestützte Informations- und Kontrollsysteme unter die Mitbestimmung nach § 87 Abs. 1 Ziff. 6 BetrVG. Bereits in seiner Techniker-Berichts-Entscheidung vom 14.9.1984 (1 ABR 23/82) hat das Bundesarbeitsgericht klargestellt, dass auch eine manuelle Ermittlung von Daten der Mitbestimmung unterliegt, sofern diese in ein EDV-System eingegeben werden. Somit hat der Betriebsrat auch außerhalb des Leistungsentgelts eine Mitbestimmung über die Methoden der Datenermittlung, allerdings nur dann, wenn die ermittelten Daten EDV-gestützt ausgewertet werden. Erfolgt die Auswertung der ermittelten Daten dagegen manuell, entfällt das Mitbestimmungsrecht nach § 87 Abs. 1 Ziff. 6 BetrVG. Insbesondere bei computergestützten Systemen fallen permanent Zeitdaten an, mit denen die Unternehmer Leistungsgrößen ermitteln, planen und vorgeben können. Pauschale Regelungen in Betriebsvereinbarungen, wie »eine Leistungs- und Verhaltenskontrolle der einzelnen Beschäftigten findet nicht statt«, helfen wenig. Auch eine Anonymisierung von Leistungsdaten löst das eigentliche Problem der Leistungsverschärfung nicht.
Es kommt darauf an, detaillierte Leistungskontrollen der einzelnen Beschäftigten zu verhindern bzw. einzuschränken. Man sollte sich aber nicht der Illusion hingeben, dass in einem kapitalistischen Betrieb die Leistungskontrolle abgeschafft werden könnte. Es kommt vielmehr darauf an, zumutbare Leistungsvorgaben kollektiv festzuschreiben. Wenn die Leistungsvorgaben zumutbar sind, spricht auch nichts dagegen, deren Einhaltung zu kontrollieren, wie dies im Leistungsentgelt seit Jahren üblich ist.

6.1.6 Methoden der Datenermittlung

In der Praxis wird die Interessenvertretung mit zahlreichen Methoden der Datenermittlung konfrontiert, von denen die wichtigsten in Übersicht 6.1 dargestellt sind und in den folgenden Kapiteln detailliert erläutert werden.
Für den Bereich des Leistungsentgelts muss in einer Betriebsvereinbarung geregelt werden, welche Methoden der Datenermittlung angewendet werden dürfen. Der Unternehmer kann nicht allein entscheiden, welche er anwendet. In einigen Tarifverträgen der Metallindustrie sind Methoden aufgezählt, unter denen Geschäftsleitung und Betriebsrat auswählen können. Andere als die im Tarifvertrag aufgeführten Methoden sind nicht zulässig. Für die einzelnen ausgewählten Methoden müssen außerdem detaillierte Verfahrensregelungen in einer Betriebsvereinbarung festgelegt werden.
Welche Datenermittlungsmethoden betrieblich zugelassen werden sollten, lässt sich nicht pauschal beantworten, sondern richtet sich nach den jeweiligen Rahmenbedingungen. Verallgemeinernd kann jedoch gesagt werden, dass der betrieblichen Ermittlung von Daten (beispielsweise durch das Messen von Ist-Zei-

ten) der Vorrang vor extern ermittelten und »nur« in den Betrieb »übertragenen« Daten gegeben werden sollte. Bei Letzteren wiederum sollte unterschieden werden, ob die Daten auf der Grundlage weitgehend anerkannter Datenermittlungsmethoden (wie z. B. MTM-Systemen) basieren oder ob es sich dabei um die Zeitstandards der jeweiligen Anlagenlieferanten bzw. Maschinenhersteller handelt. Letztere sind auf jeden Fall nachrangig in Betracht zu ziehen. In jedem Fall gilt, dass eine im Rahmen des Leistungsentgelts ermittelte und mitbestimmte Kennzahl einer Leistungsbeurteilung im Entgeltgrundsatz Zeitentgelt vorzuziehen ist. In der Praxis kann die Interessenvertretung allerdings in eine Situation kommen, in der sie gezwungen ist, auch andere als diese empfohlenen Methoden zu vereinbaren.

Es muss dringend davon abgeraten werden, pauschale Regelungen zu vereinbaren. Häufig bieten Geschäftsleitungen Formulierungen an, die einem Freibrief gleichkommen: z. B.

»Die Datenermittlung erfolgt nach der REFA-Methodenlehre« oder »Die Datenermittlung erfolgt nach den gesetzlichen und tariflichen Bestimmungen«. Derartige Formulierungen überlassen dem Unternehmer die Entscheidung, welche Methode er anwendet, und entsprechen damit nicht den tariflichen Ansprüchen. Die REFA-Methodenlehre umfasst eine Vielzahl von verschiedenen Arten der Datenermittlung, die in wichtigen Einzelpunkten von tariflichen Bedingungen abweichen. Stattdessen müssen aufgrund der tariflichen Vorschriften in einer Betriebsvereinbarung die beschlossenen Methoden genau aufgeführt werden und jeweils Verfahrensregelungen festgehalten werden.

Außerhalb des Leistungsentgelts ist die Situation schwieriger, weil dort keine kollektive Regelung der Leistung erfolgt. Eine Vereinbarung von Datenermittlungsmethoden im Zeitentgelt ist nicht ausreichend, da damit lediglich eine Verfahrensregelung getroffen, aber nicht die entscheidende Frage der abgeforderten Leistung beeinflusst wird. Versucht ein Unternehmer außerhalb des Leistungsentgelts systematische Datenermittlungen vorzunehmen und kann dies nicht verhindert werden, sollte die Interessenvertretung die Änderung des Entgeltgrundsatzes fordern (Kapitel 5.2).

6.2 Gewerkschaftliche Anforderungen an die Datenermittlung

Auf der Grundlage von ermittelten Daten werden Leistungsvorgaben festgesetzt oder vereinbart. Damit ergibt sich ein unmittelbarer Einfluss auf das Arbeitstempo der Beschäftigten, die nach diesen Leistungsvorgaben arbeiten müssen. Um die gewerkschaftlichen Forderungen nach zumutbaren Leistungsbedingungen durchzusetzen, stellen die Gewerkschaften Anforderungen an die Datenermittlung:

- Ermittelte Daten müssen *nachvollziehbar* bzw. *reproduzierbar* beschrieben sein.
- Ermittelte Daten müssen *repräsentativ* und für die Beschäftigten *kontrollierbar* sein. Diese Anforderungen werden in Tarifverträgen der Metallindustrie beschrieben. An dem folgenden *Beispiel* wird dies deutlich:

Tarifvertrag

»1. Vorgabezeitermittlung erfolgt nach arbeitswissenschaftlichen Grundsätzen. Sie umfasst Grundzeit, Erholungszeit und Rüstzeit gemäß den nachstehenden Bestimmungen.
2. Um einen ordnungsgemäßen Ablauf bei Zeitaufnahmen zu gewährleisten, sind folgende Voraussetzungen notwendig:
a) Festlegung des Arbeitsablaufes und der Arbeitsvorgänge,
b) Beschreibung der Arbeitsumstände einschließlich technischer Bedingungen,
c) notwendige Arbeitsunterweisung.
[...]
6. Die Angaben über Arbeitsbedingungen (z. B. Namen des Arbeitnehmers und des Arbeitsstudienmannes, Werkstück, Werkstoff, Gewicht, Abmaße, Arbeitsaufgabe, Hilfsmittel, Werkzeuge, Hilfskräfte) sind auf dem Zeitaufnahmebogen festzuhalten. Die Aufnahmebögen jeder Zeitaufnahme sind fortlaufend zu nummerieren. Jeder Aufnahmebogen ist ein Dokument und darf nicht mit Bleistift ausgefüllt werden.
Das Original ist aufzubewahren. Die Auswertungsbögen müssen alle notwendigen Angaben einschließlich der Nebenrechnung enthalten. Dazu gehören Angaben wie Arbeitsplatz, Betriebsmittel und Einsatz von Einrichtungen. Die Herkunft von Verteil- und ggf. Erholzeitprozentsätzen muss ersichtlich sein.«
(»Methoden zur Datenermittlung« Anhang zum ERA-Tarifvertrag Nordverbund, Auszug)

Bei einer Vorgabezeitermittlung, die arbeitswissenschaftlichen Grundsätzen gerecht wird, handelt es sich um eine Stichprobe aus einer Grundgesamtheit. Bei einer Zeitaufnahme werden die Bearbeitungszeiten für einen Auftrag bzw. ein Werkstück gemessen und daraus der Schluss gezogen, dass bei gleicher Leistung die Bearbeitungsdauer auch künftig genauso lang sein wird, wie im Durchschnitt bei den gemessenen Teilen oder Vorgängen.
Dieser Schluss ist aber nur zulässig, wenn die Stichprobe repräsentativ ist.

Definition

Unter Repräsentativität versteht man die Eigenschaft einer Datenermittlung, Aussagen über eine Grundgesamtheit zuzulassen. Ein wichtiges Kennzeichen ist die Auswahl einer repräsentativen Stichprobe. Diese sollte ein verkleinertes Abbild der Grundgesamtheit sein.

Ob die Stichprobe repräsentativ ist und damit die gemessene Zeit richtig, muss jederzeit z. B. im Rahmen eines Reklamationsverfahrens überprüft werden können. Eine weitere Zeitaufnahme müsste zum gleichen Ergebnis führen, das ist aber nur möglich, wenn sich die Bedingungen nicht verändert haben. Deshalb muss jede Datenermittlung auch reproduzierbar sein.

Definition
Reproduzierbarkeit bezeichnet die Wiederholbarkeit von empirisch-wissenschaftlichen Forschungsmethoden. Sie ist eine Grundanforderung an wissenschaftliche Experimente, Messungen und Analysen: Unter gleichen Versuchsbedingungen müssen (im Rahmen des einzukalkulierenden Messfehlers) gleiche Ergebnisse erzielt werden. Um die Reproduzierbarkeit nachweisen zu können, ist eine genaue Protokollierung der Datenermittlung erforderlich.

Um diese Anforderungen in der betrieblichen Praxis erfüllen zu können, lässt sich folgender Grundsatz entwickeln:
Es muss jederzeit, auch noch nach Jahren, in allen Einzelheiten nachvollziehbar sein, unter welchen Bedingungen sich für eine Tätigkeit ein bestimmter Zeitwert ergeben hat. Diese reproduzierbare bzw. rekonstruierbare Beschreibung muss deshalb eine vollständige Aufstellung der Bedingungen, unter denen die Arbeit zu leisten ist, beinhalten. Nur eine derartige komplette Beschreibung macht es später der Interessenvertretung möglich, zu überwachen, wie sich die Arbeit und die Arbeitsbedingungen verändern. Hiermit wird eine Grundlage gelegt, um unzumutbare Vorgabezeiten reklamieren zu können.
In einer Betriebsvereinbarung zum Leistungsentgelt und zur Datenermittlung sollten deshalb die folgenden Punkte zu reproduzierbaren Arbeitsbeschreibungen vereinbart werden:

- Ist-Zustand des Arbeitsplatzes mit Arbeitsbelastungen und Umgebungseinflüssen,
- Arbeitsverfahren/Arbeitsmethode/Arbeitsablauf,
- Arbeitsgegenstände, verwendete Werkstoffe,
- An- und Ablieferungszustand der Werkstücke,
- Betriebsmittel (z. B. Maschinen, Werkzeuge, Vorrichtungen, EDV-Programme, technische Daten),
- Ist-Arbeitsgüte,
- Verwendung vorhandener Schutzvorrichtungen und Arbeitsschutzmittel, Einhaltung von Arbeitsschutzvorschriften,
- Arbeitsunterlagen (Zeichnung, Arbeitsplan usw.),
- Namen der Personen, die bei der Datenermittlung unmittelbar beteiligt waren,
- Betriebsabteilung, Kostenstelle, Arbeitsplatznummer,
- Erfassungszeitraum (Beginn und Ende, jeweils mit Datum und Uhrzeit),
- Auftragsgröße (Losgröße),
- Lage der Datenermittlung innerhalb der Auftragsgröße,
- Einarbeitungszustand des beobachteten Beschäftigten (Dauer der Ausübung der untersuchten Arbeitsaufgaben).

Eine reproduzierbare Beschreibung, die diesen Ansprüchen genügt, kann mithilfe der Formulare, die in Kapitel 6.4 erläutert werden, erfolgen. Die vielfach in der Praxis verwendeten REFA-Zeitaufnahmebogen Z 1 oder Z 2 (Übersicht 6.20) genügen den Ansprüchen einer reproduzierbaren Arbeitsbeschreibung kaum, da z. B. die Arbeitsbedingungen nicht ausreichend genau beschrieben werden können.

Datenermittlungen müssen nicht nur reproduzierbar, sondern auch repräsentativ sein. Datenermittlungen, wie z. B. Zeitstudien, sind im statistischen Sinne Stichproben, denn es werden in der Praxis immer nur für einen Teil der zu bearbeitenden Produkte Zeiten gemessen. Für ein Serienprodukt, das 50 000-mal gefertigt wird, werden beispielsweise nur bei 30 Produkten Zeiten ermittelt. Um von der Stichprobe von 30 auf die gesamte Auftragsgröße eine verlässliche Aussage machen zu können, muss Folgendes sichergestellt sein:

- Während der Datenermittlung müssen repräsentative, d. h. betriebsübliche Arbeitsbedingungen herrschen. Häufig wird versucht, Zeitstudien bei »geschönten« Bedingungen durchzuführen (der Arbeitsplatz wird speziell hergerichtet, das Material in unmittelbare Nähe gebracht, neu geschliffene Bohrer verwendet usw.). Weitere beliebte Tricks bestehen darin, die Zeitstudie bei dem Beschäftigten durchzuführen, der am besten eingearbeitet ist, oder darin, die Zeitstudie zu einer Tageszeit durchzuführen, zu der die meisten Menschen ihr »Leistungshoch« haben. Derartige Manipulationen sind nicht zulässig und ein Verstoß gegen den Tarifvertrag.
- Werden mehrere Ist-Zeiten ermittelt, so werden sich kürzere und längere Zeiten ergeben. Der Durchschnitt oder Mittelwert wird nur dann als repräsentativ bezeichnet werden können, wenn eine ausreichende Zahl von Einzelwerten ermittelt wird. Nur so kann sichergestellt werden, dass sich Schwankungen bei den Ist-Zeiten nicht negativ auswirken. Dazu müssen Festlegungen getroffen werden, wozu auch statistische Kennzahlen verwendet werden (z. B. Epsilon, siehe Kapitel 6.4.7).

6.3 Aufbau von Vorgabezeiten und Soll-Zeiten

Bei der Datenermittlung für das Leistungsentgelt müssen zwei unterschiedliche Vorgehensweisen berücksichtigt werden, die sich aus den Bestimmungen der Tarifverträge und den damit verbundenen Mitbestimmungsrechten der Interessenvertretung ergeben. Einmal geht es um Vorgabezeiten im Kennzahlenvergleich auf der Basis der Normalleistung (Akkordentgelt) bzw. bei Anreizprämien, zum anderen um Soll-Zeiten im Kennzahlenvergleich bei Standard- bzw. Vario-Prämien (vgl. Kapitel 5). Der Aufbau von Vorgabezeiten auf der Basis der Normalleistung und der Aufbau von Soll-Zeiten bei Standardprämien ist in Übersicht 6.2 dargestellt.

Übersicht 6.2: Aufbau von Vorgabezeiten und Sollzeiten

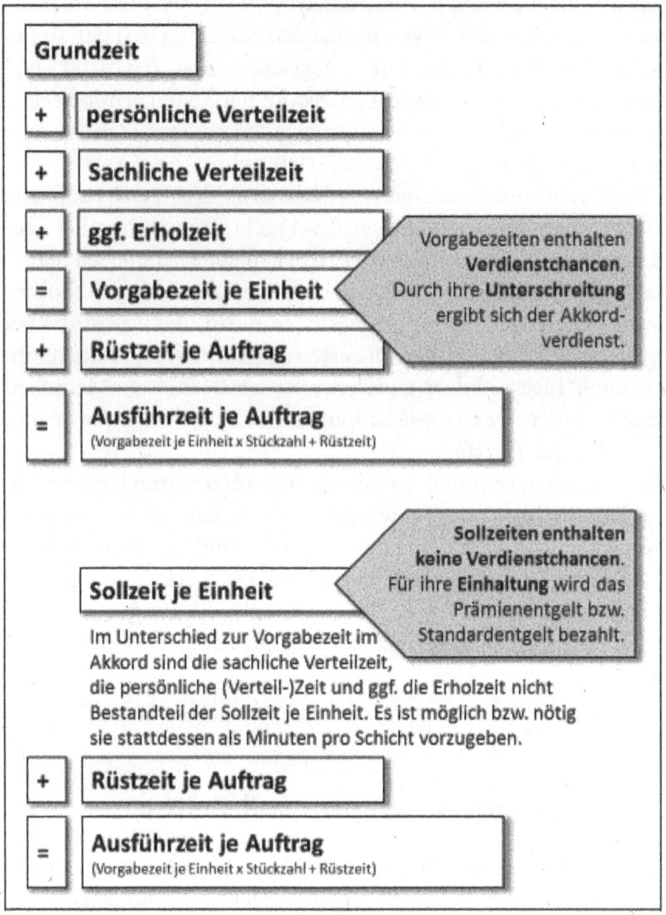

Die folgenden Erläuterungen beziehen sich zunächst auf Vorgabezeiten auf der Basis der Normalleistung. In einigen Tarifverträgen sind sie genauer erläutert, wobei teilweise andere Begriffe verwendet werden. In der betrieblichen Praxis sind häufig genaue Abgrenzungen erforderlich. Für Abkürzungen der Zeitarten wird der Buchstabe »t« verwendet (»t« steht für das englische »time« = Zeit).

- Die *Ausführungszeit des Auftrages* (T) umfasst die Rüstzeit und die Vorgabezeit je Einheit multipliziert mit der Stückzahl des Auftrages.
- *Rüstzeit* (t_r = TR) wird einmal pro Auftrag vorgegeben und umfasst den erforderlichen Zeitbedarf für alle Aufgaben, die vor und nach dem Bearbeiten der einzelnen Arbeitsgegenstände anfallen, z. B.:
  - Einrichten der Maschine,
  - Vorbereitung des Arbeitsplatzes,
  - Werkzeug entleihen und zurückgeben,
  - CNC-Maschine programmieren.

- Die *Vorgabezeit je Einheit* (t_e = TE) setzt sich aus der ermittelten Grundzeit und prozentualen Zuschlägen für Erholungs- und Verteilzeiten zusammen.
- *Grundzeit* (t_g = TG) umfasst – vereinfacht gesagt – den erforderlichen Zeitbedarf für die planmäßigen Arbeiten bei der Ausführung einer Arbeitsaufgabe. Sie wird meistens auf der Grundlage einer Datenermittlung festgelegt oder vereinbart. Bei Messen mit der Stoppuhr ergibt sich die Grundzeit aus dem Durchschnitt der gemessenen Einzelzeiten (Ist-Zeit), statistischen Sicherheitszuschlägen und dem beurteilten Leistungsgrad. Auch andere Methoden sind möglich.
- *Sachliche Verteilzeit* (t_{vs} = TS) umfasst den erforderlichen Zeitbedarf für alle Aufgaben, die zusätzlich zur planmäßigen Ausführung der Arbeitsaufgaben anfallen und durch den Arbeitsablauf bzw. die Maschinen und Anlagen verursacht werden, z. B. Beseitigung von Störungen, gelegentliche Zwischenkontrollen, Zwischenreinigung des Arbeitsplatzes oder der Maschine, Wechsel von Transportkisten oder Paletten, Akkordscheine ausfüllen, Gespräche mit Vorgesetzten usw.
- *Persönliche Verteilzeit* (t_{vp} = TP) oder auch persönliche Zeit umfasst den Zeitbedarf für persönliche Bedürfnisse des Menschen während der Arbeit, z. B. Gang zur Toilette, Aufsuchen der Kantine, Gespräche mit Kollegen, kurze Verschnaufpausen. (In einigen Tarifverträgen ist eine persönliche Verteilzeit von mindestens 5 % bzw. drei Minuten in der Stunde festgeschrieben.)
- *Erholungszeit* (t_{er} = TER) ist die Zeit, die als Ausgleich für arbeitsbedingte Ermüdung festgelegt oder vereinbart wird, z. B. 5 % der Grundzeit. In vielen Betrieben weigern sich Unternehmer, Erholungszeiten zu gewähren. In einigen Tarifverträgen sind Erholungszeiten von mindestens fünf Minuten pro Stunde verankert. Nähere Erläuterungen finden sich in Kapitel 7.

Folgende Zeitarten sind nicht Bestandteil der Vorgabezeit:

- *F-Zeiten:* Dies sind von Fall zu Fall abzugeltende Zeiten, für die die Beschäftigten ihren Durchschnittsverdienst erhalten, z. B. bei größeren Störungen, Kranwartezeiten, Betriebsversammlungen usw. Die Abgrenzung zwischen F-Zeiten und sachlichen Verteilzeiten sollte in einer Betriebsvereinbarung geregelt werden (Kapitel 6.12).
- *N-Zeiten:* Für nicht abzugeltende Zeiten besteht kein Verdienstanspruch, z. B. selbst verschuldeter verspäteter Arbeitsbeginn.
- *Beteiligungszeiten:* Im Rahmen von Gruppenarbeit wird den Gruppen häufig die Entscheidung über die Auftragsreihenfolge, die Feinsteuerung, die interne Aufgabenverteilung u. a. übertragen. Für diese internen Abstimmungsprozesse sind Beteiligungszeiten zu vereinbaren. Beteiligungszeiten sind genau wie F-Zeiten mit dem jeweiligen Durchschnittsverdienst zu vergüten.

Der Aufbau von *Soll-Zeiten im Prämienentgelt* ist in den Tarifverträgen nicht abschließend geregelt. Die meisten Tarifverträge enthalten hier nur Rahmenregelungen, die durch Betriebsvereinbarungen ausgefüllt werden müssen (Kapitel 6.4.12). Bei *Anreizprämien* wird ein ähnlicher Aufbau der Soll-Zeiten wie bei Vorgabezeiten im Akkord vereinbart. Im Folgenden wird ein möglicher Aufbau von Soll-Zeiten bei *Standardprämien* erläutert (Übersicht 6.2). Der wesentliche Unterschied zu Vorgabezeiten auf der Basis der Normalleistung, im Akkordent-

gelt, besteht darin, dass Soll-Zeiten nicht unterschritten werden können, sondern eingehalten werden sollen. Soll-Zeiten ergeben die Standardleistung bzw. die Prämienendleistung (Kapitel 5.5).
Beim Prämienentgelt ist es auch möglich, die Erholungs- und Verteilzeit nicht prozentual auf die Grundzeit aufzuschlagen, sondern eine übersichtliche Form zu wählen: Erholungszeiten, persönliche Zeiten und eingeplante Ausfallzeiten (»sachliche Verteilzeiten«) werden in Minuten pro Schicht vorgegeben. Dies hat für die Beschäftigten den Vorteil, dass ihre Ansprüche auf diese Zeit leicht zu kontrollieren sind.
Im Prämienentgelt werden auch andere Bezugsgrößen als die Zeit für die Vereinbarung von Soll-Vorgaben verwendet, z. B. Soll-Stückzahlen, Soll-Nutzungsgrade usw. Auch bei der Vereinbarung dieser Größen müssen Erholungs- und Bedürfniszeiten entsprechend berücksichtigt werden.

6.4 Messen von Ist-Zeiten (Zeitstudie)

6.4.1 Überblick

Nach wie vor ist die Zeitstudie in vielen Betrieben noch immer die gebräuchlichste Methode zur Festlegung von Vorgabe- oder Sollzeiten. Dabei haben mobile Datenerfassungsgeräte die Stoppuhr verdrängt.
Selbst wenn diese Art der Datenermittlung in manchen Betrieben keine Rolle spielt und zukünftig auch nicht spielen wird, so ist doch die Kenntnis dieser Methode eine wichtige Hilfe für das Verstehen und die Bewertung anderer Methoden.
In diesem Kapitel werden streng genommen zwei Methoden erläutert:

Definition
Das »Messen von Ist-Zeiten bei gleichzeitiger Beurteilung des Leistungsgrades«:
Diese Methode wird häufig »Zeitaufnahme« oder »Zeitstudie« genannt oder (fälschlicherweise) mit »Zeitaufnahme nach REFA« gleichgesetzt. Durch die mit der Zeitmessung einhergehende Leistungsgrad-Beurteilung erhalten dabei die Vorgabezeiten eine Verdienstchance und werden in der Praxis unterschritten.
Die Anwendungsfälle sind Kennzahlensysteme auf der Basis der Normalleistung wie das Akkordentgelt oder Anreizprämie.

Definition
Das »Messen von Ist-Zeiten«:
Hierbei erfolgt das Messen von Ist-Zeiten ohne Beurteilung des Leistungsgrades.
Die so ermittelten Zeiten werden für die Festlegung der Soll-Zeiten in Kennzahlensystemen, wie Standardprämien, oder für die Bestimmung der Leistungsobergrenze bei anderen Prämiensystemen herangezogen.

Angesichts der technischen Entwicklung sowie der Kritik an der subjektiven Methode des Leistungsgradbeurteilens ist der zweiten Methode Vorrang einzuräumen.

Auf *Zeitgrad* basierende Entgeltsysteme kommen freilich nicht ohne *Leistungsgrad* aus, weil sie auf *unterbietbaren* Zeitvorgaben basieren. Die Tarifverträge definieren die Bezugsleistung, auf die die gemessenen Ist-Zeiten mit einem Leistungsgrad korrigiert werden, dies heißt nicht, dass die *Leistungsgrade* durch *Beurteilung* festgelegt werden müssen (mitunter erfolgt auch eine gemeinsame Festlegung durch die Betriebsparteien).

In den folgenden Unterkapiteln wird zunächst auf die Aufgaben des Betriebsrates bei der Datenermittlung eingegangen (vgl. Kap. 6.4.2). Danach werden die Besonderheiten der computergestützten Datenermittlung behandelt (Kap. 6.4.3). An einem praktischen Beispiel wird die Vorgehensweise bei der Datenermittlung detailliert dargestellt (Kap. 6.4.4 bis Kap. 6.4.9). Im Kapitel 6.4.10 wird auf die computergestützte Auswertung von Zeitdaten eingegangen.

6.4.2 Aufgaben des Betriebsrats bei der Datenermittlung

»Der Betriebsrat ist vor jeder Datenermittlung zu unterrichten.« So oder ähnlich lauten die tarifvertraglichen Bestimmungen zu den Verfahrensregelungen im Leistungsentgelt. Damit ist klar, dass der Arbeitgeber seine Beauftragten für die Datenermittlung nicht ohne vorherige Unterrichtung des Betriebsrats anweisen darf, im Betrieb eine Zeitstudie durchzuführen. Gegen diese Bestimmung wird in der Praxis aber häufig verstoßen. Deshalb ist es notwendig, dass in einer Betriebsvereinbarung festgelegt wird, in welcher Frist der Betriebsrat vorher unterrichtet werden muss (z. B. drei Tage oder eine Woche). In der Praxis hat es sich als sinnvoll erwiesen, dies mithilfe einer schriftlichen Mitteilung vorzunehmen. Eine beispielhafte Mitteilung ist in Übersicht 6.3 wiedergegeben. Erhält der Betriebsrat eine derartige Mitteilung, kommen auf ein Mitglied des Entgeltausschusses verschiedene Aufgaben zu, die sich unterteilen lassen in:

- Vorbereitung,
- Durchführung und
- Nachbereitung einer Datenermittlung.

Die Vorbereitung

Als erstes muss das zuständige Mitglied des Entgeltausschusses folgende Dinge klären:

- *Ist die Datenermittlung zulässig?* Hierbei kommt es darauf an, ob die von der Arbeitsvorbereitung gegebene Begründung zutrifft. Dies dürfte bei einer neuen Produktion unproblematisch sein. Geht es aber um Änderungen von bestehenden Vorgabezeiten, muss geprüft werden, ob die angegebenen Gründe tatsächlich stichhaltig sind. Bei technisch-organisatorischen Änderungen müssen diese maßgeblichen Einfluss auf die Vorgabezeit haben.
- *Ist die vorgesehene Datenermittlungsmethode vereinbart?* Es dürfen nur die Methoden angewendet werden, die in einer Betriebsvereinbarung festgelegt sind.

Anschließend sollte ein Mitglied des Entgeltausschusses den Arbeitsplatz in Augenschein nehmen. Es kommt darauf an, festzustellen, wie die allgemeinen

Bedingungen an dem Arbeitsplatz sind, um sie später bei der Durchführung der Datenermittlung überprüfen zu können. Es lässt sich so feststellen, ob die Zeitstudie unter »geschönten« Bedingungen durchgeführt wird.

Übersicht 6.3

Mitteilung an den Betriebsrat über eine vorgesehene Datenermittlung

Mitteilung an den Betriebsrat	Datum: 14.03.2025
Vorgesehene Datenermittlung	Sachbearbeiter: Kunze

Arbeitsaufgabe: Grundplatte bohren — Teile-Nr.: 431x2

Begründung für die Datenermittlung

- [X] Neue Produktion
- [ ] Technische oder organisatorische Änderung, welche Änderungen wurden vorgenommen: ______________________
- [ ] Sonstige Gründe: ______________________

Vorgesehene Methode der Datenermittlung:

- [X] Messen von Ist-Zeiten
- [ ] Rechnen von technisch bedingten Zeiten
- [ ] Planwerte
- [ ] Vereinbaren

Arbeitsplatz/Arbeitsbereich	Maschine:
______________________	Ständerbohrmaschine Nr. 4701

Abteilung: Mechanische Fertigung

Arbeitnehmer: Heinemann

Vorgesehener Termin:	Betriebsrat **nicht** einverstanden:
Datum: 26.03.2025	Gründe: ______________________
Uhrzeit: 10:30 Uhr	Datum: ________ Unterschrift: ________

Das Mitglied des Entgeltausschusses sollte sich mit dem betroffenen Kollegen oder der betroffenen Kollegin unterhalten und ggf. den zuständigen Vertrauensmann oder die Vertrauensfrau hinzuziehen. Insbesondere mit unerfahrenen Kolleginnen und Kollegen sollte besprochen werden, wie sie sich bei der Ist-Zeitermittlung verhalten müssen, damit nicht eine zu knappe Zeit ermittelt wird. Hierbei können folgende Punkte erörtert werden:

- Die Ermittlung darf nicht bei »geschönten« Bedingungen erfolgen. Die Arbeitsumstände müssen den betriebsüblichen Bedingungen entsprechen.
- Es muss nach Vorschrift gearbeitet werden. Technische Daten müssen entsprechend den Qualitätsvorschriften eingehalten werden; auch Sicherheitsvorschriften müssen korrekt beachtet werden.
- Bei der Ist-Zeitermittlung muss ruhig und normal gearbeitet werden. Es bringt natürlich überhaupt nichts, besonders schnell zu arbeiten. Ebenso verkehrt wäre es aber auch, »in Zeitlupe« zu arbeiten. Entweder bricht der AV-Sachbearbeiter die Datenermittlung ab, oder er beurteilt einen besonders niedrigen Leistungsgrad.
- Unterbrechungen der Arbeit für kurze Verschnaufpausen wie Nase putzen sowie die Erledigung sonstiger persönlicher Bedürfnisse sollten auch während der Datenermittlung wahrgenommen werden.
- Wenn es in der Praxis üblich ist, dass anderen Kollegen Hilfestellung geleistet wird, sollte dies auch während der Datenermittlung erfolgen.

Die Durchführung

Der Betriebsrat hat nach § 80 BetrVG folgende allgemeine Aufgaben: Er hat »darüber zu wachen, dass die zugunsten der Arbeitnehmer geltenden Gesetze, Verordnungen, Unfallverhütungsvorschriften, Tarifverträge und Betriebsvereinbarungen durchgeführt werden«. Das Betriebsverfassungsgesetz regelt somit eindeutig, dass der Betriebsrat bzw. ein von ihm Beauftragter bei der Datenermittlung anwesend sein kann.

In der Praxis gibt es unterschiedliche Auffassungen darüber, ob ein Betriebsratsmitglied als Beobachter teilnehmen soll. Einige Betriebsräte meinen, ihre Anwesenheit würde ausschließen, später die Vorgabezeit reklamieren zu können. Dies trifft aber nicht zu. Das Mitbestimmungs- und Reklamationsrecht über die Vorgabezeit ist unabhängig von den Überwachungsrechten des § 80 BetrVG zu sehen. Die Anwesenheit des Betriebsratsmitgliedes ist auch nicht mit einer Anerkennung der Richtigkeit der Datenermittlung zu verwechseln. Sie dient nur dazu, zu überwachen, ob der AV-Sachbearbeiter die entsprechenden Regeln der Tarifverträge und der Betriebsvereinbarung einhält. Eine erhöhte Bedeutung kann die Gegenwart eines Betriebsrates dann erhalten, wenn die Datenermittlung von externem statt von betriebsangehörigem Personal vorgenommen wird. Wenn es in den Betrieben üblich ist, dass anwesende Betriebsratsmitglieder die Datenermittlungsbögen abzeichnen, bestätigen sie hiermit auch nicht die Richtigkeit der Angaben auf diesen Bögen, sondern lediglich, dass es sich dabei um ein Originaldokument handelt. Das Betriebsratsmitglied hat also bei der Datenermittlung insbesondere folgende Aufgaben:

- Prüfung, ob der Arbeitsplatz den betriebsüblichen Bedingungen entspricht.
- Prüfung, dass die reproduzierbare Arbeitsbeschreibung vollständig angefertigt wird. Alle Arbeitsplatzbedingungen, alle vorkommenden Zeiten für planmäßige Tätigkeiten und Unterbrechungen sowie für die nicht planmäßigen zusätzlichen Tätigkeiten und Unterbrechungen müssen aufgeschrieben werden.
- Wird eine Datenermittlung für Vorgabezeiten durchgeführt, sollte das Betriebsratsmitglied sich auch um die Beurteilung des Leistungsgrades kümmern. Bei zu niedrigen Beurteilungen sollte der AV-Sachbearbeiter angesprochen und aufgefordert werden, seine Beurteilung noch einmal zu überdenken.
- Vor allem sollte das Betriebsratsmitglied der Kollegin oder dem Kollegen, bei dem die Datenermittlung durchgeführt wird, wenn es nötig ist, den Rücken stärken und ihm Sicherheit geben.

Nachbereitung
Wenn die Datenermittlung ausgewertet ist, muss der Betriebsrat das Ergebnis dahin gehend prüfen, ob es den vereinbarten Bedingungen aus dem Tarifvertrag bzw. der Betriebsvereinbarung entspricht. Zur sachkundigen Prüfung von »Zeitaufnahmebögen« finden sich im folgenden Kapitel viele Hinweise. Bei der Beurteilung der Vorgaben kann auch ein Gespräch mit den betroffenen Kollegen hilfreich sein, bei dem besprochen wird, wie sie die ermittelten Zeiten einschätzen. Scheint die Vorgabezeit zu niedrig zu sein, sollte sie reklamiert und in der paritätischen Kommission neu festgesetzt werden. Im Leistungsentgelt ist auch die Erstvorgabe von Soll-Werten mitbestimmungspflichtig. Somit hat der Betriebsrat schon im Vorfeld die Möglichkeit, in der paritätischen Kommission über Veränderungen der Ist-Werte zu verhandeln.

Welche Kenntnisse braucht der Betriebsrat?
Die hier beschriebenen Aufgaben machen deutlich, dass die Kolleginnen und Kollegen, die der Betriebsrat mit der Kontrolle von Zeitstudien beauftragt, ein Mindestmaß an Kenntnissen für ihre Arbeit benötigen. Es ist auch deutlich geworden, dass es dabei weniger um die eigentliche Technik der Zeitstudie geht, sondern vielmehr darum, wie die Interessen der Kollegen bei der Datenermittlung am besten vertreten werden können. Um diesen Anforderungen gerecht zu werden, bieten die Gewerkschaften eine Reihe von Seminaren und Bildungsveranstaltungen zu diesem Thema an. Dort wird auch erarbeitet, wie Zeitstudien durchgeführt werden. Dieses Thema ist eingebettet in die Vermittlung von Handlungsstrategien des Betriebsrats und der Vertrauensleute. Eine derartige, an den Interessen der abhängig Beschäftigten orientierte, Bildungsarbeit wird nur von den Gewerkschaften durchgeführt. Schulungen des REFA-Verbandes können die Technik der Datenermittlung vertiefen. Die dort vermittelten Kenntnisse helfen für eine interessenorientierte Wahrnehmung eines Betriebsratsmandats nur wenig.

Das Verhältnis zwischen Betriebsrat und Sachbearbeitern in der Arbeitsvorbereitung bzw. im Industrial Engineering
Die Durchführung von Zeitstudien erfolgt durch Sachbearbeiter des Unternehmens. Die früher übliche Bezeichnung der Arbeitsvorbereitung (AV) wird heute mehrheitlich durch den englischen Begriff »Industrial Engineering« (IE) ersetzt. Sehr häufig kommt es in der Praxis zu Auseinandersetzungen zwischen Betriebsrat und den IE-Sachbearbeitern über das Verfahren und die Ergebnisse von Zeitstudien. Die Kritik an IE-Sachbearbeitern, die nur das Ziel kennen, möglichst kurze Zeitvorgaben durchzusetzen, ist berechtigt. Allerdings sollte die Interessenvertretung beachten, dass die Sachbearbeiter auch Beschäftigte sind. In vielen Metallbetrieben ist der gewerkschaftliche Organisationsgrad in der Arbeitsvorbereitung wesentlich höher als in anderen indirekten Bereichen. Häufig werden die Entscheidungen der IE-Sachbearbeiter durch Druck von »oben« bestimmt. Dem Betriebsrat muss deutlich sein, dass der eigentliche Gegner die Geschäftsleitung und nicht der IE-Sachbearbeiter ist. Auch deshalb ist es sinnvoll, dass in den Betrieben klare Grundlagen in Form von Betriebsvereinbarungen für die Ermittlung von Ist-Daten abgeschlossen werden. Damit kann der Druck von der Geschäftsleitung auf die IE-Sachbearbeiter verringert werden. Somit dürfte es auch im Interesse der IE-Sachbearbeiter liegen, dass in den Betrieben akzeptable Betriebsvereinbarungen zur Vorgabezeitermittlung durchgesetzt werden.
Auf dieser Grundlage haben sich in vielen Betrieben zwischen Betriebsrat und Arbeitsvorbereitung Formen der Zusammenarbeit entwickelt, die sowohl für die Beschäftigten im Leistungsentgelt als auch für die IE-Sachbearbeiter tragfähig sind. Dann stehen die gemeinsamen Interessen als Beschäftigte im Mittelpunkt der Zusammenarbeit.

6.4.3 Computergestützte Ist-Zeit-Ermittlung

Mittlerweile ist es üblich, dass Zeitstudien mit computergestützten Systemen durchgeführt werden. Bei einem Teil dieser Systeme werden am Arbeitsplatz die Ist-Zeiten nicht mit einer herkömmlichen Stoppuhr, sondern mit einem mobilen pc-gestützten Datenerfassungsgerät ermittelt. Die gestoppten Zeiten werden nicht auf Formularen manuell notiert, sondern elektronisch gespeichert und anschließend mit EDV-Programmen ausgewertet. In einigen der angebotenen Systeme sind Programme für weitere Methoden der Datenermittlung vorgesehen: Planzeiten, Multimomentaufnahme, Verteilzeitaufnahme u. a.
Die am weitesten entwickelten Systeme sind sehr spezifisch auf zeitwirtschaftliche Belange hin zugeschnitten und haben von ihren Funktionen her anderes zu bieten als z. B. herkömmliche Statistik-Programme auf PC-Systemen.
Bei konsequenter Nutzung dieser Systeme können Datenermittlung und -auswertung sowie Erstellung von Soll- oder Vorgabezeiten deutlich »rationalisiert« und beschleunigt werden. Zudem erscheinen viele Möglichkeiten und Vorgänge in diesen EDV-Systemen als nicht transparent und nachvollziehbar, werfen Fragen der Daten-Verwendung oder des Datenschutzes auf.

Vor der Anschaffung solcher Systeme sollte daher geprüft werden, ob die EDV-Systeme die Anforderungen abbilden können, die durch die Tarifverträge oder bestehende Betriebsvereinbarungen zur Datenermittlung formuliert sind. Für die Anwendung dieser Systeme selbst sind Betriebsvereinbarungen abzuschließen, durch die die zugelassenen Anwendungen definiert und Missbrauch verhindert werden.

Systemtypen

Auf dem Markt werden verschiedene Systeme (Geräte und Programme) angeboten. Ältere bzw. einfachere Zeitstudiengeräte bestehen im Prinzip aus einer digitalen Stoppuhr mit einfachen Auswertungsprogrammen. Entweder werden die Zeitwerte abgelesen und manuell notiert oder auf einem kleinen Drucker während der Zeitstudien protokolliert. Mit einigen dieser Geräte sind einfache Auswertungen von Zeitstudien möglich (Mittelwertberechnung, Epsilonberechnung usw.).

Die heute meist verwendete Systeme speichern die gemessenen Ist-Zeiten und die beurteilten Leistungsgrade. Diese Systeme erlauben Datentransfer in beide Richtungen zwischen Zeitstudiengerät und PC. Dadurch wird es z. B. möglich, Grundgerüste oder Texte für die Zeitaufnahmen auf dem PC zu erstellen, diese mit dem Zeitstudiengerät zu nutzen und die gemessenen Werte mit dem PC auszuwerten (vgl. Übersicht 6.4).

Übersicht 6.4: Mobiles Zeitstudien-Erfassungsgerät

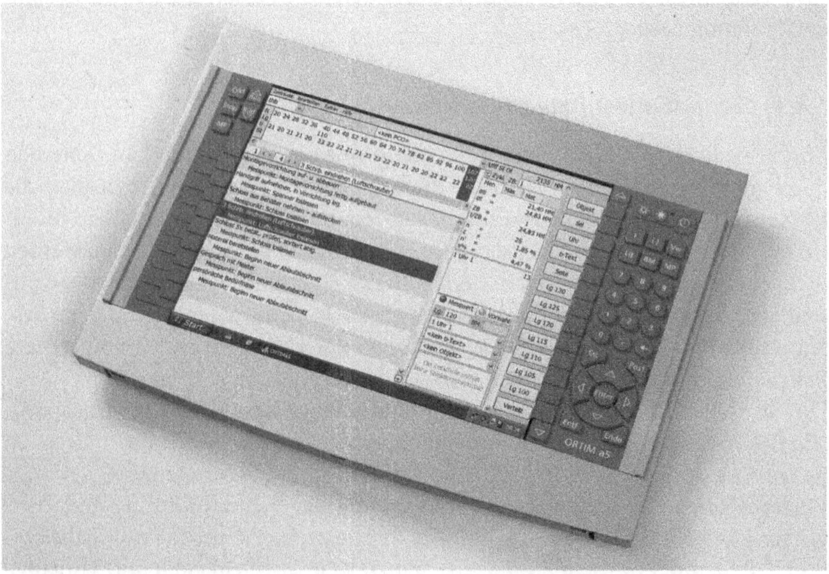

(Quelle: Fa. dmc-ortim GmbH)

Risiken für die Beschäftigten

- Einer der wesentlichen Effekte bei der Anwendung dieser Systeme besteht in einer Erleichterung, Beschleunigung und Rationalisierung von Abläufen in der Zeitwirtschaft. Dies kann z. B. die Neigung fördern, neue Zeitaufnahmen zu machen, wo in der Vergangenheit aufgrund des damit verbundenen Aufwandes die alten Vorgaben unangetastet geblieben wären. Dies kann ebenfalls dazu führen, mehr oder feinere Daten zu erfassen, wo in der Vergangenheit eher gröbere Varianten der Datenermittlung an der Tagesordnung waren. Dort, wo problematische leistungspolitische Regelungen, überhöhte Leistungsabforderungen oder unzureichende Vereinbarungen zur Datenermittlung anzutreffen sind, potenziert der EDV-Einsatz die ohnehin bestehenden Probleme.
- Einige Systeme haben die Möglichkeit integriert, Zeiten auf MTM-Basis zu erstellen. Wenn diese Möglichkeit genutzt wird, obwohl die Zeiten gemäß Vereinbarung durch Zeitaufnahmen ermittelt werden sollen, so besteht die Gefahr, dass das Ergebnis der Zeitaufnahme praktisch vorweggenommen wird.
- Bei einigen Geräten wird auch die reproduzierbare Arbeitsbeschreibung nicht mehr manuell erstellt, sondern in das Gerät eingegeben und dort gespeichert. Auch hierbei besteht die Möglichkeit, dass diese Beschreibung später geändert wird.
- Fast alle gängigen Systeme sind mehr als eine »modernisierte« Stoppuhr, da sie Programme für weitere Methoden der Datenermittlung enthalten. Dazu zählen im Rahmen der Planzeitermittlung in der Regel auch so problematische Methoden wie die Regressionsrechnung (Kapitel 6.1.6).

Mitbestimmungsrechte des Betriebsrats

Die Mitbestimmungsrechte des Betriebsrats bei der Einführung und Anwendung dieser Systeme ergeben sich aus verschiedenen Bestimmungen:

- Die Systeme enthalten Programme für unterschiedliche Methoden der Datenermittlung. Sowohl die Auswahl als auch die Anwendung der vorgenannten Methoden unterliegen der Mitbestimmung durch den Betriebsrat; dies ergibt sich aus dem Betriebsverfassungsgesetz und den einschlägigen Tarifverträgen (Kapitel 6.1.5).
- Die Tarifverträge der Metallindustrie schreiben vor, dass neben der Datenermittlung eine reproduzierbare Beschreibung der Arbeit und der Arbeitsbedingungen vorgenommen werden muss. Sie gehen davon aus, dass diese Unterlagen wie Urkunden zu behandeln und aufzubewahren sind. Hierzu ein *Beispiel:*

> **Tarifvertrag**
> *»Die Daten können manuell, maschinell oder datentechnisch erfasst und verarbeitet werden. Sie sind so zu dokumentieren, dass sie nicht verändert und jederzeit nachgeprüft werden können.«*
> (§ 9 Ziff. 2 Abs. 3 ERA-Tarifvertrag Sachsen)

Werden die ermittelten Ist-Zeiten nicht mehr handschriftlich notiert, müssen derartige Bestimmungen durch eine entsprechende Gestaltung der Geräte und EDV-Programme sichergestellt werden, z. B. durch den automatischen Ausdruck eines Urprotokolls.

- Die Systeme unterliegen auch der Mitbestimmung, da sie technische Einrichtungen sind, die geeignet sind, Leistung und Verhalten zu kontrollieren. Nach der Rechtsprechung des BAG fällt die EDV-gestützte Auswertung von Leistungsdaten unter die Mitbestimmung nach § 87 Abs. 1 Ziff. 6 BetrVG (vgl. BAG-Urteil vom 14. 9. 1984 – 1 ABR 23/84).

Die Arbeitgeberverbände bestreiten die Mitbestimmung des Betriebsrats bei der computergestützten Datenermittlung. Sie behaupten, alle Fragen seien abschließend in den Tarifverträgen geregelt. Die vorgenannten Überlegungen zeigen, dass diese Behauptungen nicht stimmig sind. In einem rechtskräftigen Urteil bestätigt das Bundesarbeitsgericht die Mitbestimmungsrechte des Betriebsrats bei der Einführung und Anwendung von Geräten der computergestützten Datenermittlung (1 ABR 24/92 vom 15. 12. 1992).

In vielen Betrieben wurden in den letzten Jahren dazu Betriebsvereinbarungen abgeschlossen. Die Verweigerungshaltung der Arbeitgeberverbände wurde durch die Praxis überholt.

Hinweis für die Interessenvertretung

Sollen Systeme der computergestützten Datenermittlung im Betrieb eingeführt werden, ist dazu eine Betriebsvereinbarung abzuschließen.

Betriebsvereinbarungen für computergestützte Zeitermittlung

Wegen der Unterschiedlichkeit der Systeme sind die erforderlichen Betriebsvereinbarungen gerätespezifisch zu formulieren. Die folgenden Eckpunkte müssen deshalb auf die einzelnen Systeme zugeschnitten und konkretisiert werden.

Voraussetzung

Systeme zur computergestützten Datenermittlung dürfen nur eingesetzt werden, wenn im Betrieb eine akzeptable Betriebsvereinbarung zum Leistungsentgelt besteht (Kapitel 5).

Reproduzierbarkeit

Alle Tarifverträge gehen davon aus, dass sowohl die reproduzierbare Beschreibung als auch die ermittelten Daten fälschungssicher festgehalten und aufbewahrt werden müssen. Dies gilt selbstverständlich auch bei computergestützten Methoden. Eine Veränderung von Ist-Zeiten, Leistungsgraden und der reproduzierbaren Arbeitsbeschreibung muss deshalb ausgeschlossen werden. Damit die Interessenvertretung dies kontrollieren kann, ist es unumgänglich, dass ein Urprotokoll ausgedruckt wird, bevor die Daten weiterverarbeitet werden.

Es ist sicherzustellen, dass die Ausgabe des Urprotokolls automatisch erfolgt und vom Benutzer nicht unterbunden werden kann. Bei manchen Systemen erscheint z. B. im Auswertungsprogramm die Abfrage auf dem Bildschirm »Urprotokoll:

ja oder nein?« In einer Betriebsvereinbarung muss dann geregelt werden, dass diese Programmzeile gestrichen wird und in jedem Fall ein automatischer Ausdruck des Urprotokolls erfolgt. Die reproduzierbare Beschreibung der Arbeitsmethoden und Arbeitsumstände ist entweder manuell anzufertigen und mit dem Urprotokoll zu archivieren. Wird die reproduzierbare Beschreibung dagegen nicht manuell angefertigt, sondern im Computer gespeichert, ist ebenfalls sicherzustellen, dass sie nicht verändert werden kann.
Werden Urprotokolle auf der Festplatte eines PCs abgelegt, muss der Zugriff auf diese Daten über andere Programme softwaremäßig ausgeschlossen werden.
Änderungen der Urdaten, z. B. wegen Tippfehlern bei der Aufnahme, dürfen erst nach der Ausgabe des Urprotokolls möglich sein und müssen im Einzelfall dokumentiert und begründet werden.

Verhinderung der Löschung von so genannten Ausreißern
In Kapitel 6.4.11 wird herausgearbeitet, dass bei einer Datenermittlung »längere« Zeiten nicht aus der Auswertung herausgenommen werden dürfen. Eine Streichung dieser so genannten Ausreißer widerspricht dem Tarifvertrag.
Einige der Geräte zur computergestützten Datenermittlung haben so genannte »Ausreißertasten« oder eine Funktion »automatische Ausreißereliminierung«, mit denen Zeitwerte gelöscht werden können. In einer Betriebsvereinbarung sollte sichergestellt werden, dass Ausreißertasten physikalisch außer Funktion gesetzt werden bzw. dass die »automatische Ausreißereliminierung« ausgeschlossen wird.

Auswahl und Anpassung der Programmteile
Die Programme zur Ermittlung und Auswertung von Daten sind so zu gestalten, dass sie an die tarifvertraglichen beziehungsweise betrieblich zulässigen Methoden der Datenermittlung angepasst werden können. Nicht zulässige Methoden der Datenermittlung sind herstellermäßig zu sperren. Die Programme für die einzelnen Methoden sind an die jeweils vereinbarten Verfahrensregelungen anzupassen. Es muss die Möglichkeit bestehen, betrieblich vereinbarte Zuschläge einzugeben.

Wartungsvertrag
Die Programme werden von den Herstellern ständig ergänzt und erweitert. Im Rahmen eines Wartungsvertrages erhält der Käufer die geänderten Programme (Up-Date). Über den Einsatz jeder geplanten Änderung bzw. Erweiterung ist der Betriebsrat zu informieren. Es sollte vereinbart werden, dass Änderungen bzw. Erweiterungen im Programm der Zustimmung des Betriebsrats bedürfen.

6.4.4 Die Datenermittlung – jetzt wird es konkret ...

Die Vorgehensweise zur Ermittlung von Zeitdaten kann in fünf Schritte unterteilt werden; vgl. dazu Übersicht 6.5.

Übersicht 6.5: Vorgehensweise bei der Ermittlung von Vorgabezeiten im Leistungsentgelt (Zeitstudie)

1. **Reproduzierbare Arbeitsbeschreibung**
   (alles festhalten; was Einfluss auf die Zeit haben könnte)

---

2. **Ermitteln von IST-Zeiten**
   (computergestützt oder mittels Stoppuhr)
3. **Mittelwert berechnen**
   (plus statistischer Sicherheitszuschlag)
4. **Verdienstchance festlegen**
   (Beurteilung des Leistungsgrades)
5. **Zuschläge für sachliche und persönliche Verteilzeiten sowie ggf. Erholzeit addieren**

Diese Vorgehensweise wird in den folgenden Kapiteln 6.4.5 bis 6.4.9 detailliert an einer einfachen Arbeitsaufgabe aus der Metallindustrie erläutert, und zwar an der Aufgabe »Grundplatte bohren«. Da heute in der betrieblichen Praxis überwiegend elektronische, mobile Datenerfassungssysteme eingesetzt werden, ist der Vorgang der Zeitermittlung und der statistischen Auswertung nicht unmittelbar sichtbar, da die Datenauswertung elektronisch im Zeiterfassungssystem erfolgt. Es ist jedoch wichtig zu verstehen, wie die Erfassung und Auswertung der ermittelten Daten erfolgt. Deshalb werden im Folgenden die einzelnen Schritte so dargestellt, als würden die Zeitdaten mit einer Stoppuhr ermittelt und anschließend manuell ausgewertet. Wie dies in der betrieblichen Praxis als Ergebnis einer elektronischen Datenermittlung aussieht, wird in Kap. 6. 4. 10 dargestellt.
Für die Darstellung der Ist-Zeit-Ermittlung und die Auswertung werden Formulare der IG Metall verwendet, die den tariflichen Anforderungen besser genügen als der »Zeitaufnahmebogen Z2« des REFA-Verbandes.
Bei den mobilen Zeitstudiengeräten ist in den Programmen nicht vorgesehen, dass eine reproduzierbare Arbeitsbeschreibung erfolgt, wie sie der Tarifvertrag vorschreibt. Deshalb ist es bei der Zeitermittlung mit mobilen, elektronischen Zeitmessgeräten erforderlich, dass zusätzlich eine manuelle reproduzierbare Arbeitsbeschreibung des Arbeitsplatzes und der Arbeitsbedingungen erfolgt.

6.4.5 Reproduzierbare Beschreibung

In Kapitel 6.2 wurde die tarifliche Anforderung an eine reproduzierbare, d.h. nachvollziehbare Beschreibung erläutert, konkret zeigt sich das auf den Vordrucken der Übersicht 6.6 bis 6.16.

[1] *Kurzbeschreibung* der Arbeitsaufgabe.

[2] Der Betriebsrat muss vor jeder Datenermittlung rechtzeitig unterrichtet werden. Dabei muss der Arbeitgeber den *Grund für die Datenermittlung* mitteilen. Dies ist insbesondere bei bestehenden Vorgabezeiten notwendig, weil die Tarifverträge die Änderung von Vorgabezeiten und damit eine Datenermittlung nur bei technisch-organisatorischen Änderungen, die maßgeblich Einfluss auf die Vorgabezeiten haben, zulassen. In der Praxis sollte für die rechtzeitige Information eine bestimmte Frist, z. B. drei Tage oder eine Woche, vereinbart werden.
Als Methoden der Datenermittlung sind hier nur diejenigen aufgeführt, die von der IG Metall empfohlen werden (Kapitel 6.1). In der Praxis müssen die Methoden genannt sein, die in der jeweiligen Betriebsvereinbarung festgelegt sind.

[3] In dieser Rubrik werden sowohl der zuständige Sachbearbeiter aus der Arbeitsvorbereitung als auch die *Personen,* bei denen die Datenermittlung durchgeführt wird, festgehalten. Der Betriebsrat sollte darauf achten, dass die Zeitaufnahmen nicht von den leistungsstärksten Kolleginnen und Kollegen durchgeführt werden. Die Zeitvorgaben, die ermittelt werden, müssen auch noch für ältere Beschäftigte zumutbar sein.

[4] An der *zeitlichen Lage* einer Datenermittlung kann abgelesen werden, inwieweit der Zeitraum, in dem sie stattgefunden hat, für die gesamte Arbeitszeit repräsentativ ist. Der Betriebsrat sollte z. B. ein Augenmerk darauf richten, ob Zeitaufnahmen regelmäßig in die Phase der höchsten menschlichen Leistungsfähigkeit (Biokurve) fallen.
Wird auch nachts gearbeitet und die Zeitaufnahme erfolgt tagsüber, so bieten sich für die Nachtarbeit eher zusätzliche bezahlte Pausen bzw. Erholzeiten an (und nicht etwa zusätzliche Datenermittlung auch in der Nachtzeit, weil für den begrenzten Zeitrahmen einer Zeitaufnahme bedeutsame Leistungsunterschiede kaum feststellbar sein werden).
Wird z. B. in einem 3-Schicht-System gearbeitet, die Datenermittlung aber nur vormittags durchgeführt, ist der Zeitraum nicht repräsentativ.

[5] Bei der Beschreibung der *örtlichen Lage* des Arbeitsplatzes geht es darum, einwandfrei festzuhalten, in welchem Betrieb an welcher Stelle die beschriebene Arbeit bei der Zeitaufnahme verrichtet wurde. Die Bedingungen an diesem Arbeitsplatz werden später beschrieben.

[6] Je nach technischen Gegebenheiten wird an dieser Stelle eine Skizze, eine Zeichnung oder ein Foto des Arbeitsplatzes eingefügt. Wichtig ist die Eintragung aller notwendigen Maßangaben, damit Entfernungen und Greifwege nachvollziehbar sind.

[7] Bei den *planmäßigen Tätigkeiten* je Einheit werden die Arbeitsmethoden in Stichworten beschrieben. Dabei ist es möglich, eine Unterteilung der Tätigkeiten in Ablaufabschnitte vorzunehmen. Im Beispiel gibt es drei Ablaufabschnitte. Unter der Rubrik Einflussgrößen sollte das bestimmende Merkmal für die Zeit notiert werden (im vorliegenden Beispiel sind dies der eingestellte Vorschub und die eingestellte Drehzahl). Wenn die Tätig-

Übersicht 6.6 Vordruck zur Datenermittlung (Deckblatt)

Datenermittlung zur Festsetzung von Vorgabezeiten

1	**Arbeitsaufgabe:** **Grundplatte bohren**	**Nr.: 431 x 2** **Blätter:**
2	**Begründung für die Datenermittlung:** **Neue Produktion**	**Betriebsrat informiert am: 14.03.2025**

Methode der Datenermittlung:

X	Messen von Istzeiten	Vereinbaren
	Rechnen von technisch bedingten Zeiten	Planzeiten

3 **Bearbeiter: Kunze** **Abt.: Arbeitsvorbereitung**

Untersuchte Person:		**Dauer der Ausübung:**	
Name	Alter	ähnliche Arbeiten	untersuchte Arbeit
Heimann	**36**	**4 Jahre**	**50 Stück**

Anzahl der Beschäftigten mit gleichen Arbeitsaufgaben: ; %

4 **Zeitliche Lage der Datenermittlung:**

Tag	Datum	Uhrzeit von	Uhrzeit bis	Dauer in min.	Lage der Datenermittlung innerhalb der Auftragsgröße
Mi.	**26.03.2025**	**10:30**	**10:53**	**23**	Einheit **51** bis **80**
					Einheit bis

Insgesamt zu fertigende Einheiten: Erfasste Daten: ; %

5 **Örtliche Lage des Arbeitssystems/Arbeits- platzes:**

Betrieb:	**Meister KG**
Abt./Kst.:	**Mech. Fertigung**
Halle:	**4**
Platz/ Bereich	**Bohrerei**

6 **Skizze mit Maßen:**

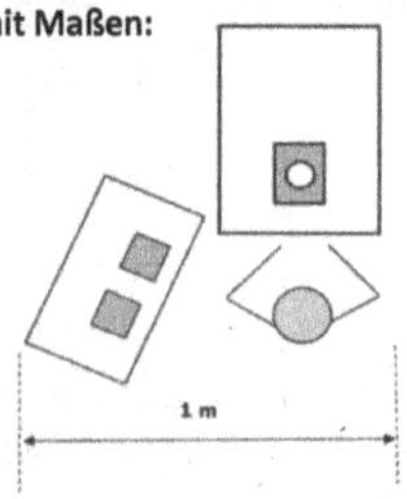

keiten in Ablaufabschnitte unterteilt sind, ist es möglich, aus den einzelnen Ablaufabschnitten Planzeiten durch Zusammensetzen zu entwickeln. Werden die Zeiten für die Ablaufabschnitte separat erfasst, so kann bei zeitrelevanten technisch-arbeitsorganisatorischen Veränderungen die Veränderung der Vorgabe- oder Sollzeit auf die betroffenen Abschnitte begrenzt werden.

[8] In diesem Feld des Vordrucks wurden die *zusätzlichen Tätigkeiten* je Auftrag aufgelistet, die nicht mit der Rubrik »planmäßige Tätigkeiten je Einheit« erfasst werden. In der Regel werden sie den sachlichen Verteilzeiten zugerechnet.

Übersicht 6.7 Dokumentation der Arbeitsumstände

(7) Arbeitsverfahren, Arbeitsablauf, Arbeitsmethode		
Planmäßige Tätigkeit		
Beginn: **Greifen der Grundplatte**		
	Inhalt	Einflussgröße
1	Einlegen in Bohrvorrichtung, mit Schnellspannhebel spannen, Bohrer von Hand bis in die Führung absenken, Vorschub einschalten	
2	Automatischer Ablauf, Vorgang beobachten	
3	Nach Beendigung des Rücklaufes Spannung lösen, Teil entnehmen, auf Reinigungspalette ablegen	
Ende: **Grundplatte loslassen**		
(8) Zusätzliche Tätigkeiten je Auftrag		
1	Jede 10. Bohrung Durchmesser auf Oberflächengüte kontrollieren	
2	Bei Bedarf Stufenbohrer wechseln, Tischhöhe korregieren	
3	Nach 50 Grundplatten Palletten wechseln	

(9) Arbeitsunterlagen	(z.B. Zeichnung, Arbeitsplan, Auftragsschein, Qualitätsvorschrift, Sicherheitsvorschrift)
	Einzelteilzeichnung Nr.: S 57312, Auftragsschein

(10) Arbeitsgegenstände	(z.B. Material, Werkstoff, Einzelteile, Informationsträger)	
Beschreibung	Art	Maße, Gewichte, Zustand
Grundplatte	Messing	120 x 15 x 30mm

(11) Arbeitsmittel	(z.B. Maschinen, Werkzeuge, Vorrichtungen, EDV-Programme)	
Beschreibung	Nr.	Technische Daten
Ständerbohrmaschine	4701	680 U/min, Vorschub 0,03/U.
Bohrvorrichtung	57312 BV	mit Schnellspannhebel
Stufenbohrer	57125 SB	HSS Ø 5/ Ø12
Grenzlehrdorn	57312 LD	

Übersicht 6.8 Dokumentation der Arbeitsbedingungen

Nr.	Merkmal	Angabe
12	**Körperhaltung** (stehen, sitzen, gebückt, über Kopf usw.)	**Ganztägig stehen**
13	**Bewegungsarbeit von großen Muskelgruppen** (Heben und Tragen von Lasten, Aufbringen von Kräften, Häufigkeit?, Gewicht?, Kraft?)	**Palettenwechel nach 50 Stück**
14	**Einseitige Muskelarbeit** (Belastungen von Fingern, Händen, Armen, sonstige Muskelgruppen)	**Beim Einspannen der Grundplatte in Vorrichtung, Belastung der Finger**
15	**Haltearbeit** (Halten von Gegenständen und Werkzeugen, Häufigkeit?, Gewicht?, Kraft?)	/ /
16	**Genauigkeit der Bewegungssteuerung:** (< 1 mm, 1-10 mm, > 10mm) [1-10 mm eingekreist]	**Einlegen der Grundplatte in Vorrichtung**
17	**Informatorische Belastung:** Informationsaufnahme (durch Sinnesorgane)	**Beurteilung der Oberflächengüte und Durchmesser**
	Informationsverarbeitung (z.B. reagieren, beurteilen, entscheiden):	**Korrigieren der Tischhöhe, Notwendigkeit des Bohrerwechsels**
18	**Zeitzwang:**	**Akkord**

Nr.	Merkmal	Angabe
19	**Form der Zusammenarbeit:**	**Einzelarbeitsplatz**
20	**Lärm** Schallpegel:	**81** dB(A); Spitzenwerte **88** dB(A)
21	**Klima** Temperatur:	**20** °C
	Zugluft:	**durch geöffnete Fenster und Türen**
	Sonstiges:	/
22	**Beleuchtung** Beleuchtungsstärke: Arbeitsfeld:	**600** Lux
	Sonstiges (Blendung, Reflexion, Spiegelung usw.)	**Leichte Blendung bei Kontrolle wegen polierter Oberfläche**
23	**Sonstige Umgebungsbelastungen/Schadstoffe:**	/
	Erforderliche Arbeitsschutzmittel:	**Schutzbrille**
24	**Maßliche Arbeitsgestaltung:** Arbeitshöhe (von Tischen und Maschinen, Verstellbar?):	**ja** **Tischhöhe 0,8m, Masch.-Tischhöhe 1,10m (höhenverstellbar)**
	Arbeitsstuhl (Sitzhöhe?, Rückenlehne?, Verstellbarkeit?):	**nicht vorhanden**
	Sonstiges (Fußstütze, Stehhilfe, Armstütze?):	**nicht vorhanden**
	Arbeitsplatzmaße:	**1 x 1,50m**
	Sonstiges:	/

[9] Bei den *Arbeitsunterlagen* werden z. B. Zeichnungen aufgeführt, sofern sie Einfluss auf den Zeitverbrauch haben.

[10] Bei den *Arbeitsgegenständen* werden alle Teile notiert, die be- oder verarbeitet werden. Es ist ratsam, hier z. B. auch die Gewichte einzelner Teile zu beschreiben, wenn sie in großen Stückzahlen verarbeitet werden, damit eine Größenorientierung für die Belastungen abgeleitet werden kann. In der Praxis kann teilweise auf Stücklisten verwiesen werden.

[11] Zu den verwendeten *Arbeitsmitteln* sollten jeweils auch die technischen Daten wie Drehzahlen, Vorschübe, Bohrerdurchmesser u. Ä. beschrieben sein.

[12] bis [24] Im Vordruck *Arbeitsbedingungen* (Übersicht 6.8) liegt der Schwerpunkt auf der menschengerechten Gestaltung der Arbeit. Die einzelnen Belastungsarten werden in Kapitel 7 ausführlich erläutert.

Bei der Ermittlung von Vorgabezeiten ist eine Dokumentation der Arbeitsbedingungen aus zwei Gründen erforderlich. Einmal haben die Arbeitsbedingungen einen entscheidenden Einfluss auf den Zeitverbrauch, zum anderen sollten vor der Festlegung von Vorgabezeiten zunächst die Arbeitsbedingungen menschengerecht gestaltet werden.

Tarifvertrag
»Vor der Vorgabezeitermittlung ist der Arbeitsplatz so zu gestalten, dass den gesicherten arbeitswissenschaftlichen Erkenntnissen (§§ 90, 91 BetrVG) Rechnung getragen wird.«
(§ 9 Buchst. C Ziff. 5 ERA-Tarifvertrag Bayern)

Am Vordruck »Arbeitsbedingungen« in der Übersicht 6.8 wird ein gravierender Unterschied zum REFA-Bogen in Übersicht 6.20 deutlich: Zur Dokumentation der Arbeitsbedingungen stehen im REFA-Bogen in der Rubrik »Umgebungseinflüsse« lediglich 1 ½ Zeilen zur Verfügung.

6.4.6 Die Datenermittlung im Detail: Messen von Ist-Zeiten

Das Formular »Messen von Ist-Zeiten« in der Übersicht 6.9 wirkt auf den ersten Blick sehr verwirrend. In der betrieblichen Praxis scheuen sich manche Betriebsräte, sich mit derartigen »Zahlenfriedhöfen« zu beschäftigen. Aber das Messen und Auswerten von Ist-Zeiten erfolgt in der Zeitwirtschaft nach einfachen Prinzipien, die für jeden durchschaubar sind.
In dem hier betrachteten Beispiel werden für die Arbeitsaufgabe »Grundplatte bohren« insgesamt 30-mal die Ist-Zeiten gemessen. Es wird auch von 30 *Zyklen* gesprochen. Jeder Zyklus wird in diesem Beispiel in drei Ablaufabschnitte unterteilt. Auf dem Vordruck sind 10 senkrechte Spalten zur Eintragung der jeweiligen Zyklen vorgesehen.

Anders als beim REFA-Bogen werden hier keine Leistungsgrade für einzelne Zyklen eingetragen. Die Beurteilung des Leistungsgrades erfolgt ganzheitlich und kann in Feld 40 der Übersicht 6.15 eingetragen werden.

Übersicht 6.9 Dokumentation und Auswertung der gemessenen Ist-Zeiten

Dokumentation und Auswertung der gemessenen Ist-Zeiten

Nr.:	Planmäßige Tätigkeit und Messpunkt (25) (26)	(27) (28)	1	2	3	4	5	6	7	8	9	10	(29) Σt_i / n	(30) $\overline{ti}$	(31) ε (% und hmin)	(32) $\overline{ti}$ + ε
1	Einlegen und spannen, Bohrer absenken, Vorschub einschalten	t_i	17	21	19	23	24	16	18	17	19	20				
		F	17	84	151	220	289	355	425	490	556	626				
2	Automatischer Ablauf; beobachten, Ende des Rücklaufes	t_i	31	31	32	31	35	34	33	31	31	32				
		F	48	115	183	251	324	389	458	521	587	658				
3	Spannung lösen, Teil entnehmen, loslassen auf Palette	t_i	15	17	14	14	15	18	15	16	19	X 15				
		F	63	132	197	265	339	407	473	537	606	718				
		t_i														
		F														
1	Nr.: 11 bis 20 siehe oben	t_i	20	18	19	21	19	18	18	19	17	21				
		F	738	809	875	949	1016	1085	153	219	282	355				
2	siehe oben	t_i	33	31	35	31	34	34	33	31	34	31				
		F	771	840	910	980	1050	119	186	250	316	386				
3	siehe oben	t_i	20	16	18	17	17	16	14	15	18	X 20				
		F	791	856	928	997	1067	135	200	265	334	457				
		t_i														
		F														
1	Nr.: 21 bis 30 siehe oben	t_i	22	20	17	23	25	15	20	20	19	21	586	19,54	4,48	20,42
		F	479	550	616	692	767	833	901	970	42	113	30		0,88	
2	siehe oben	t_i	31	33	36	31	36	32	32	33	31	31	974	32,47	1,88	33,08
		F	510	583	652	723	803	865	933	2003	73	144	30		0,61	
3	siehe oben	t_i	20	16	17	19	15	16	17	20	19	X 15	503	16,77	4,33	17,5
		F	530	599	669	742	818	881	950	23	92	2207	30		0,73	
	Summe (33)														/ (34)	71,0

Nr./Zy. (35)	von	bis	Dauer	Zusätzliche Tätigkeit/Unterbrechung	Zuordnung	Nr./Zy.	von	bis	Dauer	Zusätzliche Tätigkeit/Unterbrechung	Zuordnung
10	673	718	45	Kontrolle							
20	1406	1457	51	Kontrolle							
30	2159	2207	48	Kontrolle							

[25] + [26] Im vorliegenden Beispiel wird der *Zyklus* »Grundplatte bohren« in drei *Ablaufabschnitte* unterteilt. Für jeden dieser Ablaufabschnitte wird ein Messpunkt festgelegt, bei dem jeweils die Zeit gemessen wird. Bei der Auswahl der Messpunkte ist darauf zu achten, dass diese eindeutig zu identifizieren sind.
Da das Formular pro Zelle maximal 10 Messwerte zulässt, musste die zusammenhängende Zahlenkolonne aufgeteilt werden.
Im Zeitstudium ist es üblich, eine Minute nicht in 60 Sekunden, sondern in 100 Teile zu unterteilen (Hundertstelminuten). Dementsprechend sind verwendete Stoppuhren und mobile elektronische Erfassungsgeräte aufgebaut. *Alle Zeitdaten im Vordruck »Messen von Ist-Zeiten« sind in der Größenordnung Hundertstelminuten angegeben.* Als Abkürzung wird in der Praxis häufig geschrieben: hmin, HM oder auch cmin für Centiminuten.

[27] + [28] Zeiten können als *Einzelzeit* (t_i) oder als *Fortschrittszeit* (F) gemessen werden. In der Praxis sind heute sowohl die Einzelzeitmessung als auch die Fortschrittszeitmessung üblich. Bei der Einzelzeitmessung wird nach jedem Zyklus oder Ablaufabschnitt die Zeit abgelesen, die Stoppuhr wieder auf »Null« gestellt und die nächste Messung vorgenommen. Bei der Fortschrittszeitmessung wird nach jedem Zyklus oder Ablaufabschnitt die aufgelaufene (kumulierte) Zeit gemessen und notiert (»Die Uhr läuft durch und wird nicht jeweils zurückgestellt.«). Aus den notierten aufgelaufenen Zeitwerten werden nach Abschluss aller Messungen durch Subtrahieren die jeweiligen Einzelzeiten errechnet und in den Vordruck eingetragen. Die Einzelzeitmessung birgt, wenn sie mit einer herkömmlichen Stoppuhr durchgeführt wird, die Gefahr in sich, dass Unregelmäßigkeiten, Unterbrechungen, zusätzliche Tätigkeiten oder längere Ist-Zeiten bei der Zeitaufnahme unterschlagen werden können. Es wird deshalb *empfohlen,* in einer Betriebsvereinbarung das *Fortschrittszeitverfahren* zu vereinbaren. Hierbei erhält man eine lückenlose Dokumentation der Aufnahmezeit, und es besteht keine Möglichkeit – absichtlich oder unabsichtlich – Zeitanteile unter den Tisch fallen zu lassen. Die letzte Fortschrittszeit, im Beispiel 2207 hmin, muss mit der Dauer der Datenermittlung in Feld 4 in der Übersicht 6.6 übereinstimmen. So hat der Betriebsrat jederzeit eine Kontrollmöglichkeit, ob alle Werte korrekt notiert wurden. (Zur Vermeidung zu langer Zahlen werden 4-stellige Zeitwerte lediglich beim Überschreiten einer Tausender-Marke notiert.)

[29] + [30] In der Spalte [29] wird die Summe der Einzelzeiten je Ablaufabschnitt und die Zahl der Einzelwerte eingetragen. Bei der Summe der Einzelzeiten wird die Dauer der zusätzlichen Tätigkeiten [35] nicht mit berücksichtigt. Sie werden später anteilmäßig zugeschlagen. In die Spalte [30] wird der errechnete *Mittelwert* des Ablaufabschnittes ($\overline{ti}$)eingetragen.

[31] + [32] In der Spalte [31] wird das errechnete *Epsilon* (ε) *in Prozent und Hundertstelminuten für jeden Ablaufabschnitt eingetragen. Die Bedeutung von Epsilon und die Berechnungsverfahren werden im folgenden Kapitel 6.4.7 erläutert. Ist das errechnete Epsilon höher als der vereinbarte Soll-Wert (z. B.*

± 1 % oder ± 5 %), wird der erreichte Epsilon-Wert dem errechneten Mittelwert zugeschlagen und die Summe in der Spalte [32] eingetragen. Die Summe der Ablaufabschnitte wird bei Ziffer [34] eingetragen.

[33] Werden die gemessenen Ist-Zeiten nur für die beobachtete Arbeitsaufgabe verwendet, ist die Epsilon-Berechnung nur für den Zyklus erforderlich. Dies kann dann in den dick umrandeten Feldern eingetragen werden. Sollen die Zeitwerte der Ablaufabschnitte dagegen für Planzeiten verwendet werden, ist eine Epsilon-Berechnung für jeden Ablaufabschnitt notwendig.

[34] Hier wird die *Summe der Zeiten der Ablaufabschnitte* eingetragen. Diese Summe wird für die Festsetzung von Vorgabezeiten bzw. zur Vereinbarung von Soll-Zeiten verwendet. Sie finden sich in den Feldern [39] bzw. [52] der Übersicht 6.15 und 6.16 wieder.

[35] Treten während der Ist-Zeit-Ermittlung *zusätzliche Tätigkeiten oder Unterbrechungen* auf, müssen sie festgehalten werden. Hierzu wird im Feld [35] aufgeschrieben, in welchem Zyklus dies vorgekommen ist, ferner Beginn, Ende und Dauer der zusätzlichen Ablaufabschnitte. Außerdem muss die Art der Tätigkeit oder Unterbrechung beschrieben und eine Zuordnung vorgenommen werden. Die Zuordnung ist die Grundlage dafür, wie diese Zeitanteile behandelt werden. Es besteht je nach Art der Tätigkeit oder Unterbrechung die Möglichkeit, diese Zeiten anteilmäßig in die Vorgaben einzurechnen, oder die Tätigkeiten werden als Bestandteil der eingeplanten Ausfallzeiten (bzw. der sachlichen Verteilzeiten) betrachtet. In keinem Fall dürfen die Zeitwerte für die zusätzlichen Tätigkeiten »unter den Tisch fallen«. Im Streitfall empfiehlt es sich, exakte Regelungen in einer Betriebsvereinbarung zu treffen.

6.4.7 Die Datenermittlung im Detail: Statistische Auswertung von Ist-Zeiten

Im Kapitel 6.2 wurde die Anforderung begründet, warum ermittelte Daten repräsentativ sein müssen. Gemessene Ist-Zeiten sind im statistischen Sinne Stichproben. Für einen Auftrag von 50 000 Produkten werden beispielsweise nur – wie in diesem Beispiel – bei 30 Produkten Zeiten ermittelt. Wird aus dieser Stichprobe der gemessenen 30 Ist-Zeiten der Mittelwert für den Auftrag von 50 000 Stück unbesehen übernommen, kann dies für die Beschäftigten im Leistungsentgelt zu erheblichen Nachteilen führen (Übersicht 6.11).
Über die statistische Auswertung von Zeitstudien und die erforderliche Genauigkeit gibt es kontroverse Diskussionen zwischen den Tarifparteien.

Übersicht 6.10: Auswertung von Ist-Zeiten

Häufigkeitsbild:

Zyklus ☐ (36) Ablaufabschnitt 1

ti										
15	x									
16	x									
17	x	x	x	x						
18	x	x	x	x						
19	x	x	x	x	x	x				
20	x	x	x	x	x					
21	x	x	x							
22	x									
23	x	x								
24	x									
25	x									

(37)

Höchster Wert:	25
Niedrigster Wert:	15
Spannweite:	10
Mittelwert:	19,54

Eindeutige Tendenz ☒ ja ☐ nein

Annähernde Normalverteilung ☒ ja ☐ nein

(38) Verwendbar ☒ ja ☐ nein

Häufigkeitsbild:

Zyklus ☐ Ablaufabschnitt 3

ti										
14	x	x	x							
15	x	x	x	x	x	x	x			
16	x	x	x	x	x					
17	x	x	x	x	x					
18	x	x	x							
19	x	x	x							
20	x	x	x	x						

Höchster Wert:	20
Niedrigster Wert:	14
Spannweite:	6
Mittelwert:	16,77

Eindeutige Tendenz ☒ ja ☐ nein

Annähernde Normalverteilung ☐ ja ☒ nein

Verwendbar ☒ ja ☐ nein

Platz für Nebenrechnungen

Hinsichtlich der statistischen Genauigkeit von Zeitstudien ist eine differenzierte Betrachtung erforderlich. In der Einzel- und Kleinserienfertigung sind die Anforderungen an die statistische Genauigkeit wesentlich niedriger anzusetzen als in der Massen- und Großserienfertigung.

In der *Einzel- und Kleinstserienfertigung* sollten, wenn möglich, von jedem Teil mehrere Zeitaufnahmen gemacht werden. Es wird allerdings wegen der kleinen Losgrößen nicht möglich und nicht sinnvoll sein, eine exakte statistische Absicherung des Mittelwertes wie in der Großserienfertigung vorzunehmen. In der Einzel- und Kleinstserienfertigung sind folgende Regelungen möglich:

- Zur Festsetzung von Vorgabezeiten oder Soll-Zeiten wird ein Wert zwischen Mittelwert und dem höchsten Wert vereinbart. Oder:
- Dem Mittelwert wird ein vereinbarter Zuschlag von X % hinzugerechnet.

Übersicht 6.11: Statistische Beurteilung eines Mittelwerts: Durchschnittliche Fußtemperatur = 30

Übersicht 6.12: Statistische Absicherung des Mittelwerts einer Zeitstudie

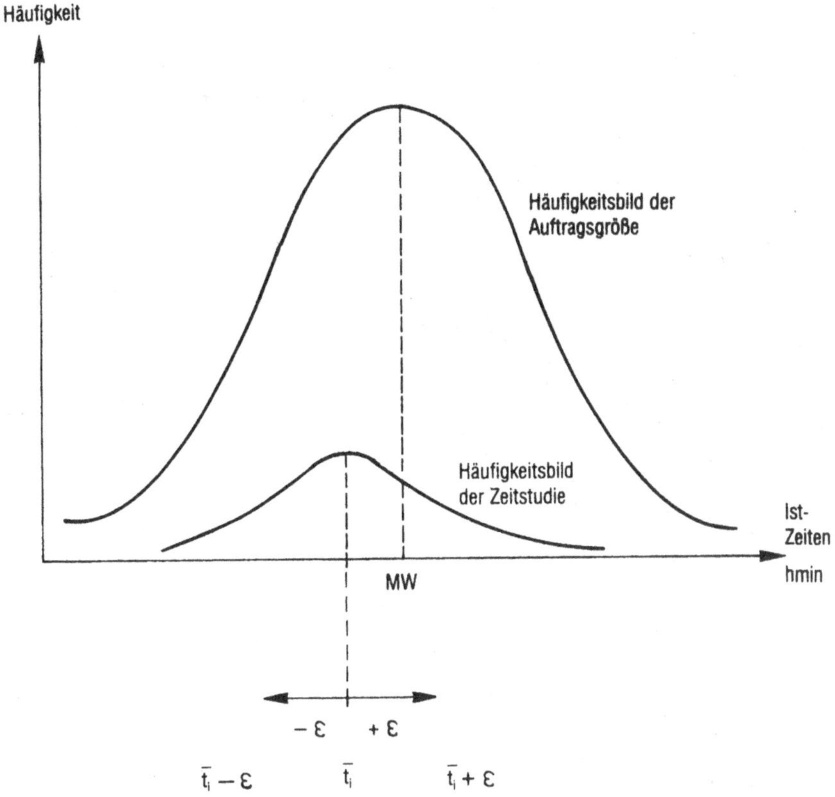

Für die *Serien- und Massenfertigung* existieren mathematisch-statistische Methoden zur Absicherung von Mittelwerten. Der erste Schritt zur statistischen Absicherung eines Mittelwertes ist die Erstellung eines Häufigkeitsbildes.

[36] Im Beispiel wird für den ersten und dritten Ablaufabschnitt ein *Häufigkeitsbild erstellt* (Übersicht 6.10). Für den zweiten Ablaufabschnitt erübrigt sich dies, da es sich um nahezu gleichbleibende Maschinenlaufzeiten handelt.

[37] + [38] Das Häufigkeitsbild wird erstellt, in dem alle Zeiten vom niedrigsten bis zum höchsten Wert untereinander aufgeschrieben werden. Dann wird angekreuzt, wie häufig die einzelnen Zeiten während der Zeitstudie vorgekommen sind. Elektronische Datenerfassungsgeräte mit entsprechender Software haben die Funktion zur Erstellung von Häufigkeitsbildern integriert. Das Idealbild einer Häufigkeitsverteilung ist eine Normalverteilung, die sog. Gaußsche Glockenkurve (siehe die obere Kurve in Übersicht 6.12).

In der betrieblichen Praxis wird es nun aber nicht immer möglich sein, eine solche ideale Verteilung zu erreichen. Deshalb sollten folgende Mindestbedingungen gegeben sein:

- Das Häufigkeitsbild muss eine eindeutige Tendenz aufweisen (»eingipfelige Verteilung«). Ein Wert – nach Möglichkeit der errechnete Mittelwert – muss häufiger vorgekommen sein als alle anderen Werte. Dies entspricht dann einer annähernden Normalverteilung.

Die Prüfung der Zeiten auf ihre Normalverteilung hin hat eine doppelte Bedeutung: Einerseits legen deutliche Abweichungen von der Normalverteilung die Schlussfolgerung nahe, dass Einflussfaktoren vorliegen, welche die Daten unbrauchbar werden lassen (z. B. klemmende Vorrichtungen, stumpf werdende Werkzeuge o. Ä.). Andererseits setzt die nachfolgende Berechnung der statistischen Genauigkeit annähernde Normalverteilung voraus.

Zur Beurteilung der statistischen Genauigkeit der gemessenen Einzelzeiten wird die *Kennzahl Epsilon* (ε) verwendet. Sie kann in gewisser Weise als Toleranzangabe verstanden werden und wird in Prozent angegeben (z. B. ± 4,48 % wie im ersten Ablaufabschnitt oder ± 4,33 % wie im dritten Ablaufabschnitt).

Epsilon wird aus den gemessenen Ist-Zeiten einer Zeitstudie berechnet und dient zur statistischen Absicherung des Mittelwertes.

In Übersicht 6.12 sind die Häufigkeitsbilder der Auftragsgröße (z. B. 10 000 Stück) und der Zeitstudie dargestellt. Die *Zeitstudie* stellt statistisch gesehen eine *Stichprobe* dar. Aus dem Mittelwert der Stichprobe wird auf den unbekannten Mittelwert der Auftragsgröße geschlossen (dieser Wert ist deshalb unbekannt, weil wohl nie alle Ist-Zeiten eines großen Auftrages gemessen werden). In der Übersicht 6.12 wird deutlich, dass der Mittelwert der Stichprobe vom Mittelwert des Auftrages abweichen kann. Damit die Beschäftigten dieses Risiko nicht tragen müssen, ist der um Epsilon erhöhte Mittelwert für die Vorgabezeit zu verwenden.

Definition

Die exakte statistische Definition von Epsilon lautet: relative Breite des Vertrauensbereiches um den Mittelwert bei einer Aussagewahrscheinlichkeit von 95 %. Man kann also mit 95 %iger Sicherheit sagen, dass der unbekannte Mittelwert der Auftragsgröße im Bereich von $\overline{ti}$ minus ε bis $\overline{ti}$ plus ε liegt.

Da nicht bekannt ist, ob der tatsächliche Mittelwert oberhalb oder unterhalb des Mittelwertes der Zeitstudie liegt, andererseits die Beschäftigten dieses Risiko der Ungewissheit nicht tragen sollen, wird der *positive Epsilonwert dem Mittelwert hinzugeschlagen.* Im Beispiel wird der Mittelwert des ersten Ablaufabschnittes deswegen um 4,48 %, d. h. um 0,88 Hundertstel-Minuten erhöht (vgl. Übersicht 6.9):

$\overline{ti} + \varepsilon = 19{,}54 + 4{,}48\,\% = 19{,}54 + 0{,}88 = 20{,}42$ hmin

Je besser die statistische Genauigkeit ist, desto niedriger ist Epsilon. Ist Epsilon zu hoch, laufen die Beschäftigten Gefahr, eine »zu niedrige Vorgabezeit« zu bekommen. Es wird empfohlen, einen Höchstwert für Epsilon (ε) in einer Betriebsvereinbarung festzulegen. In zahlreichen Betrieben sind bei der Massen- und Großserienfertigung Höchstwerte von ± 3 % bis ± 5 % vereinbart. In dem vorliegenden Beispiel wird von einem vereinbarten Höchstwert von ± 1 % ausgegangen.

Da die Beschäftigten nicht das Risiko für zu niedrige Vorgabezeiten zu tragen haben, wird folgende Regelung empfohlen:

- Bei der Festsetzung von Soll-Zeiten kann der Mittelwert verwendet werden, wenn das erzielte Epsilon kleiner als der vereinbarte Höchstwert ist.
- Ist das erzielte Epsilon höher als der vereinbarte Höchstwert, muss das erzielte Epsilon zum Mittelwert hinzugerechnet werden.

Zur leistungspolitischen Bedeutung von Epsilon kann gesagt werden: Ein Epsilon von 10 % bedeutet, dass die Leistungslöhner Gefahr laufen, eine um 10 % zu niedrige Vorgabezeit zu erhalten. Entweder werden sie um 10 % schneller arbeiten müssen, um ihren üblichen Verdienstgrad zu erreichen, oder ihre Verdienstchance vermindert sich um 10 %. Bei einem Grundentgelt von 2800 € wären dies Verluste von 280 € im Monat.

Rein statistisch betrachtet gleichen sich zwar »zu kurze« und »zu lange« Vorgabezeiten aus. Es geht aber um die Vermeidung des Risikos, dass der einzelne Beschäftigte eine »zu kurze« Vorgabezeit erhält.

Der Vollständigkeit halber sei erwähnt, dass es eine Möglichkeit gibt, bei Zeitstudien ein niedrigeres Epsilon zu erreichen. Diese Methode besteht darin, weitere Einzelzeiten zu messen. Da Epsilon u. a. von der Anzahl der Einzelwerte abhängt, kann auf diese Weise ein niedrigeres Epsilon erreicht werden. Zeitaufnahmegeräte können während der Zeitaufnahme den Epsilon-Wert anzeigen und darüber informieren, bei welcher Anzahl von Messwerten das Ziel-Epsilon erreicht wird. Anders ausgedrückt: Wenn sich die Streubreite der Messwerte nicht verändert, muss nur hinreichend lange gemessen werden, um zum Ziel-Epsilon zu gelangen. Da dies im Hinblick auf den zu treibenden Aufwand und die Genauigkeit fragwürdig sein kann, empfiehlt sich eine Begrenzung der Zahl der Einzelwerte. In der Betriebsvereinbarung ist dann festzulegen, dass der erreichte Epsilon-Wert dem Mittelwert hinzugerechnet wird, wenn ein Epsilon von ±1 % nicht erreicht wird.

Für die Serien- und Massenfertigung hat die Berechnung des Epsilons eine leistungspolitische Bedeutung. Es besteht jedoch die Gefahr, dass durch die komplizierte Betrachtung des Epsilons die an sich einfache Auswertung von Zeitstudien zu einer Geheimwissenschaft hochstilisiert wird. Dabei geraten leicht die eigentlichen Konfliktfragen um Entgelt und Leistung aus dem Blickfeld. Manchen Betriebsräten wurde sogar eingeredet, sie könnten nur dann über Vorgabezeiten verhandeln, wenn sie das Epsilon berechnen könnten. Diese Auffassung ist im Zeitalter von Personalcomputern überholt, da heute in »Zeitstudiengeräten« bzw. Auswertungsprogrammen das Epsilon automatisch berechnet wird (Kapitel 6.5.10). Es gibt viele Betriebsräte, die seit Jahren eine erfolgreiche Entgelt- und Leistungspolitik betreiben, ohne dass sie bei jeder Zeitstudie das Epsilon nachrechnen. Im Folgenden werden trotzdem zwei Methoden zur Berechnung von Epsilon skizziert. Dies dient hauptsächlich dazu, dass interessierte Betriebsräte die Berechnungen nachvollziehen können, ohne deshalb einen REFA-Kurs besuchen zu müssen.

Übersicht 6.13: Leitertafel zur Berechnung der Kennzahl Epsilon mit der Streuzahlmethode

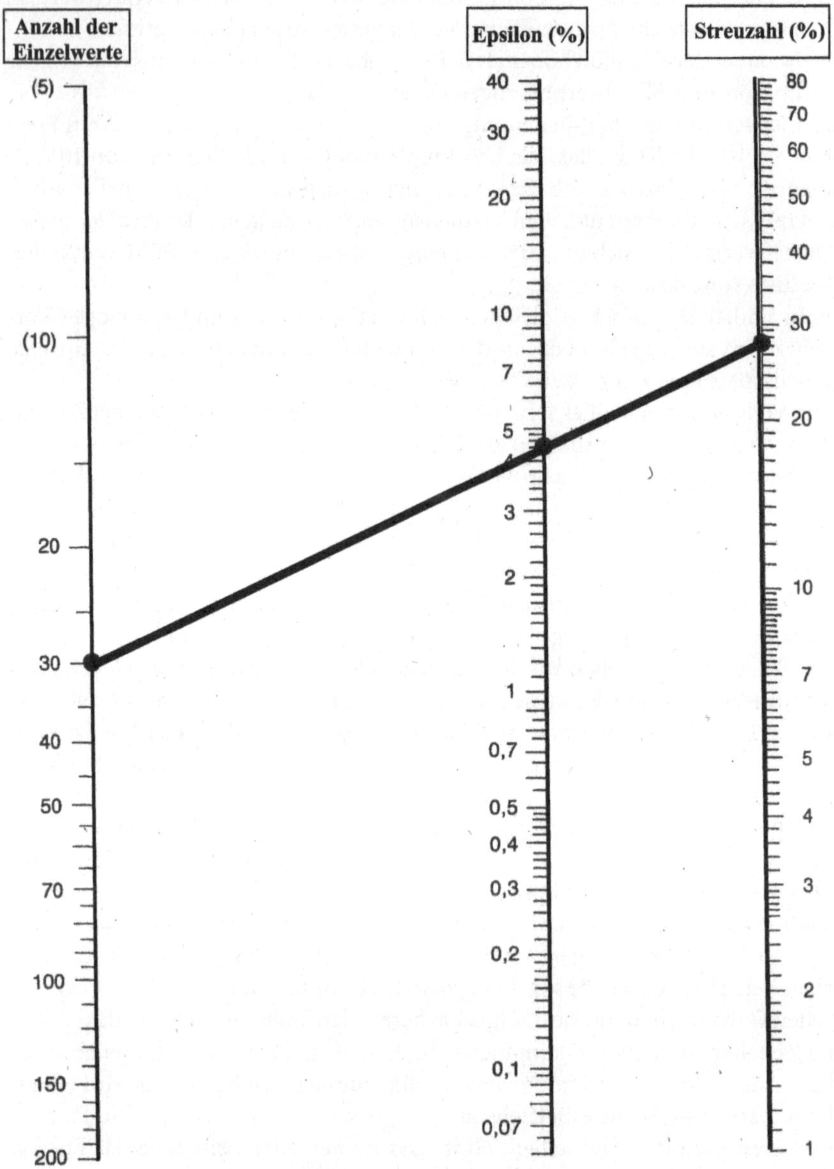

(Hierbei handelt es sich um einen Näherungswert, der bei einer Anzahl von mindestens 10 Einzelwerten eine hinreichende Genauigkeit aufweist.)

Berechnung von Epsilon mit der Streuzahlmethode

Im ersten Ablaufabschnitt des Beispiels wurden 30 Einzelzeiten gemessen, die im Folgenden in sechs Fünferblöcken dargestellt sind. Daneben wird jeweils die Spannweite des betreffenden Fünferblockes festgehalten (*Spannweite* = höchster Wert minus niedrigster Wert im Fünferblock).

17		16		20		18		22		15	
21		18		18		18		20		20	
19	7	17	4	19	3	19	3	17	8	20	6
23		19		21		21		23		19	
24		20		19		19		25		21	

Der Mittelwert der 30 Einzelzeiten ist 19,54.
Die Summe der sechs 6 Spannweiten errechnet sich mit:
7 + 4 + 3 + 3 + 8 + 6 = 31
Daraus ergibt sich die durchschnittliche Spannweite:
31 : 6 = 5,17
Teilt man diese Zahl durch den Mittelwert der Einzelzeiten, ergibt sich die so genannte Streuzahl:
(5,17 : 19,54) × 100 % = 26 %
Mithilfe einer Leitertafel wird aus der Streuzahl und der Anzahl der gemessenen Ist-Zeiten die Kennzahl *Epsilon* ermittelt (Übersicht 6.13). Auf der mittleren Skala kann im Beispiel das Epsilon in Höhe von ca. 4,4 % abgelesen werden. Dabei handelt es sich um einen Näherungswert, der sich mathematisch exakt berechnen lässt.

Berechnung von Epsilon mithilfe von statistischen Formeln

Hierbei erfolgt die Berechnung über mathematische Formeln:

$$\varepsilon = \frac{t \times s}{\sqrt{n} \times \overline{t_i}} \times 100\%$$

Dabei bedeuten:
s = Standardabweichung
n = Zahl der Einzelwerte
$\overline{t_i}$ = arithmetischer Mittelwert
t = Studentscher Beiwert
Der Studentsche Beiwert hängt von der Zahl der Einzelwerte (n) ab und wird bei einer Aussagewahrscheinlichkeit von 95 % mit folgender Formel berechnet:

$$t = 1{,}96 + \frac{2{,}576}{n - 1}$$

Die Standardabweichung errechnet sich mit folgender Formel:

$$s = \sqrt{\frac{\sum(t - \overline{t_i})^2}{n - 1}}$$

Zur Berechnung werden für alle gemessenen Einzelwerte die Abweichungen vom Mittelwert = 19,54 berechnet und ins Quadrat erhoben. Dann wird die Summe aller quadrierten Abweichungen gebildet, durch n–1 geteilt und daraus die Wurzel gezogen.

Beispiel: Mittelwert 19,54

1. Einzelwert = 17; Abweichung = 17 – 19,54 = – 2,54
   Quadrat = 6,45;
2. Einzelwert = 21; Abweichung = 21 – 19,54 = + 1,46
   Quadrat = 2,13 usw.

Entsprechende Berechnungen werden für den 3. bis 30. Einzelwert vorgenommen. Anschließend werden alle quadrierten Abweichungen addiert. Die Summe ist in diesem Fall: 153,26.

Die Standardabweichung errechnet sich jetzt wie folgt:

$$s = \sqrt{\frac{153{,}26}{29}} = \sqrt{5{,}29} = 2{,}3$$

Diese Zahl wird nun in die Formel für Epsilon eingesetzt. Der Studentsche Beiwert ergibt bei 30 Ist-Werten den Wert von 2,04. Auch diese Zahl wird in die Formel eingesetzt.

$$\varepsilon = \frac{2{,}04 \times 2{,}3}{\sqrt{30} \times 19{,}54} \times 100\% = \frac{4{,}7}{107} \times 100\% = \pm 4{,}4\%$$

6.4.8 Die Datenermittlung im Detail: Leistungsgrad, Verdienstchance und neuer Leistungsbegriff

In vielen Betrieben kommt es bei der Beurteilung des Leistungsgrades während einer Zeitstudie zu Konflikten. Der IE-Sachbearbeiter beurteilt dabei parallel zum Messen von Ist-Zeiten den sog. Leistungsgrad in Prozent (z. B. 115 %, 125 % usw.). Mit diesem Leistungsgrad werden die Ist-Zeiten korrigiert.

Die Entwicklung der »Lehre« vom Leistungsgrad lässt sich am besten durch eine historische Betrachtung begreifen. Geschichtlich gesehen ergab sich für die Unternehmer bei der Einführung von Zeitstudien folgendes Problem: Die im Akkord Beschäftigten arbeiteten während der Zeitstudie langsamer als üblich. Damit konnten sie der Leistungsverdichtung durch die systematische Einführung des Zeitstudiums entgegentreten und sicherstellen, dass sie zumutbare Vorgabezeiten erhielten, die ihre Gesundheit auch langfristig nicht gefährdeten. Diese individuelle Gegenwehr wurde von den Unternehmern als Leistungszurückhaltung diffamiert. Um nicht gemessene Ist-Zeiten willkürlich kürzen zu müssen, ließen die Unternehmer die scheinwissenschaftliche Lehre von der Beurteilung des Leistungsgrades entwickeln. Diese Entwicklung wurde vom REFA-Verband zur Zeit des Faschismus durchgeführt. Damit hatten die Zeitstudienleute die Möglichkeit, Leistungsgrade von weniger als 100 % zu vergeben und so gemessene Ist-Zeiten »scheinwissenschaftlich« zu kürzen. Damit wurde die individuelle Gegenwehr der Akkordbeschäftigten unterlaufen. Dieser Zusammenhang wird durch ein kompliziertes und widersprüchliches Gedankengebäude von der Leistungsgradbeurteilung verschleiert, das bis heute vom REFA-Verband vertreten wird.

Die tariflichen Bestimmungen über Akkordsysteme beziehen sich auf eine Normalleistung oder *Bezugsleistung*, für die auch das »normale« Entgelt bezahlt wird. Grundsätzlich wird davon ausgegangen, dass auf einem erhöhten Leistungsniveau gearbeitet wird, das auch entsprechend bezahlt werden muss. Dieses erhöhte Leistungsniveau wird im Regelfall auch bei der Zeitaufnahme an den Tag gelegt. Durch die Festlegung eines Leistungsgrades von über 100 % ergibt sich für die Beschäftigte im Akkord eine Verdienstchance. Sie erhalten die Möglichkeit, die festgesetzte Vorgabezeit zu unterschreiten und so einen höheren Verdienstgrad zu erzielen.

Im folgenden vereinfachten Beispiel kann die entgeltpolitische Bedeutung des Leistungsgrades und der Verdienstchance verdeutlicht werden:

<table>
<tr><td>Ist-Zeit pro Stück = 10 Minuten
Leistungsgrad = 130%
Soll-Zeit = 13 Minuten</td><td>Ist-Zeit pro Stück = 10 Minuten
Leistungsgrad = 110%
Soll-Zeit = 11 Minuten</td></tr>
<tr><td colspan="2">Werden diese Soll-Zeiten bei der Arbeit unterschritten, kann entsprechend mehr abgerechnet werden. Bei einer tatsächlich benötigten Zeit von 10 Minuten ergibt sich:</td></tr>
<tr><td>Verdienstgrad = $^{13}/_{10}$ x 100% = 130%</td><td>Verdienstgrad = $^{11}/_{10}$ x 100% = 110%</td></tr>
<tr><td>Die Verdienstchance beträgt 130% vom Tariflohn.</td><td>Die Verdienstchance beträgt 110% vom Tariflohn.</td></tr>
</table>

Bei der Datenermittlung für das Akkordentgelt wird der Leistungsgrad von den Zeitstudienleuten beurteilt. Dies ist ein subjektiver Vorgang und öffnet der Willkür Tür und Tor. Zwar muss diese Beurteilung auf der Grundlage der tariflichen Bezugsleistung erfolgen, bleibt aber letztlich doch eine einseitige Festlegung von Vorgabezeiten durch die Arbeitsvorbereitung.

Nach der bisherigen Rechtsauffassung hat der Betriebsrat kein Mitbestimmungsrecht bei der Festsetzung der Vorgabezeit und damit auch keines über die Beurteilung des Leistungsgrades. Die Vorgabezeiten können zwar anschließend gemäß dem Tarifvertrag reklamiert werden, aber zunächst werden Fakten geschaffen.

Tarifliche Bezugsleistung und REFA-Normalleistung

In den Tarifverträgen der Metallindustrie sind Definitionen der Normal- oder Bezugsleistung vereinbart. Nur diese und nicht die REFA-Normalleistung ist für die Leistungsgradbeurteilung verbindlich. Zwei Beispiele aus Tarifverträgen:

> **Tarifvertrag**
> *»Die menschliche Normalleistung (100 %) ist die Leistung, die von jedem genügend geeigneten Arbeitnehmer nach genügender Übung und Einarbeitung ohne Gesundheitsstörung auf die Dauer erreicht und erwartet werden kann.«*
> (§ 7 Ziff. 3 ERA-Tarifvertrag Nordrhein-Westfalen)

> **Tarifvertrag**
> *»Bezugsleistung ist die Leistung, die von für die jeweils auszuführende Arbeit geeigneten, eingearbeiteten und geübten Beschäftigten bei normaler Anstrengung und menschengerechter Gestaltung von Arbeitsplatz, Arbeitsablauf und Arbeitsumgebung auf Dauer ohne Gesundheitsschädigung erreicht und erwartet werden kann.«*
> (§ 6 Ziff. 3 ERA-Tarifvertrag Nordverbund)

Der folgende Vergleich zeigt die Unterschiede der Normalleistungs-Definition in einem Tarifvertrag und in der REFA-Lehre:
Aus den tarifvertraglichen Definitionen zur Bezugsleistung lassen sich handfeste Regelungen ableiten. Einige Tarifverträge betonen die menschengerechten Arbeitsbedingungen, andere stellen den Aspekt in den Vordergrund, dass durch das Einhalten der Normalleistung *auf Dauer* keine Gesundheitsstörung erfolgen darf. Geht man einmal davon aus, dass Beschäftigte im Akkordentgelt bis zum 67. Lebensjahr im Arbeitsleben stehen sollen, muss dies auch ein Maßstab für die Festsetzung der Vorgabezeit sein. Der Tarifvertrag definiert die *Leistung als Mengenleistung* und nicht als Erscheinung von Bewegungsabläufen, wie dies in den REFA-Seminaren gelehrt wird.
So heißt es im Entgelt-Rahmentarifvertrag Niedersachsen:

> **Tarifvertrag**
> *»Bezugsleistung (tarifliche Normalleistung) ist die im Zeitfaktor (in der Vorgabe- oder Sollzeit) zugrunde gelegte Mengenleistung des Beschäftigten. Sie ist so festzusetzen, dass der Beschäftigte im Akkordentgelt bei menschengerechter Gestaltung der Sollarbeitsbedingungen nach Einarbeitung ohne Rücksicht auf Geschlecht, Alter und tägliches Schwanken der Arbeitsleistungsfähigkeit wie des Arbeitsergebnisses ohne gesteigerte Anstrengung den Akkordrichtsatz seiner Entgeltgruppe erreichen kann. Schwankungen der Arbeitsleistungsfähigkeit und des Arbeitsergebnisses in längeren Zeiträumen sind entsprechend zu berücksichtigen.«*
> (§ 12 Abs. 1, ERA-Tarifvertrag Niedersachsen)

Dem gegenüber beschreibt der REFA-Verband in seinen Schulungsunterlagen die Normalleistung wie folgt:

Definition
Unter Normalleistung wird nach REFA »ein Arbeitsvollzug verstanden, der hinsichtlich der Intensität, der Wirksamkeit und der Koordinierung der Aktionen der handelnden Personen besonders flüssig, harmonisch, natürlich und ausgeglichen erscheint. Sie kann erfahrungsgemäß von jeder in erforderlichem Maß geeigneten, geübten und voll eingearbeiteten Person *auf die Dauer* erbracht werden, sofern die für persönliche Bedürfnisse und ggf. auch für Erholung vorgegebenen Zeiten eingehalten, *die Erfordernisse des Arbeitsschutzes, der optimalen Arbeitsplatzgestaltung gewährleistet* und die freie Entfaltung ihrer Fähigkeiten nicht behindert wird.« (REFA-Grundausbildung, 2011, Modul 14)

Diese Definition der REFA-Normalleistung unterscheidet sich deutlich von der früher üblichen Definition aus Band 2 der REFA-Methodenlehre zur Datenermittlung, der heute vom REFA-Verband nicht mehr vertrieben wird. Wenn im Betrieb auf dieses Buch Bezug genommen wird, sollte der Betriebsrat darauf hinweisen, dass es nicht mehr aktuell ist.

Übersicht 6.14: Leistungsgrad und Verdienstchance im Widerstreit der Interessen

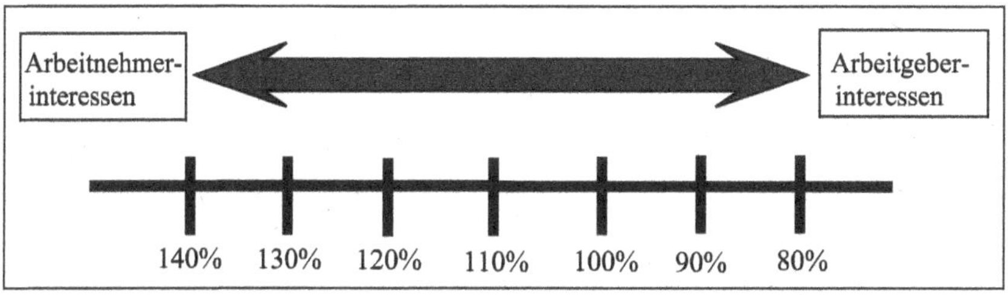

Nach ihrer Definition soll die REFA-Normalleistung daran zu erkennen sein, dass die Koordination von Bewegungsabläufen natürlich und ausgeglichen erscheint. Folgt man den Ratschlägen von REFA, wie diese Beurteilung zu geschehen hat, wird die Fragwürdigkeit des Verfahrens überdeutlich.
Als Fazit ergibt sich folgende Konsequenz:
Bei der Beurteilung von Leistungsgraden handelt es sich nicht um eine objektive, nachprüfbare Ermittlung von Daten, sondern um eine entgeltpolitische Entscheidung über die Höhe der Verdienstchance. Hierbei treten die gegensätzlichen Interessen von Unternehmern und Beschäftigten zutage, vgl. Übersicht 6.14.
Für die Interessenvertretung ergeben sich bei Konflikten um den Leistungsgrad folgende Konsequenzen:
- Die Leistungsgrade sollten während einer Zeitstudie so beurteilt werden, dass bei zumutbaren Leistungsabforderungen die im Betrieb üblichen Verdienstgrade erreicht werden.
- Die Leistungsabforderung darf auch auf Dauer eines Arbeitslebens nicht zu Gesundheitsschäden führen, d. h., Vorgabezeiten müssen so festgelegt sein, dass sie auch von älteren Kolleginnen und Kollegen unterschritten werden können.

- Die Beurteilung des Leistungsgrades ist ein subjektives Urteil. Die Beurteilung eines Betriebsratsmitgliedes hat dieselbe Berechtigung wie die eines IE-Sachbearbeiters.
- Bei Konflikten über die Höhe der beurteilten Leistungsgrade ist immer die Normalleistungs-Definition des Tarifvertrages der Maßstab und nicht die REFA-Normalleistung.

Die Leistungsgradbeurteilung ist auch insbesondere dort fragwürdig, wo getaktete Arbeitsprozesse oder Prozesszeiten in größerem Umfang vorliegen. In einer getakteten Produktion wird zumeist ein technisch bedingtes Tempo vorgegeben und individuelle Mehr- oder Minderleistungen müssen ausgeschlossen werden. Prozesszeiten müssen mit einem Faktor, der dem durchschnittlichen Verdienstgrad entspricht multipliziert werden (Kapitel 5.5.12), damit die Beschäftigten im Leistungsentgelt ihre Verdienstchance behalten. Dieser Faktor wird zwischen Betriebsrat und Geschäftsleitung vereinbart. Hierbei wird deutlich, dass es letztlich um eine entgeltpolitische Festlegung einer Verdienstchance geht.

Durch den zunehmenden Anteil von technisch bedingten Zeiten sind mehr und mehr Unternehmen bereit, die veraltete Methode der Leistungsgradbeurteilung aufzugeben und neue zeitgemäße Leistungsentgeltsysteme mit dem Betriebsrat zu vereinbaren. So hielt schon 1982 das Vorstandsmitglied Briam der Volkswagen AG ein Referat zum Thema »Datenermittlung ohne Leistungsgradbeurteilung für die Leistungsbezahlung am Beispiel der Volkswagen AG«. Seit Abschluss des »Tarifvertrages über die Grundsätze der Entlohnung« im Jahre 1979 wird bei der Leistungsentlohnung im VW-Konzern auf das Leistungsgradbeurteilen verzichtet.

Von der Normalleistung zur Soll-Leistung

Die Vorstellungen über eine andere Herangehensweise an das Leistungsentgelt laufen darauf hinaus, eine Leistungsobergrenze zu vereinbaren und keine oder nur begrenzte Leistungsschwankungen im Entgeltsystem abzubilden, etwa am Fließband. Modelle hierfür sind Standard- oder Vario-Prämien (Kapitel 5.5.4 und 5.5.5).

Wer gewohnt ist, in der Logik des Akkordentgeltes zu denken, muss sich umstellen, denn dem Akkordentgelt liegt eine Bezugsleistung bzw. Normalleistung von 100 % zugrunde. Eine im Vergleich hierzu gesteigerte Arbeitsleistung bewirkt einen Mehrverdienst. Bei den angesprochenen Standard- oder Vario-Prämien-Modellen wird ein festes oder geringfügig schwankendes Leistungsmaß auf Grundlage der ermittelten Ist-Daten definiert, für dessen Einhaltung ein entsprechender Mehrverdienst vereinbart wird. An die Stelle der subjektiven Leistungsgradbeurteilung tritt hierbei eine Vereinbarung zwischen Arbeitgeber und Betriebsrat.

Bei dieser *geänderten Herangehensweise* wird Folgendes deutlich: Es geht nicht mehr um das Setzen von Leistungsvorgaben, die in der Praxis *deutlich unterschritten* werden sollen. Vielmehr werden Leistungsobergrenzen definiert, die *eingehalten* werden sollen. Die Leistungsobergrenzen müssen dabei zumutbar und über ein Arbeitsleben hinweg erreichbar sein, ohne dass es zu einer Beeinträchtigung der körperlichen, geistigen und seelischen Gesundheit der Beschäf-

tigten kommt. Der Begrenzung der abgeforderten Leistung wird in gesundheitspolitischer Hinsicht eine wachsende Bedeutung zukommen.
Auch die geänderte Herangehensweise hält an dem Prinzip fest, den Zeitbedarf der Arbeitsvorgänge und die menschliche Leistungsfähigkeit als die Bezugspunkte für Leistungsmaßstäbe zu nehmen.
Wie sich die unterschiedliche Festlegung der Leistung in der Praxis darstellt, wird im nächsten Kapitel anhand des Beispiels für eine Datenermittlung verdeutlicht (Übersicht 6.15 und 6.16).

6.4.9 Die Datenermittlung im Detail: Zusammenstellung von Vorgabezeiten und Soll-Zeiten

Übersicht 6.15

Akkordentgelt: Zusammensetzung der Vorgabezeit

		39	40	41	42
	Nr.:	Mittelwert plus statistischer Zuschlag ti+ε	Beurteilung der Mengen-leistung/ Faktor für technisch bedingte Zeiten	Soll-Zeit	Herkunft der Daten/ Methode der Datenermittlung
	1	**20,42**	**120%**	**24,5**	**Ist-Zeit-Ermittlung laut Anlage**
	2	**33,08**	**1,2**	**39,69**	
	3	**17,5**	**120%**	**21,0**	
43	**Summe:** Grundzeit			**85,19**	
44	Sonstiger Zuschlag:		**7%**	**5,96**	**für Kontrolle**
45	Sachliche Verteilzeit:		**7%**	**5,96**	**Laut Betriebsvereinbarung**
46	Persönliche Verteilzeit:		**5%**	**4,26**	**Laut Betriebsvereinbarung**
	Erholungszeit:		**5%**	**4,26**	**Laut Betriebsvereinbarung**
47	Zeit je Einheit (hmin)			**105,63**	
48	Zeit je Einheit (Min)			**1,06**	
49	Rüstzeit (Min/Auftraq			**26**	**Rüstzeitaufnahme Nr. 431R2**
50	Vereinbarte Zeit je Einheit (Min)				
	Vereinbarte Rüstzeit (Min/Auftrag)				

Übersicht 6.16

Prämienentgelt: Zusammensetzung der Soll-Zeit

(51) **Bezugsgrößen:** **Abgerechnete-Minuten**

Nr.:	Ist-Werte (bei Messen: $\bar{t}_i + \varepsilon$) (52)	Soll-Werte (53)	Herkunft der Daten/Methode der Datenermittlung (54)
1	**20,42**	**20,42**	**Ist-Zeit-Ermittlung laut Anlage**
2	**33,08**	**33,08**	**Ist-Zeit-Ermittlung laut Anlage**
3	**17,5**	**17,5**	**Ist-Zeit-Ermittlung laut Anlage**
(55) **Summe:**		**71,0**	
(56) Vereinbarter Sollwert		**71,0**	
(57) Sonstiger Zuschlag in %: 7		**4,97**	**Zuschlag für zusätzliche Tätigkeit (Kontrolle)**
(58) Zuschläge für sachliche Verteilzeiten *			
(59) Sollwert je Einheit: in Min/Stück		**0,76**	Dieser Sollwert gilt bei: (61)
(60) Rüstzeit (Min. je Auftrag) -1000 Stück		**20 Min.**	Erholungszeit: **3** Min/ Std. persönliche Zeit: **3** Min/Std. sachliche Verteilzeit :* **4,2** Min/Std.

* wahlweise

Zunächst wird für das Beispiel »Grundplatte bohren« die Zusammenstellung der Vorgabezeiten im Kennzahlenvergleich auf der Basis der Normalleistung, Akkordentgelt, erläutert (Übersicht 6.15).

[39] Hier werden die Werte für die einzelnen Ablaufabschnitte aus Spalte [32] des Vordrucks »Messen von Ist-Zeiten« (Übersicht 6.9) übertragen.

[40] Damit die Beschäftigten im Leistungsentgelt eine *Verdienstchance* erhalten, muss für die einzelnen Ablaufabschnitte eine Beurteilung der Mengenleistung erfolgen. Es ist vorgesehen, dass diese Beurteilung nur einmal für jeden Ablaufabschnitt erfolgt. Auf eine kleinliche Beurteilung bei jedem Zyklus kann verzichtet werden. Wichtig ist, dass in der Vorgabezeit eine ausreichende Verdienstchance enthalten ist. Alles andere täuscht eine Genauigkeit vor, die es bei einer subjektiven Beurteilung nicht geben kann. Wenn in einem Ablaufabschnitt *Maschinenlaufzeiten* enthalten sind, muss auch hierfür ein *Faktor* festgelegt werden, mit dem die errechneten Ist-Zeiten multipliziert werden. In der Praxis muss dieser Faktor in einer Betriebsvereinbarung zum Leistungsentgelt festgeschrieben werden. Er muss mindestens so hoch sein wie der durchschnittliche Verdienstgrad der Kollegen. Im Beispiel ist ein Faktor von 1,2 angenommen und im zweiten Ablaufabschnitt – einer reinen Maschinenlaufzeit – angewendet worden.

[41] Hier werden die *Soll-Zeiten* eingetragen, die sich aus dem Mittelwert multipliziert mit dem Wert der beurteilten Mengenleistung ergeben.

[42] Hier wird die *Herkunft der Daten* eingetragen und eventuell auf andere Dokumente verwiesen.

[43] Die Summe der einzelnen Soll-Zeiten ergibt die *Grundzeit* und wird in Zeile [43] eingetragen.

[44] Auf der Basis der Grundzeit erfolgt die Berechnung der Vorgabezeit. Als erstes wird ein *Zuschlag für die zusätzlichen Ablaufabschnitte* aus der Ist-Daten-Ermittlung errechnet und eingetragen. In dem Beispiel wurde ein Zuschlag von 7 % angenommen.

[45] + [46] Hier werden die Zuschläge für die *sachliche und persönliche Verteilzeit* ausgewiesen. Die Tarifverträge schreiben vor, dass dies getrennt geschehen muss. Ein weiterer Zuschlag wird für die *Erholungszeit* in Höhe von z. B. 5 % eingetragen. Die Prozentsätze sollen in einer Betriebsvereinbarung festgelegt werden.

[47] + [48] Bei den bisherigen Rechnungen wurde die Zeit immer in der Messgröße Hundertstelminuten ausgewiesen. In der Zeile [48] erfolgt die *Umrechnung in Minuten* durch einfaches Verschieben des Kommas um zwei Stellen nach vorne. Aus den 105,59 hmin werden somit 1,06 Minuten: die Zeit je Einheit. Dies ist die Vorgabezeit für die Fertigung von einem Stück.

[49] Wenn zu den Aufgaben der Beschäftigten auch das Einrichten der Maschine, das Lesen von Arbeitsunterlagen, die Beschaffung von Werkzeugen u. Ä. gehört, erhalten sie dafür eine Vorgabe als *Rüstzeit*. Diese Rüstzeiten können mithilfe einer der vereinbarten Methoden ermittelt werden. In dem Beispiel wird eine Rüstzeitaufnahme (Messen von Ist-Zeiten) angenommen.

[50] Entsprechend den tariflichen Bestimmungen muss nach einer *Reklamation* die Vorgabezeit in der paritätischen Entgeltkommission neu festgelegt werden. Die so vereinbarte Zeit wird hier eingetragen.

Soll-Zeiten im Prämienentgelt

Anhand derselben Ist-Daten wird in Übersicht 6.16 erläutert, wie im Entgeltgrundsatz Prämienentgelt oder in einem Kennzahlensystem Soll-Zeiten (oder auch Normwerte) vereinbart werden können. Ein Vergleich zwischen Übersicht 6.15 und 6.16 macht die unterschiedliche Regelung der Leistungsvorgabe deutlich.

[51] Anders als beim Akkordentgelt kann es im Prämienentgelt oder in einem Kennzahlensystem unterschiedliche *Bezugsgrößen* geben. Es wird die jeweils vereinbarte Bezugsgröße benannt, in dem Beispiel: abgerechnete Minuten.

[52] Hier werden die um Epsilon erhöhten *Mittelwerte für den Ablaufabschnitt* aus den Spalten [32] des Bogens »Messen von Ist-Zeiten« (vgl. Übers. 6.8) übernommen. Es handelt sich um dieselben Daten wie bei der Datenermittlung mit Leistungsgradbeurteilung (vgl. Übers. 6.15). Sie werden im Folgenden jedoch anders weiterverarbeitet.

[53] Für das hier vorgeschlagene Entgeltsystem der *Standardprämie* werden die *Ist-Zeiten als Soll-Zeiten* vereinbart. Bei anderen Prämiensystemen sind andere Regelungen möglich.

[54] Es wird die *Herkunft der Daten* eingetragen und eventuell auf andere Dokumente verwiesen.

[55] Hier wird die *Summe der Soll-Zeiten* der Ablaufabschnitte eingetragen.

[56] Der Betriebsrat hat ein Mitbestimmungsrecht über jede einzelne Soll-Zeit (Normwert). Sollte die Summe der in der Zeile [55] zusammengerechneten Soll-Zeiten keine angemessene und zumutbare Leistungsobergrenze ergeben, kann ein höherer Normwert eingetragen werden, der zwischen den beiden Parteien *vereinbart* werden muss.

[57] Wenn eine Korrektur der Soll-Zeit (Normwert) erforderlich ist, weil neben den planmäßigen Ablaufabschnitten *zusätzliche Ablaufabschnitte* angefallen sind, wird der dafür notwendige Zuschlag berücksichtigt, in diesem Falle 7 %.

[58] Die Zuschläge für sachliche Verteilzeiten können unterschiedlich berücksichtigt werden. Sollen sie als prozentualer Zuschlag in die Soll-Zeit (Normwert) eingerechnet werden, werden sie in Zeile [58] eingetragen. Sollen sie pauschal in Minuten ausgewiesen werden, werden sie im Feld [61] eingetragen. Die jeweilige Handhabung ist in einer Betriebsvereinbarung zum Prämienentgelt niederzulegen.

[59] + [60] Die jeweils vereinbarte *Soll-Zeit* (Normwert) und die eventuell anfallenden *Rüstzeiten* sind bei den Ziffern [59] und [60] eingetragen.

[61] Diese vereinbarten Soll-Zeiten bzw. Normwerte gelten unter der Bedingung, dass die vereinbarten *Erholungszeiten und persönlichen Zeiten* eingehalten werden.

Ein Vergleich der Übersichten 6.15 und 6.16 zeigt den Unterschied von Vorgabezeiten und Soll-Zeiten: Die Vorgabezeit je Einheit beträgt bei einem beurteilten Leistungsgrad von ca. 120 % 1,06 Minuten, während bei der Standardprämie die Soll-Zeit je Einheit 0,76 Minuten beträgt. Dafür muss in Leistungsanreizsystemen die Vorgabezeit unterschreiten werden, um einen Mehrverdienst zu erzielen. Der Beschäftigte im Standardentgelt erhält dagegen für die Einhaltung der Soll-Zeit das Standardentgelt (Kapitel 5.5.4).

6.4.10 Computergestützte Auswertung der Zeitdaten

Um die erforderlichen Arbeitsschritte zur sachgemäßen Ermittlung einer Vorgabezeit detailliert beschreiben zu können, wurde in den vorangegangenen Kapiteln die Datenermittlung mit der Stoppuhr dargestellt. Jedoch findet die Datenermittlung heutzutage üblicherweise mit einem mobilen elektronischen Zeitstudiengerät (vgl. hierzu Kapitel 6.4.3) statt. Entsprechend ist auf den folgenden Seiten ein Mess- und Auswertungsprotokoll dargestellt, so wie es durch ein entsprechendes Zeitstudiengerät erstellt wird. Die ermittelten Ist-Zeiten und anderen Daten entsprechen exakt dem Beispiel der Datenermittlung mit der Stoppuhr zur Arbeitsaufgabe »Grundplatte bohren«; vgl. die Kapitel 6.4.5 bis 6.4.9. Dadurch soll ein direkter Vergleich der aufbereiteten Daten ermöglicht werden. Die Übersicht 6.17 zeigt einen Auszug des entsprechenden Protokolls. Zu sehen sind Angaben zur Arbeitsaufgabe, zur Begründung der Datenermittlung, zur Information des Betriebsrates, zu den voreingestellten bzw. voreinstellbaren Parametern (Epsilon, Verteilzeiten) sowie zu Lage und Dauer der Datenermittlung. Ferner sind zahlreiche weitere Angaben, insbesondere zur Arbeitsumgebung und zu den Arbeitsbedingungen enthalten, die die Reproduzierbarkeit des Arbeitssystems sicherstellen sollen (vgl. 6.4.5). Neben einem Foto des Arbeitsplatzes und den Angaben zur untersuchten Person sind dies insbesondere Angaben zu den verwendeten Betriebsmitteln, aber eben auch zu den Arbeitsbedingungen. Welche Informationen enthalten sein sollten, richtet sich nach der jeweiligen Zeitstudie und der Betriebsvereinbarung zur Datenermittlung; unterliegt also der Mitbestimmung des Betriebsrates.
Kernstück des Mess- und Auswertungsprotokolls ist das eigentliche Messprotokoll; Übersicht 6.18. Dort sind alle relevanten Daten der Zeitstudie vermerkt und zum Teil bereits erste Auswertungen vorgenommen. In den jeweiligen Kästen sind die einzelnen Ablaufabschnitte und jeweils weitere Angaben enthalten. Zum besseren Verständnis sollen die Abkürzungen kurz erklärt und die Leserichtung aufgezeigt werden:

[1] thb Abkürzung von REFA für eine »beeinflussbare Hauptzeit«. Dabei steht das »t« für time, das »h« für Haupt- und das »b« dafür, dass es vom Beschäftigten beeinflussbar ist.
thu Abkürzung für »unbeeinflussbare Hauptzeit«. Dabei steht das »u« für unbeeinflussbar«.
tnb Abkürzung für »beeinflussbare Nebenzeit«. Das »n« steht also für Neben-.

[2] Für jeden Ablaufabschnitt wird der jeweilige Arbeitsinhalt sowie Beginn und Ende des jeweiligen Ablaufabschnitts beschrieben.

[3] Um die Datenermittlung nachvollziehen zu können, ist es wichtig, die einzelnen Arbeitsschritte in der richtigen Reihenfolge nachzuverfolgen.

Übersicht 6.17: Mess- und Auswertungsprotokoll eines mobilen elektronischen Zeitstudiengerätes

dmc-ortim

Studie: **431X2_2025**
Grundplatte bohren

Zeitmessung in HM, Auswertung in HM
α = 5%, ε' = 1%, ns = 8, Epsilon-Ausgleich pro Ablaufabschnitt
Men zs = 7%, zp = 5%, zer = 5%

Gesamtzeit der Studie: 22.07 min
Erster Uhrstart: 26.03.2025 10:30:00
Letzter Uhrstop: 26.03.2025 10:53:00

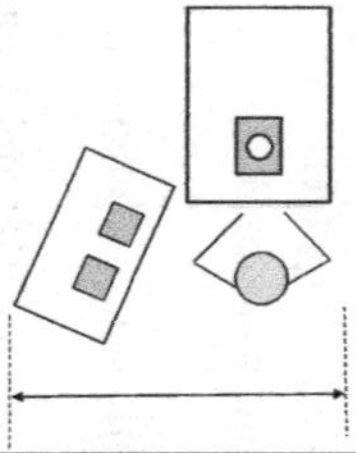

Zeitart
tg tuz
tp ts
ter
te
trg
trp trs
tr

Arbeitsaufgabe: Grundplatte bohren

Begründung für die Datenermittlung: Neue Produktion   Betriebrat informiert: 14.03.2025
Bearbeiter: Kunze   Abt.: AV

Untersuchte Personen:

Name	Alter	Dauer der Ausübung: ähnlicher Arbeiten/untersuchte Arbeit
Heinmann	36	4 Jahre / 50 Stck.

Aufgenommene Menge innerhalb des Auftrages: Einheiten 51 bis 80

Örtliche Lage des Arbeitssystemes:
Betrieb: Meister KG   Abt: Mech. Fertigung   Halle: 4   Platz/Bereich: Bohrerei

Arbeitsunterlagen: Einzelteilzeichnung Nr. S57312, Auftragsschein

dmc-ortim

Studie: **431X2_2025**
Grundplatte bohren

Arbeitsgegenstände:

Beschreibung	Art	Maße, Gewicht, Zustand
Grundplatte	Ms	120 x 15 x 30 mm

Arbeitsmittel:

Beschreibung	Nr.	Technische Daten
Ständerbohrmaschine	4701	680 U/min, Vorschub 0,03 / U.
Bohrvorrichtung	57312BV	mit Schnellspannhebel
Stufenbohrer	57312SB	HSS 5/12
Grenzlehrdorn	57312LD	

Ergonomie:
Körperhaltungen: ganztägig stehend
Bewegungsarbeit von großen Muskelgruppen: Plattenwechsel nach 50 Stck.
Einseitige Muskelarbeit: Beim Einspannen der Grundplatte in Vorrichtung, Belastung der Finger
Haltearbeit: nein
Genauigkeit der Bewegungssteuerung: 1-10 mm Einlegen der Grundplatte in Vorrichtung

Informatorische Belastung: Beurteilung der Oberflächengüte und Durchmesser
Informationsverarbeitung: Korrigieren der Tischhöhe, Notwendigkeit des Bohrerwechsels
Zeitzwang: Akkord   Form der Zusammenarbeit: Einzelplatz

Lärm: Schallpegel: 81 dB(A)   Spitzenwert: 88 dB(A)

Beleuchtung: Beleuchtungsstärke Arbeitsfeld: 600 Lux

Sonstige Umgebungsbelastungen/Schadstoffe: keine

Erforderliche Arbeitsschutzmittel: Schutzbrille

Maßliche Arbeitsplatzgestaltung:
- Arbeitshöhe verstellbar: nein (Tischhöhe 0,8 m, Maschinentischhöhe verstellbar)
- Arbeitsstuhl verstellbar: nicht vorhanden
- sonstiges (Fußstütze, Stehhilfe, Armstützen): nicht vorhanden
- Arbeitsplatzmaße: 1 x 1,5 m

Sonstiges:

Die einzelnen Arbeitsschritte sind mit einem großen »N« gekennzeichnet und entsprechend ihrer Reihenfolge durchnummeriert. Folgt man der Logik ① → ② → ③ wird erst »eingelegt und gespannt« (1), dann erfolgt ein automatischer Ablauf (der Maschine) (2) und anschließend wird der Spannhebel gelöst und das Bauteil entnommen (3). Dann wiederholt sich der Vorgang ④ → ⑤ → ⑥ insgesamt 9-mal. Nachdem das zehnte Teil entnommen wurde (28) → (29) → (30) wird einmal der Durchmesser und die Oberflächengüte kontrolliert (31), bevor das nächste Teil wiederum eingelegt und eingespannt wird (32). Gelesen wird also von oben nach unten und dann beginnt man wieder oben, eine Stelle weiter rechts.
Mit »Lg« ist der Leistungsgrad gemeint. Er findet sich dem jeweiligen Messwert zugeordnet, wenn er für diesen Einzelwert (einzeln) vergeben worden ist. Mit ti_{Men} ist der jeweilige Messwert in hundertstel Minuten bezeichnet.

[4] Hier wird eine erste Auswertung vorgenommen. Dabei bezeichnet »ZB« die zyklusbezogene Bezugsmenge. Das ist immer 1, weil es sich jeweils um den Messwert für einen Arbeitsschritt handelt. Eine Ausnahme stellt der Ablaufabschnitt 4 dar. Dort beträgt »ZB« 10, weil die Kontrolle von Durchmesser und Oberflächengüte nur alle 10 Bohrungen erfolgt und diese Zeit anschließend gleichmäßig auf 10 Bohrungen aufgeteilt wird.
»Ø Lg« steht für den Durchschnitt des vergebenen Leistungsgrades des Ablaufabschnittes. Wenn kein Leistungsgrad vergeben werden kann, weil es sich z. B. um eine Prozesszeit handelt, ist hierzu keine Angabe vorhanden (vgl. hierzu Ablaufabschnitt 2).
»n« steht für die Anzahl der aufgenommenen Messwerte.
»Ø ti« steht für die bereits berechnete Durchschnittszeit.
»t/ZB« steht als Abkürzung für die Durchschnittszeit unter Berücksichtigung der Zyklusmenge und des Leistungsgrades. Mit anderen Worten: In dieser Durchschnittszeit ist der Leistungsgrad bereits enthalten (19,53 HM * 120 % (Lg) = 24,26 HM).

[5] Wenn die zyklusbezogene Bezugsmenge allerdings größer als 1 ist, z. B. 10, dann ergibt sich dieser Rechenwert erst durch Berücksichtigung dieser Bezugsmenge (48 HM * 100 % / 10 Stück = 4,8 HM).

[6] Das »ε« schließlich steht für den statistischen Sicherheitszuschlag (vgl. Kap. 6.4.7). Zu dessen Berechnung gibt es allerdings unterschiedliche Vorgehensweise. Während bei der Datenermittlung mit der Stoppuhr das Epsilon vollständig aufgeschlagen wurde, erfolgt die Berechnung von Epsilon in der vorliegenden computergestützten Datenermittlung so, dass der übliche Sollwert von 1 % abgezogen wird. Um es verständlich auszudrücken: Die Berechnung erfolgt zwar in beiden Fällen gleich und variiert nur durch Rundung. Von dem errechneten Epsilon in Höhe von 4,48 % verbleiben im PC-gestützten Verfahren 1 % Unsicherheit in der Datenermittlung. Es erfolgt nur ein Aufschlag von 3,48 %. Die konkrete betriebliche Vorgehensweise unterliegt jedoch der Mitbestimmung; muss also im Betrieb mit dem Betriebsrat vereinbart werden.

Übersicht 6.18: Messprotokoll

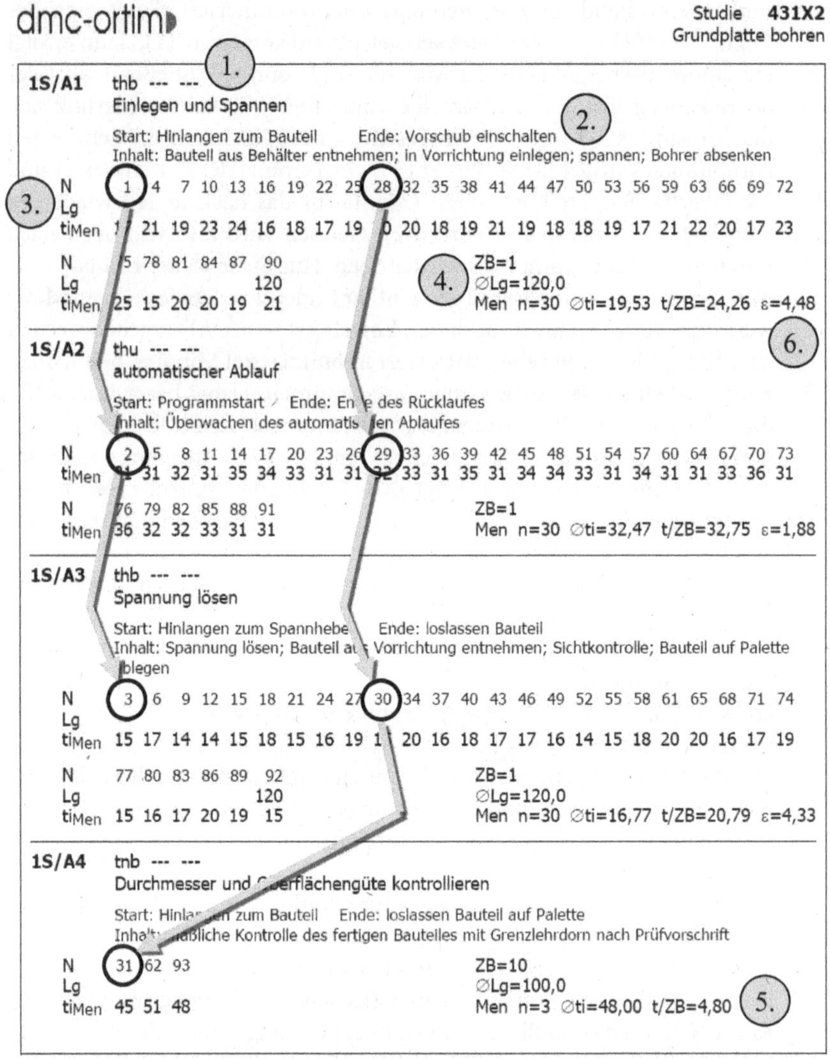

Soweit ein kurzer Blick auf das eigentliche Messprotokoll. Die gemessenen und ausgewerteten Daten sind als Zusammenfassung auf dem Deckblatt des Auswertungsprotokolls dargestellt; Übersicht 6.19. In dieser Darstellung werden die Daten allesamt auf den zyklischen Anteil der Zeitstudie insgesamt und nicht mehr auf den einzelnen Ablaufabschnitt bezogen. Ein kurzer Blick hierauf soll die Abkürzungen erklären und die Unterschiede zur Zeitstudie mit der Stoppuhr verdeutlichen.

[7] Hier sind die wichtigsten Zeitarten dargestellt.
Mit »tg« wird die Grundzeit bezeichnet.
Mit »tuz« wird der Zeitzuschlag auf eine unbeeinflussbare Zeit abgekürzt.
Mit »tp« ist die persönliche und mit »ts« die sachliche (Verteil-)Zeit gemeint.
Mit »ter« wird die Erholungszeit abgekürzt.
Und mit »te« ist die (Soll-)Zeit je Einheit gemeint.

[8] Das »ε« steht wiederum als Abkürzung für das Epsilon. Anders als bei [6] bezieht es sich jedoch nicht auf einen einzelnen Ablaufabschnitt, sondern auf die gesamte zyklusbezogene Datenermittlung.
Die Zahl in Klammern ist der durchschnittliche Leistungsgrad über alle Ablaufabschnitte hinweg. Beide Werte besitzen rein informatorischen Charakter. Die jeweils ablaufabschnittsbezogenen Werte für das Epsilon und den Leistungsgrad sind bereits in den je Ablaufabschnitt ausgewiesenen Durchschnittszeiten (»t/ZB«) enthalten.

[9] Als Grundzeit werden 82,60 HM ausgewiesen. Das ist die durchschnittlich verbrauchte Ist-Zeit für eine einzelne Bohrung über alle Ablaufabschnitte hinweg. In ihr sind die Durchschnittszeiten der einzelnen Ablaufabschnitte (»t/ZB«) bereits addiert (24,26 HM + 32,75 HM + 20,79 HM + 4,8 HM = 82,60 HM). Die Differenz zur Vorgehensweise mit der Stoppuhr erklärt sich daraus, dass der Prüfvorgang (Ablaufabschnitt 4) im vorliegenden Fall mit zur Grundzeit hinzugerechnet wird, der Zuschlag auf die unbeeinflussbare Zeit jedoch nicht in der Grundzeit enthalten ist.
Stattdessen wird der Zuschlag auf die unbeeinflussbare Zeit des Ablaufabschnittes 2 separat ausgewiesen. Er beträgt 6,55 HM und errechnet sich als 20 prozentiger Zuschlag auf den unbeeinflussbaren Zeitanteil (32,75 HM * 20 % = 6,55 HM). Die Höhe des Zuschlags ist in der letzten Spalte ausgewiesen. Sie ist ggf. tarifvertraglich festgelegt oder unterliegt der betrieblichen Mitbestimmung. Dieser Zeitanteil ist anders als bei der Vorgehensweise mit der Stoppuhr nicht in der Grundzeit enthalten, sondern wird nachträglich addiert. Dadurch entfallen auf diesen Zeitanteil auch keine Verteil- und Erholungszeiten. Diese errechnen sich entsprechend der in der letzten Spalte ausgewiesenen Prozentsätze auf der Basis der Grundzeit.

[10] Im Ergebnis ergibt sich eine Zeit je Einheit von 103,19 hundertstel Minuten. Die Differenz zur Zeit je Einheit aus der Zeitstudie mit der Stoppuhr ergibt sich also wie dargestellt aus vier verschiedenen Gründen. Das sind eine unterschiedliche Berücksichtigung des statistischen Sicherheitszuschlages, eine verschiedenartige Vorgehensweise bei der Gewährung des Prozesszeitenzuschlags, einer anderen Vorgehensweise hinsichtlich des Prüfvorgangs (pauschaler Zuschlag versus separater Ablaufabschnitt) sowie einer unterschiedlichen Höhe der Verteil- und Erholungszeiten aufgrund der unterschiedlichen Berechnung der Grundzeit als deren Basis.

Übersicht 6.19: Auswertung der Daten

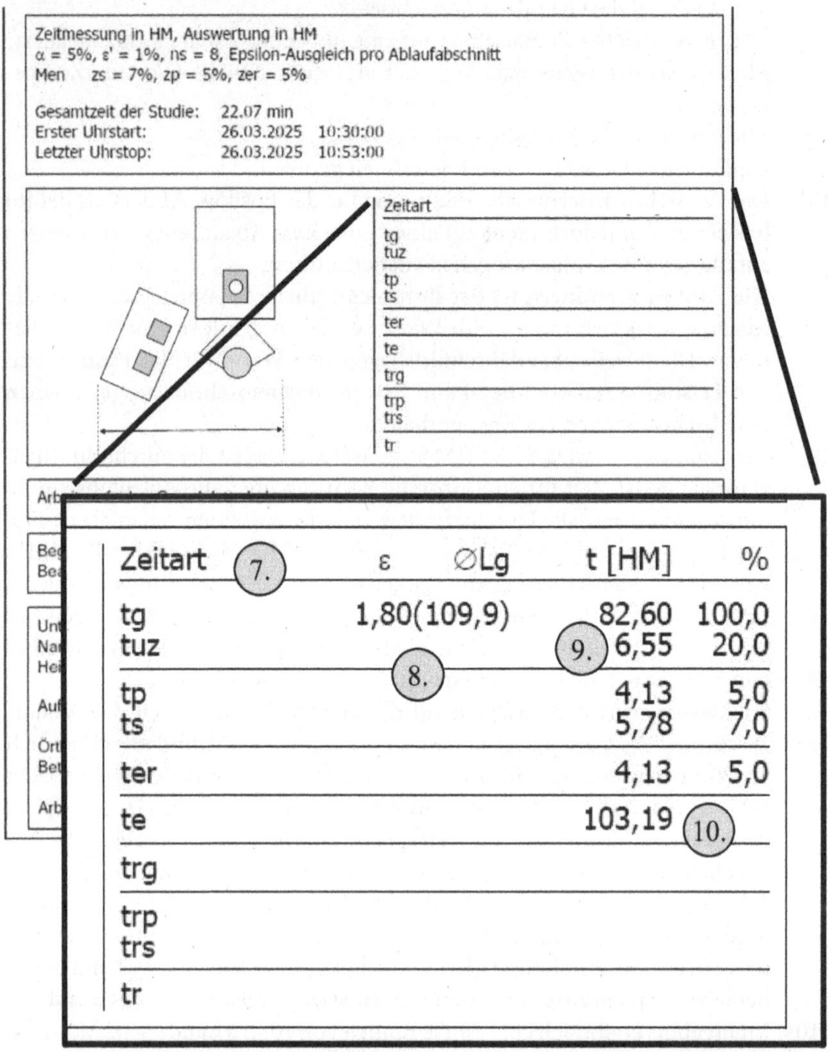

Gezeigt werden konnte, dass die computergestützte Datenermittlung grundsätzlich zu denselben Ergebnissen wie die Vorgehensweise mit der Stoppuhr führt. Details der Auswertung und die Verwendung der erhobenen Daten unterliegen vollständig der Mitbestimmung des Betriebsrates. Dessen Engagement ist also dringend erforderlich, um eine faire Ermittlung von Vorgabezeiten für die Beschäftigten sicherzustellen.

Dabei müssen sich die Beschäftigten und der Betriebsrat keine Sorgen hinsichtlich einer nachträglichen Veränderung der erhobenen Daten machen. Jedenfalls nicht, solange es sich bei den verwendeten mobilen elektronischen Zeitstudiengeräten um Geräte von Unternehmen handelt, die sich auf der Basis der REFA-Methodenlehre bewegen, wie in diesem Fall um Geräte der Fa. dmc-ortim. Bei diesen wird während der Zeitaufnahme ein sogenanntes (Ur-)Protokoll angelegt. Darin sind sowohl der Start einer Uhr, der Stopp einer Uhr, das Umschalten zwischen Einzel- oder Fortschrittszeiten sowie das Umschalten der Leistungsgradvergabe vor oder nach einem Messpunkt festgehalten. Ausgeschlossen bzw. zwingend nachvollziehbar sind hingegen das nachträgliche Ändern und Einfügen von Leistungsgraden sowie der Transfer etwaiger Einzelzeiten. Sofern vorhandene Ablaufabschnitte aus anderen Studien hinzukopiert werden, ist die Herkunft der Daten im Urprotokoll zwingend festgehalten. Das Protokoll kann zwar vom Datenermittler ausgedruckt, ggf. auch bearbeitet werden; jede Änderung wird aber im Protokoll zwingend festgehalten.

6.4.11 Zeitstudie auf dem Prüfstand: Argumente für die Reklamation von Vorgabezeiten und Soll-Zeiten

Scheinen dem Betriebsrat oder den Beschäftigten im Akkordentgelt Vorgabezeiten zu niedrig zu sein, können diese reklamiert werden. Die rechtlichen und tariflichen Bestimmungen sind in Kap. 5 beschrieben. An dieser Stelle geht es darum, anhand eines Beispiels für eine unzureichende Datenermittlung und -auswertung Argumente für die Reklamation von Vorgabezeiten aufzuzeigen. Dies geschieht anhand des Beispiels aus dem vorherigen Kapitel, diesmal auf einem fehlerhaft ausgefüllten REFA-Zeitstudienbogen Z 2 (Zeitaufnahmebogen) (Übersichten 6.20 und 6.21). *Die eingekreisten Zahlen werden im Text erläutert.* Bei der Beurteilung des »Zeitstudienbogens« sollte der Betriebsrat folgende Punkte prüfen (Übersicht 6.20):

Reproduzierbare Beschreibung
Sind alle Bedingungen vollständig, richtig und reproduzierbar beschrieben? Zu den Bedingungen gehören die Arbeitsaufgabe, das Arbeitsverfahren, verwendete Werkstoffe und/oder Einzelteile, benutzte Maschinen, Vorrichtungen und Werkzeuge sowie die Arbeitsbedingungen. Ferner sollte enthalten sein: das Datum, die Uhrzeit, die Dauer und Lage der Datenermittlung sowie einige Daten zu den beobachteten Beschäftigten. Die folgenden Anmerkungen beziehen sich auf die Übersichten 6.20 und 6.21.

Übersicht 6.20

Z2	**REFA**-Zeitstudie für Abläufe mit Wiederholungen	Ablage Nr.: 431x2
		Blatt von Blättern

Aufgabe:	Grundplatte bohren				
Auftr.-Nr.:	Menge m des Arbeitsauftrages: 1000	Abt.:	Mech. Fertigung	Kostenstelle:	Bohrerei
Datum der Zeitstudie:	Beginn: Uhrzeit: Menge: (1)	Ende	Uhrzeit: Menge: (1)	Dauer:	(1)

Zusammenstellung der Zeit je Einheit		Zeit in min	Herkunft
Grundzeit t_g		72,06	(13)
Erholungszeit t_{er} bei z_{er} =	%	-	(14)
Verteilzeit t_v bei z_v =	8 %	5,77	(15)
sonstige Zuschläge =	%		
Zeit je Einheit t_{e1}		**77,83**	
t_{e1} / ~~t_{e100}~~ / ~~t_{e1000}~~ in min		0,78	(16)
Rüstzeit t_r in min/Auftrag			

Arbeitsverfahren und Arbeitsmethode: (2)

Platte in Vorrichtung einlegen, bohren, ablegen

(3) Arbeitsgegenstand (Eingabe)	Benennung	Werkstoff	Zustand bei Eingabe	Zeichn. Nr.	Werkstoff Nr.	Maße, Formen, Gewichte
	Grundplatte	Messing		57321		

(4) Mensch	Name	Personalnummer	m	w	Dauer der Ausübung: ähnliche Aufgaben	Dauer der Ausübung: untersuchte Aufgabe
	Heinmann	53178			dauernd	

(5) Betriebsmittel	Benennung, Type	Anzahl	Betriebsmittel Nr.	Baujahr	technische Daten, Zustand
	Ständerbohrmaschine		4701		i.O.

Umgebung:	normal		Entgelt:
(6)			
Bemerkungen:			
Qualität des Arbeitsergebnisses:	entspricht den VDE-Vorstellungen		
Bearbeiter: K.Lau	geprüft: [Unterschrift]	Datum: 26.03.25 gültig ab: 22.03.2025	bis:

Ouelle: Beuth.Vertrieb GmbH, Berlin und Köln. Betsell-Nr.: 37503 Nachdruck nur mit Genehmigung des Verbandes für Arbeitsstudien – REFA – e.V. Darmstadt

Übersicht 6.21

Z2 — **REFA**-Zeitstudie (Rückseite) für Abläufe mit Wiederholungen

Ablage Nr.:
Blatt von Blättern

Nr.	Ablaufabschnitt (7)	Bez. Menge	Einflussgröße, Messwert, Klasse	Zy / m_z	1	2	3	4	5	6	7	8	9	10	11	12	13	14	15	ΣL / n Σt_i / n	L t_i	$t = \bar{L}/100 \cdot \bar{t_i}$	Zeitart
1	Platte einlegen	1		L					105					110					115				
			(8)	t_i	17	21	19	23	24	16	18	17	19	20	20	18	19	21	19				
	Vorschub einschalten			F																			
2	Automatischer Ablauf	1		L																			
				t_i	31	31	32	31	35	34	33	31	31	32	33	31	35	31	34				
	Ende Rücklauf			F																			
3	Platte entnehmen	1												X									
				L					120					100					110				
				t_i	15	17	14	14	15	18	15	16	19	60	20	16	18	17	17				
	Ablage auf Palette			F																			
				L																			
				t_i																			
				F																			
1	Nr. 16 - 30 siehe oben																			655	109 (9)	21,30	
				L					110					100					115	6			
				t_i	18	18	19	17	21	22	20	17	23	25	15	20	20	19	21	586	19,54		
				F																30			
2	siehe oben			L																	(10)	32,47	
				t_i	34	33	31	34	31	31	33	36	31	36	32	32	33	31	31	974	32,47		
				F																30			
3	siehe oben								X										X	655	109	18,29	
				L					105					115					105	6			
				t_i	16	14	15	18	71	20	16	17	19	15	16	17	20	19	63	453	16,78		
				F																27			
8				L																			
				t_i																			
				F																			
9				L																			
				t_i																			
				F																			

$\bar{t_z} = \Sigma t_z / n =$ | $\Sigma t_z =$ | n = | Summe der Zeiten je Zyklus tz

s = | $v = s / \bar{t_z} =$ | e = (11) | e' = | n' = | Σ t = 72,06 HM (13)

Nr/Zy	von	bis	Dauer	zusätzliche Ablaufabschnitte (12)	Nr/Zy	von	bis	Dauer	zusätzliche Ablaufabschnitte
3/10				Ausreißer					
3/20				Ausreißer					
3/30				Ausreißer					

Zeitbilanz:	Σt_i aller AA	Σt_i aller zus. AA	Σt_i aller gestrichenen t_i	Σt_i	ΣAZ	Σt_i ΣAZ

REFA

[1] Es ist nicht beschrieben, wann die Datenermittlung begonnen hat und wann sie zu Ende war und wie lange sie gedauert hat. Damit ist unklar, ob alle Zeitwerte notiert wurden.

[2] Das Arbeitsverfahren ist nur unzureichend beschrieben. Nicht geklärt sind die Fragen, ob das Material eingespannt, ob beim Bohren der Ablauf überwacht werden muss und wie das Teil aus der Vorrichtung wieder herauskommt. Weil auch keine Skizze des Arbeitsplatzes vorhanden ist, kann nicht nachvollzogen werden, wie lang z. B. Greifwege zu den Teilebehältern sind.

[3] Zur »Grundplatte« ist nur angegeben, dass sie aus Messing ist. Es fehlen Angaben über Größe und Gewicht sowie darüber, ob die Kanten entgratet oder scharfkantig sind, was Einfluss auf die Zeit hat.

[4] Bei den Angaben zum betroffenen Kollegen fehlen sowohl Aussagen über das Geschlecht und Alter als auch darüber, wie viele Grundplatten schon vor der Zeitstudie gefertigt wurden.

[5] Die Betriebsmittel sind unzureichend beschrieben. Es gibt keine Angaben über technische Daten wie Drehzahlen und Vorschübe bzw. über die verwendeten Werkzeuge.

[6] Die äußeren Arbeitsumstände sind nicht aufgeführt (Körperhaltung, Belastung durch Bewegungsarbeit, einseitige Muskelarbeit, Haltearbeit, Information über die Genauigkeit der Bewegungssteuerung, informatorische Belastungen, Lärm, Klima, Beleuchtung, Arbeitsschutzmittel und die räumliche Gestaltung des Arbeitsplatzes, die Arbeitshöhen, Stühle sowie über den Bewegungsraum am Arbeitsplatz). Aus der Auflistung geht hervor, dass ein AV-Sacharbeiter selbst bei gutem Willen keine Möglichkeit hat, diese Beschreibung auf dem REFA-Bogen vorzunehmen. Für die Angaben sind dort nur 1 ½ Zeilen vorgesehen. Er genügt damit nicht den Tarifvertragsvorschriften.

[7] Ähnlich wie beim Arbeitsverfahren ist bei den Ablaufabschnitten nicht die komplette Tätigkeit beschrieben. Der Beginn eines Zyklus ist nicht festzustellen.

Vollständige Ermittlung der Ist-Zeiten

Es muss geprüft werden, ob tatsächlich alle Zeiten notiert sind. Sind Zeiten korrigiert oder gestrichen worden? Was war der Grund dafür? Sind die zusätzlichen Tätigkeiten und Unterbrechungen festgehalten worden?

[8] Es wurde eine Einzelzeitmessung durchgeführt, die Fortschrittszeiten sind nicht aufgeschrieben. Somit kann nicht festgestellt werden, ob zwischen den einzelnen Zyklen und Ablaufabschnitten weitere Tätigkeiten oder Unterbrechungen angefallen sind. Auch dies widerspricht den Grundsätzen der Reproduzierbarkeit. Die drei angekreuzten Werte sind bei der Berechnung nicht berücksichtigt worden (siehe Ziffer 12).

Gibt es eine akzeptable Verdienstchance?

[9] Bei der Beurteilung der Mengenleistung hat der AV-Sachbearbeiter einen durchschnittlichen Wert von 109 % festgelegt. Dies ist sehr niedrig, vor allem dann, wenn üblicherweise an solchen Arbeitsplätzen 120 % und mehr verrechnet werden. Will man mit dieser Vorgabezeit auf den gewohnten Verdienstgrad kommen, bedeutet es eine erhebliche Steigerung der Leistung. Auf lange Sicht gesehen führen solche hohen Beanspruchungen zu Gesundheitsschäden.

[10] Der zweite Ablaufabschnitt ist eine unbeeinflussbare Maschinenzeit. Deshalb ist in diesem Ablaufabschnitt auch keine Beurteilung der Mengenleistung vorgenommen worden. Notwendig wäre es aber gewesen, die ermittelten Ist-Daten mit einem Faktor zu multiplizieren, weil sonst die Vorgabezeit für diesen Ablaufabschnitt keine Verdienstchance enthält. Denn in der späteren Praxis kann der Beschäftigte nicht »schneller« als die Maschinenlaufzeit arbeiten.

Auswertung der Ist-Daten

Um zu überprüfen, ob die errechneten Mittelwerte ausreichend genau sind, ist es notwendig, eine statistische Auswertung vorzunehmen. Dazu gehört sowohl das Anfertigen von Häufigkeitsbildern als auch die Berechnung von Epsilon (Kapitel 6.5.5).

[11] In diesem Fall ist die Zeitaufnahme nicht ausgewertet worden. Wenn sie ausgewertet wird, ergibt sich, dass zwar einigermaßen akzeptable Häufigkeitsbilder entstehen, aber das Epsilon liegt beim ersten Ablaufabschnitt bei ± 4,4 %, beim zweiten Ablaufabschnitt bei ± 1,8 % und beim dritten Ablaufabschnitt bei ± 4,2 % (Übersichten 6.8 und 6.9).

Zusätzliche Ablaufabschnitte

Fallen bei der Tätigkeit zusätzliche Ablaufabschnitte oder Unterbrechungen an, müssen sie auf dem Formular beschrieben werden. Entsprechend der Betriebsvereinbarung werden diese Zeitintervalle entweder der Einzelzeit anteilmäßig zugeschlagen, oder sie sind in der definierten sachlichen Verteilzeit enthalten. *Die Streichung von überdurchschnittlich langen Zeiten mit der Begründung, es seien »Ausreißer«, ist nicht zulässig.* Bei Verwendung elektronisch gestützter Datenauswertung ist daher darauf zu achten, dass die Funktion »automatische Ausreißereliminierung« deaktiviert ist. Entweder handelt es sich bei diesen Zeiten um »sachliche Verteilzeiten« oder um Zeiten, die anteilmäßig in die Grundzeit eingerechnet werden müssen.

[12] Bei den Einzelwerten sind drei Werte gestrichen worden, ohne dass dafür eine Begründung genannt worden ist. Es kann nicht überprüft werden, welche Ursachen zu diesen »langen Zeiten« geführt haben. Das Streichen dieser Werte ist deshalb nicht zulässig.

Zusammenstellung der Vorgabezeit

[13] Die Zusammenrechnung der drei Ablaufabschnitte führt zu einem »falschen« Wert, und zwar, weil nicht alle Ist-Zeiten berücksichtigt wurden, die Epsilon-Werte nicht zugeschlagen sind, der Leistungsgrad sehr niedrig beurteilt und die Maschinenlaufzeit nicht mit einem Faktor korrigiert wurde.

[14] In der Zusammenstellung der Vorgabezeit ist keine Erholzeit enthalten. Dies kann ein weiterer Grund für die Reklamation sein, weil die Tarifverträge vorschreiben, dass – wenn notwendig – Erholzeiten in den Vorgabezeiten enthalten sein müssen.

[15] Nach den Tarifverträgen müssen die sachliche und die persönliche Verteilzeit getrennt ausgewiesen werden. Dies ist auf dem REFA-Bogen nicht möglich. Er entspricht damit nicht den Vorschriften der Tarifverträge. Des Weiteren muss überprüft werden, ob ein Gesamtzuschlag von 8 % ausreichend ist. Im Allgemeinen geht man davon aus, dass die persönliche Verteilzeit mindestens 5 % beträgt. Einige Tarifverträge schreiben diesen Wert als Mindestsatz vor. Bei dieser Annahme verbleibt für die sachliche Verteilzeit nur ein Anteil von 3 %. Dies scheint in der mechanischen Fertigung ein zu niedriger Wert zu sein. Allein die zusätzlichen Ablaufabschnitte (Ziff. 12) machen etwa schon 7 % der Grundzeit aus.

Das Ergebnis

[16] Aufgrund dieser mangelhaften Datenermittlung ergibt sich eine Vorgabezeit von 0,78 Minuten pro Stück. Der Vergleich mit einer »korrekt« durchgeführten Datenermittlung für Vorgabezeiten (Übersichten 6.5 bis 6.15) macht den Unterschied deutlich. Dort wurde für das Akkordentgelt eine Vorgabezeit von 1,24 Minuten pro Stück ermittelt. Der Vergleich in Übersicht 6.22 soll die möglichen Konsequenzen von fehlerhaften Datenermittlungen deutlich machen.

Übersicht 6.22

<table>
<tr><th colspan="2">Vergleich einer fehlerhaften und akzeptablen Vorgabezeitermittlung</th></tr>
<tr><td>Eine Vorgabezeitermittlung mit gravierenden Fehlern ergibt eine Vorgabezeit von 0,78 Minuten/Stück</td><td>Eine akzeptabel durchgeführte Vorgabezeitermittlung ergibt eine Vorgabe von 1,24 Minuten/Stück</td></tr>
<tr><td colspan="2">Bei einem Verdienstgrad von 120% und einer täglichen Arbeitszeit von 420 Minuten (bei einer 35-Stunden-Woche) müssen von den Akkordarbeitern gefertigt werden:</td></tr>
<tr><td>$\frac{420 \times 1{,}2}{0{,}78}$ = 646 Stück/Schicht</td><td>$\frac{420 \times 1{,}2}{1{,}24}$ = 406 Stück/Schicht</td></tr>
</table>

Übersicht 6.22 macht auch die leistungspolitische Bedeutung der kollektiven Regelung der Datenermittlung deutlich. Für die Beschäftigten im Leistungsentgelt

sind die Auswirkungen hautnah spürbar. Denn es ist ein gewaltiger Unterschied, ob dieselbe Arbeitsaufgabe 600mal oder 400mal pro Schicht erledigt werden muss. An dem Vergleich wird deutlich, warum sich manche Unternehmen dagegen sperren, in Betriebsvereinbarungen konkrete Regelungen zur Datenermittlung festzulegen. Hinter den scheinbar »technischen« Regelungen zur Datenermittlung werden die gegensätzlichen Interessen von Unternehmern und Beschäftigten deutlich. Für Betriebsräte und Vertrauensleute hat dies die Konsequenz, sich aktiv um die Datenermittlung zu kümmern und sie als leistungspolitisches Konfliktfeld zu erkennen.

Zielsetzung bei Reklamationen von Vorgabezeiten

Die Beschäftigten bzw. der Betriebsrat werden immer dann Vorgabezeiten reklamieren, wenn sie ihnen zu niedrig erscheinen. Manchmal können Unstimmigkeiten »im Vorfeld« zwischen Betriebsrat und Arbeitsvorbereitung ausgeräumt

Übersicht 6.23

	Checkliste: Zeitstudien auf den Prüfstand	✓
1	Ist die Arbeitsbeschreibung reproduzierbar?	
2	Wurden Arbeitsverfahren, Arbeitsbedingungen, Betriebsmittel und Arbeitsgegenstände vollständig und richtig beschrieben?	
3	Erfolgte die Zeitstudie zu einem repräsentativen Zeitpunkt?	
4	Wurde die Zeitstudie bei Beschäftigten durchgeführt, die bezüglich ihrer Einarbeitung und „Leistungsfähigkeit" repräsentativ sind?	
5	Wurden alle auftretenden Ist-Zeiten vollständig dokumentiert?	
6	Wurde im Fortschrittszeitverfahren gemessen?	
7	Stimmt die letzte Fortschrittszeit mit der Dauer der Zeitaufnahme überein?	
8	Wurden angebliche „Ausreißer" gestrichen?	
9	Wurden die Zeiten für zusätzliche Ablaufabschnitte korrekt zugeordnet?	
10	Ergibt sich eine akzeptable Verdienstchance?	
11	Wurden die Leistungsgrade so beurteilt, dass der übliche Verdienstgrad erreichbar ist?	
12	Wurden entsprechende Zuschläge auf Maschinenlaufzeiten eingerechnet?	
13	Ist die statistische Aufbereitung korrekt durchgeführt worden?	
14	Hat das Häufigkeitsbild eine eindeutige Tendenz?	
15	Wurde die Kennzahl Epsilon berechnet?	
16	Wurde der vereinbarte Höchstwert für Epsilon unterschritten oder wurden die Mittelwerte um Epsilon erhöht?	
17	Sind die Zuschläge für persönliche und sachliche Verteilzeit sowie für die Erholungszeit ausreichend?	
18	Wie hoch müsste die Vorgabezeit nach Meinung der betroffenen Beschäftigten und des Betriebsrats sein?	

werden. Wird ein formales Reklamationsverfahren nach den tarifvertraglichen Bestimmungen eingeleitet, müssen sich die Mitglieder der paritätischen Entgeltkommission sorgfältig vorbereiten. Einerseits sollten sie anhand der »Checkliste: Zeitstudien auf dem Prüfstand« (vgl. Übersicht 6.23) den Zeitaufnahmebogen sorgfältig prüfen und Argumente für die Reklamationen erarbeiten. Andererseits sollten sie Rücksprache mit dem betroffenen Kollegen nehmen und eine zahlenmäßige Forderung zur Höhe der Vorgabezeit erheben. Viele Betriebsräte machen den Fehler, bei Reklamationen eine »Kontrollzeitaufnahme« zu verlangen. In den meisten Tarifverträgen ist dies so nicht vorgeschrieben. In der paritätischen Entgeltkommission können Vorgabezeiten verhandelt und neu festgesetzt werden. Im Streitfall entscheidet die Einigungsstelle oder die tarifliche Schlichtungsstelle.

6.4.12 Eckpunkte für Betriebsvereinbarungen zum Messen von Ist-Zeiten

Für die Methode »Messen von Ist-Zeiten« sind im Rahmen einer Betriebsvereinbarung zum Leistungsentgelt verschiedene Punkte zu regeln. Neben den unterschiedlichen tarifvertraglichen Bestimmungen ist dabei zu berücksichtigen, ob die Methode im Rahmen des Entgeltgrundsatzes Akkordentgelt oder Prämienentgelt bzw. in einem anderen Kennzahlensystem angewendet wird.
In der Regel sind folgende Punkte zu vereinbaren:

- Zuständigkeit für die Datenermittlung,
- reproduzierbare Arbeitsbeschreibung,
- verwendete Geräte (bei computergestützter Datenermittlung sind weitere Punkte zu regeln, Kapitel 6.5.10),
- Zeiten werden durch Fortschrittszeitmessung dokumentiert.
- Dokumentation der ermittelten Zeiten, sodass sie nicht geändert werden können,
- statistische Aufbereitung der Ist-Zeiten (Häufigkeitsbild, annähernde Normalverteilung, Berechnung der Kennzahl Epsilon),
- Verwendung des Mittelwertes der gemessenen Ist-Zeiten für die Festsetzung der Vorgabezeit oder Soll-Zeit
  - bei Serienfertigung: Mittelwert der gemessenen Zeiten, sofern die Kennzahl Epsilon z. B. kleiner als ± 1 % ist. Ist diese Kennzahl z. B. größer als ± 1 %, wird der Mittelwert um Epsilon erhöht;
  - bei Einzel- und Kleinstserienfertigung: Es wird ein Wert vereinbart, der zwischen dem Mittelwert und dem höchsten Wert liegt.

Wird die Methode »Messen von Ist-Zeiten mit gleichzeitiger Beurteilung des Leistungsgrades« im Rahmen des Leistungsentgelts vereinbart, sind folgende zusätzliche Regelungen erforderlich:

- Beurteilung des Leistungsgrades auf der Grundlage der tariflichen Normalleistungsdefinition,
- die Beurteilung des Leistungsgrades erfolgt nur für vollbeeinflussbare manuelle Tätigkeiten. Davon ausgenommen sind:
  - schwere Bewegungsarbeit,
  - Haltearbeit,

- einseitige Muskelarbeit,
- informatorische Arbeiten,
- Überwachungsarbeiten,
- technisch bedingte Zeiten.
- Diese Zeiten werden mit einem Faktor multipliziert, der sicherstellt, dass die Beschäftigten im Leistungsentgelt ihren üblichen Zeitgrad erreichen.

• Die Beurteilung des Leistungsgrades erfolgt durch die Beauftragten der Geschäftsleitung im Einvernehmen mit dem zuständigen Mitglied des Betriebsrats. Oder: Die Beurteilung des Leistungsgrades erfolgt so, dass der betriebliche Zeitgrad erreichbar ist.

6.5 MTM-Systeme

6.5.1 Überblick

Definition
MTM heißt Methods Time Measurement, frei übersetzt: Methoden-Zeit-Messung. Es ist ein ausgefeiltes System zur Verdichtung von Arbeitsabläufen, zur Ermittlung von Zeitvorgaben und zur Personalbemessung. MTM gehört zu den Systemen vorbestimmter Zeiten und hat von ihnen die größte Verbreitung.

Andere Systeme vorbestimmter Zeiten wie Work Factor, UMS oder MOST werden heute nur in ganz wenigen Betrieben angewendet, vgl. Kapitel 6.1.4.
In vielen Betrieben wurden klassische Methoden der Zeitwirtschaft wie die Zeitstudie durch MTM-Systeme ersetzt. Konnte MTM früher nur in der Massenfertigung angewendet werden, ist es heute in der Serien- und Einzelfertigung einsetzbar, wozu spezielle Datensysteme wie UAS und MEK entwickelt wurden. Das MTM-System wurde in den 1940er Jahren in den USA entwickelt und wird seit 1962 in der Bundesrepublik durch die »Deutsche MTM-Vereinigung e. V.« vermarktet. MTM-Systeme lassen sich durch folgende Grundprinzipien charakterisieren:

• Die Systeme setzen bei einer exakten Gestaltung und Vorgabe der Arbeitsmethoden an. Im Sinne des Bewegungsstudiums werden Bewegungen »optimiert« und »überflüssige« Bewegungen vermieden.
• Den einzelnen Bewegungselementen sind Normzeiten zugeordnet, die aus Tabellen abgelesen werden. Im Gegensatz zur Zeitstudie handelt es sich also bei MTM um Zeitwerte, die nicht im Betrieb, sondern extern ermittelt wurden.
• Diese Normzeiten erheben den Anspruch, für alle Beschäftigten zu gelten. Damit werden Arbeitsmethoden und Normzeiten überbetrieblich standardisiert und individuelle Unterschiede zwischen den Menschen vernachlässigt.
• Das Leistungsniveau der MTM-Zeiten ist unbekannt. MTM-Zeiten entsprechen nicht der tariflichen Normalleistung, sondern liegen auf einem wesentlich höheren Leistungsniveau (vgl. Kapitel 6.5.5).

- Die MTM-Normzeiten sind keine arbeitswissenschaftlich gesicherten Zeiten. Über die Höhe des Leistungsniveaus dieser Zeiten muss in der Praxis zwischen den Tarifvertragsparteien bzw. zwischen Geschäftsleitung und Betriebsrat eine Übereinkunft getroffen werden.

Wird MTM in einem Betrieb eingeführt, kann dies für die betroffenen Beschäftigten eine erhebliche Leistungsverdichtung zur Folge haben. Betriebsrat und Vertrauenskörper kommen häufig in schwierige Konfliktsituationen und müssen Verschlechterungen der Entgelt- und Leistungsbedingungen abwehren. Für eine offensive Politik der Interessenvertretung ist es wichtig, dass der Betriebsrat sein Mitbestimmungsrecht über abverlangte Leistung wahrnimmt und durchsetzt. Dies ist nur im Leistungsentgelt möglich. In der Vergangenheit konnte der Besitzstand der Beschäftigten gewahrt werden.

6.5.2 MTM-1 (Grundsystem)

Beim MTM-1 werden menschliche Bewegungsabläufe analysiert. 80 bis 85 % der voll beeinflussbaren Abläufe bestehen aus folgenden fünf Grundbewegungen (auch Grundzyklus genannt), vgl. Übersicht 6.24.

Übersicht 6.24: Grundzyklus bei MTM

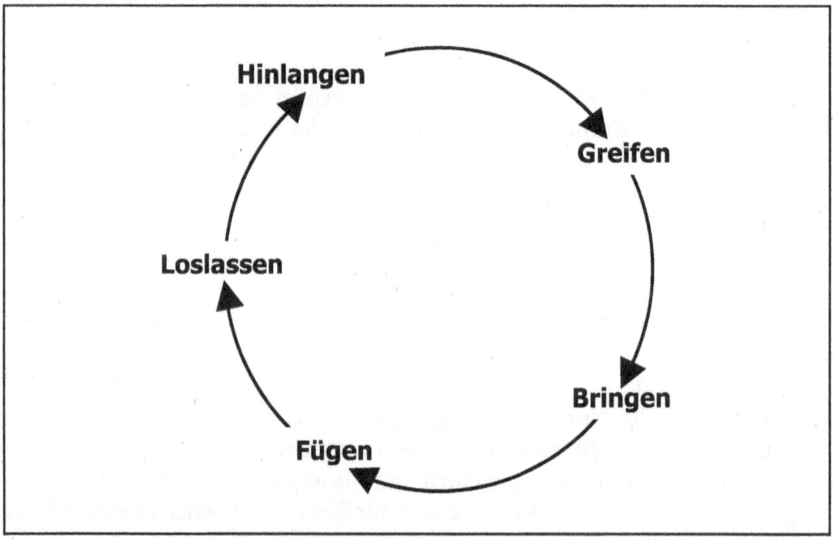

Dazu kommen drei weitere Grundbewegungen und zwei Blickfunktionen, vgl. Übersicht 6.25. Außerdem mehrere Körper-, Bein- und Fußbewegungen.

Übersicht 6.25: Bewegungselemente des MTM-1 (Grundsystem) (vgl. MTM-Grundlehrgang)

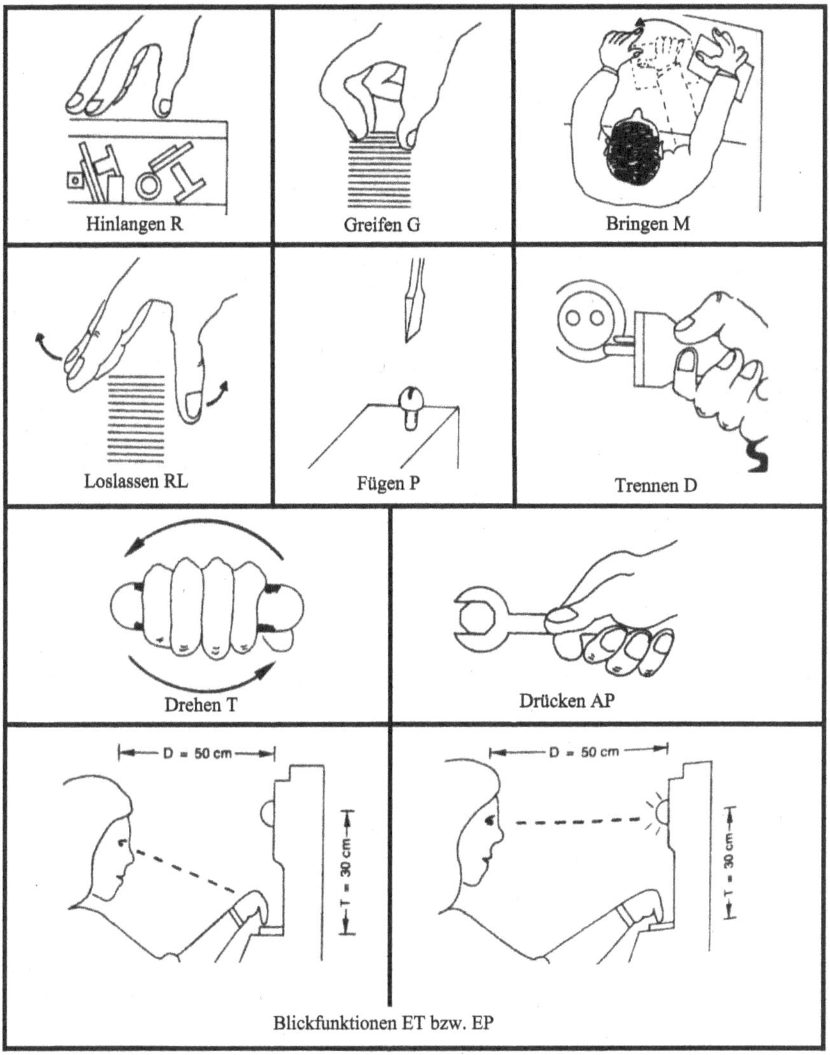

Die einzelnen Grundbewegungen werden mit Buchstaben und Zahlen codiert, wobei verschiedene Einflussgrößen, z. B. Entfernungen, berücksichtigt werden. Den einzelnen Ausprägungen der Grundbewegungen werden Normzeiten zugeordnet.

Definition
Bei MTM erfolgen grundsätzlich alle Zeitangaben in TMU (TMU = Time Measurement Unit). 1 TMU entspricht dem hunderttausendsten Teil einer Stunde.

Für die betriebliche Praxis sind folgende Umrechnungsfaktoren hilfreich:
1 TMU = 0,036 Sekunden,
1 TMU = 0,0006 Minuten,
1 TMU = 0,06 HMIN (hundertstel Minuten),
1666,7 TMU = 1 Minute.
Auf der MTM-Normzeitkarte (»grüne Karte«) sind für alle Ausprägungen der Einflussgrößen Normzeiten angegeben. In der Übersicht 6.26 ist die Tabelle für die Grundbewegung »Hinlangen« wiedergegeben.

Übersicht 6.26

Auszug aus der MTM Normzeitkarte für das Grundverfahren (Zeitwerte in TMU) Hinlangen – R – (Reach).
Quelle: Deutsche MTM-Vereinigung

Beweg.-Länge in cm bis	Normzeitwerte in TMU							Beschreibung der Fälle
	R-A	R-B	R-C R-D	R-E	mR-A R-Am	mR-B R-Bm	m-Wert für B	
	2,0	2,0	2,0	2,0	1,6	1,6	0,4	A Hinlangen zu einem allein stehenden Gegenstand, der sich immer an einem genau bestimmten Ort befindet, in der anderen Hand liegt oder auf dem die andere Hand ruht.
4	3,4	3,4	5,1	3,2	3,0	2,4	1,0	
6	4,5	4,5	6,5	4,4	3,9	3,1	1,4	
8	5,5	5,5	7,5	5,5	4,6	3,7	1,8	
10	6,1	6,3	8,4	6,8	4,9	4,3	2,0	
12	6,4	7,4	9,1	7,3	5,2	4,8	2,6	B Hinlangen zu einem allein stehenden Gegenstand, der sich an einem von Arbeitsgang zu Arbeitsgang veränderten Ort befindet.
14	6,8	8,2	9,7	7,8	5,5	5,4	2,8	
16	7,1	8,8	10,3	8,2	5,8	5,9	2,9	
18	7,5	9,4	10,8	8,7	6,1	6,5	2,9	
20	7,8	10,0	11,4	9,2	6,5	7,1	2,9	
22	8,1	10,5	11,9	9,7	6,8	7,7	2,8	C Hinlangen zu einem Gegenstand, der mit gleichen oder ähnlichen Gegenständen so vermischt ist, dass er ausgewählt werden muss.
24	8,5	11,1	12,5	10,2	7,1	8,2	2,9	
26	8,8	11,7	13,0	10,7	7,4	8,8	2,9	
28	9,2	12,2	13,6	11,2	7,7	9,4	2,8	
30	9,5	12,8	14,1	11,7	8,0	9,9	2,9	
35	10,4	14,2	5,5	12,9	8,8	11,4	2,8	D Hinlangen zu einem Gegenstand, der klein ist oder sehr genau oder mit Vorsicht gegriffen werden muss.
40	11,3	15,6	16,8	14,1	9,6	12,8	2,8	
45	12,1	17,0	18,2	15,3	10,4	14,2	2,8	
50	13,0	18,4	19,6	16,5	11,2	15,7	2,7	
55	13,9	19,8	20,9	17,8	12,0	17,1	2,7	E Verlegen der Hand in eine nicht bestimmbare Lage, sei es zur Erlangung des Gleichgewichtes, zur Vorbereitung der folgenden Bewegung oder um die Hand aus der Arbeitszone zu entfernen.
60	14,7	21,2	22,3	19,0	12,8	18,5	2,7	
65	15,6	22,6	23,6	20,2	13,5	19,9	2,7	
70	16,5	24,1	25,0	21,4	14,3	21,4	2,7	
75	17,3	25,2	26,4	22,6	15,1	22,8	2,7	
80	18,2	26,9	27,7	23,9	15,9	24,2	2,7	

So ergibt sich für den Fall A des Hinlangens bei einer Entfernung von 30 cm ein Norm-Zeitwert von 9,5 TMU. Die Codierung lautet: R 30 A. Die Ermittlung von Zeitwerten mit MTM läuft folgendermaßen ab. Ein Sachbearbeiter der Abteilung Industrial Engineering (IE) analysiert den Bewegungsablauf. Dieser wird dabei, getrennt nach rechter und linker Hand, in die Grundbewegungen unterteilt, die jeweiligen Ausprägungen der Grundbewegungen werden festgelegt, und aus der Normzeitkarte wird der Zeitwert übertragen. Die Analyse erfolgt nach einem umfangreichen Regelwerk, das hier nicht näher beschrieben wird. Am Ende werden die Zeiten der einzelnen Bewegungselemente zusammengezählt und so ein Zeitwert für den gesamten Ablauf ermittelt. In Übersicht 6.27 wird dies an einem einfachen Beispiel erläutert.

Übersicht 6.27: Beispiel für eine Analyse mit dem MTM-Grundsystem (MTM-1)

1. Arbeitsplatz-Skizze

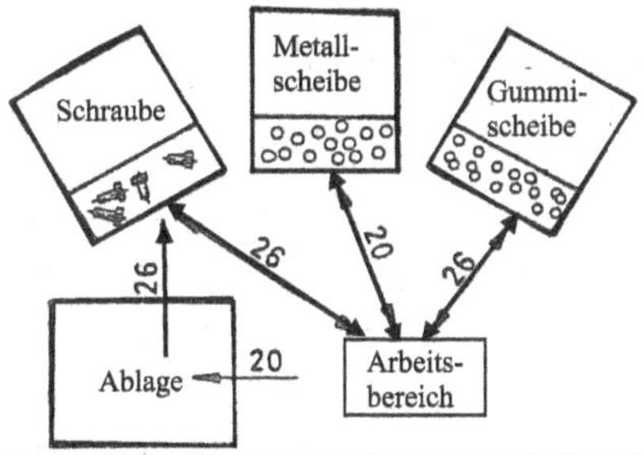

2. Teile-Skizze

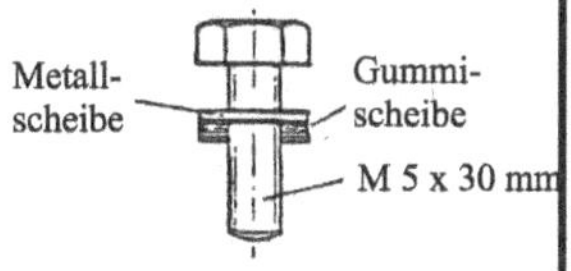

3. Arbeitsfolge
- Metallscheibe auf Schraube stecken
- Gummischeibe auf Schraube stecken
- Schraube ablegen

4. Analyse

Wegangaben in cm

Linke Hand				Rechte Hand		
Nr.	Bezeichnung	Kode	TMU	Kode	Bezeichnung	Nr.
	Hinlangen: Schraube	R26C	13,0	R20C	Hinlangen: Metallscheibe	
	Greifen: Schraube	G4B	9,1			
			9,1	G4B	Greifen: Metallscheibe	
	Bringen:Schraube	M26C	13,7	M20C	Bringen: Metallscheibe	
	Nachgreifen	~~G2~~		~~G2~~	Nachgreifen	
			5,6	P1SE	Fügen	
			2,0	RL1	Loslassen	
			13,0	R26C	Hinlangen: Gummischeibe	
			9,1	G4B	Greifen: Gummischeibe	
			13,7	M26C	Bringen: Gummischeibe	
				~~G2~~	Nachgreifen	
			21,8	P2SD	Fügen	
			2,0	RL1	Loslassen	
	Bringen: Schraube	M20B	10,5			
	Loslassen	RL1	2,0			
		Σ	124,6			
Quelle: BOSCH, Lehrgangsunterlagen ergänzt						

Für die Beurteilung derartiger Analysen durch die Interessenvertretung ist es neben anderen Aspekten wichtig zu wissen, ob es sich um eine Planungsanalyse oder eine Ausführungsanalyse handelt. Eine *Planungsanalyse* wird praktisch am »grünen Tisch« erstellt, bevor der Arbeitsplatz in der Fertigung eingerichtet ist. Eine *Ausführungsanalyse* wird an einem vorhandenen Arbeitsplatz erstellt. *Zeitvorgaben im Rahmen des Leistungsentgelts müssen auf der Grundlage von Ausführungsanalysen ermittelt werden.*

6.5.3 Gestaltung der Arbeitsmethoden und Leistungsverdichtung

Die systematische Bewegungsanalyse führt für die Betroffenen zu einer starken Leistungsverdichtung. Für die Unternehmer hat dieses Verfahren dagegen entscheidende Vorteile. In den Schulungsunterlagen der MTM-Vereinigung heißt es dazu :

»Vorteile des MTM-Verfahrens gegenüber anderen Zeitermittlungsverfahren:

- Arbeitsmethoden und Ausführungszeiten lassen sich bereits in der Planungsphase detailliert feststellen. Das gilt auch für Arbeitsaufgaben, die erstmalig durchgeführt werden.
- MTM verlangt vom Anwender, vor der Zeitbestimmung die Arbeitsmethode detailliert festzulegen. Bei kritischer Betrachtung der entwickelten Methode kann er bereits im Planungsstadium die unter gegebenen Umständen optimale Methode bestimmen.
- Damit erfolgt die Umsetzung des Gestaltungsprinzips »Anstelle der Kostensenkung durch nachträgliche Arbeitsgestaltung tritt die Kostenvermeidung durch vorherige Ablaufplanung«
- [...]«

Übersicht 6.28: Beispiel für die Zeiteinsparung durch die Änderung der Arbeitsmethode

ohne Fasen	mit Fasen

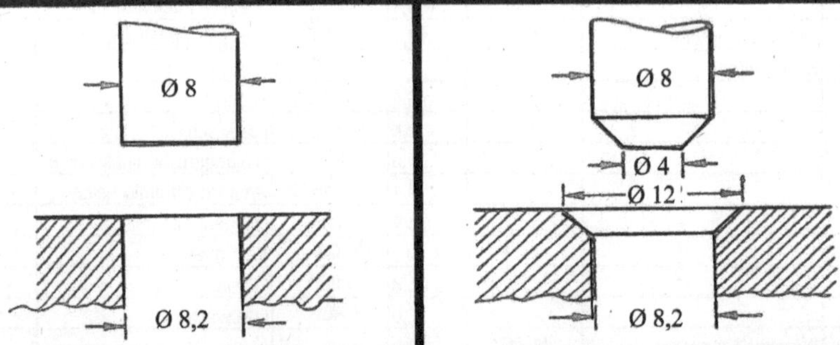

Beschreibung	Symbol	TMU	Beschreibung	Symbol	
	P 2 SE	16,2		P 1 SE	5,6

(Quelle: Deutsche MTM-Vereinigung)

Dazu werden im Prinzip simple Methoden der Bewegungsvereinfachung mit einer nachdrücklichen Konsequenz angewendet. Kriterium für die Gestaltung der Arbeitsmethoden, der Werkzeuge und Vorrichtungen ist die Einsparung der Zeit. Übersicht 6.28 zeigt als Beispiel, wie sich die Normzeit für einen Fügevorgang durch das Anbringen von Fasen um 2/3 senken lässt. Dem Fügefall *P 2 SE* sind in der MTM-Normzeitkarte 16,2 TMU zugeordnet, während beim Fügen mit Fase der Fall *P 1 SE* mit 5,6 TMU Anwendung findet.
Dieses simpel anmutende Beispiel gewinnt dann an Brisanz, wenn die Konstruktionsleitung im Zuge des »montagegerechten Konstruierens« eine Werknorm herausgibt, nach der grundsätzlich jedes Fügeelement derartig gestaltet wird. Ein weiteres der vielen Prinzipien des MTM-Grundsystems ist die konsequente Anwendung der Beidhandarbeit. In der Übersicht 6.29 wird dadurch die Normzeit nahezu halbiert.

Übersicht 6.29: Zeiteinsparung durch simultane Beidhandarbeit

In eine Vorrichtung werden 2 Bolzen bei Einhandarbeit gesteckt			Es wird auf Beidhandarbeit übergegangen		
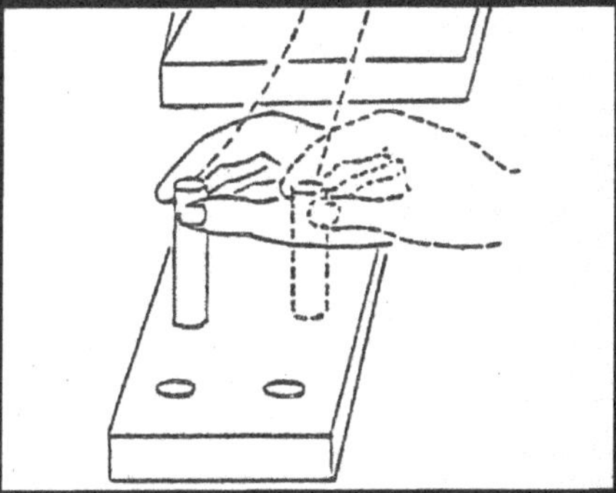			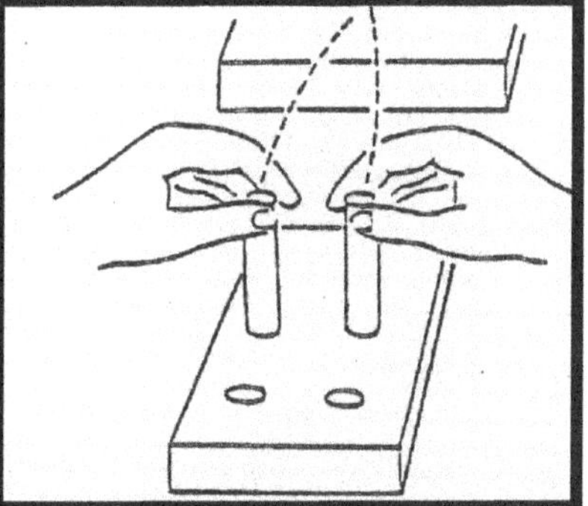		
Symbol	TMU	Symbol	Symbol	TMU	Symbol
	15,1	M 30 C	M 24 C	15,1	M 30 C
	16,2	P 2 SE	--	16,2	P 2 SE
	2,0	RL 1			--
	14,1	R 30 C	P 2 SE	16,2	--
	...	...	RL 1	2,0	RL 1
	...	...			
	...	...			
	15,1	M 30 C			
	16,2	P 2 SE			
	2,0	RL 1			
	80,7			49,5	

(Quelle: Deutsche MTM-Vereinigung)

MTM und menschengerechte Arbeitsgestaltung

Aus der Sicht der Betroffenen erscheinen die Gestaltungskriterien des MTM-Verfahrens widersprüchlich, denn sie beinhalten auch Vorschläge zur ergonomischen Arbeitsplatzgestaltung. An einem MTM-gestalteten Arbeitsplatz werden beispielsweise kaum belastende Hebearbeiten auszuführen sein. Diese werden durch eine entsprechende Gestaltung vermieden. Die Deutsche MTM-Vereinigung tritt in ihren Veröffentlichungen mit dem Anspruch auf, dass das MTM-System neben wirtschaftlichen Zielen auch humane Ziele verfolge. MTM wird als eine arbeitswissenschaftliche Methode zur Humanisierung der Arbeit dargestellt.

Diese ergonomischen Maßnahmen könnten zu einer Verringerung der Belastung führen. Doch bei den MTM-Verfahren haben ergonomische Maßnahmen zur Folge, dass die Normzeit gesenkt wird und die betroffenen Beschäftigten eine entsprechend höhere Stückzahl fertigen müssen.

Beim MTM-Verfahren wird die mögliche Entlastung der Beschäftigten durch ergonomische Gestaltung der Arbeitsplätze durch eine entsprechende Erhöhung der abgeforderten Leistung zunichtegemacht. Deshalb ist MTM keine Methode zur Humanisierung der Arbeit.

Der Anspruch von MTM, ein arbeitswissenschaftliches Verfahren zu sein, kann an der Definition der Arbeitswissenschaft gemessen werden (Kapitel 7). Dem dort formulierten umfassenden und ganzheitlichen Anspruch einer arbeitswissenschaftlichen Gestaltung menschengerechter Arbeitsbedingungen wird MTM nicht gerecht. Bei MTM geht es nicht nur um die Entlastung der arbeitenden Menschen, sondern um die Erhöhung der abgeforderten Leistung.

In der Arbeitswissenschaft ist es unstrittig, dass MTM-Systeme zwar ein pragmatisches Hilfsmittel sind, die Normzeiten aber wissenschaftlichen Ansprüchen nicht genügen. Dazu gibt es ältere Untersuchungen von Schmidtke und Stier (»Der Aufbau komplexer Bewegungsabläufe aus Elementarbewegung«, Köln, 1960). In Untersuchungen haben Müller, Ernst und Strasser (»Lokale Muskelbeanspruchungen …«, in: Zeitschrift für Arbeitswissenschaft, 4/88, S. 239) herausgearbeitet: »Das Kriterium der Minimierung der Ausführungszeit stimmt nicht mit dem Kriterium der Beanspruchungsoptimierung überein. Die Ergebnisse zeigen, dass sich die Beanspruchungsreaktionen des Hand-Arm-Schulter-Systems durch die errechneten Zeitdaten nicht prognostizieren lassen.«

Als Fazit kann daher formuliert werden:

Das MTM-Verfahren ist keine Methode der Arbeitswissenschaft, sondern ein Verfahren zur Gestaltung von Arbeitsmethoden mit dem Ziel der Erhöhung der abgeforderten Leistung.

Wird in einem Betrieb, in dem bisher konventionelle Methoden der Arbeitsgestaltung und Datenermittlung angewendet wurden, MTM eingeführt, hat dies für die Betroffenen eine starke Leistungsverdichtung zur Folge. Dafür gibt es zwei Gründe:

1. Durch die konsequente Gestaltung der *Arbeitsmethoden* ergibt sich eine starke Verdichtung der Arbeitsabläufe. Jeder »überflüssige« Handgriff wird

eliminiert, und die verbleibenden Bewegungen werden im Sinne der Zeiteinsparung »optimiert«.

2. *Das Leistungsniveau, das den MTM-Zeiten* zugrunde liegt, ist wesentlich höher als die übliche Leistung im Zeitentgelt bzw. die tarifliche Normalleistung im Leistungsentgelt.

Manche Unternehmen versuchen, MTM ausschließlich als eine Methode der Arbeitsgestaltung darzustellen, die angeblich nichts mit der Ermittlung von Vorgabezeiten zu tun habe. Diese Vorgehensweise hat taktische Gründe. Die Unternehmer versuchen im Zeitentgelt zu bleiben und damit die gesetzlichen und tarifvertraglichen Mitbestimmungsrechte des Betriebsrats und der Gewerkschaften bei der Vorgabezeitermittlung im Leistungsentgelt zu umgehen. Diese Mitbestimmungsrechte sind wesentlich wirkungsvoller als die schwachen Beteiligungsrechte bei der Arbeitsgestaltung (Kapitel 6.5.8).

Bei dieser »*kalten Anwendung von MTM*« versuchen die Unternehmen folgendermaßen vorzugehen: Sie wenden MTM »offiziell« zur Arbeitsgestaltung an und nutzen die ermittelten MTM-Zeiten als »inoffizielles« Ergebnis. Im Entgeltgrundsatz Zeitentgelt wird versucht, den Beschäftigten außerhalb des Leistungsentgelts MTM-Zeiten als »inoffizielle« Soll-Vorgaben zuzuweisen. Dies ist tarifvertragswidrig. Im Entgeltgrundsatz Leistungsentgelt wird zunächst eine MTM-Analyse durchgeführt, bei der die IE-Sachbearbeiter/innen automatisch eine MTM-Zeit als Soll-Zeit erhält. Dieses Verfahren ist unzulässig, denn damit wird auf kaltem Wege eine Methode der Datenermittlung eingeführt, die nicht in einer Betriebsvereinbarung geregelt ist.

MTM ist ein Verfahren, mit dem gleichzeitig und untrennbar Arbeitsgestaltung und Ermittlung von Soll-Zeiten durchgeführt werden. Dies wird in dem zentralen Werbespruch der MTM-Vereinigung deutlich: »MTM – Die Methode bestimmt die Zeit.« Eine isolierte Anwendung von MTM ohne Zeitermittlung ist nicht möglich. Dieser Sachverhalt ist für die Vorgehensweise der Interessenvertreter und die gewerkschaftliche Position von entscheidender Bedeutung (Kapitel 6.5.8).

6.5.4 Gestaltung industrieller Prozesse mit MTM-Systemen

Die Entwicklung der MTM-Systeme kann in mehrere Phasen unterschieden werden. Ausgangspunkt der Entwicklung war das MTM-Grundsystem auf der Basis der Arbeiten der Unternehmensberater Maynerd, Schwab und Stegemerten. Darauf aufbauend wurden insbesondere von der deutschen MTM-Vereinigung verdichtete Analysiersysteme, wie die Standarddaten, UAS und MEK sowie MTM-Office (vormals Büro-Sachbearbeiter-Daten) entwickelt; vgl. Kapitel 6.5.6. Mit der Einführung schlanker Produktionssysteme (lean production) Anfang der 90er Jahre des letzten Jahrhunderts, wurden von MTM auf der einen Seite die Instrumente von EDV-gestützten MTM-Analysen und Planzeitverwaltung entwickelt. Auf der anderen Seite aber auch der arbeitsorganisatorische Ansatz mit MTM-Techniken die gesamte Prozesskette zu betrachten.

Dabei stellt die MTM-Gesellschaft selbst die Rationalisierung der Arbeitsabläufe und nicht das Unterschreiten von MTM-Zeiten in den Vordergrund.
»Über die Auswahl des Prozessbausteinsystems (z. B. UAS, MEK) werden sowohl der Organisationsgrad des Arbeitssystems als auch Perfektion und Routine der Mitarbeiter berücksichtigt. Nach Auswahl der entsprechenden MTM-Technik und der Beseitigung von Organisationsdefiziten sind Produktivitätsentwicklungen ausschließlich durch Arbeitsgestaltung von Prozessverbesserung und nicht über Intensitätserhöhung realisierbar.
MTM ist kein permanentes Drehen an der Leistungsschraube, sondern Anreiz zur Prozessverbesserung, wenn die Mitarbeiter wissen, dass die Prozessverbesserung nicht mit einer Intensitätserhöhung einhergeht, sondern den eigenen Arbeitsplatz sicherer macht, entwickelt sich zusätzliche Motivation für KVP und ähnliche Aktivitäten.«

Industrie 4.0 und MTM-Systeme
Im Zuge der Einführung von ganzheitlichen Produktionssystemen (GPS) und von Elementen der »Industrie 4.0« erhalten MTM-Systeme eine neue, weitergehende Bedeutung. Unter Industrie 4.0 werden Entwicklungen verstanden, bei denen Maschinen, Systeme und Produkte im Produktionsprozess vernetzt sind und über das Internet bzw. über unternehmensinterne Netze in Echtzeit kommunizieren; vgl. dazu ausführlich das Kapitel 3.2. Innerhalb dieser hochautomatisierten Produktionsprozesse wird es auch weiterhin Arbeitsplätze geben, an denen Menschen Tätigkeiten ausführen. Teilweise kommt es zu einer direkten Zusammenarbeit von Mensch und Roboter, was als »Mensch-Roboter-Kollaboration« (MRK) bezeichnet wird.
Bei der Planung und Gestaltung von menschlicher und maschineller Arbeit kommt MTM bei der Beschreibung der einzelnen Tätigkeiten im Produktionsprozess eine besondere Bedeutung zu. Die deutsche MTM-Vereinigung hat MTM zu einer einheitlichen »Prozess-Sprache« zur Beschreibung, Planung und Gestaltung von Produktionsprozessen weiterentwickelt. Dies kommt sowohl innerhalb von »Ganzheitlichen Produktionssystemen« als auch bei »Industrie 4.0« zum Tragen.
Besonders augenfällig ist dies bei der Mensch-Roboter-Kollaboration. Dazu hat MTM besondere Prozessbausteine entwickelt: MTM-MRK. Damit wird es möglich, Arbeitsabläufe von Mensch und Roboter zu planen, aufeinander abzustimmen und exakte zeitliche Informationen über die Ausführung von Bewegungen zu bekommen.

6.5.5 Leistungsniveau von MTM-Zeiten

Eine der zentralen Fragen beim MTM-Verfahren zielt auf die Herkunft der Zeitdaten und damit auf das Leistungsniveau, das diesen Zeiten zugrunde liegt.
Nach Angaben der Entwickler des MTM-Verfahrens wurden menschliche Bewegungsabläufe gefilmt und dann durch Auszählen der Einzelbilder Ist-Zeiten ermittelt. Diese Zeiten wurden mit Leistungsgraden multipliziert, und zwar

nach dem amerikanischen LMS-Verfahren. Bei diesem Verfahren handelt es sich, genau wie bei der Leistungsgradbeurteilung nach REFA, um ein subjektives Verfahren, das letztlich zur willkürlichen Festlegung von Normzeiten führt. Die Filme, die Bewegungsanalysen, die Ist-Zeiten und die bewerteten Leistungsgrade liegen angeblich bei den Lizenzinhabern von MTM unter Verschluss und sind für die Öffentlichkeit nicht zugänglich. Für die betriebliche Auseinandersetzung ist es von Bedeutung, dass das MTM-Verfahren nicht reproduzierbar ist und die Zeiten zwar nach einer Systematik ermittelt wurden, aber durch eine subjektive Setzung festgelegt wurden. Das Leistungsniveau, das ihnen zugrunde liegt, ist unbekannt. Bei der Anwendung von MTM muss dieses Leistungsniveau zwischen den Tarifvertragsparteien bzw. Geschäftsleitung und Betriebsrat vereinbart werden.

Über die Fragen des Niveaus der abgeforderten Leistung bezogen auf die MTM-Zeiten, gibt es eine immer wieder aufkommende Auseinandersetzung. Einerseits versuchen Arbeitgeber das Leistungsniveau von MTM-Zeiten mit der tarifvertraglichen Normalleistung gleichzusetzen. Dieses ist nicht zulässig, da die MTM-Normzeitwerte nicht mit einem nach den tariflichen Normen vereinbarten bzw. beurteilten Leistungsgrad korrigiert wurden.

Andererseits versuchen Arbeitgeber unter Berufung auf angebliche arbeitswissenschaftliche Erkenntnisse oder internationale Vergleiche ein Leistungsniveau durchzusetzen, bei dem die MTM-Zeiten erheblich unterschritten werden.

Bei internationalen Vergleichen berufen sich Arbeitgeber u. a. auf Schriften der Internationalen Arbeitsorganisation (ILO). Hierzu ist festzuhalten, dass von der Internationalen Arbeitsorganisation kein Leistungsmaßstab festgelegt ist.

In Büchern, die von der Internationalen Arbeitsorganisation herausgegeben werden, werden u. a. unterschiedliche Verfahren der Datenermittlung beschrieben sowie auch in diesem Buch. Die ILO stellt immer klar, dass von ihr herausgegebene Schriften, soweit es keine offiziellen Beschlüsse der Organisation sind, nicht die Meinung der ILO sondern nur der jeweiligen Verfasser wiedergeben.

Im internationalen Vergleich gelten in anderen Ländern selbstverständlich andere Normen als die der deutschen Tarifverträge. Daher gibt es in anderen Ländern andere Leistungsbezüge und andere Leistungsmaßstäbe. Auch in diesem System findet eine Korrektur gemessener Zeiten mit einem Faktor für die erbrachte Leistung statt (ratingscale). Eine Vergleichbarkeit der so ermittelten Zeiten mit den MTM–Normzeitwerten lässt sich arbeitswissenschaftlich damit jedoch nicht begründen.

In der Praxis stellt sich die Frage, ob MTM-Zeiten von Beschäftigten unterboten werden können oder ob sie die Leistungsobergrenze darstellen, wozu es unterschiedliche Auffassungen gibt. Gesamtmetall behauptet, die MTM-Zeiten entsprächen nahezu der tarifvertraglichen Normalleistung (IfaA – Angewandte Arbeitswissenschaft, 9/87, S. 70 ff.). Als angeblicher Beleg wird von Unternehmensvertretern ein älterer Artikel von Schlaich angeführt (»Die Systeme vorbestimmter Zeiten«, in: »TZ für praktische Metallbearbeitung«, 1969, S. 587 ff.). Es wird der Anschein erweckt, dem Artikel von Schlaich lägen wissenschaftliche Untersuchungen über das Leistungsniveau zugrunde. Tatsächlich basieren die Aussagen von Schlaich dagegen auf unbewiesenen Behauptungen und Setzungen. Die Position von Gesamtmetall zum Leistungsniveau von MTM-Zeiten wird heute wohl nur noch von Dogmatikern, aber nicht mehr von Praktikern ernst genommen.

Viele Unternehmensvertreter, die pauschal auf den Artikel von Schlaich verweisen, um damit die Unterbietbarkeit von MTM-Zeiten zu belegen, scheinen die Untersuchungen von Schlaich gar nicht zu kennen. Der Artikel beruht auf der Doktorarbeit von Schlaich (Vergleich von beobachteten und vorbestimmten Elementarzeiten manueller Willkürbewegungen bei Montagearbeiten, Darmstadt, 1967), in der er ca. 40 Industriearbeitsplätze untersucht. Die Zeiten wurden mit dem Work-Factor-Verfahren, dem MTM-Grundverfahren und mit REFA-Zeitaufnahmen (Ist-Zeit-Ermittlung einschließlich Leistungsgradschätzen) ermittelt und verglichen. Daraus errechnete Schlaich verschiedene Umrechnungsfaktoren, die das Leistungsniveau von MTM-Zeiten zu gestoppten Zeiten angeben sollen, und verweist aber gleichzeitig auf die Problematik und mangelnde wissenschaftliche Absicherung dieser Faktoren.

Folgende Punkte sind dabei wichtig:

- Untersucht wurden ausschließlich Arbeitsplätze in der Serienfertigung der elektronischen und feinmechanischen Industrie.
- Es wurden ausschließlich Frauen untersucht; ihr Durchschnittsalter betrug 30 Jahre.
- Die untersuchten Tätigkeiten wurden im Durchschnitt nur 6 Stunden am Tag ausgeführt.
- Dem Vergleich zwischen MTM-Zeiten und Zeiten der Zeitaufnahmen liegt eine Beurteilung des Leistungsgrades zugrunde, die auf der veralteten REFA-Normalleistungsdefinition von 1952 beruht.
- Mit einer Aussagewahrscheinlichkeit von 95 % liege der Umrechnungsfaktor zwischen MTM-Zeiten und Zeiten der Zeitaufnahme zwischen 1,45 und 0,85. Das heißt: Die MTM-Zeiten müssen mit einem Faktor multipliziert werden, um den Zeiten der Zeitstudie zu entsprechen. Wie hoch dieser Umrechnungsfaktor ist, bleibt unbekannt. Mit statistischen Methoden grenzt Schlaich einen Bereich von 1,45 bis 0,85 ein.
- Die gemessenen Ist-Zeiten entsprechen nahezu den MTM-Zeiten.

Fazit: Die Aussagen von Schlaich beziehen sich auf nicht repräsentative Tätigkeiten und Beschäftigtengruppen. Die Aussagen zum Umrechnungsfaktor sind statistisch nicht abgesichert und beruhen letztlich auf der veralteten, subjektiv geprägten und nicht überprüfbaren Definition der REFA-Normalleistung der nicht mehr aktuellen REFA-Methodenlehre von 1952. Die Behauptungen von Schlaich haben daher *für die heutige Praxis keine Relevanz mehr.*

Einzelne Anwenderunternehmen behaupten, MTM-Zeiten würden in der Praxis um 12 % bis 15 % unterschritten. Auch diese Betrachtung ist nicht schlüssig. Die Frage von Leistungsobergrenzen ist unter dem Gesichtspunkt zu sehen, ob ein bestimmtes Leistungsniveau für ein repräsentatives Kollektiv von Beschäftigten *über die Dauer eines Arbeitslebens* zumutbar ist, d. h., ob es ohne physische und psychische Gesundheitsschäden erreichbar ist.

Die Aussagen von Anwenderfirmen zur angeblichen Unterbietbarkeit von MTM-Zeiten sind darauf zurückzuführen, dass junge ausgewählte Beschäftigte für eine begrenzte Zahl von Jahren MTM-Zeiten unterbieten können. Danach scheiden sie aus der entsprechenden Abteilung bzw. dem Betrieb aus und werden durch »neue«, junge, unverbrauchte Beschäftigte ersetzt, was in der Praxis am niedrigen Durchschnittsalter zu erkennen ist.
Jeder MTM-Praktiker weiß darüber hinaus, dass bei MTM-Analysen Ermessensspielräume bestehen: Arbeitsabläufe können »großzügig« oder »streng« analysiert werden, was entsprechende Zeitunterschiede zur Folge hat. Auch in MTM-Anwenderbetrieben bestehen die Vorgabezeiten in der Praxis nur zum Teil aus MTM-Analysen. In den Vorgabezeiten sind auch andere Zeitbestandteile enthalten, die nicht mit MTM analysierbar sind. Wenn also eine Unterschreitung der MTM-Zeiten in Betrieben um 12 % bis 15 % erreicht wird, so muss geprüft werden, ob dieses eine Unterschreitung der MTM-Zeiten oder der anderen Zeitbestandteile darstellt.
Das Leistungsniveau der MTM-Zeiten wird auch kaum durch arbeitswissenschaftliche Forschungen geklärt werden können. Seriöse Aussagen wären nur in einer Längsschnittstudie eines repräsentativen Kollektivs von Beschäftigten über ein Arbeitsleben hinweg denkbar. Derartige Untersuchungen liegen nicht vor.
Wirkliche Praktiker, nämlich die Beschäftigten, die nach MTM-Zeiten arbeiten, und ihre Interessenvertreter haben in der IG Metall aufgrund ihrer Erfahrung folgende Position erarbeitet:
MTM-Zeiten stellen über die Dauer eines Arbeitslebens die Leistungsobergrenze dar, sofern ausreichende Erholungszeit und mindestens 3 Minuten persönliche Zeit gewährt werden. Dementsprechend empfiehlt die IG Metall bei der Anwendung von MTM die Einführung des Prämien- oder Standardentgelts. Auf der Grundlage der MTM-Zeiten wird die Prämienendleistung bzw. Standardleistung vereinbart.
So wird beispielsweise gemäß Haustarifvertrag der Volkswagen AG für die Einhaltung der MTM-Zeiten das tariflich geregelte Standardentgelt gezahlt. Für die Volkswagen Osnabrück GmbH, die Mitglied im Arbeitgeberverband ist, wurde tariflich vereinbart, dass für die Einhaltung der MTM-Zeiten 120 % des tariflichen Monatsentgelts des Flächentarifvertrages gezahlt wird.

6.5.6 Verdichtete Prozessbausteinsysteme (UAS, MEK, MOS)

Seit den 1960er Jahren wenden immer mehr Firmen MTM-Systeme an. Zunächst waren dies nur wenige Konzerne, die das MTM-Grundsystem ausschließlich in der Massenfertigung einsetzten. In der Serien- und Einzelfertigung ist das MTM-Grundsystem wegen des hohen Analysieraufwandes für die Unternehmer uninteressant. Die Konzerne, die in der Deutschen MTM-Vereinigung tonangebend sind, ließen daraufhin spezielle »gröbere« Analysiersysteme entwickeln. Ziel war ein deutlich geringerer Analysieraufwand, aber auch die Anwendung in anderen Bereichen. Es wurden Analysiersysteme entwickelt, die in der Serienfertigung, in der Einzel- und Kleinserienfertigung, in der Verwaltung

und in der Logistik einsetzbar sind. Seit Anfang der 1980er Jahre werden diese MTM-Analysiersysteme auch von immer mehr mittelständischen Unternehmen eingesetzt. Damit ist es im Prinzip möglich, fast alle industriellen Arbeiten in Fertigung, Logistik und Verwaltung zu erfassen. Die Aufbausysteme haben heute das MTM-Grundsystem bereits in den Schatten gestellt.
Die frühere Vorstellung, dass MTM nur bei kurzzyklischen Tätigkeiten in der Massenfertigung einsetzbar sei, ist heute überholt. Mit den verdichteten Analysiersystemen können auch umfangreiche qualifizierte Tätigkeiten analysiert werden.
Die Anwendungsbereiche der MTM-Systeme sind unter anderem die Automobil- und Zulieferindustrie, Unternehmen des Maschinen- und Gerätebaus (»Weiße Ware«), Luftfahrt, Elektro-/Elektronikfertigung, Logistikunternehmen usw. Die Zeitvorgaben liegen je nach Fertigung und Analysiersystem z. B. zwischen einem 30-Sekunden-Takt (in der Zulieferindustrie) und mehreren Stunden (in der Montage, Wartung und Reparatur von Aufzügen).

Definition
Es kommen vor allem folgende MTM-Datensysteme zum Einsatz:
SD – Standarddaten (MTM-2)
UAS – Universelles Analysiersystem
MEK – MTM für Einzel- und Kleinstserienfertigung
MTM – Logistik
MOS – MTM-Office-System
MTM – HDW – Human Work Design

Zu einzelnen dieser Verfahren gibt es Aufbaustufen. Diese werden durch weiter »verdichtete« branchen- oder betriebsspezifische Datensysteme ergänzt. Die Aufbaustufen werden nach so genannten Datenermittlungsebenen unterschieden (Übersicht. 6.30).

Verdichtungsprinzipien der MTM-Prozessbausteinsysteme

Alle verdichteten Prozessbausteinsysteme lassen sich auf das MTM-Grundsystem zurückführen. Zur Verdichtung wurden verschiedene Prinzipien angewandt. Dazu zählt beispielsweise das Zusammenfassen von Grundbewegungen zu Grundvorgängen.

Das Prozessbausteinsystem UAS

In den Betrieben, die MTM anwenden, kommt in der Regel MTM-UAS zur Anwendung, insbesondere in der Automobil- und Automobilzulieferindustrie (UAS = Universelles Analysiersystem). Deshalb wird als ein Beispiel für die verschiedenen Analysiersysteme im Folgenden das UAS-System beschrieben.

Übersicht 6.30: Die wichtigsten MTM-Datensysteme

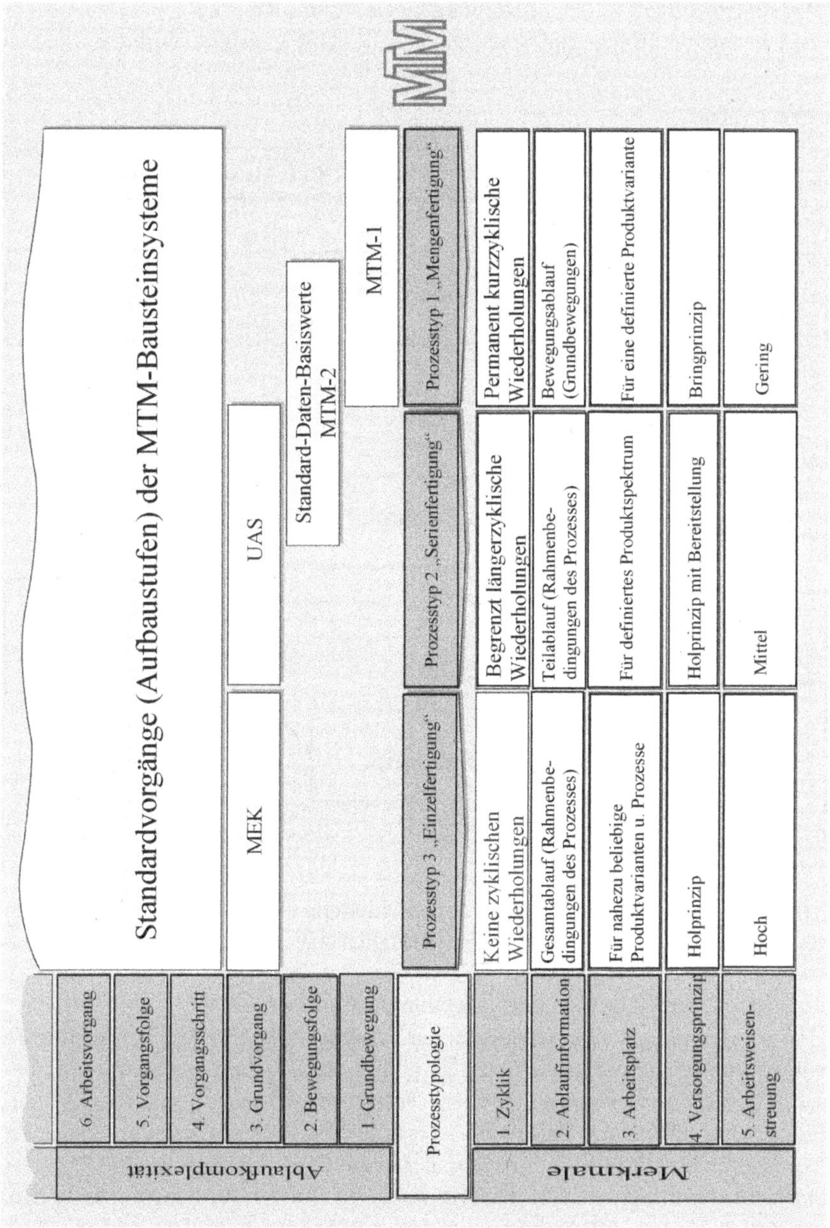

Wie aus der Übersicht 6.31 hervorgeht, wurden aus dem MTM-Grundsystem die Grundbewegungen zu den Grundvorgängen zusammengefasst.
Die Übersicht 6.32 zeigt die Normzeitkarte des UAS-Analysiersystems.

Übersicht 6.31

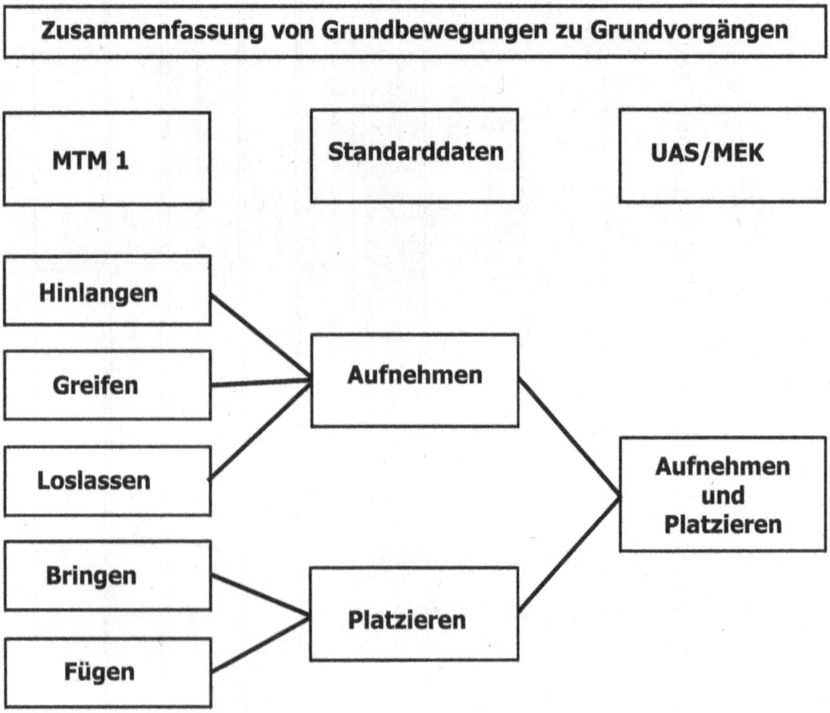

Bei MTM-UAS wird nicht mehr unterschieden, welche Hand welche Bewegungen ausführt. Hier geht man grundsätzlich davon aus, dass Beidhandarbeit erfolgt.
Außerdem beinhaltet UAS noch sogenannte Standardvorgänge (Aufbaustufen). Hier wurden für typische Arbeiten in der Serienfertigung weitere Verdichtungen vorgenommen. Die Standardvorgänge gibt es für Arbeiten wie Schrauben, Behandeln, Kleben, Normteile montieren, Festspannen/Lösen, Auspacken, Prüfen/Messen und Markieren. Dafür gibt es separate Normzeittabellen. Für jede dieser Normzeiten bestehen Hintergrundanalysen auf der Grundlage von UAS.
Für die Anwendung von UAS, aber auch bei den anderen verdichteten Systemen, ergibt sich für die Unternehmen ein entscheidender Effekt: Der zeitliche Aufwand für die MTM-Analysen nimmt rapide ab. Im Vergleich zum MTM-Grundsystem besteht eine Analyse mit UAS aus deutlich weniger Analysezeilen. Die zeigt ein Vergleich zwischen den Übersichten 6.27 und 6.33.

Übersicht 6.32: Normzeitkarte von MTM-UAS

Bewegungslänge in cm				≤ 20	> 20 bis ≤ 50	> 50 bis ≤ 80
Entfernungsbereich				**1**	**2**	**3**
Aufnehmen und Platzieren			**Kode**	1	2	3
				TMU		
	Fall des Aufnehmens	Fall des Platzierens				
≤ 1 kg	leicht	ungefähr	**AA**	20	35	50
		lose	**AB**	30	45	60
		eng	**AC**	40	55	70
	schwierig	ungefähr	**AD**	20	45	60
		lose	**AE**	30	55	70
		eng	**AF**	40	65	80
	Hand voll	ungefähr	**AG**	40	65	80
> 1 kg bis ≤ 8 kg		ungefähr	**AH**	25	45	55
		lose	**AJ**	40	65	75
		eng	**AK**	50	75	85
> 8 kg bis ≤ 22 kg		ungefähr	**AL**	80	105	115
		lose	**AM**	95	120	130
		eng	**AN**	120	145	160

Platzieren		**Kode**	1	2	3
			TMU		
	ungefähr	**PA**	10	20	25
	lose	**PB**	20	30	35
	eng	**PC**	30	40	45

Bewegungslänge in cm		≤ 20	> 20 bis ≤ 50	> 50 bis ≤ 80
Entfernungsbereich		**1**	**2**	**3**

Hilfsmittel handhaben	**Kode**	1	2	3
		TMU		
ungefähr	**HA**	25	45	65
lose	**HB**	40	60	75
eng	**HC**	50	70	85

Betätigen	**Kode**	1	2	3
einfach	**BA**	10	25	40
zusammengesetzt	**BB**	30	45	60

Bewegungszyklen	**Kode**	1	2	3
eine Bewegung	**ZA**	5	15	20
Bewegungsfolge	**ZB**	10	30	40
Umsetzen und eine Bewegung	**ZC**	30	45	55
Festmachen oder Lösen	**ZD**	20		

Körperbewegungen	**Kode**	**TMU**
Gehen / m	**KA**	25
Beugen, Bücken, Knien (incl. Aufrichten)	**KB**	60
Setzen und Aufstehen	**KC**	110

Visuelle Kontrolle	**VA**	15

Quelle Deutsche MTM-Vereinigung

Beim Grundsystem ergeben sich für einen Zeitwert von 124,6 MTU 13 Analysezeilen. Bei derselben Tätigkeit und der Anwendung von MTM-UAS ergeben sich für einen Zeitwert von 160 MTU 4 Analysezeilen. Der Zeitwert ist in diesem Fall geringfügig höher, dies liegt an der Verdichtung des Systems. Je nach Einflussgröße, z. B. dem Entfernungsbereich, kann es zwischen den Systemen Zeitunterschiede geben. Deshalb wird es eine Erhöhung des Zeitwerts nicht in allen Fällen geben, es wird auch zu geringeren Zeitwerten kommen. Aber die Dauer der Analyse hat sich erheblich verringert.

Übersicht 6.33: Beispiel 1 für eine Analyse mit MTM-UAS

Nr.	Bezeichnung	Kode	TMU	A x H	Gesamt TMU
	Metallscheibe auf Schraube stecken	AD 2	55		55
	Interaktionsgrundvorgang	AE 1	30		30
	Gummischeibe auf schraube stecken	AF 2	65		65
	Schraube ablegen	PA 1	10		10
			160		Σ 160

Durch die hohe »Analysiergeschwindigkeit« rentiert sich die Anwendung von verdichteten MTM-Systemen für die Unternehmen. Bei komplexeren Arbeiten (Übersicht 6.34) ist der geringe Analysieraufwand durch UAS und den entsprechenden Standardvorgängen gegenüber dem MTM-Grundsystem noch deutlicher.

Weiter werden die Unterfälle der Einflussgrößen weniger stark differenziert. (Bei UAS gibt es beispielsweise nur drei Entfernungsbereiche.) Für die Beurteilung dieser Analysiersysteme ist Folgendes zu beachten: In der Entstehungsphase von UAS wurden die Grundvorgänge definiert und Einflussgrößen abgeleitet. In verschiedenen Branchen wurden typische Arbeitsabläufe gefilmt und anschließend mit dem MTM-Grundsystem analysiert. Auf dieser Basis wurden anschließend die Prozessbausteine der Grundvorgänge mit den Zeitwerten entwickelt. Damit ist die Normleistung in UAS gleich der Normleistung, wie sie beim MTM-Grundsystem beschrieben ist.

Die Bausteine sind nicht einfach zusammengesetzt, sondern durch statistische Datenzusammenfassungen ausgearbeitet worden. Die mit dem MTM-Grundsystem analysierten Tätigkeiten wurden als Datenkollektive erfasst und es wurde eine statistische Mittelwertbildung unter Berücksichtigung der teilweise erheblichen Streuung vorgenommen. Dabei wurden Zeiteinflussgrößen eliminiert oder deren Ausprägung reduziert, z. B. durch die Bildung von Entfernungsbereichen.

Übersicht 6.34: Beispiel 2 für eine Analyse mit MTM-UAS

Beispiel für eine Analyse mit MTM-UAS

Ein Gehäuse (2 kg) lose in eine Vorrichtung einlegen. Danach eine Abdeckung mit 4 Bohrungen auf das Gehäuse platzieren und mit 4 Schrauben M8 befestigen. Das Gehäuse liegt in Wellpappe verpackt auf einem 2 m entfernten Transportwagen. Das Messer, die Abdeckung und die Schrauben befinden sich im Arbeitsbereich. Der Schrauber hängt am Arbeitsplatz 80 cm entfernt.

Nr.	Bezeichnung	Kode	TMU	A x H	Gesamt TMU
	zum Transportwagen und zurück	KA	25	2x2	100
	verpacktes Gehäuse auf Tisch	AH 1	25		25
	Gehäuse auspacken	M-AHC	310		310
	Messer handhaben	M-EH 2	40		40
	Gehäuse in Vorrichtung	AJ 2	65		65
	Abdeckung auf Gehäuse	AB 2	45		45
	Abdeckung auf Bohrung ausrichten	PB 1	20		20
	Schrauben paarweise andrehen von Hand	M-SBA	125	2x1	250
	Schrauben festziehen	M-SHS	60	4x1	240
	Schrauber handhaben	M-EH 3	55		55
	Baugruppe aus Vorrichtung auf Tisch	AH 3	55		55
					Σ 1205
Quelle Deutsche MTM-Vereinigung					

Die Bausteine sind verallgemeinert, so dass mit einem Minimum an Daten und Einflussgrößen die jeweiligen Ausführungsbedingungen berücksichtigt werden können. Die Einflussgrößen erfassen die Rahmenbedingungen, die im Planungsstadium bekannt waren, sie sind nicht von Bewegungsabläufen abgeleitet (MTM-Lehrgangsunterlagen UAS, Seite II – 5 und 6).

Diese von der Deutschen MTM-Vereinigung beschriebene Ungenauigkeit hat für die gewerkschaftliche Interessenvertretung folgende Konsequenzen:

- **Mehr noch als das MTM-1 (Grundsystem) beinhalten die verdichteten MTM-Prozessbausteinsysteme interne Fehler. Es handelt sich also nicht um wissenschaftlich ermittelte Werte, sondern um gesetzte Werte, deren Anwendung als Soll-Zeiten im Leistungsentgelt der Mitbestimmung des Betriebsrats unterliegt.**
- **Im Rahmen einer Betriebsvereinbarung zu MTM muss genau festgelegt werden, in welchen Bereichen welches Datensystem Anwendung findet. Das heißt: Das MTM-1, die Standarddaten, UAS und MEK sind nicht überall einsetzbar. So kann beispielsweise MTM-UAS nur im Prozesstyp 2 (Serienfertigung) und nicht bei einer Massenfertigung mit exakt vorgegebenen Arbeitsmethoden angewendet werden. Kriterien für die Auswahl eines MTM-Systems sind beispielsweise die Auftragshäufigkeit, die Fertigungstypen, die Materialorganisation, die Genauigkeit der Methodenvorgabe usw. Hierzu bietet die Deutsche MTM-Vereinigung Entscheidungshilfen an (Übersicht 6.30), die für die Festlegung eine Orientierung sein können, aber die praktische Erprobung nicht ersetzen können.**
- **Die Anwendung der verdichteten Prozessbausteinsysteme kann sinnvollerweise nur im Standardentgeltsystem erfolgen, bei dem die Nichteinhaltung der möglicherweise fehlerbehafteten MTM-Zeiten nicht automatisch zu Entgeltabzügen führt.**

MTM in der Logistik

Die Logistikunternehmen bieten für ihre Kunden vielfach ein Gesamtpaket an. Das geht von der Beschaffungs- über die Produktionslogistik bis hin zur Absatzlogistik. In eigenen Service-Centern werden unter anderem für die Automobilindustrie oder die »Weiße Ware« auch die Vormontage und die Montage von Baugruppen und Komponenten angeboten. Für die Planung und Kalkulation entsprechender Angebote setzten diese Logistikunternehmen auf MTM. Gleiches gilt für Logistikbereiche, die nach wie vor in den Unternehmen integriert sind.

Die Erstellung von Analysen erfolgt mit MTM-UAS. Mit den UAS-Grundvorgängen lassen sich auch hier die Arbeiten problemlos beschreiben bzw. analysieren. Andererseits braucht es darüber hinaus für typische Abläufe in der Logistik, die in der Komplexität unterschiedlich sein können, auch weitere Bausteine. MTM bietet hierfür zusammengestellte, aggregierte Prozessbausteine für Standardvorgänge wie Transport und Handling an.

Durch die unmittelbare Abhängigkeit der Logistikunternehmen bzw. -bereiche von den Kunden und durch »Just in Time« und »Just in Sequence« wird der Druck für die Beschäftigten immer höher. In der Regel wird aber in der Logistik im Zeitentgelt gearbeitet. Hier gibt es für die betriebliche Interessenvertretung keine Möglichkeit der Einflussnahme bezüglich der abverlangten Leistung. Deshalb ist es auch hier notwendig, entsprechende betriebliche Vereinbarungen zu treffen.

MTM im Büro (MTM-Office)
In der Versicherungswirtschaft bei Krankenkassen und in anderen Dienstleistungsbereichen wird MTM-Office als ein *Mittel zur Personalbedarfsermittlung* angewendet. In anderen Branchen ist dieses MTM-Datensystem kaum verbreitet. Übersicht 6.35 zeigt einen Auszug aus der Normzeitkarte. Auf der Grundlage dieser Zeiten und der ermittelten Häufigkeiten und Vorgänge wird die Personalbemessung einer Abteilung berechnet. Die Anwendung von MTM-Office setzt also eine repräsentative Häufigkeitsermittlung von Vorgängen voraus.

Übersicht 6.35

Auszug aus der Normzeitkarte MTM-Office-System

Zeitwerte in TMU
(Quelle: Deutsche MTM-Vereinigung)

Informationsaustausch		Erläuterungen	MOS-XXx	TMU
Führen Gespräch	Ultrakurz	knappe Anweisung kurzer Informationsaustausch	IA	300
	Kurz	kurzes Wechselgespräch bekannte Gesprächspartner	IB	830
	Mittel	mittlere Gesprächslänge im Geschäftsverkehr	IC	2500
	Lang	Erläuterungen technischer Sachverhalte	ID	8340
Bildschirmarbeiten (Screen actions)				
Betätigen Tastatur		Einzelbetätigung	SA	10
Betätigen Maus		einfach mit klicken	SB	20
Auswählen	Grundwert	orientieren auf dem Bildschirm	SC1	55
	Posit, einstufig	Stelle suchen und finden mit klicken	SC2	75
	Posit. mehrstufig	Verzeichnis durchsuchen	SC3	240
	Maske	pull down aufrufen	SC4	40
	Scrollen	schrittweise	SC5	170
Bearbeiten	Formatieren	Textstelle formatieren, mehrzellig	SD	380
Mentale Funktionen				
Suchen und Finden	einfach	Register Textabschnitt bekannter Bereich	MA1	70
	schwierig	bestimmte Seite Textabschnitt unbekannter Bereich	MA2	170
Lesen	Merkmal	Wort Zahl je 3 Ziffern Zeichen je 3 Buchstaben	MB1	10
	Zeile	je angefangene Zeile DIN A4	MB2	70
Prüfen	Merkmal	Wort Zahl je 3 Ziffern Zeichen je 3 Buchstaben	MC1	20
	Zeile	je angefangene Zeile DIN A4	MC2	140
Vergleichen	Merkmal	Wort Zahl je 3 Ziffern Zeichen je 3 Buchstaben	MD1	40
	Zeile	je angefangene Zeile DIN A4	MD2	300
Schreiben - Hand	Symbol	Ziffer, Zeichen, Kurzzeichen	ME1	25
	Wort	einschließlich Übertragen	ME2	150
	Zeile	je angefangene Zeile einschließlich Übertragen	ME3	800

So wurde bei Dräger und Hanse (BKK) 2006 ein Projekt zur Personalbedarfsermittlung und Prozessoptimierung aufgesetzt. Die Datenermittlungsmethoden, die dabei zur Anwendung kamen, waren:
- *MTM-Office* zur Quantifizierung der Hauptprozesse einzelner Teams,
- *Vergleichen und Schätzen* zur Quantifizierung der Nebentätigkeiten der Teams und Beschreibung der Teamleitertätigkeiten sowie
- *Multi-Moment-Analyse (MMA)* zur Betrachtung nicht mit MTM erhebbarer Tätigkeiten (z. B. Vertriebsassistent).

Mit diesen Methoden wurde neben der Quantifizierung der Haupt- und Nebentätigkeiten eine Vielzahl von Tätigkeiten ermittelt, die weitere Möglichkeiten zur Überprüfung der Wirksamkeit und Wirtschaftlichkeit bieten. So wurde zur weiteren Gestaltung der Arbeit Folgendes ermittelt: Doppelarbeit vermeiden, Entscheidungsspielräume vergrößern, Anzahl beteiligter Funktionsbereiche reduzieren, Antwortzeiten verringern, Arbeitsplätze optimaler gestalten, Schnittstellen reduzieren (veröffentlicht in MTM-Aktuell 02/2008).

Das oben genannte Beispiel zeigt, dass MTM-Office nicht nur ein Instrument zur Personalbemessung ist, sondern vor allem auch zur Optimierung der Arbeitsabläufe. Dies kann bedeuten, dass Beschäftigte zukünftig mit anderen Arbeiten betraut werden, Arbeit umverteilt wird oder auch zur Personalreduzierung beiträgt. Deshalb ist es auch hier erforderlich, vor der Anwendung entsprechende Betriebsvereinbarungen abzuschließen. Dabei geht es nicht darum, bestimmte Maßnahmen zu verhindern, sondern vielmehr um eine gemeinsame Gestaltung der Arbeit, die Beteiligung der Beschäftigten und eine zumutbares Leistungsmaß für die Beschäftigten.

Das Prozessbausteinsystem Human Work Design (HWD)

Ein weiteres MTM-Prozessbausteinsystem ist MTM-HWD. HWD steht für »Human Work Design« (HWD). Hier wurde ein Prozessbausteinsystem entwickelt, das auf Basis einer einheitlichen Beschreibung sowohl die Bewertung von Zeit vornimmt als auch die ergonomische Arbeitsgestaltung bewertet. In diesem Prozessbausteinsystem wird nicht mehr von Grundbewegungen oder Grundvorgängen gesprochen, sondern von Aktionen. Eine HWD-Aktion (zweckbestimmte Bewegung oder Haltung) besteht aus einer oder mehreren Grundbewegungen sowie Haltungen des Körpers bzw. der Extremitäten. Die Integration der ergonomischen Bewertung soll zu einer besseren ergonomischen Arbeitsgestaltung führen. Eine MTM-HWD-Analyse liefert zusammenfassend drei Ergebnisgrößen:
- Eine Arbeitsablaufbeschreibung und die ergonomisch-antroprometischen Parameter
- eine Sollzeit
- ein Belastungspunktwert in Verbindung mit einem Bewertungsverfahren für physische Belastungen

Dazu wurde ein Ampelsystem hinterlegt. Grün: Es ist alles in Ordnung. Gelb: Hier besteht bereits Handlungsbedarf. Rot: Der Arbeitsplatz (Belastungen/Gefährdungen) muss durch geeignete Maßnahmen verändert werden.

Die IG Metall steht für eine ganzheitliche Arbeitsgestaltung. Ihre Anforderungen an gute Arbeit und Leistungsbedingungen, Gesundheits- und Lernförderlichkeit, alters- und alternsgerechtes Arbeiten sind gleichzeitig die Bewertungskriterien für das Vorhaben von MTM. Eine, wenn auch nur begrenzt, verbesserte Ergonomie ist im Interesse der Beschäftigten. Jedoch muss genauestens darauf geachtet werden, dass diese Fortschritte nicht mit einem höheren Leistungsmaß und/oder unzumutbar höheren Auslastung einhergehen.
In Bezug auf die Gestaltung der Arbeitsplätze gab es in der Erprobungsphase Fortschritte. Erkannte Belastungen bzw. Gefährdungen wurden abgestellt. Die Zeitwerte, die dabei analysiert wurden, sind zum Teil geringer, aber zum Teil auch höher als bei einer UAS-Analyse.
Die Entwicklung des Prozessbausteinsystems HWD und die Erprobungsphase ist abgeschlossen und wird in einigen Firmen der Automobil-, der Automobilzuliefererindustrie und in der sog. Weißen Ware angewandt. Es wird sich zeigen, ob MTM-HWD die ergonomische Arbeitsgestaltung in den Vordergrund stellt und die anwendenden Unternehmen bereit sind dies auch umzusetzen.

6.5.7 Computergestütztes Erstellen und Verwalten von MTM-Analysen

Mit dem Vordringen der Systeme vorbestimmter Zeiten, insbesondere des MTM-Systems, wurden auch entsprechende EDV-Systeme entwickelt. Die Entwicklung dieser EDV-Systeme kann unterschieden werden in

- Datenbanksysteme, die dazu dienen, mit MTM entwickelte Planzeiten zu verwalten und für die Arbeitsplanung zu nutzen
- Analysiersysteme, die dazu dienen, MTM-Analysen zu erstellen
- grafische Systeme, die dazu dienen, Arbeitsplatzsituationen zu simulieren und entsprechend des Regelwerks von MTM zu optimieren.

Von der MTM-Gesellschaft wird u. a. das System TiCon (TimeControl) vertrieben.

Der computergestützte MTM-Analysevorgang
Beim Einsatz von TiCon werden die MTM-Analysen nicht mehr manuell auf Formularen erstellt und anschließend aus den MTM-Normzeitkarten die Zeiten herausgesucht und addiert. Die MTM-Analysen werden vielmehr am PC erstellt. Im System sind die wichtigsten MTM-Prozessbausteinsysteme abgespeichert. Bei der Erstellung der Analyse wählt der Planer lediglich die Codes der einzelnen Bewegungselemente aus. Das System ruft dann die Standardtexte und Zeiten aus Dateien ab, und die gesamte Zeit wird automatisch berechnet. Dadurch wird der Zeitaufwand für die MTM-Analyse wesentlich geringer. Der Analyseaufwand wird noch geringer bei Abwandlung von bestehenden Zeitbausteinen für ähnliche Arbeitsvorgänge.

Computergestützte Verwaltung von Zeitbausteinen
Die erstellten MTM-Analysen werden mit einem Code gekennzeichnet, als Zeitbausteine bezeichnet und in dem System verwaltet. TiCon ist ein universelles

Datenbanksystem für Planzeiten. Einzelne Zeitbausteine können sich aus anderen Zeitbausteinen zusammensetzen. Dies ist über mehrere Ebenen möglich, sodass im System hierarchische Strukturen abgebildet werden können. Dies soll an einem vereinfachten Beispiel verdeutlicht werden. Übersicht 6.36 zeigt die Strukturen des Zeitbausteins »Abdeckung auf Gehäuse montieren«, der sich über drei Ebenen aus UAS-Daten zusammensetzt. Der hierarchische Aufbau der Zeitbausteine über alle Hierarchieebenen wird als Zeitbausteinstruktur bezeichnet. Die Bedeutung dieser Art der Zeitwirtschaft wird erst dann deutlich, wenn man sich klarmacht, dass schon in einem mittleren Unternehmen Tausende von Einzelteilen mit Soll-Zeiten verwaltet werden müssen. Denn Änderungen wie z. B. Zeitkürzungen eines Zeitbausteins in einer unteren Hierarchieebene führen bei allen übergeordneten Zeitbausteinen ebenfalls zu Zeitkürzungen. Das System berechnet die neuen Zeiten von Tausenden von Zeitbausteinen innerhalb weniger Sekunden. Für die Unternehmer bringt dies den immensen Vorteil, dass sie ständig über *tagesaktuelle Zeiten* verfügen. Selbst kleinste technische Änderungen schlagen sich sofort in Veränderungen der Zeit, häufig in Zeitkürzungen nieder. Bei einer konventionellen Verwaltung von Arbeitsplänen und Soll-Zeiten wird dies wegen des hohen Aufwands nicht »konsequent« durchgeführt. Für die Beschäftigten führt dies dazu, dass aus den Soll-Zeiten jegliche Zeit-Spielräume (»Luft«) permanent entfernt werden, was sich in einem entsprechend hohen Leistungsdruck niederschlägt. Dieser Effekt entsteht auch dann, wenn Zeitdaten verwaltet werden, die mit anderen Methoden als mit MTM ermittelt werden. Die tariflichen Bestimmungen über die Änderung von Vorgabezeiten sind zu beachten.

Aufbau des Softwarepaketes TiCion

Das Programm der MTM-Gesellschaft besteht aus mehreren Modulen. Den Kern dieses EDV-System bildet das Basismodul TiCon 4 Base. Es enthält alle Funktionen zur Verwaltung von Zeitbausteinen, zur Verwaltung von Formeln und zur Verwaltung von Teilen. Mit TiCon 4 Base können MTM-Analysen erstellt und verwaltet werden.

Zusätzlich kann dieses System ergänzt werden mit Modulen

- **zur Konstruktionsbewertung:** Mit diesem Modul ist ein Arbeitsplaner in der Lage, anhand der Produkteigenschaften eine Berechnung der zu erwartenden Montagezeit durchzuführen.
- **zur Layout-Planung:** Hiermit kann eine Grobplanung des Layouts eines Arbeitsplatzes bis hin zu einer detaillierten Arbeitsplatzgestaltung und eine Bewertung des Arbeitsplatzes nach den Grundsätzen der Bewegungsökonomie durchgeführt werden.
- **zur Arbeits- bzw. Fertigungsplanung:** Mit diesem Programmmodul können Arbeits- bzw. Fertigungspläne erstellt werden.
- **zur Taktung:** Mit diesem Modul kann die gleichmäßige Aufteilung einer gesamten Arbeitsaufgabe auf mehrere Arbeitsplätze berechnet werden.
- **zur ergonomischen Arbeitsplatzgestaltung:** Hiermit können Arbeitsplätze gestaltet und ergonomisch bewertet werden.

Das von der MTM-Gesellschaft vertriebene Programm hat auch Schnittstellen, um z. B. Daten an SAP zu übergeben, und kann durch weitere Untermodule, z. B. zur Betriebsmittelverwaltung oder zur Technologiedatenverwaltung, ergänzt werden.

Übersicht 6.36

Hierarchische Gliederung eines Zeitbausteines

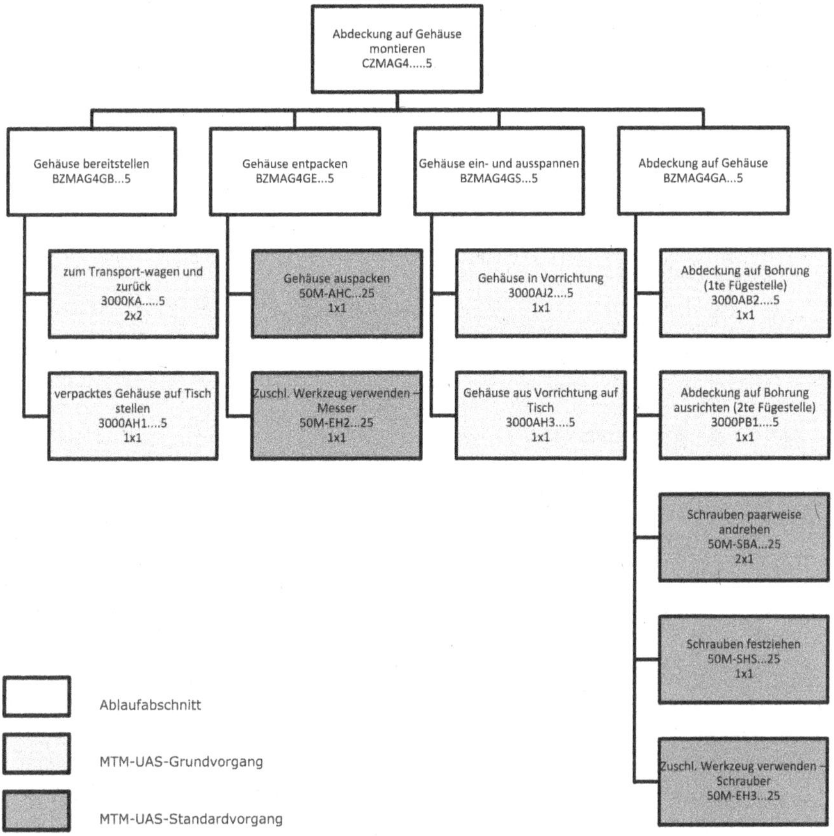

Quelle: Deutsche MTM-Vereinigung

Jeder Zeitbaustein, der in dem System TiCon gespeichert wird, muss mit klaren Merkmalen gekennzeichnet sein. Hierzu gehört neben dem Code, durch den auf den Zeitbaustein zugegriffen wird, auch eine inhaltliche Beschreibung des Zeitbausteins. Diese inhaltliche Beschreibung des Zeitbausteins wird gegliedert in Beginn, Inhalt und Ende des Zeitbausteins. Mit diesen drei Kriterien können Zeitbausteine gegeneinander abgegrenzt werden. In der Datenbank wird eine Kurzbeschreibung dieser drei Kriterien abgelegt. Zusätzlich können auch eine Langbeschreibung des Zeitbausteins und auch eine Abbildung des Arbeitsplatzes bzw. des Arbeitsganges gespeichert werden; vgl. Übersicht 6.37.

Übersicht 6.37: MTM-UAS-Analyse mit TiCon4

TiCon4 MTM-Analyse

Kode: CZMAG4.....5 | Index: | Variante:

Bezeichnung
Abdeckung auf Gehäuse montieren

Beginn
Mit dem Gehen zum Transportwagen

Inhalt
Gehäuse vom Transportwagen holen und auf Arbeitstisch ablegen, Gehäuse mit Messer entpacken, Gehäuse ein- und ausspannen, Abdeckung auf Gehäuse platzieren, Abdeckung mit 4 Schrauben und Werkzeug verschrauben

Ende
Nach dem Platzieren des Gehäuses (BGR) auf dem Tisch

Begrenzung

Grundzeit: tg = 1.205 TMU | Zeit je Einheit: te = 1.205 TMU

Rüstgrundzeit: trg = 0 TMU | Rüstzeit: tr = 0 TMU

Nr.	Bezeichnung	Kode Art (Variable)	Zeit tg [TMU]	A x H Wert/Vorbel.	Gesamt tg [TMU]
1	zum Transportwagen und zurück	KA	25	2 * 2,0	100
2	verpacktes Gehäuse auf Tisch	AH1	25	1 * 1,0	25
3	Gehäuse auspacken	M-AHC	310	1 * 1,0	310
4	Messer handhaben	M-EH2	40	1 * 1,0	40
5	Gehäuse in Vorrichtung	AJ2	65	1 * 1,0	65
6	Abdeckung auf Gehäuse	AB2	45	1 * 1,0	45
7	Abdeckung auf Bohrungen ausrichten	PB1	20	1 * 1,0	20
8	Schrauben paarweise andrehen von Hand	M-SBA	125	2 * 1,0	250
9	Schrauben festziehen	M-SHS	60	4 * 1,0	240
10	Schrauber handhaben	M-EH3	55	1 * 1,0	55
11	Baugruppe aus Vorrichtung auf Tisch	AH3	55	1 * 1,0	55
12					

Quelle Deutsche MTM-Vereinigung

Neben den für die Erstellung von Vorgabezeiten erforderlichen Daten können mit den Zeitbausteinen auch zusätzliche Daten über Zeitarten gespeichert werden. Insbesondere ist in dem System vorgesehen, dass unterschieden wird zwischen wertschöpfenden und nicht wertschöpfenden Tätigkeiten.
Damit gibt dieses System die Möglichkeit, KVP (kontinuierlicher Verbesserungsprozess) im Betrieb zu unterstützen und zu fördern.
Das EDV-System sieht auch vor, dass Methodenänderungen eingegeben werden und von ihren zeitlichen Auswirkungen her verglichen werden können.
Innerhalb des Systems TiCon wird unterschieden zwischen wertschöpfenden Tätigkeiten, nicht wertschöpfenden Tätigkeiten, Verschwendung und Logistik. Welche Tätigkeit dabei wertschöpfenden oder nicht wertschöpfenden Tätigkeiten bzw. der Verschwendung zugeordnet wird, ist eine Definitionsfrage. Wenn eine solche Unterscheidung im Betrieb angewendet wird, so ist es notwendig, im Rahmen einer Betriebsvereinbarung die Kriterien, nach denen Tätigkeiten in wertschöpfende und nicht wertschöpfende Tätigkeiten klassifiziert werden, zu definieren und zu regeln, dass Zeitvorgaben nicht geändert werden dürfen, wenn es nicht auch tatsächlich eine Veränderung am Arbeitsplatz gegeben hat.

Auswirkung und Gefahren für die Beschäftigten
Die Auswirkungen auf die Beschäftigten sind in erster Linie auf die Anwendung des MTM-Systems zur Arbeitsorganisation und zum Arbeitsentgelt und erst in zweiter Linie auf den Einsatz von TiCon zurückzuführen. Deswegen kann TiCon vom Betriebsrat nur bei einer akzeptablen Betriebsvereinbarung zur Anwendung des MTM-Systems im Rahmen des Prämienentgelts akzeptiert werden. Wird TiCon zur Verwaltung von Planzeiten eingesetzt, die mit anderen Methoden ermittelt wurden, ist allerdings wegen der permanenten Änderungsmöglichkeit der Zeitbausteine ebenfalls mit einer Leistungsverdichtung zu rechnen.
Von besonderer Bedeutung sind die *Missbrauchsmöglichkeiten*. Zeitbausteine können am Bildschirm geändert bzw. manipuliert werden. Zum Beispiel: Arbeitsgänge werden ausgeweitet, ohne in dem Zeitbaustein die Zeiten zu erhöhen. Die Zeiten eines Zeitbausteines können gekürzt werden, ohne dass dies gerechtfertigt ist. Es können Zeitbausteine verwendet werden, die nicht den betrieblichen Bedingungen entsprechen (mangelnde Reproduzierbarkeit). Diese Missbrauchsmöglichkeiten können nur durch eine exakte Dokumentation des Änderungsdienstes kontrolliert werden. Dieses muss mit dem Betriebsrat vereinbart werden.

Mitbestimmung des Betriebsrats und Eckpunkte für Regelungen
Die Einführung und Anwendung von TiCon bedarf der Zustimmung des Betriebsrats und muss in einer Betriebsvereinbarung geregelt werden. Dieses kann durch eine gesonderte Betriebsvereinbarung, die die Betriebsvereinbarung über den Entgeltgrundsatz bei Anwendung von MTM-Systemen ergänzt, erfolgen oder durch die Aufnahme der Regelungen zu TiCon in die Betriebsvereinbarung über den Entgeltgrundsatz bei MTM. Die Mitbestimmungsrechte des Betriebsrats ergeben sich vor allem aus folgenden Regelungen:

- Die Einführung und Anwendung des MTM-Systems zur Vorgabezeitermittlung bzw. Entlohnung unterliegt der Mitbestimmung des Betriebsrats. Dies ergibt sich aus § 87 Abs. 1 Ziff. 10 und 11 BetrVG und den Bestimmungen der Entgelt-Rahmentarifverträge. Da sich die Anwendung des MTM-Systems und seine computergestützte Nutzung im Rahmen von TiCon inhaltlich nicht trennen lassen, unterliegt auch die Einführung und Anwendung von TiCon der Mitbestimmung des Betriebsrats nach § 87 Abs. 1 Ziff. 10 und 11 BetrVG. Dies gilt auch für Daten, die mit anderen Methoden ermittelt wurden und mit TiCon verwaltet werden.
- Darüber hinaus besteht ein Mitbestimmungsrecht nach § 87 Abs. 1 Ziff. 6 BetrVG. Im System wird bei der Erstellung von Zeitbausteinen der Name des Bearbeiters und das Datum erfasst. Diese Erfassung ist wegen der erforderlichen Reproduzierbarkeit auch notwendig. Es handelt sich bei den Datenfeldern Name und Datum um personenbezogene bzw. personenbeziehbare Daten. Damit stellt TiCon eine technische Einrichtung dar, die geeignet ist, Leistung und Verhalten des Bearbeiters zu kontrollieren.

Übersicht 6.38 zeigt die Eckpunkte für die Regelung in Betriebsvereinbarungen. Ausführliche Textvorschläge sind bei der IG Metall erhältlich.

Übersicht 6.38

Eckpunkte für Betriebsvereinbarungen zu TiCon	
1	Anwendung von TiCon nur im Rahmen der Bestimmungen einer Betriebsvereinbarung über die Anwendung von MTM im Leistungsentgelt
2	Beschreibung der Software (Versionsnummer, aktivierte Module, Einstellung der Software, firmenspezifische Anpassungen). Hardware/Systemsoftware.
3	Zulässige Methoden der Datenermittlung (zulässige MTM-Datensysteme und andere Methoden aufführen).
4	Änderungsdienst (Zeitänderungen nur bei technisch-organisatorischen Änderungen), Dokumentation des alten Zustands.
5	Berücksichtigung von persönlichen Zeiten, sachlichen Verteilzeiten, Erholungszeiten und sonstigen Zuschlägen.
6	Regelung über zugriffsberechtigte Benutzer.
7	Verknüpfung mit anderen EDV-Systemen/Regelung zum Datenschutz.
8	Informationsrechte des Betriebsrats/Änderung und Erweiterung des Systems müssen mit dem Betriebsrat vereinbart werden.

6.5.8 Rechtliche und tarifliche Handlungsmöglichkeiten

In den Tarifverträgen der Metallindustrie ist die Einführung und Anwendung von MTM-Systemen im Rahmen des Leistungsentgelts geregelt. In den Bestimmungen zur Datenermittlung sind MTM-Systeme mit dem Begriff »Systeme vorbestimmter Zeiten« oder »Kleinstzeitverfahren« angesprochen. Die tarifvertraglichen Regelungen konkretisieren einerseits die Mitbestimmungsrechte des

Betriebsrats bei der Entlohnung und Festsetzung der Akkord- und Prämiensätze gemäß § 87 Abs. 1 Ziff. 10, 11 BetrVG. Andererseits werden die Rechte des Betriebsrats erweitert und die Anwendung von MTM zur Zeitermittlung an die Zustimmung der Tarifvertragsparteien geknüpft. Hierzu zwei Beispiele:

Tarifvertrag
»Werden Systeme vorbestimmter Zeiten vereinbart, bedarf diese Vereinbarung der Zustimmung der Tarifvertragsparteien.«
(§ 17.3.4.4 ERA-Tarifvertrag Baden-Württemberg)

Tarifvertrag
»Die Methoden zur Ermittlung von Zeitfaktoren (Vorgabezeit) und Sachleistungskennzahlen sind mit dem Betriebsrat zu vereinbaren. Erfolgt die Ermittlung von Zeitfaktoren (Vorgabezeit) und Sachleistungskennzahlen unter Anwendung von Systemen vorbestimmter Zeiten, so ist die Zustimmung der Tarifvertragsparteien erforderlich. Das gleiche gilt für eine Änderung dieser Betriebsvereinbarung.«
(§ 10, Abs. 3 ERA-Tarifvertrag Niedersachsen)

Für den Bereich des *Leistungsentgelts* hat das die Konsequenz:
Ohne Zustimmung des Betriebsrats darf MTM nicht zur Vorgabezeitermittlung eingesetzt werden. Über die Einführung und Anwendung von MTM ist eine Betriebsvereinbarung abzuschließen, die in einigen Tarifgebieten der Zustimmung der Tarifvertragsparteien bedarf. Erfolgt keine Einigung zwischen Geschäftsleitung und Betriebsrat, entscheidet die Einigungsstelle nach dem BetrVG oder die tarifliche Einigungs- oder Schlichtungsstelle.
Manche Unternehmen versuchen die Mitbestimmungsrechte des Betriebsrats zu unterlaufen und behaupten, sie würden MTM nur zur Arbeitsgestaltung, Terminplanung oder Personalbemessung, nicht dagegen zur Vorgabezeitermittlung anwenden. Damit – so behaupten sie – entfielen die Mitbestimmungsrechte des Betriebsrats. Derartige Behauptungen sind unglaubwürdig und sachlich falsch. In Kapitel 6.5.3 wurde herausgearbeitet, dass eine isolierte Anwendung von MTM ohne Zeitermittlung nicht möglich ist. Weigert sich eine Geschäftsleitung mit dieser Argumentation, eine Betriebsvereinbarung zu MTM abzuschließen, kann der Betriebsrat die Einigungsstelle anrufen. Sollte die Geschäftsleitung die Zuständigkeit der Einigungsstelle bezweifeln, kann der Betriebsrat nach § 98 ArbGG beim Arbeitsgericht beantragen, die Zuständigkeit der Einigungsstelle festzustellen. Im Bereich der IG Metall ist dies in mehreren Fällen gelungen.
Beabsichtigt ein Unternehmer, MTM im Zeitentgelt einzuführen, sollte der Betriebsrat überprüfen, ob die Grundlagen des Entgeltgrundsatzes Zeitentgelt noch vorhanden sind. Denn auch im Zeitentgelt hat die Einführung und Anwendung von MTM eine Leistungsverdichtung zur Folge. Die Anwendung von MTM zur Arbeitsgestaltung, Terminplanung und Personalbemessung führt in jedem Fall zu direkten oder indirekten Leistungsvorgaben. Diese sind im Entgeltgrundsatz Zeitentgelt tarifvertragswidrig (Kapitel 5.4.2). Lässt sich die Einführung von MTM nicht verhindern, empfiehlt sich für den Betriebsrat, den Entgeltgrund-

satz Zeitentgelt in das Prämienentgelt zu überführen, um so im Rahmen der Mitbestimmung Mindeststandards durchzusetzen. Hierzu stehen ihm die tarifvertraglichen Möglichkeiten und die Mitbestimmungsrechte des BetrVG nach § 87 Abs. 1 Ziff. 10, 11 zur Verfügung. Auch hier entscheidet im Streitfall die Einigungsstelle oder die tarifliche Schlichtungsstelle.

6.5.9 Vorgehensweise der Interessenvertretung

Die Bewertung von MTM und die Vorgehensweise muss den unterschiedlichen betrieblichen Ausgangsbedingungen Rechnung tragen:

- Wenn in einem Betrieb bisher herkömmliche Methoden der Arbeitsgestaltung und der Vorgabezeitermittlung angewendet wurden und zumutbare Leistungsbedingungen vorlagen, dann bringt die Einführung von MTM mit größter Wahrscheinlichkeit eine Leistungsverdichtung mit sich. Die Interessenvertretung sollte in solchen Fällen versuchen, das bisherige System der Leistungsbemessung beizubehalten. Aber: Die Einführung vom MTM zur Arbeitsorganisation kann mit den derzeitigen rechtlichen und tariflichen Mitteln nicht verhindert werden. Wenn die Unternehmer jedoch die Arbeitsabläufe mit MTM gestalten, ergibt sich damit ein erhöhtes Leistungsniveau, das Einfluss auf die betrieblichen Planzeiten, Vorgabezeiten, Sollzeiten und sogar auf Terminplanung und Personalbemessung hat (»kalte« Einführung von MTM-Zeiten), unabhängig davon, in welchem Entgeltgrundsatz gearbeitet wird. Die Interessenvertretung sollte in diesem Fall auf einer Regelung von MTM im Rahmen eines Prämiensystems bestehen. Nur so lassen sich die Mitbestimmung des Betriebsrats und leistungspolitische Mindeststandards sichern.

Der Grundsatz lautet:

Wenn ein Unternehmer MTM zur Arbeitsorganisation anwendet und sich dadurch ein erhöhtes Leistungsniveau ergibt, soll der Betriebsrat die Einführung von MTM zur Sollzeitermittlung im Rahmen von Prämienentgelt fordern, um so die Mitbestimmung über die MTM-Anwendung zu erhalten.

Die Anwendung von MTM ist insbesondere in der Auto- und Elektroindustrie seit vielen Jahren eine Realität. Sie wird von der IG Metall im Rahmen von Standardentgeltsystemen akzeptiert, wenn 3 Minuten persönliche Verteilzeit und ausreichend Erholungszeiten eingehalten werden. Gerade die letzten Jahre zeigen, dass unter den Bedingungen von Standortkonkurrenz und »Targetcosting« mehr und mehr unzumutbare Leistungsvorgaben die Arbeitsbedingungen der Beschäftigten prägen. Immer häufiger müssen hier Betriebsräte, Vertrauensleute und Beschäftigte eine Datenermittlung fordern, um eine Haltelinie einzuziehen. In solchen Fällen ist es bei der Reklamation nicht unüblich – neben anderen Methoden (z. B. Zeitaufnahme) – auch mit MTM eine Leistungsbemessung vorzunehmen.

Unabhängig von der jeweiligen betrieblichen Situation ist es unerlässlich, dass die gewerkschaftlichen Mindeststandards (Übersicht 6.39) für die Anwendung von MTM betrieblich durchgesetzt werden. Dabei muss die betriebliche Interessenvertretung mit dem Widerstand der Geschäftsleitung rechnen. Dafür brauchen Betriebsrat, Vertrauensleute und Beschäftigte eine gemeinsame Strategie. Die Herangehensweise an die Regelung von MTM sollte im Betriebsrat, bei den Vertrauensleuten und mit den Beschäftigten ausführlich diskutiert und begründet werden.

Übersicht 6.39: Gewerkschaftliche Mindeststandards für die Einführung von MTM

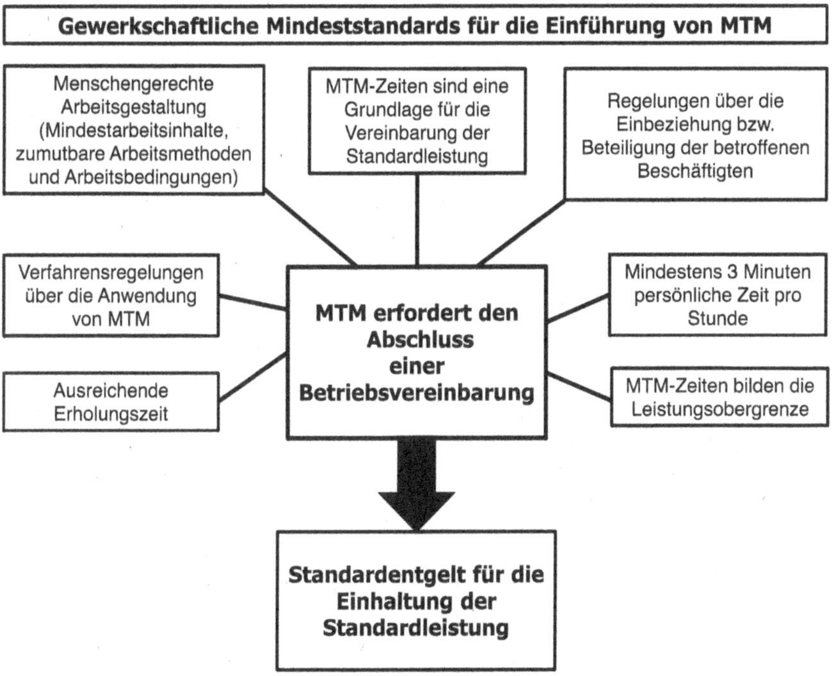

Die *gewerkschaftlichen Mindeststandards* wurden weitgehend in mehreren Konzernen und Mittelbetrieben durchgesetzt. Bei Einhaltung dieser Standards ist es trotz Anwendung von MTM möglich, Leistungsbedingungen durchzusetzen, die bei den derzeitigen Kräfteverhältnissen als akzeptabel bezeichnet werden. Für die Formulierung der Betriebsvereinbarung stellen die Gewerkschaften Vorschläge zur Verfügung. Deswegen wird hier nur eine kurze Erläuterung der gewerkschaftlichen Mindeststandards angeführt.

Menschengerechte Arbeitsgestaltung

Hierbei geht es darum, Mindestarbeitsinhalte durchzusetzen. Für viele Betriebe der Massenfertigung wäre eine Mindesttaktzeit von 1,5 Minuten schon ein großer Fortschritt. In anderen Branchen müssten größere zeitliche Umfänge und auch qualitative Erweiterungen der Arbeitsinhalte festgeschrieben werden. Da sich beim MTM-Verfahren die Soll-Zeiten unmittelbar aus der Arbeitsmethode ergeben, ist es wichtig, die Mitbestimmungsrechte des Betriebsrats auf die Arbeitsmethoden zu erweitern.

MTM-Zeiten sind die Grundlage für die Vereinbarung der Standardleistung
Da MTM-Zeiten nicht der tariflichen Normalleistung entsprechen, kann MTM auch nicht im Akkordentgelt geregelt werden. Die frühere Politik der IG Metall, mit Normalzeitkorrekturfaktoren zu arbeiten, wurde durch die Forderung nach dem Standardentgelt ersetzt. Auf der Grundlage der MTM-Zeiten vereinbaren Betriebsrat und Geschäftsleitung die Standardleistung, für deren Einhaltung ein Standardentgelt gezahlt wird. Dabei ist die Vereinbarung eines festen Standardentgelts am konsequentesten, aber die Regelung einer variablen Standardprämie in manchen Fällen noch akzeptabel. Die Tarifverträge der Metallindustrie bieten im Rahmen des Prämienentgelts Möglichkeiten für derartige Vereinbarungen (Kapitel 5.5.4).

MTM-Zeiten bilden die Leistungsobergrenze
Nach der Erfahrung vieler betroffener Beschäftigter und der IG Metall können MTM-Zeiten nicht über die Dauer eines Arbeitslebens unterschritten werden. In einer Betriebsvereinbarung sollte geregelt werden, dass auf der Grundlage der MTM-Zeiten die Leistungsobergrenze festgelegt wird (Standardleistung bzw. Prämienendleistung). Eine dauerhafte Unterschreitung von MTM-Zeiten führt zu Gesundheitsschäden.

Erholungszeiten und persönliche Zeiten
Um die Leistungsverdichtung, die mit der Einführung von MTM einhergeht, mindestens teilweise zu kompensieren, ist die Vereinbarung von ausreichender Erholungszeit und mindestens 3 Minuten persönlicher Zeit pro Stunde erforderlich. Erfahrungsgemäß gibt es bei dieser Frage mit der Geschäftsleitung und den Arbeitgeberverbänden heftige Konflikte. Zahlreiche Beispiele zeigen allerdings, dass es möglich ist, auf der betrieblichen Ebene entsprechende Regelungen durchzusetzen.

Beteiligung der betroffenen Beschäftigten
Hierbei geht es nicht um scheindemokratische Beteiligungsmodelle der Geschäftsleitungen, sondern um verbindliche Ansprüche der Beschäftigten, die nach MTM-Zeiten arbeiten. Hierzu zählt das Reklamationsrecht des einzelnen Beschäftigten über Arbeitsmethoden und Soll-Zeiten. Denkbar ist es auch, dass Beschäftigte, die an MTM-Arbeitsplätzen arbeiten, in eine paritätische Kommission vonseiten des Betriebsrats delegiert werden.

Verfahrensregelung
Hierzu sind in einer Betriebsvereinbarung zahlreiche Detailregelungen erforderlich. Dazu zählt z. B. die Einführung einer vorläufigen Betriebsvereinbarung (»Vorvertrag«) zu Beginn der meist mehrjährigen Einführungsphase, die nach einer bestimmten Frist durch eine endgültige Betriebsvereinbarung ersetzt wird. Weiter sind die anzuwendenden MTM-Datensysteme sowie die Methoden der Datenermittlung für Zeitanteile, die nicht mit MTM analysiert werden können,

zu vereinbaren. Bei der Anwendung von TiCon sind zusätzliche Regelungen erforderlich (Übersicht 6.38).
Bei der Einführung von MTM bieten viele Geschäftsleitungen dem Betriebsrat an, dreiwöchige Seminare der Deutschen MTM-Vereinigung zu besuchen, um sich sachkundig zu machen. Diese Seminare richten sich jedoch vor allem an Sachbearbeiter/innen aus der dem Industrial Engineering, die später MTM-Analysen erstellen müssen. Für Betriebsräte ist es dagegen sinnvoller, die gewerkschaftlichen Seminare zur Entgeltgestaltung zu besuchen. Die IG Metall bietet darüber hinaus spezielle Seminare für Betriebsräte und Vertrauensleute bei der Einführung von MTM an. Hier wird neben der Information über die MTM-Verfahren ausführlich die gewerkschaftliche Vorgehensweise von Betriebsrat und Vertrauenskörper und der Abschluss von Betriebsvereinbarungen erarbeitet. Zu Beginn der Einführungsphase helfen die Seminare der MTM-Vereinigung dem Betriebsrat wenig. Ist MTM im Betrieb eingeführt, kann es sinnvoll sein, dass dann ein oder zwei Betriebsratsmitglieder ein derartiges Seminar besuchen, um bei Reklamationen von Zeitvorgaben kompetent handeln zu können.

6.6 Planzeiten

6.6.1 Überblick

In vielen Betrieben werden im Rahmen des Leistungsentgeltes sogenannte Planzeiten verwendet. Dabei stellen sich zunächst folgende Fragen:

- Unter welchen Bedingungen sind Planzeiten anwendbar und sinnvoll?
- Welche der Varianten sind praktikabel?
- Was sind die wichtigsten Regelungspunkte?

In der betrieblichen Praxis werden unter Planzeiten sehr unterschiedliche Dinge verstanden.

Definition
Planzeiten sind

- Zeiten, die mit Methoden der Datenermittlung festgestellt und systematisch geordnet wurden, um sie wieder verwenden zu können oder
- Zeiten, die auf Grundlage unterschiedlicher Methoden ermittelt und dann weiter verarbeitet wurden. Diese Weiterverarbeitung erfolgt durch Zusammensetzen.

Planzeiten werden für ähnliche Produkte oder Teile bzw. für wiederkehrende Abläufe in Abhängigkeit von sog. Einflussgrößen dargestellt. *Einflussgrößen* sind Faktoren, die Einfluss auf den Zeitverbrauch haben (z. B. Drehlänge, Materialstärke, Zahl von Einzeloperationen). Planzeiten werden als Tabellen, Diagramme oder Formeln dargestellt. Sie werden in systematisch gegliederten *Planzeitkatalogen* bzw. *Planzeitdateien* zusammengefasst. *Planzeitprogramme* berechnen Planzeiten aus vorliegenden Datensätzen.

6.6.2 Anforderungen an Planzeiten

Sollen Planzeiten im Leistungsentgelt verwendet werden, müssen sie bestimmten Anforderungen genügen. Ist dies nicht der Fall, kann das zu erheblichen Nachteilen für die Beschäftigten führen. Diese Anforderungen werden hier kurz skizziert und bei den verschiedenen Methoden der Planzeitermittlung genauer erläutert.

- Der *Ursprung* der Planzeiten muss *nachweisbar* sein. Die Bedingungen, bei denen die Planzeiten ermittelt wurden, müssen reproduzierbar beschrieben sein.
- Die Ausgangswerte für die Planzeiten müssen unter vergleichbaren Bedingungen ermittelt worden sein.
- Die Datenermittlung für die Ausgangswerte der Planzeiten muss korrekt durchgeführt sein, den Anforderungen des Tarifvertrages und der Betriebsvereinbarung entsprechen und sich in der Praxis bewährt haben.
- Die Methoden der Bildung von Planzeiten aus Ausgangswerten dürfen nicht zu Fehlern, Abweichungen oder zu großen Streuungen führen.
- Beim Zusammensetzen der Zeiten für die verschiedenen Ablaufabschnitte müssen Beginn und Ende der jeweiligen Ablaufabschnitte ohne Lücken oder Überschneidungen zusammen passen
- Das *Leistungsniveau der Planzeiten* muss ersichtlich sein. In der Praxis werden folgende Planzeiten verwendet:
  - Planzeiten, die nicht unterschreitbar sind. Diese sind nur für die Verwendung im Standard-Entgelt als **Soll-Zeiten** geeignet. Dazu zählen Planzeiten aufgrund von gestoppten Ist-Zeiten, errechneten technischen Zeiten, MTM-Zeiten.
  - Planzeiten, die eine Verdienstchance enthalten. Hierbei werden die Zeiten mit einem Faktor multipliziert (Leistungsgrad, Faktor für technisch bedingte Zeiten usw.), um sie im Akkordentgelt als *Grundzeit* zu benutzen.
  - Planzeiten, die neben einer Verdienstchance auch die Zuschläge für die sachliche und persönliche Verteilzeit und die Erholungszeit enthalten. Sie können im Akkordentgelt als **Vorgabezeit** je Einheit verwendet werden.
- *Zeitbausteine* auf unterschiedlichem Leistungsniveau können nicht zusammengesetzt werden. Ggf. müssen sie zunächst auf ein gleiches Leistungsniveau gebracht werden.

6.6.3 Systematisch geordnete Planzeiten

Hierbei handelt es sich im Grunde genommen nicht um eine eigenständige Methode der Datenermittlung, sondern nur um die systematische Anordnung und Klassifizierung von Zeiten, die mit anderen Datenermittlungsmethoden erstellt wurden. Da sie immer wieder verwendet werden, heißen sie in vielen Betrieben Planzeiten. Meistens handelt es sich bei den Zeiten um Zeitstudien oder um errechnete Werte für technisch bedingte Zeiten.
Für derartige Planzeittabellen sind die Anforderungen der jeweiligen Datenermittlung zugrunde zu legen.

6.6.4 Zusammensetzen von Planzeiten

Definition
Beim Zusammensetzen von Planzeiten wird eine Arbeitsaufgabe zunächst in einzelne Ablaufabschnitte gegliedert. Die Zeitwerte für diese Ablaufabschnitte werden anschließend addiert. Die Zeiten können auf unterschiedlichen Datenermittlungsmethoden basieren.

So ergibt sich durch Zusammensetzen die Vorgabezeit bzw. die Soll-Zeit für die gesamte Arbeitsaufgabe. Wichtig beim Zusammensetzen ist, dass jeweils Ende und Beginn der aufeinanderfolgenden Ablaufabschnitte zueinanderpassen und dass die Zeit-Daten auf demselben Leistungsniveau liegen. Die den Zeit-Daten zugrunde liegenden Bedingungen müssen vergleichbar sein.

6.6.5 Planzeiten durch Interpolieren

Definition
Die beiden Methoden »Interpolieren« und »Regressionsrechnung« werden in der Praxis häufig verwechselt. Interpolieren ist das rechnerische oder zeichnerische Ermitteln von Planzeiten zwischen bekannten Ausgangswerten. Regressionsrechnung ist ein mathematisch-statistisches Verfahren zur näherungsweisen Ermittlung von Planzeiten aufgrund von mehreren Ausgangswerten (Übersicht 6.40).

Übersicht 6.40: Unterschied zwischen Interpolieren und der Regressionsrechnung

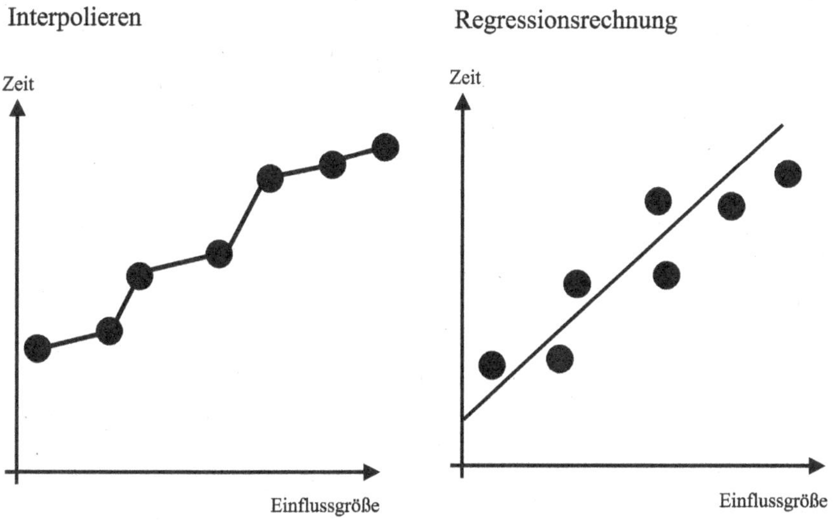

Zunächst wird das Interpolieren und im nächsten Kapitel die Regressionsrechnung dargestellt.
Beim Interpolieren werden zwischen bekannten Ausgangswerten die Zwischenwerte rechnerisch oder graphisch ermittelt. In dem folgenden Beispiel für die Bearbeitung von Stangenmaterial bestehen gemessene Zeiten für 4 und 10 Meter Länge (10 min für 4 m 15 min für 10 m). Die Zeitwerte für alle Zwischenwerte zwischen 4 und 10 Metern Länge können graphisch ermittelt werden (Übersicht 6.41). So kann z. B. für 7 Meter der Planzeitwert abgelesen werden. Dieses Verfahren kann auch durch eine Formel dargestellt werden. In der Formel gelten folgende Abkürzungen:
x: Werte der Einflussgröße
t: zugehörige Zeitwerte
x_o: oberer Wert der Einflussgröße
t_o: Zeitwert für diesen oberen Wert
x_u: unterer Wert der Einflussgröße
t_u: Zeitwert für diesen unteren Wert

Die Formel lautet dann:

$$t = t_u + \frac{t_o - t_u}{x_o - x_u} \times (x - x_u)$$

Setzt man die Werte aus dem Beispiel ein, ergibt sich:

$$t = 10\text{min} + \frac{15\text{min} - 10\text{min}}{10\text{m} - 4\text{m}} \times (7\text{m} - 4\text{m})$$

$$t = 10\text{min} + \frac{5\text{min}}{6\text{m}} \times (3\text{m}) = 10\text{min} + \frac{5\text{min}}{2\text{m}} = 10\text{min} + 2{,}5\text{min} = 12{,}5\text{min}$$

Der Planzeitwert für 7 Meter liegt somit bei 12,5 Minuten.

Die kompliziert wirkende Bruchstrich-Darstellung *to–tuxo–xu* macht letztlich nichts anderes als das graphische Interpolieren: Es wird unterstellt, dass der Zeitbedarf für die Bearbeitung gleichmäßig (linear) mit der Länge des zu bearbeitenden Materials anwächst. Die Bruchstrich-Formel berechnet also den Zeitverbrauch pro Meter Materiallänge. Wie beim graphischen Interpolieren wird der Zeitbedarf für 4 Meter als »Sockel« gesetzt, anschließend 3-mal der Zeitbedarf für 1 Meter hinzugefügt.

Übersicht 6.41: Beispiel zum grafischen Interpolieren

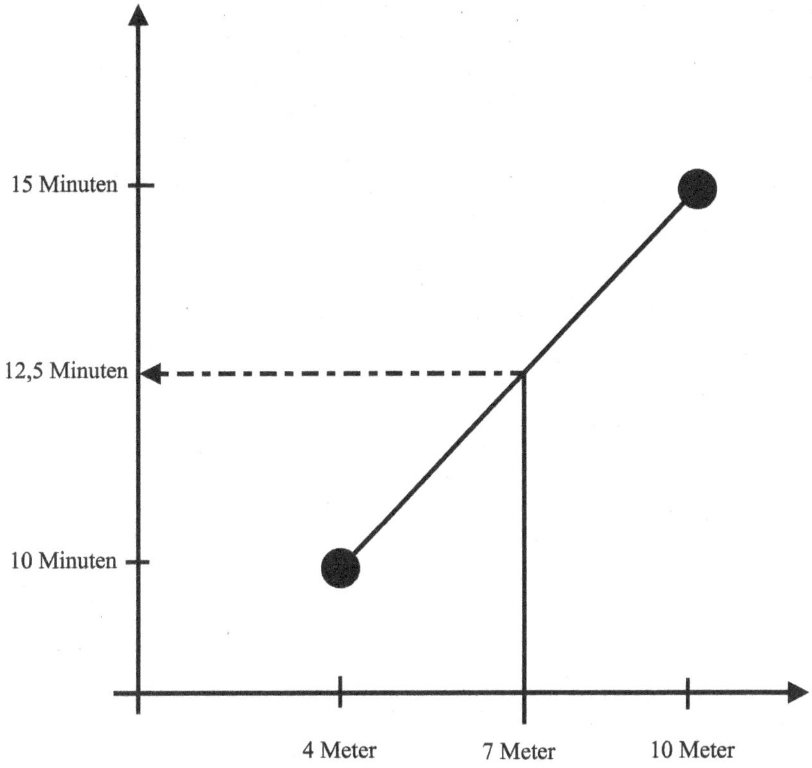

Dieses Verfahren führt zu akzeptablen Werten, wenn der höchste und niedrigste Wert nicht extrem weit auseinander liegen. Dies muss jeweils in der Praxis entschieden und sollte im Zweifelsfall zwischen Arbeitsvorbereitung und Betriebsrat vereinbart werden. Die Planzeitformel kann nur *zwischen* den beiden bekannten Werten der Einflussgrößen verwendet werden. Dies ist der so genannte *Gültigkeitsbereich der Planzeitformel.* Werden Werte der Einflussgröße, die außerhalb des Geltungsbereichs liegen, eingesetzt, führt dies zu falschen Ergebnissen. Man spricht dann auch von *Extrapolieren.* Dies sollte in einer Betriebsvereinbarung ausgeschlossen bzw. eingegrenzt werden.

6.6.6 Planzeiten durch Regressionsrechnung

Definition
Die Regressionsrechnung ist ein mathematisches Verfahren zur näherungsweisen Ermittlung von Planzeiten auf der Grundlage einer größeren Zahl von Ausgangswerten. Dabei können mehrere Einflussgrößen auf den Zeitverbrauch berücksichtigt werden. Lineare und nicht-lineare Zusammenhänge können berechnet werden.

Die Regressionsrechnung ist ein in der Arbeitswissenschaft und der Technik anerkanntes Verfahren. Die Gegenüberstellung von Interpolieren und Regression (Übersicht 6.40) erweckt zunächst den Eindruck, die Regression sei weniger genau und damit weniger brauchbar. Dies ist jedoch eine Folge der vereinfachten schematischen Darstellung: Wenn die Zeitwerte im Interpolations-Beispiel durch eine Zeitaufnahme ermittelt worden sind, so müssen hinter jedem einzelnen Zeitwert viele einzelne Messwerte liegen. Die Interpolations-Linie trifft dann auch nur die Mittelwerte und liegt mehr oder weniger weit von den Einzelmesswerten entfernt (vgl. hierzu Übersicht 6.42).

Übersicht 6.42: Vergleich zwischen Regressionsrechnung und Interpolieren zwischen Mittelwerten

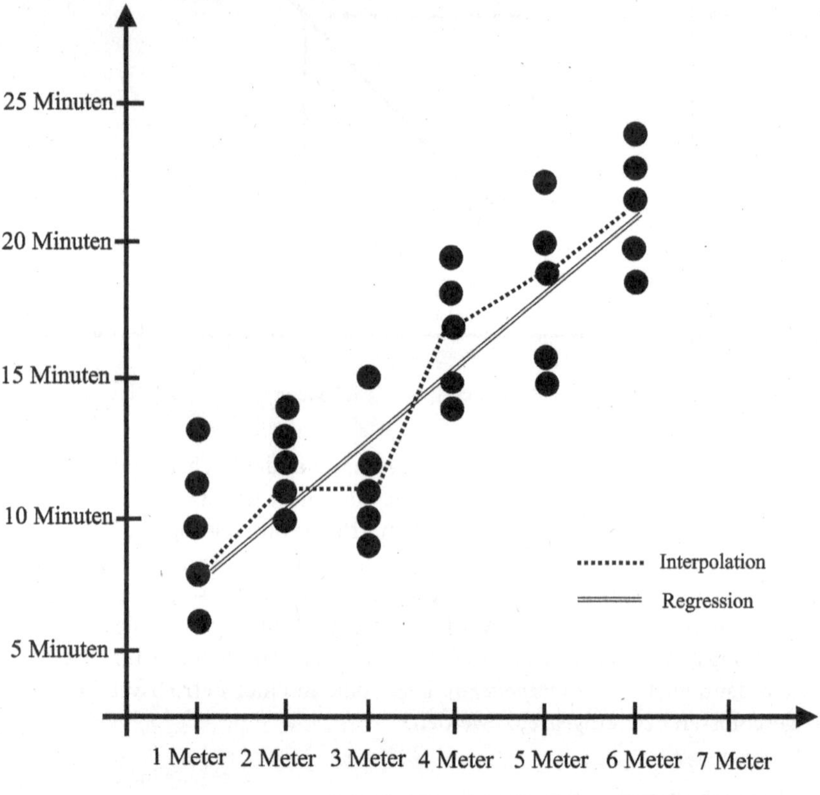

Der für die Bildung von Vorgabe- oder Sollzeiten entscheidende Unterschied zum Interpolieren liegt darin, dass mehrere Einflussgrößen berücksichtigt werden können (z. B. Materialstärke und Bohrerdurchmesser) und dass auch kurvenförmige Funktionsverläufe berechnet werden können.

Durch entsprechende Software kann nicht nur die Berechnung der Formeln sehr zügig durchgeführt werden; auch können im gleichen Arbeitsgang die nicht benötigten Einflussgrößen eliminiert und die notwendigen statistischen Prüfverfahren angewendet werden. Im Folgenden sollen die wesentlichen Funktionsprinzipien der Regressionsrechnung erläutert werden, sodass Betriebsräte die wichtigsten Regelungsnotwendigkeiten erkennen und vorhandene Regressionsrechnungen überprüfen können.

Definition
Werden in die Regressionsrechnung Werte einer Einflussgröße einbezogen, so spricht man von einfacher Regression; werden mehrere Einflussgrößen gleichzeitig berücksichtigt, (z.B. Materialstärke, Länge einer Schweißnaht), so spricht man von mehrfacher (multipler) Regression. Bildet die Planzeitformel eine Gerade, dann wird von linearer Regression gesprochen; handelt es sich um eine Kurve, so bedeutet dies eine nicht-lineare Regression.

Bei der Regressionsrechnung handelt es sich um ein Näherungsverfahren. Im Beispiel der Übersicht 6.42 liegen Ausgangswerte vor, also z. B. Zeitwerte aufgrund von Zeitaufnahmen, die als Punkte (•) eingezeichnet sind.
Diese Zeitwerte müssen korrekt ermittelt sein, um in der Regressionsrechnung weiter verwendet werden zu können. In der Regressionsrechnung wird nun eine sog. Ausgleichsfunktion berechnet, die sich auch als Planzeitformel oder in einer Grafik (als Gerade oder als Kurve) darstellen lässt. Die Funktionsgerade oder Kurve wird dabei dahin gehend optimiert, dass die Abstände zwischen den *gemessenen* Ausgangswerten und den nach der Formel *berechneten* Werten möglichst gering gehalten werden. Diese Abstände werden auch *Residuen* genannt. Bei der mathematisch-statistischen Prüfung der Nutzbarkeit von Planzeitformeln wirken sich große Residuen in Form einer Verschlechterung des Prüfergebnisses aus.
Für die Bewertung, ob und inwieweit eine Planzeitformel anwendbar ist, sind freilich mehrere Prüfkriterien und Prüfschritte wichtig, die auch von den einschlägigen EDV-Programmen ausgewiesen bzw. vorgenommen werden:

- Die *Korrelation* (r) zwischen einer Einflussgröße und den gemessenen Zeitwerten gibt einen Hinweis, wie stark die Auswirkung dieser Einflussgröße auf den Zeitbedarf ist. Mögliche Zahlenwerte liegen zwischen −1 und +1, wobei ein Wert nahe 0 für einen nur geringfügigen Einfluss steht. Das Plus- bzw. Minus-Zeichen zeigt an, ob mit größerem Zahlenwert der Einflussgröße der Zeitbedarf steigt (Beispiel: dickeres Material = höherer Zeitbedarf) oder sinkt (Beispiel: höhere Drehzahl = geringerer Zeitbedarf).
  Diese Betrachtung ermöglicht es zugleich, unwichtige Einflussgrößen aus der Berechnung herauszunehmen. Außerdem kann ermittelt werden, ob Einflussgrößen untereinander korrelieren. Mitunter wird auch die *multiple Korrelation* angegeben, d.h. das Maß, in dem die Planzeitformel die gemessenen Werte trifft. Das *Bestimmtheitsmaß* ist nichts anderes als das Quadrat dieses Korrelations-Wertes.
- Das *Bestimmtheitsmaß* (B) gibt an, wie gut die berechnete Funktionsgerade oder Kurve die Ausgangswerte trifft. Mögliche Zahlenwerte liegen zwischen 0% und 100%. Ein Bestimmtheitsmaß von 95% gilt als die Größe, die für

Planzeitenbildung anzustreben ist. Eine allzu schematische Orientierung an dieser Größe ist jedoch zweifelhaft: Bei ansonsten gleichen Abständen zwischen Funktionsgerade und Messwerten führt eine steiler verlaufende Gerade zu einem höheren Bestimmtheitsmaß.

- Die *Residuen* werden für die einzelnen Messwerte in Tabellenform ausgewiesen. Die Richtung ihrer Abweichung (+/-) sowie ihre zahlenmäßige und ihre prozentuale Größe werden damit sichtbar. Zusätzlich gibt es verschiedene Testverfahren, um herauszufinden, ob die Residuen einer *Normalverteilung* bzw. einer *Zufallsverteilung* folgen. Sollten diese Tests nicht bestanden werden, so deutet dies auf unerwünschte Effekte (Störgrößen) hin. Die Ursachen hierfür sind zu ermitteln und zu bereinigen, ggf. die Berechnungen zu erneuern. Auch bei den Residuen gibt es Tests auf *Ausreißer* hin. Wie in Sachen Mittelwert gilt hier ebenfalls, dass solche Werte auf ihre Ursachen hin überprüft werden müssen und die zugehörigen Messwerte nicht einfach aus dem Datensatz entfernt werden dürfen.
- Der *Vertrauensbereich* gibt die Bandbreite an, in der mit der geforderten Aussagewahrscheinlichkeit (auch hier sind die üblichen 95 % anzusetzen) ein *wirklicher* Wert von dem durch die Formel *errechneten* Wert abweicht. Hierbei handelt es sich im Prinzip um dieselbe Betrachtungsweise, wie sie bei der statistischen Absicherung des Mittelwertes und der Epsilon-Berechnung bei der Ermittlung von Ist-Zeiten angewendet wird. Auch hier gilt folglich: Wenn die Berechnung einen zu hohen prozentualen Fehler ausweist, muss die Differenz zum geforderten Vertrauensbereichs-Prozentwert aufgeschlagen werden, um die Beschäftigten vor dem Risiko zu kurzer Vorgabe- oder Sollzeiten zu schützen. Eine Zielgröße von 3 % für den Vertrauensbereich kann akzeptiert werden.

  Planzeitprogramme sind imstande, die Vertrauensbereiche für die einzelnen Einflussgrößen grafisch darzustellen und die berechneten Zeitwerte gemäß der betrieblich vereinbarten Vorgaben zum Vertrauensbereich zu korrigieren.

  Wie beim Interpolieren auch, darf eine Planzeitformel nur innerhalb bestimmter Grenzen verwendet werden, d.h. innerhalb ihres *Gültigkeitsbereiches*. Dieser wird i.d.R. durch die niedrigsten und höchsten Werte bei den Einflussgrößen und den Zeitwerten bestimmt, wie sie aus den ursprünglichen Messungen bekannt sind. U.U. kann es aber auch sinnvoll sein, den Gültigkeitsbereich weiter einzuschränken, wenn an den Rändern die Unsicherheit zu groß zu werden droht.

  Ein *Extrapolieren* über die bekannten Werte hinaus ist zwar rechnerisch möglich, aufgrund der fehlenden Sicherheit aber in der Betriebsvereinbarung auszuschließen.

6.6.7 Externe Planzeitkataloge

Verschiedene Organisationen und Unternehmensberater bieten komplette Planzeitkataloge zum Kauf an. In Konzernbetrieben stellt sich dasselbe Problem,

wenn Planzeiten aus einem Werk in einem anderen Werk angewendet werden sollen.
Der Betriebsrat muss überprüfen, ob die Bedingungen, unter denen die Planzeiten ermittelt wurden, denen im Betrieb entsprechen. Der Unternehmensberater, der den Katalog anbietet, muss die Bedingungen belegen können, unter denen er die Planzeiten ermittelt hat. Notwendig ist eine reproduzierbare Beschreibung entsprechend den tarifvertraglichen Bestimmungen. In den meisten Fällen ist es erforderlich, einen Anpassungsfaktor zu vereinbaren, um den die externen Werte erhöht werden.
In letzter Zeit werden von einigen Unternehmensberatern auch Planzeitkataloge angeboten, die auf MTM-Zeiten oder anderen Systemen vorbestimmter Zeiten beruhen. Wenn derartige Kataloge angewendet werden sollen, sind umfangreiche Regelungen notwendig (Kapitel 6.5).

6.6.8 Computergestützte Planzeitverwaltung

Im Rahmen des EDV-Einsatzes in der Arbeitsvorbereitung werden verschiedene Systeme eingesetzt, um Planzeiten zu erstellen bzw. zu verwalten. Zumeist sind diese Systeme mit den Systemen zur Zeitmessung integriert.
In der Praxis finden sich folgende Systeme:

- *Planzeitdateien:* Hierbei werden Planzeitkataloge in Dateien eines EDV-Programmsystems abgespeichert. Bei der Erstellung von Arbeitsplänen am Bildschirm hat der Sachbearbeiter Zugriff auf die Planzeitdateien und kann so für einzelne Produkte die Arbeitspläne mit den Planzeiten erstellen. Hier handelt es sich meistens um die Methode »Zusammensetzen von Planzeiten« (Kapitel 6.6.4).
- *Hierarchisch gegliederte Zeitbausteine:* Hierbei handelt es sich um ein Zusammensetzen von Planzeiten über mehrere Stufen hinweg. Dadurch entsteht eine Hierarchie einzelner Planzeiten, die auch Zeitbausteine genannt werden. Einzelne von ihnen werden dabei auch in mehreren übergeordneten Zeitbausteinen mit unterschiedlicher Häufigkeit verwendet. Manche Systeme sind so gestaltet, dass die Herkunft eines einzelnen Zeitbausteins nachverfolgt und die Verwendung eines Zeitbausteins in zusammengesetzten Zeiten nachvollzogen werden kann (wichtig bei Veränderungen am Zeitbaustein).
- *Planzeitformeln:* Hierbei werden Planzeitformeln im EDV-System erzeugt und gespeichert. Ist eine Planzeitformel im EDV-System hinterlegt, so braucht der Arbeitsplaner lediglich die Werte der Einflussgröße(n) einzugeben und die Planzeit errechnen zu lassen. In diesem Zusammenhang handelt es sich folglich um die Methoden »Rechnen von technisch bedingten Zeiten«, »Interpolieren« oder »Regressionsrechnung«.

Bei der Anwendung computergestützter Planzeiten müssen u. a. folgende Bedingungen sichergestellt sein:

- Die abgespeicherten Planzeiten und Planzeitformeln müssen allen genannten Anforderungen an Planzeiten entsprechen.

- Die abgespeicherten Planzeiten müssen gegen missbräuchliche Änderungen bzw. Manipulationen geschützt werden (Zugriffsberechtigungen über Passworte, Zwangsprotokoll bei Änderungen, Verschlüsselung der Dateien, Sperre gegenüber unbefugtem Datentransfer).
- Die Zugriffsberechtigten sind zu vereinbaren.
- Zugriffsrechte des Betriebsrates sind sicherzustellen.
- Die Verknüpfung mit anderen Systemen ist zu regeln.
- Bei Systemen mit hierarchisch gegliederten Zeitbausteinen sind zusätzliche Regelungen erforderlich (Kapitel 6.5.7)

6.6.9 Kritische Prüfung von Planzeiten durch den Betriebsrat

In der betrieblichen Praxis hat der Betriebsrat mit den unterschiedlichsten Zeitzusammenstellungen zu tun, die als Planzeiten bezeichnet werden. Wegen des möglichen Risikos für Beschäftigte im Leistungsentgelt, das mit Planzeiten einhergehen kann, sollte der Betriebsrat diese Zeiten kritisch prüfen und imstande sein, der Geschäftsleitung bzw. der Arbeitsvorbereitung die wichtigen und notwendigen Fragen zu stellen.

Diese Fragen sind dabei auf verschiedenen Ebenen angesiedelt:

- Passen die verschiedenen Zeitbausteine zueinander? Bei dieser Frage geht es insbesondere darum, ob Beginn und Ende der aneinandergefügten Zeitbausteine stimmig sind und ob die Zeiten auf identischem Leistungsniveau liegen.
- Ist die Herkunft der Werte einer Planzeittabelle belegbar? Es muss nachprüfbar sein, auf welche Art und Weise die Daten zustande gekommen sind, die bei der Berechnung von Planzeiten zugrunde gelegt werden. In diesem Zusammenhang kann auch überprüft werden, ob die Bedingungen bei der Ermittlung der Ursprungsdaten vergleichbar sind mit den Bedingungen, unter denen die jeweilige Planzeit angewendet werden soll.
- Wie groß und wie repräsentativ ist die Datengrundlage für die Planzeiten-Berechnung? Rechenprogramme können heutzutage in kurzer Zeit sehr aufwändige Rechen- und Prüfvorgänge abarbeiten. Die Möglichkeit einer Berechnung sagt freilich noch nichts über ihren Sinngehalt:
  - Beispiel 1: Würden bei einer Regressionsrechnung nur je 1 Zeitwert für 100 m Laufstrecke und 400 m Laufstrecke eingegeben, so würde sich rechnerisch ein Bestimmtheitsmaß von 100 % ergeben. Die gewünschte Sicherheit bei den berechneten Zeiten würde damit aber nicht erzielt.
  - Beispiel 2: Würden bei einer Regressionsrechnung viele Zeitwerte für Laufstrecken von 100 m, 105 m, 115 m, 120 m, 980 m, 990 m und 1000 m eingegeben, so wäre zwar die Zahl der Ausgangswerte hinreichend, aber ihre Verteilung höchst problematisch. Denn die notwendigen Zwischenwerte würden fehlen. Eine ähnliche Problemstellung würde entstehen, wenn es viele Zeitwerte für die kürzere Strecke gäbe und nur wenige für die längere Strecke.
- Wie gut ist eine Planzeiten-Formel abgesichert? Es stehen verschiedene Rechenverfahren zur Verfügung, um die notwendige statistische Absicherung zu überprüfen. Da die Planzeiten-Programme solche Überprüfungen auto-

matisch vornehmen, müssen nur die notwendigen Einstellungen an diesen Programmen vorgenommen werden. Dies ist auch ein Grund dafür, warum solche Planzeiten-Programme benutzt werden sollten und nicht etwa eines der weitverbreiteten Tabellenkalkulationsprogramme.

- Werden die mit Planzeiten-Formeln für die Beschäftigten verbundenen Risiken abgesichert? Ähnlich wie bei einer Zeitaufnahme der berechnete Mittelwert abgesichert und ggf. mit einem Zuschlag versehen werden muss, muss auch ein Zuschlag auf die Werte vereinbart werden, die mit einer Planzeitformel errechnet werden. Hierfür stehen unterschiedliche Möglichkeiten zur Verfügung, die ohne besonderen Zusatzaufwand genutzt werden können.

Je nach betrieblichen Verhältnissen und Beschaffenheit der Planzeiten werden diese Ebenen unterschiedliche Bedeutung im einzelnen Betrieb haben. Für die Orientierung des Betriebsrates kann die Checkliste »Planzeiten auf dem Prüfstand« (Übersicht 6.43) herangezogen werden.

6.6.10 Tarifvertragliche Regelungen der Planzeiten

Nach allen Tarifverträgen der Metallindustrie ist die Methode der Ermittlung von Soll- oder Vorgabezeiten in Kennzahlensystemen bzw. bei Akkord- oder Prämienentgelt zwischen Geschäftsleitung und Betriebsrat zu vereinbaren. Folglich können Planzeiten nur unter der Bedingung angewendet werden, dass dies gemäß einer Betriebsvereinbarung über Datenermittlung zulässig ist. In einer solchen Betriebsvereinbarung werden die einzelnen Verfahrensregelungen für die Ermittlung und Anwendung von Planzeiten festgelegt. Kommt es hierüber zu keiner Einigung, so entscheidet die Einigungsstelle nach dem BetrVG oder eine tarifliche Schlichtungsstelle.

Zum einen gibt es in den Tarifverträgen allgemeingültige Bestimmungen hinsichtlich der Anforderungen an Datenermittlung und der Mitbestimmung des Betriebsrates:

> **Tarifvertrag**
> *»Die Daten müssen unter repräsentativen Bedingungen ermittelt werden, sie müssen rekonstruierbar sein und eine eindeutige Tendenz aufweisen.«*
> »Die Methoden zur Ermittlung von Zeitfaktoren (Vorgabezeit) und Sachleistungskennzahlen sind mit dem Betriebsrat zu vereinbaren.«
> (§ 10 Ziff. 2 und 3 ERA-Tarifvertrag Niedersachsen)

Zum anderen gibt es Tarifbestimmungen, die sich unmittelbar auf die Methode Planzeiten beziehen:

> **Tarifvertrag**
> *»Planzeiten können verwendet werden, wenn ihr Ursprung ersichtlich ist und die Umstände, unter denen sie ermittelt worden sind, denen im Betrieb entsprechen. Die Umstände, unter denen die Planzeiten ermittelt worden sind, müssen niedergelegt sein.«*
> (II Ziff. 4 Anlage 2 zum ERA-Tarifvertrag Nordrhein-Westfalen)

Übersicht 6.43

Checkliste für den Betriebsrat zur Prüfung von Planzeiten		✓ / Notiz
A	**Allgemeines**	
1	Sind die ausgewiesenen Planzeiten durch Datenermittlung belegbar?	
2	Sind die Ausgangswerte für die Planzeiten durch Datenermittlung belegbar?	
3	Sind diese Datenermittlungen korrekt nach den Bestimmungen des Tarifvertrages und der Betriebsvereinbarung durchgeführt, und haben sich diese Zeiten in der Praxis bewährt?	
4	Sind die Bedingungen der Datenermittlung und die Einflussgrößen reproduzierbar beschrieben?	
5	Auf welchem „Leistungsniveau" liegen die Ist-Zeiten?	
6	Auf welchem „Leistungsniveau" liegen die Grundzeiten (wie hoch ist die Verdienstchance, also der beurteilte Leistungsgrad sowie der Zuschlag auf Prozesszeiten?)	
7	Auf welchem „Leistungsniveau" liegen die Vorgabezeiten (wie hoch ist die Verdienstchance? Wie hoch sind die Zuschläge für sachliche und persönliche Verteilzeiten sowie Erholungszeiten?)	
8	Mit welchen Methoden wurden die ausgewiesenen Planzeiten bzw. die Ausgangswerte ermittelt?	
9	Mit welchen Methoden wurden aus den Ausgangswerten Planzeiten abgeleitet?	
B	**Systematisch geordnete Planzeiten**	
1	Sind die Planzeiten für eine laufende Wiederverwertung geeignet?	
C	**Zusammensetzen von Planzeiten**	
1	Sind die Zeitwerte für die Ablaufabschnitte korrekt nach den Bestimmungen des Tarifvertrages und der Betriebsvereinbarung ermittelt worden?	
2	Sind die Zeitwerte für die Ablaufabschnitte unter vergleichbaren Bedingungen ermittelt worden?	
D	**Planzeiten durch Interpolieren**	
1	Ist der Abstand zwischen den zwei Werten akzeptabel?	
2	Wie lautet die Planzeitformel und der Gültigkeitsbereich?	
3	Werden Planzeiten außerhalb des Gültigkeitsbereiches ermittelt? (Extrapolieren)	
E	**Planzeiten durch Regressionsrechnung**	
1	Welche Ausgangswerte wurden verwendet?	
2	Wurden alle vorhandenen Ausgangswerte verwendet?	
3	Welche und wie viele Einflussgrößen wurden in den Ausgangsdaten verwendet?	
4	Welche Einflussgrößen sind Bestandteil der Planzeitformel?	
5	Gibt es Abhängigkeiten (Korrelationen) zwischen den Einflussgrößen in der Planzeitformel?	
6	Wie lautet die Planzeitformel und ihr Gültigkeitsbereich?	
7	Wie gut ist die Planzeitformel statistisch abgesichert?	
8	Wie hoch ist das Bestimmtheitsmaß?	
9	Wie sind die Residuen (Abweichungen zwischen gemessenen und errechneten Werten) verteilt?	
10	Wurden Ausreißer festgestellt?	
11	Wurden Ausreißer eliminiert?	
12	Werden Planzeiten außerhalb des Gültigkeitsbereichs der Formel ermittelt (Extrapolieren)?	
13	Wie sieht die Übersicht zu gemessenen und errechneten Werten, absoluter und prozentualer Abweichung sowie den Vertrauensbereichsgrenzen aus?	
F	**Externe Planzeitkataloge**	
1	Unter welchen Bedingungen wurden die Planzeiten ermittelt? (Reproduzierbare Beschreibung)	
2	Sind diese Bedingungen mit denen im Betrieb vergleichbar?	
3	Um welchen Faktor werden die externen Planzeiten erhöht, damit sie den Bedingungen im Betrieb gerecht werden?	
4	Wurden die Planzeiten auf der Grundlage von MTM-Datensystemen ermittelt?	

Übersicht 6.44

Regelung in einer Betriebsvereinbarung zu Planzeiten	
1	Daten, die mit den vereinbarten Methoden der Datenermittlung und nach den Bestimmungen der Betriebsvereinbarung ermittelt wurden, können zur Bildung von Planzeiten verwendet werden.
2	Planzeiten können mit folgenden Methoden gebildet werden (Möglichkeiten auswählen): - Zusammensetzen - Interpolieren - Regressionsrechnung
3	Zusammensetzen von Planzeiten
3a	Die Werte der einzelnen Ablaufabschnitte müssen unter vergleichbaren Bedingungen ermittelt werden.
3b	Wurden die Zeiten für die Ablaufabschnitte durch Messen von Ist-Zeiten ermittelt, sind sie entsprechend den Bestimmungen der Betriebsvereinbarung statistisch aufzubereiten.
4	Interpolieren
4a	Zwischen zwei Ausgangswerten einer Einflussgröße können zeichnerisch oder rechnerisch Zwischenwerte gebildet und als Planzeiten verwendet werden.
4b	Der Abstand zwischen dem oberen und unteren Wert darf eine für die Praxis akzeptable Größe nicht überschreiten. Im Zweifelsfall wird er zwischen den Beauftragten von Geschäftsleitung und Betriebsrat einvernehmlich festgelegt.
4c	Das Extrapolieren ist nicht zulässig.
5	Regressionsrechnung
5a	Die Ermittlung von Planzeiten kann mithilfe der einfachen oder mehrfachen Regressionsrechnung erfolgen. In der Planzeitformel sollen in der Regel nicht mehr als drei Einflussgrößen verwendet werden.
5b	Alle vorhandenen Ausgangswerte sind in die Regressionsrechnung einzubeziehen. Automatisches Eliminieren von Ausreißern ist nicht zulässig. Eine Entfernung von Ausgangswerten darf nur in begründeten Einzelfällen erfolgen und ist nachzuweisen.
5c	Die Verwendung einer Planzeitformel (Regressionsformel) ist nur zulässig, wenn das Bestimmtheitsmaß größer als 90% ist, die Formel gesichert ist und die Residuen auf Normalverteilung und Zufälligkeit hin geprüft sind. Für diese Prüfungen werden folgende Verfahren angewendet: [diese sind hier einzusetzen].
5d	Für alle Datensätze werden tabellarisch folgende Werte ausgewiesen: - Ausgangswert - errechneter Wert - absolute Abweichung (= errechneter Wert – Ausgangswert) - relative Abweichung (= absolute Abweichung/errechneter Wert) - untere und obere Vertrauensbereichsgrenze - Vertrauensbereich in Prozent
5e	Die mit einer Planzeitformel berechneten Werte werden mit folgendem Verfahren korrigiert: - VB-Zuschlag - Delta-VB-Zuschlag [Eines dieser Verfahren ist auszuwählen]
5f	Das Extrapolieren ist nicht zulässig.

> **Tarifvertrag**
> *»Planzeiten können mit unterschiedlichen Methoden gebildet werden (Zusammensetzen, Interpolieren oder Regression). Planzeiten werden in Tabellen ausgewiesen. Der Ursprung der Planzeiten muss nachweisbar sein. Die Voraussetzungen, unter denen sie gelten, sind zu vermerken. Das Extrapolieren der Werte ist nicht zulässig.«*
> (II Ziff. 5 Anlage zum ERA-Tarifvertrag Nordverbund)

6.6.11 Eckpunkte für Betriebsvereinbarungen

In einer Betriebsvereinbarung zum Leistungsentgelt werden Regelungen über Planzeiten im Abschnitt »Datenermittlung« vereinbart. Dazu gehören: allgemeine Anforderungen, Zuständigkeit, reproduzierbare Arbeitsbeschreibung und zulässige Methoden der Datenermittlung; vgl. Übersicht 6.44.
Vor einer Vereinbarung über Planzeiten sollte ein Betriebsrat sorgfältig prüfen, welche Risiken damit für die Beschäftigten verbunden sein könnten (z. B. zu ungenaue Zeiten, nicht übereinstimmende Bedingungen). Zugleich sollte er auch die Möglichkeiten einschätzen, Planzeiten als Datengrundlage für das Leistungsentgelt zu nutzen. Diese Abwägungen werden häufig für verschiedene Betriebsbereiche differenziert vorgenommen werden müssen. Und nicht zuletzt werden die technischen und personellen Voraussetzungen für die Anwendung von Planzeiten zu berücksichtigen sein, vgl. dazu Übersicht 6.43.

6.7 Rechnen von technisch bedingten Zeiten

An immer mehr Arbeitsplätzen bestimmen Maschinen und Anlagen das Arbeitstempo. Die Soll-Zeiten ergeben sich durch technisch bedingte Abläufe. Auch an herkömmlichen Werkzeugmaschinen bestand schon immer ein Teil der Zeiten aus Maschinenlaufzeiten bzw. Prozesszeiten. An CNC-Maschinen und anderen computergestützten Produktionsanlagen ergibt sich die Maschinenlaufzeit aus dem Werkstückprogramm. Für die Beschäftigten im Akkordentgelt besteht das Problem, dass diese Zeiten nicht unterschritten werden können. Daher sind entweder Regelungen über Zuschlagsfaktoren bzw. die Einführung des Prämienentgelts erforderlich.
Prozesszeiten werden in Maschinenhauptzeiten und Maschinennebenzeiten unterteilt. Unter *Maschinenhauptzeit* fällt die eigentliche Nutzung der Maschinen (z. B. das Zerspanen). *Maschinennebenzeiten* sind die Zeiten, in denen die Maschine für die Hauptnutzung vorbereitet bzw. in den Ausgangszustand zurückversetzt wird (z. B. Rücklauf des Werkzeuges).
Die technisch bedingten Zeiten können mit der Stoppuhr gemessen werden. Es besteht auch die Möglichkeit, sie zu errechnen. Dazu gibt es für die verschiedenen Produktionsprozesse technische Formeln. Am verbreitetsten ist dies in der zerspanenden Fertigung. Dort werden Formeln für die Maschinenhauptzeiten beim Drehen, Bohren, Fräsen, Schleifen usw. verwendet.

Die Maschinenhauptzeit für das Drehen errechnet sich beispielsweise mit folgender Formel:

$$\text{Maschinenhauptzeit} = \frac{\text{Drehlänge}}{\text{Drehzahl x Vorschub}}$$

Beispiel:
Drehlänge = 80 mm, Drehzahl = 1.250 Umdrehungen/Minute
Vorschub = 0,077 mm/Umdrehung

$$\text{Maschinenhauptzeit} = \frac{80}{1.250 \text{ x } 0{,}077} = 0{,}83 \text{ Minuten}$$

Zu dieser berechneten Maschinenhauptzeit sind die Maschinennebenzeiten zu addieren. Sie werden entweder errechnet, gemessen oder aus Planzeittabellen abgelesen. Zu den Maschinennebenzeiten gehören z. B.:

- Spindelanlauf,
- Eilgang der Werkzeuge vor der Zuspannung,
- Rücklauf des Werkzeuges,
- automatischer Werkzeugwechsel,
- automatischer Palettenwechsel,
- usw.

Eckpunkte für betriebliche Regelungen

- Bei der Methode »Rechnen von technisch bedingten Zeiten« müssen Maschinenhauptzeiten und Maschinennebenzeiten vollständig und korrekt ermittelt werden.
- Im Zweifelsfall sollten errechnete Zeiten mit der Stoppuhr nachgemessen werden.
- Bei externen computergestützten Systemen zur Berechnung von Hauptzeiten sollte überprüft werden, ob die Daten für den jeweiligen Betrieb übernommen werden können. Zeiten für manuelle Tätigkeiten können nur mit den im Betrieb vereinbarten Methoden ermittelt werden.
- Da *eine* Berechnungsformel für unterschiedliche Maschinen verwendet wird, sind evtl. für einzelne Maschinen Anpassungsfaktoren zu vereinbaren.
- Im Leistungsentgelt mit Leistungsanreiz müssen die errechneten Maschinenlaufzeiten mit einem Korrekturfaktor umgerechnet werden, sodass die Beschäftigten die betriebsüblichen Verdienstgrade erreichen.
- Bei Standard- oder Vario-Prämien kann die Prämienleistung auf der Grundlage der errechneten Zeiten vereinbart werden.

6.8 Vergleichen und Schätzen

In vielen Industriebetrieben sind im Leistungsentgelt nur wenige Vorgabe- oder Sollzeiten mit Zeitstudien ermittelt worden, sodass diese überwiegend aufgrund von Erfahrungswerten geschätzt werden.
Gegen ein derartiges Vorgehen ist aus gewerkschaftlicher Sicht nichts einzuwenden, sofern »großzügig« geschätzt wird, d.h. bei Einhaltung der Pausen-, Verteil- und Erholungszeiten die betriebsüblichen Verdienst erzielt werden können. Wird dagegen »knallhart« geschätzt und werden unzumutbare Vorgabe- oder Sollzeiten ermittelt, muss die Interessenvertretung aktiv werden. Entweder müssen andere Methoden der Datenermittlung verwendet werden oder genaue Regelungen über die Datenermittlungsmethode »Schätzen« vereinbart werden.
Vorgehensweise: In der Zeitwirtschaft wird der Begriff »Schätzen« anders als in der Umgangssprache gebraucht. Es wird vom »vergleichenden Schätzen« oder einem »methodischen Schätzen« ausgegangen, mit dem nur quantitative Daten ermittelt werden, die im Zweifelsfall gemessen oder gezählt werden können. Das methodische Schätzen lässt sich vereinfacht in vier Punkte zusammenfassen:

1. Für die Arbeitsaufgabe, deren Soll-Zeit durch Schätzen ermittelt werden soll, wird zunächst eine reproduzierbare Arbeitsbeschreibung angefertigt.
2. Dann wird eine ähnliche oder vergleichbare Arbeitsaufgabe ausgewählt, deren Soll-Zeit mit anderen Methoden ermittelt wurde.
3. Anschließend werden die Abweichungen zwischen den beiden Arbeitsaufgaben verglichen. Erfolgte die Zeitermittlung getrennt für einzelne Ablaufabschnitte, ist das Schätzen auf dieser Grundlage möglich. D.h., einige Ablaufabschnitte aus dem Zyklus können übernommen werden, andere fallen weg, kommen hinzu oder werden verändert.
4. Aufgrund der Abweichungen werden Zu- oder Abschläge an der Soll-Zeit vorgenommen und die neue Soll-Zeit geschätzt. Geschätzte Zeiten sind als solche zu kennzeichnen.

Die Übersicht 6.45 zeigt in acht Schritten die Vorgehensweise.
Je nach der betrieblichen Form des Leistungsentgelts wird diese Soll-Zeit für die Berechnung des Leistungsmaßes genutzt, wobei die vereinbarten Verteil- und Erholungszeiten zu berücksichtigen sind.
Geschätzte Zeiten können – wie es schon der Name sagt – zu hoch oder zu niedrig sein. Sie sind deshalb für Beschäftigte im Leistungsentgelt immer mit dem Risiko verbunden, ein zu hoch angesetztes Leistungsmaß zu erhalten. Deshalb sind im Rahmen des Entgeltsystems zusätzliche Regelungen erforderlich.
Eckpunkte für Betriebsvereinbarungen:

- Werden geschätzte Zeiten in einer Standardprämie zur Vereinbarung der Standardleistung angewendet, ist das Risiko für die Beschäftigten gering. Denn Unterschreitungen der Standardleistung führen zu keiner Verdienstminderung; es werden allerdings die Ursachen geprüft (Kapitel 5.5.4). In diesem Zusammenhang könnte sich herausstellen, dass die geschätzte Zeit zu niedrig ist und korrigiert werden muss.

Übersicht 6.45: Vorgehensweise beim Vergleichen und Schätzen

Nr.	Schritt	Inhalt / Beispiel
1.	Aufgabe beschreiben, Verwendungszweck der Daten festlegen	- Arbeitssystembeschreibung - Verwendungszweck der Daten festlegen - notwendige Genauigkeit?!
2.	in Vergleichsunterlagen (Zeichnungen, Zeitklassenkataloge) ähnlichen Arbeitsgegenstand suchen	Wichtige Voraussetzung für ein hinreichend genaues Vergleichen und Schätzen ist, dass eine genügend große Anzahl von vergleichbaren Ablaufabschnitten und Zeiten für ähnliche Arbeitsaufgaben, Arbeitsgegenstände, Arbeitsverfahren und Arbeitsmethoden als Vergleichsgrundlage vorhanden ist und der Arbeitsablauf hinreichend beschrieben ist.
3.	Ausführungsbedingungen vergleichen	z. B. Häufigkeit des Auftretens, Material, zu verwendende Betriebsmittel (vergleichbar?) Wichtig: Herstellungstechnologien und Losgrößen beider Arbeitsgegenstände bekannt und vergleichbar
4.	Abweichungen der Arbeitsgegenstände untersuchen	Die zu vergleichenden Abläufe sind festzulegen und zu beschreiben. Alle Unterschiede sind zu verdeutlichen, z. B. Abmessungen oder Form des Arbeitsgegenstandes
5.	Abweichungen der Arbeitsabläufe untersuchen	Sind alle Ablaufabschnitte noch notwendig, kommen neue Ablaufabschnitte hinzu, Verändern sich Ablaufabschnitte? Je Ablaufabschnitt kann nun unter Berücksichtigung der Einflussgrößen die Auswirkung auf den Zeitaufwand geschätzt oder berechnet werden.
6.	Zeiten für hinzukommende und entfallene Ablaufabschnitte ermitteln	Zeitaufwand für hinzukommende und entfallene Ablaufabschnitte durch vergleich mit bekannten Zeitwerten (Planzeitbausteine, Erfahrungswerte, REFA-Zeitstudien für einzelne Ablaufabschnitte) abschätzen; Zeitwerte zusammenfassen
7.	Zuschläge ermitteln und addieren	Ermitteln der notwendigen Verteil- und Erholzeiten, z. B. aus tariflichen / betrieblichen Vereinbarungen; anschließend Zeit pro Einheit errechnen
8.	Soll-Zeit bestätigen und verwenden	Bei erstmaliger Verwendung kann die Genauigkeit durch eine Zeitaufnahme überprüft werden und nach Bestätigung der Zeiten können diese in den Katalog der Standardarbeiten übernommen werden.

(Quelle: REFA-Verband)

- Eine andere Möglichkeit, das Risiko der Beschäftigten im Leistungsentgelt zu mindern, besteht darin, die geschätzten Zeiten lediglich zur Grundlage für die *Vereinbarung* von Soll-Zeiten zu verwenden. Arbeitsvorbereitung und Betriebsrat vereinbaren dabei auf der Grundlage der geschätzten Zeit die Soll-Zeit, wobei die betroffenen Beschäftigten einbezogen werden können.
- Werden im Akkordentgelt geschätzte Vorgabezeiten verwendet, ist das Risiko für den Betroffenen am größten. Deshalb sollte vereinbart werden, dass geschätzte Zeiten als solche zu kennzeichnen sind. Sollte sich die Zeit als zu niedrig erweisen, können die betroffenen Beschäftigten oder der Betriebsrat die geschätzte Zeit reklamieren.

Auch über die Vorgehensweise beim Schätzen sollten in einer Betriebsvereinbarung Regelungen getroffen werden. Werden quantitative Daten nicht gemessen oder gezählt, sondern geschätzt, so ist wie folgt vorzugehen: Unterlagen und Erfahrungswerte von ähnlichen Arbeitssystemen werden auf Abweichungen hinsichtlich Mensch, Betriebsmittel, Arbeitsgegenstände und der Arbeitsbedingungen untersucht. Der Grad der Abweichungen ist zu schätzen. Aufgrund der Abweichungen werden Zu- bzw. Abschläge festgesetzt. Entsprechend ist der Zeitfaktor zu ändern. Geschätzte Daten müssen nachmessbar bzw. nachzählbar sein. Geschätzte Zeitbestandteile sind auf dem Ermittlungsbogen zu kennzeichnen.
In einigen Tarifverträgen wird das Zeitklassenverfahren als ein Unterpunkt des Schätzens aufgeführt. Wegen seiner Besonderheiten ist es aber im Grunde genommen eine eigenständige Methode der Datenermittlung und kann auch nur unter ganz bestimmten Bedingungen angewendet werden.

Definition
Das Zeitklassenverfahren ist ein statistisches Näherungsverfahren zur überschlägigen Vorgabe von Zeiten.

Aufbau: Bei diesem Verfahren werden über ein bestimmtes Produktspektrum für verschiedene Produkte oder Arbeitsaufgaben meistens mit Zeitstudien Vorgabezeiten ermittelt. Die einzelnen Arbeitsaufgaben werden dann sog. Zeitklassen zugeordnet. Für jede Zeitklasse werden für die erforderliche Zeit eine Untergrenze, eine Obergrenze und der Mittelwert definiert und in einer *Zeitklassentabelle* zusammengefasst, die nach besonderen Prinzipien aufgebaut ist.
Anwendung: Bei der Vorgabezeitermittlung für ein neues Produkt wird dieses mit den Standardarbeiten aus dem Zeitklassenkatalog verglichen. Durch dieses Vergleichen wird die entsprechende Zeitklasse ermittelt und der Mittelwert aus der Tabelle als Vorgabezeit verwendet.
Kritik: Die mit dem Zeitklassenverfahren ermittelten Zeitwerte sind in jedem Fall fehlerbehaftet und daher für die Beschäftigten im Leistungsentgelt mit einem hohen Risiko verbunden. Deshalb ist das Zeitklassenverfahren aus gewerkschaftlicher Sicht abzulehnen.
Wenn es überhaupt zum Einsatz kommen soll, ist es ausschließlich anzuwenden, wenn die Arbeitsaufgaben nur sehr selten angeführt werden und in einem Monat die unterschiedlichsten Aufgaben aus dem vereinbarten Produktspektrum ange-

führt werden, sodass die Beschäftigten im Leistungsentgelt im gleichen Verhältnis über- und unterdurchschnittlich hohe Vorgabezeiten erhalten. Aus ähnlichen Gründen wie bei der Datenermittlungsmethode »Schätzen« empfiehlt sich die Anwendung des Zeitklassenverfahrens nur im Entgeltgrundsatz Standardentgelt. Lässt sich die Anwendung des Zeitklassenverfahrens durch die Interessenvertretung nicht verhindern, muss dazu eine Betriebsvereinbarung abgeschlossen werden. Als Orientierung für eine derartige Betriebsvereinbarung können folgende Eckpunkte dienen:
Das Zeitklassenverfahren kann unter folgenden Voraussetzungen angewendet werden:
- **Die Arbeitsaufgaben und Arbeitsgegenstände müssen nur selten oder nicht wiederholt in gleicher Weise anfallen,**
- **mit vorliegenden ähnlichen Arbeitsaufgaben und Arbeitsgegenständen zum Zwecke der Datenermittlung vergleichbar sein,**
- **im Laufe eines Abrechnungszeitraumes in einer zufälligen Folge ausgeführt werden.**
- **Die Anwendung des Zeitklassenverfahrens ist durch Betriebsvereinbarung zu regeln. Diese muss mindestens den Anwendungsbereich. Abrechnungszeitraum und den Zeitklassenkatalog mit Angaben zum Aufbau und Genauigkeit der Zeitklassentabelle enthalten.**

6.9 Vereinbaren von Leistungsvorgaben

Die Methode *Vereinbaren* spielt im Zusammenhang mit dem Zustandekommen von Leistungsvorgaben mehrfach eine Rolle:
- bei der Datenermittlung für Kennzahlensysteme, wie z. B. Akkord oder Prämie,
- bei der Datenermittlung für Stör- und Wartezeiten,
- bei Zielvereinbarungen.

Die folgenden Ausführungen beziehen sich auf Kennzahlensysteme, wie Kennzahlenvergleich, Prämienentgelt oder das Akkordentgelt.
Beim *Vereinbaren* handelt es sich um eine Methode, mit der es langjährige Erfahrungen gibt, die aber insbesondere auch zur Bewältigung neuerer Entwicklungen geeignet ist.
Durch die zunehmende Typenvielfalt, geringe Stückzahlen und die kontinuierliche Verbesserung der Arbeitsorganisation (KVP) stellt sich in vielen Unternehmen die Frage, ob jede Vorgabezeit durch eine exakte Zeitstudie oder MTM-Analyse belegt werden soll. Viele Unternehmen sind auf der Suche nach geeigneten vereinfachten Methoden der Datenermittlung. Neben Planzeiten und Selbstaufschreiben dürfte die Methode des Vereinbarens den Anforderungen der geänderten Praxis gerecht werden.
Selbst der REFA-Verband, der in der Vergangenheit das Vereinbaren als methodisch unsauber abgelehnt hat, ist dazu übergegangen, diese Methode zu emp-

fehlen. Im REFA-Fachbuch »Führen durch Zielvereinbarungen« (1995) werden viele praktische Beispiele für das Vereinbaren von Leistungsvorgaben angeführt. Mit den tariflichen Regelungen zu Zielvereinbarungen in den Entgelt-Rahmentarifverträgen gewinnt das Vereinbaren von Daten an Bedeutung (Kapitel 5.6). Zu beachten ist aber, dass sich die Vereinbarung von Leistungsvorgaben bei Zielvereinbarungen immer auf einen Beschäftigten oder eine Gruppe von Beschäftigten beziehen, mit dem oder denen die Zielvereinbarung geschlossen wird.
Da Vorgabezeiten in Kennzahlensystemen in der Regel nicht für einen Beschäftigten Geltung haben, sondern im ganzen Betrieb angewendet werden können, ist es sachgerechter, die Vereinbarung mit den gewählten Repräsentanten der Beschäftigten, also einem Mitglied des Betriebsrats, vorzunehmen, die in der Regel auch über den nötigen Sachverstand zu den einzelnen Methoden der Datenermittlung verfügen.

Definition
Beim Vereinbaren von Leistungsvorgaben handelt es sich um eine Methode der Datenermittlung, bei der Soll-Daten zwischen dem Arbeitgeber und dem Betriebsrat aufgrund von Erfahrungswerten vereinbart werden. Dabei sind die Bedingungen, für die die vereinbarten Daten gelten, reproduzierbar zu beschreiben.

Die Übersichten 6.46a und b zeigen ein praktisches Beispiel des Vereinbarens von Leistungsvorgaben. Wichtig ist, dass die Bedingungen reproduzierbar beschrieben werden, sodass nachvollziehbar ist, unter welchen Voraussetzungen die Vereinbarung geschlossen wurde.
Im Anhang zum Entgeltrahmenabkommen Küste findet sich folgende Bestimmung über *Vereinbaren*:

Übersicht 6.46a

Beispiel zur Vereinbarung von Leistungsvorgaben		
V 1	**Vereinbarung von Leistungsvorgaben**	**Nr.:** 007 / 4711
Arbeitsaufgabe: Flansch-Montage Produkt-Nr. 2600425734 / 8, 12, 24		
Beschreibung der Arbeitsaufgaben, evtl. Teilaufgaben: Ein Flansch wird mit 8, 12, oder 24 Muttern befestigt (M12). Zusätzlich Federscheiben über Kreuz nachziehen.		
Arbeitssystembeschreibung: Werkbank in Halle 24 /5. Mutter und Federscheiben werden im Montagewagen geliefert. Entfernung: 2 Meter. Flansch wird direkt angeliefert.		
Arbeitsbelastungen: Lärm: 85 dB (A). Zugluft vom Halleneingang. Heben und Halten des Flansches.		

Übersicht 6.46b

Herkunft der Daten: Geschätzt auf der Grundlage von Zeitaufnahmen vom 23.02.2020	
Arbeitsaufgabe / Teilaufgabe	**Soll - Zeit**
Flansch-Montage Mit 8 Muttern Mit 12 Muttern Mit 24 Muttern	 3 Minuten 4,5 Minuten 9,5 Minuten

Sollzeiten gelten für (ankreuzen)
- 0 Standard-Leistung
- X Soll-Leistung bei Vario-Prämie in Höhe von 120%.
- 0 Ausgangs-Leistung bei Anreizprämie bzw. Akkordentgelt

Soll-Zeiten gelten bei zusätzlicher Vorgabe von:

5% persönliche Zeit

5% Erholungszeit

5% sachliche Verteilzeit

--- Beteiligungszeit

Datum	Unterschrift: Abt. Zeitwirtschaft	Unterschrift Betriebsrat
10.06.2025	Müller	Schmidt

Tarifvertrag
»Leistungsvorgaben und -pensen können auf Basis von Erfahrungswerten freiwillig zwischen Arbeitgeber und Betriebsrat vereinbart werden. Die vereinbarten Daten sind schriftlich zu dokumentieren. Wird bei der Vereinbarung auf Referenzwerte aus anderen Datenermittlungen zurückgegriffen, so muss der Ursprung der Daten nachweisbar sein. Die Bedingungen, unter denen die Daten Verwendung finden, sind reproduzierbar zu beschreiben.«
(»Methoden zur Datenermittlung«, Anhang zum ERA-Tarifvertrag Nordverbund, Auszug)

Im Tarifgebiet Baden-Württemberg ist zusätzlich geregelt, dass der Arbeitgeber methodisch Daten als Grundlage für den Vereinbarungsprozess ermitteln kann. In diesem Fall ist der Arbeitgeber in der Auswahl der Datenermittlungsmethode frei. Das Mitbestimmungsrecht des Betriebsrats wird nicht auf die Festlegung der Methode beschränkt, sondern erstreckt sich auf die Vereinbarung der konkreten Leistungsvorgaben.

Tarifvertrag
»Die Vereinbarung von Vorgaben erfolgt zwischen den Betriebsparteien. Der Arbeitgeber kann als Grundlage hierzu Daten ermitteln. Ein Mitbestimmungsrecht über die Auswahl und Ausgestaltung der Datenermittlungsmethoden besteht in diesem Falle nicht.
Kommt keine Einigung zustande, wird eine Vorgabe methodisch durch den Arbeitgeber ermittelt. In diesem Falle gelten die Bestimmungen des § 17.3.4 entsprechend.
Auf Antrag einer Seite ist der Vereinbarungsprozess durch Betriebsvereinbarung zu konkretisieren.«
(§ 17.3.5 ERA-Tarifvertrag Baden-Württemberg)

Für eine Betriebsvereinbarung über die Anwendung dieser Methode empfehlen sich folgende zusätzliche Regelungen:
- ein Rückgriff auf andere Methoden der Datenermittlung für den Fall einer Reklamation,
- ein Nachhalten von Veränderungen in den Produktionsabläufen (wie sie z. B. im Rahmen von KVP-Prozessen erfolgen).

6.10 Selbstaufschreiben

Das Selbstaufschreiben wird in Bezug auf Leistungsmaße und Zeitbedarfe in unterschiedlichen Varianten und mit unterschiedlichen Stoßrichtungen eingesetzt: Einerseits liegen oftmals für einen Auftrag keine oder keine hinreichend genauen Zeit-Daten vor. Daher werden Beschäftigte nach Beendigung des Auftrages aufgefordert, die aufgewendete Zeit zu notieren. Andererseits kann es darum gehen, die Zeitanteile innerhalb eines Arbeitstages oder Arbeitsauftrages zu ermitteln

und Hinweise zu Arbeitsanfall, Arbeitsorganisation oder Personalbedarf zu erhalten.
Die Methode lässt sich folgendermaßen definieren:

> **Tarifvertrag**
> *»Die Datenermittlung durch das Selbstaufschreiben ist das schriftliche Erfassen wahrgenommener Daten durch die Beschäftigten im eigenen Arbeitsbereich. Dazu gehören auch die Eingaben bei selbsttätig registrierenden Messgeräten.«*
> (§ 5.11 Tarifvertrag über Leistungs- und Personalbemessung der Volkswagen AG, vom 15.12.2008)

Das Selbstaufschreiben erscheint zunächst harmlos; dennoch können die Auswirkungen genauso groß oder größer sein, als wenn die Zeiten für die Arbeitsabläufe mit der Stoppuhr gemessen oder mit MTM analysiert würden. Die Methode wird besonders häufig im Verwaltungsbereich eingesetzt, da die Unternehmer Schwierigkeiten mit den Beschäftigten befürchten, falls sie im Büro »Zeitstudien« durchführen.

Vorgehensweise

Es gibt verschiedene Vorgehensweisen beim Selbstaufschreiben. Im Folgenden wird ein vereinfachtes fiktives Beispiel aus der Abteilung Industrial Engineering skizziert. Zunächst wird eine grobe Analyse der anfallenden Arbeiten in der Abteilung durchgeführt und in einer Liste mit typischen Tätigkeiten zusammengefasst und codiert (Übersicht 6.47).

Übersicht 6.47

Beispielhafte Liste der anfallenden Tätigkeiten beim Selbstaufschreiben

Tätigkeit	Code	Tätigkeit	Code
Pause	00	Gespräch in Abteilung	50
Arbeitsplatz herrichten bei Arbeitsanfang und -ende	01	Gespräch mit Vorgesetztem	51
Arbeitsplan erstellen (bis 10 Positionen)	10	Gespräch mit Abteilung Konstruktion	52
Arbeitsplan erstellen (mehr als 10 Positionen)	11	Gespräch mit Fertigung	53
Arbeitsplan ändern	12	Schreiben von E-Mails	70
Zeitaufnahme durchführen (bis tg 10 Minuten)	13	Fotokopieren	71
Zeitaufnahme durchführen (tg größer als 10 Minuten)	14	Telefonieren intern	80
Zeitaufnahme auswerten (bis tg = 10 Minuten)	15	Telefonieren extern	81
Zeitaufnahme auswerten (tg größer als 10 Minuten)	16	Sonstiges	90

Übersicht 6.48: Tägliches Erfassungsformular beim Selbstaufschreiben

Zeitaufschreibung

Arbeitsplatz	Name	Datum
578/03	MÜLLER	25.02.2025

Uhrzeit						Uhrzeit						Uhrzeit					
von		bis		Tätigkeit	Bezugsmenge	von		bis		Tätigkeit	Bezugsmenge	von		bis		Tätigkeit	Bezugsmenge
08	00	08	10	1	/												
08	10	09	30	13	1												
09	30	09	45	00	/												
09	45	11	30	15	1												
11	30	12	30	12	4												
12	30	13	00	00	/												
13	00	16	09	11	3												

Die betroffenen Beschäftigten der Abteilung erhalten anschließend diese Liste und ein Formular (Übersicht 6.48). Auf diesem Formular müssen sie nun jeden Tag lückenlos notieren, von wann bis wann sie welche Tätigkeit ausgeführt haben, und zwar über mehrere Wochen. Am Ende der Erhebungsphase werden die

Daten von der Arbeitsvorbereitung oder der Abteilung Organisation nach verschiedenen Kriterien ausgewertet. Von vielen Kolleginnen und Kollegen wird die Methode des Selbstaufschreibens zunächst falsch eingeschätzt:

- Manche schreiben möglichst viel auf, »damit die da oben mal sehen, was wir hier alles machen müssen«. Diese Verhaltensweise ist allerdings genauso falsch, als wenn ein Kollege bei einer »Zeitaufnahme« möglichst schnell arbeitet.
- Manche meinen, sie könnten sich beim Selbstaufschreiben Freiräume schaffen, indem sie die Selbstaufschreibung »frisieren«. Dies erweist sich jedoch schnell als Illusion. Sicherlich kann man für einzelne Tätigkeiten längere Zeiten eintragen, aber da die wöchentliche Arbeitszeit feststeht, fehlen dann diese zu viel eingetragenen Zeiten für andere Tätigkeiten. Weil über den gesamten Arbeitstag und über mehrere Wochen hin aufgeschrieben werden muss, hat die Geschäftsleitung immer die Möglichkeit der Gegenkontrolle.

Datenauswertung

Die ermittelten Daten können unter verschiedenen Gesichtspunkten ausgewertet werden:

- *Planung von arbeitsorganisatorischen Rationalisierungen:* Die ermittelten und ausgewerteten Daten stellen für die Unternehmer ideale Planungsdaten für die Rationalisierung der Arbeitsabläufe und der Arbeitsorganisation dar. Die Basis für Entscheidungen über die Gestaltung von Arbeitsabläufen, Zusammenlegung von Abteilungen, Auslegung von EDV-Systemen u. a. wird dadurch verbreitert.
- *Ermittlung von Ist-Zeiten für einzelne Tätigkeiten:* Für jede Einzeltätigkeit werden die angegebenen Zeiten summiert und durch deren Häufigkeit geteilt. Auf der Grundlage dieser durchschnittlichen Ist-Zeiten können dann Soll-Zeiten für einzelne Tätigkeiten festgelegt oder vereinbart werden.
- *Vergleich von Ist-Zeiten über einen längeren Zeitraum hinweg:* Wenn für bestimmte Aufträge oder Tätigkeiten einmal Zeiten festgehalten worden sind, können sie später wieder benutzt werden. Die Nutzung kann dabei einerseits mit dem Ziel einer genaueren Kalkulation von Aufträgen erfolgen. Sie kann aber auch zum Ausüben von Druck auf die Beschäftigten dienen.
- *Planung des Arbeitspensums und der Personalbemessung:* Durch das Selbstaufschreiben erhalten die Unternehmer Informationen über den Arbeitsanfall (Häufigkeit und zeitliche Lage der einzelnen Tätigkeiten) und die Ist-Zeiten für einzelne Tätigkeiten. Da die Erhebung in der Regel über einen längeren Zeitraum erfolgt, lassen sich mit diesen Informationen das Arbeitspensum und die erforderliche Zahl der Beschäftigten in einer Abteilung planen (ggf. auch im Tages- oder Saison-Verlauf). Die Daten könnten ebenfalls dafür genutzt werden, im Rahmen einer Prämien- oder Kennzahlen-Vereinbarung das Arbeitspensum und die Soll-Personalbesetzung einer Abteilung oder eines Bereichs zu vereinbaren.
- *Quervergleiche zwischen Beschäftigten und Abteilungen:* Werden von mehreren Beschäftigten dieselben Tätigkeiten ausgeführt, so können natürlich Ver-

gleiche über die »Leistung« der einzelnen Kolleginnen und Kollegen angestellt werden. Im oben skizzierten Beispiel könnte u.a. ausgewertet werden, dass ein Kollege für das Ändern von Arbeitsplänen durchschnittlich 5 Minuten benötigt, während der Abteilungsdurchschnitt nur 4 Minuten beträgt. Der Kollege mit der »niedrigeren« Leistung würde dann von Vorgesetzten gezielt angesprochen. In ähnlicher Weise können Quervergleiche zwischen einzelnen Abteilungen angestellt werden. In Konzernbetrieben können Abteilungen an verschiedenen Standorten verglichen werden. Mit den Vergleichsergebnissen wird direkter oder indirekter Druck ausgeübt, wobei im Sinne des »Benchmarking« eine Orientierung an den »Schnellsten« oder »Besten« erfolgt.

Eine besondere Problematik beim Selbstaufschreiben liegt häufig darin, dass Zeit-Daten geliefert und benutzt werden, bei denen nur unzureichend klar wird, ob sie auf der Grundlage vergleichbarer Bedingungen entstanden sind. So kann z.B. der größere Zeitverbrauch bei einem Kollegen oder in einer anderen Abteilung damit zu tun haben, dass Arbeitsabläufe komplizierter oder aufwändiger sind, dass die Arbeitsmittel schlechter sind o.a. Zum Ausüben von Druck werden solche Daten – dennoch oder gerade deswegen – gerne benutzt.

Mitbestimmungsrechte

Plant die Geschäftsleitung im Bereich des Leistungsentgelts Selbstaufschreibungen, hat der Betriebsrat darüber ein Mitbestimmungsrecht (Kapitel 6.1.5). Das Selbstaufschreiben ist nur zulässig, wenn der Betriebsrat zustimmt und Einzelheiten in einer Betriebsvereinbarung festgelegt werden.

In einigen Tarifverträgen finden sich dazu Eckpunkte, die in einer Betriebsvereinbarung zu berücksichtigen sind, vgl. Übersicht 6.49.

Im Zeitentgelt ist die Mitbestimmung über die Methoden der Datenermittlung umstritten (Kapitel 6.1.5). Werden die selbst aufgeschriebenen Daten jedoch computergestützt ausgewertet, hat der Betriebsrat ein Mitbestimmungsrecht nach § 87 Abs. 1 Ziff. 6 BetrVG. In seiner Techniker-Berichts-Entscheidung hat das Bundesarbeitsgericht am 14.9.1984 (1 ABR 23/82) klargestellt, dass auch ein manuelles Ermitteln von Daten der Mitbestimmung unterliegt, sofern diese in ein EDV-System eingegeben werden. Erfolgt dagegen die Auswertung manuell, entfällt das Mitbestimmungsrecht nach § 87 Abs. 1 Ziff. 6 BetrVG.

Insbesondere beim letzten Punkt werden differenzierte Regelungen erforderlich sein. Die ermittelten Daten dürfen nur im Leistungsentgelt nur zur Vereinbarung der Prämienleistung oder Standardleistung verwendet werden. Eine Verwendung als Vorgabezeit im Akkordentgelt ist nicht möglich, da die Zeiten keine Verdienstchancen enthalten. Bei der Verwendung von Daten aufgrund von Selbstaufschreiben muss vereinbart werden, welche Zuschläge für persönliche und sachliche Verteilzeiten in den Daten enthalten sind und welche zugeschlagen werden müssen. Sollten in Bereichen außerhalb des Leistungsentgelts Selbstaufschreibungen durchgeführt werden, dürften die Voraussetzungen für einen Wechsel in den Entgeltgrundsatz Leistungsentgelt vorliegen. So kann die Verwendung zur Festlegung des Arbeitspensums und der Soll-Personalbesetzung mitbestimmt geregelt werden (Kapitel 5.7).

Übersicht 6.49

Eckpunkte für Betriebsvereinbarungen	
Die Ausgestaltung einer Betriebsvereinbarung über das Selbstaufschreiben wird sehr stark von dem betroffenen Bereich abhängen, sodass hier nur einige Orientierungspunkte gegeben werden können. In jedem Fall sollte vereinbart werden:	
1	Ziel des Selbstaufschreibens,
2	Information des Betriebsrats und der betroffenen Beschäftigten,
3	betroffene Bereiche (Abteilungen, Kostenstellen),
4	Zeitraum der Datenerhebung,
5	Daten, die erfasst werden, einschließlich der verwendeten Formulare,
6	zulässige Datenauswertungen,
7	Verwendung der ermittelten Daten.

Notizen der Beschäftigten
Bisher war von Selbstaufschreiben als tariflich bzw. betrieblich vereinbarter Methode der Datenermittlung die Rede. Das Selbstaufschreiben kann aus der Perspektive der Beschäftigten und des Betriebsrates aber auch wichtig sein, um selbst einen präziseren Blick auf die erbrachte oder abverlangte Leistung zu erlangen oder um Regelungen auf dem Gebiet des Leistungsentgelts vorzubereiten. Dies lässt sich am Beispiel Zielvereinbarung gut illustrieren: Einerseits können eigene Notizen der Beschäftigten ein wichtiger Bestandteil der Vorbereitung auf eine Zielvereinbarung sein. Andererseits kann es wegen der längeren Laufzeiten der Zielvereinbarungen sinnvoll sein, sich zwischenzeitlich zu einzelnen Sachverhalten Notizen zu machen.

6.11 Befragen

In einigen Tarifverträgen ist das Befragen als eine Methode der Datenermittlung aufgeführt, die jedoch in der Praxis von geringer Bedeutung ist. Im Rahmen der Zeitwirtschaft sind Fragen nach der Arbeitsmethode und nach dem erforderlichen Zeitverbrauch denkbar. Dabei muss geklärt sein, ob nach dem Zeitverbrauch (Ist-Zeit) oder nach der erforderlichen Vorgabezeit gefragt wird. Die betroffenen Beschäftigten werden dazu durch die IE-Sachbearbeiter befragt und die Antworten notiert. Im Tarifvertrag »Leistungs- und Personalbemessung« bei Volkswagen finden sich nähere Bestimmungen zum Befragen, die im Grunde alle entscheidenden Punkte ansprechen:

> **Tarifvertrag**
> *»Datenermittlung durch Befragen: Bei der Datenerfassung durch Befragen ist wie folgt vorzugehen: Der Betriebsrat und der Befragte sind vorher rechtzeitig darüber zu informieren, wozu die Antworten benötigt werden. An den Befragten dürfen, ohne Zeitdruck*

auszuüben, nur Fragen gestellt werden, die sich aus seiner Arbeitsaufgabe ergeben und eindeutige Antworten möglich machen. Daten, die durch Befragen erfasst werden, sind auf dem Datenerfassungsbogen zu kennzeichnen und gelten nur für die untersuchte Arbeitsaufgabe. Über die Verwendung durch Befragen ermittelter Daten ist mit dem Betriebsrat Einvernehmen herbeizuführen.«
(§ 5.10 Tarifvertrag Leistungs- und Personalbemessung der Volkswagen AG, vom 15.12.2008)

6.12 Methoden zur Ermittlung von Stör- und Ausfallzeiten

Zeitanteile, die nicht regelmäßig auftreten und deshalb bei der Datenermittlung für Vorgabezeiten bzw. Soll-Werte nicht erfasst werden, müssen bei der Vereinbarung von Leistungsvorgaben berücksichtigt werden. Diese Zeitanteile werden auch »sachliche Verteilzeit« genannt. Sie werden vereinbart oder mit speziellen Methoden ermittelt. Selbst in einer noch so durchgeplanten und rationalisierten Fertigung wird es immer wieder vorkommen, dass bei der Arbeit Wartezeiten und Stör- und Ausfallzeiten anfallen. Dazu gehören z. B.:

- Maschine einschalten und warmlaufen lassen
- PC oder elektronische Steuerung hochfahren
- Werkzeuge bereitlegen
- Arbeitsanweisungen entgegennehmen
- Arbeitsplatz reinigen und aufräumen
- kurze elektrische oder andere Störungen
- gelegentliches Klemmen von Teilen oder Vorrichtungen
- kurze Störungen an Werkzeugen oder Maschinen
- gelegentliches Abschmieren von Maschinen
- gelegentliches Entfernen von Spänen und ähnlichem
- gelegentliches Ordnen und Aufräumen des Arbeitsplatzes
- gelegentliches Warten auf Fördermittel (maximale Dauer festlegen!)
- gelegentliche Behinderung durch Kolleginnen und Kollegen
- Hilfe bei Kollegen
- Dienstgespräche mit Kollegen, Meistern, Teamsprechern usw.
- gelegentliche arbeitsbedingte Reinigung

Wie diese Zeitanteile bei der Vereinbarung der Leistungsbedingungen zu berücksichtigen sind, hängt von der jeweiligen Technik und Arbeitsorganisation ab. Vereinfacht gesagt, lassen sich zwei Fälle unterscheiden: In einer *konventionellen Fertigung* erfolgt die Vereinbarung von Zuschlägen für sachliche Verteilzeiten. Bei *automatischen Fertigungssystemen* erfolgt die Berücksichtigung der Stör- und Ausfallzeiten bei der Personalbemessung.

- In einer *konventionellen Fertigung*, also bei einer manuellen Tätigkeit oder bei einer Maschinenarbeit, erhalten die Beschäftigten Vorgabezeiten bzw. Soll-Zeiten je Einheit. Diese setzt sich im Akkordentgelt aus Grundzeit, also der Zeit für die planmäßige Bearbeitung eines Teils und prozentualen Zuschlägen für persönliche Verteilzeit, Erholungszeit und sachlicher Verteilzeit zusammen. Diese sachliche Verteilzeit beinhaltet Tätigkeitszeiten, die nicht in der Grundzeit erfasst sind. In der Praxis liegen sie zwischen 5 % und 10 %, teilweise noch höher. Die Bestandteile der sachlichen Verteilzeit müssen im Betrieb klar abgegrenzt werden, damit die Kolleginnen und Kollegen später eine Sicherheit haben, was zu den Verteilzeiten und was zu den Zeiten gehört, die von Fall zu Fall abgegolten werden.

- An *automatischen Fertigungssystemen* verändert sich der Charakter der Arbeit. Die Teile werden automatisch produziert, und die Beschäftigten sind zuständig für die Störungsbeseitigung, Nacharbeiten, Materialbeschickung, Wartungsarbeiten usw. Die »sachlichen Verteilzeiten« haben hier für die Beschäftigten nicht den Charakter von Nebenzeiten, sondern stellen ihre Haupttätigkeit dar. Die Tätigkeitszeit von Beschäftigten in der automatischen Fertigung besteht im Grunde genommen aus »sachlichen Verteilzeiten«. Da die Beschäftigten wegen der automatischen Produktion keine Zeit je Einheit vorgegeben bekommen, können die Stör- und Ausfallzeiten auch nicht als prozentuale Zuschläge erfasst werden. Sie müssen vielmehr bei der Vereinbarung der Personalbesetzung berücksichtigt werden (Kapitel 5.5.4).

Die folgenden Ausführungen beziehen sich vor allem auf die konventionelle Fertigung. In vielen Betrieben ist es üblich, dass auf der Grundlage von Erfahrungswerten zwischen der Geschäftsleitung und dem Betriebsrat für Stör- und Ausfallzeiten pauschale Zuschläge zu den Grundzeiten bzw. Soll-Zeiten vereinbart werden. Für die Beschäftigten im Leistungsentgelt ist in aller Regel diese Verfahrensweise akzeptabel. Sie hat aber auch Vorteile für die Unternehmer, die darin liegen, dass auf die aufwendigen Methoden der Datenermittlung verzichtet werden kann.

Sind die Unternehmer nicht bereit, pauschale Zuschläge zu vereinbaren, müssen die Daten ermittelt werden, wobei die angewendeten Methoden den Tarifverträgen und den dazugehörigen Betriebsvereinbarungen entsprechen müssen. Insbesondere in den Betrieben, wo es aufgrund der schlechten Arbeitsorganisation relativ hohe Verteilzeitzuschläge gibt, glauben einzelne Arbeitgeber immer wieder, die Arbeitsorganisation dadurch »in den Griff« zu bekommen, dass sie so genannte Verteilzeitstudien durchführen. Dies ist nur dann zulässig, wenn sich technisch-organisatorische Änderungen in den Betrieben ergeben haben, die tatsächlich Einfluss auf die Vorgabezeiten bzw. Soll-Zeiten haben.

In der Praxis lässt sich feststellen, dass die Unternehmer insbesondere beim Einsatz von kapitalintensiven Maschinen und Anlagen an die Betriebsräte mit der Absicht herantreten, Stör- und Ausfallzeiten systematisch zu ermitteln. Dahinter steckt die Absicht, an diesen Anlagen einen möglichst hohen Nutzungsgrad durchzusetzen. Häufig wollen sie auch die Auslastung dieser Maschinen mit sog. Nutzungsprämien erhöhen.

Sollte die Interessenvertretung nicht verhindern können, dass systematisch Ausfall- und Störzeiten ermittelt werden, sollte eine der folgenden drei Methoden vereinbart werden: Verteilzeitstudie, Multimomentstudie oder Maschinendatenerfassung.

6.12.1 Verteilzeitstudien

Definition

Verteilzeitstudien sind keine eigenständigen Methoden der Datenermittlung im Sinne des Tarifvertrages. Diese Studien beruhen auf der Methode »Messen von Ist-Zeiten«. Die Besonderheiten der Verteilzeitstudien bestehen einmal darin, dass sie über einen längeren Zeitraum durchgeführt werden müssen, damit repräsentative Ergebnisse erzielt werden. Zum anderen entfällt eine Beurteilung des Leistungsgrades.

Tarifvertrag

»Hinsichtlich der Repräsentanz von Verteilzeitaufnahmen sind in Tarifverträgen der Metallindustrie Mindestbedingungen beschrieben: »[...] b) Werden Verteilzeiten mithilfe von Verteilzeitaufnahmen ermittelt, so sollen sich diese auf eine oder mehrere volle Wochen erstrecken. Während der Verteilzeitaufnahme sind die aufgenommenen Schichten zeitlich vollständig zu erfassen.«

(V Ziff. 4 Anlage 2 zum ERA-Tarifvertrag Nordrhein-Westfalen)

Darüber hinaus dürfen die ermittelten Zeitanteile im Leistungsentgelt nicht ohne Weiteres vorgegeben werden. In jedem Fall muss eine Überprüfung stattfinden, ob sie tatsächlich den betrieblichen Gegebenheiten entsprechen. Hierzu heißt es in dem genannten Tarifvertrag weiter:

Tarifvertrag

»[...] e) Es ist zu überprüfen, ob die ermittelten Zeitwerte entsprechend der bestehenden Organisation und technischen Ausrüstung erforderlich und angemessen sind.«

(Ebd.)

Grundsätzliche Anforderungen

Bei Verteilzeitaufnahmen handelt es sich um die Methode »Messen von Ist-Zeiten«. Deshalb sind auch die gleichen Maßstäbe an die Reproduzierbarkeit solcher Aufnahmen zu legen wie beim Messen von Ist-Zeiten für die Grundzeit oder Soll-Zeit (Kapitel 6.5.3). Um die Reproduzierbarkeit zu gewährleisten, müssen in den Beschreibungen alle Bedingungen aus dem Bereich, in dem die Verteilzeit ermittelt wird, aufgeschrieben werden. Dazu gehören u. a.:

- die Beschreibung der Betriebsmittel,
- Anzahl der Beschäftigten mit ihren Arbeitsaufgaben,
- Arbeitsbedingungen,
- gefertigtes Produktionsspektrum,
- Auslastung der Anlagen,
- Fragen der Arbeitsorganisation (etwa ob Einrichter oder Vorarbeiter eingesetzt werden usw.),
- Arbeitszeiten, Pausenzeiten,
- durchschnittlicher Verdienstgrad.

Der wichtigste Punkt zur Sicherstellung einer repräsentativen Verteilzeitaufnahme ist der Umfang und die Lage des Zeitraums der Erfassung. Hierbei muss

sichergestellt werden, dass alle Vorkommnisse, die später der Verteilzeit zugeordnet werden sollen, entsprechend ihrer Häufigkeit berücksichtigt werden. Die Dauer der Aufnahme sollte deshalb mindestens zwei Wochen betragen. Ferner ist darauf zu achten, dass die gesamte Schichtzeit erfasst wird, weil sich gerade bei Schichtbeginn bzw. -ende sowie vor und nach Pausen die Verteilzeiten häufen.
Wenn Verteilzeiten für mehrschichtige Betriebe ermittelt werden sollen, müssen alle Schichten entsprechend berücksichtigt werden. Häufig kommt es vor, dass sowohl in der Spät- als auch Nachtschicht keine Einrichter, Reparaturschlosser, Elektriker, Vorarbeiter und Meister zur Verfügung stehen, die in der Frühschicht entsprechend ihren Funktionen den Beschäftigten zur Seite stehen. Dementsprechend ergeben sich in der Spät- und Nachtschicht höhere Verteilzeiten.
In dem folgenden Beispiel wird dargestellt, wie ein Aufnahmebogen für eine Schicht aussehen kann (Übersicht 6.50). In dem Beispiel ist der Schichtverlauf eines Tages beschrieben. In der Praxis müssen mindestens zehn solcher Tage erfasst werden, um eine repräsentative Aussage über die angefallenen Zeitanteile zu bekommen. In einer Betriebsvereinbarung wird festgelegt, wie die Summen der einzelnen Zeitanteile zu behandeln sind (Übersicht 6.51). Vereinfacht gesagt geht es darum, welche Ablaufarten zur sachlichen Verteilzeit, zur persönlichen Zeit usw. gehören.

Berechnung der sachlichen Verteilzeitzuschläge

Bei der Berechnung des Verteilzeitzuschlages wird von einer 35-Stunden-Woche mit gleichmäßiger Verteilung der Arbeitszeit auf fünf Tage ausgegangen. So ergeben sich für jeden Tag sieben Stunden oder 420 Minuten Arbeitszeit. Weiter wird davon ausgegangen, dass eine Erholzeit von 42 Minuten und eine persönliche Zeit von 21 Minuten pro Schicht vereinbart wurden. Im Beispiel ergeben sich 4 + 11 + 19 = 34 Minuten sachliche Verteilzeit.
Die so ermittelten *sachlichen Verteilzeiten* werden im Entgeltgrundsatz Akkord der Grundzeit zugeschlagen (Kapitel 6.3). Beim Entgeltgrundsatz Prämie gibt es unterschiedliche Methoden, wie sachliche Verteilzeiten berücksichtigt werden. Entweder wird der Prozentsatz (10,9 %) der Soll-Zeit zugeschlagen, oder der ermittelte Minutenwert (34 Minuten) wird pauschal pro Schicht ausgewiesen (Kapitel 6.3).
In dem vorstehenden Beispiel wurden bei der Berechnung keine so genannten *N-Zeiten* (nicht abzugeltende Zeiten) angesetzt. Es wird davon ausgegangen, dass diese Zeiten praktisch nicht vorkommen, weil bei Anwesenheit im Betrieb diese Zeiten einer der anderen Ablaufarten zugeordnet werden können. So gehören z. B. Privatgespräche immer zur persönlichen Zeit. Einzige Ausnahme ist, wenn jemand aus eigenem Verschulden zu spät zur Arbeit kommt. In diesem Fall muss die Schichtzeit um die so genannte N-Zeit vermindert werden.
Die Behandlung von fallweise abzugeltenden Zeiten im Rahmen von Verteilzeitstudien muss exakt geregelt werden. Zu diesen *F-Zeiten* gehören beispielsweise längere Tätigkeiten und Tätigkeitsunterbrechungen, die nicht durch den sachlichen Verteilzeitzuschlag abgedeckt sind, wie z. B. größere Störungen und Reparaturen, längere Wartezeiten, Gang zum Betriebsrat, Sanitäter und anderen

Übersicht 6.50

Beispiel für eine Verteilstudie (Z = Kennziffer)				
Nr	**Dienstag, 08.04.2025; Schichtbeginn: 6:00 Uhr**	**E-Zeit**	**F-Zeit**	**Z**
1	Arbeitsplatz einrichten	10	6:10	1
2	Wellen drehen	30	6:40	2
3	Gespräch mit Meister	5	6:45	5
4	Messwerkzeug besorgen	4	6:49	3
5	Persönliches Bedürfnis	5	6:54	7
6	Erholzeit	9	7:03	6
7	Wellen drehen	46	7:49	2
8	Kollegen beim Transport helfen	6	7:55	5
9	Erholzeit	9	8:04	6
10	Auftragskarte schreiben	5	8:09	5
11	Maschine einrichten	30	8:39	1
12	Neuer Auftrag Wellen abstechen	21	9:00	2
13	AZG-Pause	15	9:15	x
14	Wellen abstechen	23	9:38	2
15	Gespräch mit Betriebsrat	12	9:50	F
16	Erholzeit	8	9:58	6
17	Persönliches Bedürfnis	6	10:04	7
18	Wellen abstechen	8	10:12	2
19	Werkzeugbruch	11	10:23	4
20	Wellen abstechen	3	10:26	2
21	Gespräch mit Qualitätskontrolle	3	10:29	5
22	Wellen abstechen	16	10:45	2
23	Erholzeit	8	10:53	6
24	Wellen abstechen	27	11:20	2
25	Maschine einrichten	15	11:35	1
26	AZG-Pause	30	12:05	x
27	Maschine einrichten	9	12:14	1
28	Persönliches Bedürfnis	5	12:19	7
29	Wellen vordrehen	26	12:45	2
30	Erholzeit	8	12:53	6
31	Wellen vordrehen	42	13:35	2
32	Arbeitsplatz aufräumen	5	13:40	1
33	Persönliches Bedürfnis	5	13:45	7
	Schichtende: 13:45; Schichtzeit: 420 Minuten			

Stellen. Beschäftigte im Leistungsentgelt haben diese Zeiten zu melden und einen Anspruch auf ihre Bezahlung in Höhe seines Durchschnittsverdienstes. Die Unternehmer versuchen nun bei Verteilzeitstudien folgenden Trick: Sie deklarieren sachliche Verteilzeiten als F-Zeiten, sodass sich ein niedrigerer Verteilzeitzuschlag ergibt. Dies hätte die Konsequenz, dass die Kollegen später beim Auftreten dieser Störungen jeweils immer Durchschnittsscheine anfordern müssten. Das ist umständlich und nervenaufreibend. Weil Vorgesetzte nicht ohne Weiteres diese Durchschnittsscheine schreiben, unterbleibt häufig ihre Anforderung. Damit werden Störungen auf die Beschäftigten abgewälzt, und die Leistungsschraube wird weiter angedreht. Deshalb ist es erforderlich, dass bei der Verteilzeitaufnahme die Ablaufarten der sachlichen Verteilzeit exakt von den sog. F-Zeiten abgegrenzt werden.

Übersicht 6.51

Ergebnis der Verteilstudie			
Ablaufart	**Kennziffer**	**Summe**	**Zuordnung**
Einrichten	1	69	Rüstzeit
Drehen	2	242	Grundzeit
Werkzeug besorgen	3	4	Verteilzeit
Werkzeugbruch	4	11	Verteilzeit
Zusätzliche Tätigkeit	5	19	Verteilzeit
Erholzeit	6	42	Erholzeit
Persönliche Zeit	7	21	Persönliche Zeit
Fallweise	F	12	Von Fall zu Fall abzugeltende Zeit
		$\sum 420$	

Berechnungsmethode

$$\text{Sachlicher Verteilzeitprozentsatz} = \frac{\text{Sachliche Verteilzeit}}{\text{Schichtzeit} \begin{array}{l} \text{- sachliche Verteilzeit} \\ \text{- persönliche Zeit} \\ \text{- Erholzeit} \\ \text{- von Fall zu Fall abzugeltende Zeit} \\ \text{- nicht abzugeltende Zeiten} \end{array}} \text{ x } 100\ \%$$

$$\text{Sachlicher Verteilzeitprozentsatz} = \frac{34 \text{ Minuten}}{420 - 34 - 21 - 42 - 12 \text{ Minuten}} \text{ x } 100\ \%$$

$$\text{Sachlicher Verteilzeitprozentsatz} = \frac{34}{311} \text{ x } 100\ \% = 10{,}9\ \%$$

Persönliche Zeiten (persönliche Verteilzeiten)

Einige Tarifverträge der Metallindustrie lassen zu, dass auch die persönlichen Zeiten mithilfe von Verteilzeitaufnahmen ermittelt werden.
Dies sollte im Betrieb abgelehnt werden, weil es einen Eingriff in die Intimsphäre der Kolleginnen und Kollegen darstellt und inhuman ist.
Die persönliche Zeit sollte im Betrieb ohne Verteilzeitaufnahme vereinbart werden, sie muss mindestens 5 % bzw. 3 Minuten pro Stunde betragen. In einigen Tarifverträgen ist dieser Wert festgeschrieben. Diese Zahl hat sich weitgehend durchgesetzt und wird heute auch von den Unternehmern akzeptiert.

Aufgaben für den Betriebsrat

Beabsichtigt ein Arbeitgeber, im Betrieb Verteilzeitaufnahmen durchzuführen, kommen auf den Betriebsrat und die Vertrauensleute umfangreiche Aufgaben zu.
Als erstes sollte überprüft werden, ob diese Aufnahmen nach dem Tarifvertrag und den bestehenden Betriebsvereinbarungen zulässig sind. Kann der Arbeitgeber nicht nachweisen, dass sich an der Arbeitsorganisation etwas Entscheidendes verändert hat und die sachliche Verteilzeit ausreichend ist, muss die Verteilzeitstudie abgelehnt werden.
Wird die Verteilzeitstudie dagegen durchgeführt, sollten die Kolleginnen und Kollegen in den betroffenen Bereichen darauf hingewiesen werden, wie sich solche Aufnahmen auf ihr Leistungsniveau auswirken können und wie sie sich deshalb in dem Aufnahmezeitraum verhalten müssen. Dies kann auch mit einem Flugblatt geschehen, in dem darauf hingewiesen wird, dass die vorgeschriebenen Tätigkeiten, die zur Verteilzeit gehören, auch tatsächlich ausgeführt werden.

Eckpunkte für Betriebsvereinbarungen

In einer Betriebsvereinbarung muss für jede Verteilzeitstudie vereinbart werden:
- Geltungsbereich: Abteilung, Maschinengruppe usw.
- reproduzierbare Beschreibung der Arbeit, der Arbeitssysteme, der Arbeitsbedingungen und der Art der Aufträge
- Dauer der Verteilzeitaufnahme (mindestens 2 Wochen)
- Lage der Verteilzeitaufnahme (1. Schicht, 2. Schicht, 3. Schicht)
- Gliederung der zu erfassenden Ablaufarten
- Zuordnung von Tätigkeiten (bzw. Nichttätigkeiten) zu den Ablaufarten
- Formel für die Berechnung der Verteilzeit (sofern der Tarifvertrag keine vorsieht)
- Ergebnis ist Verhandlungsgrundlage zur Vereinbarung des Verteilzeitzuschlages
- Informationen der Beschäftigten über die Zuordnung der Ablaufarten zu den Verteilzeiten und Regelung, welche Ablaufarten im Durchschnitt bezahlt werden (F-Zeiten)

6.12.2 Multimomentstudien

Definition
Die Multimomentstudie oder auch Multimomentaufnahme (MMA) ist ein statistisches Verfahren, mit dem Zeitanteile der täglichen Arbeitszeit ermittelt werden können.

Damit wird das Ziel verfolgt, den Zeitbedarf für Tätigkeiten zu ermitteln, die bei einer Datenermittlung für Vorgabezeiten oder Soll-Zeiten nicht ausreichend erfasst werden können. Diese Methode ist nach den Tarifverträgen der Metallindustrie zulässig, sofern sie zwischen Geschäftsleitung und Betriebsrat vereinbart wird. In den meisten Tarifverträgen ist sie als zulässige Methode der Datenermittlung aufgeführt, wobei sie teilweise auch als *Methode »Zählen«* bezeichnet wird.

Definition
Vereinfacht gesagt, besteht eine Multimomentstudie darin, dass über einen längeren Zeitraum an zufällig ausgewählten Zeitpunkten auf einer Strichliste angekreuzt wird, welche Ablaufart bzw. welches Ereignis beobachtet wurde (also z. B. Maschine läuft, Werkzeugbruch, Erholungszeit usw.). Der Grundgedanke besteht darin, dass bei einer großen Anzahl von Beobachtungen aus der Häufigkeit der einzelnen Beobachtungen ein Rückschluss auf die tatsächlich anfallenden Zeitanteile gezogen werden kann.

Auf dieser Grundlage können dann z. B. sachliche Verteilzeitzuschläge oder auch die Personalbesetzung von Anlagen vereinbart werden. Die hier beschriebene Methode heißt exakt formuliert: Multimoment-*Häufigkeits*-Studie.
Im Folgenden wird die Multimoment-Häufigkeits-Studie beschrieben und die Aufgaben erläutert, die sich für die Interessenvertretung ergeben.

Prinzip der Multimomentstudie
An einem vereinfachten Beispiel lässt sich das Grundprinzip erläutern. In einer Werkhalle stehen 10 Drehmaschinen, an denen 10 Beschäftigte eingesetzt sind. In dieser Halle soll der prozentuale Anteil der Stör- und Ausfallzeiten an der täglichen Arbeitszeit ermittelt werden. IE-Sachbearbeiter/innen werden dazu über mehrere Wochen mehrmals am Tag an zufällig ausgewählten Zeitpunkten beobachten, was an den 10 Maschinen gerade passiert, und darüber eine Statistik führen. Am Ende der Erhebungszeit ergibt sich aus der Statistik für jede Ablaufart, wie häufig sie vorgekommen ist (Übersicht 6.52).
Der Grundgedanke der Multimomentstudie beruht auf dem »Gesetz der großen Zahl«. Dies besagt, dass der tatsächliche Anteil von zufälligen Ereignissen erst bei einer großen Zahl von Beobachtungen erkennbar wird.
Dieses Prinzip lässt sich leicht am Beispiel des Würfelns verdeutlichen. Würfelt ein Spieler zehnmal, kann er Glück haben und erzielt viermal eine »6«. Hat er Pech, würfelt er bei 10 Würfen überhaupt keine »6«. Es ist einsichtig, dass bei einer großen Zahl von Würfen alle Würfelzahlen gleichmäßig vorkommen. Bei

6000 Würfen käme z. B. jede Würfelzahl jeweils 1000 Mal vor. Es gibt mathematisch-statistische Formeln und Kenngrößen, die eine Beurteilung der Repräsentativität derartiger Beobachtungen erlauben. Diese werden in der betrieblichen Praxis bei Multimomentstudien angewendet. Denn die *Multimomentstudie* ist im statistischen Sinne eine *Stichprobe*, aus deren Ergebnissen ein Rückschluss auf die tatsächlichen Verhältnisse gezogen wird.

Übersicht 6.52: Prinzip der Multimomentstudie

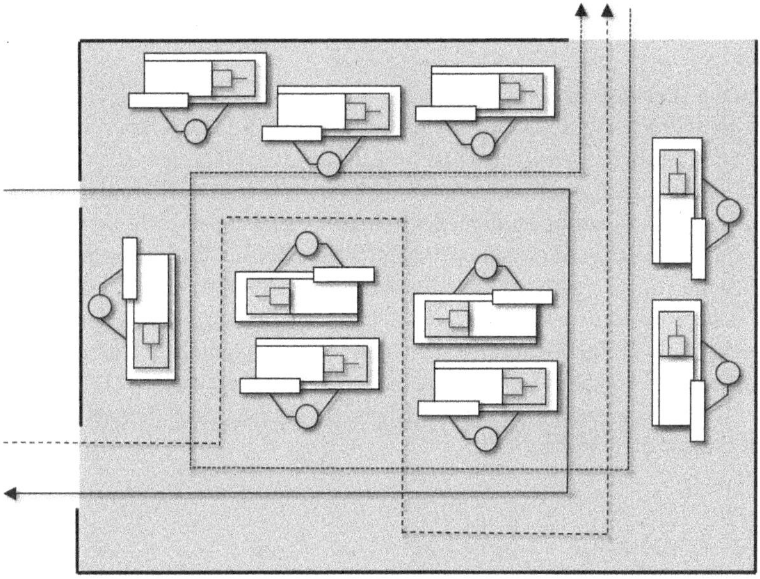

	1	2	3	4	5	6	7	8	9	10	11	12	13	14	15	16	17	18	19	20	...	Σ
Einrichten	x	x	x	x	x																	5
Drehen	x	x	x	x	x	x	x	x	x	x	x	x	x	x	x	x	x	x	x	x		20
Werkzeug besorgen	x	x	x																			3
Werkzeugbruch	x	x	x	x	x	x	x															7
zusätzliche Tätigkeiten	x	x	x	x	x																	5
Erholzeit	x	x	x	x	x																	5
persönliche Verteilzeit	x	x																				2
fallweise abzugelten	x																					1
nicht erkennbar																						0

Vereinbarung einer Multimomentstudie

Tritt ein Arbeitgeber an den Betriebsrat mit der Absicht heran, eine Multimomentstudie vorzunehmen, um Verteilzeiten oder Ausfallzeiten zu ermitteln, muss als erstes geprüft werden, ob dies zulässig ist. Verteilzeiten sind im Entgeltgrundsatz Akkord Bestandteil der Vorgabezeiten und dürfen nur dann geändert werden, wenn sich an den Arbeitsbedingungen etwas geändert hat, was wesentlich Einfluss auf die Dauer der Vorgabezeiten hat (Kapitel 5). Kann der Arbeitgeber dies nicht nachweisen, ist die Verteilzeitermittlung mit einer Multimomentstudie nicht zulässig und daher abzulehnen. Haben sich Betriebsrat und Geschäftsleitung über die Zulässigkeit der Studien geeinigt, muss darüber eine Betriebsvereinbarung abgeschlossen werden, in der alle Einzelheiten festgelegt werden. Zuerst wäre das Ziel der Studie und der Verwendungszweck der ermittelten Daten festzulegen, also z. B. die Vereinbarung von sachlichen Verteilzeitzuschlägen. Weiter wären die betroffene Abteilung oder Maschinengruppen zu vereinbaren und reproduzierbar zu beschreiben.

Ablaufarten (Ereignisse)

Vor der Durchführung der Multimomentstudie sind die Ablaufarten bzw. Ereignisse zu vereinbaren, die beobachtet und auf der Statistik festgehalten werden sollen. Für das Beispiel werden dieselben Ablaufarten wie bei der Verteilzeitstudie (Kapitel 6.12.1) herangezogen, die jedoch um die Fallgruppe »nicht erkennbar« ergänzt wurden. Dies wird deshalb gemacht, weil es bei den Rundgängen der IE-Sachbearbeiter/innen passieren kann, dass nicht auf den ersten Blick erkennbar ist, um welche Ablaufart es sich handelt. Dann muss in der Statistik die Rubrik »nicht erkennbar« angezeichnet werden und später zwischen Betriebsrat und Geschäftsleitung vereinbart werden, wie diese Beobachtungen bei der Festlegung der sachlichen Verteilzeitzuschläge zu behandeln sind. In dem *Beispiel* werden folgende Ablaufarten beobachtet:

- Einrichten,
- Drehen,
- Werkzeug besorgen,
- Werkzeugbruch,
- zusätzliche Tätigkeit,
- Erholungszeit,
- persönliche Verteilzeit,
- fallweise abzugeltende Zeiten,
- nicht erkennbar.

Es ist wichtig zu vereinbaren, welche Einzelereignisse zu den Zeiten gehören. In Kapitel 6.12.1 wurde darauf hingewiesen, dass einige Unternehmen durch eine missverständliche Abgrenzung von sachlichen Verteilzeiten und F-Zeiten versuchen, niedrigere Verteilzeiten zu erreichen.

Repräsentativer Erhebungszeitraum

Damit alle Ereignisse, die bei der Arbeit auftreten, mit den Stichproben repräsentativ erfasst werden, muss die Multimomentaufnahme über mehrere Wochen durchgeführt werden. Bei Mehrschichtbetrieben muss die Studie in allen Schichten durchgeführt werden.

Zahl der notwendigen Beobachtungen

Damit repräsentative Aussagen möglich sind, muss nach dem Gesetz der großen Zahl eine Vielzahl von Beobachtungen durchgeführt werden. Dazu gibt es mathematisch-statistische Formeln, von denen die sog. *Multimoment-Hauptformel* die Wichtigste ist. Mit dieser Formel lässt sich die erforderliche Anzahl der Beobachtungen berechnen, sofern vorher zwei Größen vereinbart wurden:

- Der erwartete prozentuale Anteil der zu ermittelnden Zeitart muss vorab geschätzt werden: z. B. p = 10 %.
- Die geforderte absolute Genauigkeit der Ermittlung muss vereinbart werden. Diese Kennzahl wird im Allgemeinen mit f' bezeichnet und mit ± 1 % festgelegt (f' = ± 1 %). Die Aussage f' = ± 1 % bedeutet, dass am Ende der Multimomentstudie der ermittelte prozentuale Wert einer Ablaufart auf ± 1 % genau ermittelt wird.

Beispiel: ermittelter prozentualer Wert: 9 %. f'= ± 1 %.
In der Praxis wird der tatsächliche Zeitanteil in folgendem Bereich liegen:
9 %–1 % = 8 % und
9 %+1 % = 10 %.

- Ist der voraussichtlich zu erwartende Wert geschätzt und die geforderte absolute Genauigkeit festgelegt, kann mit der Multimomenthauptformel die erforderliche Zahl der Beobachtungen ermittelt werden:

$$N = \frac{3{,}84 \text{ x } p\,(100 - p)}{f'^2}$$

N = Gesamtzahl der notwendigen Beobachtungen
p = erwarteter prozentualer Anteil der Zeitart
f' = geforderte absolute Genauigkeit
3,84 = statistischer Beiwert für die Aussagewahrscheinlichkeit von 95 %

Beispiel:
Geschätzter Verteilzeitanteil: 10 %
Vereinbarte Genauigkeit f' = 1 %

$$N = \frac{3{,}84 \text{ x } 10\,(100 - 10)}{1^2} = \frac{3{,}84 \text{ x } 10 \text{ x } 90}{1^2} = 3.456$$

In diesem Beispiel müssten also 3.456 Beobachtungen notiert werden.

Die Zahl der Beobachtungen wird in der betrieblichen Praxis aus Tabellen abgelesen oder mithilfe eines EDV-Programms errechnet.
Es gibt eine Alternative für die Vereinbarung der Genauigkeit, die aber in der Praxis recht selten angewendet wird. Es wird dann die relative Genauigkeit (Epsilon) vereinbart (Epsilon = f/p × 100 %) und mit 5 % festgelegt. Diese Kennzahl Epsilon gilt nur für die Multimomentstudie und darf nicht mit dem Höchstwert des Epsilons bei Zeitstudien verwechselt werden.

Rundgangsrouten
Von den Unternehmern wird bei Multimomentstudien Wert darauf gelegt, dass unterschiedliche Rundgangsrouten festgelegt werden. Im Grunde genommen steht dahinter die Unterstellung, die betroffenen Beschäftigten könnten die Multimomentstudie »manipulieren«. Die Unternehmer hoffen, dass dies verhindert würde, wenn die Beschäftigten nicht wüssten, »von wo die IE-Sachbearbeiter/innen kommen«. Dies ist jedoch praxisfern. Denn eine Multimomentstudie kann nur zu verwendbaren Ergebnissen kommen, wenn sie von den betroffenen Beschäftigten auch akzeptiert wird.

Festlegung der Rundgangszeiten
Die Rundgangszeiten müssen zufällig ausgewählt werden, was mithilfe von EDV-Programmen geschieht. Diese Programme enthalten einen sog. Zufallszahlengenerator. Dies ist – vereinfacht gesagt – eine Formel, mit der Rundgangszeitpunkte nach dem Zufallsprinzip festgelegt werden. Mit diesen Programmen werden in dem Beispiel automatisch die Rundgangszeitpunkte für 35 Tage ermittelt. Dabei wird berücksichtigt, dass kein Rundgang vor Schichtbeginn oder in einer Pause anfängt und kein Rundgang nach Schichtende bzw. in einer Pause endet (Übersicht 6.53).

Übersicht 6.53

Rundgangszeitplan für eine Multimomentstudie Uhrzeiten (Auszug)

Rundgang	1. Tag	2. Tag	3. Tag	33. Tag	34. Tag	35. Tag
1	6:28	6:42	6:45	6:21	7:38	6:10
2	7:16	7:14	7:20	7:04	8:08	7:41
3	8:25	7:40	8:10	7:27	9:16	7:56
4	9:00	8:01	8:28	7:47	9:43	8:13
5	9:52	9:22	9:39	9:02	10:24	9:52
6	10:45	9:52	10:19	9:51	11:08	10:11
7	11:04	10:26	11:15	10:15	11:41	10:46
8	12:08	11:09	11:51	11:01	12:20	11:40
9	13:09	13:00	13:10	11:37	12:36	11:57
10	13:27	13:45	13:51	13:05	12:58	12:33

Auswertung

In dem hier verwendeten Beispiel wurden also an 35 Tagen jeweils 10 Rundgänge mit Beobachtungen von jeweils 10 Arbeitsplätzen durchgeführt, sodass sich insgesamt 3500 Beobachtungen ergeben. Die Statistik wird danach ausgewertet, was in der Regel mit entsprechenden EDV-Programmen erfolgt (Übersicht 6.54).

In der Übersicht 6.54 sind zu jeder Ablaufart statistische Kennzahlen ausgewiesen, die im Folgenden anhand der 1. Zeile erläutert werden:

Summe: Absolute Anzahl der Beobachtungen je Ablaufart.
Beispiel: 184 mal wurde „Einrichten" beobachtet.

Anteil: Prozentualer Anteil der Beobachtungen an der Gesamtzahl.
Beispiel: 184/3.500 x 100 % = 5,3 %.

Genauigkeit f: Die absolute Genauigkeit f errechnet sich mit folgender Formel (Beispiel):

$$f = \pm \sqrt{\frac{3{,}84 \times p\,(100 - p)}{N}} = \pm \sqrt{\frac{3{,}84 \times 5{,}3\,(100 - 5{,}3)}{3.500}}$$

$$f = \pm \sqrt{\frac{1.927}{3.500}} = \pm\, 0{,}7\,\%$$

Vertrauensbereich (95 %): Mit einer Wahrscheinlichkeit von 95 % liegt der tatsächliche Wert der Ablaufart „Maschine einrichten" im Bereich von 5,3 % + 0,7 % = 6 % und 5,3 % – 0,7 % = 4,6 %.

Der ermittelte Wert kann nur dann verwendet werden, wenn die erreichte jeweilige Kennzahl f kleiner als f' ± 1 % ist.

Vereinbarung der Verteilzeitprozente

Auf der Grundlage der ermittelten Werte können sachliche Verteilzeiten vereinbart werden. Zu den sachlichen Verteilzeiten zählen in diesem Beispiel die Ablaufarten:

- Werkzeuge besorgen,
- Werkzeugbruch,
- zusätzliche Tätigkeit.

Insgesamt sind dies 203 Beobachtungen. Die Beobachtungen müssen ins Verhältnis zur Grundzeit, also dem Drehen, gesetzt werden, auf die insgesamt 2516 Beobachtungen entfielen. Es errechnet sich also folgender *sachlicher Verteilzeitzuschlag*:

(203 : 2516) × 100 % = 8,1 %

Manchmal wird folgender Trick versucht, um niedrigere Verteilzeitzuschläge zu erreichen: Die Beobachtungen, die zur sachlichen Verteilzeit gehören, werden ins Verhältnis zu den gesamten Beobachtungen gesetzt. Dies führt zu falschen Ergebnissen, da sich der Verteilzeitzuschlag immer auf die Grundzeit bezieht.

Übersicht 6.54

Auswertung einer Multimomentstudie					
Multimomentaufnahme ** Abl-Nr.: 74012 Endergebnis Gruppe(n):	**Auswertung ** Benennung: Verteilzeit Dreherei f' = 1%**		**Datum: 06.06.2018 n = 3.500**	**Schicht: 420 Minuten**	
Ablaufart	**Summe**	**Anteil %**	**Genauigkeit f %**	**Vertrauensbereich 95%**	
Einrichten	184	5,3	0,7	4,6	6,0
Drehen	2516*	71,9	1,5	70,4	73,4
Werkzeug besorgen	52	1,5	0,4	1,1	1,9
Werkzeugbruch	48	1,4	0,4	1,0	1,8
Zusätzliche Tätigkeiten	103	2,9	0,6	2,4	3,5
Erholzeit	269	7,7	0,9	6,8	8,6
Persönliche Verteilzeit	140	4,0	0,6	3,4	4,6
Fallweise abzugelten	161	4,6	0,7	3,9	5,3
Nicht erkennbar	27	0,8	0,3	0,5	1,1
Summe Verteilzeit	**203***	**5,8**	**0,8**	**5,0**	**6,6**
Summe F + N Zeiten	**188**	**5,4**	**0,7**	**4,6**	**6,1**
Sachlicher Verteilzuschlag = (203 : 2.516) x 100% = 8,1%					

Eventuell muss der Prozentsatz von 8,1 % erhöht werden, wenn sich Geschäftsleitung und Betriebsrat darauf geeinigt haben, wie die 27 nicht erkennbaren Beobachtungen zu bewerten sind. Sie können entweder zur sachlichen Verteilzeit oder auch zur persönlichen Verteilzeit gehören.

Aufgaben für den Betriebsrat

Vor Beginn einer Multimomentstudie ist zwischen Geschäftsleitung und Betriebsrat eine Betriebsvereinbarung abzuschließen. Es empfiehlt sich, dass ein Betriebsratsmitglied nach Abschluss der Betriebsvereinbarung, aber vor Beginn der Erhebung sich von der ordnungsgemäßen Planung der Multimomentstudie überzeugt. Dazu sollte er sich die Erhebungslisten, die Pläne der Rundgangsrouten und Rundgangszeitpunkte aushändigen lassen.

Es wird für den Betriebsrat nicht möglich sein, die Durchführung der Multimomentstudie permanent zu kontrollieren. Denn dazu müsste ein Betriebsratsmitglied bei jedem Rundgang mit den IE-Sachbearbeiter/innen mitgehen und kontrollieren, ob die Statistik korrekt geführt wird. Daher empfiehlt sich eine stichprobenartige Kontrolle der Durchführung. Nach Abschluss der Erhebungen sollte sich der Betriebsrat die Auswertungen vorlegen lassen, und zwar insbesondere eine Aufstellung über die Endauswertung. Die Auswertung ist auf ihre Plausibilität und die Einhaltung der vereinbarten Genauigkeit zu kontrollieren. Auf der Grundlage dieser Ergebnisse können dann die sachlichen Verteilzeitzuschläge vereinbart werden. Die betroffenen Beschäftigten sind darüber zu informieren.

Tarifliche Regelungen

In den meisten Tarifverträgen in der Metallindustrie ist die Multimomentstudie lediglich als Methode angesprochen, häufig unter dem Namen »Zählen«. Daher ist vor der Durchführung von Multimomentstudien der Abschluss einer Betriebsvereinbarung erforderlich, in der die Einzelheiten geregelt werden; vgl. Übersicht 6.55.

Übersicht 6.55

Eckpunkte für Betriebsvereinbarungen	
Auf der Grundlage der Tarifverträge ist für jede Multimomentstudie eine Betriebsvereinbarung abzuschließen. Darin ist festzulegen:	
1	Geltungsbereich: Abteilung, Maschinengruppe usw.,
2	reproduzierbare Beschreibung der Arbeit, der Arbeitssysteme, der Arbeitsbedingungen und der Art der Aufträge,
3	Anzahl der erforderlichen Beobachtungen,
4	Genauigkeit der Multimomentaufnahme ($f' = \pm 1$ %),
5	Rundgangszeiten,
6	Rundgangsrouten,
7	Gliederung der Ablaufarten,
8	Zuordnungen und Abgrenzungen der Tätigkeiten (bzw. Nichttätigkeiten) zu den Ablaufarten (Ereignissen),
9	Formel für die Berechnung der Verteilzeiten (sofern im Tarifvertrag keine vereinbart ist),
10	Ergebnis ist Verhandlungsgrundlage zur Vereinbarung des Verteilzeitzuschlages
11	Informationen der Beschäftigten über die Zuordnung der Ablaufarten zu den Verteilzeiten und Regelung, welche Ablaufarten im Durchschnitt bezahlt werden,
12	Arbeitszeitgestaltung der AV-Sachbearbeiter während einer Multimomentstudie, insbesondere in Schichtbetrieben.

Hinweise für die Interessenvertretung

In der Praxis können sich bei Multimomentstudien mehrere Probleme ergeben:

- Manche Unternehmer versuchen den Trick, eine Multimomentstudie durchführen zu lassen, die angeblich nichts mit der Bezahlung, sondern nur etwas mit der Fertigungs- und Kapazitätsplanung zu tun hätte. Ziel dieser Argumentation ist es, die Mitbestimmungsrechte des Betriebsrats zu unterlaufen. Denn der Betriebsrat hat nur dann über Multimomentstudien mitzubestimmen, wenn die Ergebnisse im Rahmen des Leistungsentgelts angewendet werden. Diese Argumentation der Unternehmen ist natürlich mit großer Skepsis zu beurteilen. Aber im Zweifelsfall muss der Betriebsrat den Nachweis erbringen, dass die Ergebnisse der Multimomentstudie zumindest indirekte Auswirkungen auf die Festlegung von sachlichen Verteilzeitprozentsätzen haben, um eine Betriebsvereinbarung abschließen zu können. In den meisten praktischen Fällen wird ihm dies jedoch gelingen.

- Eine Multimomentstudie ist im Grunde genommen nicht reproduzierbar, da im Nachhinein nicht kontrolliert werden kann, ob die Statistik korrekt geführt wurde. Diese Methode ist daher aus gewerkschaftlicher Sicht nicht empfehlenswert. Sie kann allenfalls akzeptiert werden, wenn das Verhältnis von Betriebsrat und Industrial Engineering ausschließt, dass eine Multimomentstudie von der Arbeitsvorbereitung manipuliert wird.
- Die Erfassung der Daten während der Rundgänge braucht nicht unbedingt auf einer Strichliste zu erfolgen. In letzter Zeit werden dazu elektronische mobile Datenerfassungsstationen eingesetzt. Die Ablaufarten werden eingetastet, gespeichert und anschließend zur Auswertung in einen PC überspielt. Hierbei ist in einer Betriebsvereinbarung sicherzustellen, dass die Daten nicht nachträglich geändert werden können. Es gelten dieselben Prinzipien wie bei der computergestützten Ist-Zeit-Ermittlung (Kapitel 6.4.3).
- Multimomentstudien sind bei den IE-Sachbearbeiter/innen sehr unbeliebt, da sie immer zu den Rundgangszeitpunkten ihre sonstige Arbeit unterbrechen müssen, um einen Rundgang durchzuführen. Beim mehrschichtigen Betrieb müssen sie auch während der Spät- und Nachtschicht im Betrieb Rundgänge durchführen. Der Betriebsrat sollte in einer Betriebsvereinbarung auch die Arbeitsbedingungen der IE-Sachbearbeiter/innen insbesondere in Schichtbetrieben regeln (Mehrarbeit/Freizeitausgleich, Entschädigungen für An- und Abfahrten in Spät- und Nachtschicht).

6.12.3 Maschinendatenerfassung (MDE)

An Maschinenarbeitsplätzen werden in der Praxis häufig Stör- und Ausfallzeiten durch die elektronische Steuerung automatisch erfasst. An computergestützten Arbeitsplätzen besteht die Möglichkeit, durch die elektronische Steuerung bzw. spezielle Programme automatisch Zeitdaten zu ermitteln. Für diese Art der Datenermittlung wird hier der Begriff Maschinendatenerfassung (MDE) verwendet. Der häufig benutzte Begriff der Betriebsdatenerfassung (BDE) ist weiter gefasst, weil damit z. B. auch die Erfassung von Auftragsdaten gemeint ist.

Durch MDE ist eine permanente Leistungs- und Verhaltenskontrolle der einzelnen Beschäftigten möglich, denn im Verlauf der täglichen Arbeitszeit lässt sich genau verfolgen, wann der Beschäftigte mit der Arbeit begonnen, wann er sie unterbrochen und wann er sie beendet hat. Mit der Installation derartiger Geräte verfolgen die Unternehmer nicht nur das Ziel des »gläsernen Menschen«, sondern vor allem das Ziel, Freiräume der Beschäftigten erkennen zu können, um höhere Leistungsanforderungen durchzusetzen (»gläserne Arbeit«).

Beim Einsatz von MDE sind folgende Fälle zu unterscheiden: einmal der laufende Betrieb, z. B. im Rahmen einer Nutzungsprämie, und zum anderen eine Erhebung von Stör- und Ausfallzeiten für einen begrenzten Erhebungszeitraum. Für den Erhebungszeitraum werden an den Maschinenarbeitsplätzen mit Nutzungsschreibern oder Terminals die Stör- und Ausfallzeiten erfasst. Die Nutzungsschreiber haben Tasten, die frei belegbar sind und deren Zuordnung zu Ablaufarten vereinbart werden kann.

Dabei wird die Ablaufart »Maschine läuft« automatisch erfasst, während das bei anderen Ablaufarten durch Tastendruck geschieht. Es wird also beispielsweise jeweils eine Taste für Einrichten, Werkzeugbruch, Erholungszeit usw. eingerichtet. Tritt die entsprechende Ablaufart auf, muss der Beschäftigte die jeweilige Taste drücken. Am Ende des Erhebungszeitraums ist ähnlich wie bei der Verteilzeitstudie und Multimomentstudie die Verwendung der Daten zu vereinbaren. Hierbei ist es möglich,

- die Zuschläge für sachliche Verteilzeiten,
- die Soll-Nutzungs-Grade für Nutzungsprämien und
- die Personalbemessung an automatischen Anlagen zu vereinbaren.

Hinweise für Betriebsvereinbarungen

Erfolgt die Maschinendatenerfassung für einen begrenzten Erhebungszeitraum, sind im Grunde genommen dieselben Punkte wie bei einer Verteilzeitstudie in einer Betriebsvereinbarung zu regeln (Kapitel 6.12.1). Die einzige Ergänzung wäre die Vereinbarung über die verwendeten Geräte und die Tastenbelegung.

Erfolgt die Maschinendatenerfassung dagegen nicht für einen begrenzten Zeitraum, sondern für den »laufenden Betrieb«, sind weitere Regelungen erforderlich. Wegen der Gefahr einer permanenten sehr genauen Leistungs- und Verhaltenskontrolle ist eine Maschinendatenerfassung aus gewerkschaftlicher Sicht abzulehnen. Ist es nicht möglich, eine derartige Datenerfassung zu verhindern, müssen in einer Betriebsvereinbarung einerseits Regelungen abgeschlossen werden, die die Leistungs- und Verhaltenskontrolle begrenzen; dazu bestehen Mitbestimmungsrechte nach § 87 Abs. 1 Ziff. 6 Betriebsverfassungsgesetz. Andererseits muss sichergestellt werden, dass die Beschäftigten zumutbare Leistungsvorgaben bekommen und ihre Freiräume erhalten bleiben. Hierüber hat der Betriebsrat nur im Rahmen des Leistungsentgelts eine Mitbestimmung. Deshalb ist aus gewerkschaftlicher Sicht anzuraten, bei der Einführung der Maschinendatenerfassung einen leistungsbezogenen Entgeltgrundsatz zu vereinbaren, wobei sich insbesondere das Standardentgelt empfiehlt.

7. »Belastungen« – Kompensation und gesundheitsförderliche Optimierung

Die sich verändernde Arbeitswelt ist für die Beschäftigten mit einer Vielzahl an physischen und psychischen Belastungen verbunden, aus welchen sich negative Beanspruchungsfolgen bzw. Gefährdungen für das Leben und die Gesundheit ergeben können. Relativ zugenommen haben in den letzten Jahrzehnten psychische Belastungen mit negativen gesundheitlichen Auswirkungen. Die gestiegene öffentliche und betriebliche Aufmerksamkeit hierfür darf jedoch nicht den Blick darauf verstellen, dass ebenso auf dem Gebiet der physischen Belastungen nach wie vor erheblicher Handlungsbedarf besteht und dass die Belastungsarten regelmäßig miteinander in Wechselwirkung stehen.

Dieses Kapitel geht der Frage nach, welche tariflichen und arbeitsschutzrechtlichen Regelungen vorliegen, die für den Schutz der Gesundheit der Beschäftigten genutzt werden können bzw. zwingend vom Arbeitgeber umgesetzt werden müssen. Es handelt sich einerseits um tarifliche Regelungen zu bestimmten, zulagerelevanten Belastungen bzw. Erschwernissen. Diese Regelungen sind privatrechtlicher Art. Andererseits handelt es sich um Maßnahmen der menschengerechten Gestaltung der Arbeit, die durch Gesetze und Verordnungen begründet sind, d. h. um öffentlich-rechtliche Vorschriften zur Gewährleistung und Verbesserung von Sicherheit und Gesundheitsschutz für die Beschäftigten bei der Arbeit (im Folgenden kurz: »Arbeitsschutz«). Diese haben das Ziel der Vermeidung von Gefährdungen sowie der Minimierung von verbleibenden Gefährdungen. Es ist daher auch zu klären, in welchem Verhältnis die verschiedenen Regelungen zueinander stehen und wie sie sinnvoll miteinander verbunden werden können.

Öffentlich-rechtliche Regelungen zum Arbeitsschutz sind staatliche Vorschriften (Gesetze und Verordnungen) und Regeln sowie – ergänzend – autonome Vorschriften, Regeln, Informationen, Grundsätze und Empfehlungen der Träger der gesetzlichen Unfallversicherung (Berufsgenossenschaften und Unfallkassen). Bei den tariflichen Regelungen geht es um bestimmte, zulagerelevante Belastungen bzw. Erschwernisse. Es geht zudem um die abverlangte Leistung, um Erholungszeiten sowie um weitere Aspekte der menschengerechten Arbeitsgestaltung.

Auch die menschengerechte Gestaltung der Arbeitszeit ist Gegenstand des staatlichen Arbeitsschutzes (vgl. das Arbeitszeitgesetz mit Regelungen insbesondere zu: Dauer, Pausen, Ruhezeiten, Nacht- und Schichtarbeit, Arbeitszeitnachweisen), wie auch tariflicher Regelungen, letztere haben häufig die Verteuerung von Arbeitszeiten wie z. B. bei Nacht- oder Sonntagsarbeit zum Inhalt; Arbeitszeitgestaltung wird aber im vorliegenden Handbuch nicht ausführlicher behandelt (vgl. hierzu Abschnitt 7.4).

Der öffentlich-rechtliche Arbeitsschutz hat eine vorgreifende Gestaltungsfunktion für das Handeln der Tarifvertrags- sowie der Betriebs- und der Arbeitsvertragsparteien. Für die gesundheitsförderliche Optimierung von Belastungen sowie die Vermeidung von Gefährdungen und Minimierung von verbleibenden Gefährdungen gilt verbindlich das öffentlich-rechtliche Vorschriften- und Regelwerk, das durch den Arbeitgeber betriebs- bzw. tätigkeitsspezifisch umzusetzen ist. Entsprechende Zielsetzungen sind zudem in tariflichen Regelungen formuliert:

Tarifvertrag

»Arbeitsplatz, Arbeitsablauf und Arbeitsumgebung sind menschengerecht zu gestalten. Dabei sind insbesondere folgende Grundsätze zu beachten:

Arbeits- und Leistungsbedingungen und Arbeitszeiten sind im Rahmen der betrieblichen und wirtschaftlichen Möglichkeiten so zu gestalten, dass

- *sie auch auf Dauer zu keiner gesundheitlichen Beeinträchtigung der Arbeitnehmer führen,*
- *die freie Entfaltung der Persönlichkeit der Arbeitnehmer im Betrieb geschützt und gefördert sowie das Recht auf Menschenwürde geachtet wird,*
- *bei Vereinbarungen zu Lage und Verteilung der Arbeitszeit im Rahmen der betrieblichen und betriebsverfassungsrechtlichen Möglichkeiten dem Einzelnen Entscheidungsspielräume eingeräumt werden.«*

(§ 13 Ziff. 1 Manteltarifvertrag Bayern)

Im Folgenden werden zunächst die Begriffe *Belastung* bzw. *Erschwernisse* sowie *Erholungszeiten* bzw. *Erholzeiten* im arbeitsschutzrechtlichen und im tariflichen Kontext erläutert (Abschnitt 7.1.).

Hiervon ausgehend werden die grundlegenden Regelungen des Arbeitsschutzrechts vorgestellt, woran sich eine Darstellung der Bestimmungen des Arbeitsschutzgesetzes einschließlich deren Bedeutung für tarifliche Regelungen anschließt (Abschnitt 7.2.).

Der folgende Abschnitt (Abschnitt 7.3.) befasst sich mit tariflichen Regelungen hinsichtlich

- Zulagen und Kompensation bei Belastungen bzw. Erschwernissen
- Ermittlung von Belastungen bzw. Erschwernissen
- Erholungszeiten bzw. Erholzeiten und anderer Maßnahmen der menschengerechten Gestaltung der Arbeit.

Abschließend wird auf die betrieblichen Gestaltungs- und Handlungsmöglichkeiten für die Prävention eingegangen (Abschnitt 7.4.).

7.1 Arbeitswissenschaftliche, tarifrechtliche und arbeitsschutzrechtliche Begriffe: Belastungen, Erschwernisse, Gefährdungen und Erholungszeiten

Die Arbeitswissenschaft und – hierauf Bezug nehmend – das Arbeitsschutzrecht verwenden Begriffe zum Teil anders als die Umgangssprache und teilweise auch anders als die tariflichen Regelungen zu bestimmten, zulagerelevanten Belastungen bzw. Erschwernissen. Mit den Begriffen Erholungszeiten bzw. Erholzeiten ist dasselbe gemeint (aus Gründen der Lesbarkeit wird im Folgenden nur von Erholungszeiten gesprochen). Die grundlegenden Begriffe werden im Folgenden erläutert.

7.1.1 Verwendung der Begriffe in der Arbeitswissenschaft

Der Begriff der *Belastung* bezeichnet arbeitswissenschaftlich einen äußeren Einfluss, der auf den Menschen einwirkt. Beispiele hierfür sind Temperatur (Hitze/Kälte), Arbeitsstoffe/Gefahrstoffe oder Schall bzw. Lärm, Dauer und Verlauf von Tätigkeiten oder Art, Umfang und Komplexität von Arbeitsaufgaben. Belastungen sind quantitativ (z. B. der Schalldruck- bzw. Lärmpegel bei der Arbeit) oder qualitativ erfassbar (so z. B. Arbeitsorganisation, soziale Beziehungen). Der Begriff *Belastung* wird arbeitswissenschaftlich und damit auch im Arbeitsschutzrecht neutral verwendet, d. h. er zeigt nicht an, ob eine Belastungsquelle positiv oder negativ auf die physische und psychische Gesundheit einwirkt.

> **Rechtsvorschrift**
> *»Belastung ist die Gesamtheit aller erfassbaren Einflüsse, die von außen auf den Menschen einwirkt und ihn*
> 1. *körperlich beeinflusst, indem sie insbesondere zu einer Reaktion des Herz-Kreislauf-, Muskel- und Skelettsystems und/oder Stoffwechsels führt (körperliche Belastung) und*
> 2. *psychisch beeinflusst, indem sie insbesondere zu kognitiven (z. B. informations-verarbeitenden) und motivational-emotionalen Prozessen führt (psychische Belastung).«*
>
> (Nr. 2.4 Technische Regel für Betriebssicherheit TRBS 1151 »Gefährdungen an der Schnittstelle Mensch – Arbeitsmittel – Körperliche und psychische Faktoren«)

Für die konkrete Auswirkung einer Belastung auf den Menschen wird arbeitswissenschaftlich der neutrale Begriff *Beanspruchung* verwendet, da diese Auswirkung abhängig von den individuellen und ggf. auch zeitweiligen (Beispiele: Erkältung, Müdigkeit) Voraussetzungen des Menschen bzw. Beschäftigten ist. Ein und dieselbe Arbeitsanforderung bzw. Belastung kann daher in einem Fall gesundheitsförderlich oder angemessen sein, bei anderen individuellen Voraussetzungen eine Unter- oder eine Überforderung, d. h. eine Fehlbeanspruchung darstellen. Beanspruchungen können daher positive und negative, kurz- und langfristige Auswirkungen auf die physische oder psychische Gesundheit haben.

Fehlbeanspruchungen können sich aus *Gefährdungen* und *Gefahren* ergeben (zu diesen arbeitsschutzrechtlichen Begriffen vgl. 7.1.3.).

Erholungszeiten dienen zum Ausgleich für arbeitsbedingte Ermüdung. Die Ermüdung kann dabei sowohl physischer als auch psychischer Art sein, d. h. sie kann z. B. auf körperlich anstrengende Tätigkeiten, auf Arbeiten unter belastenden Umgebungsbedingungen oder auch auf hohe Konzentrationsleistung zurückgehen.

Der Begriff der *Ermüdung* bezeichnet den Sachverhalt, dass die Person mehr Ressourcen verbraucht als nachgeführt werden und dass dies zugleich durch *Erholung* vollständig rückgängig gemacht werden kann. Die Erholung erfolgt dabei in interschiedlichen Zyklen (innerhalb und zwischen Schichten, am Wochenende etc.). Eine solche *Erholung* ist erforderlich; denn wenn sie nicht mehr möglich ist, kommt es zu einer *Schädigung.*

Im Folgenden einige Beispiele für physische und psychische Ermüdung:

Beispiele:

Physische Ermüdung:

- Nachlassen der Muskelleistung
- Störung der peripheren Koordination
- Veränderung des Blutbildes
- Veränderung im Bereich der Atmung
- Veränderungen der Herz- und Kreislauftätigkeit.

Psychische Ermüdung:

- Rezeptions- und Wahrnehmungsstörungen
- Koordinationsstörungen
- Störungen der Aufmerksamkeit und der Konzentration
- Störung des Denkens
- Störung der personalen Antriebs- und Steuerungsfunktionen
- Störung der sozialen Beziehungen.

(C. M. Schlick/R. Bruder/H. Luczak: Arbeitswissenschaft – eBook – 2010, S. 196)

Mehrere Sachverhalte sprechen dafür, die notwendige Erholung belastungsnah zu ermöglichen und entsprechend zu regeln:

- Mit fortschreitender Ermüdung werden die für die Erholung notwendigen Pausen überproportional länger.
- Bei der betroffenen Person tritt das Müdigkeitsgefühl erst auf, wenn die Ermüdung bereits eingetreten ist. Eine Vorwarnfunktion geht daher vom Müdigkeitsgefühl nicht aus.
- Selbstgewählte Pausenverteilungen orientieren sich nur selten an Einsichten zum Verhältnis von Belastungen und Erholung, sondern gehen zumeist auf andere Zwänge und Mechanismen zurück (z. B. Arbeitsanfall, Termindruck, soziale Beziehungen etc.).

7.1.2 Verwendung der Begriffe im Tarifrecht

In den tariflichen Regelungen gibt es keine ausdrückliche Definition der Begriffe *Belastungen* bzw. *Erschwernisse*. Es werden vielmehr bestimmte Belastungsarten aufgelistet und z. T. erläutert, die zu ermitteln und zu bewerten sowie gegebenenfalls durch eine Zulage finanziell zu kompensieren sind:

> **Tarifvertrag**
> *»Zulagerelevante Belastungsarten im Sinne dieses Tarifvertrages sind Belastungen*
> - *der Muskeln*
> - *durch Reizarmut*
> - *durch Umgebungseinflüsse.«*
>
> (Anlage 2 § 3 Satz 1 ERA-Tarifvertrag Baden-Württemberg)

Nach Anlage 2 § 3 Nr. 3.3 ERA-Tarifvertrag Baden-Württemberg werden folgende Umgebungseinflüsse berücksichtigt:
- Lärm
- Schmutz, Öl, Fett
- Hitze, Kälte, Zugluft
- Wasser, Säure, Lauge
- Gase, Dämpfe, Staub
- Blendung und Lichtmangel
- Unfallgefahr, Schutzkleidung.

Die zulagerelevanten Belastungen sind bei der Bewertung der Arbeit zu berücksichtigen. Die Abgeltung erfolgt über eine Belastungszulage, sofern mehr als mittlere Belastungen vorliegen (diese sind mit dem Grundentgelt abgegolten).

> **Tarifvertrag**
> *»Bei der Bewertung werden die bei der Ausführung der Arbeitsaufgabe auftretenden und ggf. aus der Arbeitsumgebung resultierenden Belastungen berücksichtigt.«*
> (Anlage 2 § 2 Satz 2 ERA-Tarifvertrag Baden-Württemberg)

In Tarifverträgen wird teilweise anstelle des Begriffs *Belastungen*, oder zusätzlich, der Begriff *Erschwernisse* verwendet, der grundsätzlich gleichbedeutend ist:

> **Tarifvertrag**
> *»Für Beschäftigte, die Arbeitsaufgaben unter körperlichen Belastungen oder unter Umgebungseinflüssen ausführen, die über die normalen Erschwernisse ganz erheblich hinausgehen, wird für jede derartige Arbeitsstunde eine Zulage gezahlt.«*
> (§ 12 Abs. 2 Satz 2 ERA-Tarifvertrag Hessen)

> **Rechtsprechung**
> *»Der Begriff der Erschwernis ist zwar ausfüllungsbedürftig, aber nach objektiven Kriterien bestimmbar. Er kann bezogen auf den jeweiligen Arbeitsplatz konkretisiert werden. Unter Arbeitserschwernissen sind schon nach allgemeinem Wortsinn belastende Begleitumstände einzuordnen, etwa Schmutz, Staub, Lärm, Hitze und Erschütterungen.«*
> (BAG, 9.5.1995 – 1 ABR 56/94)

Da im Rahmen der tariflichen Regelungen mittlere (einschließlich niedrige) Belastungen bzw. Erschwernisse bereits mit dem Grundentgelt abgegolten sind und ausschließlich darüber hinausgehende Belastungen durch eine Belastungszulage abgegolten werden (s. oben), ist zu entscheiden, ob diese als niedrig, mittel, höher oder hoch zu bewerten sind. Dabei kann teilweise auf Tarifverträge selbst zurückgegriffen werden.

Definition

»Die Begriffe mittlere, höhere und hohe Belastung sind im Rahmen der bisherigen summarischen Arbeitsbewertung [...] eingeführte Begriffe, deren Definition der ERA-TV übernimmt. Um die gemeinten Belastungsniveaus zu verdeutlichen, wurden sie beim Belastungsfaktor Lärm festgehalten.

Eine Belastung über 82 dB(A) ist eine über der mittleren Belastung liegende und damit zu bewertende Belastung.

Bei den übrigen Belastungsarten kann eine Konkretisierung der Belastungsstufen durch freiwillige Betriebsvereinbarung erfolgen.«

(Gemeinsames Glossar von IG Metall und Südwestmetall zum ERA-Tarifvertrag Baden-Württemberg, Januar 2005, Stichwort »Belastungen«).

Nach ERA-Tarifvertrag Baden-Württemberg wird

- bei einem Beurteilungspegel von bis zu 82 dB(A) von einer mittleren Belastung
- im Bereich von über 82 dB(A) bis zu 86 dB(A) von einer höheren Belastung
- im Bereich von über 86 dB(A) bis zu 90 dB(A) von einer hohen Belastung ausgegangen.

Dort wird bestimmt:

Tarifvertrag

»Bei Arbeitsplätzen mit einer Dauerbelastung durch Lärm von 90 dB(A) und mehr müssen geeignete technische Maßnahmen zur Lärmminderung ergriffen werden.«

(Anlage 2 § 3 Nr. 3.3.1. Satz 4 ERA-Tarifvertrag Baden-Württemberg)

Die Technische Regel für Arbeitsstätten ASR A3.7 »Lärm« definiert zulässige Lärmpegel in Abhängigkeit von den Konzentrationsanforderungen, die Beschäftigte erfüllen müssen. Diese deutlich niedriger angesetzten Werte sind zunächst bei der Arbeitsgestaltung zu berücksichtigen, aber auch bei der Bewertung von Belastungen wichtig.

Analog zu Lärm sind die Belastungsniveaus auch für alle anderen zulagerelevanten Belastungen auf der Grundlage gesicherter arbeitswissenschaftlicher Erkenntnisse zu bestimmen. Neben der Intensität der Belastung sind auch deren »Dauer, Häufigkeit und zeitliche Verteilung« zu berücksichtigen (Anlage 2 § 2 Abs. 3 ERA-TV Baden-Württemberg).

Die einzelnen tariflichen Regelungen unterscheiden sich im Hinblick darauf, ob und inwieweit sie Präzisierungen im Hinblick auf den Umgang mit Belastungen vornehmen. Zudem gibt es Tarifverträge mit Festlegungen zur Höhe einer Zu-

lage und solche ohne. Damit sind für die Betriebsparteien unterschiedliche Anforderungen und Optionen der Ausgestaltung verbunden.
Tarifliche Regelungen zu Erholungszeiten gelten für Beschäftigte im Leistungsentgelt. Sie regeln, auf welche Weise bzw. in welchem Umfang Zeiten für Erholung bei der Bestimmung des Leistungspensums zu berücksichtigen sind (mehr dazu in Abschnitt 7.3.4.).

7.1.3 Verwendung der Begriffe im Arbeitsschutzrecht

Das Arbeitsschutzrecht verfolgt einen *präventiven* Ansatz, d.h. Gefährdungen des Lebens oder der physischen und psychischen Gesundheit sind zu vermeiden; verbleibende Gefährdungen sind zu minimieren. *Gefährdung* ist dabei der Begriff für die *Möglichkeit* einer Beeinträchtigung der Gesundheit - unabhängig davon, wie groß der mögliche Schaden ist und mit welcher Wahrscheinlichkeit er eintritt.

> **Rechtsvorschrift**
> *»Der Begriff der Gefährdung bezeichnet [...] die Möglichkeit eines Schadens oder einer gesundheitlichen Beeinträchtigung ohne bestimmte Anforderungen an deren Ausmaß oder Eintrittswahrscheinlichkeit.«*
> (Regierungsentwurf – ArbSchG, BT-Drs. 13/3540 v. 22.1.1996, S. 16)

Aus diesem Grund sind bei der Beurteilung der Arbeitsbedingungen bzw. Gefährdungsbeurteilung in der Regel die individuellen Voraussetzungen der Beschäftigten nicht in den Blick zu nehmen. Ausdrücklich anders verhält es sich, wenn z.B. die Qualifikation der Beschäftigten relevant ist (§ 5 Abs. 3 Nr. 5 ArbSchG) oder wenn es um Fragen der Ergonomie geht (§ 5 Abs. 3 Nr. 4 ArbSchG, § 6 Abs. 1 BetrSichV). Spezielle Gefahren (zum Begriff s.u.) für besonders schutzbedürftige Beschäftigtengruppen, die sich aus den ermittelten Gefährdungen ergeben, sind gem. § 4 Nr. 6 ArbSchG zu berücksichtigen.
Im Unterschied zur *Gefährdung* im Sinne der Möglichkeit eines Schadens oder einer gesundheitlichen Beeinträchtigung steht der Begriff der *Gefahr* für eine Schädigung, die unmittelbar eintreten wird, wenn keine sofortige Gegenmaßnahme ergriffen wird.

> **Rechtsvorschrift**
> *»Unter Gefahr wird im Arbeitsschutz wie auch im allgemeinen Recht der Gefahrenabwehr eine Sachlage verstanden, die bei ungehindertem Ablauf des objektiv zu erwartenden Geschehens zu einem Schaden führt, wobei für den Schadenseintritt eine hinreichende Wahrscheinlichkeit verlangt wird und von einem Schaden erst gesprochen werden kann, wenn eine nicht unerhebliche Beeinträchtigung vorliegt.«*
> (Regierungsentwurf – ArbSchG, BT-Drs. 13/3540 v. 22.1.1996, S. 16)

> **Rechtsprechung**
> *»Gerade die Gefährdungsermittlung ist (...) ein zentrales Element des Arbeitsschutzgesetzes. Mit ihr fängt der Gesundheitsschutz an. Je genauer und wirklichkeitsnäher*

> *im Betrieb die Gefährdungen ermittelt und beurteilt werden, um so zielsicherer können konkrete Maßnahmen getroffen werden (...).«*
> (BAG v. 8.6.2004 – 1 ABR 4/03 –, NZA 4/2005, S. 230)

Welche Belastungen unter welchen Expositionsbedingungen bei der Arbeit das Leben sowie die physische und psychische Gesundheit der Beschäftigten gefährden können, ist im Vorschriften- und Regelwerk des Arbeitsschutzes abgebildet (vgl. insbesondere die Auflistung von möglichen Einwirkungen bzw. Belastungen in § 5 Abs. 3 ArbSchG) sowie in gesicherten arbeitswissenschaftlichen Erkenntnissen formuliert.

Diese Regelungen bzw. Erkenntnisse drücken grundsätzliche Zusammenhänge aus und enthalten Gestaltungsanforderungen, die der Arbeitgeber zu beachten hat. Vier davon sollen beispielhaft genannt werden:

- Einseitige Bewegungsabläufe können unter bestimmten Expositionsbedingungen das Muskel-Skelett-System schädigen (vgl. hierzu die LasthandhabV, Anhang Teil 3 Abs. 2 Nr. 4 ArbMedVV sowie die sog. Leitmerkmalmethoden).
- Die Überschreitung der unteren bzw. oberen Auslösewerte in Bezug auf den Tages-Lärmexpositionspegel und den Spitzenschalldruckpegel ($L_{EX,8h}$ = 80 bzw. 85 dB(A) beziehungsweise $L_{pC,peak}$ = 135 bzw. 137 dB(C)) kann das Gehör schädigen (vgl. hierzu die LärmVibrationsArbSchV und Anhang Teil 3 Abs. 2 Nr. 1 ArbMedVV).
- Tätigkeiten mit Gefahrstoffen können bei Überschreitung von Arbeitsplatzgrenz-werten oder Stoffkonzentrationen in der Luft die Gesundheit der Beschäftigten gefährden (vgl. § 2 Abs. 8, 8a, 8b, 9 GefStoffV, TRGS 900 sowie Anhang Teile 1, 2 ArbMedVV).
- Lang andauernde Bildschirmarbeit kann eine Gefährdung des Sehvermögens sowie des Bewegungsapparates bedeuten (vgl. § 3 Satz 3 sowie Anhang 6.1 Abs. 2 ArbStättV, Anhang Teil 4 Abs. 2 Nr. 1 ArbMedVV). Gefährdungen können insbesondere auch entstehen bei ortveränderlicher Verwendung von tragbaren Bildschirmgeräten (vgl. ASR A6 Nr. 4).

Bei allen genannten Beispielen ist der Arbeitgeber zum Angebot arbeitsmedizinischer Vorsorge verpflichtet.

Grundsätzlich sind bei Maßnahmen des Arbeitsschutzes schutzbedürftige und dabei auch leistungsgewandelte Beschäftigte bzw. Gruppen von Beschäftigten besonders zu berücksichtigen (vgl. § 4 Nr. 6 ArbSchG).

7.1.4 Tarifrecht und Arbeitsschutzrecht

Arbeitsschutzrecht und Tarifrecht einschließlich der jeweils verwendeten Begriffe stehen nicht alternativ oder unverbunden nebeneinander. Der Vorrang des öffentlich-rechtlichen Arbeitsschutzrechts ist unstrittig. Vorrangig sind daher die Sicherheit und der Gesundheitsschutz der Beschäftigten durch Maßnahmen des Arbeitsschutzes zu sichern und zu verbessern (§ 1 Abs. 1 Satz 1 ArbSchG); tarifliche Zulagenregelungen heben diese Verpflichtung nicht auf. Der Arbeitgeber ist dementsprechend gem. § 3 Abs. 1 ArbSchG verpflichtet, die erforderlichen Maßnahmen des Arbeitsschutzes unter Berücksichtigung der Umstände zu treffen, die Sicherheit und Gesundheit der Beschäftigten bei der Arbeit beeinflussen. Er hat die Maßnahmen auf ihre Wirksamkeit zu überprüfen und erforderlichenfalls sich ändernden Gegebenheiten anzupassen. Dabei hat er eine Verbesserung von Sicherheit und Gesundheitsschutz der Beschäftigten anzustreben. Gesicherte arbeitswissenschaftliche Erkenntnisse, und damit die unter 1.1 dargestellten Begriffe, sind dabei zu berücksichtigen (vgl. § 4 Nr. 3 ArbSchG). Tarifrechtliche Regelungen sind diesen Bestimmungen untergeordnet bzw. haben sich an diesen zu orientieren. Sie unterstreichen z. T. ausdrücklich deren Grundsätze.

> **Tarifvertrag**
> *»Gesundheitsgefährdungen sind abzustellen; diese Pflicht kann nicht durch Zahlung einer Zulage kompensiert werden.«*
> (§ 13 Abs. 1 Satz 1 ERA-Tarifvertrag Nordverbund)

Diese Grundsätze werden im nächsten Abschnitt näher dargestellt.

7.2 Arbeitsschutzrecht: Prävention, menschengerechte Gestaltung der Arbeit

Der Anspruch des Menschen auf den Schutz seines Lebens und seiner Gesundheit – auch im Rahmen eines Arbeits- bzw. Beschäftigungsverhältnisses – ergibt sich aus dem Grundrecht gem. Art. 2 Abs. 1 Grundgesetz: *»Jeder hat das Recht auf Leben und körperliche Unversehrtheit«*.

Das staatliche Vorschriften- und Regelwerk auf dem Gebiet des Arbeitsschutzes dient der Umsetzung und Konkretisierung dieses Grundrechts in Bezug auf die Arbeitswelt. Dies umfasst derzeit insbesondere

- das Arbeitsschutzgesetz und das Arbeitssicherheitsgesetz
- darauf basierende Verordnungen wie z. B. die Arbeitsstättenverordnung, die Betriebssicherheitsverordnung, die Lastenhandhabungsverordnung, die Gefahr-stoffverordnung oder die Arbeitsmedizinvorsorgeverordnung
- konkretisierende staatliche Technische Regeln
- das Arbeitszeitgesetz

(vgl. Abschnitt 7.4).

Auch Vorschriften, Regeln, Informationen und Grundsätze der Unfallversicherungsträger sowie Tarifverträge, Betriebsvereinbarungen oder arbeitsvertragliche Regelungen haben sich innerhalb des vom Grundgesetz gesetzten Rahmens zu halten und dürfen nicht gegen staatliches Arbeitsschutzrecht verstoßen (dessen Grundzüge werden im nächsten Abschnitt dargestellt).

Das Arbeitsschutzgesetz von 1996 (ArbSchG) beinhaltet *»Maßnahmen zur Verhütung von Unfällen bei der Arbeit und arbeitsbedingten Gesundheitsgefahren einschließlich Maßnahmen der menschengerechten Gestaltung der Arbeit«* (§ 2

Abs. 1). Es fordert ein systematisches Vorgehen durch den Arbeitgeber unter Einhaltung der Schrittfolge:

- Beurteilung der Arbeitsbedingungen
- Festlegung von Maßnahmen des Arbeitsschutzes
- Wirksamkeitsüberprüfung
- Anpassung der Maßnahmen an veränderte Gegebenheiten
- Verbesserung der Maßnahmen bzw. des Schutzniveaus.

Wo der Arbeitgeber nicht über die notwendige Fachkunde verfügt, hat er sich die notwendige Unterstützung zu organisieren.

Der Begriff der *Gefährdungen* (vgl. 7.1) ist dabei umfassend bestimmt:

Rechtsvorschrift

»Eine Gefährdung kann sich insbesondere ergeben durch

1. *die Gestaltung und die Einrichtung der Arbeitsstätte und des Arbeitsplatzes,*
2. *physikalische, chemische und biologische Einwirkungen,*
3. *die Gestaltung, die Auswahl und den Einsatz von Arbeitsmitteln, insbesondere von Arbeitsstoffen, Maschinen, Geräten und Anlagen sowie den Umgang damit,*
4. *die Gestaltung von Arbeits- und Fertigungsverfahren, Arbeitsabläufen und Arbeitszeit und deren Zusammenwirken,*
5. *unzureichende Qualifikation und Unterweisung der Beschäftigten,*
6. *psychische Belastungen bei der Arbeit.«*

(§ 5 Abs. 3 ArbSchG)

Mithin können sich sowohl aus physischen als auch aus psychischen Belastungen Gefährdungen ergeben (zu den Begriffen vgl. 7.1).

Spezifische und konkretisierende Regelungen zu den allgemeineren Vorschriften des ArbSchG finden sich in Arbeitsschutzverordnungen (Arbeitsstättenverordnung, Betriebssicherheitsverordnung u. a.) sowie zugehörigen Technischen Regeln. Einige wenige Beispiele verdeutlichen dies:

- Die BetrSichV definiert die Grundpflicht, »die Verwendung der Arbeitsmittel ... so zu gestalten und zu organisieren, dass Belastungen und Fehlbeanspruchungen, die die Gesundheit und die Sicherheit der Beschäftigten gefährden können, vermieden oder, wenn dies nicht möglich ist, auf ein Mindestmaß reduziert werden. «, u. a.: »... es sind ein Arbeitstempo und ein Arbeitsrhythmus zu vermeiden, die zu Gefährdungen der Beschäftigten führen können ...« (§ 6 Abs. 1). Technische Regeln zur Betriebssicherheit geben, mit Vermutungswirkung, dem Arbeitgeber Hinweise zur Umsetzung der Anforderungen der BetrSichV (z. B. die TRBS 1151).
- Die ArbStättV fordert, »dass Arbeitsstätten so eingerichtet und betrieben werden, dass Gefährdungen für die Sicherheit und die Gesundheit der Beschäftigten möglichst vermieden und verbleibende Gefährdungen möglichst gering gehalten werden.« (§ 3a Abs.) Technische Regeln für Arbeitsstätten (ASR) empfehlen mit Vermutungswirkung dem Arbeitgeber, wie er z. B. im Hinblick auf Raumgrößen, Temperaturen, Lärmbelastung oder Beleuchtungsstärken die entsprechenden Anforderungen der ArbStättV erfüllen kann.

Vorgaben dieser Art sind bei der Gefährdungsbeurteilung einzubeziehen, auf ihre Einhaltung und Wirksamkeit hin zu überprüfen. Sie sind, davon ausgehend, bei der Arbeitsgestaltung zu realisieren.
Mit dem Ziel, die Sicherheit und die Gesundheit der Beschäftigten zu schützen und zu verbessern, legt das Arbeitsschutzgesetz eine Reihe grundlegender Arbeitgeberpflichten fest. Dazu zählen u.a. die folgenden Punkte:

- Bereitstellung einer geeigneten Organisation sowie der erforderlichen Mittel für den Arbeits- und Gesundheitsschutz (§ 3 Abs. 2)
- Gefahrenbekämpfung an ihrer Quelle (§ 4 Nr. 2)
- Gestaltung der Arbeit mit der Maßgabe, dass eine Gefährdung für das Leben sowie die physische und die psychische Gesundheit möglichst vermieden und die verbleibende Gefährdung möglichst gering gehalten wird (§ 4 Nr. 1)
- Beurteilung der Arbeitsbedingungen im Hinblick auf die Gefährdungen für die Beschäftigten (Gefährdungsbeurteilung); Dokumentation des Ergebnisses (§§ 5 und 6)
- Ermittlung von Maßnahmen des Arbeitsschutzes unter Berücksichtigung des Stands von Technik, Arbeitsmedizin und Hygiene sowie sonstiger gesicherter arbeits-wissenschaftlicher Erkenntnisse (§ 5 und § 4 Nr. 3)
- Vorrangig sind technische Maßnahmen des Arbeitsschutzes zu realisieren, nachrangig organisatorische oder personenbezogene; die Maßnahmen sind sachgerecht zu verknüpfen (§ 4 Nr. 4 und 5)
- Die Beschäftigten müssen geeignete Anweisungen (§ 4 Nr. 7) sowie eine ausreichende und angemessene Unterweisung (§ 12) erhalten
- Überprüfung der Wirksamkeit der durchgeführten Maßnahmen des Arbeitsschutzes und kontinuierliche Verbesserung von Sicherheit und Gesundheitsschutz der Beschäftigten (§ 3 Abs. 1).

Sicherheits- und Gesundheitsschutz bei der Arbeit müssen angesichts dieser Verpflichtungen *dynamisch* angelegt sein. Denn es gibt vielfältige Anlässe, Anpassungen und Verbesserungen: veränderte Gefährdungen (bereits feststellbare und auch abseh-bare), unzureichende Wirksamkeit von Maßnahmen, neue technische Möglichkeiten oder neue arbeitswissenschaftliche Erkenntnisse.
Für die Arbeit der betrieblichen Interessenvertretungen sind folgende Hinweise besonders zu beachten:

- Das Arbeitsschutzgesetz und auf seiner Grundlage erlassene Arbeitsschutzverordnungen enthalten die wesentlichen Arbeitgeberpflichten. Diese überwiegend als Schutzziele bestimmten Pflichten werden durch Technische Regeln bzw. gesicherte arbeitswissenschaftliche Erkenntnisse konkretisiert. Der Arbeitgeber bestimmt in diesem Rahmen, auf welche Art und Weise er die Verpflichtungen umsetzt. Bei solchen »regelungsoffenen« Sachverhalten hat der Betriebsrat ein erzwingbares Mitbestimmungsrecht gemäß § 87 Abs. 1 Nr. 7 BetrVG. Für die zu treffenden Regelungen ist der durch das Arbeitsschutzrecht gesetzte Rahmen bindend.
- Das Vermeidungs- bzw. Minimierungsgebot zu Gefährdungen des Lebens sowie der physischen und psychischen Gesundheit (siehe oben unter 7.1) gilt auch im Hinblick auf tarifliche oder betriebliche Regelungen. Eine Vor-

gehensweise, welche dieses Gebot nicht oder nicht ausreichend realisiert und stattdessen in Form eines »Ablasshandels« Belastungen bzw. Erschwernisse finanziell kompensieren will, ist damit unvereinbar.

- Eine »Bezahlung« von Belastungen bzw. Erschwernissen, die mit Gefährdungen einhergehen, ist rechtskonform nur für eine »Übergangszeit« möglich. In dieser Zeitspanne sind Maßnahmen des Arbeitsschutzes nicht oder noch nicht durchgeführt worden, weil entweder Maßnahmen nach dem Stand der Technik nicht zur Verfügung stehen oder weil ihre betriebliche Umsetzung Zeit benötigt. In diesen Fällen müssen Sicherheit und Gesundheitsschutz auf andere Weise gewährleistet werden (durch organisatorische oder personenbezogene Maßnahmen wie z. B. Tätigkeitswechsel, Zugangsbeschränkungen für Bereiche mit bestimmten Gefährdungen oder gar Gefahren).
- Eine wichtige Handlungsoption zum Schutz von Sicherheit und Gesundheit der Beschäftigten besteht in der Reduzierung der Zeit, in denen sie den Gefährdungen ausgesetzt sind, die nicht oder noch nicht vermieden werden können. Dies kann z. B. geschehen durch Rotations-Regeln, Tätigkeitswechsel, Verkürzung der Arbeitszeit oder Erholungszeiten innerhalb der Arbeitszeit.

7.3 Regelungen zu Belastungen bzw. Erschwernissen und Erholungszeiten

Die folgenden Abschnitte stellen die tariflichen Regelungen zu *Belastungen* und *Erschwernissen* sowie zu *Erholungszeiten* ausführlicher vor und setzen sie in Beziehung zum dargestellten Rahmen des Arbeitsschutzrechts.

7.3.1 Regelungen der Tarifverträge, Belastungszulage und Belastungskompensation

In den Entgelt-Rahmentarifverträgen wurden Regelungen zur Abgeltung von Belastungen und zum Belastungsausgleich vereinbart. Ziel der Tarifvertragsparteien war es nicht, Belastungen mit Geld auszugleichen. Die Tarifverträge schreiben daher verbindlich fest, dass Belastungen zu vermeiden sind, die zu Gefährdungen der Gesundheit führen können.

> **Tarifvertrag**
> *»Die Tarifvertragsparteien haben das Ziel, die Gesundheit der Beschäftigten zu schützen. Sie stimmen darin überein, dass im Rahmen der Bewertung von Belastungen keine Bezahlung für Gesundheitsschäden erfolgt.*
> *Um zu verhindern, dass Belastungen zu Gesundheitsschäden führen, hat der Arbeitgeber mit dem Betriebsrat geeignete Maßnahmen zur Minderung der Belastung zu beraten. Dabei sind der Stand der Technik, Arbeitsmedizin und Hygiene sowie sonstige gesicherte arbeitswissenschaftliche Erkenntnisse zu berücksichtigen.*
> *Beschäftigte und Betriebsrat können geeignete Vorschläge einbringen.*

> *Falls über vorgeschlagene Maßnahmen der Beschäftigten oder des Betriebsrates kein Einvernehmen erzielt wird, hat der Arbeitgeber seine ablehnende Haltung begründet darzulegen. […]«*
> (Anlage 2 § 1 ERA-Tarifvertrag Baden-Württemberg)

Diese tariflichen Bestimmungen ergänzen die individualrechtlichen Regelungen zum Beschwerderecht (§ 85 BetrVG) und das kollektive Mitbestimmungsrecht des Betriebsrats in Fragen des Arbeits- und Gesundheitsschutzes (§ 87 Absatz 1 Nr. 7), sie ersetzen es nicht.

Auch wenn bei der Arbeitsgestaltung der »Stand der Technik, Arbeitsmedizin und Hygiene« und alle arbeitswissenschaftlichen Erkenntnisse beachtet werden, lassen sich Belastungen am Arbeitsplatz mit daraus resultierenden negativen Beanspruchungsfogen nicht immer vermeiden. Vor der Einführung der Entgelt-Rahmentarifverträge wurden erhöhte körperliche Belastungen bei der Eingruppierung der Tätigkeit berücksichtigt. Dies hat oftmals zur mittelbaren Diskriminierung von Frauen geführt. Bei der Eingruppierung nach den Entgelt-Rahmentarifverträgen spielen deshalb die Belastungen keine Rolle mehr. Sie werden, soweit erforderlich, mit einer besonderen Zulage abgegolten.

Bei der Art der tariflichen Regelung haben die regionalen Tarifvertragsparteien teilweise auf die Systematik der Abgeltung von Belastungen und Erschwernissen in den Lohn- und Gehaltsrahmentarifverträgen zurückgegriffen. Bei der Anwendung dieser Bestimmungen sind daher auch die Erfahrungen und die Rechtsprechung aus der Zeit vor der ERA-Einführung zu beachten. Aufgrund der Gefahr einer mittelbaren Diskriminierung von Frauen durch eine einseitige Auslegung des Begriffs der *körperlichen Belastungen* hat sich eine eindeutige Rechtsprechung zu diesem Begriff ergeben (u. a. BAG, 27. 4. 1988 – 4 AZR 707/87). Eine Auslegung des Begriffs der körperlichen Belastungen in einer Art, dass nur an typischen »Männerarbeitsplätzen« eine Abgeltung dieser Belastungen zu erfolgen hat, ist mit Art. 157 des Vertrages über die Arbeitsweise der Europäischen Union (AEUV) nicht zu vereinbaren. Das Bundesarbeitsgericht hat diesen Begriff vor der Einführung der Entgelt-Rahmentarifverträge europarechtskonform ausgelegt und festgestellt, dass darunter alle Umstände fallen, die auf den Menschen belastend einwirken und zu körperlichen Reaktionen führen können.

Diese Rechtsprechung haben die Tarifvertragsparteien der Metall- und Elektroindustrie in einigen Tarifgebieten auch ausdrücklich aufgegriffen.

> **Tarifvertrag**
> *»Körperliche Belastungen sind alle Belastungen, die zu körperlichen Reaktionen führen.«*
> (Protokollnotiz zu § 12 Ziff. 2 ERA-Tarifvertrag Hessen)

Bei der Bestimmung der Belastungsarten, die durch eine Zulage abzugelten sind, haben die Tarifvertragsparteien die o. a. rechtlichen Rahmenbedingungen berücksichtigt. In einigen Tarifgebieten werden die Belastungen durch eine *Belastungszulage*, in anderen durch eine *Erschwerniszulage* ausgeglichen.

Der Unterschied liegt, wie in der Übersicht 7.1 erkennbar, in der Tiefe der Differenzierung der Belastungsarten. In einigen Tarifgebieten werden die Belastungen der *Muskeln* bewertet, dieses wird dann ergänzt um das Belastungsmerkmal *Sinne und Nerven* bzw. *Reizarmut*. In anderen Tarifgebieten wird der Begriff der *körperlichen Belastungen* ganzheitlich verwendet. In allen diesen Regelungen werden die Belastungen durch *Umgebungseinflüsse* berücksichtigt.

Übersicht 7.1

Baden-Württemberg	**Bayern**	**Mittelgruppe**	**Küste**	**Niedersachsen**	**NRW**
Belastungszulage	Erschwerniszulage	Erschwerniszulage	Belastungszulage	Belastungszulage	Erschwerniszulage
Muskeln		Körperliche Belastungen	Muskeln	Muskeln	Körperliche Belastungen
Reizarmut			Sinne und Nerven	Sinne und Nerven	
Umgebungseinflüsse	Umgebungseinflüsse	Umgebungseinflüsse	Umgebungseinflüsse	Umgebungseinflüsse	Umgebungseinflüsse
Max. 10% der EG 7		Art und Höhe betr. zu vereinbaren	Höhe betr. zu vereinbaren	Höhe betr. zu vereinbaren; Mindestbeträge im TV	Zulage 6% des Entgelts der E7

Um dem Grundsatz gerecht zu werden, dass gesundheitsgefährdende Belastungen vermieden und verbleibende Gefährdungen minimiert werden müssen, haben die Tarifvertragsparteien der Metall- und Elektroindustrie neben der Möglichkeit der Abgeltung der Belastungen durch Geld auch die Möglichkeit der Abgeltung durch Freizeit vorgesehen.

Tarifvertrag
»Ein Ausgleich der Erschwernisse erfolgt grundsätzlich durch die vorgenannten Zuschläge. Die Betriebsparteien können in einer freiwilligen Betriebsvereinbarung festlegen, dass die Beschäftigten anstelle des Zuschlags einen Zeitausgleich wählen können.«
(§ 11.2 ERA-Tarifvertrag Nordrhein-Westfalen)

7.3.2 Tarifvertragliche Regelungen zur Ermittlung von Belastungen

Die Höhe der Zuschläge für Belastungen und Erschwernisse ist nach den Tarifverträgen der Metall- und Elektroindustrie in der Regel durch betrieblich zu vereinbarende Verfahren zu ermitteln. Dabei haben die Tarifvertragsparteien unterschiedliche Vorgaben gemacht. Die Bandbreite der tariflichen Regelungen reicht von einem abschließend geregelten Zuschlag in Höhe von 6 % des Entgelts der Entgeltgruppe 7, in Nordrhein-Westfalen, bis zu einer Öffnungsklausel, die

es den Betriebsparteien überträgt, die Zuschläge sowohl dem Grunde wie auch der Höhe nach zu definieren, in den Tarifgebieten der sog. Mittelgruppe.
Andere Tarifgebiete regeln die Höhe der Belastungszulage durch eine Kombination aus einer Öffnungsklausel mit einer Mindesthöhe:

> **Tarifvertrag**
> *»(1) Belastungszulagen sind zu zahlen, soweit bei Arbeiten Belastungen der Muskeln, der Sinne und Nerven aus Umgebungseinflüssen im Einzelnen oder zusammen vorliegen, die in nennenswertem Maße über die bei Arbeiten nach den Entgeltgruppen gem. § 3 und den Richtbeispielen normalerweise auftretenden Belastungen hinausgehen. [...]*
> *(3) Die Höhe der Zulagen ist zwischen Arbeitgeber und Betriebsrat zu vereinbaren. Die Zulage für nennenswerte Belastungen gemäß Ziff. (1) und die Zulage für hohe Belastungen, die über das in Ziff. (1) genannte Maß erheblich hinausgehen, sind wegen der Tarifdynamik im Entgelttarifvertrag geregelt.«*
> (§ 5 ERA-Tarifvertrag Niedersachsen)

In dem Entgelttarifvertrag sind Mindestzuschläge für *»nennenswerte«* und *»hohe«* Belastungen in Höhe von z.Z. 0,85€ und 1,171€ pro Stunde (Stand: 1.4.2025) festgelegt.
In Baden-Württemberg haben die Tarifvertragsparteien im Entgeltrahmentarifvertrag zur Bewertung der Belastungen ein Punkteverfahren vereinbart.
Zulagerelevante Belastungsarten im Sinne dieses Tarifvertrages sind Belastungen der Muskeln, durch Reizarmut und durch Umgebungseinflüsse.
Die Tarifvertragsparteien haben die einzelnen Belastungsarten genau definiert und für die Höhe der auftretenden Belastungen Punktwerte festgelegt (Übersicht 7.2).
Für die Umsetzung der tariflichen Regelungen wurde an der TH Darmstadt ein Verfahren zur Belastungsanalyse entwickelt, das sich an dem ERA-Tarifvertrag in Baden-Württemberg orientiert (Ghezel-Ahmadi, Kazem; Schaub, Karlheinz; *Bewertung der körperlichen Belastungen am Arbeitsplatz mit dem IAD-BkB' im Rahmen des ERA-Tarifwerks.* In: Zeitschrift für Arbeitswissenschaft (61) 2007, S. 255–262). Dieses Verfahren kann auch in anderen Tarifgebieten hilfreich sein, um eine arbeitswissenschaftliche Grundlage für die Vereinbarung von Belastungs- und Erschwerniszulagen zu erhalten, jedoch nur wenn die Grundsätze zur Abgeltung von Belastungen denen des Tarifgebietes Baden-Württemberg entsprechen. Bei einer Anwendung dieses Verfahrens in anderen Tarifgebieten muss aber geprüft werden, ob alle nach dem jeweiligen Tarifvertrag abzugeltenden Belastungen und Belastungsarten erfasst werden oder ob das Verfahren ergänzt werden muss.

Übersicht 7.2: ERA-Tarifvertrag Baden-Württemberg

Belastung der Muskeln			
Stufe	Definition		Punkte
1	höhere Belastung der Muskeln: schwere Arbeiten, mittelschwere Arbeiten in ungünstiger Körperhaltung (z. B. Bücken, Knien, über Kopf).		1
2	hohe Belastung der Muskeln: besonders schwere Arbeiten, schwere Arbeiten in ungünstiger Körperhaltung (z. B. Bücken, Knien, über Kopf).		2
Belastung durch Reizarmut			
Stufe	Definition (Monotonie, soziale Isolation)		Punkte
1	höhere Belastung		1
2	hohe Belastungen		2
Belastungen durch Lärm			
Stufe	Definition	Beurteilungspegel	Punkte
1	höhere Belastung	über 82 dB(A) bis 86 dB(A)	1
2	hohe Belastung	über 86 dB(A)	2
Sonstige Umgebungseinflüsse			
Stufe	Definition		Punkte
1	Nachhaltig höhere Belastung durch einzelne Umgebungseinflüsse		1
2	Nachhaltig hohe Belastung durch einzelne Umgebungseinflüsse oder nachhaltig höhere Belastung durch mehrere (mehr als 2 Gruppen) Umgebungseinflüsse		2

Aus der Summe der Punktwerte ergibt sich der Geldbetrag der Belastungszulage nach folgender Staffel:	
Summe der Punkte	**Geldbetrag in % der Entgeltgruppe 7**
1	2,5 %
2	5,0 %
3	7,5 %
4 und mehr	10,0 %

7.3.3 Belastung und Erholung

Neben der Abgeltung von Belastungen durch eine Zulage zum Entgelt oder einen entsprechenden Freizeitausgleich müssen Belastungen bei der Ermittlung von Leistungsvorgaben berücksichtigt werden. Es liegt auf der Hand, dass ein Mensch bei hohen Belastungen nicht mit dem gleichen Tempo arbeiten kann wie bei geringeren Belastungen. Nach einer Belastung muss eine Zeit der Erholung, eine *Erholungszeit*, folgen.

Dass Erholungszeiten grundsätzlich notwendig sind, kann kein Mensch, der von arbeitswissenschaftlichen Zusammenhängen etwas versteht, bestreiten – im Gegenteil. Selbst ein F. W. Taylor hatte schon Anfang des letzten Jahrhunderts erkannt, dass man einen Arbeiter nicht ununterbrochen ausbeuten kann, sondern dass dabei Erholungszeiten notwendig sind.

Die Arbeitswissenschaften bestätigen heute die Notwendigkeit von Arbeitsunterbrechungen und Pausen bzw. Erholungszeiten. Die Handhabung von arbeitswissen-schaftlichen Erkenntnissen ist daher für den Betriebsrat von größter Bedeutung für die Einflussnahme auf die Gestaltung der Arbeit. Durch Tarifverträge werden solche Vorschriften zum Teil wiederholt, zum Teil konkretisiert.

Für den Betriebsrat bzw. die zuständigen Betriebsratsmitglieder ist also wichtig, sich einige Kenntnisse über Zielsetzungen und Aufgabenfelder der Arbeitswissenschaft und Kontakte zu Arbeitswissenschaftlerinnen und -wissenschaftlern an Hochschulen möglichst in der Nähe des Betriebes zu verschaffen. Kontakte darüber werden am besten über die zuständige Gewerkschaft hergestellt und gepflegt.

Das Selbstverständnis der Arbeitswissenschaft ergibt sich aus einer von namhaften Arbeitswissenschaftlern erarbeiteten Definition dieser Disziplin:

Definition

»Arbeitswissenschaft ist die Systematik der Analyse, Ordnung und Gestaltung der technischen, organisatorischen und sozialen Bedingungen von Arbeitsprozessen mit dem Ziel, dass die arbeitenden Menschen in produktiven und effizienten Arbeitsprozessen

- *schädigungslose, ausführbare, erträgliche und beeinträchtigungsfreie Arbeitsbedingungen vorfinden,*
- *Standards sozialer Angemessenheit nach Arbeitsinhalt, Arbeitsaufgabe, Arbeitsumgebung sowie Entlohnung und Kooperation erfüllt sind,*
- *Handlungsspielräume entfalten, Fähigkeiten erwerben und in Kooperation mit anderen ihre Persönlichkeit erhalten und entwickeln können.«*

(H. Luczak/W. Volpert u. a., Arbeitswissenschaft Kerndefinition-Gegenstandskatalog-Forschungsgebiete, Eschborn 1987, S. 59)

Diese Definition erlaubt auch Gewerkschaften, Betriebsräten und Belegschaften, mit Ansprüchen an die Arbeitswissenschaft heranzutreten, im Sinne von Arbeitnehmerinnen und Arbeitnehmern und ihren Interessenvertretungen praktisch beratend tätig zu werden. Leider ist im Selbstverständnis vieler Wissenschaftler die Arbeitswissenschaft bis heute auf medizinisch-physiologische Sachverhalte beschränkt, die gleichsam aus dem Blick der Unternehmensleitung untersuchen,

was in dieser Sicht für den Beschäftigten gerade noch erträglich ist bzw. was deren Leistung noch weiter zu steigern vermag.
Es fehlt vielfältig die psychisch-soziale Dimension menschlichen Lebens und vor allem der Bezug zu den von den Arbeitenden selbst artikulierten Bedürfnissen und Interessen als Maßstab ihres Wohlbefindens, ihrer Zufriedenheit und ihrer Entfaltungs-möglichkeiten.
Die Praxis der Arbeitswissenschaft bleibt also hinter den von ihr selbst aufgestellten *Kriterien für die Bewertung von Arbeitsprozessen*, die sehr brauchbar sind, zurück:

Definition

Kriterien für die Bewertung von Arbeitsprozessen:

»1. *Schädigungslosigkeit und Erträglichkeit der Arbeit bezogen auf die physiologisch-ökologische Ebene;*
2. *Ausführbarkeit der Arbeit, bezogen auf die Ebene der Operation mit Werkzeugen und an Maschinen;*
3. *Zumutbarkeit, Beeinträchtigungsfreiheit, Handlungs- und Tätigkeitsspielraum der Arbeit, bezogen auf die Gestaltung der Arbeitsaufgaben und Arbeitsumgebung;*
4. *Zufriedenheit der Arbeitenden, Persönlichkeitsförderlichkeit der Arbeit, bezogen auf das Netzwerk produktiver Funktionen;*
5. *Sozialverträglichkeit der Arbeit, Beteiligung der Arbeitenden an der Gestaltung, bezogen auf die kooperative Organisation der Produktion oder Dienstleistung.*«

(Luczak/Volpert, a.a.O., S. 58)

Für die praktische Arbeit kommt es darauf an, diese Kriterien zur Grundlage der Arbeitsgestaltung in den Betrieben zu machen. Dabei stellen das BetrVG und tarifliche Bestimmungen eine wichtige Anspruchsgrundlage dar.
Wichtig ist vor allem auch, die Betroffenen selbst einzubeziehen und ihre Beurteilungen anhand der genannten Kriterien mit zum entscheidenden Maßstab der Arbeitsgestaltung zu machen.
Für die Einführung von Erholungszeiten sprechen drei gute Gründe:

1. Belastungen müssen durch ausreichende Erholungszeiten ausgeglichen werden, damit keine gesundheitlichen Schädigungen aufgrund der Belastungen eintreten.
2. Sollen Arbeitnehmer nicht »geistig verarmen«, ist es notwendig, dass sie ausreichend Gelegenheit haben, am Arbeitsplatz mit anderen Menschen zu kommunizieren. Soziale Isolation am Arbeitsplatz erfordert deshalb ein ausreichendes Maß an Erholungszeit, damit die Arbeitnehmer die Gelegenheit haben, mit anderen Kolleginnen und Kollegen zu reden.
3. Erholungszeiten verhindern Krankheiten und Arbeitsunfähigkeit. Sie bewirken so, dass der Arbeitnehmer keine Einkommensverluste durch Krankheit, Berufs-unfähigkeit oder Arbeitsunfähigkeit erleidet, und ersparen der Gesellschaft Kosten für Krankengeld bzw. Berufs- und Erwerbsunfähigkeitsrenten.

7.3.4 Tarifvertragliche Regelungen zu Erholungszeiten

In den Tarifverträgen der Metall- und Elektroindustrie sind für den Bereich des Leistungsentgelts Erholungszeiten geregelt. Sie dienen dem Ausgleich von Belastungen und sind bei der Vorgabe von Leistungspensen zu berücksichtigen. Die Gewährung von bezahlten Erholungszeiten war und ist in den Betrieben aber keine Selbstverständlichkeit. So musste die IG Metall im Jahr 1972 einen Arbeitskampf führen, um im Tarifgebiet Nordwürttemberg-Nordbaden Mindesterholungszeiten von 5 Minuten pro Stunde durchzusetzen. Mindesterholungszeiten konnten auch in anderen Bereichen durchgesetzt werden, z. B. im Firmentarifvertrag der VW AG sowie in Betriebs-vereinbarungen.
Die Tarifverträge der Metall- und Elektroindustrie schreiben vor, dass Erholungszeiten auf der Grundlage arbeitswissenschaftlicher Erkenntnisse zu berücksichtigen sind.

> **Tarifvertrag**
> *»In entsprechenden Arbeitssystemen sind zum Ausgleich arbeitsbedingter Ermüdung in den Zeitvorgaben Erholungszeiten gemäß gesicherter arbeitswissenschaftlicher Erkenntnis zu berücksichtigen.«*
> (§ 3.3.1 Tarifvertrag zur Fortführung von Bestimmungen des LRTV II vom 25.4.2006)

Mit den Tarifverträgen besteht für die Durchsetzung von Erholungszeiten eine Grundlage. Art und Umfang der Regelung sind jedoch in den Tarifverträgen sehr unterschiedlich. Im Kern sind in den Tarifverträgen drei unterschiedliche Regelungsansätze normiert.

Die Regelung von Mindesterholungszeiten
Tarifverträge regeln Mindesterholungszeiten. Sie verpflichten den Arbeitgeber, Erholungszeiten mindestens in dem tarifvertraglich vorgesehenen Umfang zu gewähren. Sind die Belastungen höher, hat der Arbeitgeber auch entsprechend höhere Erholungszeiten zu berücksichtigen. Der Tarifvertrag regelt, in welchem Umfang diese Erholungszeiten gegen erholungswirksame Arbeitsunterbrechung aufgerechnet werden können. Kommt der Arbeitgeber dieser tarifvertraglichen Verpflichtung nicht nach, steht den Beschäftigten und dem Betriebsrat das Reklamationsrecht zu.
Beispiel:

> **Tarifvertrag**
> *»Bei*
> - *überwiegend manuellen Arbeiten mit kurzen Arbeitszyklen,*
> - *Prüfaufgaben mit kurzen Arbeitszyklen, die eine Daueraufmerksamkeit mit hoher Konzentration erfordern,*
>
> *beträgt die Erholungszeit 5 Minuten in der Stunde.*
> *Auf höhere Erholzeiten können sich Arbeitgeber und Betriebsrat in einer Betriebsvereinbarung einigen, wenn dies arbeitswissenschaftliche Erkenntnisse gerechtfertigt erscheinen lassen. […]«*
> (§ 3.3.2 Tarifvertrag zur Fortführung von Bestimmungen des LRTV II vom 25.4.2006)

Verfahren zur Vereinbarung von Erholungszeiten

Der Tarifvertrag regelt, dass sich Betriebsrat und Arbeitgeber auf ein bestimmtes Volumen der Erholungszeiten für jeden Arbeitsplatz bzw. Arbeitsbereich einigen müssen. Kommt eine solche Einigung nicht zustande, so regelt der Tarifvertrag, welche Erholungszeiten im Fall der Nichteinigung anzuwenden sind.
Beispiel:

> **Tarifvertrag**
> *»8.1.1 Bei der Personalbemessung sind persönliche Bedürfnis- und Erholzeiten angemessen zu berücksichtigen. [...]*
> *8.1.2.3 Einzelheiten zu Ziffern 8.2.1.1 und 8.2.1.2 werden durch Betriebsvereinbarung geregelt.*
> *Kommt ein Einvernehmen gemäß Ziff. 8.1.1 nicht zustande, ist die persönliche Bedürfniszeit mit 3 Minuten pro Stunde und eine bezahlte Erholzeit von 2,5 Minuten pro Stunde auszuweisen. [...]«*
> (§ 8 Tarifvertrag über Leistungs- und Personalbemessung der Volkswagen AG vom 15.12.2008)

Verweis auf arbeitswissenschaftliche Verfahren

Der Tarifvertrag regelt, dass die Arbeitnehmer einen Anspruch auf Erholungszeiten haben, der sich aus einem arbeitswissenschaftlich begründeten Verfahren ergibt. Welches Verfahren dabei gewählt wird, muss zwischen Arbeitgeber und Betriebsrat vereinbart werden.
Beispiel:

> **Tarifvertrag**
> *»In der Vorgabezeit muss ein ausreichender Zuschlag für sachliche und persönliche Verteilzeit enthalten sein. Das Verfahren zur Ermittlung der Verteilzeit (Verteilzeitstudien oder Multimomentaufnahmen) und der Anwendungsbereich sind zwischen Geschäftsleitung und Betriebsrat zu vereinbaren. Um eine Gesundheitsgefährdung bei normaler Leistung auszuschließen, muss die Vorgabezeit ggf. einen Zuschlag für Erholungszeit enthalten, soweit diese nicht bereits in der Grundzeit oder Verteilzeit oder den unbeeinflussbaren Zeiten hinreichend Berücksichtigung erfahren hat.«*
> (Anhang B Ziff. 5 ERA Metallindustrie Hessen)

Neben den tariflichen Regelungen über Erholungszeiten können auch Arbeitsschutzregelungen die Rechtsgrundlage für bezahlte Arbeitsunterbrechungen bilden. So räumt das Bundesarbeitsgericht dem Betriebsrat ein Mitbestimmungsrecht über die Festlegung von sogenannten »Bildschirmpausen« auf der Grundlage der EG-Bildschirmrichtlinie ein (Hinweise zur »Bildschirmpause«, d.h. zu Erholungszeiten gemäß Anhang 6 ArbStättV vgl. Abschnitt 7.4). Die neue ASR A6 fordert in Nr. 5.3 (2) regelmäßige kurze Erholungszeiten, sofern keine Unterbrechung von Bildschirmarbeit durch nicht bildschirmbezogene Tätigkeit erfolgt.
Von der Arbeitswissenschaft wurden verschiedene Verfahren zur Ermittlung von Erholungszeiten entwickelt. Die meisten dieser Verfahren zeichnen sich jedoch

dadurch aus, dass sie entweder verschiedene Belastungsmerkmale ignorieren oder in der betrieblichen Praxis nur schwierig anzuwenden sind. Einige Verfahren wurden im Auftrag von Arbeitgeberverbänden erstellt. Sie sind so angelegt, dass nur in Ausnahmefällen ein Erholungszeitzuschlag herauskommt. Um für die Tarifgebiete, in denen Mindesterholungszeiten nicht tarifvertraglich geregelt sind, ein praktikables Verfahren anzubieten, hat die IG Metall ein Verfahren zur Ermittlung von Erholungszeiten entwickelt. Die unterschiedlichen Verfahren in ihren Grundzügen werden in der Übersicht 7.3 dargestellt.

Vorgehensweise von Erholungszeitermittlung

Zur Ermittlung von Erholungszeiten werden die Werte der einzelnen Belastungsarten anhand von Tabellen festgestellt und ein entsprechender Punktwert daraus abgelesen. Aus einer Umrechnungstabelle ergibt sich dann der Prozentwert der Erholungszeit, bezogen auf die Grundzeit für Beschäftigte im Akkordentgelt bzw. auf die Schichtzeit für Beschäftigte im Prämienentgelt.

Einige Verfahren zur Ermittlung von Erholungszeiten sehen die Anrechnung von ablaufbedingten Wartezeiten und eines Belastungswechsels auf die Höhe der Erholungszeit vor. Im Erholungszeitverfahren der IG Metall sind keine Anrechnungen von Erholungszeiten auf ablaufbedingte Wartezeiten vorgesehen. Die Erholungszeiten werden auch ohne gegenseitige Anrechnung von angeblichen Erholungswirkungen bei einem Belastungswechsel ermittelt. Hiermit trägt das Verfahren der IG Metall dem Umstand Rechnung, dass es keine gesicherten arbeitswissenschaftlichen Erkenntnisse darüber gibt, dass durch einen Belastungswechsel eine Erholungswirkung eintritt. Vielmehr zeigt die Lebenserfahrung, dass eine Anrechnung von z. B. Zeiten geistiger Tätigkeit auf die Erholungszeit für muskelmäßige Belastung nicht möglich ist. Ein 100-m-Läufer ist nach dem Sprint auch nicht in der Lage, komplizierte Berechnungen zu lösen, sondern er benötigt zunächst eine Erholungszeit, in der er sich von der Belastung der körperlichen Anstrengung erholt. Nach tarifvertraglichen Vorschriften kann eine Anrechnung von Erholungszeiten auf ablaufbedingte Wartezeiten nur erfolgen, wenn eine Arbeitsunterbrechung erholungswirksam ist. Damit eine Wartezeit erholungswirksam ist, müssen drei Kriterien erfüllt sein:

Übersicht 7.3

Übersicht über Verfahren zur Ermittlung von Erholungszeiten			
Bezeichnung des Verfahrens zur Ermittlung von Erholungszeiten	**Berücksichtigte Belastungsmerkmale**	**Methode der Ermittlung der Erholungszeitanteile für die einzelnen Belastungsarten**	**Zusammenfassung der ermittelten Erholungszeitanteile zur Erholungszeit**
Arbeitswissenschaftliches, praxisorientiertes Verfahren zur Erholzeitermittlung – der IG Metall	- Muskelmäßige Belastungen - Belastungen von Sinnen und Nerven - Belastungen durch Umgebungseinflüsse	Bewertung der Belastungen mit definierten, der Höhe der Belastung entsprechenden Punktwerten	Addition der Punktwerte für die einzelnen Belastungs-arten
Analytisches Verfahren nach REFA	- dynamische Muskelarbeit - Klima - statische Muskelarbeit - einseitige Muskelarbeit - Aufmerksamkeit und Konzentration - Umgebungseinflüsse	Zuordnung von Belastungsstufen durch Vergleich mit beispielhaft aufgeführten Tätigkeiten, teilweise durch Messung	teilweise gegenseitige Verrechnung der Erholungszeitanteile bei unterschiedlichen Belastungen
Analytisches Verfahren nach Prof. Dr.-Ing. Bernd Schulte (entwickelt im Auftrag des Ministeriums für Arbeit, Gesundheit und Soziales des Landes NRW)	- ganzheitliche dynamische Muskelarbeit - einseitige dynamische Muskelarbeit - Haltungsarbeit (Körperhaltung) - Haltearbeit - Denktätigkeit - Aufmerksamkeit	Zuordnung von Belastungsstufen durch Vergleich mit beispielhaften Tätigkeiten	teilweise gegenseitige Verrechnung der Erholungszeitanteile bei unterschiedlichen Belastungen
Analytisches Verfahren des IfaA (Institut für angewandte Arbeitswissenschaften – ein Institut der metall-industriellen Arbeitgeberverbände)	- dynamische Muskelarbeit - statische Muskelarbeit - einseitige Muskelarbeit - Klima - Aufmerksamkeit und Konzentration	Ermittlung von Teilerholungszeitzuschlägen aus Tabelle für jede Belastungsart	gegenseitige Verrechnung der Teilerholungszeitzuschläge bei Belastungswechsel
IfaA Katalogverfahren	- dynamische Muskelarbeit - statische Muskelarbeit - einseitig dynamische Muskelarbeit - Aufmerksamkeit und Konzentration - technologisch bedingte Muskelarbeit - Klima		Zwei Möglichkeiten: -Die Ermittlung der Erholungszeit aus einem von 112 Beispielen*) - Die Zusammensetzung einer Kennzahl aus den Kriterien Arbeitsablauf, Belastungsart, Belastungsgröße, Werkstückgewicht, Werkzeuggewicht, Weg und Hauptzeit – aus der sich die Erholungszeit ergibt *) von den 112 Beispielen weisen 51 einen Erholungszeitzuschlag von 0 % aus.
Erholungszeitermittlung nach Spitzer/Hettinger	- alle Belastungen, die zu einem erhöhten Energieumsatz führen	Ermittlung des Energieumsatzes aus Tabellen mit beispielhaften Tätigkeiten	Ermittlung der Erholungszeit durch Umrechnung aus dem Energieumsatz

1. Die Wartezeiten müssen *regelmäßig* auftreten.
2. Sie müssen *nach* einer Belastung liegen.
3. Sie müssen *nachweisbar eine Erholung* ermöglichen.

Hierzu gehört, dass bei einer Arbeitsunterbrechung der Arbeitnehmer die Möglichkeit hat, sich vom Arbeitsmittel zu entfernen, um ohne Belastung durch Umgebungseinflüsse sich von der Belastung der Arbeit zu erholen.
Die Vereinbarung von Erholungszeiten ist ausdrücklich konform mit dem Rechtsrahmen der Europäischen Union. Das LAG Niedersachsen hatte den Spruch einer tariflichen Schlichtungsstelle zu prüfen, in dem in einem Prämienlohnbereich für die Nachtschicht Erholungszeiten vereinbart worden waren. Das LAG Niedersachsen hat die Festlegung dieser Erholungszeiten unter Berufung auf Art. 118a des EWG-Vertrages und die Richtlinie der Europäischen Union über die Durchführung von Maßnahmen zur Verbesserung der Sicherheit und des Gesundheitsschutzes der Arbeitnehmer bei der Arbeit (89/391/EWG) bestätigt (LAG Niedersachsen v. 2. 9. 1994 – 3 TAAABV 55/93).

7.4 Schlussfolgerungen für die betriebliche Umsetzung

Die tariflichen Regelungen zu *Belastungen* bzw. *Erschwernissen* sowie zu *Erholungszeiten* sind einerseits unverzichtbar und müssen betrieblich im Interesse der Beschäftigten angewendet werden, können aber andererseits aus zwei Gründen nur begrenzte Wirkung entfalten:

- Zum einen regeln die Tarifbestimmungen zu Belastungen bzw. Erschwernissen die materielle Abgeltung in Fällen, in denen Gefährdungen für die Beschäftigten noch nicht vermieden oder verbleibende Gefährdungen noch nicht minimiert sind. Diese bestehen damit aber weiterhin. Die materielle Abgeltung kann dabei zu einem zusätzlichen Problem werden, wenn sie aus der Sicht von Beschäftigten wichtiger erscheint als die Beseitigung der Ursachen.
- Zum anderen sind die tariflichen Regelungen zu Erholungszeiten im Bereich des Leistungsentgelts angesiedelt. Die zahlenmäßig größere Gruppe der Beschäftigten im Zeitentgelt wird nicht erfasst. Ein ähnliches Problem kann sich auch für Belastungen bzw. Erschwernisse ergeben, weil hier die Regelungen ihren Ursprung im gewerblichen Bereich haben. Mit der ERA-Einführung gelten die Regelungen zwar prinzipiell für alle Beschäftigten; aber die Anwendung außerhalb des gewerblichen Bereichs bedeutet auf der betrieblichen Ebene nach wie vor das Betreten von Neuland.

Damit stellen sich auf der betrieblichen Ebene zwei Fragen:

1. Wie kann es einerseits gelingen, die vorhandenen tariflichen Regelungen konsequent im Sinne der Beschäftigten umzusetzen?
2. Wie kann es andererseits gelingen, zum Schutz von Sicherheit und Gesundheit der Beschäftigten die genannten Grenzen zu überwinden?

Die Nutzung und Ausweitung der durch die Tarifverträge gegebenen Handlungs-möglichkeiten erfordert es, eine *isolierte* Betrachtung und Anwendung des tariflichen und staatlichen Regelwerks zu vermeiden und stattdessen zu einer *integrierten* Anwendung zu kommen. Der Beurteilung der Arbeitsbedingungen (Gefährdungsbeurteilung) nach dem Arbeitsschutzgesetz kommt hierfür zentrale Bedeutung zu. Bei der Entwicklung von Maßnahmen des Arbeitsschutzes greifen bei allen »regelungsoffenen« Tatbeständen die Mitbestimmungsrechte gemäß § 87 Abs. 1 Nr. 7 BetrVG. Das *Vermeidungs- bzw. Minimierungs*-Gebot ist dabei zu beachten und die Wirksamkeitskontrolle ist unabdingbar. Im Folgenden werden betrieblich nutzbare Ansatzpunkte skizziert, die sich im Verhältnis von rechtlichen Rahmenbedingungen und Arbeitsbedingungen ergeben.

Der Gestaltungsrahmen des öffentlich-rechtlichen Arbeitsschutzes kann unter Einbeziehung des Arbeitszeitschutzes in vielen Fällen durch die Betriebsparteien im Wege des Mitbestimmungsrechts gemäß BetrVG ausgefüllt werden, es sei denn, der Gesetzgeber hat verbindliche Regelungen festgelegt (z. B. »Grenzwerte« zu Lärm oder zu Gefahrstoffen). Weiterhin hat jeder Beschäftigte gem. § 618 BGB einen arbeitsvertraglichen Erfüllungsanspruch im Hinblick auf die entsprechenden öffentlich-rechtlichen Pflichten des Arbeitgebers.

Ob und inwieweit ein Tarifvertrag den Betriebsparteien Gestaltungsoptionen eröffnet, ist vom jeweiligen Tarifvertrag abhängig (manche Tarifregelungen sind abschließend, manche sind es nicht).

Der *dynamische* Charakter von Gefährdungsbeurteilung, Entwicklung von Schutzmaßnahmen und Wirksamkeitskontrolle (siehe oben) erfordert es, bei jedem dieser Prozessschritte immer wieder Überprüfungen vorzunehmen. Dies kann z. B. mit Hilfe folgender Leitfragen erfolgen:

- Sind Gefährdungen erkennbar, die in der vorliegenden Gefährdungsbeurteilung nicht abgebildet sind und die Maßnahmen des Arbeitsschutzes erfordern? Ergeben sich durch die Einführung neuer Arbeitsmittel, Arbeitsverfahren o. Ä. neue Gefährdungen? Gibt es neue Erkenntnisse über Gefährdungen, z. B. aus dem Unfallgeschehen oder aus der Arbeitswissenschaft?
- Sind aus der Gefährdungsbeurteilung die erforderlichen Maßnahmen des Arbeitsschutzes abgeleitet und sind diese Maßnahmen auch umgesetzt worden? Sind Maßnahmen des Arbeitsschutzes neu entwickelt worden, die zusätzlich oder alternativ genutzt werden können?
- Sind die umgesetzten Maßnahmen hinreichend wirksam oder muss nachgebessert werden?

Das Arbeitsschutzrecht fordert dabei ausdrücklich ein *vorausschauendes* Vorgehen. Denn wenn bereits im Planungs- oder Beschaffungsprozess durch entsprechende Entscheidungen das Entstehen von *Gefährdungen* vermieden werden kann, erspart dies spätere Maßnahmen des Arbeitsschutzes. Dieser Grundsatz ist z. B. ausdrücklich formuliert im Hinblick auf das Einrichten und Betreiben von Arbeitsstätten (§ 3a ArbStättV) oder die Auswahl und Beschaffung von Arbeitsmitteln (§ 3 Abs. 3 BetrSichV).

Für die Umsetzung von Erholungszeiten für Beschäftigte im Leistungsentgelt können verschiedene Optionen genutzt werden: die Berücksichtigung innerhalb der Soll- oder Vorgabezeit, die Festlegung von Erholungspausen, in denen nicht gearbeitet wird, oder der Einsatz von Springern, durch die ein zeitweiliges Verlassen des Arbeitsplatzes ermöglicht wird. Die Berücksichtigung von Erholungszeiten innerhalb der Soll- oder Vorgabezeit ist u. U. mit der Gefahr verbunden, dass sie nicht zur Erholung, sondern zur Erzielung eines höheren Verdienstes genutzt werden. Bei der Festlegung von Erholungszeiten sollte darauf geachtet werden, dass die einzelnen Unterbrechungen eine angemessene Dauer haben, dass sie sinnvoll über den Arbeitstag verteilt werden und eine entsprechende Kombination mit den Ruhepausen nach dem Arbeitszeitgesetz ergeben. Bei der Berechnung der Anzahl der benötigten Springer muss berücksichtigt werden, dass deren Arbeitszeit ebenfalls um Verteil- und Erholungszeiten zu reduzieren ist.

Zeiten der Erholung innerhalb der Grenzen des Arbeitstages können eine notwendige Maßnahme des Arbeitsschutzes für Beschäftigte darstellen, die nicht im Leistungsentgelt arbeiten. Dabei geht es um die Anwendung von zwei verschiedenen Rechtsgrundlagen:

- Einerseits ist das Arbeitszeitgesetz zwingend im Hinblick auf die Gewährung von Ruhepausen anzuwenden.
- Andererseits kann die Gefährdungsbeurteilung nach Arbeitsschutzgesetz zur Gewährung von Erholungszeiten als Maßnahme des Arbeitsschutzes führen. In diesem Zusammenhang können auch die Bestimmungen der Arbeitsstätten-verordnung greifen, wonach Tätigkeiten an Bildschirmgeräten »insbesondere durch andere Tätigkeiten oder regelmäßige Erholungszeiten unterbrochen werden« müssen (Anhang 6.1 Nr. 2 ArbStättV sowie Nr. 5.3 ASR A6).

Das Arbeitszeitgesetz fordert in § 4 Ruhepausen von mindestens 30 Minuten insgesamt bei einer Arbeitszeit von mehr als sechs Stunden und von mindestens 45 Minuten bei einer Arbeitszeit von mehr als neun Stunden. Diese Pausen müssen im Voraus feststehen und müssen im Fall einer Aufteilung jeweils mindestens 15 Minuten lang sein. Länger als sechs Stunden dürfen Beschäftigte nicht ohne Ruhepause arbeiten. Der Anspruch auf Ruhepausen besteht unabhängig davon, welche Arbeitstätigkeit ausgeübt wird, und ist an keine weiteren Bedingungen geknüpft. Ein Anspruch auf Bezahlung dieser Pausen besteht nicht. Angesichts von zunehmendem Arbeits- und Termindruck und Verzicht auf einheitlich festgelegte Pausenzeiten geraten Beschäftigte immer stärker in eine Situation, dass sie Pausen verkürzen, zu weit nach hinten verschieben oder entfallen lassen müssen. Die Kombination aus Arbeits- und Termindruck einerseits und verkürzter oder ausbleibender Möglichkeit zum Erholen stellt eine besondere Gefährdung dar.

Besondere Erholungszeiten können als Maßnahme des Arbeitsschutzes, deren Kosten gem. § 3 Abs. 3 ArbSchG der Arbeitgeber zu tragen hat, als Ergebnis der Gefährdungsbeurteilung festgelegt werden. Es geht dabei um die Anwendung und Übertragung desselben Grundprinzips, wie es im Anhang 6.1 ArbStättV sowie Nr. 5.3 ASR A6 bzw. in Artikel 7 der EU-Bildschirmrichtlinie für Tätigkeiten mit Bildschirmgeräten formuliert ist: Reduzierung der Belastung durch regelmäßigen Tätigkeitswechsel oder durch »Bildschirmpausen«, d.h. Erholungszeiten. Wenn ein Tätigkeitswechsel nicht praktikabel oder nicht hinreichend wirksam ist, können Erholungszeiten geregelt werden.

Pausen jeglicher Art erscheinen aus Beschäftigtensicht u.U. einfach als »Pausen« – unabhängig von der Grundlage ihres Zustandekommens. Die Durchsetzung und ggf. Verteidigung von Erholungszeiten als Maßnahme des Arbeitsschutzes abgeleitet aus einer Gefährdungsbeurteilung erfordert allerdings eine Unterscheidung von den Ruhepausen nach Arbeitszeitgesetz. Und ein Tätigkeitswechsel mit dem Ziel des Gesundheitsschutzes wird in vielen Fällen ausführlich begründet und im betrieblichen Alltag unterstützt werden müssen, damit er nicht als Erschwerung der Arbeitsausführung erscheint.

Ruhepausen und Erholungszeiten sind *innerhalb* eines Arbeitstages zu regeln bzw. zu realisieren. Arbeitstage isoliert zu betrachten wird jedoch den Arbeitsbedingungen und ihren Auswirkungen auf die Menschen nicht gerecht. Die Prozesse von Anspannung und Anstrengung einerseits und Entspannung und Regeneration andererseits laufen in unterschiedlichen Zyklen ab und beeinflussen sich gegenseitig. Die Zusammenhänge können hier nur kurz angedeutet werden, sollten aber betrieblich beachtet werden:

- Die Zeitspanne zwischen Ende des einen und Beginn des darauffolgenden Arbeitstages (Ruhezeit) soll für die Regeneration ausreichend sein. Das Arbeitszeitgesetz schreibt hierfür mindestens 11 Stunden vor. Die Regeneration wird gestört, wenn Beschäftigte außerhalb der Arbeitszeit für betriebliche Belange erreichbar sein müssen oder gar auf Nachrichten reagieren.
- Auch die Zeitspanne zwischen zwei Arbeitsblöcken soll ausreichend lang sein. Ein Modell mit einer Arbeitswoche von Montag bis Freitag und einem freien Wochenende bestehend aus Samstag und Sonntag war für eine große Zahl an Beschäftigten nie die Praxis; und für andere wird es zusehends abgeschafft. Die Auswirkungen auf die Möglichkeit zur Regeneration müssen im Blick behalten werden. Dies gilt insbesondere auch, wenn in Schichtsystemen gearbeitet wird.
- Nicht zuletzt der Jahresurlaub ist in diesem Zusammenhang wichtig. Die Erholungswirksamkeit des Urlaubs ist u.a. an eine Mindestdauer geknüpft. Das Bundesurlaubsgesetz schreibt bei einer Stückelung des Urlaubs vor, dass einer der Urlaubsteile mindestens zwei Wochen umfassen muss (§ 3 Abs. 2). Erreichbarkeit im Urlaub für betriebliche Belange ist dem Urlaubszweck nicht unbedingt dienlich.

Einfluss auf das Verhältnis von Anspannung und Entspannung hat auch die Arbeitsleistung, die gar nicht als Arbeitszeit erfasst wird. Hier geht es z.B. um Arbeiten, die auf dem Arbeitsweg erledigt werden (z.B. Lesen und Beantworten von Mails) oder mitunter im Rahmen von »mobiler Arbeit«. Auch aus dem Blickwinkel des Arbeits- und Gesundheitsschutzes ist es notwendig, für die Erfassung dieser Zeiten als Arbeitszeiten zu sorgen. Denn nur auf diese Weise lassen sich das tatsächlich geleistete Arbeitspensum erfassen und Schlussfolgerungen für z.B. die Arbeitsorganisation oder die Personalbemessung ziehen. Die Pflicht zur Zeiterfassung ist durch Urteile des Europäischen Gerichtshofs (C-55/18 vom 14.5.2019) sowie des Bundesarbeitsgerichts (1 ABR 22/21 vom 13.9.2022) eindeutig bestätigt.

Da die betrieblichen Abläufe weitgehend durch Kennzahlen erfasst sind, sollte versucht werden, anstelle von Zeitentgelt Leistungsentgelt durchzusetzen (vgl. Kap. 5). Notwendige Voraussetzung hierfür ist, dass diese Kennzahlen tatsächlich die Leistungen von einzelnen Beschäftigten oder einer Gruppe von Beschäf-

tigten abbilden und ihre Erreichung durch die Beschäftigten beeinflussbar ist. Im Sinne des Arbeits- und Gesundheitsschutzes geht es dabei nicht vorrangig um die Möglichkeit zu einem höheren Verdienst; vielmehr soll das Maß der abverlangten Leistung begrenzt und der Mitbestimmung des Betriebsrates unterworfen werden. Zugleich sollen die entscheidenden Bedingungsfaktoren definiert werden, unter denen die Leistung zu erbringen ist, so dass bei Nichteinhaltung das Recht zur Reklamation bzw. zur Veränderung der Zielgrößen gegeben ist. Auf diese Weise kann einer zentralen Anforderung für die Gestaltung von Tätigkeiten mit Arbeitsmitteln Rechnung getragen werden: Gemäß § 6 Abs. 1 Satz 5 Nr. 4 BetrSichV »sind ein Arbeitstempo und ein Arbeitsrhythmus zu vermeiden, die zu Gefährdungen der Beschäftigten führen können«.
Der Arbeitgeber ist nicht nur dazu verpflichtet, die erforderlichen Maßnahmen des Arbeitsschutzes zu treffen. Das Arbeitsschutzrecht verbietet es, den Arbeitsschutz zum bloßen »Anhängsel« anderer betrieblicher Abläufe zu machen. Das Arbeitsschutzgesetz formuliert vielmehr in § 3 Abs. 2 ausdrücklich die Grundpflichten,

- für eine geeignete Organisation zu sorgen
- die erforderlichen Mittel bereitzustellen
- für die Beachtung der Maßnahmen zu sorgen, eingebunden in die betrieblichen Führungsstrukturen
- zu gewährleisten, dass die Beschäftigten ihren Mitwirkungspflichten nachkommen können.

Für die Beschäftigten ist insbesondere wichtig, über die nötigen Kenntnisse im Hinblick auf Gefährdungen bzw. Sicherheit und Gesundheitsschutz zu verfügen. Hierfür hat der Arbeitgeber einerseits durch eine *Unterweisung* nach § 12 ArbSchG zu sorgen. Spezielle Anforderungen hierzu sind u. a. in § 6 der ArbStättV und § 12 der BetrSichV formuliert. Vor der erstmaligen Verwendung eines Arbeitsmittels hat der Arbeitgeber gem. der Regelungung der BetrSichV zudem eine schriftliche *Betriebsanweisung* für dessen Verwendung zur Verfügung zu stellen – außer wenn eine mitgelieferte Gebrauchs-anleitung die notwendigen Informationen enthält oder wenn eine Gebrauchsanleitung nicht erforderlich ist. Der Betriebsrat sollte darauf achten, dass diese Verpflichtungen umgesetzt werden und ggf. auf Verfahrensregeln drängen, die dies gewährleisten.
Für den Schutz der Gesundheit der Beschäftigten stehen verschiedene Regelungs-instrumente zur Verfügung, die sinnvoll mit einander verzahnt werden können. Für die zielgerichtete Anwendung sind folgende Voraussetzungen besonders wichtig:

- Die Gefährdungsbeurteilung mit den als Ergebnis zu ermittelnden und festzulegenden Maßnahmen des Arbeitsschutzes ist die Grundvoraussetzung für die Aufnahme von Arbeitstätigkeiten.
- Das Arbeitssystem und die darin bestehende Belastungs-Beanspruchungs-Situation der Beschäftigten wird bei der Beurteilung der Arbeitsbedingungen zum Gegenstand einer integrierten Betrachtung gemacht. Auf diese Weise wird vermieden, dass wegen der Fokussierung auf eine einzelne Rechtsgrundlage ein zu enger Blickwinkel angewandt wird.

- Die Beteiligung der Beschäftigten wird gewährleistet. Sie kennen einerseits ihre Arbeitssituation. Sie haben andererseits im Regelfall Vorstellungen davon, durch welche Maßnahmen diese verbessert werden kann. Eine Hinzuziehung von Experten kann die Beteiligung ergänzen, aber nicht ersetzen. Arbeits- und Gesundheitsschutz darf nicht als reines Expertengebiet missverstanden werden.
- Arbeitswissenschaftlichen Erkenntnisse müssen genutzt werden. Sie betreffen einerseits die Zusammenhänge zwischen Arbeitsbedingungen und Gesundheit. Sie beziehen sich aber auch auf Möglichkeiten der Arbeitsgestaltung.
- Maßnahmen der betrieblichen Gesundheitsförderung und der Arbeitsgestaltung sind angemessen miteinander zu verzahnen.
- Scheinbar oder tatsächlich bestehende Lücken bei den Rechtsgrundlagen oder auf dem Gebiet der wissenschaftlichen Erkenntnisse dürfen nicht als Begründung für mangelnde Aktivitäten herhalten. Die aktuell vorliegenden Rechtsgrundlagen und wissenschaftlichen Erkenntnisse reichen regelmäßig dafür aus, die wesentlichen Maßnahmen zum Schutz der Sicherheit und der Gesundheit der Beschäftigten bestimmen, festlegen und durchführen zu können.

7.5 Fazit

Die Arbeitsbedingungen sind aufgrund der Grundsätze des öffentlich-rechtlichen Arbeitsschutzes so zu gestalten, dass Gefährdungen für das Leben sowie die physische und psychische Gesundheit der Beschäftigten, die sich aus Belastungen und Fehlbeanspruchungen ergeben können, möglichst vermieden und verbleibende Gefährdungen möglichst gering gehalten werden (vgl. § 4 Nr. 1 in Verbindung mit § 5 Abs. 3 ArbSchG). Dabei hat der Arbeitgeber insbesondere den Stand der Technik und sonstige gesicherte arbeitswissenschaftliche Erkenntnisse zu berücksichtigen (vgl. § 4 Nr. 3 ArbSchG).
Bei der Umsetzung von tariflichen Regelungen zur Kompensation von bestimmten Belastungen bzw. Erschwernissen, die die physische und psychische Gesundheit gefährden können, ist das öffentlich-rechtliche Vorschriften- und Regelwerk des Arbeitsschutzes stets vorrangig anzuwenden, letzteres kann in keinem Fall abbedungen bzw. in seinem Schutzniveau gesenkt werden.
In der sich permanent wandelnden Arbeitswelt verändern sich die Belastungssituation und damit auch die möglichen Gefährdungen für das Leben sowie die physische und psychische Gesundheit der Beschäftigten. Die Veränderungsprozesse folgen dabei keinem einheitlichen Muster: Es gibt Tätigkeitsbereiche, in denen physische Belastungen abgebaut wurden und auch solche, in denen bestimmte physische Belastungen zugenommen haben. Mitunter sind neue physische Belastungen an die Stelle der bisherigen getreten oder sind hinzugekommen (Stichwort: »Sitzen als das neue Rauchen«). Dies geht einher mit dem Trend einer relativen Zunahme psychischer Belastungen. Wie sich diese Prozesse entwickeln

und was dies für arbeitsbedingte Gefährdungen der Beschäftigten bedeutet, ist tätigkeits- und branchenbezogen unterschiedlich zu beurteilen.
Es gibt vor diesem Hintergrund keinen begründeten Anlass zu der Hoffnung, unter den Vorzeichen von »Digitalisierung« und »KI« käme es ohne weiteres Zutun zu einer Reduzierung der Belastungen oder zumindest der physischen Belastungen und der damit verbundenen Gefährdungen. Weiterhin wird ein immer wieder behauptetes Eigeninteresse auf Arbeitgeberseite (Stichworte hierfür sind u.a. Fachkräftemangel, Attraktivität als Arbeitgeber, Bindung von Spezialisten, Zunahme der Beschäftigung Älterer) nicht automatisch zu verstärkten Anstrengungen führen, die Arbeit gesundheitsförderlich zu gestalten. Auch künftig wird es also darum gehen, aktiv Arbeits- und Gesundheitsschutz konkret einzufordern, um auf diese Weise präventiv die betrieblichen Bedingungen zu gestalten und Gesundheitsschäden zu verhindern.

Stichwortverzeichnis

G

H

I

J

K

L